丛书主编 周江

海洋·极地·自然资源法研究丛书 国别海洋法系列

菲律宾、印度尼西亚、新加坡海洋法律体系研究

周江 刘畅 黄昀 著

知识产权出版社
全国百佳图书出版单位
—北京—

图书在版编目（CIP）数据

菲律宾、印度尼西亚、新加坡海洋法律体系研究／周江，刘畅，黄昀著. -- 北京：知识产权出版社，2020.5

（海洋·极地·自然资源法研究丛书／周江主编. 国别海洋法系列）

ISBN 978-7-5130-6802-4

Ⅰ.①菲… Ⅱ.①周… ②刘… ③黄… Ⅲ.①海洋法—研究 Ⅳ.①D993.5

中国版本图书馆 CIP 数据核字（2020）第 037617 号

策划编辑：庞从容　　责任校对：潘凤越
责任编辑：薛迎春　　责任印制：刘译文
封面设计：黄慧君

菲律宾、印度尼西亚、新加坡海洋法律体系研究

周江　刘畅　黄昀 ◎ 著

出版发行：知识产权出版社有限责任公司	网　　址：http://www.ipph.cn
社　　址：北京市海淀区气象路 50 号院	邮　　编：100081
责编电话：010-82000860 转 8724	责编邮箱：471451342@qq.com
发行电话：010-82000860 转 8101/8102	发行传真：010-82000893/82005070/82000270
印　　刷：三河市国英印务有限公司	经　　销：各大网上书店、新华书店及相关专业书店
开　　本：710mm×1000mm　1/16	印　　张：30.75
版　　次：2020 年 5 月第 1 版	印　　次：2020 年 5 月第 1 次印刷
字　　数：400 千字	定　　价：98.00 元
ISBN 978-7-5130-6802-4	

出版权专有　侵权必究
如有印装质量问题，本社负责调换。

总　序

中国是陆海兼备的海洋大国，海洋开发历史悠久，曾创造了举世瞩目的海洋文明。"鱼盐之利，舟楫之便"是先人认识和利用海洋之精炼概括，仍不悖于当今海洋之时势。然数百年前，泰西诸国携坚船利炮由海而至，先祖眼中的天然屏障竟成列强鱼肉九州之通道。海洋强国兴衰，殷鉴不远。

吾辈身处百年未有之变局，加快建设海洋强国已成为中华民族伟大复兴的重要组成。扎实的海洋工业、尖端的海洋科技及强大的海军战力，无疑为海洋强国之必需。此外，完备的海洋治理体系和卓越的海洋治理能力等软实力亦不可或缺。海洋治理体系之完备，海洋治理能力之卓越，皆与海洋法治息息相关。经由法律的治理以造福生民，为古今中外人类实践之最佳路径。

海洋法治之达致，需赖全体国人之努力，应无沿海内陆之别。西南政法大学虽处内陆，一向以"心系天下"为精神导引。作为中国法学教育研究的重镇，西南政法大学独具光荣的历史传承、深厚的学术底蕴和完备的人才积累。她以党的基本理论、基本路线、基本方略和国家的重大战略需求为学术研究之出发点和归宿。

西南政法大学海洋与自然资源法研究所之成立，正是虑及吾辈应为建设海洋强国贡献绵薄。国际法学院、经济法学院（生态法学院）、国家安全学院相关研究团队，合众为一，齐心戮力，与中国海洋法学会合作共建而成。我所将持续系统地研究涉海法律问题，现以"海洋·极地·自然资源法研究丛书"之名，推出首批公开出版成果。

本丛书拟设四大系列：国别海洋法系列、海洋治理系列、极地治理系列及自然资源法系列。系列之间既各有侧重又相互呼应，其共同的目标在于助力中国海洋治理体系与治理能力的现代化。

本丛书推崇创作之包容性，对当下及今后各作者的学术观点，都将予以最大程度的尊重；本丛书亦秉持研究之开放性，诚挚欢迎同人惠赐契合丛书主题及各系列议题的佳作；本丛书更倡导学术的批判性，愿广纳学友对同一问题的补正、商榷甚或质疑。若经由上述努力与坚持，可将本丛书打造为学界交流与争鸣的平台，则是我们莫大的荣幸。

本丛书能由构想变为现实，离不开诸多前辈、同人及单位的关心、指导与支持，我相信，丛书的付梓是对他们玉成此事最好的感谢！

是为序！

2020 年 3 月 31 日

目 录

第Ⅰ部分 菲律宾海洋法律体系研究

一、国家概况 / 003

　　（一）国家政治概况 / 003

　　（二）对外交往概况 / 004

二、海洋利益格局概览 / 005

　　（一）海洋地理环境 / 005

　　（二）海洋相关产业发展概况 / 005

　　（三）国家海洋利益的总体定位 / 007

三、海洋事务主管部门及其职能 / 008

　　（一）基本政治结构 / 008

　　（二）海洋管理的专门机构 / 009

　　（三）海洋管理的其他行政机构 / 019

　　（四）海上武装执法机构 / 028

四、国内海洋立法 / 035

　　（一）菲律宾法律体系概况 / 035

　　（二）划定管辖海域的法 / 036

　　（三）海上安全相关立法 / 052

　　（四）海上运输相关立法 / 054

　　（五）海洋渔业捕捞相关立法 / 058

　　（六）海洋环境与资源保护相关立法 / 060

　　（七）海洋旅游相关立法 / 063

五、缔结和加入的国际海洋法条约 / 065
　　（一）联合国海洋法公约 / 065
　　（二）海洋安全相关条约 / 068
　　（三）船舶及船员管理相关条约 / 068
　　（四）渔业管理相关条约 / 070
　　（五）海洋环境保护相关条约 / 070

六、海洋争端解决 / 072
　　（一）与中国间的海洋争端 / 072
　　（二）与马来西亚间的争端 / 084
　　（三）与印度尼西亚间的海洋争端 / 089
　　（四）与越南间的海洋争端 / 094

七、国际海洋合作 / 098
　　（一）海洋防务合作 / 098
　　（二）海洋油气资源合作 / 106
　　（三）海洋研究合作 / 107
　　（四）渔业合作 / 109
　　（五）区域性国际合作 / 113
　　（六）全球性国际组织框架下的合作 / 114

八、对中国海洋法主张的态度 / 116
　　（一）对中国加入国际海洋法公约时的表态 / 116
　　（二）对中国在南海岛礁主权主张的立场 / 118
　　（三）对"九段线"及"历史性权利"主张的立场 / 123
　　（四）对南海岛礁建设的官方立场与性质认定 / 127
　　（五）对"搁置争议、共同开发"的回应与实践 / 132
　　（六）在"一带一路"框架下与中国的合作 / 139
　　结　语 / 152

第Ⅱ部分　印度尼西亚海洋法律体系研究

一、印度尼西亚海洋基本情况 / 159
　　（一）地理位置 / 159
　　（二）行政区划 / 160

（三）外交关系 / 160
　　（四）经济状况 / 161

二、海洋事务主管部门及其职能 / 164
　　（一）立法机构 / 164
　　（二）行政执法机构 / 165
　　（三）海上武装执法机构 / 171

三、国内海洋立法 / 174
　　（一）划定管辖海域的法 / 174
　　（二）港口、船舶与航运相关的立法 / 188
　　（三）石油相关立法 / 196

四、缔结和加入的国际海洋法条约 / 198
　　（一）联合国海洋法公约及其相关条约 / 198
　　（二）缔结与加入的其他海洋海事条约 / 199

五、海洋争端解决 / 202
　　（一）通过协议解决的海洋争端 / 202
　　（二）通过国际司法机构解决的海洋争端——利吉丹岛和西巴丹岛主权归属案 / 219
　　（三）未决的海洋争端 / 222

六、国际海洋合作 / 228
　　（一）海洋防务合作 / 228
　　（二）海洋油气资源合作 / 234
　　（三）渔业合作 / 240
　　（四）海洋研究合作 / 248
　　（五）区域性国际合作 / 251
　　（六）全球性国际组织框架下的合作 / 255

七、对中国海洋法主张的态度 / 258
　　（一）对中国南海政策的态度 / 258
　　（二）对南海仲裁案的态度 / 259
　　（三）对《南海各方行为宣言》的态度 / 260
　　（四）在"一带一路"框架下与中国合作的态度 / 261
　　结　语 / 263

第Ⅲ部分　新加坡海洋法律体系研究

一、新加坡海洋基本情况 / 267
二、海洋事务主管部门及其职能 / 270
　　（一）立法机构 / 270
　　（二）行政执法机构 / 271
　　（三）海洋管理中的多机构实践 / 277
三、国内海洋立法 / 278
　　（一）划定管辖海域的法 / 278
　　（二）海洋环境相关立法 / 279
　　（三）海商海事相关立法 / 281
四、缔结和加入的国际海洋法条约 / 286
　　（一）联合国海洋法公约 / 286
　　（二）缔结和加入的其他相关条约 / 286
五、海洋争端解决 / 288
　　（一）通过协议解决的海洋争端 / 288
　　（二）通过国际司法机构解决的海洋争端 / 290
六、海洋国际合作 / 297
　　（一）海洋防务合作 / 297
　　（二）海洋运输合作 / 300
　　（三）油气资源合作 / 301
　　（四）海港建设合作 / 302
　　（五）海洋研究合作 / 303
　　（六）区域性国际合作 / 303
　　（七）在全球性国际组织框架下的合作 / 307
七、对中国海洋法主张的态度 / 308
　　（一）对中国南海政策的态度 / 308
　　（二）对南海仲裁案的态度 / 308
　　（三）"一带一路"框架下与中国合作的态度 / 309
　　结　语 / 312

附 录 / 315

附录1　1987年《菲律宾共和国宪法》（第一条） / 315

附录2　1961年菲律宾第3046号共和国法令《菲律宾领海基线划定法案》 / 316

附录3　1968年菲律宾第5446号共和国法令《对第3046号法案〈菲律宾领海基线划定法案〉的修订》 / 317

附录4　2009年《菲律宾群岛基线划定法案（对第3046号及5446号法案的修订案）》 / 323

附录5　1978年"建立专属经济区及其他目的"的第1599号总统令 / 328

附录6　1978年《"宣布某些区域为菲律宾领土的一部分并规定其政府及行政机构"的第1596号总统令》 / 330

附录7　1968年第370号总统令《关于大陆架上的所有矿产及其他自然资源归属菲律宾共和国管辖与管制的宣告》 / 332

附录8　2017年菲律宾总统第25号行政命令《"宾汉隆起"更名为"菲律宾隆起"》 / 333

附录9　1996年菲律宾外交部对中国批准《公约》的声明 / 335

附录10　2011年菲律宾致联合国照会 / 336

附录11　菲律宾缔结和加入的国家条约 / 338

附录12　《印度尼西亚共和国海洋法》 / 343

附录13　《关于印度尼西亚领海的1996年第6号法案》 / 376

附录14　1983年《关于印度尼西亚专属经济区的第5号法案》 / 387

附录15　印度尼西亚对《公海公约》的保留（1961） / 403

附录16　印度尼西亚根据《公约》第47条第9款交存一份群岛基线各点的地理坐标一览表的通知 / 404

附录17　2012年东帝汶致联合国秘书长照会 / 405

附录18　2009年中国致联合国秘书长照会 / 406

附录19　2010年印度尼西亚致联合国秘书长照会 / 407

附录20　2013年《越南与印度尼西亚联合声明》 / 409

附录21　2015年《中华人民共和国和印度尼西亚共和国关于加强两国全面战略伙伴关系的联合声明》 / 413

附录22　2015年《中华人民共和国与印度尼西亚共和国联合新闻公报》 / 420

附录 23　2018 年《中华人民共和国政府和印度尼西亚共和国
　　　　　政府联合声明》／423

附录 24　印度尼西亚缔结和加入的国际海洋法条约／426

附录 25　1878 年《领水管辖法案》／430

附录 26　新加坡 1928 年《海峡殖民地和柔佛州领水（协定）法案》／434

附录 27　新加坡《边界和调查地图法》／438

附录 28　1995 年《马来西亚与新加坡根据 1927 年〈海峡殖民地与
　　　　　柔佛领海协定〉划定领海界线的协定》／453

附录 29　1995 年《马来西亚与新加坡根据 1927 年〈海峡殖民地与
　　　　　柔佛领海协定〉划定领海界线的协定》中柔佛堤道
　　　　　东部和西部划界坐标点／456

附录 30　1973 年《印度尼西亚和新加坡领海划界协定
　　　　　（新加坡海峡）》／459

附录 31　2009 年《新加坡与印度尼西亚有关划定新加坡海峡
　　　　　西段领海分界线的协定》／461

附录 32　2014 年《新加坡与印度尼西亚有关划定新加坡海峡
　　　　　东段领海划界的协定》／463

附录 33　新加坡缔结和加入的国际条约／466

参考文献／469

第 I 部分

菲律宾海洋法律体系研究

一、国家概况

（一）国家政治概况

菲律宾共和国（Republic of the Philippines），国土总面积为29.97万平方公里[1]，人口约1亿零98万[2]（截至2015年8月该国统计数据）。马来族为菲律宾主要民族，占全国人口的85%以上，其他还包括他加禄人、伊洛人、邦邦牙人、维萨亚人和比科尔人等，华人、阿拉伯人、印度人、西班牙人和美国人为少数民族及外来后裔。国内共有70多种语言，以菲律宾语为国语，以英语为官方语言。国民约85%信奉天主教，是除东帝汶外，在东南亚唯一天主教居统治地位的国家。

全国划分为吕宋、维萨亚和棉兰老三大部分，在行政区划上设有首都地区、科迪勒拉行政区、棉兰老穆斯林自治区等18个地区，下设81个省和117个市。

在政治上，菲律宾为实行总统制的单一宪政国。总统是国家元首、政府首脑兼武装部队总司令。现第16任总统罗德里戈·罗亚·杜特尔特（Rodrigo Roa Duterte）于2016年6月宣誓就任。其上任后，主张打击犯罪、毒品和腐败，大力进行反恐斗争，重塑人民对政府的信任和信心，同菲律宾共产党、南部"摩洛伊斯兰解放阵线"等组织进行对话，促进国家团结和民族和解。除南部地区存在恐怖主义和分裂活动外，菲政局总体稳定[3]。

---

[1] 数据来源于中华人民共和国外交部网站。菲律宾政府官网所示数据与此略有出入，其在本国简介中称其国土面积为30万平方公里以上。参见中国外交部：《菲律宾国家概况》（最近更新时间：2018年3月），载中国外交部官网，http://www.fmprc.gov.cn/web/gjhdq_676201/gj_676203/yz_676205/1206_676452/1206x0_676454/，最后访问日期：2018年5月10日；"About The Philippines"，https://www.gov.ph/about-the-philippines，May 10. 2018。

[2] 据世界银行统计，其人口约为1亿零332万，参见world Development Indicators Database，"Country Profile"，http://databank.worldbank.org/data/views/reports/reportwidget.aspx?Report_Name=CountryProfile&Id=b450fd57&tbar=y&dd=y&inf=n&zm=n&country=PHL，May 12，2018。

[3] 参见中国外交部发布的《菲律宾国家概况》（最近更新时间：2018年3月），http://www.fmprc.gov.cn/web/gjhdq_676201/gj_676203/yz_676205/1206_676452/1206x0_676454/，最后访问日期：2018年5月10日。

（二）对外交往概况

菲律宾奉行独立的外交政策，迄今已同126个国家建交。其对外政策目标是：确保国家安全、主权和领土完整；推动社会发展，保持菲律宾在全球的竞争力；保障菲海外公民权益；提升菲律宾国际形象；与各国发展互利关系。

在双边外交方面，美国与日本的关系在菲律宾的对外关系中占据最为重要的地位。其中，日本是菲律宾最大援助国和最大贸易伙伴；美国是菲律宾第二大官方援助国和第二大贸易伙伴，是菲律宾第三大游客来源国，也是其最大的劳务输出国。尽管杜特尔特政府对美表现出相较前任政府明显强硬的立场，菲律宾与美国仍然保持密切的盟国关系，也一直积极支持日本在国际事务中发挥与其经济影响相称的政治作用[1]。

在多边外交方面，菲律宾是联合国、世界贸易组织、东盟、亚太经济合作论坛、东亚峰会的创始国，以及亚洲开发银行的总部所在地国。菲律宾积极参与联合国事务，多次当选安理会理事国；积极参与和推动东盟内部各项合作及经济一体化进程，并于2017年担任东盟轮值主席国；在东亚峰会、亚太经合组织、拉丁联盟（Latin Union）、二十四国集团、不结盟运动均表现活跃。

---

[1] Ronald E. Dolan, ed., "Philippines: A Country Study", http://countrystudies.us/philippines/91.htm, May 20, 2018.

二、海洋利益格局概览

（一）海洋地理环境

菲律宾坐落于西太平洋的包围之中，北隔巴士海峡与中国台湾相望，南面隔苏拉威西海、苏禄海和巴拉巴克海峡与印度尼西亚、马来西亚相望，西濒中国南海与越南相望，东临太平洋、澳洲大陆及东亚、南亚之间的交通要道。其海岸线曲折逶迤达1.85万公里，居世界第5位，几乎与美国的海岸线同长，天然良港和海峡遍布全境[1]。

有7641个岛屿星罗棋布于太平洋之上的菲律宾，素有"千岛之国"和"东方明珠"之称，也成为1982年《联合国海洋法公约》（United Nations Convention on the Law of the Sea，以下简称《公约》）下最具代表性的群岛国之一[2]。其各岛显著特点之一为土地面积狭小且集中于较大岛屿之上。如第一及第二大岛吕宋岛（Luzon）和棉兰老岛（Mindanao）即合占全国土地总面积的68%，13个面积1000平方公里以上的岛屿如米沙鄢群岛（Visayan）、巴拉望群岛（Palawan）和苏禄群岛（Sulu）合占全国土地总面积约96%。而其余陆地多为仅出露于海面之上的岩礁。

与同为群岛国家的印度尼西亚不同，菲律宾各岛内地距海边的距离较近，多在50公里以内，即使是在吕宋、棉兰老两大岛，其各地距海边也未超出120公里。同时，由于菲律宾各岛间的距离较近，被各岛包围着的内海均为浅海，多珊瑚礁，风平浪静，宛如内湖，对国家发展经济和维护领土完整非常有利[3]。

（二）海洋相关产业发展概况

作为出口导向型经济国家，菲律宾表现出对全球市场的严重依赖。相较于持续疲弱的农业与有一定程度发展的制造业，第三产业在菲律宾

---

[1] 参见申韬、缪慧星主编：《菲律宾经济社会地理》，世界图书出版社2014年版，第1—2页。
[2] "About The Philippines", GOV. PH（菲律宾政府门户网站），https://www.gov.ph/about-the-philippines, May 15, 2018.
[3] 参见赵松乔等：《菲律宾地理》，科学出版社1964年版，第1—3页；胡才：《当代菲律宾》，四川人民出版社，第7—9页；《菲律宾经济社会地理》，世界图书出版社2014年版，第2页。

国民经济中地位突出。从世界银行公布的数据来看，菲律宾农业和工业产值在 GDP 中的占比分别从 2010 年的 12% 和 33% 下降至 2016 年的 10% 和 31%，而服务业产值在 GDP 中的占比则从 2010 年的 55% 上升至 2016 年的 60%。

在农林渔业领域，菲律宾水产资源丰富，鱼类品种达 2400 多种，金枪鱼资源居世界前列，已开发的海水渔场、淡水渔场面积 2080 平方公里。其商业捕捞、地方捕捞、水产养殖在 2014—2016 年的总产值分别为 24.19 亿、23.97 亿、22.89 亿比索；2015 年菲律宾参与渔业捕捞及养殖的企业达到所有雇用 20 人以上企业的 14.8%，并且水产养殖成为当年劳动力生产效率最高的行业。尽管年度总产值仅占 GDP 的 1% 左右，但渔业对于菲律宾人民获取生存资源、实现可持续发展及减贫的目标都具有重要意义[1]。

在具有引领地位的服务业中，除了全球劳务输出所带来的海外劳工汇款外，旅游业也是菲律宾外汇收入的重要来源。得益于群岛国自然地理构造下的海滩、岛屿、火山、珊瑚礁、港湾及部分殖民时代的文化留存，海洋环境资源的合理开发利用成为菲律宾旅游产业的底气所在。2017 年，菲律宾旅游总收入达 66.5 亿美元，较 2016 年的 48.5 亿美元增长 45.85%；旅游入境人数也突破 600 万大关，较 2016 年增长 10.96%。2017 年，中国首次超过美国成为菲律宾第二大游客来源国[2]。

另外，在以公路和海运为主的菲律宾运输业中，其海上运力也在近年持续增长。2016 年，菲律宾国内海上运输船舶总吨位为 290.71 万吨，国际海上运输船舶总吨位约为 449.88 万吨。从船舶制造、运营管理、海洋安全等多个方面，菲律宾设置多级机构，专门予以监管[3]。

---

[1] See Philippines Statics Authority, "Fisheries Statistics of the Philippines 2014—2016", http://psa.gov.ph/sites/default/files/FStatPhil14—16docx%282%29.pdf, June 7, 2018; "2015 Annual Survey of Philippine Business and Industry Agriculture, Forestry and Fishing Establishments with Total Employment of 20 and Over: Preliminary Results", http://psa.gov.ph/content/2015-annual-survey-philippine-business-and-industry-agriculture-forestry-and-fishing, June 7, 2018.

[2] Philippine Department of Tourism, "Industry Performance", http://tourism.gov.ph/industry_performance_dec.aspx, June 8, 2018.

[3] Philippine Department of Transportation, "Sectoral and Attached Agencies", http://www.dotr.gov.ph/2014-09-02-05-01-41/2014-09-03-06-32-04.html#attached-agencies, July 11, 2018; Martime Industrial Authority, "2012—2016 MARINA Statistical Report", http://www.marina.gov.ph/reports/statistical/statistical%20report%202012—2016_final.pdf, Nov.14, 2018.

(三) 国家海洋利益的总体定位

处于太平洋水域包围之中的菲律宾，其领土主张基本与海洋主张相重合，其与周边国家间的主权争议也往往纠缠于海洋权利边界的争议之中。这使得：

一方面，定位为群岛国的菲律宾将相应海洋利益的获取视为确保其主权尊严、国家安全、人民生存的最核心要素之一。正如菲律宾相关法律及行政法令多次所及的："有效地提升、推行及不断更新菲律宾海洋政策对于一个群岛国及海洋民族极为重要，又其主权、国家安全、领土完整，对海洋矿产、石油、替代性的海洋能源及其他资源，都具有决定性意义"；而"有关菲律宾这一群岛国家的各项海洋、海事政策问题，只有建立专门的、专注的、专业的、全职性的机构并配合充足资源，才能应对多方多层的海洋关注"[1]。

另一方面，鉴于《公约》对群岛国法律地位的确认支持与菲律宾国家实力的区域现状，菲律宾将以该《公约》为代表的国际海洋法规则体系视为稳固其海洋利益范围、对抗他国海洋主张的首要根基和最有力倚仗。一如菲律宾最高法院法官、总统办公室前首席法律顾问卡皮奥（Antonio T. Carpio）在谈及与中国的南海争端时发表的演讲所称，这是一场可与菲律宾先辈们"在16—20世纪反抗东西方殖民者的战役相提并论的"对抗，"在这场保卫我们专属经济区的历史性战役中，我们必须依赖人类在国家间争端解决领域发明的最强大武器，这一武器能够让军队止步、航母平和、核弹屈服，并让小国与超级大国处于平等的战场。而这一武器、这一伟大的平衡器便是法律之治。在法治之下，正义将战胜强权。"[2]

---

[1] Executive Order No. 612: "Reorganizing The Department of Foreign Affairs-Maritime and Ocean Affairs Center into The Commissionon Maritime and Ocean Affairs under the Office of the President" (2007).

[2] Antonio T. Carpio, "Preface", *The South China Sea Dispute: Philippine Sovereign Rights and Jurisdictionin the West Philippine Sea*, eBook version 1.0, May 4, 2017.

三、海洋事务主管部门及其职能

(一) 基本政治结构

菲律宾实行与美国相仿的三权分立体制,即以立法、行政、司法为三大支柱,并以独立的宪法性委员会配合监督。

1. 立法机关

国会(Congress)为菲律宾的立法机关,分为由24名议员组成的参议院(Senate)和由250名议员组成的众议院(House of Representatives),其主要职责为颁布立法、确认或驳回总统任命、宣布战争状态,并可在特定情况下罢免总统。

2. 行政机关

菲律宾的行政机关体系包括总统、副总统、内阁、执行部门、独立机构、理事会、委员会、常设委员会(commissions)、专门委员会(committees)。总统任期6年且不得连选连任,可否决国会通过的法律是其重要权力之一。

总统应依据宪法组成内阁,内阁成员为总统顾问,由副总统及各行政机关负责人组成。截至2018年3月,菲律宾内阁成员33名:外交部部长,文官长,总统发言人,财政部部长,司法部部长,内务和地方政务部部长,卫生部部长,农业部部长,公造部部长,信息和通信技术部部长,交通部部长,教育部部长,社会福利部部长,劳工部部长,预算部部长,国防部部长,科技部部长,农业改革部部长,旅游部部长,贸工部部长,能源部部长,高等教育委员会主席,国家经济发展署署长,总统新闻部部长,国家安全顾问,内阁事务部部长,总统特别助理,总统首席法律顾问,穆斯林事务国家委员会主席,海外菲人委员会主席,棉兰老发展署主席,国家减贫委员会主席,和平进程顾问。

3. 司法机关

菲律宾司法机关由一个最高法院及多个下级法院组成。最高法院由1名首席法官和14名陪审法官组成,均由总统任命,下级法院分别包括:(1)下级合议法院(Lower Collegiate Courts),含上诉法院、税务上诉院、反贪腐法院;(2)普通法院(Regular Courts),含地区法院、市镇巡回法院;(3)穆斯林法院(Muslim Courts)。

司法机关有权解释和适用法律，解决合法权利相关争议，决定是否存在严重滥用自由裁量权的行为以至于对政府角色及功能缺乏或过度行使管辖权。菲律宾宪法明确规定，最高法院拥有司法审查权，即有宣布条约、国际或行政协议、法律、总统令、公告、命令、指示、法令或条例违宪的权力[1]。

4. 宪法性委员会

根据菲律宾 1987 年宪法，其在立法、行政、司法机构以外，设独立宪法性委员会。据该宪法第 9 条及后续相关法律规定和授权，现设立的宪法性委员会从最初的 3 个扩展至 5 个，分别为：公务服务委员会（Civil Service Commission）、审计委员会（Commission on Audit）、选举委员会（Commission on Elections）、监察办公室（Office of the Ombudsman）、人权委员会（Commission on Human Rights）[2]。

（二）海洋管理的专门机构

从联合国海洋法会议成果渐具规模时起，菲律宾即表现出对国家海洋地位与海洋利益的明确关切。随着国际海洋法体系的发展实践、国家海洋资源的开发需求以及区域内海洋争议的情势变化，菲律宾在国内管理体制中较早确立了专门设置海洋管理部门的方针，并因政府策略调整、重心移转而在机构归属、组织结构、职责功能等方面多次重组变动。

1. 海洋法条约内阁委员会（Cabinet Committee on the Treaty on the Law of the Sea/CABCOM-LOS）

（1）初始建立阶段

1981 年，第三次联合国海洋法会议接近尾声，在会议最重要的成果"海洋法条约"即将出炉的背景之下，菲律宾政府认识到，这将对其政治、经济、战略、安全等多方面产生重要影响，遂提出：菲律宾政府机构须在执行"海洋法条约"政策及行动的各方面协调一致，从而使菲律宾基于条约所获利益，尤其是 200 海里的专属经济区利益，得以最大化。由此，时任总统马科斯（Ferdinand E. Marcos）颁布 1981 年第 738 号行政命令，宣布建立"海洋法条约内阁委员会"，以外交部为协同机构，负责海洋法条

---

[1] "About The Philippines", GOV. PH., https：//www.gov.ph/about-the-philippines, May 15, 2018.

[2] "Directory of Department and Agencies", GOV. PH., https：//www.gov.ph/directory-of-department-and-agencies, June 10, 2018.

约在履行过程中所涉的政治、经济、战略、安全及其他各方面问题。

在组织结构上，CABCOM-LOS 以外交部部长为委员会主席，成员由国防部部长、自然资源部部长、能源部部长、司法部部长、国家经济发展署署长以及其他总统指定官员担任，并在外交部下设一个秘书处，作为 CABCOM-LOS 的行政支持机构。

该秘书处的主要职责包括：第一，为委员会的内部管理提出必要的行政及程序性规章规定；第二，与其他相关机构协调，为实际高效地管理 200 海里专属经济区准备好行政性的、专业性的及其他技术性的指标，并向其他部门发布和传播；第三，会同其他相关部门，提出实际高效地开发、利用、保护 200 海里专属经济区的短期、中期和长期方案；第四，监管和协调其他各机构履行海洋法条约的活动；第五，为与他国进行有关边界、渔业、能源、矿产的谈判及有关专属经济区涵养、保护、勘探、开发、管理相关协议的谈判做好准备；第六，形成并提交委员会活动的定期报告[1]。

（2）移交与重组阶段

CABCOM-LOS 设立后的工作运行因受马科斯政权变动的波及而两度发生移交与重组。

1981 年马科斯执政时期，由于其恋栈权力，继 1972 年改美国式总统制为英国式现任内阁制后，又通过修改宪法将政体改为法国式总统制，总统由此具有极高权力，不对议会负责，可任命总理和政府其他成员。依照这一权力结构的变化，马科斯政府于 1985 年颁布第 1034 号行政命令，将海洋法内阁委员会秘书处从外交部移交至总理办公室秘书长，并将委员会主席一职由外交部长改为总理担任[2]。

仅仅在该行政命令颁布的一年后，马科斯政权终结，所谓的总理办公室随之不复存在，CABCOM-LOS 机构设置由此面临调整。1987 年，时任菲律宾总统阿基诺夫人颁布第 239 号行政命令，将 CABCOM-LOS 的海洋法秘书处（Law of the Sea Secretariat）从总理办公室交还外交部；1988 年，阿基诺夫人再颁布第 328 号行政命令，要求重组海洋法内阁委员会。

---

[1] Executive Order No. 738: "Establishing Cabinet Committee on the Treaty on the Law of the Sea" (1981).

[2] Executive Order No. 1034: "Modifying the Rates of Duty on Imported Ray on Articles as Provided under Presidential Decree No. 1464, as Amended, Otherwise Known as the Tariff and Customs Code of 1978" (1985).

命令提出，鉴于菲律宾已于 1982 年签署了《公约》，重建的 CABCOM-LOS，将作为政府机构代表承担有关履行《公约》、协调《公约》规定与国内法律法规的研究工作，从而为《公约》的生效做好准备。

重建后的 CABCOM-LOS 由外交部部长为其主席，由环境与自然资源部部长任副主席，其他成员包括：财政部部长、司法部部长、农业部部长、国防部部长、贸易与工业部部长、交通与通信部部长、国家经济发展署署长、预算部部长、文官长、科技部部长。

其海洋法秘书处由外交部的联合国及其他国际组织办公室总干事领导，其职责与马科斯政府时期基本一致，但额外添加"在履行《联合国海洋法公约》时对各机构进行监督与协调"作为第五项，并负责保存与《公约》相关的所有文件与记录[1]。

2. 海事与海洋事务内阁委员会（Cabinet Committee on Maritime and Ocean Affairs/ CABCOM-MOA）

（1）初始建立阶段

1994 年，《公约》生效在即，菲律宾政府于当年 7 月发布第 186 号行政命令，提出：《公约》旨在寻求建立一种海洋法律秩序，以促进海洋的和平使用、资源的公平与高效利用以及海洋环境的保护，由此，为确保在菲律宾国家利益的全局背景下以更为全面和务实的方式应对海事与海洋关切，进一步加强海洋法内阁委员会势在必行。

根据这一命令，"海洋法条约内阁委员会"更名为"海事与海洋事务内阁委员会"。委员会仍由外交部部长担任其主席一职，并由外交部继续为其提供秘书处服务支持。同时，委员会可要求其他任何政府部门、局处、办公室及机构提供适当协助。

在职能上，CABCOM-MOA 的职能范围被扩展至包括规划实际可行的政策，应对影响《公约》履行及其他海洋相关事务在内的各项关切。为此，一方面，委员会应制定并向总统及内阁提出履行《公约》的全面行动计划，同时就其活动提交季度报告；另一方面，委员会应通过海洋研究团体的壮大，鼓励政府及民间的学术及研究机构参与海事海洋相关事务。[2]

---

[1] Executive Order No. 239："Reorganizing the Department of Foreign Affairs and for other Purposes"（1987）；Executive Order No. 328："Reconstituting the Cabinet Committeeon the Law of The Sea"（1988）.

[2] Executive Order No. 186："Expanding The Coverage of The Cabinet Committee on the Law of the Sea and Renaming It as the Cabinet Committee on Maritime and ocean Affairs"（1994）.

（2）强化完善阶段

1999 年，菲律宾政府发布第 132 号行政命令，明确提出要进一步强化 CABCOM-MOA 及其支持机制，并另行增设为其服务的技术委员会。其理由有四：

第一，重申了菲律宾 1987 年《宪法》第 2 条、第 12 条、第 13 条有关菲律宾领土完整、国家安全、资源利用、人民生存所涉的海洋利益，再次明确"对海洋的综合协调管理，包括国家领土和海洋管辖权的划界与捍卫，是菲律宾作为群岛国家在发展中的最高国家利益"。第二，菲律宾已成为一系列国际海洋协定的签署方，包括《联合国海洋法公约》以及无拘束力的国际文件如《里约宣言》及《21 世纪议程》。第三，在最近的历史时期，海洋作为食物、矿产、石油与海洋能源及其他资源的初级来源，作为运输、旅游等多种经济产业的核心，其重要性不断增强。菲律宾将可持续发展原则视为其经济发展计划的主要支柱之一，而海洋在其中的价值无可替代。第四，人类对海洋的依赖已经导致严重的挑战，包括：海岸及海洋资源的退化、生物多样性的丧失与栖息地的破坏、海洋污染、不当的废物倾倒以及自然与人为灾害所引发的迫在眉睫的环境恶化。这些存在于群岛周遭环境与周边区域的情势强烈需要国家相关领域的信息交换与协作，以使政府能够高效管理并有效行使管辖权。

对此，菲律宾"需要加强对海事与海洋内阁委员会的授权"，为其提供适当的结构、组织及支持机制，以回应在海洋管理营运，尤其是在菲律宾领土及海洋管辖范围内的监管需求，并作为"国家创立统一协调的海洋管理架构"的努力，根据国内及国际发展对国家海洋政策（NMP）进行定期的评估与提炼。这一阶段对 CABCOM-MOA 的强化主要体现在：

① 原则的明确

明确指导政府海事及海洋事务的主要原则包括：一、为回应作为群岛国家性质下的诸多挑战与机遇，国内国际相关海洋海事事务的决策与行动应与国内海洋政策相一致；二、为追求可持续发展，应认识到群岛环境下的陆地与海洋资源开发的相互影响，并以此为基础鼓励所有资源利用者互相援助与支持；三、考虑到海事海洋管理领域的国际趋势与发展现状，应对提升和加强国家控制、利用、保护、管理及涵养其海洋资源的能力给予最优先重视。

② 成员的扩充

除继续由外交部长任主席外，委员会成员较 CABCOM-LOS 时期涵盖了更为广泛的政府分支,包括:文官长、国家安全委员会理事长、国防部部长、环境与自然资源部部长、农业部部长、社会经济计划部部长、科技部部长、交通通信部部长、能源部部长、贸易与工业部部长、司法部部长、财政部部长、预算部部长、内务和地方政务部部长、劳动就业部部长、旅游部部长。外交部长作为CABCOM-MOA主席,应就有效及高效履行法令职责颁布相关规则、规章及其他文件。

③ 职能的细化

根据菲律宾政府其时对《公约》的定位及国际海洋情势的评估,对CABCOM-MOA所负职能进一步梳拢与细化,主要包括:

第一,规划并向总统提出国家海洋政策建议。第二,协调施行此类政策并定期评估及在必要时提炼。第三,确定和制定政策选项以贯彻菲律宾签署的海洋相关国际协定及非强制性文件。第四,引介相关必要政策、项目以及专门工程,以提升国家利益,实现有关海洋资源可持续利用及与海洋环境保护相关的国际承诺。第五,规划并建议相关项目与专门工程,以加强对菲律宾海洋利益的统一协调监管,尤其体现在:其一,保卫群岛,包括防卫国家领土,并不断提升国家保护其海洋资源的能力;其二,通过在其海洋管辖范围内对人类活动的合理管控来保护、养护及保持海洋环境与海洋资源;其三,发展和促进菲律宾在船舶运输、航海作业、渔业、矿产与能源资源开采以及其他海洋性工业中的利益。第六,规划相关项目、协调并落实相关活动以提高国家尤其是海岸地区的群岛意识。

④ 专门技术委员会的增设

为了服务于CABCOM-MOA职能,在其下附设专门性技术委员会,仍由CABCOM-MOA全体成员组成。技术委员会主席还可征召学术机构、私营部门、非政府组织及其他政府办公部门与机构的专家代表,以协助委员会的政策制定与决策。

其服务性职能主要体现在:第一,监督CABCOM-MOA的决策及政策执行;第二,规划并建议与国家海洋海事事务相关的决策、政策、工程及项目,交由CABCOM-MOA审议通过;第三,协调各相关机构在履行菲律宾所签署的海洋海事国际协定及非强制性文件中的活动;第四,为海洋划界的立场与策略、渔业及海洋争端的解决以及其他国际海洋海事协定谈判提供规划与建议。

⑤ 海洋法秘书处的重组

原服务于CABCOM-LOS的海洋法秘书处,更名、重组、重建为海事海洋事务中心（Maritime and Ocean Affairs Center）。除继续作为 CABCOM-MOA 秘书处承担传统的辅助与行政支持职能外，其主要职责还包括：

第一，帮助发展有关海洋海事事务的国力及人力资源；第二，在确有必要时，与技术委员会及其成员、其他政府机构、海洋海事相关部门、非政府组织、研究院以及一般公众，就任何海洋相关事项进行磋商；第三，就 CABCOM-MOA 可能需要的所有海洋领域展开项目研究和政策分析，无论为立法、行政、战略或安全目的；第四，调查研究、收集数据、采集信息，为与他国间有关海洋边界重合、渔业、能源及矿产勘探、海洋开发的任何谈判或其他模式的争端解决，为其他有关领海和专属经济区及相邻水域海洋资源的养护、勘探、开采、保护、开发及管理的协定的谈判，做好准备；第五，创建、维护或促成创建、维护一个有关海洋海事事务的中央数据库及信息系统，以支持海洋海事的政策决策；第六，确认、建立合作网络，动员国内及国际的专家与研究机构，为政府的海洋政策决策提供支持或协助；第七，采取提升国民群岛意识和交流的必要行动，通过协作方式，宣传国家海洋海事利益；第八，协调适合的政府机构参与同菲律宾海洋海事利益相关的国际论坛、会谈、会议；第九，定期向 CABCOM-MOA 提交报告；第十，依据现行法律，获取和利用外来或本地实体的资助、基金或捐赠，以适用于推行 CABCOM-MOA 政策与指令的项目及研究。[1]

3. 外交部—海事海洋事务中心（Maritime and Ocean Affairs Center/DAF-MOAC）

2001 年，阿罗约政府认为，内阁部长们应该专注于其本部门的运行，因而不宜让他们过于集中至某一跨机构委员会并在工作中被牵扯过多精力；同时，上届政府所承诺的反贫困战役，也通过引导所有相关机构开展各种项目明智且公平地利用海洋及相关资源，取得了实现这一目标的重要成果。有鉴于此，阿罗约总统颁布 2001 年第 37 号行政命令，宣布废除 CABCOM-MOA，其职能均移交由外交部承担。

（1）移交至外交部后的海事海洋事务职能

2001 年至 2007 年，原 CABCOM-MOA 相关职能转由外交部承担，除既有的海洋海事职能外，新增加的职责包括：

---

[1] Executive Order No. 132: "Strengthening the Cabinet Committeeon Maritime and Ocean Affairs and Its Supporting Mechanisms, Establishing Its Technical Committee, and for Other Purposes" (1999).

第一，与相关政府机构协调，在渔民及其群体生存需要的小规模海洋资源利用项目上寻求外国技术及其他协助，以在养护资源和保护环境的同时，进一步改进渔业捕捞、渔业养殖、水产养殖及能够直接有助于其收入增加的海洋相关工业的生产方式；第二，建议必要的政策、程序及专门项目以推动和落实有关海洋资源与海洋科学研究的国家利益与国际承诺。

（2）海事海洋事务中心的升级

海事海洋事务中心的地位与职能在此次变动中得以明显提升。

在组织结构上，MOAC 由外交部部长所任命的秘书长领导，秘书长有权雇用顾问及其他专家并决定酬劳，有权依据相关法律法规要求其他政府机构或组织提供细节或借调人员。

在职能范围上，一方面，MOAC 的职责范围较 CABCOM-MOA 时期有所扩展，主要包括：第一，直接为外交部的海洋事务提供秘书处服务，在海洋海事相关事项上为外交部长提供协助和行政支持；第二，采取步骤使国内立法、规则、规章与菲律宾签署的国际协定及非强制性文件相协调或更新一致。

另一方面，中心下明确分立六大部门以更为精细具体地对应海洋海事相关领域的职能履行，其职能分工包括：部门一，领土及其他海洋管辖权、群岛海道与海道通讯、地图学；部门二，国际海底管理局、专属经济区、大陆架；部门三，渔业、海洋环境保护、海洋科学研究；部门四，海洋法律与政策，有关联合国海洋法公约、其他论坛、双边谈判中各事项的研究与准备，国际争端解决程序；部门五，其他海洋法问题、海盗与海上劫掠；部门六，海洋法图书馆、信息发布、档案纪录、会议与秘书服务。

为使 MOAC 能够迅速寻获独立适当的办公场所，菲律宾相关法令要求政府、政府机构及其所有或所控的法人集团为其提供一切方便。该中心的初步年度预算为 1000 万比索。[1]

4. 总统办公室下海事海洋事务委员会（Commission on Maritime and Ocean Affairs/ CMOA）

2007 年，不断发展的国家及区域海洋情势迫使阿罗约政府再次调整海洋行政管理方针。政府再次意识到，有效发展、施行以及持续更新菲律宾海洋政策对于一个群岛国及海洋民族至关重要，对其主权、国家安全、领

---

[1] Executive Order No. 37: "Abolishing the Cabinet Committee on Maritimeand Ocean Affairs" (2001).

土完整及其海洋、矿产、石油及其他海洋替代性能源资源都具有决定性意义。因而，阿罗约总统不得不重拾前任政府的基本模式，认为必须建立一个有充足资源的、投入的、专注的、专业的及专职的机构，方能回应海洋关切的方方面面，来应对影响群岛国菲律宾的海洋海事相关的大量政策问题。

根据2007年第612号行政命令，外交部下的海事海洋事务中心自此重组为总统办公室下的海事与海洋事务委员会，总统授权委员会就海洋问题的政策制定、实施、与其他部门及专家的协调——无论是涉外还是本地事务——进行总体的管辖与指导。CMOA还可建立技术工作组以帮助其完成授权与职责。

此次重组的CMOA由文官长担任主席，司法部部长与外交部部长为副主席，其他成员包括：国防部部长、国家安全顾问、环境与自然资源部部长、预算部部长、交通与通信部部长、旅游部部长、贸易与工业部部长、渔业与水产资源局局长、总检察长、总统首席法律顾问、国家地图与资源信息局、菲律宾海岸警卫队。

外交部继续为菲律宾参与海洋海事政策包括海洋划界相关的国际会谈、会议及谈判的领导机构，外交部下的海事海洋事务中心也继续存在，但外交部将作为整体为CMOA提供秘书处服务。CMOA的初步预算为5000万比索。[1]

5. 国家海岸警戒系统（National Coast Watch System /NCWS）

2011年，菲律宾进入阿基诺三世执政时期。作为菲律宾历史上第一位将南海问题提交国际第三方解决的领导人，阿基诺三世甫一就任，即宣布废除海事海洋事务委员会，以国家海岸警戒系统替代其职能，在国家海洋管理体制中加大军事力量的介入比重，明确体现出更为强硬迫切的立场与野心。

（1）国家海岸警戒系统建立的背景与基础

据其2011年所发布的第57号命令，菲律宾政府认为，国家正面临着严重的海洋安全挑战，不仅威胁其领土完整，也威胁着菲律宾人民的和平生存及其不受海盗、劫掠、恐怖主义、大规模杀伤性武器扩散、人口贩

---

[1] Executive Order NO. 612: "Reorganizing The Department of Foreign Affairs-Maritime and Ocean Affairs Center into the Commission on Maritime and Ocean Affairs under the Office of the President" (2007).

卖、毒品和武器走私、偷渡、非法捕鱼、跨境犯罪、国家灾害、气候变化及海洋环境退化所威胁的权利。政府迫切需要应对菲律宾的海洋安全面临挑战，尤其是对地区内和平和秩序有负面影响，以及危害环境和国家遗产的事项。

由此，国家海岸警戒系统应依据以下基础建立起来：第一，依据《公约》及第9522号共和国法案（也称《菲律宾基线法》），菲律宾作为群岛国家，主张其主权及主权权利。第二，根据1987年《行政法典》，菲律宾海军被指定为负责菲律宾海上防卫的主要军事力量。菲律宾海军铸就了国家海岸警戒体系的基础构造，南方海岸警卫部队的主要目标就在于提供海域感知以支持南部菲律宾的安全运行。第三，根据共和国法案第9993号（或称2009年《菲律宾海岸警卫法》），菲律宾海岸警卫队尤其被赋予在菲律宾海洋管辖范围内，确保海洋安全、航行安全、实施和维护海上安保、预防或制止海上恐怖主义以及实施执法的力量。第四，国际及区域的海事安全合作促使菲律宾以更快步伐发展其所需能力。

（2）国家海岸警戒系统的建立目的

第一，维护国家安全、领土完整及自决权。第二，加强在连接其他邻国海域中的海上安全，使其有利于国家利益。第三，将政府机构有关补充项目和活动统一纳入国家海岸警戒体系，从而有助于加强海洋领域和安全认知。第四，通过有效的机构间合作、协同、配合应对海洋问题，提出高效实际的海洋安全政策，以统一和加强其海洋安全举措，加强国家对海洋领域的管理。国家海岸警戒系统的初步预算为2000万比索。

（3）建立国家海岸警戒委员会（National Coast Watch Council）

国家海岸警戒委员会由文官长担任主席，其他成员包括：交通与通信部部长、国防部部长、外交部部长、内务和地方政务部部长、司法部部长、能源部部长、财政部部长、环境与自然资源部部长、农业部部长。

委员会职能主要有：第一，为国家海岸警戒系统的海洋安保运作、海洋安全的多国及跨境合作提供战略指导和政策指引。第二，对海洋安全作业实施定期审查，并定期向总统及国家安全委员会提交报告。第三，向总统建议国家海洋领域管理及安保政策与程序，并发布行政规定规章以加强菲律宾的海洋安全。第四，使与海洋安全任务相关的计划能力与资金要求相协调。第五，涉及可能由委员会决定的海洋安全政策方向与治理框架，根据其授权，协调并协同各政府机构的角色与关系。第六，在需要时，召集或解散机构间委员会或工作组以协助委员会执行其职能。第七，就所有影响国家海洋事项的政策制定与施行、与其他政府机构以及与国际或国内专家及组织的协调，行使全面管辖与指导。第八，为履行本命令授权颁布必要的规定及规章。

（4）海岸警戒委员会秘书处（Coast Watch Council Secretariat）

建立海岸警戒委员会秘书处意在为委员会提供技术与行政支持。其职能主要包括：第一，向委员会提供咨询研究与行政服务。第二，协助委员会计划和审核有关海洋安全的立法与行政文件。第三，协助委员会所建立的机构间委员会与工作组履行各自职权，包括行政性、技术性及秘书支持条款。

（5）建立国家海岸警戒中心（National Coast Watch Center）

国家海岸警戒中心由菲律宾海岸警卫队建立并领导，依据海岸警戒委员会的战略指导与政策指引，实施和协调海洋安全作业。其进一步职能还包括：

第一，收集、整合、综合与传播海洋安全相关信息。第二，发展和维持有效的交流与信息系统，以加强机构间在海洋安全作业中的协作。第三，应成员机构的要求或在紧急情况下，协调海洋监视或回应行业行为。第四，对海洋安全作业行为进行计划、协调、监管、评估、建档与报告。第五，在委员会授权时，协调跨境及多国海洋安全合作。第六，协调支持对逮捕违法者的检控。第七，发展通用共享态势图，加强海洋态势感知。第八，对海洋安全进行定期评估。第九，在委员会授权下，与外交部协调，启动跨境或多国海洋安全合作。

海岸警戒委员会还为中心指定了多个支持机构，为其提供人力、设备、资料支持。这些机构包括：菲律宾海军、菲律宾海岸警卫队、菲律宾国家警察海洋小组、司法部国家检察机关、海关总局、移民局、国家调查局、渔业及水产资源局、菲律宾跨境犯罪中心。

（6）废除海事海洋事务委员会

在建立上述各职能机构的同时，"为使政府机构的职能更为简化和合理"，阿罗约政府时期的海事海洋事务委员会被宣布废除，其授权和职能均交由国家海岸警戒委员会行使。[1]

---

[1] Executive Order No. 57: "Establishing A National Coast Watch System, Providing for Its Structure and Defining the Roles and Responsibilities of Member Agenciesin Providing Coordinated Inter-Agency Maritime Security Operations and for other Purposes" (2011).

（三）海洋管理的其他行政机构

1. 国家地图与资源信息局（National Mapping and Resource Information Authority/NAMRIA）

依据1988年环境与自然资源部第31号训令，为执行第192号行政命令第22条第a款的指导方针，菲国家地图与资源信息局受命为公众提供地图制图服务，并作为中央地图机关，以及地图、图表、文本及统计形式的自然资源数据的保存与发布机构。该机构成立至今的活跃实践与大量成果都成为其国家对内对外战略实施过程中的参考要素、重要佐证与支撑信息。其涉海测绘成果多次出现于菲律宾海洋划界谈判、海洋争端解决、海洋资源开发养护、海洋环境保护、海洋航行安全及相关国际合作的立场文件与谈判资料之中，成为宣示和支持其海洋主张的必备内核。[1]

在国家地图与资源信息局的六大核心功能中，与海洋专门或相关的测绘功能就占三项；在其当前进行的五大专项项目中亦涉及一项，分别为：

（1）海洋区域与边界绘图（Maritime Zones and Boundaries Mapping）功能

由国家地图与资源信息局从事的国家陆地和海洋领土的测绘。其为群岛划定不同海洋分区，包括专属经济区与大陆架。其率先向联合国大陆架界限委员会（UN Commission on the Limits of the Continental Shelf，UNCLCS）

---

[1] 如菲律宾在"中菲南海仲裁案"所提交资料中的多份地图即为该机构的测绘成果，菲律宾外交部也多次就该机构在对外活动中与其他政府部门的协同工作表示肯定。See DFA, "PHL Reiterates Rules-Based Approach to Maintain Peace and Stability in the South China Sea", https：//www.dfa.gov.ph/dfa-news/dfa-releasesupdate/955-phl-reiterates-rules-based-approach-to-maintain-peace-and-stability-in-the-south-china-sea, July 12, 2018; "Statement of Secretary Albert F. del Rosario on the Submission of the Philippines' Memorial to the Arbitral Tribunal", https://www.dfa.ph/dfa-news/dfa-releasesupdate/2460-statement-of-secretary-albert-f-del-rosario-on-the-submission-of-the-philippines-memorial-to-the-arbitral-tribunal, July 12, 2018; "Philippines, Palau Hold First Technical Meeting on Exclusive Economic Zone Boundaries", https：//www.dfa.gov.ph/dfa-news/dfa-releasesupdate/2553-philippines-palau-hold-first-technical-meeting-on-exclusive-economic-zone-boundaries, July 12, 2018; "Philippines, Indonesia Conclude 3rd Preparatory Meeting for Boundary Delimitation Talks", https：//www.dfa.gov.ph/dfa-news/dfa-releasesupdate/2767-philippines-indonesia-conclude-3rd-preparatory-meeting-for-boundary-delimitation-talks, July 12, 2018; "Philippines, Indonesia Finalize Text of Agreement and Chart on EEZ Boundary", https：//www.dfa.gov.ph/dfa-news/dfa-releasesupdate/2907-philippines-indonesia-finalize-text-of-agreement-and-chart-on-eez-boundary, July 12, 2018; "Philippines Hosts ARF Workshop on Safety of Navigation in Manila", https：//www.dfa.gov.ph/dfa-news/dfa-releasesupdate/13373-philippines-hosts-arf-workshop-on-safety-of-navigation-in-manila-2, July 12, 2018.

提交了菲律宾大陆架延伸至宾汉隆起（Benham Rise）的地图。它的技术支持既服务于多个有关海洋划界与海洋法问题的政府机构，也服务于地方政府有关 15 公里市政水域边界的走向与定界。

（2）环境与自然资源绘图（Environment and Natural Resource Mapping）功能

由国家地图与资源信息局从事的全国范围内环境与自然资源评估，并就诸如土地覆盖、海岸资源、易受海平面上升所侵袭的低洼地区、土地保有文件、山地或林地人口等多种主题的地理空间信息进行测绘。这些基础数据集合在多个层面成为政策制定、自然地理与发展计划、社会服务条款、灾害风险减轻与管理、气候变化缓解与适应研究等的重要输入内容。同时，该机构一直为公共土地的分类提供信息，并为环境与自然资源部有关林地边界的划定提供技术协助，以支持国会有关林业用地与国家公园最终界线的立法。

（3）水文、物理海洋学与航海绘图（Hydrography, Physical Oceanography and Nautical Charting）功能

由国家地图与资源信息局展开的水文与物理海洋法调查，据此绘制航海编图（包括泊位、港口、靠岸、海岸、通用航海和概览图）、潮汐和海流预测图表、沿海引航手册、航标表、航海通告以及其他勾勒国家海洋管辖界域的航海出版物。这一调查和绘图确保海上航行安全，为海洋空间和资源管理提供基础信息，并为气候变化研究提供基础数据。海图与水文数据对于依照《联合国海洋法公约》相关条款主张国家海洋权利至关重要。同时，航海图书资料也是 1974 年《国际海上人命安全公约》的要求。该机构还是国家级水文办公室以及国际海道测量组织与东亚水文委员会的联络点。时至今日，国家地图与资源信息局共运营和维护着 47 个主要潮汐观测站，以持续监测和记录海平面。24 个装备有遥测系统的潮汐观测站将近实时的潮汐数据传送至位于马尼拉的机构办公室。另外 6 个潮汐观测站也与政府间海洋学委员会的海平面观测站监控设施相连通，用户可通过网络下载到近实时数据。国家资源与信息局也为国家海洋数据中心提供服务，并营运文珍俞巴市（Muntinlupa）地磁观测站以协助地方与国际海洋及地磁数据交换。[1]

---

[1] Philippine National Mapping and Resource Information Authority, "About Us", http://www.namria.gov.ph/about.aspx, July 10, 2018.

(4) 菲律宾外部大陆架划界项目 (Philippine ECS Delimitation Project)

菲律宾外部大陆架划界项目意图在联合国大陆架界限委员会的指引下划定菲律宾大陆架的外部边界。其所使用的数据集合，将历史性的深海测量学的、地质学的、地球地理学的数据，与专门为菲律宾外部大陆架项目所采集的相似数据相结合。这些数据与信息将成为菲律宾主张对其领海宽度基线量起200海里以外的海底区域及其资源拥有海洋管辖的基础。

这一项目也涵盖了菲律宾所提交文件中的外交要素，包括与邻国的对等要求及在 UNCLCS 前的可能技术辩护。2012 年 4 月 12 日，UNCLCS 接受了菲律宾共和国提交的有关宾汉隆起地区大陆架划界案。这一外部大陆是菲律宾领海基线 200 海里外的海底区域的一部分。这一立足于 UNCLCS 建议而确定的大陆架外部界限，由 226 个方位点确定，覆盖了 135506 平方公里的海底区域。[1]

2. 交通部

交通部是早在1899年即依据《马洛洛斯宪法》(Malolos Constitution) 建立的第一批行政机构之一，作为政府促进、发展和管理可靠协调的交通网络体系的主要职能部门，它通过提供有效且高效的交通基础设施系统，为国家及国民提供快速、安全、高效、可信赖的交通服务，加强国家竞争优势，将菲律宾及其岛屿和人民与世界他地相连接。

按交通部公布的组织层级，海上运输相关的部门主要包括：菲律宾港口管理局、海洋工业管理局、宿务岛港口管理局、菲律宾商船学院。[2]

(1) 菲律宾港口管理局 (Philippine Port Authority/ PPA)

菲律宾港口管理局建立于1974年，是国家有关海港规划与发展的主要部门，自第 857 号行政命令修订了管理局章程后，全国范围内港口的整合与协调也被纳入其职能之中。

港口管理局受命建立、发展、规范、管理及执行一套理性的国家港口系统以支持国家贸易发展。其职能主要在于：第一，为港口提供回应性的可靠服务，促进社区及环境的可续性发展，并成为政府的示范性行业机

---

[1] Philippine National Mapping and Resource Information Authority, "Projects", http://namria. gov. ph/projects. aspx, July 10, 2018.

[2] 菲律宾交通部将海岸警卫队也视为其海上运输的行业部门之一，但作为有别于通常行政机关的专门武装力量，这部分内容将在后文"海上武装执法部门"一节中再予展开。See Philippine Department of Transportation, "Sectoral and Attached Agencies", http://www.dotr. gov. ph/2014-09-02-05-01-41/2014-09-03-06-32-04. html#sectoral-offices, July 2, 2018.

关。第二，建立与合作者及服务提供方之间的互利、公平、公正的关系。第三，提供有意义且报酬丰厚的工作岗位，并创造促进持续学习与提高的培育环境。第四，建立世界一流的港口作业，以其全球竞争力为国家增添形象及声望。[1]

(2) 海洋工业管理局（Maritime Industry Authority/ MARINA）

海洋工业管理局监管海洋工业的提升与发展，也为航运企业提供有效规范。自其1994年6月建立以来，管理局即被授权签发公益证明书、许可国际国内水上运输作业。根据菲律宾第75号行政命令、第10635号共和国法案，海洋工业管理局是菲律宾负责监督执行1978年《海员培训、发证和值班标准国际公约》（International Convention on Standards of Training, Certification and Watchkeeping for Seafarers, 1978）的唯一政府部门。该机构的其他职能包括：船舶登记、签发执照、解决船舶建造的安全问题以及执行海商法。该机构建设的社会经济目标是：使菲律宾成为有吸引力的船舶登记地；使菲律宾成为船舶建造与维修的主要中心；不断培养具有全球竞争力的海员；使现代化具有活力的国内商船成为无缝运输系统的一部分。[2]

(3) 宿务岛港口管理局（Cebu Port Authority/ CPA）

宿务岛港口管理局根据1992年6月颁布的第7621号共和国法案而建立。宿务岛港口管理局受命管理宿务省内的所有港口，事实上，其与菲律宾港口管理局系统相分离。管理局从1996年开始运行，并正式接管所有宿务港口。其主要任务在于：建造、营运与维持其工作网络中的各港口，比照国际接纳标准及实践执行集中管理体系，从而使管辖范围内的港口作业、规划及发展有助于促进贸易及商业。[3]

(4) 菲律宾商船学院（Philippine Merchant Marine Academy/ PMMA）

菲律宾商船学院历史悠久，原为依1820年西班牙皇家敕令所建之"马尼拉航海学校"（Escuela Nautica de Manila），在美国统治时期更名为

---

[1] Philippine Ports Authority, "Our History", http：//www.ppa.com.ph/? q = content/our-history, July 3, 2018; "Mission, Vision, Mandate, Core Values, Strategy Map & CSR Statements", http：//www.ppa.com.ph/? q = content/mission-vision-mandate-core-values-strategy-map-csr-statements, July 3, 2018.

[2] Philippine Maritime Industry Authority, "Mandates", http：//marina.gov.ph/about/, July 3, 2018.

[3] Cebu Port Authority, "A Corporate Overview", "Mandate", http：//www.cpa.gov.ph/index.php? option = com_ content&view = article&id = 13; home-page-official-website-of-cebu-port-authority&catid = 9: horizontal-menu-content&Itemid = 103, July 2, 2018.

"菲律宾航海学校",后于1963年根据第3680号共和国法案改换为"菲律宾商船学院"。菲律宾商船学院是由政府资金支持并由船舶工业扶助的国家海商事教育的领先机构。它是菲律宾最优秀商船船员引以为傲的母校。该校毕业海员成为菲律宾国际贸易的先锋力量,并可在战时作为海军军官的后备力量。多年来,菲律宾商船学院培养出众多船长、轮机长、航运高管、海军军官、杰出教育者及培训官,都在菲律宾国内外的海商及海事相关产业中有活跃表现。当前,该学院可授予海事教育及培训硕士学位、海上运输学士学位及船舶工程学士学位。[1]

3. 农业部

菲律宾农业部始建于1898年的阿奎那多(Emilio Aguinaldo)政府时期,后历经"内政部""公共建设部""农业与自然资源部""农业与商务部"等多次组织及职能变迁,于1987年阿基诺总统时期确定为"农业部"。渔业与水产业自20世纪30年代纳入农业部管理范围后,几经周折,最终亦脱离自然资源部门,成为农业部监管的重要内容。

杜特尔特上任后,政府要求农业及渔业规划回归基础,即"产出食物"与"应对贫困"。当前,农业部正致力于绘制国家农业及渔业的彩色编码图,从事食品消费量化研究,进行大规模机构改组、集中技术更新,以及通过评估提供更低利率的农业信贷,从而在未来为农民尤其是小农经营者提供更强有力的、全面的、高效的、透明的管理与服务。[2]

在农业部组织架构下,涉及海洋资源的相关部门主要有:

(1)渔业及水产资源局(Bureau of Fisheries and Aquatic Resources/DA-BFAR)

渔业及水产资源局依1998年《菲律宾渔业法》成立,是负责国家渔业及水产资源发展、改进、管理及养护的政府机构。[3] 其主要职能在于:

第一,筹备并实施国家渔业工业全面发展规划。第二,颁发商业捕捞船营运执照。第三,免费为商业捕捞船上工作的渔民颁发身份证明。第四,监督和审核菲律宾国民与外国人在国际水域从事渔业活动的合作捕捞协议,以确保此类协议不违背菲律宾基于国际条约和公约承诺的公海捕鱼义务。第五,制定并实施渔业研究和发展的综合规划,包括但不限于海产

---

[1] Philippine Merchant Marine Academy,"About PMMA",http://www.pmma.edu.ph/index.php/about-pmma,July 3, 2018.

[2] Department of Agriculture of Philippines,"History",http://www.da.gov.ph/history,July 5, 2018.

[3] See Philippine Fisheries Code of 1998 (Republic Act No. 8550).

养殖、海洋牧场、观赏鱼及海草文化等，旨在提高资源生产效率，改进资源利用率，并确保国家渔业及水产资源的远期可持续性。第六，建立并维持综合渔业信息系统。第七，在渔业生产、加工及销售的各方面提供广泛发展支持。第八，成立专家团体与国防部、内政及地方政府部、外交部合作，以有效监管、控制、监测菲律宾领水内的渔业活动，并提供必要的设施、装备与培训。第九，以国际标准执行与监督渔业水产品进出口及鱼类加工设施体系，以保证产品质量与安全。第十，实施法律，制定和实施除市政水域外所有有关养护和管理渔业资源的规范与规章，在与相关机构的磋商下解决资源利用与分配纠纷。第十一，制定和实施规则与规章以养护和管理跨界鱼类资源和高度洄游鱼类资源。[1]

（2）农业及渔业标准局（The Bureau of Agriculture and Fisheries Standards /BAFS）

农业及渔业标准局根据1997年《农业与渔业现代化法案》成立。[2] 该法案第30条规定，所有与食用或非食用的农业及渔业产品相关的生产、加工、分配和销售，均应执行产品使用标准，以确保消费者安全并提升产品竞争力。

农业及渔业标准局的主要职责在于：制定和实施有关新鲜初级及二级加工的农业与渔业产品在加工、保存、包装、标签、进口、出口、分销和广告时的质量标准；为建立食物安全、交易标准及行为准则的科学基础提供协助；将国内标准与国际通行标准及惯例实践相协调。[3]

（3）菲律宾农业与渔业委员会（Philippine Council for Agriculture and Fisheries/ PCAF）

依据2004年第366号行政命令，菲律宾农业与渔业委员会由原国家农业和渔业委员会（NAFC）与家畜发展委员会（LDC）合并而成。[4] 作为农业部附属机构，委员会在农业及渔业领域基础广泛的参与性决策过程中起到协助性作用。委员会为私营部门的全国性网络提供品质服务，引导国家、地区及地方层级的咨询委员会制定健全的政策、计划与项目规划。委员会被视为公私部门合

---

[1] DA-BFAR, "About Us", http：//www. bfar. da. gov. ph/aboutUS, July 8, 2018.
[2] See Agriculture and Fisheries Modernization Act of 1997（Republic Act No. 8435）.
[3] Philippine Bureau of Agriculture and Fisheries Stadards, "History", http：//www. bafps. da. gov. ph/about-us/history, July 8, 2018.
[4] DA-BFAR, "About Us", "PCAF History", http：//www. pcaf. da. gov. ph/index. php/pcaf-history/, July 10, 2018.

作的有效催化剂,以"参与"和"发展"为核心词,推动农业与渔业发展为充满活力的国民经济,推动重视民权与善治。[1]

(4) 菲律宾渔业发展局(Philippine Fisheries Development Authority/PFDA)

菲律宾渔业发展局于1976年依据第977号总统令创建,是一个具有法人权限的政府机构或称政府法人实体。[2] 发展局受命筹备捕捞后基础设施及设备,提供改进鱼类及水产产品处理与分销的核心服务,以促进水产捕捞业发展。其主要任务包括:第一,建立、营运和维持战略性及有全球竞争力的收获后渔业基础设施及设备(fishery post-harvest infrastructures and facilities),并为其提供市场信息与相关服务。第二,谨慎经营,提供可行性与金融增长以保证港口设施和服务供给的持续进步。第三,以及时、高质量的服务满足相关利益方的商业需求。第四,形成富有技巧且具奉献精神的团队,在确保发展机会的氛围下工作。通过不断发展,渔业发展局希望建设成为灵活且具有活力的政府法人,通过技术先进的捕捞后设备及设施,支持环境持续性的、有竞争力的水产捕捞业,从而为国家食品安全提供服务和作出贡献。[3]

4. 能源部

菲律宾能源部根据第7638号共和国法案即1992年《能源部法案》成立,旨在筹备、整合、协调、监督及控制政府有关能源勘探、开发、利用、分配及养护的所有计划、项目、工程及活动。[4]

能源部下设能源资源发展局、可再生能源管理局、能源利用管理局、石油工业管理局、能源政策与规划局、电力工业管理局、信息技术管理服务部、法律服务部、财政事务部、行政事务部、能源研究测试与实验室服务部等11个职能部门。其中,可再生能源管理局(Renewable Energy Management Bureau)下设的水力与海洋能源管理部(Hydropower & Ocean Energy Management Division),对菲律宾海洋能的开发利用提供能源技术及评

---

[1] Philippine Council for Agriculture and Fishieries, "About Us", http://www.pcaf.da.gov.ph/index.php/about-us/, July, 15, 2018.

[2] See Presidential Decree No. 977: "Reating the Philippine Fish Marketing Authority, Defining Its Functionsand Powers, and for Other Purposes (1976)".

[3] Philippine Fisheries Development Authority, "Corporate Goverance Manual", http://pfda.da.gov.ph/images/PDF/cgm.pdf, July 12, 2018.

[4] Philippines Department of Energy, "Mandate, Mission and Vision", https://www.doe.gov.ph/transparency/mandate-mission-and-vision-o, July 13, 2018.

估监管。[1]

在能源与技术发展方面，管理局主要职能为：第一，制定、开发与评估可加强海洋及水力技术与经济竞争力的政策与项目，包括科技创新。第二，开展水文、地理、地形、海洋及经济等多方面的调查、可行性研究以及项目科研，以评估国家海洋及水力资源的潜力。第三，维护海洋与水力潜力数据库目录，并定期更新，以供商业及其他用途使用，如海洋及水力网站中的地图、模型及排名。第四，从事海洋及水力发展的社会经济及环境影响研究，并为减轻对环境的有害影响而提出缓解措施。第五，就海洋及水力设施的发展与运作提供技术协助与可持续性方案。第六，开展研讨会、培训课程、技术简报、论坛、工作室、焦点小组讨论以及多媒体竞赛等，以帮助信息传授与提高海洋及水力技术能力。

在评估、登记与监管方面，管理局主要职能为：第一，制定政策，并就有关政府推动的及私营部门参与的海洋及水力发展的政策、指导方针、标准的执行进行监督。第二，监督与监控政府及私人机构在海洋与水力工程方面的活动，并为更好地理解政府在海洋水力资源利用与商业化方面的监管职能、政策与项目提供指导。第三，维护海洋与水力设施的数据库目录，以监控和发展海洋与水力发电数据。第四，为可再生能源设备的生产商、制造商及供应商核发登记与鉴定。第五，与各政府机构、地方政府、学术机构、非政府组织、私营部门以及其他利益相关方，就上述职能进行协调。

5. 环境与自然资源部

环境与自然资源部是负责管控和监督国家自然资源勘探、开发、利用及养护的行政管理部门。环境与自然资源部最初作为"农业与自然资源部"成立于1917年。依据1987年第131号行政命令，当时的"自然资源部"被改组并入"环境、能源及自然资源部"，并据同年第192号行政命令最终重组为"环境与自然资源部"。[2]

作为环境与自然资源部当前下设的7个附属机构之一，国家水资源委员会依据第424号总统令于1974年建立，并在其后的第124-A号行政命令中更为现名。委员会的建设目标是：为健康民族提供可持续的水资源。其

---

[1] Philippines Department of Energy, "Organizational Structure", https：//www.doe.gov.ph/about-doe/organizational-structure-as-of-August-2019, Sep. 13, 2019.

[2] Department of Environment and Natural Resources, "About Us", https：//www.denr.gov.ph, July13, 2018.

主要职责在于：第一，协调和整合国家的水资源开发活动。第二，制定数据采集、工程调查、规划设计及可行性评估的一般准则、方法与标准，制定水资源开发和优化利用的规定和规章。第三，审核和批准其他机构的水资源开发规划和项目。第四，承担流域调查、库存资源评估，形成综合性的全流域储备计划，并控制最大限度的水资源养护和综合利用。第五，承担水文调查，建立、营运和维持观察平台网络与集中式水资源数据中心。第六，从事或促进与其他政府机构就水资源开发相关方面的专门研究与探索。应该认为，海洋水资源并非国家水资源委员会的主要监管与调整对象，但从其一般职能授权而言仍有被牵涉包含的可能。[1]

6. 科学与技术部

科学与技术部最初为建立于1958年的"科学与技术委员会"（NSDB），1981年重组为"国家科学与技术局"（NSTA），旨在建立一个"有社会良知的、有能力与竞争力的科学与技术团体"。作为国家首席科学与技术团体，科学与技术部肩负着双重使命：为所有科学与技术活动提供中心指导、领导及协调；制定政策、项目与工程以支持国家发展。科学与技术部下设3个行业计划委员会、7个研究与发展机构、6个科技服务机构、2个大学团体、7个地区办公室以及80个省级科技中心。[2]

菲律宾农业、水产及自然资源研究与发展委员会（Philippine Council for Agriculture, Aquatic, and Natural Resources Research and Development, PCAARRD），是科学与技术部下设的第一大行业委员会，根据2011年第366号行政命令，由菲律宾农业、林业及自然资源研究与发展理事会（PCARRD）、菲律宾水产及海洋研究与发展理事会（PCAMRD）协同设立。委员会已经逐渐成为支持与管理政府国内网络，支持和管理农作物、家畜、林业、渔业、水土、矿产资源相关高等教育机构的顶尖组织，也成为社会经济研究与发展的尖端机构。

随着其涉及范围、功能及职责的扩展，委员会的主要实践为：第一，为其所辖领域的不同部门的科学技术研发制定政策、计划与项目。第二，

---

[1] Philippine National Water Resources Board, "Historical Background", http://www.nwrb.gov.ph/index.php/about/historical-backgound, July 14, 2018.

[2] Philippine Department of Science and Technology, "History and Logo", http://www.dost.gov.ph/transparency/about-dost/history-and-logo.html, July 13, 2018; Philippine Department of Science and Technology, "Organizational Structure", http://www.dost.gov.ph/transparency/about-dost/organizational-structure.html, July 13, 2018.

协调、评估及监测在农业、水产与自然资源部门的国内研发。第三，分配研发的政府及额外资金，并为支持其项目运作提供资源。第四，与国际、区域、国内组织以及基金机构在联合研发、人力资源发展与培训、技术协助以及科学人才、信息与技术交换方面积极开展合作。第五，支持由国家单一商品或多种商品的区域研发中心、合作平台及专门机构组成的国家农业、水产与自然资源研发网络。[1]

（四）海上武装执法机构

1. 菲律宾海岸警卫队

菲律宾海岸警卫队是菲律宾最早也是唯一的人道主义武装服务单位。这一队伍的建设开端可追溯到20世纪初，当时的海岸警卫力量主要目标为保护海关服务、海岸线及港口巡逻。当前，菲律宾海岸警卫队被认为是除菲律宾武装部队以及菲律宾国家警察之外，国家的第三支统一武装力量，其使命在于：实施和履行一切国际国内海上安全、安保、搜查与搜救以及海洋环境保护法律，以支持菲律宾的海上运输网络的统一目标、国家安全与经济发展。作为一支海洋部队，海岸警卫队为其久负盛名的人道主义服务传统而自豪，并时刻准备着回应职业使命的召唤。

根据2009年《海岸警卫法》、第9993号共和国法案以及其他相关施行规则和条例，菲律宾海岸警卫队负责执行海洋搜查与搜救、海洋执法、海洋安全、海洋环境保护与海事安保，被赋予采取预防性措施的必要权力与职责以确保商船的安全。新的法案也加强了海岸警卫队权力以应对有关海洋资源、技术革新以及气候变化方面的挑战。第9993号共和国法案将海岸警卫队定位为国家行政体系中的第一海洋机构，其建设愿景为：至2028年，将菲律宾海岸警卫队建设成为世界一流的海上护卫组织，承担海洋人命救助任务，确保海上运输安全与更清洁海洋，同时捍卫国家的海洋管辖任务。[2] 根据菲律宾海岸警卫队的公开信息，其所肩负的职能区块包括：

（1）航海安全（MARSAF）

海岸警卫队是国家通过港口国管制对抗不安全外国船舶入境的前沿力量，其航海安全职能旨在防止不必要的海上生命及财产损失或将其降至最

---

[1] DWST-PCAARRD, "About PCAARRD", http://www.pcaarrd.dost.gov.ph/home/portal/index.php/transparency/about, July 13, 2018.

[2] Philippine Coast Guard, "Mandates, Mission & Vision", http://www.coastguard.gov.ph/index.php/transparency/about-us/mission-vision, July 13, 2018.

低。依据第 9333 号共和国法案，海岸警卫队受命依据政府所签署的相关海洋国际公约、协定或文件以及国内法执行监管，主要措施有：

第一，通过严格的离港前强制检查保证每一船舶在离港时的适航，包括使船舶符合安全标准、防止船舶航行失败以满足标准；在港口进行随机应急准备评估与作战准备评估。第二，进行定期船舶检查，发布航海公告，以及实施和执行航行规则与海道指定等。第三，负责监督所有海难救助作业并核发许可。第四，摧毁或拖离危害航行安全的漂浮物，这些漂浮物包括但不限于非法捕鱼栅及捕鱼船舶。第五，通过在全国范围内运行或维持及维护 565 座灯塔以及 44 个导航浮标以引导和确保海员的航行安全。

当前，海岸警卫队在整个群岛范围内设有 7 家港口管制中心与 15 家港口管制分部。其中，鉴于外国船舶靠港的频率，马尼拉的港口管制中心承担了大部分的检查工作。[1]

（2）海上安保（MARSEC）

海上安保是海岸警卫队的另一个重要职能。考虑到国家的群岛特征，加强其不同海洋区域的安全以保卫国家完整至关重要。为承担这一职能，海岸警卫队通过展开定期巡逻和监视船舶航行安全来帮助维持海上的良好秩序，从而护卫船舶不受非法行为侵害、提高航行自由。海岸警卫队也同样被授权保护在国家海洋管辖范围内的资源开采与利用活动。

海岸警卫队正在开展的"海上元帅计划"，尝试组建一支兼具国家武装部队、国家警察部队及海岸警卫队要素的综合安保力量，以保护国内航线上的客货船航程。海岸警卫队也自傲于其全国范围内新近建立的警犬（K-9）部队，该部队由全国各主要港口服役的警犬组成。[2]

（3）海上搜救（MARSAR）

依据 1974 年《国际海上人命安全公约》，菲律宾以其海岸警卫队为国家海上搜救服务机构。位于马尼拉海岸警卫队总部的"海岸警卫队行动中心"，凭借当前职能与设施，为各搜救作业提供中心协调服务。12 个海岸警卫区被指定作为海上营救协调委员会并对各自区域负责，同时，59 个海岸警卫平台被指定为海上营救分中心。

海岸警卫队的搜救组织维持着 24 小时不间断的人工警戒，持续监视遇

---

[1] Philippine Coast Guard, "MARSAF", http://www.coastguard.gov.ph/index.php/transparency/functions/marsaf, July 15, 2018.

[2] Philippine Coast Guard, "MARSEC", http://coastguard.gov.ph/index.php/transparency/functions/marsec, July 15, 2018.

险呼救频率，在其负责区域内从事沿岸和海上运输的巡航。每一海上营救分中心至少有一个中队的海岸警卫辅助艇，承担警戒并在需要时提供协助。同时，每一个海岸警卫区或海上营救中心都至少有一支由特别行动小组、医疗小组、警犬与水下搜救员组成的可部署反应小队，可迅速出发进行海洋或陆地搜救作业。[1]

（4）海上执法（MARLEN）

菲律宾授权海岸警卫队进行海事法律执法，执行渔业（非法捕捞）、移民、海关与关税、林业、武器与爆炸物、人口贩卖、危险药品与受控化学物质的相关法律，并执行刑法修订案以及与国家海洋管辖范围相关的其他可适用法律以打击跨境犯罪活动。

为有效履行这一职能，海岸警卫队被授权登临检查所有被非法贸易卷入或利用的水上交通工具。随着其海上执法职能的展开，海岸警卫队已被视为菲律宾渔业与水产资源局、移民局、海关、环境与自然资源部、缉毒署以及国际武警组织的当然代理。根据第9993号共和国法案，由21个政府部门授权海岸警卫队代表其履行海事执法职能，针对海盗、走私、偷猎、非法捕捞、非法入境、人口贩卖、非法砍伐、毒品走私、军火走私以及恐怖活动等开展执法监管与打击。[2]

（5）海洋环保（MAREP）

菲律宾是国际海事组织1973年与1978年《防止船舶污染国际公约》（MARPOL 73/78）的签署国。依据第9993号共和国法案，菲律宾海岸警卫队是菲律宾履行公约义务的唯一责任机关，通过开展海洋污染的监测与控制、加强警卫队能力、改进溢油应急反应作业、执行所有海洋环境法律与规章，不懈承担着对油污污染、预防、减轻及控制的相关义务与承诺。[3]

2. 菲律宾海军

菲律宾海军隶属国防部，是菲律宾武装部队的海上作战分部。海军司令为四星上将，是海军中最高级别军官，独立为海军的管理与作战状态负责。

---

[1] Philippine Coast Guard, "About Us", https：//www.coastguard.gov.ph/index.php/transparency/about-us/26cpcg, July 15, 2018.

[2] Philippine Coast Guard, "MARLEN", http：//www.coastguard.gov.ph/index.php/transparency/functions/marlen, July 15, 2018.

[3] Philippine Coast Guard, "MAREP", https：//www.coastguard.gov.ph/index.php/transparency/functions/marep, July 15, 2018.

截至 2018 年菲律宾海军的官方公开数据显示，海军共有现役军人 325673 人、海军陆战队军人近 9000 人、海军军官 53948 人、海军官校学生 4398 人、预备役 98481 人、可供部署的作战舰艇 284 艘、美军所属在航航空母舰 3 艘（太平洋舰队"卡尔文森"号、第 6 舰队"杜鲁门"号、太平洋舰队"里根"号）、美军所属在航两栖突击舰 2 艘（太平洋"舰队基萨奇山"号、第 5 舰队"硫磺岛"号）、可作战航空器 3700 架以上。前文所述的菲律宾海岸警卫队曾为海军附属单位，直至 1998 年才独立成为海事法律执法机关。[1]

（1）基本使命

当前，菲律宾海军与海岸警卫队共同承担国家海洋边界的巡逻护卫责任，但其职责重心明显有别于后者，表现为：

第一，组织、训练、装备、维持及运营包括海军预备役在内的海军部队与海军舰机，必要时提供菲律宾武装部队完成任务时所要求的水上运输支持与协助。第二，协助适当政府机构在菲律宾群岛领海及毗连区水域内，执行与航行、移民、海关税收、鸦片、检疫、捕鱼及中立立场相关的法律与规章。第三，与其他主要部队及区域指挥部协同发展联合行动的原则、程序与海军设备，发展海陆两栖行动的原则与程序。

（2）主要建制

菲律宾海军共设菲律宾舰队与菲律宾海军陆战队两大基础建制，前者处于菲律宾舰队司令官的直接指挥之下，而后者对海军陆战队指挥官负责。两大建制之下又进一步划分为 7 个海军作战单位、5 个海军支持部队以及 7 个海军支持单位。

菲律宾舰队为国家唯一舰队。舰队下有九大主要单位，包括：海上作战部队、沿岸作战部队、海上补给和两栖部队、潜艇部队、海军航空小队、海军特别行动部队、舰队支持部队、舰队培训与教导中心、海军气象与海洋学中心。

菲律宾海军陆战队由一个志愿者团队演变而来，现有 3 个海军陆战队旅、11 个海军营登陆团、1 个作战服务支持旅、1 个侦察营、1 个训练中心、1 个司令部营、1 个海上安全护航队、1 个海上预备役旅以及多个独立支持单位。[2]

---

[1] Philippine Navy, "History", http：//www. navy. mil. ph/, July 15, 2018.

[2] Discovermilitary, "Philippine Marine Corps", https：//discovermilitary. com/world-military/philippine-marine-corps, July 16, 2018.

(3) 菲律宾海军陆战队

与菲律宾舰队不同，海军陆战队的行动范围较纯粹的军事功能更为宽泛，在国家海洋管理中的参与实践也更为灵活。

1950年11月，海军陆战队初建为菲律宾舰队第一海上旅的部队之一，总部设于甲米城的甲米海军基地。美国军队与美国海军陆战队派人帮助训练了第一批菲律宾海军陆战队队员，教导其如何在各地作战及执行两栖任务。1976年，这一支力量更名为"菲律宾海军步兵队"（Philippine Marines）；1995年，最终建成为海军陆战队，作为菲律宾海军的作战单位。2018年，菲律宾立法者再次发出动议，要求将海军陆战队独立为菲律宾武装部队的一支，一则使海军陆战队获得在更高级别军事部门的代表权，二则使海军陆战队装备现代化购置力度更大；但动议者也明确表示，即使海军陆战队获得独立地位，其与海军的紧密联系也不会发生改变。[1]

菲律宾海军陆战队下建有3个机动旅、1个作战服务与支持旅、第七海军陆战旅总部以及侦察营、海上安全护航大队等独立单位。3个机动旅为其所属单位提供行政及后勤保障，作战服务与支持旅则是野战炮兵营和攻击装甲营的训练及管理指挥机关。

其中，就作战任务外的海洋监管行动而言，菲律宾海上安全与护航大队（Marine Security and Escort Group）较具代表性。该大队于2000年依据菲律宾海军陆战队总部第23号一般命令建立，其军官及士兵由作战部老兵及基本步枪兵组成，这使得大队成员能够在任何时间任何地点得以部署或重新部署。比如，在1999年的东帝汶冲突中，大量海军分队即来自海上安全与护航大队。海上安全与护航大队的主要任务在于：为海军作战基地、重要政府机构与设施提供安保服务；为指定的政要名士提供安保服务；为正式仪式提供仪仗队和护航服务。[2]

(4) 海洋维权的参与实践

除了参与美西战争、美菲战争、第二次世界大战以及其他国内军事冲突外，被菲律宾海军视为海洋维权举措的主要有：

第一，仁爱礁事件。出于对周边国家尤其是中国海洋主张的忧虑，菲

---

[1] Defense Studies: "PMC Was Proposed as Independent Military Branch", http://defense-studies.blogspot.com/2018/04/pmc-was-proposed-as-independent.html, July 16, 2018.

[2] Philippine Marine Corps, "Marine Units", http://www.philippinemarinecorps.mil.ph/pmcMSEG.html, July 10, 2018.

律宾海军1999年派遣了"马德雷"号巡逻舰（BRP Sierra Madre）在仁爱礁有意搁浅，以此作为对中国在美济礁建设行为的回应。菲律宾海军以军舰长期坐滩并借此驻扎人员、搬运建设物资，将此视为其在南海争端中维护国家海洋主权的重要军事实践。

第二，黄岩岛对峙。2012年，菲律宾侦察机在菲律宾控制的黄岩岛发现中国渔船，菲律宾海军即部署巡逻舰"德尔毕拉尔"号（BRP Gregorio Del Pilar）前往该海域。作为回应，中国派遣了海监船警告菲律宾海军离开该海域，双方的主张引发对峙。此事件成为菲律宾海军参与海洋维权的又一重要实践。

第三，《美菲军队互访协定》与《国防合作增强协议》。1998年，随着军事基地的关闭，美菲签署军队互访协议，规定了美国军队访问菲律宾的行动与保护指南，保证美国军队可进入菲律宾领土。2014年美菲再次签订《国防合作增强协议》。双方建立了名为"肩并肩联合军事演习"（Balikatan Exercises）的美菲年度军演制度以及包括两国海军间的"菲律宾双边演习"（PHIBLEX）在内的其他多种合作举措。可以说，南海局势与菲律宾海洋权利主张，一直是美菲军事合作相关协议的背景支撑与意图指向。

第四，菲律宾军队的现代化工程。南海局势的变化与升级，也进一步激发了菲律宾海军现代化建设的紧迫性。在菲律宾2013年提交南海仲裁案申请前夕，菲律宾国会通过了修订后的2012年《菲律宾军队现代化法案》，以启动菲律宾军队现代化的新阶段。国家海洋维权的需要，成为菲律宾海军获取更多国家支持的有力动因。[1]

纵观上述菲律宾相关机构排布与职能设置，可以看到：

第一，菲律宾对海洋管理的重视与机构建设由来已久、非朝夕之策，已经形成覆盖范围较全面、有专门机构、重视组织协调的较优实践。除了交通运输部、农业部、环境与资源部等国家既有行政部门在传统职能中对

---

[1] See Macapagal-Arroyo, "PGMA's Speech During the 105th Founding Anniversary of the Philippine Navy", https：//www.officialgazette.gov.ph/2003/05/27/speech-of-president-arroyo-during-the-105th-founding-anniversary-of-the-philippine-navy, July 16, 2018；GlobalSecurity, "Philippine Navy", https：//www.globalsecurity.org/military/world/philippines/navy.htm, July 16, 2018；《仁爱礁》，载观察者网：http：//www.guancha.cn/RenAiJiao/，最后访问日期：2018年7月16日；《中菲黄岩岛海域对峙》，载凤凰网：http：//news.ifeng.com/mainland/special/nanhaizhengduan/，最后访问日期：2018年7月16日；Development Academy of the Philippines, "Executive Summary, Final Report as October 2007", http：//www.ombudsman.gov.ph/docs/statistics/2007_afp-pn_summary.pdf, July 16, 2018.

海上运输、渔业、水产等的分散监管之外，菲律宾设立专门部门管理海洋事务已近40年，由此建立起以群岛国海洋主权、群岛国海洋民族生存、群岛国海洋意识为立足点的较综合、全面的海洋管理职责范围，并随政府结构与政策重心的变化形成或以外交部或以国防部牵头的全国各部门协调配合体系。

第二，菲律宾国家立场对国际海洋法律文件尤其是《公约》的高度推崇与依赖。菲律宾国家海洋管理专门机构的设立即端始于1980年前后对重要"海洋法条约"即将出台的期待。为衔接第三次联合国海洋法会议的成果，迅速实施、运作、体现新兴国际海洋立法中对菲律宾作为群岛国家的有利机制与条款，"海洋法条约内阁委员会"得以创立；而即使历经"海事与海洋事务内阁委员会""外交部—海事海洋事务中心""总统办公室下海事海洋事务委员会"的系列改革与重组，对国际海洋法律文件的承诺履行及立足于此的国际合作也始终作为必要内核不断得以重申与强调。

第三，军事力量在菲律宾海洋管理部门的介入趋势不断加强。从各阶段建立的海洋事务专门部门来看，其前期主导机关分别为内阁、外交部、总统办公室，且以外交部指派时期居多。而自2011年阿基诺三世宣布废除海事海洋事务委员会、建立国家海岸警戒系统以来，菲律宾文职部门虽仍以"国家海岸警戒委员会"形式作为指导和协调机构存在，但海岸警卫队及菲律宾海军在这一警戒系统构建中已占据显要位置，其国家海岸警戒中心更直接由菲律宾海岸警卫队建立并领导，以对应系统建设背景中被更多强调的海上刑事犯罪与国家海洋安全目标。

四、国内海洋立法

(一) 菲律宾法律体系概况

自 16 世纪菲律宾群岛被西班牙占领时起,原有土著的习惯规则,与不同殖民者外来法律的辗转侵袭,再混同群岛不同区域民族宗教文化所附的法律传统,使得菲律宾法律体系随着国家发展历史愈显复杂。时至今日,菲律宾法被认为是罗马法系与英美法系的混合体,而由于 14 世纪起马来西亚伊斯兰教徒的大量移民,菲律宾尤其是其第二大岛的棉兰老岛也适用伊斯兰法。[1]

当前菲律宾法的主要渊源包括宪法、制定法、条约、司法判例。习惯法规则尽管并未得到 1950 年菲律宾《民法典》的确认,但基于其 1987 年宪法第 14 条有关"国家承认、尊重、保护土著文化群体的权利,以保存和发展其文化、传统及制度"的规定,法官仍被允许在缺少成文法时适用地方习惯判案,从而将习惯作为菲律宾法的补充渊源。

在上述各类法律渊源中,菲律宾的制定法最为繁杂。自 1900 年以来,在菲律宾的不同统治时期,其法律名称、立法权源、生效程序都略有差别。据相关统计,美国殖民政府统治的 1900 年至 1935 年,菲律宾委员会(Philippine Commission)及其两院继任者通过了 4275 件立法,时称"法案"(Acts);1935 年至 1946 年的菲律宾自治政府(Philippine Commonwealth)时期,通过立法 733 件,时称"联邦法案"(Commonwealth Acts);1946 年至 1972 年的菲律宾共和国(Philippine Republic)时期,共通过立法 6635 件,时称"共和国法案"(Republic Acts);在 1973 年至 1986 年 7 月的马科斯戒严时期(Martial Law Period),共颁布"总统敕令"(Presidential Decrees)2035 件;1987 年结束马科斯统治、重回共和国后,阿基诺夫人颁布了 302 件"行政命令"(Executive Orders),国会则于重掌权柄后颁布了"共和国法案"9338 件。至此,自 1900 年至今颁布的制定法文件已有

---

[1] 参见张卫平:《菲律宾的法律制度》,载《东南亚研究资料》,1985 年第 8 期,第 74—77 页;果海英:《西班牙的殖民征服与菲律宾本土的法律与习惯》,载《全国外国法制史研究会"公法与私法的互动"会议论文集》,2011 年,第 402—418 页。

17574 件。[1]

有鉴于这一历史状态，下述菲律宾有关海洋立法的文件可能因立法时期不同而名目各异，但在法律层级上都是在菲律宾具有法律拘束力的成文法渊源。

（二）划定管辖海域的法

1. 关于国家领土及群岛水域的基本认定

菲律宾至今共有生效宪法 7 部，分别为 1899 年《宪法》、1935 年《宪法》、1943 年《宪法》、1973 年《宪法》、1973 年《宪法》的 1976 年《修订案》、1986 年《临时宪法》、1987 年《宪法》；具有突破意义的宪法修正草案 1 部，即 2018 年《联邦宪法草案》。

从各部宪法有关国家领土的规定来看，1899 年《宪法》、1943 年《宪法》均未规定国家领土范围；1935 年《宪法》虽有"国家领土"一条，但将菲律宾领土描述为 1898 年《美西巴黎条约》第 3 条、1900 年《美西条约》、1903 年《美英条约》中划定界限内的所有岛屿，其意在强调独立后的菲律宾应继承美国原统治下的全部菲律宾领土范围，国家的地形与资源尚在其次；直至 1973 年《宪法》起，才开始在其第 1 条"国家领土"中将陆地（islands）和水域（waters）结合描述，并明确使用"菲律宾群岛"一语，并在后续各宪法中沿袭该体例。

2018 年 7 月，为配合总统杜特尔特改单一总统制为联邦制的改革方案，菲律宾修宪咨询委员会（Consultative Committee）通过并提交了"联邦宪法草案"。与施行已经超过 30 年的菲律宾 1987 年《宪法》相比，《宪法草案》最终版本仍在第 1 条对"国家领土"开宗明义，但其中划定依据、措辞表述及体现的立法意图都做了明显调整。

现将联合国"海洋空间：海洋区域与海洋划界"项目[2]所收录的菲律宾 1973 年《宪法》与菲律宾现行的 1987 年《宪法》中"国家领土"条

---

[1] Asean Law Association, "Legal Systems in Asean-Philippines-Historical Overview", http：//aseanlawassociation.org/papers/phil_chp1.pdf, July 20, 2018; Asean Law Association, "Legal Systems in Asean-Philippines-Sources of Law", http：//aseanlawassociation.org/papers/phil_chp2.pdf, July 20, 2018.

[2] 该项目由联合国秘书处海洋事务与海洋法分部建立。See UN Division for Ocean Affairs and the Law of the Sea, "Philippines", http：//www.un.org/depts/los/LEGISLATIONANDTREATIES/STATEFILES/PHL.htm, July 20, 2018.

款，以及最新通过的 2018 年"联邦宪法草案"相关条款比较如下：

菲律宾 1973 年《宪法》第 1 条规定："国家领土由菲律宾群岛组成，包括其所包含的全部岛屿和水域，以及其他基于历史性权利和法定权利归属于菲律宾的所有领土，包括领海、领空、底土、海床、岛架及其他海底区域。菲律宾对上述区域享有主权和管辖权。群岛周围、群岛之间及连接群岛的水域，无论其宽度与广度，都构成菲律宾内水的一部分。"

菲律宾 1987 年《宪法》第 1 条规定："国家领土由菲律宾群岛组成，包括其所包含的全部岛屿和水域，以及其他由菲律宾行使主权与管辖权的所有领土，构成陆地的、河流的及空中的领域，包括其领海、海床、底土、岛架以及其他海底区域。群岛周围、群岛之间及连接群岛的水域，无论其宽度与广度，都构成菲律宾内水的一部分。"

菲律宾 2018 年"联邦宪法草案"第 1 条第 1 款规定："菲律宾对其领土拥有主权。其领土包括群岛基线内的岛屿和水域、领海、底土、大陆架及其上空。菲律宾基于国内法、国际法以及国际性的法庭或仲裁庭所作的判决而对其群岛基线以外岛屿和地物拥有主权。其同时根据历史性权利（historic right）或所有权（legal title）还对属于菲律宾的所有其他领土享有主权。"其第 1 条第 2 款规定："菲律宾在国际法所容许的限度内对领海以外的延伸海域拥有主权权利，对于包括菲律宾隆起（Philippine Rise）在内的 200 海里以外大陆架拥有主权权利。菲律宾公民对上述区域中的所有资源享有权利。"

由此可知：第一，菲律宾通过各部宪法不断突破其领土构成的传统条约界限、扩展其领土范围。自菲律宾 1973 年《宪法》始，其国家领土条款中已不再援引 1898 年《美西巴黎条约》、1900 年《美西华盛顿条约》和 1930 年《英美条约》等三个国际法律文件中的条约界限。随后的 1987 年《宪法》在相关条款上基本搬用了 1973 年《宪法》的行文表达。而 2018 年的"联邦宪法草案"不但明确提出群岛基线内的领土主权，更第一次在宪法中明确了对非群岛组成部分的其他地物的主权主张，在菲律宾突破其传统条约界限的过程中迈得更远。

第二，自 1973 年《宪法》起菲律宾对领土的基本规定就开始使用贴近国际海洋法发展成果中"群岛国"概念的表述，由此得窥《公约》中的群岛国制度确立对菲律宾的非凡意义。因而，在菲律宾后续的海洋管理政策中，在民众中宣传树立"群岛意识"，强调群岛国对其管辖海域法律权利关系民族生存，即成题中应有之义。

第三,"历史性权利"用语的使用在近三部宪法中有所反复。1987年《宪法》去除了1973年《宪法》中"历史性权利"的表述,却在2018年的"联邦宪法草案"中得以恢复。对于该用语在1987年《宪法》中的抹除,一方面应基于《公约》并无对"历史性权利"的直接适用与明确界定;另一方面则在于,《公约》中"群岛国"章节作为群岛国家参与国际海洋立法谈判的重要成果,其相关制度设计已在一定程度上考虑并体现了群岛国的相关权利需求。而2018年"联邦宪法草案"对这一表述的重拾,一方面应意在利用历史性权利在国际法上的范围、内涵、性质的模糊性,通过历史性权利为其某些主权主张(如针对沙巴地区的主权声索)和非主权性权利主张"兜底";另一方面,同时添加含义范围相当广泛的"所有权"一词,可最大可能地将依据条约享有的权利、依据习惯国际法享有的权利、经过国际司法与仲裁机构的判决或裁决承认的权利都涵盖其中。[1]

第四,领土条款相关表述似与国际海洋法一般认知存在冲突。如1973年及1987年两部《宪法》均将群岛岛屿周围、之间及相连接的水域规定为国家内水。法条中并未直接使用"群岛水域"一词,上述水域是否属于《公约》所指"群岛水域"存在模糊。且即使法条中所指水域确为"群岛水域",将"群岛水域"直接等同于一国"内水"似与《公约》相关规定并不相符。而2018年的"联邦宪法草案"则将"大陆架"明确表述为国家领土的组成部分之一。即使《公约》确认沿岸国对其大陆架拥有主权权利,但存在主权权利的地域应并不直接等同于国家领土。

第五,中菲南海仲裁案的裁决结果可能在菲律宾领土划定的法律文件中持续发酵。2018年的"联邦宪法草案"体现出菲律宾对海洋国土的勃勃野心。除了前述"历史性权利"的回归、将"宾汉隆起"明确写入宪法等变化外,菲律宾也可以对其群岛基线以外岛屿和地物拥有主权,依据便在于"国内法、国际法以及国际性的法庭或仲裁庭所作的判决"。而南海仲裁案虽不太可能在宪法中被直接提及,但"国际性的法庭或仲裁庭所作判决"这一措辞的指向性已经非常明显。尽管中菲关系较前平稳,菲现任总统也在多个场合有意回避或淡化这一仲裁结果,但该宪法草案却明确体现出最高立法层面对仲裁裁决的承认、接纳以及将其融入国内法律体系之中的推动意图。该草案一旦生效,菲律宾领导人对仲裁裁决的搁置将面临

---

[1] 丁铎:《菲宪法草案"国家领土"条款之解析》,载中国南海研究院网站,http://www.nanhai.org.cn/review_c/290.html,最后访问日期,2018年8月3日。

"违宪"风险。

2. 关于领海基线及群岛基线的认定

菲律宾自 1961 年颁布第一部《领海基线法案》后，分别于 1968 年与 2009 年进行了修订，2009 年法案将"领海基线法"修正为"群岛基线法"。

（1）1961 年《菲律宾领海基线划定法案》（第 3046 号共和国法案）（An Act to Define the Baselines of the Territorial Sea of the Philippines）

1961 年《菲律宾领海基线划定法案》（以下简称 1961 年《领海基线法》）在 1958 年第一次联合国海洋法会议后颁布。领海基线立法的诞生应与 1958 年《领海及毗连区公约》的促动有关，但行文并未体现出对当时国际海洋法发展的明显反映。从其法条来看，1961 年《领海基线法》仅有三大法条，意在：第一，遵照 1943 年宪法明确国家领海范围，其基点设定仍主要以有关菲律宾领土划分的三大条约（1898 年《美西巴黎条约》、1900 年《美西华盛顿条约》、1930 年《英美条约》）为参照，菲律宾海洋领土的扩展尚不明显；第二，明确领海基线的法律效果，即所有被前述领海基线所包围的水均为菲律宾内水或内陆水（第 I 部分 表 1）。

第 I 部分 表 1 1961 年菲律宾《领海基线法》中的基点坐标

基点名称	纬度（北）	经度（东）	方位偏角	距离（米）
Y'ami Island（E） Line 1［Yami I.（E.）Tumaruk Rk.］	21 07′03″	121 57′24″	353 27′	71656
Tumaruk Rk. Line 2（Tumaruk Rk. Balintang Is.）	20 28′28″	122 02′06″	347 13′	58105
Balintang Island Line 3（Balingtang Is. Didicas Rk.）	19 57′45″	122 09′28″	375 05′	97755
Didicas Rk. Line 4（Didicas Rk.-Iligan Pt.）	19 04′50″	122 12′18″	350 39′	86155
Iligan Pt. Line 5（Iligan Pt.-Ditolong Pt.）	18 18′45″	122 20′15″	351 23′	136030
Ditolong Pt. Line 6（Ditolong Pt.-Diviuisa Pt.）	17 05′50″	122 31′44″	16 56′	34378
Diviuisa Pt. Line 7（Diviuisa Pt.-Dijohan Pt.）	16 48′00″	122 26′06″	21 01′	57781

续表

基点名称	纬度（北）	经度（东）	方位偏角	距离（米）
Dijohan Pt. Line 7a（Dijohan Pt. -Bulubalik Pt.）	1618′45″	12214′28″	1052′	142360
Bulubalik Pt. Line 8（Bulubalik Pt. -Tinaga I.）	1502′56″	12159′30″	30015′	120986
Tinaga I. Line 9（Tinaga I. -Horadaba Rks.）	1429′45″	12257′40″	28627′	148690
Horadaba Rks. Line 10（Horadaba Rks. Matulin Rk.）	1406′41″	12416′54″	30634′	1083
Matulin Rk. Line 11（Matulin Rk. -Atalaya Pt.）	1406′20″	12417′23″	33146′	178480
Atalaya Pt. Line 11a（Atalaya Pt. -Finch Rk.）	1240′59″	12504′02″	31330′	22268
Finch Rk. Line 12（Finch Rk. -SE of Manjud Pt.）	1232′40″	12512′57″	31356′	12665
SE Manjud pt. Line 12a（SE of Manjud Pt. -Sora Cay）	1227′54″	12517′59″	32227′	14225
Sora Cay Line 13（Sora Cay -Bunga Pt.）	1221′47″	12522′46″	32103′	22793
Bunga Pt. Line 13a（Bunga Pt. -Tubabao I.）	1212′10″	12530′40″	33150′	12686
Tubabao I. Line 14（Tubabao I. -Tugnug Pt.）	2306′06″	12533′58″	35522′	83235
Tugnug Pt. Line 15（Tugnug Pt. -Suluan I.）	1121′06″	12537′40″	33103′	75326
Suluan Island Line 16（Suluan I. -Tuason Pt.）	1045′20″	12557′40″	34751′	107070
Tuason Pt. Line 17（Tuason Pt. -Cauit Pt.）	948′33″	12610′00″	35525′	55415
Cauit Pt. Line 18（Cauit Pt. Arangasa Is.）	918′35″	12612′25″	34244′	49703
Arangasa Is. Line 19（Arangasa Is. -Quinablangan I.）	852′50″	12620′28″	34840′	131330

续表

基点名称	纬度（北）	经度（东）	方位偏角	距离（米）
Quinablangan I. Line 19a（Quinablangan I. -Above Languyan R.）	7 42′58″	126 34′30″	353 08′	25619
Above Languyan R. Line 20（Above Languyan R. Pusan Pt.）	7 29′10″	126 36′10″	356 52′	22489
Pusan Pt. Line 21（Pusan Pt. -Tuguban Pt.）	7 16′59″	126 36′50″	26 39′	36259
Tuguban Pt. Line 22（Tuguban Pt. -Cape S. Agustin N.）	6 59′24″	126 28′00″	20 33′	83350
Cape San Agustin（N） Line 22a［Cape S. Agustin（N）Cape San Agustin（S）］	6 17′03″	126 12′08″	30 16′	1707
Cape San Agustin（S） Line 23［Cape S. Agustin（S）Panguil Bato Pt.］	6 16′15″	126 11′40″	39 23′	125100
Panguil Bato Pt. Line 23a（Panguil Bato Pt. -Tapundo Pt.）	5 23′45″	125 28′42″	66 32′	7484
Tapudo Pt. Line 24（Tapundo Pt. -Manamil I.）	5 22′08″	125 24′59″	89 19′	7667
Manamil I. Line 24a［Manamil I. -Balut I.（W）］	5 22′05″	125 20′50″	139 01′	3051
Balut I.（W） Line 25［Balut I.（W）-Middle of 3 Rk. Awash］	5 23′20″	125 19′45″	124 47′	149840
Middle of 3 Rk. Awash Line 26（Middle of 3 Rk. Awash Tongquil I.）	6 09′39″	124 13′02″	86 18′	259400
Tongquil I. Line 27（Tongquil I. -Sumbasumba I.）	6 00′15″	121 52′45″	61 29′	115950
Sumbasumba I. Line 28（Sumbasumba I. -Kinapusan Is.）	5 30′10″	120 57′35″	43 19′	44445
Kinapusan Is. Line 29（Kinapusan Is. -Manuk Manka I.）	5 12′37″	120 41′05″	63 14′	101290

续表

基点名称	纬度（北）	经度（东）	方位偏角	距离（米）
Manuk Manka I. Line 30（Manuk Manka I. -Frances Reef）	4 47′50″	119 52′10″	58 30′	80847
Frances Reef Line 31（Frances Reef -Bajapa Reef）	4 24′54″	119 14′54″	134 34′	29330
Bajapa Reef Line 32（Bajapa Reef -Panguan I.）	4 36′04″	119 03′36″	164 05′	13480
Panguan I. Line 33（Panguan I. -Omapoy I.）	4 43′06″	119 01′36″	238 48′	42470
Omapoy I. Line 34（Omapoy I. -Sanga-Sanga I.）	4 55′02″	119 21′15″	246 11′	51005
Sanga-Sanga I. Line 35（Sanga-Sanga I. -Pearl Bank）	5 06′12″	119 46′30″	170 05′	80200
Pearl Bank Line 36（Pearl Bank -Baguan I.）	5 49′04″	119 39′01″	103 13′	137050
Baguan I Line 36a（Banguan I. -Taganak I.）	6 06′00″	118 26′42″	76 52′	15535
Taganak I. Line 37（Taganak I. -Gt. Bakkungaan O	6 04′05″	118 18′30″	118 39′	24805
Gt. Bakkungaan Line 37a（Gt. Bakkungaan -Sibaung I.）	6 10′32″	118 06′42″	136 04′	18470
Sibaung I. Line 38（Sibaung -I. Muligi I.）	6 17′45″	117 59′45″	215 36′	79915
Mulugi I. Line 39（Mulugi I. -Mangsee Is.）	6 53′00″	118 25′00″	119 14′	140541
Mangsee Is. Line 39a（Mangsee Is. -Cape Melville）	7 30′10″	117 18′20″	134 50′	48815
Cape Melville Line 40（Cape Melville -Ligas Pt.）	7 48′50″	116 59′30″	153 54′	15665
Ligas Pt. Line 41（Ligas Pt. -Cay）	7 56′28″	116 55′45″	170 40′	5666
Cay Line 41a（Cay-Secam I.）	7 59′30″	116 55′15″	204 52′	22,925

续表

基点名称	纬度（北）	经度（东）	方位偏角	距离（米）
Secam I. Line 42（Secam I. -N. of Canipan Bay）	810′47″	11700′30″	20909′	54900
N. of Canipan Bay Line 43（N. of Canipan Bay Tatub Pt.）	836′50″	11715′06″	21857′	18570
Tatub Pt. Line 44（Tatub Pt. -Punta Baja）	844′40″	11721′28″	22204′	45125
Punta Baja Line 45（Punta Baja -Malapackun I.）	902′50″	11737′58″	22330′	32194
Malapackun I. Line 46（Malapackun I. -Piedras Pt.）	915′30″	11750′04″	22550′	148260
Piedras Pt. Line 47（Piedras Pt. -Tapuitan I.）	1011′28″	11848′18″	20319′	124900
Tapuitan I. Line 48（Tapuitan I. -Pinnacle Rk.）	1113′40″	11915′28″	20847′	136590
Pincle Rk. Line 49（Pinnacle Rk. -Cape Calavite）	1218′34″	11951′45″	20040′	134230
Cape Calavite Line 50（Cape Calavite -Cabra I.）	1326′40″	12018′00″	14812′	58235
Cabra I. Line 51（Cabra I. -Capones Is.）	1353′30″	12000′58″	17926′	113400
Capones Is. Line 52（Capones Is. -Pa-Lauig Pt.）	1455′00″	12000′20″	16809′	58100
Palauig Pt. Line 53（Palauig. -Hermana Mayor I.）	1525′50″	11953′40″	16417′	40870
Hermana Mayor I. Line 53a（Hermana Mayor Tambobo Pt.）	1547′10″	11947′28″	16710′	20490
Tambobo Pt. Line 54（Tambobo Pt. -Rena Pt.）	1558′00″	11944′55″	18143′	22910
Rena Pt. Line 54a（Rena Pt. -Cape Bolinao）	1610′25″	11945′18″	19139′	18675
Cape Bolinao Line 55（Cape Bolinao -Darigayos Pt.）	1620′20″	11947′25″	22620′	80016

续表

基点名称	纬度（北）	经度（东）	方位偏角	距离（米）
Darigayos Pt. Line 56（Darigayos Pt. -Dile Pt.）	1650′15″	12020′00″	17958′	81616
Dile Pt. Line 56a（Disle Pt. -Pinget I.）	1734′30″	12019′58″	18827′	12060
Pinget I. Line 56b（Pinget I. -Badoc I.）	1740′58″	12020′58″	19246′	27170
Badoc I. Line 57（Badoc I. -Cape Bojeador）	1755′20″	12024′22″	19503′	65270
Cape Bojeador Line 58（Cape Bojeador -Dalupiri I.）	1829′30″	12034′00″	22216′	101740
Dalupiri I. Line 59（Dalupiri I. -Catanapan Pt.）	1910′15″	12113′02″	21329′	25075
Catanapan Pt. Line 60（Catanapan Pt. -Dequey I.）	1921′35″	12120′56″	20227′	116870
Dequey I. Line 61（Dequey I. -Raile）	2920′06″	12146′35″	18047′	42255
Raile Line 62［Raile -Y'ami I.（W）］	2043′00″	12146′55″	20030′	48140
Y'ami I.（W） Line 63［Y'ami I.（W）-Y'ami I.（M）］	2107′26″	12156′39″	23840′	237
Y'ami I.（M） Line 64［Y'ami I.（M）-Y'ami I.（E）］	2107′30″	12156′46″	30708′	1376
Y'ami I.（E）	2107′03″	12157′24″		

（2）1968年《对第3046号共和国法案第1条的修订案》（第5446号共和国法案）（An Act to Amend Section One of the Republic Act Numbered Thirty Hundred and Forty-Six）

从法案标题来看，1968年《对第3046号共和国法案第1条的修订案》（以下简称1968年《领海基线法》）的立法主旨在于对1961年《领海基线法》第1条的修订；但从法条内容来看，1968年立法第1条仅对原1961年《领海基线法》原领海基线表作出了唯一一处勘误，即将第49行基点（Line 49）的名称拼写从"Pincle Rk."订正为"Pinnacle Rk."，法条称之为"打印错误"。勘误并不是1968年立法的重心，其核心立法体现在第2

条:"本法所规定的菲律宾群岛领海基线的划定,不损害对北婆罗洲沙巴地区领土周围的领海基线划定,菲律宾在该地区享有领土主权。"该条不但使用"菲律宾群岛"这一更具地形意义的用语替代了"菲律宾"的一般政治称谓,更明确将"沙巴地区"纳入其领海管辖范围,成为菲律宾与马来西亚绵延至今的沙巴领土争端的国内立法维权举措的早期体现。

(3) 2009 年《菲律宾群岛基线划定法案(对第 3046 号及 5446 号法案的修订案)》(第 9522 号法案)(An Act to Amend Certain Provisions of Republic Act No. 3046, as Amended by Republic Act No. 5446, to Define the Archipelagic Baseline of the Philippines and for Other Purposes)

2009 年《菲律宾群岛基线划定法案(对第 3046 号及 5446 号法案的修订案)》(以下简称 2009 年《群岛基线法》)是菲律宾向联合国交存的最为晚近的基线划定方案。一方面,该法案将摒弃"领海基线"概念,重新划定群岛基线以鲜明体现《公约》群岛制度下的国家地位;另一方面,《公约》群岛制度成为国家定位海洋前景与开发海洋权利的倚仗与旗帜,菲律宾据此不再掩饰其海洋领土的扩展野心:基线基点从前两部法案的 65 个扩展至 101 个(第 1 条);明确规定根据《公约》第 121 条对"卡拉延群岛"、黄岩岛行使主权和管辖权(第 2 条)(第 I 部分 表 2)。

第 I 部分 表 2　菲律宾群岛基线表

基点编号	位置名称	地点	1984 年世界测地系统(WGS 84)坐标 经度(北)	经度(东)	与下一基点距离(米)
1	PAB-01	Amianan Is.	21657.73″	1215727.71″	70.08
2	PAB-02	Balintang Is.	195738.19″	122946.32″	99.17
3	PAB-04	Bigan Pt.	181835.30″	1222019.07″	71.83
4	PAB-05A	Ditolong Pt.	17716.30″	1223128.34″	1.05
5	PAB-05B	Ditolong Pt.	17614.79″	1223143.84″	0.39
6	PAB-05	Ditolong Pt.	17551.31″	1223142.66″	3.29
7	PAB-06	Spires Is.	17236.91″	122313.28″	9.74
8	PAB-06B	Digollorin Pt.	165918.03″	1222756.61″	3.51
9	PAB-06C	Digollorin Rk.	164956.11″	1222650.78″	2.40
10	PAB-07	Divimisa Pt.	164738.86″	122264.40″	30.94
11	PAB-08	Dinoban Pt.	161844.33″	1221406.69″	116.26

续表

基点编号	位置名称	地点	1984年世界测地系统（WGS 84）坐标 经度（北）	经度（东）	与下一基点距离（米）
12	PAB-10A	Tinaga Is.	142954.43″	1225751.15″	80.29
13	PAB-11	Horodaba Rk.	146.29.91″	1241659.21″	0.54
14	PAB-12	Matulin Rk.	146.10.40″	1241726.28″	96.04
15	PAB-13	Atalaya Pt.	12416.37″	125353.71″	6.79
16	PAB-13A	Bacan Is.	123618.41″	125850.19″	5.52
17	PAB-14	Finch Rk.	1232.33.62″	1251259.70″	0.80
18	PAB-14A	Cube Rk.	1231.57.45″	1251332.37″	4.90
19	PAB-14D	NWManjud Pt.	122836.42″	1251712.32″	1.30
20	PAB-15	SEManjud Pt.	122737.51″	125185.23″	7.09
21	PAB-16A	SSorz Cay	122141.64″	125237.41″	5.68
22	PAB-16B	Panablihon	121727.17″	125270.12″	5.21
23	PAB-16C	Alugon	121321.95″	1253019.47″	1.94
24	PAB-16D	NBunga Pt.	121148.16″	1253130.88″	0.54
25	PAB-17	EBunga Pt.	121120.67″	1253148.29″	5.71
26	PAB-18A	SETobabao Is.	1267.00″	1253411.94″	83.94
27	PAB-19C	Suluan Is.	104516.70″	125588.78″	56.28
28	PAB-19D	NTuason Pt.	94959.58″	126106.39″	57.44
29	PAB-20A	Arangasa Is.	85316.62″	1262048.81″	40.69
30	PAB-21B	Sanco Pt.	81311.53″	1262853.25″	30.80
31	PAB-22	Bagoso Is	74245.02″	1263429.08″	12.95
32	PAB-22C	Languyan	72949.47″	1263559.24″	0.54
33	PAB-23	Languyan	72916.93″	1263559.50″	0.76
34	PAB-23B	Languyan	72830.97″	1263557.30″	1.2
35	PAB-23C	NBaculin Pt.	72729.42″	1263551.31″	10.12
36	PAB-24	Pusan Pt.	71719.80″	1263618.26″	1.14
37	PAB-24A	S Pusan Pt.	71614.43″	1263557.20″	63.28
38	PAB-25B	Cape SanAgustin	61714.73″	1261214.40″	1.28
39	PAB-25	Cape SanAgustin	6168.35″	1261135.06″	67.65
40	PAB-26	SESarangani Is.	52334.20″	1252842.11″	0.43
41	PAB-27	Pangil Bato Pt.	52321.80″	1252819.59″	3.44

续表

基点编号	位置名称	地点	1984 年世界测地系统（WGS 84）坐标 经度（北）	经度（东）	与下一基点距离（米）
42	PAB-28	Tapundo Pt.	62155.66″	1262511.21″	3.31
43	PAB-29	WCalia Pt.	52158.48″	1252152.03″	0.87
44	PAB-30	Manamil Is.	5222.91″	1252059.73″	1.79
45	PAB-31	Marampog Pt.	52320.18″	1251944.29″	78.42
46	PAB-32	Pola Pt.	698.44″	1241542.81″	122.88
47	PAB-33A	Kantuan Is	62647.22″	12213.34.50″	29.44
48	PAB-34A	Tongguil Is.	6233.77″	1215636.20″	2.38
49	PAB-35	Tongquil Is	618.51″	1215441.45″	1.72
50	PAB-35A	Tongquil Is.	6017.88″	1216311.17″	85.94
51	PAB-38A	Kirapusan Is	512.8.70″	1204138.14″	55.24
52	PAB-39	Manuk Manka Is.	44739.24″	1195158.08″	43.44
53	PAB-40	Frances Reef	42453.84″	1191450.71	0.61
54	PAB-40A	Frances Reef	4253.83″	1191415.15″	15.48
55	PAB-41A	Bajapa Reef	436″9.01″	119322.75″	6.88
56	PAB-42A	Paguan Is.	44252.07″	119144.04″	8.40
57	PAB-43	Alice Reef	44555.25″	119315.19″	2.28
58	PAB-44	Alice Reef	4475.36″	119512.94″	18.60
59	PAB-45	Omapoy Rk.	45510.45″	119221.30	23.37
60	PAB-46	Bukut Lapis Pt.	5223.73″	1194418.14″	44.20
61	PAB-47	Pearl Bank	54635.15″	1193951.77″	75.17
62	PAB-48	Bagnan Is.	6558.41″	1182657.30″	8.54
63	PAB-48A	Taganak Is	6414.08″	1181833.33″	13.46
64	PAB-49	Great Bakkungaan Is.	6114.65″	118654.15″	3.97
65	PAB-50	Libiman Is.	61339.90″	118352.09″	5.53
66	PAB-51	Sibaung Is.	61743.99″	11805.44″	41.60
67	PAB-52	Muligi Is.	65214.53″	1182340.49″	75.06
68	PAB-53	South Mangsee Is.	73026.05″	1171833.75″	26.00
69	PAB-54	Balabac Is.	74830.69″	1165939.18″	6.08
70	PAB-54A	Balabac Great Reef	75127.17″	1165417.19″	1.18
71	PAB-54B	Balabac Great Reef	75219.86″	1165328.73″	2.27

续表

基点编号	位置名称	地点	1984年世界测地系统（WGS 84）坐标 经度（北）	经度（东）	与下一基点距离（米）
72	PAB-55	Balabac Great Reef	75436.35″	1165316.64″	5.42
73	PAB-60	Ada Reef	820.26″	1165410.04″	10.85
74	PAB.61	Secam Is.	81118.36″	1165951.87″	30.88
75	PAB-62	Latua Pt.	88756.37″	1171551.23″	7.91
76	PAB-63	SWTatub Pt.	84417.40″	1172039.37″	11.89
77	PAB-63A	WSicud Pt.	85332.20″	1172815.78″	13.20
78	PAB-64	Tarumpitao Pt.	92.57.47″	1173738.88″	81.12
79	PAB.64B	Dry Is.	95922.54″	1183653.61″	82.76
80	PAB-65C	Sinangcolan Pt.	111319.82″	1191517.74″	74.65
81	PAB-67	Pinnacle Rk.	121935.22″	1195056.00	93.88
82	PAB-68	Cabra Is	135324.45″	12015.86″	115.69
83	PAB-71	Hermana Mayor Is.	154843.61″	1194656.09″	9.30
84	PAB-72	Tambobo Pt.	155761.67″	1194455.32″	12.06
85	PAB-72B	Rena Pt.	16957.90″	11945.15.76″	0.25
86	PAB-73	Rena Pt.	161012.42″	1194511.95″	6.43
87	PAB-74	Rocky Ledge	161634.46″	1194619.50″	0.65
88	PAB-74A	Piedra Pt.	163712.70″	1194628.62″	1.30
89	PAB-75	Piedra Pt.	161829.49″	1194644.94″	1.04
90	PAB-75C	Piedra Pt.	161928.20″	119477.69″	0.63
91	PAB-75D	Piedra Pt.	16204.38″	1194720.48″	80.60
92	PAB-76	Dile Pt.	173424.94″	1202033.36″	6.86
93	PAB-77	Pinget Is.	174117.56″	120212.20″	14.15
94	PAB-78	Baboc Is.	17554.13″	1202440.56″	35.40
95	PAB-79	Cape Bojeador	182932.42″	1203342.41″	1.77
96	PAB-79B	Bobon	183052.88″	1203455.35″	58.23
97	PAB-80	Calagangan Pt.	191014.78″	1211252.64″	98.07
98	PAB-82	Itbayat Is.	204315.74″	1214657.80″	25.63
99	PAB-83	Amianan Is.	21717.47″	1215643.85″	0.08
100	PAB-84	Amianan Is.	21718.41″	1215648.79″	0.25
101	PAB-85	Amianan Is.	21712.04″	121573.65″	0.44

(4) 菲律宾最高法院关于 2009 年《菲律宾群岛基线划定法案》（第 9522 号共和国法案）的违宪审查

第 9522 号共和国法案公布后，菲律宾大学数名法学教授及学生、前国会议员向菲律宾最高法院提起诉讼，质疑该法案的合宪性。其指控的违宪之处主要包括：第一，该法案使菲律宾减少了 15000 平方海里的海洋领土，即减少了菲律宾国家主权覆盖的范围，违反了体现《巴黎条约》和相关条约条款的 1987 年《宪法》第 1 条；第二，该法案将基线向陆地方向的国家水域向外国船舶和飞行器开放，损害菲律宾主权和国家安全，违反国家的无核政策，损害海洋资源，同样违反相关宪法规定；第三，该法案将"卡拉延群岛"作为岛屿处理，在导致大量海洋区域丧失的同时，还危害渔民生计。

作为应诉方的菲律宾文官长、外交部部长、预算和管理部部长、国家地图与资源信息局局长、菲律宾驻联合国代表团团长等的诉讼代表回应称，第 9522 号共和国法案的目的是让菲律宾遵守《公约》的条款，保护菲律宾对卡拉延和黄岩岛的领土主权，不损害国家的安全、环境和经济利益，未放弃菲律宾对沙巴的主张。

对于上述合宪性质疑，最高法院最终并未给予支持。法院认为：第一，第 9522 号共和国法案是《公约》下划分国家海洋区域和大陆架的工具，并非对菲律宾领土的划分。《公约》与领土的取得和丧失毫无关联，它是一项规范在海洋区域的海洋使用权利的多边条约。第 9522 号共和国法案的基线法只是《公约》缔约方精确地划分其海洋区域和大陆架的成文法工具，由此告知国际社会其他当事方其可行使主权及管辖权的海洋及海底区域的范围。对陆地地形的领土主张在《公约》范围之外，是由国际法的一般规则拘束的。

第二，第 9522 号共和国法案运用岛屿制度的框架适用于"卡拉延群岛"和黄岩岛，并不违背菲律宾在这些区域的主权主张。菲律宾最高法院认为，根据第 3046 号共和国法案，菲律宾的"内水或群岛水域"面积为 166858 平方海里，领海面积为 274136 平方海里，专属经济区面积未划分，各类水域总面积为 440994 平方英里；而根据第 9522 号共和国法案，"内水或群岛水域"面积为 171435 平方英里，领海面积为 32106 平方英里，专属经济区面积为 382669 平方英里，各类水域总面积为 586210 平方英里。两相比较，第 9522 号共和国法案使得菲律宾拥有的各类水域的总面积增加了 145216 平方英里。

第三，有关沙巴的领土主张得到了保留。所谓第9522号共和国法案未能体现菲律宾对在北婆罗洲的沙巴的领土主张，是无根据的。因为第5446号共和国法案第2条已经为沙巴划定基线留下空间，而这一条并未在第9522号共和国法案中被废除。

第四，《公约》与第9522号共和国法案并未违背宪法对内水的划定。针对诉方所称第9522号共和国法案违宪地将内水"转化"为群岛水域一项，法院认为，无论是菲律宾《宪法》第1条中所规定的"内水"还是《公约》第49条所规定的"群岛水域"，菲律宾行使主权的水域都涵盖其基线向陆地一侧的水域，包括其上空和海底。主权作为事实并不妨碍有关于领海的国内法或有关于群岛水域的国际法规则在适用中承担维护航行自由的责任。

法院最终作出结论：颁布符合《公约》的基线法第9522号共和国法案，使菲律宾海洋区域和大陆架的宽度划定能得到国际承认。因此，第9522号共和国法案是菲律宾捍卫其海洋区域的最为重要的一步，符合宪法和其国家利益。[1]

可以看到，最高法院有意将内水和群岛水域混同，使得菲律宾主张的整体水域的总面积看起来有所增加。但这一解释并不能回避据其之前立法所划定内水和领海面积大大减少的事实。应该说，第9522号共和国法案减少菲律宾一贯主张的包括领海和内水在内的领土的面积，其实质是通过放弃部分领土主权的主张而换取非主权性的海洋区域面积的扩大。

3. 关于专属经济区的认定

1978年"建立专属经济区及其他目的"的第1599号总统令确立了菲律宾专属经济区界线及其法律地位。可以看到，菲律宾在有关专属经济区的立法上与《公约》条款表述基本一致，如规定其专属经济区宽度延伸至距领海基线200海里；若专属经济区与邻国相关区域发生重叠，应依据国际法通过协议划定界线；沿岸国享有在专属经济区内自然资源勘探、开发、养护的主权权利，享有在区内建设人工岛屿及设施的专属性权利；非沿岸国在其专属经济区内享有航行飞越自由、架设海底电缆和管道的自由等。该法令有所细化的内容主要在于对菲律宾享有区域内专属性权利的保护，在第3条列举了数项非经事先协议、许可、授权不得在专属经济区从

---

[1] G. R No. 187167, Supreme Court, EN BANC, Republic of the Philippines, August 16, 2011, https://lawphil.net/judjuris/juri2011/aug2011/gr_ 187167_ 2011. html#rnt22, Sep. 4, 2018.

事的行为，并在第 5 条对违法者明确规定了 2000 比索至 100000 比索的罚金及（或）6 个月至 10 年的监禁。

4. 关于大陆架的认定

（1）《关于大陆架上的所有矿产及其他自然资源归属菲律宾共和国管辖与管制的宣告》（Declaring as Subject to the Jurisdiction and Control of the Republic of the Philippines all Mineral and other Natural Resources in the Continental Shelf）（第 370 号总统公告）

菲律宾并未对大陆架进行正式立法，而是在 1968 年由当时的总统马科斯发布的总统公告予以简要说明。在大陆架制度已经得到第一次联合国海洋法会议的确认，却尚无《公约》的后续成果的情形下，第 370 号总统公告仅简单表明了菲律宾对邻接其领海的海床及底土上资源的排他性权利，说明将依据法律和公平（legal and equitable）原则处理与他国的大陆架划界，并表明不影响上覆公海及天空。公告既未明确大陆架的宽度，也未具体列举大陆架上沿岸国及非沿岸国的相关法律权利，使得这一早期大陆架基本立法较为粗糙。

（2）有关"宾汉隆起"的法律文件

《公约》签署及生效后，菲律宾并未全面重订其大陆架立法，却在近十年内通过不断宣示"宾汉隆起"（Benham Rise）的法律地位来试探和确认其 200 海里外的大陆架界限。

2012 年，菲律宾向联合国秘书长提交了在其领海基线 200 海里外的"宾汉隆起"相关外部大陆架界限。菲律宾在所提交文件中称："这一外部界限是基于大陆架界限委员会对于菲律宾所提交宾汉隆起地区相关文件的建议意见所确立的。"[1]

2017 年 5 月，菲律宾总统杜特尔特发布第 25 号行政命令，称：鉴于宾汉隆起地区有 240 万公顷属于菲律宾的专属经济区及大陆架；鉴于根据菲律宾 1987 年宪法、其他国际立法及《公约》，宾汉隆起地区都为菲律宾的主权管辖范围，菲律宾有权对其海底区域合理命名以符合国家地图系统的需要，现将原"宾汉隆起"更名为"菲律宾隆起"。命令规定，所有官

---

[1] See "Deposit of Philippine Chart No. 4726A", http：//www.un.org/depts/los/LEGISLATIONANDTREATIES/PDFFILES/mzn_s/mzn88ef.pdf, August 10, 2018. 该地区外大陆架界限的相关图表、测量数据及其他信息参见 UN Division for Ocean Affaires and the Law of the Sea, "Outer Limits of the Continental Shelf in the Benham Rise Region", https：//www.un.org/depts/los/LEGISLATIONANDTREATIES/PDFFILES/MAPS/phl_mzn88_2012.jpg, Aug.10, 2018。

方地图中的"宾汉隆起"通过国家地图与资源信息局更名为"菲律宾隆起",并由菲律宾外交部会同地图与资源信息局配合各行政部门,向各国际组织发出更名通知。菲律宾已经于2018年3月向联合国秘书长提交了这一更名文件,并声明其外部大陆架界限与2012年提交文件一致,仅名称更改为"菲律宾隆起"。

5. 对部分海域的专门宣示

菲律宾曾于马科斯执政期间专门对"卡拉延群岛"发布总统令,确认其位置范围与法律地位。1978年,马科斯总统发布"宣布某些区域为菲律宾领土的一部分并规定其政府及行政机构"的第1596号总统令。法令以7个地理坐标明确了"卡拉延群岛"的位置范围,并明确该群岛的海床、底土、大陆边及上空都属菲律宾主权之下。卡拉延由此成为菲律宾巴拉望省下的一个独立自治单位,由总统指定国防部长或相当级别的行政官员及军队官员代为管理。

另外值得注意的是,法令在解释菲律宾为何能对"卡拉延群岛"确立主权一事时称:"卡拉延群岛"是菲律宾群岛大陆边的组成部分,对菲律宾的安全与经济生存至关重要,尽管这些区域在法律上不属于任何国家或民族,但由于历史的原因、不可或缺的需要以及基于国际法的有效占领和控制,"卡拉延群岛"目前注定归属于菲律宾主权之下。而法律的、历史的及公平的背景下,其他任何国家对卡拉延地区的主张都不能凌驾于菲律宾之上。[1]

(三) 海上安全相关立法

1. 《刑法典 (1930年修订)》(The Revised Penal Code of the Philippines)

1930年《刑法典》(以下简称《刑法典》)于1932年生效,规定其适用范围为:菲律宾群岛,包括其天空、内水及海洋区域。据此,《刑法典》无疑是菲律宾打击危害海洋安全罪行的重要依据之一。

---

[1] 其法条原文如下:"WHEREAS, these areas do not legally belong to any state or nation but, by reason of history, indispensable need, and effective occupation and control established in accordance with the international law, such areas must now deemed to belong and subject to the sovereignty of the Philippines; WHEREAS, while other states have laid claims to some of these areas, their claims have lapsed by abandonment and can not prevail over that of the Philippines on legal, historical, and equitable grounds"。See Presidential Decree No. 1596: Declaring Certain Area Partof The Philippine Territory and Providing for Their Governmentand Administration (1978)。

该法第3节专门就海盗罪和公海上的暴力罪行进行了规定，通过第122条、第123条明确了海盗罪的内涵和刑罚内容，并同样适用于其他公海上的暴力罪行。其他相关条款包括：第14条第20款规定，通过机动车、机动船舶或飞艇实施犯罪行为是加重量刑的考量因素之一；第117条第1款将无授权情况下进入军舰、堡垒、海军等军事设施收集信息、拍摄照片等行为判定为间谍罪的情形之一；有关修订纵火罪的第1613号总统令第2条第4款以及1744号总统令第1条第3款，特别就火车、飞机、船舶及军舰等交通运输工具上的纵火行为作出规定。

2.《1974年反海盗及反拦路抢劫法》(Anti-Piracy and Anti-Highway Robbery Law of 1974)（第532号总统令）

菲律宾称其执法机构的报告显示，不法分子对从一地旅行至另一地的无辜及无抵抗能力的居民的人身及财产伤害仍在不断发生，并由此动摇国家的和平、秩序与宁静，并阻碍人民的经济及社会发展。对犯罪人施以严厉刑罚，对于抵制此类犯罪行为势在必行。

法令首先对"菲律宾水域""船舶""海盗"等立法所涉基本概念进行界定，并规定了海盗和拦路抢劫罪行的构成要件和量刑。该法规定，"海盗"是指：任何人包括旅客或相关船舶的船员，在菲律宾水域，通过暴力、恐吓或以他物相逼迫，攻击或捕获任何船舶，或拿走其全部或部分货物、装备或船员及旅客个人财产的任何行为，而无论其价值如何。依据该法，海盗罪可判处中长期有期徒刑甚至终身监禁，在遗弃受害者、通过炮击或登船捕获船舶的情形下，可判处死刑。

3.《2007年人类安全法案》(Human Security Act of 2007)（第9372号共和国法案）

《2007年人类安全法案》，原称《保护恐怖主义下的国家和人民的法案》(An Act to Secure the State and Protect Our People from Terrorism)。菲律宾在法案中提出，在恐怖主义行为下保护生命、自由及财产，恐怖主义是对国家安全和人民幸福的极大敌意与威胁，将恐怖主义视为对于菲律宾人民、全人类及国际法的犯罪，是菲律宾的重要国家政策。国家意识到，打击恐怖主义犯罪需要综合全面的方案，包括政治、经济、外交、军事及法律手段，充分考虑恐怖主义的根由，但并不视其为恐怖分子及其犯罪行为正当性的依据。

法案第3条通过已生效各法的整理对"恐怖主义"作出界定和解释，包括：《刑法典》第122条、第134条、第248条、第267条、第324条，第 1613 号总统令（纵火罪），第 6969 号共和国法案（有毒物质及危险和核废弃物控制），第 5207 号共和国法案（原子能规范与责任），第 6235 号共和国法案（反劫机），第 532 号总统令（反海盗），第 1866 号总统令（武器、弹药和爆破物的非法持有、生产、交易、获得、处置等）。

有关"本法的域外适用"的第 58 条规定，根据菲律宾签署的国际条约及相关国际法，该法案适用于在菲律宾陆地、内水、海洋区域及空间发生的相关犯罪行为，但对特定情形中身处菲律宾领土之外的犯罪个人也可进行管辖，其中即包括在菲律宾船舶或航空器上实施犯罪。

4. 外国船舶入境安全相关立法

1981 年第 656 号行政命令与 1995 年第 236 号行政命令均就外国船舶非法入境作出专门规定。

1981 年第 656 号行政命令的主旨为"创建委员会以协调关于逮捕非法进入及违反菲律宾法律的外国船舶的调查、处理与部署"。法令中提出，一方面，菲律宾欲维持与周边邻国间的和谐关系并促进彼此合作；另一方面，菲律宾以群岛原则为国策之一，有权捍卫其领土完整，并享有勘探开发、转化及管理其海洋资源的主权权利。因此，菲律宾将重建并强化相关委员会机构，从而对非法进入其水域的外国船舶进行快速处置。这一委员会以外交部代表为主席，以国家情报与安全局、渔业及水产资源局、关税局、菲律宾海军等其他 9 个部门代表为委员会成员。

1995 年的第 236 号行政命令，在前述 1981 年命令基础上更进一步，宣布建立国家委员会监管非法入境的外国船舶，确保有效协调成员机构间在此类事件中的调整与处理，并为其运行提供资金保障。

（四）海上运输相关立法

1. 《菲律宾商法典》（Philippine Code of Commerce，1888）与《菲律宾民法典》（New Civil Code，1952）

1888 年《菲律宾商法典》（以下简称《商法典》）与 1952 年新《民法典》为菲律宾海上运输及船舶相关活动提供规则基础与制度背景，是菲律宾海商海事法律的重要渊源。

其中，《商法典》中与海上运输关联较为紧密的条款主要包括第 573 条至第 579 条、第 585 条、第 589 条、第 591 条至第 593 条、第 606 条至第 608 条，分别涉及船舶作为个人财产的法律地位与船舶共有制度、商船所有权的取得与转让、船舶建造者的基本权利、船东及船员的基本义务、船舶共有人购买或赎回船舶的权利与义务、船舶作为财产转让时所包含的设施及物品范围、船舶在航行时被转让的特殊要求、船舶在外国港口停泊时的转让权利与附随义务、在船舶无法修复时以续航为目的的拍卖、船长作为船舶共有人时的特殊权利与义务、船舶买卖时船舶代理人及船长的地位终止等。

而《民法典》同样在有关财产所有权的原则性规定中涉及船舶物权的相关适用。主要体现在第1132条、第1484条至第1486条，就个人财产的转让、个人财产的租赁、分期付款的许可与要求、买卖及租赁双方的权利义务作出一般性规定。

2.《海上货物运输法》（Carriage of Goods by Sea Act）

《海上货物运输法》（以下简称《运输法》）由美国国会于1936年通过，适用于所有以菲律宾港口为起运港及目的地港的对外贸易相关海上货物运输合同，至今仍是菲律宾海商法的活跃渊源[1]。该法案与《商法典》配合使用，并明确规定其任何条款不得违背《商法典》的生效内容。《运输法》共16条，对海上货物运输关系的主要术语如"承运人""运输合同""货物""船舶""货物运输"等进行了界定，重点围绕承托运双方的责任与义务、承运人的免责事由以及承运人免责的放弃与义务加重作出规定。法案同时规定，该法不影响承运人、船长、承运人代理人以及托运人就海上货物运输各事项另行协商约定的自由。

3. 国内及海外航运业立法

（1）国内航运

自1975年第806号总统令起，菲律宾领导人陆续发布多份总统令，提出为加强国家的外汇储备，促进菲律宾海外航空及水上运输业的成长与发展，应正视海外航运在国家经济发展中的重要作用，在旅客及货物运输中加强对本国的自我依赖。

1982年，菲律宾总统马科斯发布《关于菲律宾海上进出口航运业的法令》（Concerning the Shipment of Sea-borne Import and Export Cargoes of the Philippines）（第769号行政命令），根据菲律宾批准的联合国贸易和发展会议的《班轮公会行为规则》（UNCTAD Code of Conduct for Liner Conferences），为菲律宾船籍的承运人及双边合伙人保留至少80%的菲律宾进出

---

[1] See Christian Breitzke, *Maritime Law Handbook*, Alpe anndn Rijn, Kluwer Law International, 2011, p. 1.

口班轮货物贸易，同时规范菲律宾国际海上贸易航线及菲律宾外国籍承运人，以确保运输空间、防止吨位过剩。法令要求菲律宾托运人委员会、菲律宾港口局、关税局、中央银行、菲律宾海岸警卫队配合海洋工业局实施。

1994 年，菲律宾总统拉莫斯发布第 185 号及第 213 号行政命令，分别就开放国内海上运输及解除国内航运费率限制进行规定。前者鼓励新兴经营者及投资者进入国内海运市场，以最小化政府对国内航运业的干预及控制，以吸引自由市场环境下更多的投资；后者意在解除政府对旅客及货物运输运费的限制，分别对一般客运、邮轮运输、班轮货运的运费率作出规定。

2004 年，菲律宾国会通过《国内航运发展法案》（Domestic Shipping Development Act of 2004）（第 9295 号共和国法案），提出国内航运业是国家必备的基础设施，对国家经济发展至关重要。菲律宾需要强有力的、有竞争力的国内商船船队，从而：通过安全、可靠、高效、充足及经济的客货运输服务连接各个岛屿；通过规范、可靠、高效的航运以鼓励地区工业及经济的发展；通过有竞争力的、经济的国内海洋连接以发展出口；为战时或其他国家紧急情况提供军事辅助服务；支持菲律宾船员的雇佣。这一国内航运立法，界定了"国内船舶经营者""托运人""船舶""备用配件""货物装载设备""造船""修船"等术语，规定了多种投资激励举措，再次强调了对国内航运业放松管制，同时对航运保险、运费率、造船方行为等作出规定。

（2）海外航运

1955 年，菲律宾政府提出，其船舶运输业的发展迫切需要一支合理配置的菲律宾商船队伍，以在平时充分满足菲律宾国际贸易发展的运输需要，在战时及国家紧急状态下提供军事辅助服务。为此，菲律宾国会通过《菲律宾海外航运法》（The Philippine Overseas Shipping Act of 1955）（第 1407 号共和国法案），要求菲律宾政府及相应机关：鼓励和协助菲律宾登记船舶从事国际贸易；培育发展和鼓励维持这样一支菲律宾商船队伍；为长期船舶建造项目提供金融援助和服务，并在任何时候创造健康环境、促进航运业，以吸引私人投资参与海外运输。这一法案第 2 条分别在 1964 年第 4146 号共和国法案、1969 年第 5963 号共和国法案中得以修订，涉及所有菲律宾公民以及依据菲律宾法成立的、60% 以上资本由菲律宾公民控制的公司或协会，并规定专门从事或即将专门从事远洋运输或服务于远洋运输的船舶建造的，得免缴其远洋航运经营的所得税。

1992 年，菲律宾国会通过《菲律宾海外运输发展法》（Philippine Overseas Shipping Development Act）（第 7471 号共和国法案），意在发展和维持一支装备精良、符合菲律宾相关安全规范及条款的现代化的船队。该船队应悬挂菲律宾国旗，配备合格的菲律宾籍船长及船员，并由菲律宾公民或在菲律宾注册的且 60% 及以上资本来自菲律宾的公司或组织所有以及经营。法案明确了"菲律宾海外航运""菲律宾航运企业""海洋工业局""货币管理局"等概念，对远洋船舶获得、相关企业外汇使用、进口关税及所得税豁免、船舶的登记与注销等作出规定，并积极鼓励私人资本进入该行业。2004 年，《〈菲律宾海外航运发展法〉某些条款的修订案》即第 9301 号共和国法案出台，对前述立法的第 3 条第 1 款、第 7 条、第 12 条进行了修改。

4. 船员及其他海上运输当事人相关立法

（1）《为在菲律宾实施〈海员培训、发证和值班标准国际公约〉的制度框架》（Providing the Institutional Framework for the Administration of the Standards of Training, Certification and Watchkeeping for Seafarers in Philippines）（第 396 号行政命令，1997）

菲律宾是国际海事组织的活跃成员之一，也是 1995 年修订的《1978 年海员培训、发证和值班标准国际公约》（以下简称"STCW 公约"）的签署国之一。该行政令的颁布，意在推进实施 STCW 公约，以促进国际海事组织成员国海事相关工业的发展及成效，促进菲律宾籍船员的利益与福利，并最终促进国家成长与发展。法令规定海洋工业管理局为执行 STCW 公约的领导机关，建立 STCW 公约执行委员会及秘书处，执行 STCW 公约相关规则及规章，定期召开会议与提交报告。

（2）1998 年《菲律宾商船船员法》（Philippine Merchant Marine Officers Act of 1998）（第 8544 号共和国法案）

菲律宾相关政策提出，应根据菲律宾签署的 1978 年《海员培训、发证和值班标准国际公约》提升和确保海上生命和财产安全，保护并服务于海洋环境及生态，防止海洋污染和海事事故。国会于 1998 年通过《菲律宾商船船员法》，规定：应将国际国内标准所带来的巨大变动制度化，以保证只有适格的、有能力胜任以及具有全球竞争力的甲板部及轮机部船员才能被允许从事商船船员职业，而这一资格应通过执照的认证。为实现有效监管，法案设置成立海船甲板部及轮机部船员理事会，明确了该理事会的组建、成员、职能与监督；规定了相关船员的考核、登记与合格证书颁发，甲板部及轮机部船员的从业实践，以及其他管理杂项。

（3）《界定不定期船运输中船舶代理人责任的法案》（An Act Defining the Liability of Ship Agents in the Tramp Service and for other Purposes）（第9515号共和国法案）

2008年出台的《界定不定期船运输中船舶代理人责任的法案》，主要内容包括：界定"船舶代理""航线总代理""不定期船代理""不定期船舶运输""班轮运输"等术语内涵，规定"船舶代理""航线总代理""不定期船代理"的法律责任承担。法案规定，上述代理人责任均受《商法典》相关条款的支配，同时也就"不定期船代理"责任承担的特别情形作出专门规定。

（4）1992年《对菲律宾托运人理事会规则的进一步修订令》（第514号行政命令）

1991年第495号行政命令将菲律宾托运人理事会重组为一个民间非上市的非营利性组织，1992年《对菲律宾托运人理事会规则的进一步修订令》（以下简称《修订令》）却反转了1991年的规定，认为保留菲律宾托运人理事会为一个常设性政府机构有其正当性。上述立法与修订案意在通过加强菲律宾托运人的合法利益，协助并促进菲律宾贸易与国内经济的成长与发展。1992年《修订令》将托运人理事会转化为菲律宾托运人管理局，作为贸易与工业部下的一个常设机关，为其规定了相关制度、新的组织结构、运作模式、人员配置，赋予其10项权力与功能，并给予其资金支持。

（五）海洋渔业捕捞相关立法

1. 《1998年菲律宾渔业法》（第8550号共和国法案）与2014年《渔业法修订案：防止、威慑及消灭非法的、未经申请和不受控制的捕捞》（第10654号共和国法案）

《1998年菲律宾渔业法》（The Philippine Fisheries Code of 1998，以下简称《渔业法》）又名《发展、管理及养护渔业及水产资源、整合所有相关法律的法案》（An Act Providing for the Development, Management and Conservation of the Fisheries and Aquatic Resources, Integrating All Laws Pertinent Thereto, and for other Purposes）。《渔业法》的意义在于：第一，实现食品安全，利用、管理、发展、蓄养与保护渔业资源的最高考虑在于为人民提供所需的食物；为此，应采取灵活的政策，以应对人口增长对鱼类的

需求、鱼类及其他水产品贸易在国际国内市场的近期趋势以及供求法则。第二，保证菲律宾水域包括专属经济区及邻近公海中的渔业及水产品资源的理性及可持续性的发展、管理与养护，最优化地利用近海及深海资源，以实现生态平衡的原始目标，保护和改善环境质量。第三，保护菲律宾渔民尤其是地方渔民的优先权利，保护本地渔民在海洋渔场不受外国侵害。

《渔业法》共9章132条，分别涉及国家政策、适用范围、术语界定；菲律宾水域及水产资源的进入、利用、发展、养护；地方捕捞管理、商业捕捞管理、水产养殖管理；捕捞设施、活动与贸易；重组渔业与水产资源局、建立渔业与水产资源管理委员会；建立渔业保护区及避难、庇护所；建立国家渔业研究与发展协会；对非法的、未经许可的捕捞及其他渔业活动的禁止与惩处；地方渔民定点捕捞区；渔业发展资金支持等。

上述1998年《渔业法》在2014年得以修订。2014年，菲律宾国会通过《渔业法修订案》，对1998年立法的第2条、第3条、第4条、第6条、第7条、第8条、第14条、第30条、第31条、第32条、第33条、第38条、第42条、第44条、第62条、第65条、第108条进行了修订，重订第6章，加入新的第7章"行政裁决"。

2.《农业与渔业现代化法案》（第8435号共和国法案）及其修订案（第9281号共和国法案）

1997年《农业与渔业现代化法案》（Agriculture and Fisheries Modernization Act of 1997）又名《实现国家农业及渔业部门的相关紧急措施法案：加强其营利能力，并为通过充分的、针对性的、理性的、必要的服务和资金支持应对全球化挑战作好准备》（An Act Prescribing Urgent Related Measures to Modernize the Agriculture and Fisheries Sectors of the Country in order to Enhance Delivery of Necessary Support Services, Appropriating Funds therefore and for other Purposes）。该法案共122条，意在通过将农业及渔业部门从资源依赖型工业转化为技术依赖型工业以实现其现代化；通过确保对资产、资源及服务的公平获得以及促进高价值作物的生长和增值加工等，提高农业及渔业部门尤其是小农户及渔民的盈利及收入；通过合作组织、农民及渔民协会、合作社、综合农场等鼓励农业及渔业活动的横向及纵向的整合、巩固与扩展，使上述实体可以从规模经济中获益；追求市场需求导向以加强菲律宾农业及渔业行业在世界市场的比较优势；引导农业及渔业行业不断攀登增值阶梯，通过对其传统及新兴产品的进一步加工使初级、未完成或未加工产品的市场最小化。

2004 年，国会通过《第 8435 号共和国法案第 109 条及 112 条以发展税收优惠及强制资金支持来加强菲律宾农业和渔业现代化修订案》，要求所有从事农业及渔业的企业资格都须由农业部会同财政部及投资理事会一并认证，提高对农业部及实施第 8435 号法案的拨款额度，并为其规定了拨款外的其他资金来源。

3. 2007 年《手钓捕鱼法》（The Handline Fishing Law）（第 9379 号共和国法案）

2007 年颁布的《手钓捕鱼法》是治理手钓捕鱼及利用手钓捕鱼船的专门性法规，意在支持和发展手钓业，并提高手钓业及附属产业的竞争力、可持续性和社会发展，同时加强现行法律及规章对手钓捕鱼的治理，并确保手钓捕鱼船的安全与适航。该法共 10 个条文，分别就"手钓"及"手钓船"术语、手钓船的审核文件、菲律宾手钓船在国际水域的作业、手钓船的船员配备、船舶建设等作出规定。

4. 2012 年《农业与渔业机械化法》（Agricultural and Fisheries Mechanization/AFMechLaw）（第 10601 号共和国法案）

为促进发展，采用现代化的、更为恰当的、成本效益高的以及对环境安全的农业及渔业机械设备，来提高农场生产力及生产效率，从而实现食品保证与安全、提高农民收入，菲律宾国会于 2012 年通过《农业与渔业机械化法》。该法界定了"农业与渔业机械""农业与渔业机械化""农产品工业加工"等术语；明确了其适用对象及范围；详细规划了"国家农业与渔业机械化项目"；设立农业与渔业机械化委员会；规定了人力资源的研究、发展与扩大的日程表，地方装配、生产、供应及今后服务，测试、评估及登记的标准化与认定，地方政府责任，禁止性行为、惩罚及制裁等。

5. 地方渔业发展相关立法

除上述全国性的渔业立法外，菲律宾也针对各地方的渔业资源开发养护陆续出台多份法律文件。如建立渔港的第 1061 号共和国法案，虾产品培育的第 6273 号、第 6294 号共和国法案，综合渔业培育的第 6278 号、第 10787 号共和国法案，省级水产培育及产品中心的第 10861 号共和国法案，等等。

（六）海洋环境与资源保护相关立法

1. 1974 年《海洋污染法令》（第 600 号总统令）与 1976 年《海洋污染法令》（第 979 号总统令）

马科斯执政时期，菲律宾于 1974 年与 1976 年两次发布总统令，要求防控海洋环境污染,分别为1974年《海洋污染法令》及1976年《海洋污染法令》,后者对前者进行了修订。前后两部总统令都强调,作为一项国家政策,菲律宾应采取行动防止和控制因倾倒废物引起的海洋污染,以及其他造成危害人类健康、伤害生物资源和海洋生物、损害相关便利设施或干预在菲律宾领土管辖范围内合法利用海洋的情形。分别仅有11条及10条条款的两部总统令,都界定了法条中使用的"排放""倾倒""油类""船舶""个人""废弃物"等概念,规定了在海洋中排放、倾倒、处置、丢弃油类、有害气体及液体物质等禁止性行为,明确了主要责任及违法处罚,并要求投入资金在菲律宾海岸建设油污围堵与恢复系统。修订后的法令在术语上有所补充并扩大了适用范围:前法规定了"海洋水域"为菲律宾领海外的海洋水域,而后法补充规定了"可航行水域"为"菲律宾领海及内陆水的可航行水域";前法规定适用于"油轮""油驳船"等,而后法扩大为"任何人""任何船舶"。

2. 1990年《有毒物质和危险核废料控制法案》(Toxic Substances and Hazardous and Nuclear Wastes Control Act of 1990)(第6969号共和国法案)

该法适用于在菲律宾所有未经管制的化学物质及其混合物的进口、生产、加工、处理、仓储、运输、销售、分销、使用及废弃,包括危险核废料因任何目的在该国的入关、运输、保管或仓储及处置。全法共20条,除原则性条款的基础性适用外,涉及海洋范畴的条款主要有:第5条"界定"、第4款有关危险产品或物质"进口方式"的界定中专门提到通过"海港"入境的情形;第13条"禁止性行为",其第4款规定,直接或间接地引发、援助或协助危险核心废料进入菲律宾领土包括"海上经济区"(maritime economic zones),即使是在运输过程中,包括陆路、空中及海上运输方式,其行为都被禁止;第14条"刑事犯罪及处罚",明确将"海船"(sea vessels)纳入犯罪工具的可能范畴。

3. 2004年《清洁水法案》(Philippine Clean Water Act of 2004)(第9275号共和国法案)

2004年《清洁水法案》的立法目的在于寻求淡水、淡盐水及海水质量的保护、维持及恢复与国家经济发展的协调。该法适用于所有水体的水质量管理,尽管其首要目标在于减轻和控制陆地来源的污染,但无论污染来源为何,该法中有关水质量的标准及规范、民事责任及刑罚条款都一并适用。全法共7章36条,海水资源及环境的保护是其所涉三大基本水体类别之一:第4条"界定"中有关"水生生物"的含义包括了"海洋环境"

中的生物体，有关"存在潜在传染性的医疗废弃物"中，也包括了向"海洋环境"的污染；第 22 条"联动机制"中，规定海洋水质标准监控由菲律宾海岸警卫队协同菲律宾农业部、菲律宾环境与自然资源部共同执行；第 27 条、第 28 条的"禁止性行为"与"刑罚"，有关向"海水""海洋区域"倾倒废弃物、污染物等非法行为也构成其中重要一环。

4. 2006 年《综合海岸管理法》（The Integrated Coastal Management Act）（第 533 号行政命令）

《综合海岸管理法》意在引入一种综合海岸管理系统，以寻求确保对海洋资源的最佳利用及海岸、海洋的可持续发展。这一综合海岸管理系统应成为一种主流方式，在从国家高层到草根阶层的各个层面都推行适用。该法适用于所有海岸及海洋区域（all coastal and marine areas），包括相关流域、河口、湿地及近岸浅海的相连水域，由从国家到地方的各级相关机构予以执行。法条设计了国家综合海岸管理项目的发展方案，设定了综合海岸管理项目的执行要素，规定了项目实施中国家层面及地方层面的政府责任以及民间团体与私营部门的参与角色。

该法中有关"支持机制和活动"的内容较具特色。其第 9 条专门就"综合海岸管理教育""地方政府综合海岸管理培训项目"作出规定，要求教育部将相关教育内容纳入其基础教育课程或科目之中；同时由环境与自然资源部及国家数据协调委员会为这一系统建立环境与自然资源核算评估体系，并建设"海岸及海洋环境信息管理系统"。

5. 2007 年《油污赔偿法案》（Oil Pollution Compensation Act of 2007）（第 9483 号共和国法案）

该法是菲律宾履行 1992 年《国际油污损害民事责任公约》及 1992 年《设立国际油污损害赔偿基金国际公约》相关条款义务的国内立法。为保护其在群岛水域、领海及专属经济区的海洋财富，菲律宾决定接受国际通行的措施，对油污损害采取严格责任，并确保受害人获取快速充分的赔偿。该法案只适用于在菲律宾领土包括其领海和专属经济区内造成的油污损害，立足于上述两项公约，该法案从严格责任原则、责任限制、强制保险与保证体系、出资国际油污损害赔偿基金、赔偿执行步骤、违法罚金等方面，适用各项预防性及惩罚性措施以防止或最小化此类损害。

6. 2016 年《海洋与海岸资源保护法案》（Marine and Coastal Resources Protection Act of 2016）

2016 年《海洋与海岸资源保护法案》（以下简称《海洋资源保护法》）

第 2 条阐明其主旨：为保证其公民利用海洋资源时遵循可持续性的要求，国家将促进一种致力于与自然和谐共存的环境管理责任文化。这样，当人类的疏忽或漠视导致损害，国家将采取必要措施以重建生态平衡与美丽，确保所有人都能继续享有健康和安全的环境。作为维护生物多样性及恰当管理自然资源的措施之一，鼓励海岸群落根据特定海洋环境生态条件调适海岸资源管理计划，制定其自身的海洋保护项目。

《海洋资源保护法》共 14 条，就"缓冲区""共同管理计划""红树林沼泽保护""海洋保护区"等术语作出界定；规定所有沿岸地方政府须在该法生效 1 年内建立至少 1 个海洋保护区，且其面积应不少于 10 公顷或不低于地方水域面积的 15%；为各类海洋保护区规定了一般性保护标准，并将各地方政府、农业部渔业与水产资源局、环境与自然资源部、渔业与水产资源管理委员会作为海洋保护管理的责任实体。

（七）海洋旅游相关立法

1. 2009 年《旅游业法案》（The Tourism Act of 2009）（第 9593 号共和国法案）

2009 年，菲律宾国会通过了"一项宣布旅游为投资、就业、增长和国家发展动力的行为，并加强旅游部及其附属机构的职能，有效地执行该政策并为此拨款"的立法，即 2009 年《旅游业法案》（以下简称《旅游法》）。法案第 2 条阐明，国家宣布旅游业作为国民经济不可或缺的元素和具有国家利益及重要性的行业，必须利用社会经济增长的引擎和文化确信来吸引投资、产出外汇和就扩大业机会，并继续为所有菲律宾人塑造不断增强的民族自豪感。

从菲律宾旅游业的口碑来看，海岸、海滩、岛屿、珊瑚礁等海洋地形无疑是吸引游客尤其是外国游客的主要资源。由此，《旅游法》也是菲律宾海洋环境保护与海洋资源利用以及体现菲律宾海洋主张的又一维度，这一点也在该法多处有直接体现。《旅游法》共 9 章 113 条，其中第 2 条、第 34 条、第 49 条、第 67 条、第 70 条、第 90 条、第 96 条、第 98 条，从术语界定、旅游基础设施、本国国民从业保护、旅游管理专门机构的组建及职责、旅游免税制度、国际及国内旅游激励、旅游协调委员会建设等多方面就涉海交通及旅游作出规定。

2. 其他海洋旅游区开发立法

除上述支撑海洋旅游基本法律背景的 2009 年《旅游业法案》外，菲律宾针对旅游景点在各地方的开发建设上颁布多部立法文件,主要包括:1972 年《关于开发、维护和改善拉乌尼翁省达莫提斯国家海滨公园》的第 6607 号共和国法案(An Act Appropriating Three Hundred Thousand Pesos for the Development, Maintenance and Improvement of the Damortis National Seashore Park Situated in the Province of La Union),1994 年《宣布南莱特省利马萨瓦岛为旅游区》的第 7822 号共和国法案(An Act Declaring Limasawa Island in the Province of Southern Leyte a Tourist Zone),1995 年《将南拉瑙省的达拉曼海岸开发成一个公共海滩度假村》的第 8001 号共和国法案(An Act Providing for the Development of the Dalama Shoreline in the Municipality of Molundo, Province of Lanao Del Sur, into a Public Beach Resort),2007 年《宣布南甘马利省的阿图拉延岛为旅游区》的第 9444 号共和国法案(An Act Declaring the Atulayan Island of the Municipality of Sgnay, Province of Camrines Sur as a Tourist Zone),2007 年《宣布保和省为生态文化旅游区》的第 9446 号共和国法案(An Act Declaring the Province of Bohol as an Ecocultural Tourism Zone),等等。

五、缔结和加入的国际海洋法条约

（一）联合国海洋法公约

菲律宾没有加入联合国第一次海洋会议下的1958年"日内瓦海洋法公约"系列，但对第三次海洋法会议的成果表现出十分积极的姿态。

1. 1982年《联合国海洋法公约》及立场声明

菲律宾于1982年12月第三次联合国海洋法会议第11次会议上签署了《公约》，并随后于1984年5月批准《公约》，是最早明确表示接受《公约》拘束的数个国家之一。

但在其签署及批准时，菲律宾相继作出并确认了以下谅解声明：

第一，菲律宾政府对公约的签署，不得以任何方式损害或减损菲律宾共和国基于或源于《菲律宾宪法》的主权权利。

第二，本公约的签署不得以任何方式影响菲律宾共和国，基于或源于1898年美西《巴黎条约》和1930年美英《华盛顿条约》，作为美利坚合众国继承者的主权权利。

第三，本公约的签署不得减损或以任何方式影响1951年《美菲共同防御条约》及其相关解释性文件下各缔约方的权利与义务，也不得减损或影响菲律宾为缔约方的任何其他相关双边及多边条约或协定。

第四，本公约的签署不得以任何方式损害或减损菲律宾共和国对其领土行使的主权，如"卡拉延群岛"及其附属水域。

第五，该公约不得被解释为以任何方式修改菲律宾共和国相关法律、总统赦令或声明，菲律宾政府维持并保留依据《菲律宾宪法》条款修订此类法律、赦令或声明的权利及权力。

第六，本公约有关群岛通行的海道通行条款不得取消或损害菲律宾作为群岛国对于海洋通道的主权，并不能剥夺其制定立法保护其主权、独立及安全的权力。

第七，群岛水域的概念与《菲律宾宪法》下的内水概念相近，将连接这些水域与经济区或公海的海峡从外国船舶国际航行的过境通行权中取消。

第八，菲律宾共和国基于本公约任何程序提交的、有关第298条下争端和平解决的协议，不得被视为对菲律宾主权的减损。

菲律宾有关《公约》的上述声明遭到了中国、越南及澳大利亚的质疑或反对。

1985年6月，中国向联合国秘书长提交通信，说明："南沙群岛历来是中国领土，所谓的'卡拉延群岛'是南沙群岛的一部分。中国政府已经在很多场合阐明，中国对南沙群岛及其邻近水域和资源享有无可争辩的主权。"

1987年2月，越南同样就"卡拉延群岛"问题向联合国秘书长提交通信，称："菲律宾共和国在签署和批准1982年《联合国海洋法公约》时，对菲律宾所称的'卡拉延群岛'主张主权。中华人民共和国同样声称，菲律宾所称之'卡拉延'构成中国领土南沙群岛的一部分。上述所谓'卡拉延群岛'或'南沙群岛'事实上是一直处于越南社会主义共和国主权之下的'长沙群岛'。越南社会主义共和国迄今已经发表两部白皮书以确认其对'黄沙群岛'与'长沙群岛'主权的合法性。越南社会主义共和国再次重申其对'长沙群岛'无可争辩的主权以及其捍卫领土完整的决心。"[1]

1988年10月，联合国秘书长收到了澳大利亚的反对意见，称："澳大利亚认为菲律宾共和国所作声明与《海洋法公约》第309条不符，该条禁止作出保留；同时［菲律宾声明］也与第310条不符，该条允许在'这种声明或说明无意排除或修改本公约规定适用于该缔约国的法律效力'时作出声明。

菲律宾共和国的声明称，《公约》不能影响其源于宪法的主权权利、其国内立法以及菲律宾为缔约方的任何条约。这意味着，事实上，菲律宾并不认为其有义务使其法律与《公约》条款相协调。通过作出这一声明，菲律宾意在寻求修改《公约》条款的法律效力。

这一观点也在该声明有关群岛水域地位的内容中得到印证。声明称，《公约》中有关群岛水域的概念与菲律宾前宪法及近期为1987年菲律宾新宪法第1条所重申的内水概念相近。但是，很明显，《公约》对这两个概念进行了区分，适用于群岛水域的权利和义务与适用于内水的不同。尤其是，《公约》为外国船舶规定了在群岛水域的无害通过权和群岛海道通过权。

因此，澳大利亚不能接受菲律宾的声明在《公约》生效后享有法律效

---

[1] UN Treaty Collection, "United Nations Convention on the Law of the Sea-End Note 15", https://treaties. un. org/Pages/ViewDetailsIII. aspx? src = TREATY&mtdsg _ no = XXI-6&chapter = 21&Temp = mtdsg3&clang = _ en#15, August 22, 2018.

力或其他任何效力,并认为不能在菲律宾共和国声明所称的限制之下来履行《公约》条款。"[1]

对澳大利亚的这一反对意见,菲律宾回应称:"菲律宾的声明符合《联合国海洋法公约》第310条。声明中包含有关于公约相应条款的解释说明。菲律宾政府有意使其国内立法与《公约》条款相协调,正在依据颁布有关群岛海道通过、行使菲律宾对群岛水域主权的立法履行必要步骤。因此,菲律宾政府希望向澳大利亚政府及其他《公约》缔约国保证,菲律宾将遵守所提及之《公约》条款。"[2]

2.《关于执行1982年12月10日〈联合国海洋法公约〉第十一部分的协定》(Agreement relating to the Implementation of Part XI of the United Nations Convention on the Law of the Sea of 10 December 1982)

《关于执行1982年12月10日〈联合国海洋法公约〉第十一部分的协定》(以下简称《协定》)于1996年6月28日满足生效要件,并于一个月后正式生效。不过,根据《协定》第7条第1款,协定如到1994年11月16日尚未生效,在其生效之前,有四类国家和实体在一定条件下可予以临时适用,分别是:在联合国大会中同意通过《协定》的国家、签署《协定》的国家和实体、书面通知保管者表示同意临时适用《协定》的国家和实体、加入《协定》的国家。

菲律宾即为《协定》正式生效前临时适用该条约的国家之一,其于1994年11月15日签署《协定》,并依据《协定》第7条第2款于签署后第二日开始临时适用期。根据《协定》第7条第3款,这一临时适用至1996年6月28日终止。由于菲律宾通过不接受《协定》第5条所设定的简易程序来使条约生效,菲律宾于1997年7月依据《协定》第4条第3款(b)项对该条约作出正式批准。

为明确"国家管辖范围外的海床和底土"的范围,国际海底管理局要求各沿岸国履行"妥为公布"(Due Publicity)义务,向其秘书处提交国家外部大陆架界限的地理坐标图。根据《公约》第84条第2款,菲律宾于

---

[1] UN treaty Collection, "United Nations Convention on the Law of the Sea-Objections-Australia", https://treaties.un.org/Pages/ViewDetailsIII.aspx?src=TREATY&mtdsg_no=XXI-6&chapter=21&Temp=mtdsg3&clang=_en#EndDec, August 22, 2018.

[2] UN treaty Collection, "United Nations Convention on the Law of the Sea- End Note 23", https://treaties.un.org/Pages/ViewDetailsIII.aspx?src=TREATY&mtdsg_no=XXI-6&chapter=21&Temp=mtdsg3&clang=_en#15, August 22, 2018.

2012年向大陆架界限委员会提交有关"宾汉隆起地区外部大陆架界限"的第4726A号图表的同时,也向国际海底管理局提交了这一图表的副本。根据国际海底管理局官网数据,截至2016年10月,菲律宾是仅有的提交了相关图表的七个国家之一。[1]

3.《执行 1982 年 12 月 10 日〈联合国海洋法公约〉有关养护和管理跨界鱼类种群和高度洄游鱼类种群的规定的协定》（Agreement for the Implementation of the Provisions of the United Nations Convention on the Law of the Sea of 10 December 1982 relating to the Conservation and Management of Straddling Fish Stocks and Highly Migratory Fish Stocks）

《执行 1982 年 12 月 10 日〈联合国海洋法公约〉有关养护和管理跨界鱼类种群和高度洄游鱼类种群的规定的协定》于1995年8月在联合国跨界鱼类种群和高度洄游鱼类种群会议上通过,于同年12月开放签署,于2001年12月正式生效。菲律宾1996年8月即签署这一条约,但直至2014年9月才作出正式批准,同时未对该条约作出保留,显示出其对渔业资源开发养护管理的这一国际立法既配合又慎重的姿态。

（二）海洋安全相关条约

菲律宾签署和缔结的与海洋及航行安全相关条约主要包括：1948年《国际海上避碰规则》（International Regulations for Preventing Collisions at Sea）、1948年及1974年《国际海上人命安全公约》、1971年《禁止在海床洋底及其底土安置核武器和其他大规模毁灭性武器条约》（Treaty on the Prohibition of the Emplacement of Nuclear Weapons and other Weapons of Mass Destruction on the Sea-bed and the Ocean Floor and in the Subsoil thereof）、1975年《搜索遇难船舶和搜救船难幸存者的便利化协定》（Agreement for the Facilitation of Search for Ships in Distress and Rescue of Survivors of Ship Accidents）、2004年《在亚洲打击海盗和武装抢劫船舶的区域合作协定》（Regional Cooperation Agreement on Combating Piracy and Armed Robbery against Ships in Asia）。

（三）船舶及船员管理相关条约

1. 国际海事合作组织相关条约

菲律宾于1964年加入国际海事组织,成为1948年《国际海事组织公

---

[1] Philippine Mission to The United Naitons, "Philippines（No. 001357）", https：//www.isa.org.jm/files/documents/EN/Art84/PH/Ph.pdf, August 23, 2018.

约》(Convention on the International Maritime Organization) 的缔约方，并在其后陆续接受了1964年《国际海事组织公约第17条、第18条修正案》(Amendments to Articles 17 and 18 of the Convention on the International Maritime Organization), 1965年《国际海事组织公约第28条修正案》(Amendment to Article 28 of the Convention on the International Maritime Organization), 1977年《国际海事组织公约关于技术合作委员会体制化的修正案》(Amendments to the Convention on the International Maritime Organization relating to the Institutionalization of the Committee on Technical Co-operation in the Convention), 1977年《国际海事组织公约标题及实质性条款的修正案》(Amendments to the Title and Substantive Provisions of the Convention on the International Maritime Organization), 1979年《国际海事组织公约第17条、第18条、第20条与第51条的修正案》(Amendments to Articles 17, 18, 20 and 51 of the Convention on the International Maritime Organization), 1993年《国际海事组织公约修正案》(Amendments to the Convention on the International Maritime Organization)。另外，菲律宾于1981年加入《国际海事卫星组织（INMARSAT）公约》(Convention on the International Maritime Satellite Organization), 成为国际海事卫星组织的一员。

2. 船舶管理相关条约

菲律宾所缔结或加入的船舶管理相关条约主要包括：1969年《国际船舶吨位测量公约》(International Convention on Tonnage Measurement of Ships), 1971年《特别贸易客船协定》(Special Trade Passenger Ships Agreement), 1978年《联合国海上货物运输公约》(United Nations Convention on the Carriage of Goods by Sea), 1984年《商船运输协定》(Agreement on Merchant Shipping)。

3. 船员管理相关条约

作为海上运输从业人口较多的国家，菲律宾缔结或加入的船员管理相关条约较为丰富，主要包括：1946年《建立海员就业设施公约》(Convention for Establishing Facilities for Finding Employment for Seamen, as Modified by the Final Articles Revision Convention), 1946年《海员遣返公约》(Convention Concerning the Repatriation of Seamen, as Modified by the Final Articles Revision Convention), 1946年《商船船长和高级船员最低专业能力要求公约》(Convention Concerning the Minimum Requirement of Professional Capacity for Masters and Officers on Board Merchant Ships, as Modified by the Final Articles Revision Convention），1978 年《海员培训、发证和值班标准国际公约》（International Convention on Standards of Training, Certification and Watchkeeping for Seafarers, 1978），1987 年《海员社会保障公约》（Convention Concerning Social Security for Seafarers），1996 年《海员招募和配置公约》（Convention Concerning the Recruitment and Placement of Seafarers），2001 年《在荷兰王国与菲律宾共和国间承认 1978 年 STCW 公约规则下证书的承诺协定》（Undertaking between the Kingdom of the Netherlands and the Republic of the Philippines on the Recognition of Certificates under Regulation of the STCW 1978 Convention），2003 年《修改海员身份证件公约的公约》（Convention Revising the Seafarers' Identity Documents Convention）。

（四）渔业管理相关条约

1. 多边渔业协定

菲律宾缔结或加入的多边渔业协定主要为区域性的渔业合作开发养护条约，包括：1948 年缔结的《建立印度洋—太平洋渔业委员会协定》（Agreement for the Establishment of the Indo-Pacific Fisheries Council），2000 年加入的 1988 年《关于亚太水产养殖中心网络的协定》（Agreement on the Network of Aquaculture Centres in Asia and the Pacific），2004 年加入的 1993 年《建立印度洋金枪鱼委员会协定》（Agreement for the Establishment of the Indian Ocean Tuna Commission）。

2. 双边渔业协定

菲律宾主要与印度尼西亚之间存在渔业双边协定。较早的为 1974 年《渔业协定》（Agreement on Fisheries），较晚近的为 2006 年《菲律宾政府与印尼政府间关于海洋及渔业合作的谅解备忘录》（Memorandum of Understanding between the Government of the Republic of the Philippines and the Government of the Republic of Indonesia on Marine and Fisheries Cooperation）。

（五）海洋环境保护相关条约

有关海洋环境及生物资源保护的主要国际法律文件菲律宾均已加入，包括：1954 年《防止海上油污国际公约》（International Convention for the Prevention of Pollution of the Sea by Oil），1972 年《防止倾倒废物和其他物质污染海洋的公约》（Convention on the Prevention of Marine Mollution by Dumping of Wastes and other Matter），1973 年《濒危野生动植物种国际贸易

公约》(Convention on International Trade in Endangered Species of Wild Fauna and Flora), 1990年《国际石油污染防备、应对和合作公约》(International Convention on Oil Pollution Preparedness, Response and Cooperation),《修订国际油污民事责任公约的1992年议定书》(Protocol of 1992 to amend the International Convention on Civil Liability for Oil Pollution Damage), 1992年《生物多样性公约》(Convention on Biological Diversity), 1997年《联合国气候变化框架公约的京都议定书》(Kyoto Protocol to the United Nations Framework Convention on Climate Change)。

其他双边条约将在争端解决部分相应涉及。

六、海洋争端解决

南海争端是菲律宾海洋争端中的主体内涵。作为世界上最为复杂的海洋争端之一,南海争端围绕的是所谓"六国七方"权利主张的双方和多方重叠,具体而言,印尼宣称的专属经济区与马来西亚、菲律宾、越南重叠,马来西亚主张的岛礁和海域部分分别与印尼、文莱、菲律宾、越南重叠,越南主张的岛礁和海域部分分别与印尼、马来西亚、文莱、菲律宾存在分歧,而菲律宾主张的岛礁和海域部分分别与越南、马来西亚、印尼、文莱存在争议。简言之,对于菲律宾而言,其海洋主张与其他五国均有重叠;而除文莱之外,其与剩余四国均因岛屿或海洋划界争端发生不同层面及阶段的接触与举措。

(一) 与中国间的海洋争端

1. 争端背景

菲律宾与中国间有关南海岛礁之争一直以来都为两国各界热切关注。早在20世纪30年代法占南海九小岛时期,菲律宾即表现出对南海岛礁的蠢蠢欲动。1956年,菲律宾航海家克洛马宣布在南沙群岛海域航行过程中"发现""许多岛屿",并将它们定性为"自由地"的行为,成为"二战"后菲律宾政府对南海岛礁采取实质性运作的早期凭借与基础。

20世纪60年代末,南沙附近海域大量石油蕴藏的揭示,加之联合国系列海洋法公约中涉及大陆架和专属经济区制度的陆续出台,使得南海的岛礁之争进一步扩展到海域划界之争。菲律宾陆续占据了费信岛、中业岛等8个南沙岛礁,并在20世纪90年代与中国频频产生摩擦,如:1995年,菲律宾出动海军炸毁中国在五方礁、仙娥礁、信义礁、半月礁和仁爱礁等南沙岛礁上设立的测量标志,突袭中国渔船和渔民,并试图强闯美济礁,与中国"渔政34号"船进行对峙;1997年,菲律宾海军登上黄岩岛,炸毁中国主权碑,插上菲律宾国旗,再度与中国海监船形成对峙,并在此后数年多次驱逐、逮捕甚至枪击航经黄岩岛海域的中国渔民;1999年,菲律宾海军将坦克登陆舰"马德雷山脉"号开入仁爱礁,以船底漏水搁浅需要修理为由停留在礁上,此后一直以定期轮换方式驻守人员,再未离开。

作为UNCLCS关于提交200海里外大陆架界限信息的关键时间,加之美国亚太战略的重要调整,2009年成为南海争端重要激化点。相对平静的十年被打破、南海局势不断升级。2009 年，菲律宾国会通过《领海基线法案》，将中国的黄岩岛和南沙群岛部分岛礁划为菲领土；2011 年，菲律宾计划投入 2.3 亿美元修整在南海岛屿上的军营和机场，并与越南等国会同域外力量在南海举行了多场军事演习；时任菲律宾总统阿基诺三世下令用所谓"西菲律宾海"一词替换"南中国海"这一国际通用地名，并获得美国官方的一定认可；2012 年，菲越就在南海进行联合军演和开展海上边界共同巡逻达成协议；同年，黄岩岛事件突破了中国政策和忍耐的底线，双方激烈交锋并对峙至菲律宾船只撤出；2013 年，菲律宾就南海问题正式提请针对中国的国际仲裁；中国于 2013 年年底在自己控守的岛礁上开始扩建工程，引发包括菲律宾在内国家的强烈反应与指责。[1]

2. 争端的政治解决实践

作为整个南海争端大局中的重要环节，中菲双方既就其争端解决从不同的利益立场及关注侧重展开双边协调，也积极利用多边政治力量尤其是相关国际组织框架推动南海局势的转变。

（1）双边谈判进程

通过双边谈判解决南海争端一直以来都是中国所力主的南海争端解决最优选择。在中国的努力推动之下，中菲之间就海洋争端也在不同时期形成阶段性共识，并通过双边文件有所体现。

1975 年《中华人民共和国政府和菲律宾共和国政府建交联合公报》并未专门提及海洋问题，但其第 2 条原则上提及"两国和两国人民按照互相尊重主权和领土完整、互不侵犯、互不干涉内政、平等互利的原则和平共处并建立和发展和平友好关系"，且应"通过和平手段解决一切争端，而不使用武力或以武力相威胁"。[2]

从 2004 年两国联合公报起，南海问题即成为双边文件中的必涉内容之一。2004 年《中华人民共和国政府与菲律宾共和国政府联合新闻公报》中称："双方重申将继续致力于维护南海地区的和平与稳定。在尚未全面并最终解决南海地区的领土和海洋权益争端前，双方将继续探讨共同开发等合作。双方同意根据包括 1982 年《联合国海洋法公约》在内的公认的国

---

[1] 傅莹、吴士存：《南海局势及南沙群岛争议：历史回顾与现实思考》，载新华网，http：//www.xinhuanet.com/world/2016-05/12/c_128977813.htm，最后访问日期：2018 年 8 月 24 日。

[2] 《中华人民共和国政府和菲律宾共和国政府建交联合公报》（1975 年 6 月 9 日），载中国外交部官网，http：//www.fmprc.gov.cn/web/gjhdq_676201/gj_676203/yz_676205/1206_676452/1207_676464/t5582.shtml，最后访问日期：2018 年 8 月 25 日。

际法准则,推动和平解决有关争议。双方一致认为尽快积极落实中国与东盟于2002年签署的《南海各方行为宣言》有助于将南海变为合作之海。"[1]

2005年联合声明就海洋合作达成初步共识:"双方同意保持高层经常交往与接触,大力推进经贸合作,继续深化农业合作,加强基础设施建设合作,拓展矿产资源开发合作,密切人员交往,促进防务与安全合作,继续致力于维护南海地区和平与稳定,对中菲越三国石油公司签订南海联合海洋地震工作协议表示欢迎。"[2]

2007年联合声明再次重申,要落实"2002年签署的《南海各方行为宣言》,并致力于制定'南海地区行为准则'",同时认为"南海三方联合海洋地震工作可以成为本地区合作的一个示范",还可提升合作水平,加强地区互信的"良好势头"。[3]

2011年的联合声明表示:"不应让海上争议影响到两国友好合作大局","将通过和平对话处理争议,双方遵守《南海各方行为宣言》,"继续维护地区和平、安全与稳定以及营造良好的经济增长环境"[4]。

经过2013年至2016年的南海仲裁案风波及菲律宾政府的换届之后,双方再次对双边谈判推动争端解决表现出积极姿态。

2016年两国联合声明在其第40条中特别明确"争议问题不是中菲双边关系的全部",并进一步强调应"以适当方式处理南海争议",应"根据包括《联合国宪章》和1982年《联合国海洋法公约》在内公认的国际法原则,不诉诸武力或以武力相威胁,由直接有关的主权国家通过友好磋商和谈判,以和平方式解决领土和管辖权争议"。随后第42条再次声明,"在作为其他机制的补充、不损及其他机制基础上,建立一个双

---

[1] 《中华人民共和国政府与菲律宾共和国政府联合新闻公报》(2004年9月3日),载中国外交部官网,http://www.fmprc.gov.cn/web/gjhdq_676201/gj_676203/yz_676205/1206_676452/1207_676464/t155753.shtm,最后访问日期:2018年8月25日。

[2] 《中国与菲律宾发表联合声明》(2005年4月28日),载中国外交部官网,http://www.fmprc.gov.cn/web/gjhdq_676201/gj_676203/yz_676205/1206_676452/1207_676464/t193789.shtml,最后访问日期:2018年8月25日。

[3] 《中华人民共和国和菲律宾共和国联合声明》(2007年1月16日),载中国外交部官网,http://www.fmprc.gov.cn/web/gjhdq_676201/gj_676203/yz_676205/1206_676452/1207_676464/t289365.shtml,最后访问日期:2018年8月25日。

[4] 《中华人民共和国与菲律宾共和国联合声明》(2011年9月1日),载中国外交部官网,http://www.fmprc.gov.cn/web/gjhdq_676201/gj_676203/yz_676205/1206_676452/1207_676464/t854349.shtml,最后访问日期:2018年8月25日。

边磋商机制是有益的,双方可就涉及南海的各自当前及其他关切进行定期磋商"。[1]

2017年两国联合声明除重申2016年40—42条相关内容外,明确两国已经建立起了"中菲南海问题磋商机制",并将进一步"在包括海洋环保、减灾等领域加强合作","进一步探讨可能的海洋科考合作"[2] 2018年2月,南海双边磋商机制第二次会议在菲律宾马尼拉成功召开。

值得注意的是,从上述双边协调的整体推进来看,中国的主动牵引是其主要动力,而菲律宾的参与热情时有起伏,其与地区势力的抱团举措甚至对域外势力的抱团引入,往往使中菲南海争端的双边解决路途横生枝节,至今解决前景仍复杂不明。

(2)多边谈判成果

利用国际组织框架推进争端解决,是当前和平解决国际争端的新兴实践,并在不断积累成功经验。就六国七方之中的五国都为东盟国家的南海争端现状而言,作为区域性国际组织的东盟无疑是责无旁贷又直接高效的多边政治平台。可以看到,即使是在上述中菲双边谈判文件之中,中国—东盟多边合作下的《南海各方行为宣言》(DOC)也成为其支撑性内容被不断纳入和重申,2017年渐具雏形的"南海行为准则"(COC)更是近期最令人鼓舞的成果之一。

在东盟的高度关注下,经过多轮磋商,东盟与中国形成重要共识,即:南沙争议错综复杂,解决难度大,但应该坚持和平谈判解决,中方提出的"搁置争议"是最可行的选择;并且认识到,在岛礁领土主权争议解决之前,海域划界难以推进,保持模糊是明智的选择,同时应该鼓励推进"共同开发"。

1998年东盟峰会通过了旨在推进东盟一体化的"河内行动计划",其中提出要"推动在争端当事方之间建立'南海地区行为准则'"[3]。2000年3月,中国与东盟在泰国举行非正式磋商,交换了各自起草的"准

---

[1]《中华人民共和国与菲律宾共和国联合声明》(2016年10月21日),载中国外交部官网,http://www.fmprc.gov.cn/web/gjhdq_676201/gj_676203/yz_676205/1206_676452/1207_676464/t1407676.shtml,最后访问日期:2018年8月25日。

[2]《中华人民共和国政府和菲律宾共和国政府联合声明》(2017年11月16日),载中国外交部官网,http://www.fmprc.gov.cn/web/gjhdq_676201/gj_676203/yz_676205/1206_676452/1207_676464/t1511205.shtml,最后访问日期:2018年8月25日。

[3] The 6th ASEAN Summit, "1998 HA NOI PLAN OF ACTION", http://www.icnl.org/research/library/files/Transnational/1998hanoi.pdf, pp. 18-19, Aug. 26, 2018.

则"文本。2002年7月，在文莱举行的第35届东盟外长会上，马来西亚为了打破僵局，提议以一个妥协、非约束性的"宣言"取代"准则"，得到东盟外长会接纳。会后发表的联合声明表示，东盟将与中国保持密切合作，为达成"宣言"而努力。[1] 经过数月密集的沟通和协商，终于2002年11月在金边举行的中国与东盟领导人会议期间达成《南海各方行为宣言》。

尽管并非是具有强制执行力的条约文本，《南海各方行为宣言》仍然是当前中国同东盟国家共同签署的，体现各方致力于维护南海稳定、增进互信和推进合作的最具价值的政治文件。据中国外交部相关资料，这一文件签署以来，中国和东盟国家一道遵循其宗旨和原则，保持密切沟通，积极探讨合作；中国同东盟国家召开了3次高官会，成立了联合工作组并已召开6次会议，决定开展南海防灾减灾、海洋搜救、海洋科研等6个合作项目，其中中国承办3个项目，东盟国家承办3个项目。[2]

《南海各方行为宣言》签署后，中国与东盟国家继续就落实和执行该宣言的各项内容迈入新征程。2011年7月，在印尼巴厘岛举行的落实《南海各方行为宣言》高官会就落实该宣言的指针案文达成一致，并为随后召开的中国—东盟外长会所核准，为推动落实DOC进程、推进南海务实合作铺平了道路。[3] 2017年3月，落实《南海各方行为宣言》的第20次联合工作组会议在柬埔寨落下帷幕，中国与东盟十国就《南海行为准则》框架文件内容基本达成一致。同年6月，中国—东盟在中国贵阳举行的高官会再次在这一框架文件的磋商上取得长足进展。同年8月，《南海行为准则》框架文件在菲律宾马尼拉举行的中国—东盟（10+1）外长会上顺利通过。是年11月，第20届中国—东盟领导人会议正式宣布启动《南海行为准则》的谈判。2018年6月，中国与东盟国家11国在中国长沙举行落实《南海各方行为宣言》第15次高官会和第24次联合工作组会，重申全面、有效落实这一宣言的重要性，一致同意在业已形成的"准则"框架基础上

---

[1] ASEAN, Joint Communique of The 35th ASEAN Ministerial Meeting (Bandar Seri Begawan) (29-30 July 2002), http://asean.org/?static_post=joint-communique-of-the-35th-asean-ministerial-meeting-bandar-seri-begawan-29-30-july-2002, Aug. 26, 2018.
[2] 《南海各方行为宣言》，载中国外交部官网，http://www.fmprc.gov.cn/chn/pds/wjb/zzjg/yzs/dqzz/nanhai/t848051.htm，最后访问日期：2018年8月26日。
[3] 《落实〈南海各方行为宣言〉指导方针》，载中国外交部官网，http://www.fmprc.gov.cn/chn/pds/wjb/zzjg/yzs/dqzz/nanhai/t848050.htm，最后访问日期：2018年8月26日。

进一步推进"准则"磋商,尽快形成单一磋商文本草案,作为下一步商谈的基础。

《南海各方行为宣言》及后续推进曾促使中菲在双边沟通中达成一定谅解,"南海行为准则"相关进程更是在菲律宾担任东盟轮值主席国时大步迈进,并受到了菲律宾杜特尔特政府的大力支持与赞扬。菲律宾外交部部长在 2017 年 8 月的相关会议上提出:"应保持东盟与中国在落实《南海各方行为宣言》以及推进'南海行为准则'谈判上所取得的成就与良好势头","期待坦率而有建设性的对话以在南中国海建立互信并确定务实的合作领域"。《马尼拉公报》也称:"中国—东盟十国达成这一框架文件表明双方愿意'联手'以维护南海稳定,稳步推进'南海行为准则'磋商,促进海洋和东亚合作,以便为地区一体化和经济全球化注入正能量。"[1]

3. 争端的法律解决实践

2013—2016 年的中菲南海仲裁案,是法律性争端解决手段在涉及中国海洋争议中的首次适用,也是菲律宾在解决其周边海洋争端历史上的唯一尝试,一时间引得国际关注喧嚣沸腾,至今仍余波难消。

关于这一仲裁案相关理据的评析与批驳在国内学界已经并继续有大量成果涌现;更有中国国际法学会组织撰写的专著《南海仲裁案裁决之批判》于 2018 年 5 月由外文出版社及牛津大学出版社的《中国国际法论刊》专刊同时出版,本节仅简要梳理双方诉求或立场及裁决结论。

(1) 中方立场

自 2013 年 1 月 22 日菲律宾对中菲有关南海"海洋管辖权"的争端提起强制仲裁,2013 年 2 月 19 日中国政府退回菲律宾政府的照会及所附仲

---

[1] 参见《〈南海行为准则〉框架文件初步成型 各方满意》,载参考消息网,http://www.cankaoxiaoxi.com/world/20170331/1833548.shtml,最后访问日期:2018 年 8 月 28 日;《中国东盟达成〈南海行为准则〉框架文件 同意联手"南海维稳"》,http://world.huanqiu.com/exclusive/2017-08/11087568.html? referer = huanqiu,最后访问日期:2018 年 8 月 29 日;《落实〈南海各方行为宣言〉第 15 次高官会在长沙举行》,载中国外交部官网,http://www.fmprc.gov.cn/nanhai/chn/wjbxw/t1572738.htm,最后访问日期:2018 年 8 月 28 日;《中菲举行第 21 次外交磋商》,载中国外交部官网,http://www.fmprc.gov.cn/nanhai/chn/wjbxw/t1572284.htm,最后访问日期:2018 年 8 月 28 日。"DFA Convenes ASEAN-China Meeting to Assess DOC Implementation, Discuss COC Negotiations", https://www.dfa.gov.ph/dfa-news/dfa-releasesupdate/13781-dfa-convenes-asean-china-meeting-to-assess-doc-implementation-discuss-coc-negotiations, Aug. 29, 2018; "Leaders Welcome Positive Developments in ASEAN-China Relations, Announce Start of COC Negotiations", https://www.dfa.gov.ph/dfa-news/dfa-releasesupdate/14636-leaders-welcome-positive-developments-in-asean-china-relations-announce-start-of-coc-negotiations, Aug. 29, 2018.

裁通知时起，中国政府在不断声明、重申中坚定维持其"不接受""不参与""不承认"的如一立场。

2014年12月7日，外交部发表《中华人民共和国政府关于菲律宾共和国所提南海仲裁案管辖权问题的立场文件》，重申中国不接受、不参与该仲裁的严正立场。文件首先明确其"旨在阐明仲裁庭对于菲律宾提起的仲裁没有管辖权"，强调这一"立场文件不意味着中国在任何方面认可菲律宾的观点和主张，无论菲律宾有关观点或主张是否在本立场文件中提及。本立场文件也不意味着中国接受或参与菲律宾提起的仲裁"。立场文件再次提及"以谈判方式解决在南海的争端是中菲两国通过双边文件和《南海各方行为宣言》所达成的协议"，"各国有权自主选择争端解决方式，中国不接受、不参与菲律宾提起的仲裁具有充分的国际法依据"。[1]

2015年10月30日，《中华人民共和国外交部关于应菲律宾共和国请求建立的南海仲裁案仲裁庭关于管辖权和可受理性问题裁决的声明》称："应菲律宾共和国单方面请求建立的南海仲裁案仲裁庭于2015年10月29日就管辖权和可受理性问题作出的裁决是无效的，对中方没有拘束力"，"在领土主权和海洋权益问题上，中国不接受任何强加于中国的方案，不接受单方面诉诸第三方的争端解决办法"，"这一立场是清晰的、明确的，不会改变"。[2]

2016年6月8日，《中华人民共和国外交部关于坚持通过双边谈判解决中国和菲律宾在南海有关争议的声明》以"通过双边谈判解决在南海的有关争议是中菲共识和承诺""中菲之间从未就菲律宾提起仲裁的事项进行过谈判""菲律宾单方面提起仲裁违背中菲通过谈判解决争议的共识，不符合《公约》规定""中国将继续坚持通过谈判解决与菲律宾在南海的有关争议"四部分再次强调"中国坚决反对菲律宾的单方面行动，坚持不接受、不参与仲裁的严正立场，将坚持通过双边谈判解决中菲在南海的有

---

[1]《中华人民共和国政府关于菲律宾共和国所提南海仲裁案管辖权问题的立场文件》（2014年12月7日），载中国外交部官网，http://www.fmprc.gov.cn/nanhai/chn/snhwtlcwj/t1368888.htm；《外交部受权发表中国政府关于菲律宾所提南海仲裁案管辖权问题的立场文件》（2014年12月7日），载中国外交部官网，http://www.fmprc.gov.cn/nanhai/chn/snhwtlcwj/t1368892.htm，最后访问日期：2018年8月28日。

[2]《中华人民共和国外交部关于应菲律宾共和国请求建立的南海仲裁案仲裁庭关于管辖权和可受理性问题裁决的声明》（2015年10月30日），载中国外交部官网，http://www.fmprc.gov.cn/nanhai/chn/snhwtlcwj/t1310470.htm，最后访问日期：2018年8月28日。

关争议"。[1]

2016年7月12日，《中华人民共和国外交部关于应菲律宾共和国请求建立的南海仲裁案仲裁庭所作裁决的声明》明确："关于应菲律宾共和国单方面请求建立的南海仲裁案仲裁庭于2016年7月12日作出的裁决，中华人民共和国外交部郑重声明，该裁决是无效的，没有拘束力，中国不接受、不承认"；"中国在南海的领土主权和海洋权益在任何情况下不受仲裁裁决的影响，中国反对且不接受任何基于该仲裁裁决的主张和行动"；"中国政府重申，在领土问题和海洋划界争议上，中国不接受任何第三方争端解决方式，不接受任何强加于中国的争端解决方案"。同日的《中华人民共和国政府关于在南海的领土主权和海洋权益的声明》也再次强调："中国愿继续与直接有关当事国在尊重历史事实的基础上，根据国际法，通过谈判协商和平解决南海有关争议。"[2]

2016年7月13日，中国外交部再发《中国坚持通过谈判解决中国与菲律宾在南海的有关争议》白皮书，在其中第五部分"中国处理南海问题的政策"第三节对"争端解决方式"再次作出声明：第一，"中国坚信，要解决任何国家间争议，无论选择哪种机制和方式，都不能违背主权国家的意志，应以国家同意为基础"；第二，"在领土和海洋划界问题上，中国不接受任何强加于中国的争端解决方案，不接受任何诉诸第三方的争端解决方式"；第三，"实践表明，谈判取得的成果更容易获得当事国人民的理解和支持"；"只有当事方通过平等谈判达成协议，有关争议才能获得根本长久解决，有关协议才能得到全面有效贯彻实施"。[3]

（2）菲方诉求

菲律宾在2014年3月30日向仲裁庭提交的书面陈述中正式表明在本争端中的主张为：

---

[1]《中华人民共和国外交部关于坚持通过双边谈判解决中国和菲律宾在南海有关争议的声明》（2016年6月8日），载中国外交部官网，http：//www.fmprc.gov.cn/nanhai/chn/snhwtlcwj/t1370477.htm，最后访问日期：2018年8月28日。

[2]《中华人民共和国外交部关于应菲律宾共和国请求建立的南海仲裁案仲裁庭所作裁决的声明》（2016年7月12日），载中国外交部官网，http：//www.fmprc.gov.cn/nanhai/chn/snhwtlcwj/t1379490.htm，最后访问日期：2018年8月28日；《中华人民共和国政府关于在南海的领土主权和海洋权益的声明》（2016年7月12日），载中国外交部官网，http：//www.fmprc.gov.cn/nanhai/chn/snhwtlcwj/t1380021.htm，最后访问日期：2018年8月28日。

[3]《中国坚持通过谈判解决中国与菲律宾在南海的有关争议》（2016年7月13日），载中国外交部官网，http：//www.fmprc.gov.cn/nanhai/chn/snhwtlcwj/t1380600.htm，最后访问日期：2018年8月28日。

第一，中国以及菲律宾有关南海海洋区域的权利，包括《公约》第二章下的领海及毗连区、第五章下的专属经济区、第六章下的大陆架的相关权利，都是由《公约》所建立。第二，中国在南海基于其"九段线"的海洋主张有悖于《公约》而无效。第三，南海中在高潮时不超过海平面且并不位于沿岸国的领海的水下地形，是海床的一部分，其不能由某一国家所占有或归属于该国主权，除非它们构成《公约》第六章下该国大陆架的一部分。第四，美济礁、西门礁、南熏礁、渚碧礁为在高潮时不高于海平面的水下地形，并非《公约》下的岛屿，且不位于中国大陆架，而中国"非法"占据这些地形并在其上从事"非法"建设活动。第五，美济礁与西门礁是菲律宾基于《公约》第六章下大陆架的一部分。第六，黄岩岛、赤瓜礁、华阳礁、永暑礁是在高潮时低下海平面的水下地形，每一个仅有小部分突出维持在高潮时露出水面，是《公约》第121条第3款下的"岩礁"，仅能产生不超过12海里领海的应有权利；而中国"非法"主张距这些地形12海里外的海洋权利。第七，中国"非法"阻止菲律宾船舶利用黄岩岛和赤瓜礁邻近水域的生物资源。第八，菲律宾有权根据《公约》享有《公约》第二章、第五章、第六章下从其群岛基线量起12海里的领海、200海里的专属经济区及大陆架。第九，中国对菲律宾专属经济区及大陆架中的生物及非生物资源提出"非法"权利主张并进行"非法"利用，"非法"阻止菲律宾在其专属经济区和大陆架中开发利用生物及非生物资源。第十，中国"非法"干预菲律宾基于《公约》行使其航行权。[1]

基于上述主张，菲律宾在仲裁中寻求对以下四个关联的事项作出裁决：首先，要求仲裁庭解决当事双方有关南海海洋权利及应享权益的渊源的争端，即宣布中国在南海的权利及权益必须基于《公约》而非其历史性权利的主张。中国所主张的标注在其地图中的"九段线"中的权利，在超出《公约》所允许的权利范围时没有法律效力。其次，要求仲裁庭解决双方有关由黄岩岛以及南沙群岛中某些同时被菲律宾和中国所主张的海洋地形所产生的海洋区域权益的争端。菲律宾要求宣布，所有由中国主张的南沙群岛中的地形，包括黄岩岛，或为水下地形，或为低潮高地，这些地形均不能产生专属经济区或大陆架相关权益。再次，要求仲裁庭解决一系列

---

[1] Memorial of the Philippines (Volume IIIAnnexes), Republic of the Philippines v. People's Republic of China, 30 March 2014, Arbitration under Annex VII of the United Nations Conventionon the Law of the Sea, pp. 12-14.

有关中国在南海行为合法性的争端。菲律宾要求宣布中国以下行为违反《公约》：其一，妨碍菲律宾行使《公约》下的权利，包括捕鱼、石油开采、航行以及人工岛屿和设施的建设；其二，未能保护和维护海洋环境，容忍并积极支持中国渔民在南海捕捞濒危物种，并使用有害捕捞方式破坏珊瑚礁脆弱的生态系统；其三，在南沙群岛七个岩礁上建设人工岛屿和大规模填海造陆，对海洋环境造成严重的损害。最后，要求仲裁庭裁决，中国在仲裁审理过程中，通过限制菲律宾海军舰队进入仁爱礁、在南沙群岛七个岩礁上大规模建设人工岛屿和填海造地，使争端进一步恶化和扩散。[1]

（3）裁决结论

① 有关程序性问题的裁决

仲裁庭于 2015 年 10 月 29 日对案件的管辖权及可受理性作出裁决，主要结论为：

第一，裁定仲裁庭已依据《公约》附件七恰当成立。第二，裁定中国不出席相关程序并不使仲裁庭丧失管辖权。第三，菲律宾提起该仲裁并不构成对程序的滥用。第四，不存在不可或缺的第三方，第三方缺席并不使仲裁庭丧失管辖权。第五，2002 年的中国—东盟《南海各方行为宣言》、当事双方所提及的《联合公报》《东南亚友好合作条约》《生物多样性公约》都未能排除根据《公约》第 281 条或第 282 条诉诸《公约》第十五章第二节下的强制争端解决程序。第六，当事双方已经按《公约》第 283 条的要求交换过意见。第七，根据该裁决第 400、403、404、407、408 段中所示条件，仲裁庭对审理菲律宾第 3、46、7、10、11 及 13 号陈述书有管辖权。第八，要决定是否对菲律宾第 1、2、5、8、9、12 及 14 号陈述书的管辖权，将涉及并不具有唯一排他性事项的考量，因此将对上述陈述书管辖权的判断保留至实体审理阶段。

② 有关实体性问题的裁决

根据前述菲律宾提出的四方面仲裁请求，仲裁庭于 2016 年 7 月 12 日作出最终裁决，围绕这四大争议点分别形成结论：

第一，关于"九段线"及中国在南海海洋区域有关历史性权利的主张。法庭认为，《公约》没有任何条款明确规定或允许在对专属经济区生

---

[1] Award, Republic of the Philippines v. People's Republic of China, Arbitration under Annex VII of the United Nations Conventionon the Law of the Sea, 12 July 2016, pp. 2-3.

物或非生物资源的历史性权利的存续。同样，《公约》中也不曾明文规定或允许一国对大陆架、公海或"区域"维持历史性权利。因此，对于仲裁庭而言，无论《公约》是否有继续处理此种历史性权利的意图，中国此类主张都应被视为与《公约》不符。[1] 因此，对这一争议点，法庭裁定：菲律宾第1、2号陈述书是相关联的，体现了一个有关南海海洋权利与应享权益渊源争议的两个方面。对于第1号陈述书，仲裁庭认为在菲律宾和中国之间，《公约》界定了南海海洋权益的范围，这一范围不能延伸至所规定的界限之外。对于第2号陈述书，在菲律宾和中国之间，中国对"九段线"相关部分所涵盖的南海海洋区域所主张的历史性权利，或其他主权权利，或管辖权，都有悖于《公约》，其超出中国基于《公约》享有的海洋权益的地理及实体界限的部分没有法律效力。仲裁庭认定，《公约》已经废止了任何在规定界限之外的历史性权利或其他主权权利或管辖权。[2]

第二，关于南海海洋地形的地位。仲裁庭以"在高潮时高于或低于水面"以及"岩礁或岛屿"两个步骤对相关海洋地形作出区别定性。

于前一步骤，仲裁庭认为，基于其自然条件，以下地形有岩礁或沙洲在高潮时仍露出水面，因此为高潮地形（high-tide features），包括：黄岩岛、华阳礁、永暑礁、赤瓜礁、西门礁、南熏礁（北）。而以下地形在低潮时显露水面为低潮高地，包括：东门礁、南熏礁（南）、渚碧礁、美济礁、仁爱礁。仲裁庭进一步认定，东门礁位于西门礁、景宏岛高潮地形的12海里以内，南熏礁（南）位于南熏礁（北）与鸿庥岛高潮地形的12海里以内，而渚碧礁位于中业岛以西敦谦沙洲高潮地形的12海里以内。[3]

于后一步骤，仲裁庭基于以上判断认定：其一，菲律宾第3、7号陈述书所及黄岩岛、赤瓜礁、华阳礁、永暑礁符合《公约》第121条第1款中自然形成陆地、由水所包围、高潮时露出水面等内涵，但根据《公约》第121条第3款，其高潮地形部分为不能维持人类居住或经济生活的岩礁，因此不应具有专属经济区或大陆架。其二，与菲律宾第6号陈述书相反，南熏礁（北）与西门礁也是符合《公约》第121条第3款的岩礁，不能享有专属经济区与大陆架。其三，美济礁、仁爱礁均为低潮高地，不具有自己的海洋区域。其四，南沙群岛的任何高潮地形都无法维持人类居住和本

---

[1] Award, Republic of the Philippines v. People's Republic of China, Arbitration under Annex VII of the United Nations Conventionon the Lawof the Sea, 12 July 2016, p. 100.

[2] ibid, pp. 116-117.

[3] ibid, p. 174.

身的经济生活，都为《公约》第121条第3款的岩礁，不能产生专属经济区和大陆架。因此，中国无论对于美济礁还是仁爱礁都不可能存在海洋区域权益，也因而对仲裁庭考虑菲律宾第5号陈述书不造成管辖障碍。其五，菲律宾第5号陈述书中的美济礁和仁爱礁都位于菲律宾巴拉望岛海岸的200海里以内，这一区域与中国基于海洋地形所产生的权益并不重叠。因此，在菲律宾与中国之间，美济礁与仁爱礁构成菲律宾专属经济区和大陆架的一部分。[1]

第三，关于中国在南海的活动。其一，关于对菲律宾在其专属经济区和大陆架主权权利的妨碍。仲裁庭认定，中国海监船在2011年3月1—2日对"M/V Veritas Voyager"轮的行为违反《公约》第77条有关菲律宾对礼乐滩区域大陆架上非生物资源的主权权利。仲裁庭进一步裁定，中国颁布2012年南海禁渔令，未将菲律宾专属经济区排除在外，也未将禁渔令限定于中国旗船，违反《公约》第56条有关菲律宾对其专属经济区生物性资源的权利。其二，关于未能阻止中国国民开采利用菲律宾生物资源。仲裁庭认为，2013年5月，中国海监船容忍并"未能"恪尽职守以阻止中国旗船在美济礁和仁爱礁捕鱼，也"未能"对菲律宾在其专属经济区有关渔业的主权权利给予应有注意，中国因此违反《公约》第58条第3款的义务。其三，关于黄岩岛传统捕捞的中国行动。中国政府船舶从2012年5月起在黄岩岛的行动，非法阻碍了菲律宾渔民在黄岩岛从事传统捕捞。但仲裁庭这一裁定完全不影响黄岩岛的主权问题。其四，关于未能保护和养护海洋环境。仲裁庭认为，中国容忍、允许或"未能"阻止中国捕鱼船在黄岩岛、仁爱礁及其他南沙群岛地形从事对濒危物种的有害捕捞活动，违反了《公约》第192条及194条第5款。中国在华阳礁、永暑礁、南熏礁（北）、赤瓜礁、东门礁、渚碧礁、美济礁上的造岛活动，违反了《公约》第192条、第194条第1款与第5款、第197条、第123条和第206条。其五，关于对美济礁的占领和建设行为。仲裁庭裁定，中国在未得到菲律宾授权的情形下在美济礁建设人工设施和人工岛屿，违反了《公约》第60条和第80条关于菲律宾在其专属经济区和大陆架上的主权权利。仲裁庭进一步认定，作为低潮高地，美济礁不能被占据。其六，关于执法船以危险方式行动。仲裁庭裁定，中国执法船在黄岩岛周边的行为，造成了船舶碰

---

[1] Award, Republic of the Philippines v. People's Republic of China, Arbitration under Annex VII of the United Nations Conventionon the Lawof the Sea, 12 July 2016, pp. 259-260.

撞以及危害菲律宾船舶和人员的极高风险。中国已违反《国际海上避碰规则》第2、第6、第7、第8、第15及第16条，也因此违反了《公约》第94条。

第四，当事方间争端的恶化与扩散。仲裁庭认定，中国通过疏浚、人工造岛及建设活动在程序进行过程中使争端"恶化"和"扩散"，尤其在以下程序进行时：其一，中国通过在位于菲律宾专属经济区的低潮高地上建设大型人工岛屿，使当事双方有关美济礁的权利与权益的争端"恶化"。其二，中国通过对美济礁珊瑚礁栖息地造成永久的、不可修复的"伤害"，使当事双方关于保护和养护美济礁海洋环境的争端"恶化"。其三，中国通过在华阳礁、永暑礁、南熏礁（北）、赤瓜礁、东门礁和渚碧礁上进行大规模的造岛和建设工程，使双方有关保护和养护海洋环境的争端进一步"扩散"。其四，中国通过永久性"毁灭"美济礁、华阳礁、永暑礁、南熏礁（北）、赤瓜礁、东门礁、渚碧礁的自然地理条件的证据，使有关南沙群岛海洋地形的地位及其产生海洋区域权益的能力的争端"恶化"。[1]

（4）仲裁裁决的争端解决成效

仲裁裁决的作出并未使中菲南海争端因此明朗，反而在一段时间内更为激烈尖锐。在中国方面，中方一直保持"不接受、不参与、不承认"的"三不"立场，在国际国内各种场合反复申明"不接受""不承认"仲裁裁决；而在菲律宾方面，尽管仲裁裁决出台之初，菲律宾多次要求中国执行仲裁裁决，并在各国际场合尤其是东盟呼吁相关各国的支持，也得到了美国、日本、澳大利亚等域外大国的肯定或背书，但随着菲律宾新政府对外立场的转变，该仲裁裁决在其对华关系中渐处于模糊处置甚或刻意搁置及回避状态。如前所述，菲律宾当前正积极回归到与中方双边或东盟框架下的多边政治谈判轨道上来。可以认为，相较于"南海行为准则"在当下谈判的卓有成效，南海仲裁裁决并未在现阶段取得实质反响；但南海仲裁案的法律解决方式、裁决理据与结论倾向、当事国参与模式及能力表现都将在南海争端的后续解决中持续发生影响。

（二）与马来西亚间的争端

菲律宾与马来西亚之间的沙巴争端一直是牵动东南亚局势的重要问题之一，在20世纪60年代曾一度使东盟陷入瘫痪。应该说，沙巴问题首先

---

[1] Award, Republic of the Philippines v. People's Republic of China, Arbitration under Annex VII of the United Nations Conventionon the Lawof the Sea, 12 July 2016, p. 464.

是菲马两国的领土争端，尽管必然附随周边海洋区域权利的划分，其核心争议却并不直接围绕海上权益的争夺而展开。但正是出于对北婆罗洲（沙巴）的领土主张，菲律宾曾于2001年申请作为第三方介入马来西亚与印度尼西亚向国际法院提交的"对利吉旦岛和西巴丹岛的主权"案，由此也涉入相关海洋争端。

1. 争端背景

沙巴争端是复杂历史背景下殖民侵夺后遗留的又一团乱麻。沙巴原为文莱苏丹的封地[1]。18世纪初，文莱苏丹为答谢苏禄苏丹助其平叛，将沙巴的东部和北部割让给苏禄苏丹。至19世纪，苏禄苏丹与英国北婆罗洲公司签订的爪哇语原本的"1878年条约"为沙巴争端埋下祸端。菲律宾秉承西班牙译本，认为沙巴仅为"租借"（lease），而马来西亚坚持英国译本，坚称沙巴已被"割让"（cede）。

1962年，独立后的菲律宾政府首次对北婆罗洲（沙巴）提出主权要求，遭到马来亚联邦的坚决反对。1963年，北婆罗洲恢复旧名沙巴，经公投与马来半岛上的11个州共组马来西亚联邦，并坚称沙巴加入联邦的程序和结果具有完全的法律效力。1968年菲律宾国会通过议案，宣布沙巴是菲律宾领土，菲马两国因此断交。1977年菲律宾马科斯总统在参加东盟峰会时口头承诺放弃对沙巴的主权声索。1987年，菲律宾重修宪法，在其适用至今的"1987年宪法"中首次删去沙巴"在历史上或法律上属于菲律宾"的相关措辞。2012年，菲律宾政府意在南部地区建立囊括苏禄地区的新政治实体，刺激苏禄苏丹于2013年单方面采取行动侵入马来西亚沙巴州的拉哈达图地区以"追讨沙巴主权"，与马来西亚武装部队发生激烈冲突，将沙巴问题再次推到前台。[2]

2. 争端的政治解决实践

（1）双边政治协商

菲律宾与马来西亚有关沙巴问题的双边解决努力主要集中于阿基诺夫人执政后的20余年。1986年，阿基诺夫人当选菲律宾总统，表示愿意以大局为重，与马来西亚友好协商沙巴问题。在1986年菲律宾新宪法的起草

---

[1] 沙巴位于加里曼丹岛（又称婆罗洲）北部，北接菲律宾南部的苏禄群岛地区，南部与印度尼西亚接壤。
[2] 参见铁平：《菲、马"沙巴领土"争端》，载《世界知识》1988年第1期，第31页；梁英明：《东南亚史》，人民出版社2013年版，第278页；郭剑、喻常森：《菲律宾与马来西亚关于沙巴的主权纠纷》，载《南洋问题研究》2015年第2期，第29—37页。

阶段，立法机构围绕沙巴问题的意见仍分歧巨大，但在该任政府的推动下，菲律宾最终在1987年宪法中删除了对沙巴的主权主张。1987年8月，菲律宾副总统访问马来西亚，表示菲方将采取实际措施放弃对沙巴的主权要求。马来西亚政府对菲律宾政府为解决沙巴问题采取的主动措施表示欢迎。在一系列条件的讨价还价之下，双方表示愿意缔结睦邻友好条约及边界巡逻协定。1994年，双方签订《菲律宾与马来西亚共同防卫谅解备忘录》(Memorandum of Understanding on Defense Cooperation between Philippines and Malaysia)。2002年，双方签订《菲律宾—马来西亚共和国关于承认海员培训与发证的协定》(Republic of the Philippines-Malaysia Agreement on the Recognition of the Training and Certification of Seafarers)。[1] 随着一系列协议的达成，马菲沙巴争端暂时隐入幕后，两国关系大局至2013年前基本平稳。

（2）多边政治推进

第一，联合国的阶段性努力。1963年，印尼、菲律宾、马来西亚三方签署《马尼拉协定》(Manila Accord)，规定北婆罗洲并入马来西亚的一部分不损害菲律宾对其领土的主张或任何权力，并同意申请联合国向当地派遣一个调查团。若调查团作出有利于马来西亚领土主张的意见，菲律宾与印尼将放弃其对马来西亚组建的反对意见。

1963年8月16日至9月5日，联合国秘书处派遣的由阿根廷、巴西、锡兰、捷克斯洛伐克、加纳、巴基斯坦、日本、约旦八国成员组成的调查团，分别在沙捞越和沙巴展开听证，英国、马来西亚、印尼及菲律宾代表分别出席旁听。

时任联合国秘书长于丹（U Thant）在调查团报告基础上作出结论，认为：沙巴和沙捞越两州加入马来西亚符合国际规范和国际法原则，也符合当地民众的意愿。沙巴和沙捞越的大多数人民对他们的未来以及对他们参与马来西亚联邦的意义给予了认真和深思熟虑的考量；他相信大多数人认为他们希望结束自己的从属地位和意识到可以通过自由选择与地区中其他民族的联合来实现独立，他们感受到与这些民族在种族、遗产、语言、宗

---

[1] Philippine Treaties Online, "Republic of the Philippines-Malaysia Agreement on the Recognition of the Training and Certification of Seafarers", http: //124. 106. 127. 217/treaty/index. php? r = treaty%2Fsearch&Treaty%5Btitle%5D = &Treaty%5Bcategory_ id%5D = &Treaty%5Bdate_ of_ signature%5D = &Treaty%5Bdate_ of_ entry_ into_ force%5D = &Treaty%5Bcontracting_ party_ id%5D = MYS&yt0 = Search, Sep. 4, 2018.

教、文化、经济关系以及理想和目标上的关联。[1]

调查团的结论遭到菲律宾的坚决反对,其强烈抵制马来西亚联邦的成立,宣布不承认马来西亚,同时召回了驻马来西亚联邦原大使,两国关系恶化,直至1965年方有所缓和。

第二,东盟的斡旋与缓冲。沙巴问题并不依赖于海洋争议的解决,也未直接与中国相关,因此东盟框架下的《南海各方行为宣言》在此并无意义。但东盟作为不可替代的区域性组织,仍在沙巴争端的白热化阶段为其提供了缓冲平台。一如前述,1968年马菲关系的恶化严重影响了东盟这一新兴国际组织的团结与存续。由于作为当事国同时也是东盟成员国的菲律宾与马来西亚都对在东盟中协商讨论或在东盟框架下协商解决沙巴争端表示反对,东盟只能以非强制和非权威的方式进行呼吁和斡旋,推动马、菲两国通过和平的方式解决问题、加强对话。在东盟濒临瓦解之际,其他成员方泰国和印度尼西亚的斡旋取得成效,菲律宾逐步冷静,矛盾出现缓和的转机,马来西亚重新开始参加东盟的活动,东盟此前的瘫痪状态宣告终结。

事实上,在东盟成立后的25年里,没有一次成员国间的冲突被成功提交到高级委员会或直接援引东盟文件条款进行解决,沙巴争端还是回归了双边轨道。[2]

3. 争端的司法解决实践

1965年,菲律宾曾要求将沙巴主权问题提交国际法庭仲裁,但遭到马来西亚的拒绝。1998年9月,印度尼西亚和马来西亚向国际法院提交特别协议,要求法院"根据当事各方提供的条约、协议和任何其他证据,确定利吉丹岛和西巴丹岛的主权究竟属印度尼西亚共和国还是属马来西亚"。

菲律宾于2001年2月22日援引《国际法院规则》第53条第1项,要求法院向它提供当事各方已提交的书状和所附文件的副本。在未获允许的情况下,同年3月13日,菲律宾提交了援引《国际法院规约》第62条要

---

[1] United Nations Archives, "Malaysian Mission-Documents, Reports", https://search.archives.un.org/malaysian-mission-documents-reports; United Nations General Assembly, "Question of Malaysia", https://en.wikisource.org/wiki/Question_of_Malaysia, Sep.4, 2018.

[2] 参见韦祎:《以马来西亚与菲律宾沙巴争端为视角透视"东盟方式"在解决领土争端中的作用》,载《东南亚纵横》2016年第5期,第20—21页;祁广谋、钟智翔:《东南亚概论》,世界图书出版广东有限公司2014年版,第310页。

求允许参加该案的请求书，称本案裁决可能影响菲律宾具有法律性质的利益，但菲律宾并不要求成为关于利吉丹岛和西巴丹岛主权争端诉讼的一方，其请求参加案件的目的在于：

"第一，菲律宾共和国政府的历史和法定权利起源于其对北婆罗洲领土的统治和主权的主张，在法院对利吉丹岛和西巴丹岛主权的确定影响或可能影响这些权利的情况下，保全和保障这些权利。第二，参加诉讼以便使尊敬的法院获悉可能受法院裁决影响的菲律宾共和国历史和法定权利的性质和范围。第三，更充分重视尊敬的法院在全面防止冲突而不仅仅解决法律争端方面不可或缺的作用。"

对于菲律宾要求允许参加的请求，印度尼西亚和马来西亚在其书面意见及口头程序中都表示反对。法院遂于2001年10月23日对菲律宾参加诉讼的请求作出判决。在判决书展开认定的五个问题中，法院认为"要求允许参加请求书的适时性""请求书未附可资佐证的文件或其他证据""指称的缺少管辖联系"这三项问题并不构成对菲律宾参加诉讼的障碍；但在"'具有法律性质的利益'的存在""参加的确切目的"两个问题上，菲律宾未能充分满足条件，最终判决对其请求书"不予准许"。

在是否存在"具有法律性质的利益"的问题上，法院认为：（1）菲律宾所提交的英国地图上所表明的菲律宾权利主张与1878年苏禄苏丹让与的领土界限不一致；（2）本案中印度尼西亚与马来西亚对1878年的让与并无争议，双方均同意利吉丹岛和西巴丹岛不在其所及范围之内，1878年让与的性质究竟属租赁还是割让的问题也不构成当事各方对争论中岛屿所有权的权利主张；（3）菲律宾所称北婆罗洲的主权通过19世纪末和20世纪初英国国家文书的引证摘录由苏禄的苏丹统治所保有，但主要诉讼当事各方并没有把这些协议的任何一份视作对利吉丹岛和西巴丹岛的创始所有权；（4）菲律宾提请法院查阅的某些其他文书，可能确实表明了在印度尼西亚与马来西亚争端诉讼中合法约因的某种利益，但是菲律宾在这些文书中，或未能表明有任何法定利益可能受到法院在主要诉讼中的推理或解释的影响，或是这些文书不是印度尼西亚和马来西亚论据的构成部分，或是双方各自依赖的文书与菲律宾就其对北婆罗洲的权利主张所述苏禄苏丹保留主权问题无关。[1]

---

[1] See "Application for Permission to Intervene by the Government of the Philippines", Judgment of 23 October 2001, Sovereignty over Pulau Ligitan and Pulau Sipadan (Indonesia/Malaysia), ICJ.

至此，菲律宾参加"利吉丹岛和西巴丹岛主权案"的请求被最终驳回。

4. 争端解决成效

尽管菲律宾历史上对沙巴问题数次表示退让，沙巴地区也长期处于马来西亚的有效管控之下，但沙巴问题却从未彻底解决。一方面，苏禄苏丹及其继承人不断要求菲律宾政府帮助他们追讨沙巴主权，恢复其家族在沙巴的统治地位，以至于在2013年造成世所瞩目的"沙巴对峙"；另一方面，菲律宾外交部也不时发表声明称其并未完全放弃对沙巴的主权。2015年，菲律宾外交部否认为获取马来西亚在中菲南海仲裁案中对菲方的支持而"交付"沙巴。其时的外交部发言人对此声明称："菲律宾不可能放弃对沙巴的主张"，"这是对人民任何信任的背叛"[1] 菲律宾2018年在其新宪法起草过程中，一度拟将沙巴作为其转变为联邦制后的第13个州；2018年8月通过的宪法草案最终本也被认为是通过"历史性权利"一词的回归来覆盖对沙巴的领土主张。[2] 目前看来，沙巴争端完全解决时日尚远。

（三）与印度尼西亚间的海洋争端

1. 争端背景

印度尼西亚和菲律宾隔西里伯斯海相望。两国海洋主张的重叠主要源于以下来由：

第一，西里伯斯海海域面积相对较窄，从其最近海岸线算起的任何一处的宽度都不超过200海里，其自然地理条件决定了周边相向国家在寻求《公约》下200海里的专属经济区时必然出现海洋主张的重叠。

第二，菲律宾以《巴黎条约》为基础单方面划设的所谓"矩形线"引发双方争端。菲律宾早期的宪法及相关国内法律曾将其继承自1898年美西《巴黎条约》第3条、1900年《美西条约》、1903年《美英条约》中划定

---

[1] Philstar, "DFA: Philippines Maintains Claim on Sabah", https://www.philstar.com/headlines/2015/03/30/1439178/dfa-philippines-maintains-claim-sabah, Sep. 4, 2018.

[2] See Alexander Macleod, "Philippine Claim on Sabah Will Undermine Regional Security Efforts", https://globalriskinsights.com/2018/02/philippine-claim-on-sabah-will-undermine-regional-security-efforts/, Sep. 4, 2018; Pia Ranada, "Document: Final Version of Consultative Committee Draft Constitution", https://www.rappler.com/nation/206865-duterte-wants-transition-president-after-federal-constitution-ratification, Sep. 4, 2018.

界线内的所有水域视为领水。1932年，菲律宾参议院通过了《渔业法》（第4003号法案），将条约外界限以内所有水域确定为菲律宾领水，以规范渔业、执法、国防和资源开发。[1] 1955年，菲律宾通知联合国秘书长称，其视条约外界限以内所有水域为领水。1961年菲律宾颁布第3046号共和国法令（Act No. 3046），沿菲律宾围绕最外缘岛屿划出80条直线基线。[2] 这些基线平均长度为102.185海里，超出后来《公约》有关群岛基线的相关限制，其导致的直接后果是将帕尔马斯岛划入菲律宾的领海范围。帕尔马斯岛曾在1925年引发菲律宾宗主国美国与印尼宗主国荷兰间的国际仲裁，当时的独任仲裁员胡伯判定帕尔马斯岛的主权归属荷兰，印度尼西亚认为其当然继承该地主权。[3]

第三，印尼与马来西亚在西里伯斯海海域的未决争端牵涉印尼与菲律宾的划界基础。尽管在前述的"利吉丹岛和西巴丹岛主权案"中，菲律宾因具有"法律利益"而参与诉讼的请求被国际法院驳回，但不可回避的是：利吉丹岛和西巴丹岛两岛的主权归属，既决定菲律宾与印尼之间是同时存在领海和专属经济区争端，还是仅需要处理专属经济区的划界，也影响着菲律宾与印尼在海洋划界时的海洋边界起点。

2. 双边谈判解决专属经济区划界

菲律宾和印尼的相关谈判延宕了20年之久，从1994年到2014年，两个国家共举行了八次会议，最终成功签署专属经济区划界协定。

1994年6月，菲律宾与印尼关于海洋划界的第一次高级官员会议在印尼举行。两国谈判代表共同设计了海洋划界的指导原则，并为后续工作的顺利开展和对接成立常设工作组，由三个子工作组和一个联合技术小组协助工作。遗憾的是，这一开端并未开启双方争端解决的快车道，反因彼此分歧过大而进入了十年的休眠状态。

2002年，国际法院以16票赞成1票反对作出裁定，将利吉丹和西巴

---

[1] Article II, Sec. 6, Act No. 4003 - "An Act to Amend and Compile the Laws Relating to Fishand other Aquatic Resources of the Philippine Islands, and for other Purposes".

[2] Sec. 1, Republic Act No. 3046 - "An Act Define the Baselines of the Territorial Sea of the Philippines".

[3] See Michael Garcia, "The Philippine Baselines Law", http：//www.un.org/Depts//los/nippon/unnff_ programme_ home/alumni/tokyo_ alumni_ presents_ files/alum_ tokyo_ garcia.pdf; US Bureau of Oceans and International Environmental and Scientific Affairs, "Philippines: Archipelagic and other Maritime Claims and Boundaries", *Limits in the Seas* No. 142, https：//www.state.gov/documents/organization/231914.pdf, Sep. 5, 2018.

丹两岛的主权判给马来西亚。菲律宾与印尼在西里伯斯海的争议范围由此明朗。2003年，两国即同意重启谈判。

2008年，印尼颁布《修订〈印度尼西亚群岛基线地理坐标表的政府条例38/2002〉的政府条例37/2008》（Government Regulation No. 37/2008 revising GR No. 38/2002），修改了相关基点。2009年，菲律宾颁布第9522号共和国法案，规定菲律宾将实行群岛制度，并按照《公约》重新界定和公布了菲律宾的领海基线。据此，菲律宾群岛的121个领海基点均位于菲律宾群岛之上，其领海外部界限界定在距领海基线12海里。菲律宾由此放弃原来有关条约外界限以内所有水域为其领水的主张，从而将帕尔马斯岛排除在菲律宾领水之外。上述双方的各自努力，都为菲律宾与印尼的海域划界进一步扫清了障碍。

2011年3月，菲律宾外交部长罗萨里奥和印尼外交部长马蒂签署了联合声明，同意加快菲律宾与印度尼西亚海洋划界的双边谈判。2014年5月18日，在常设工作组第八次会议上，菲律宾国家绘图和资源信息管理局局长与印尼有关官员在标识有棉兰老海和西里伯斯海专属经济区划界的海图上签字。5月19日，菲律宾外交部宣布，菲律宾与印尼两国政府完成在棉兰老海和西里伯斯海的专属经济区划界谈判，近日将正式签署协议。5月23日，双方外交部长在菲律宾总统府签署该协议。2017年4月，印尼议会正式批准了这一具有"里程碑意义"的双边海洋划界协议。[1]

3.《菲律宾共和国政府和印度尼西亚共和国政府关于专属经济区划界的协定》的基本内容

2014年的《菲律宾共和国政府和印度尼西亚共和国政府关于专属经济区划界的协定》（以下简称《划界协定》），由前言和正文组成，正文部分共计四章。其中，第一章共三条，明确《划界协定》的核心内容，标明双方有关专属经济区边界的具体地理位置；第二章共两条，主要阐释了缔约双方划定专属经济区界线位置的方法，并确定两国相关主管部门；第三章

---

[1] See DFA, "Philippines, Indonesia Finalize Text of Agreement and Chart on EEZ Boundary", https://www.dfa.gov.ph/dfa-news/dfa-releasesupdate/2907-philippines-indonesia-finalize-text-of-agreement-and-chart-on-eez-boundary Sep. 7, 2018; DFA, "Philippines and Indonesia Sign Agreement on EEZ Boundary", https://www.dfa.gov.ph/dfa-news/dfa-releasesupdate/2951-philippines-and-indonesia-sign-agreement-on-eez-boundary, Sep. 6, 2018; Francis Chan, "Indonesia-Philippines Sea Border Pact Ratified", https://www.straitstimes.com/asia/se-asia/indonesia-philippines-sea-border-pact-ratified, Sep. 6, 2018.

争端解决规定为，在解释、适用或履行《划界协定》时产生的任何分歧，应该通过外交途径，通过协商或者谈判的方式加以解决；第四章明确《划界协定》的批准和生效问题。《划界协定》中菲律宾与印尼的专属经济区边界连接点见第Ⅰ部分 表3：

第Ⅰ部分 表3　菲律宾与印尼的专属经济区边界连接点坐标

连接点	经度	纬度
1	3°06′41″N	119°55′34″E
2	3°26′38″N	121°21′31″E
3	3°48′58″N	122°56′03″E
4	4°57′42″N	124°51′17″E
5	5°02′48″N	125°28′20″E
6	6°25′21″N	127°11′42″E
7	6°24′25″N	128°39′02″E
8	6°24′20″N	129°31′31″E

由此，《划界协定》中菲律宾与印尼专属经济区边界线从基点1至基点8共长627.51海里或1162.2公里。[1]

4. 争端解决成效

（1）双边划界协议的落实与后续推进

菲印尼双方2014年的《划界协定》甫一落地便引来一片掌声。菲律宾外交部在划界协议签署当天称："该协议是菲律宾与印尼关系的一个里程碑，因为专属经济区边界的划定将使两国在保护该地区资源丰富的海洋环境、增加贸易和加强海上安全等方面有更密切合作的机会。"印尼方面也表示："这对两国都有利，因为现在人们对边界的位置有了信心，因此每个国家都可以探索和开发鱼类、原油、天然气和其他矿产等自然资源。"[2]

---

[1] 菲律宾与印尼专属经济区走向边界线示意图参见 DFA, "Q&A on the Philippine and Indonesian Agreement on the Exclusive Economic Zone Boundary", http：//www.gov.ph/2014/05/23/faqs-on-the-philippines-and-indonesia-agreement-on-the-delimitation-of-eezboundary/，最后访问日期：2018年9月7日。

[2] 参见张明：《菲律宾与印度尼西亚签署海上专属经济区划界协定》，载凤凰网，http：//news.ifeng.com/a/20140523/40432108_0.shtml，最后访问日期：2018年9月6日；DFA, "Philippines and Indonesia Sign Agreement on EEZ Boundary", https：//www.dfa.gov.ph/dfa-news/dfa-releasesupdate/2951-philippines-and-indonesia-sign-agreement-on-eez-boundary, Sep. 6, 2018; Francis Chan, "Indonesia-Philippines Sea Border Pact Ratified", https：//www.straitstimes.com/asia/se-asia/indonesia-philippines-sea-border-pact-ratified, Sep. 6, 2018。

就上述期待的真正落实而言，2014年《划界协定》的签署只是一个开端。一方面，《划界协定》签署后的正式生效还有赖于双方的批准。印尼直至2017年4月17日第30届东盟峰会召开之前才由议会批准通过，而菲律宾至今尚未正式批准这一《划界协定》。2018年8月，印尼外交部长在雅加达会见菲律宾外交部长时再次表达相关意愿，敦促菲律宾加快批准专属经济区的划界协议，并希望在2018年年末前完成批准书的交换。[1] 另一方面，《划界协定》仅是对两国海洋边界争议中专属经济区重叠的部分解决，其他海洋区域如大陆架重叠还有待进一步交涉磋商。乘着2014年《划界协定》的东风，菲印尼双方外交部长于当年10月10日在巴厘国际会议中心签署了《菲律宾共和国与印度尼西亚共和国关于大陆架界限划界的联合声明》。这一联合声明被认为"充分表达了两国意就菲律宾和印尼大陆架重叠的谈判可能进行讨论"，但其后至今，有关大陆架划界的实质推进却未见行动。[2]

（2）双边划界协议对南海问题的影响

2014年《划界协定》被菲律宾及印尼视为解决东南亚海洋争端的"典范"，尤其是2014年正处于菲律宾单方面提交仲裁申请、南海紧张局势不断升级的对峙阶段，官方及学界有不少声音提出：雅加达和马尼拉之间的谈判取得圆满成功，对南海争议各方尤其是中菲南海争端都有重要的借鉴意义。

菲律宾总统阿基诺三世在协议签署时立即表态，称："与印尼新签署的协议证明，我国致力于在不使用暴力的情况下结束领土争端"，"这有力地证明了我们坚持法治、追求和平、公正解决海洋问题的坚定承诺"。印尼时任总统苏西洛也表示，应该在不动用武力维护该地区安全与稳定的情况下解决南海争端，并落实在有争议水域的行为准则。[3] 印尼战略与国际问题研究中心发表的长篇报告也称，这一海洋划界争端是两个群岛国家之

---

[1] Nouvarah Ahdiba,《印尼敦促菲律宾加快批准专属经济区限制协议》，载Radio Republik Indonesia, http://voinews.id/mandarin/index.php/component/k2/item/1109-2018-08-21-berita-indonesia-desak-filipina-percepat-ratifikasi-perjanjian-batas-zee，最后访问日期：2018年9月6日。

[2] DFA, "Phl, Indonesia Agree to Discuss Continental Shelf Boundary", https://www.dfa.gov.ph/dfa-news/dfa-releasesupdate/4331-phl-indonesia-agree-to-discuss-continental-shelf-boundary, Sep. 6, 2018.

[3] Louis Bacani, "Philippines, Indonesia Sign Deal Ending Sea Dispute", https://www.philstar.com/headlines/2014/05/23/1326405/philippines-indonesia-sign-deal-ending-sea-dispute; Rappler, "PH, Indonesia: Maritime Deal Model for Dispute Settlement", https://www.rappler.com/nation/58756-ph-indonesia-maritime-deal, Sep. 6, 2018.

间按照《联合国海洋法公约》的规则和平解决的,故而可以称作和平解决海上划界争端以及维护东亚海上安全的"优秀典范"。[1]

前印尼驻欧盟及欧洲多个国家的大使、现任国际海洋法法庭首位印尼籍法官 Arif Havas Oegroseno 专门撰文提出两点意见:一则,无论喜欢与否,《公约》就是解决海上边界问题的现行有效的法律。无论国家的历史记载如何,它们也应该与《公约》规定保护一致。如果存在了 115 年的"矩形线"地图都能调整至符合《公约》,那么创建于 20 世纪 40 年代中期的"九段线"与《公约》一致也没有什么问题。印尼与菲律宾之间的第一个海上边界标志着一种国家惯例的出现,在海上边界争端中,单方面宣布的地图将最终与国际法律的规定相一致。二则,南海权利的主张国应轻易就可发现在海洋边界的合作将为国家带来更大利益。无论是否存在海洋边界,海洋环境、海洋安全都应是国家推动和保护的公共产品。南海争端的升级应该是被纠正的反常现象。[2]

中国也有学者就此提出,菲印尼两国的协议成功意味着:其一,双边谈判解决南海问题是基本方式;其二,应学习菲印尼两国坚持 20 年的政治耐心;其三,菲律宾已成长为我国在南海的战略对手;其四,国际法是解决争端的依据并应进一步界定"九段线"的性质。[3]

(四) 与越南间的海洋争端

菲律宾与越南之间的海洋争端,实质上为风云繁复的南海争端中的环节之一:一则为南海部分岛礁的领土争端,二则为领土主权外的大陆架划界争端。

1. 南海岛礁的领土争端

自 20 世纪 60 年代以来,菲律宾及越南两国陆续通过政府声明、国内立法、双边协议、外交照会、呈交联合国会议等多种方式,不断发表和宣

---

[1] Rizal Sukma, "The Future of The Seas in East Asia: Toward a Comprehensive Maritime Cooperation", in Shafiah F. Muhibat and Audrey Stienon, eds., *The Future of The Seas in East Asia: Forging a Common Maritime Future for Asean and Japan*, Jakarta: Centre for Strategic and International Studies, 2015, p. 19.

[2] Arif Havas Oegroseno, "Ambassador Arif Havas Oegroseno: How Indonesia and the Philippines Solved Their Maritime Dispute", https://thediplomat.com/2014/06/how-indonesia-and-the-philippines-solved-their-maritime-dispute/ 1/, Sep. 6, 2018.

[3] 李忠林:《印尼和菲律宾专属经济区划界及对中菲南海争端的启示》,载《亚太安全与海洋研究》2016 年第 5 期,第 42—47 页。

扬其对南海海域的领土主张。同时被两国所主张的南海岛礁包括：太平岛、中业岛、南威岛、弹丸礁、郑和群礁、万安滩。[1] 两国在南海的领土主权争议由此引发。

尽管存在岛礁主权的声索冲突，菲越两国并未就相关领土争端展开过正式谈判，仅由政府作官方声明以重申立场。如2017年4月，越南外交部对菲律宾总统可能会在6月12日菲律宾独立日访问南沙群岛中的中业岛的声明作出回应，称越南有充分证据证明其对南沙群岛和西沙群岛拥有主权，如果没有越南的许可，其他国家在这两个岛链上的任何行动都是非法和无效的；因此，越南正在核实有关菲律宾总统杜特尔特下令军队占领无人居住岛屿和浅滩的信息，这一行为将使复杂海域状况恶化。[2] 2018年6月，越南外交部要求菲律宾停止对中业岛跑道的修复，称在这一菲律宾所控制的南沙最大岛礁上的建设行为将进一步加剧南中国海争议地区的复杂局势。[3]

菲越两国在双边谈判解决领土争端上的冷淡态度，其原因主要在于：其一，两国在地理位置上对南海部分岛礁存在地利之便，这使得其在重叠领土主张中获得缓冲，从而在声索南海岛礁领土的历程中，各自先将精力集中于周边岛屿的占领、开发以获取最大利益。其二，两国共同声索岛礁的实际控制权并非都在两国手中。其中，南威岛、万安滩、郑和群礁中的敦谦沙洲、舶兰礁、鸿庥岛由越南所控，中业岛由菲律宾所控，而太平岛、弹丸礁及郑和群礁其他岛礁分别由中国、马来西亚所控。这些显然并不能由两国协商就可以解决。其三，两国在南海争端中都视中国为最大威胁，在对抗中国的海洋主张与实践的问题上，两国存在天然的同盟立场，从而倾向于搁置争议、统一立场，以便在从中国手中夺取南海海洋权益的过程中形成合力。

值得注意的是，菲律宾杜特尔特政府对中国南海立场的变化已经给菲越之间脆弱的利益联盟带来打击。在中菲南海仲裁案进行期间，正式

---

[1]《南海岛屿之争》，载参考消息网，http：//www.cankaoxiaoxi.com/s/nanhai/，最后访问日期：2018年9月8日。

[2] Reuters, "Vietnam Reacts to Philippines' Plan to Occupy Disputed Islands", https://e.vnexpress.net/news/news/vietnam-reacts-to-philippines-plan-to-occupy-disputed-islands-3567623.html, Sep. 8, 2018.

[3] Patricia Lourdes Viray, "Vietnam Asks Philippines, China to Stop Escalating Tension in South China Sea", https：//www.philstar.com/headlines/2018/06/04/1821552/vietnam-asks-philippines-china-stop-escalating-tension-south-china-sea, Sep. 8, 2018.

发表官方声明，数次公开表示支持菲律宾海洋主张、称赞菲律宾仲裁申请为国际法治榜样，要求中国执行仲裁裁决的越南，曾被视为是菲律宾在南海问题上最坚定的盟友。从 2011 年到 2016 年，中国在南海日益强硬的姿态，迫使菲越两国搁置意识形态分歧和数十年的相互猜疑，进入亲密的战术合作状态。但随着菲律宾新政府的上台，双方迅速发展的战略联盟渐转向冷淡与紧张。2016 年，菲律宾搁置了前任总统的法律战略，缩减了与美国在南海联合军演的规模；2017 年，菲律宾海军致两名越南渔民死亡，越南在东盟峰会上要求对中国填海活动采取更强硬立场的主张被主席国菲律宾所阻挠。菲律宾媒体有关越南人侵占菲律宾水域的报道正在升温。[1]

2. 南海大陆架划界争端

菲律宾与越南在南海岛礁主权之外的争端，主要源于越南有关 200 海里外大陆架划界主张的提出。

（1）越南与马来西亚外大陆架联合划界案

2009 年 5 月 6 日，越南与马来西亚联合向大陆架界限委员会提交了关于南海南部区域的外大陆架划界案。[2] 在马来西亚与越南联合提交的划界案中，双方均承认该划界案所涉区域存在争议。两国表示将为确保其他有关沿海国家无异议而作出努力，尽可能保证这一联合提交的划界案不损害有关国家的海洋权益，声称对有争议的区域将通过协商解决。而实质上，越马两国提交该划界案的真正目的是对中国"断续线"内的区域进行瓜分。

（2）越南外大陆架单独划界案

2009 年 5 月 7 日，越南单独向大陆架界限委员会提交了关于南海北的外大陆架划界案。在此次划界案中，越南声称自己有 3260 公里长的海岸线并对中国的西沙和南沙群岛享有主权。越南此次还提交了基于 2007 年、2008

---

[1] See Michelle FlorCruz, "South China Sea Dispute: Philippines And Vietnam Allies in Position Papers Against China", https://www.ibtimes.com/south-china-sea-dispute-philippines-vietnam-allies-position-papers-against-china-1753722 1/; Richard Javad Heydarian, "Philippines and Vietnam in the South China Sea: A Burgeoning Alliance", https://www.huffingtonpost.com/richard-javad-heydarian/philippines-and-vietnam-i_b_5392321.html 1/; Richard Javad Heydarian, "Philippine-Veitnamese Relations Challenged by Regional Shifts", https://amti.csis.org/philippine-vietnamese-relations-challenged-regional-shifts/, Sep. 8, 2018.

[2] Malaysia & Vietam, "Joint Submission", http://www.un.org/depts/los/clcs_new/submissions_files/mysvnm33_09/mys_vnm2009excutivesummary.pdf, July 5, 2018.

年两年的专门调查资料以及包括海洋的水深测量、电磁力、万有引力和地震数据等在内的资料。越南详细勾画了自己希望的大陆架外部延伸范围：北部地区（VN-N）的应用均为1%的沉积厚度公式（加德纳公式）和大陆架跛脚线+60海里公式（赫德伯格公式），已经完成的45个固定基点构成越南外大陆架的外部界限。越南声称对西沙群岛拥有"主权"，将南海北部几乎都划为越南的"大陆架"及"外大陆架"。[1]

（3）菲律宾对越南外大陆架划界案的立场

菲律宾于2009年8月4日照会联合国秘书长，表达了自己对越马联合外大陆架划界案（编号000819）和越南单独划界案（编号000818）的反对立场。菲律宾认为越马联合划界案所涉区域与菲律宾认为的区域重叠，包括了北婆罗洲在内的一些岛屿。[2] 鉴于这种情况，菲律宾不得不请求大陆架界限委员会不要考虑上述划界案，除非争端各方讨论并解决了争端。2011年4月5日，菲律宾再次照会联合国秘书长，主张：第一，"卡拉延岛"是菲律宾领土的一部分，菲律宾对"卡拉延岛"的地形拥有主权和管辖权。第二，根据国际法"陆地支配海洋"的原则，菲律宾对"卡拉延岛"地形附近的海域拥有主权。第三，涵盖"卡拉延岛""海床和底土"的中国"九段线"主张缺乏国际法法理基础。菲律宾作为适当的沿岸或群岛国必然拥有上述区域的主权、管辖权或者其他主权权利。[3]

---

[1] CLCS, "Joint Submission", http：//www.un.org/depts/los/clcs_new/submissions_files/submission_vnm_37_2009.htm, June 9, 2018.

[2] Philippine Mission to The United Nations, "Philippines No.000819", http：//www.un.org/depts/los/clcs_new/submissions_files/mysvnm33_09/clcs_33_2009_los_phl.pdf, July 9, 2018.

[3] http：//www.un.org/depts/los/clcs_new/submissions_files/mysvnm33_09/phl_re_chn_2011.pdf, June 9, 2018.

七、国际海洋合作

（一）海洋防务合作

作为群岛国家，菲律宾的海岸线总长达18533公里。由于地理位置和国际政治因素的影响，菲律宾与美国、日本、澳大利亚、越南、印度尼西亚、马来西亚之间长期存在海洋防务合作，随着杜特尔特上台，菲律宾与中国和俄罗斯之间的防务合作也越来越频繁。

1. 与美国的合作

由于菲律宾与中国南海争端的长期存在以及美国对华政策的影响，菲律宾一直以来和美国之间保持密切的防务合作。

第二次世界大战结束后，菲律宾于1946年7月4日完全独立。独立后，菲律宾境内仍然有大量美军官兵和军事设施，并建立了美国军事基地。1951年8月30日，菲律宾与美国在华盛顿特区签署《共同防御条约》[1]（Military Bases Agreement）。根据该条约，美国至1992年之前一直保有菲律宾的几个军事基地，其中包括苏比克湾（Subic Bay）美国海军基地和克拉克空军基地（Clark Air Base）。该条约还规定了双方通过外交部长就本条约的执行情况进行磋商，承诺无论何时任何一方在太平洋地区所受到的武装袭击都是针对两国的，两国将根据其宪法程序采取行动以应对共同的危险。[2] 2014年4月28日，菲律宾和美国政府签署了《增强防卫合作协议》（Enhanced Defense Cooperation Agreement）。菲律宾外交部在其网站上公布了有关《增强防卫合作协议》的部分细节。该协议的签署旨在进一步实施菲美《共同防御条约》，以增强菲律宾与美国的防卫合作。双方将在菲律宾建造和升级军事设施，存储和部署防卫设施、装备，以及部署用于人道主义援助和灾难救援的装备等。新协议的名称由原先拟定的《增强轮换军队框架协议》改为《增强防卫合作协议》，反映了菲律宾和美

---

[1] See "Agreement between the United States of America and the Republic of the Philippines Concerning military Bases", https://www.britannica.com/topic/Military-Bases-Agreement, Dec. 8, 2018.

[2] GOV. PH, "Mutual Defense Treaty between the Republic of the Philippines and the United States of America, August 30, 1951", https://www.officialgazette.gov.ph/1951/08/30/mutual-defense-treaty-between-the-republic-of-the-philippines-and-the-united-states-of-america-august-30-1951/, Dec. 8. 2018.

国意图在更广泛的防卫领域进行合作的决心，包括海事安全、海洋预警、人道主义救援和救灾能力等，而增加轮换军队仅仅是双方增强防务合作中的一部分。菲律宾外交部在声明中表示，新协议有效期为10年，关于协议的细节和进一步的实施，菲律宾和美国将通过双边谈判进行落实。[1]

不过，随着杜特尔特政府的崛起，菲美之间正在成型的新兴战略联盟迅速冷却，甚至呈现紧张关系。现任菲律宾总统就职一个月后，有效地搁置了其前任阿基诺三世的法律战战略，转而与中国接触，并加强与俄罗斯的合作。此外，菲律宾还减少了与美国在南中国海的联合军事演习，包括在菲方与中方争议的水域进行联合巡逻的计划。

2018年5月7日至18日，菲律宾政府邀请美国军队与菲律宾在吕宋岛的多个地点进行联合军演，这是自1984年以来第34次"肩并肩"系列军演。"肩并肩"演习是一年一度的美菲双边军事演习，意图加强双方在共同防御、反恐、人道主义援助和救灾方面的合作。2018年的演习侧重于提高美国和菲律宾武装部队共同作战能力的训练，强调共同防御合作，以便在发生危害公共健康和安全的危机时，两国都能更有效地使用武力并提供援助。根据《共同防御条约》和《访问部队协定》，演习将提高两国协调多边应对危机和协同防御的能力。[2]

2. 与日本的合作

近年来，菲律宾和日本之间的海洋防务合作十分频繁，主要集中在海军军备、联合军演、舰艇访问方面。

（1）海军军备合作

菲律宾国防部长和日本驻菲律宾大使于2016年2月29日签署了一项新的防务协议，旨在促进菲律宾从日本引进国防设备和技术，并推动菲律宾和日本联合研究、开发甚至生产国防设备。日本计划向菲律宾提供当时日本海上自卫队（JMSDF）用于训练的5架二手Beechcraft TC-90国王空中侦察机，这些飞机可以配备基本的陆地和空中监视雷达。这些短程侦察机将帮助菲律宾海军在菲方和中国存在争议的南中国海水域进行巡逻。菲律

---

[1] 于景浩："菲律宾与美国签署《增强防卫合作协议》"，载人民网，http：//world.people.com.cn/n/2014/0428/c1002-24952879.html，最后访问日期：2018年12月8日。

[2] Sgt. Jackie Sanders, "Balikatan 2018: U. S., Philippine Forces Share Ideas, Best Practices", https://www.defense.gov/Newsroom/News/Article/Article/1519055/balikatan-2018-us-philippine-forces-share-ideas-best-practices/, Dec. 8, 2018.

宾也表示有兴趣购买其他日本制造的防御设备。[1]

2018年8月，菲律宾从日本收到的两艘巡逻艇正式服役。虽然这只是自2016年以来一直在进行的合作项目的一部分，但它再次凸显了两国在海事安全领域开展合作的积极意愿。除上述国防设备的开发和转让外，两国还在网络安全和海上安全等关键领域展开合作。其中，作为海上安全能力改善项目的一部分，菲律宾从日本引入了10艘帕罗拉级多角色反应船（MRRV）。菲律宾海岸警卫队（PCG）表示，该船将用于搜救行动、海洋环境保护、执法和运输。[2]

（2）海洋军事演习

2015年6月，菲律宾与美国海军及日本海上自卫队举行联合军事演习。其中，日菲军事演习持续到6月24日，日方派出一架P-3C巡逻机抵达巴拉望岛参加该演习。尽管菲律宾方面没有公布这次演习的具体内容，但日本和菲律宾的军事演习却有几个值得注意的地方。第一，此次演习是两国间的第二次军事演习，距离上次5月12日的演习间隔时间非常短，这体现出两国密切加强军事合作的一种趋势。第二，此次演习的地点从上一次的马尼拉湾转移到了巴拉望岛附近海域，而巴拉望岛是距离菲律宾和中国争议岛屿极近的区域。第三，此次军事演习是两国长期以来有目的地推动军事合作的结果。目前，日本无论从演习规模还是实际投入，都还相对较少，其主要目标应该还是获取直接插手南海问题的一个合理渠道，扩大其在菲律宾甚至是东南亚已经存在的利益和影响力。对于菲律宾而言，短期的现实利益是其主要考虑因素，即获取日本提供的相应军事援助，帮助菲律宾提升自身的海上实力。[3]

（3）舰艇访问

2018年2月3日，日本海上自卫队"天雾"号护卫舰抵达马尼拉，开始为期两天的访问。这是"天雾"号对菲律宾的首次访问。日本海上自卫队司令表示，此次访问旨在进一步加强日菲关系，特别是海军之间的联

---

[1] OMYPLANE, "Philippine Navy Beechcraft King Air TC 90 Patrol Aircraft", https://omyplane.com/aircrafts/beechcraft/king-air/philippine-navy-beechcraft-king-air-tc-90-patrol-aircraft, Dec. 12, 2018.

[2] Prashanth Parameswaran, "Japan-Philippines Security Ties in Focus with Patrol Vessels", https://thediplomat.com/2018/08/japan-philippines-security-ties-in-focus-with-patrol-vessels/, Dec. 8, 2018.

[3] 王化雨："菲律宾和日本举行第二次军事演习"，载人民网，http://world.people.com.cn/n/2015/0623/c157278-27194005.html，最后访问日期：2018年12月8日。

系。他还特别提到日本此前提供给菲律宾几架 TC-90 教练机是日菲紧密关系的证明。据报道，这几架 TC-90 教练机于 2018 年 1 月 31 日执行了首次巡逻任务，目的地是黄岩岛。日本方面认为，日本首相安倍晋三提出的"自由开放的印太战略"与菲律宾提倡的"海上航行自由"精髓相同，这使得两国海上安全合作更为重要。[1]

3. 与澳大利亚的合作

菲律宾与澳大利亚隔海相望，两国之间很早就存在海洋防务合作，尤其是以反恐防务合作和以联合军演体现的海上防务专门合作为主。

2012 年 7 月 24 日，菲律宾参议院表决通过菲律宾与澳大利亚之间签署的《访问部队地位协定》（Status of Visiting Forces Agreement）。事实上，该协定于 2007 年 5 月 31 日就已经签署，但一直未获参议院通过。澳菲《访问部队地位协定》之所以在参议院搁置两年之久，是由于紧迫性不足。随着菲律宾与中国就南海相关岛屿的主权争议升级，菲澳之间军事合作又回到菲律宾视野之中，借此向中国展示，除了美国，还有其他强国是菲律宾的盟友。菲澳《访问部队地位协定》与菲美《访问部队协定》类似，准许菲澳两国士兵共同参与军事演习。菲外交部也发表声明，称这标志着菲澳两国关系新的里程碑。根据菲澳《访问部队地位协定》，澳大利亚对菲律宾的相关援助会进一步扩大和增强。[2]

2017 年 10 月 24 日，菲律宾和澳大利亚已达成一系列合作协议，以加强军事合作，应对恐怖主义威胁。根据协议，澳大利亚国防军派遣由约 80 名澳大利亚人员组成的流动训练队向菲律宾武装部队提供城市作战和反恐训练，以便能够对抗恐怖分子所使用的非常野蛮的战术。澳大利亚国防部长表示，澳大利亚完全支持菲律宾打击恐怖主义，愿意进一步加强双方防务合作。[3]

2018 年 7 月 16 日，菲律宾军方发表声明称，菲律宾、澳大利亚两国海军将从当天起在苏禄海（Sulu Sea）展开为期 10 天的联合军演，以增强

---

[1] 王晓华：《日本自卫队战舰访问菲律宾 证明"关系紧密"》，载中华网，https://military.china.com/jctp/11172988/20180207/32062838.html，最后访问日期：2018 年 12 月 8 日。

[2] 张明：《菲律宾参议院批准菲与澳大利亚防卫合作协定》，载中国网，http://www.china.com.cn/military/txt/2012-07/25/content_26002769.htm，最后访问日期：2018 年 12 月 9 日。

[3] Willard Cheng, "Philippines, Australia Agree on Measures to Boost Military Cooperation", https://news.abs-cbn.com/news/10/24/17/philippines-australia-agree-on-measures-to-boost-military-cooperation, Dec. 9, 2018.

在该海域打击恐怖主义和打击海上劫持犯罪的能力。此次联合军演地点位于菲律宾西南部巴拉望省的苏禄海海域，菲澳海军各派出了两艘军舰和约100名士兵参加。澳方参演人员于16日上午抵达了巴拉望省的普林塞萨（Puerto Princesa）港。此次演习中，两国海军针对联合通信、作战规划、海上监控、搜索救援等方面进行协同演练，以提高两军的协同作战及防务合作水平。[1]

4. 与越南的合作

由于菲律宾和越南在南海存在海洋权益争端，多年以来两国在海洋防务方面没有进行过合作。直到2013年，菲律宾提交南海仲裁申请后，有意加强其与越南的合作，以共同应对中国在南海的维权活动。两国于2014年进行军事互访，2016年召开针对防务合作的会晤，2018年开展了副国防部长级对话。

2014年5月，中越因海上石油钻井平台发生冲突和对峙，越南与菲律宾在南海合作意愿增强。越南有意增加与菲律宾在南海问题上的联系，以期共同应对中国日益增加的南海维权活动。2014年6月，越南和菲律宾海军在南海争议岛屿南子岛（Southwest Cay）举行了一场足球、排球、拔河混合赛，以缓解他们之间的"紧张"关系。[2] 值得注意的是，越南和菲律宾都对南子岛宣称拥有"主权"。此次在"争议岛屿"举行体育比赛或许是在展现菲律宾和越南两国在南海问题上具有合作的可能。2014年11月，由"丁仙皇"号和"李太祖"号两艘导弹护卫舰组成的越南海军舰艇编队访问菲律宾，并与菲律宾海军举行了联合搜救训练等活动。这是越南海军舰艇编队首次访问菲律宾。[3]

两国于2015年11月建立战略伙伴关系。2016年9月30日，菲律宾与越南就双方的合作事项发表联合声明。该声明列举了菲律宾总统杜特尔特与越南总统陈大光（Tran Dai Quang）在9月29日星期四举行的双边会晤中的协议成果。一项为期6年的行动计划随协议的达成开始实施。该协议

---

[1] 袁梦晨：《菲律宾与澳大利亚举行联合军演》，载人民网，http://sn.people.com.cn/n2/2018/0717/c378304-31824575.html，最后访问日期：2018年12月9日。

[2] 《越南菲律宾海军在南沙中国岛屿上踢足球》，载中国网，http://china.org.cn/chinese/2014-06/09/content_32610099.htm，最后访问日期：2018年12月12日。

[3] 《越南海军舰艇编队首次访问菲律宾》，载越南通讯社网站，https://zh.vietnamplus.vn/%E8%B6%8A%E5%8D%97%E6%B5%B7%E5%86%9B%E8%88%B0%E8%89%87%E7%BC%96%E9%98%9F%E9%A6%96%E6%AC%A1%E8%AE%BF%E9%97%AE%E8%8F%8F%E5%BE%8B%E5%AE%BE/32213.vnp，最后访问日期：2018年12月9日。

旨在进一步加强双边交流。在国防合作领域，两位总统肯定了将越南国防部与菲律宾国防部联系起来的政策对话机制的价值，并表示愿意与其最高级国防官员寻找加强合作的新途径；同意加强海岸警卫队之间的热线沟通机制，并采取措施确保渔民的安全；希望在未来建立更有效的双边机制以确保两国友好地解决海上意外事件和冲突；肯定了两国共同致力于促进南中国海和平、稳定和航行自由的成果。[1]

2018年8月，越南和菲律宾在越南进行了副国防部长级对话，由越南国防部副部长和菲律宾国防部副部长共同主持。双方讨论了正在进行的双边合作中取得的最新成果，包括建立越南—菲律宾国防合作联合工作组会议、促进代表团交流和高层会谈、推进西南礁和东北礁岛屿的人员互动、管理渔民以促进国防工业合作的安全、促进飞行安全和航空医学等领域的专业交流、分享联合国维和行动的经验等。[2]

5. 与印度尼西亚的合作

印度尼西亚和菲律宾同为东盟的创始成员，两国都位于东南亚海洋的战略位置，一直以来寻求在打击恐怖主义和打击海盗等危害海洋安全方面进行合作。双边安全协作的一个重要方面就是在海事领域深化合作。海上合作不仅包括双方的信息交流、访问和巡逻（包括在苏禄—苏拉威西海的三边巡逻），还包括设备的转让和开发。印度尼西亚正在寻找其国内国防工业的出口市场，菲律宾也在加强国防设备的进口和研发，从而为两国之间寻求合作提供了更多机遇。[3]

2001年，菲律宾总统阿罗约（Gloria Macapagal Arroyo）和印度尼西亚总统梅加瓦蒂（Megawati Soekarno Putri）就如何加强双边安全合作展开讨论，两国就联合打击海上海盗行为，以及加强两国情报和安全部门之间的合作进行了磋商。

2005年，印度尼西亚和菲律宾政府达成了《双边安全合作协议》，双方愿意共同维护北苏拉威西、婆罗洲、棉兰老南部和马鲁古北部地区的海

---

[1] Pia Ranada, "Philippines, Vietnam to Create 6-year Action Plan for Cooperation", https://www.rappler.com/world/regions/asia-pacific/147767-philippines-vietnam-six-year-plan-joint-statement, Dec. 9, 2018.

[2] Prashanth Parameswaran, "What's Next for Vietnam-Philippines Defense Ties?", https://thediplomat.com/2018/08/whats-next-for-vietnam-philippines-defense-ties, Dec. 9, 2018.

[3] Prashanth Parameswaran, "Naval Visit Spotlights Indonesia-Philippines Maritime Ties", https://thediplomat.com/2018/10/naval-visit-spotlights-indonesia-philippines-maritime-ties/, Dec. 9, 2018.

上安全。[1]

2017年6月,马来西亚、菲律宾和印度尼西亚签署《三边合作安排》(TCA),即通过三边海上巡逻队(TMP)开展军事合作。三边海上巡逻队由马来西亚武装部队、菲律宾武装部队和印度尼西亚国家武装部队共同组成,旨在加强三个国家对沙巴水域的监视,以解决和打击包括恐怖主义入侵在内的任何威胁,以维护沙巴地区的主权和海上安全。[2]

2018年10月22日,一艘印度尼西亚海军舰艇抵达菲律宾进行友好访问。虽然这只是两国广泛关系中的众多互动之一,但它仍然是东南亚各国在海洋领域持续活动和紧密合作的重要体现。[3]

6. 与马来西亚的合作

1994年,马来西亚与菲律宾签署了《国防合作协议》,并确定了代号为"MTAMALPHI-LAUT"的双边联合演习,旨在增强两国海军的交流与合作。[4] 该演习每年由两国海军轮流举办,参演人数一般控制在500人以内。截至目前,该演习仍在有序推进。

2017年1月,马来西亚水警部队和菲律宾国家警察海事小组举行了双边会议。为期三天的会议证明双方正日益加强在海上安全领域的合作。尽管两国仍然存在一些挑战和矛盾,但在对其利益至关重要的问题解决上取得了明显进展。马来西亚官员表示,为期三天的会议旨在确保维护区域间的安全,包括禁止非法捕鱼、打击跨国犯罪和恐怖主义。为了促进海上巡逻能力,沙巴警察局局长表示两国将组成一个联合执法工作组以促进两国在情报共享和海域巡逻方面的合作。[5]

7. 与俄罗斯的合作

由于菲律宾与美国长期保持密切的伙伴关系,菲律宾与俄罗斯之间的

---

[1] Cáceres-Solari AH, *Indonesia, Malaysia, and the Philippines Security Cooperation in the Celebes Sea* (master's thesis., Naval Postgraduate School Monterey, CA, 2008), p. 9.

[2] The Star Online, "Hisham: Malaysia, Philippines, Indonesia to Foster Military Cooperation", https://www.thestar.com.my/news/nation/2017/06/09/hisham-malaysia-philippines-indonesia-to-foster-military-cooperation/, Dec. 9, 2018.

[3] Prashanth Parameswaran, "Naval Visit Spotlights Indonesia-Philippines Maritime Ties", https://thediplomat.com/2018/10/naval-visit-spotlights-indonesia-philippines-maritime-ties/, Dec. 9, 2018.

[4] Bong Garcia, "Philippines-Malaysia Navies Hold Joint Exercises", http://www.sunstar.com.ph/article/27468/, Dec. 15, 2018.

[5] THE DIPLOMAT, "Philippines, Malaysia Eye Deeper Maritime Security Cooperation", https://tribunecontentagency.com/article/philippines-malaysia-eye-deeper-maritime-security-cooperation/, Dec. 9, 2018.

传统军事合作较少，杜特尔特总统上任之前没有公开记录显示菲律宾与俄罗斯之间有合作。随着杜特尔特政府转变对外政策，两国关系有所改善，海洋防务合作也越来越频繁。

2017年2月，菲律宾总统杜特尔特在达沃市会见了俄罗斯安全委员会秘书尼古拉·帕特鲁舍夫（Nikolai Patrushev），以加强该国与俄罗斯的友好关系。帕特鲁舍夫及其代表团还与菲律宾国家安全顾问埃斯佩荣（Hermogenes Esperon）领导的国家安全委员会就计划中的安全问题合作进行了双边会谈。双方讨论了安全和情报、国防和军事、执法、恐怖主义和跨国犯罪、反非法毒品工作计划和海事执法等领域未来的政府间合作。

2017年5月，杜特尔特总统前往俄罗斯进行正式访问，并会见了俄罗斯总统普京（Vladimir Vladimirovich Putin）。同年10月下旬，菲律宾与俄罗斯签署了国防和技术合作协定。该文件涉及军事和技术合作的各个领域的规定，例如军事研究、设备生产以及专家交流和联合方案人员的培训。马尼拉和莫斯科还签署了菲律宾从俄罗斯国有企业——俄罗斯国防出口公司（Rosoboronexpor）采购国防物品的合同。[1]

2017年11月，杜特尔特和普京在越南举行的亚太经合组织峰会的间隙举行会晤。两位领导人讨论了在军事和经济问题上可能进行的合作，包括俄罗斯对菲律宾士兵的反恐培训、为经过菲律宾的俄罗斯船只建造船舶修理设施，以及俄罗斯向马拉维市捐赠武器等。[2]

2018年8月，菲律宾海军和俄罗斯海军就柴电潜艇相关合作展开讨论。菲海军试图从俄方那里获得一艘二手常规柴电潜艇。俄菲之间签署的谅解备忘录将使俄罗斯能够向菲律宾海军提供潜艇训练，以支持菲海军的军事行动与平时维护。[3]

8. 与中国的合作

菲律宾于2018年10月22日至29日参加了在中国湛江举行的中国—东盟海上联合演习。中国—东盟海上联合演习于2018年2月由新加坡召开

---

[1] Anna Patricia L. Saberon, "Philippine Defense Cooperation with Russia: A Wake-up Call for the United States?", https://www.adas.ph/philippines-russia-boost-defense-security-cooperation/, Dec. 12, 2018.

[2] Manila Bulletin, "Philippines, Russia Boost Defense, Security Cooperation", https://www.eastwestcenter.org/publications/philippine-defense-cooperation-russia-wake-call-the-united-states, Dec. 12, 2018.

[3] 王世纯：《菲律宾和俄罗斯讨论收购二手潜艇 或于2022年前完成》，载观察者网：https://www.guancha.cn/military-affairs/2018_08_08_467384.shtml，最后访问日期：2018年12月8日。

的东盟防务部长级会议确定。该海上联合演习分为两个阶段：第一阶段是桌面推演，于8月2日至3日在新加坡樟宜（Changi）海军基地举行。第二阶段是实兵演习，于10月下旬在中国湛江举行，重点对《海上意外相遇规则》的使用进行演练，科目包括编队运动、编队通信、联合搜救、直升机甲板互降等。菲律宾海军派遣登陆舰"拉牛阪市"（BRPDagupan City）号载着300余名官兵前往广东省湛江市参加该联合军事演习。[1]

这次军事演习既是中国与东盟第一次海上联合军演，[2] 也是中国与菲律宾第一次联合海上军事演习，同时还是中国南部战区成立后首次组织的多国联演活动，意义重大。演习的成功有助于落实中国—东盟防务高层共识、深化中国与东盟防务安全合作、增进互信，也为中国与菲律宾之间的军事合作提供机会，促进两国在安全领域达成共识。

（二）海洋油气资源合作

菲律宾在海洋油气资源方面目前主要与中国和越南存在合作。虽然菲律宾与马来西亚、文莱、印尼之间存在重叠水域甚至存在海洋争端区域，但是由于在这些区域内不存在储量丰富的海洋油气资源，因而当前与这些国家的油气资源合作开发尚无进展。

菲律宾早在1896年就开始钻探石油，但至今其石油产量仍然不高。其海上石油产量多数来自西北巴拉望海域、礼乐滩（Reed Tablemoun）和南苏禄海（Sulu Sea），且逐年深入到南沙海域，主要包括位于礼乐滩和西北巴拉望盆地的油气资源。据2009年的数据显示，在菲律宾能源结构中，石油和天然气所占的比重较大，分别为32%和8%，其能源自给率仅为58.89%。截至2016年，菲律宾原油进口量高达7877.2万桶，而菲律宾国内原油产量仅为13.5万桶。

一方面，作为一个严重依赖石油进口的国家，为了减轻能源进口所带来的压力，摆脱对于国际能源市场的过度依赖，菲律宾政府不断加大南海油气资源的勘探力度，因此共同开发南海争议区域的石油和天然气对菲律

---

[1] 栾雨石：《参加中国—东盟海上联演，菲律宾军舰已启程》，载人民日报，https：//baijiahao.baidu.com/s？id=1614632370503926760&wfr=spider&for=pc，最后访问日期：2018年12月12日。

[2] 郭媛丹：《中国—东盟海上联演开启里程碑 双方军队创下三个首次》，载环球网，https：//world.huanqiu.com/article/9CaKrnKdWSK，最后访问日期：2018年12月8日。

宾而言极其重要。[1] 另一方面，虽然每年都需要大量进口油气资源，但其与中国存在争议的南中国海区域内的巨大储量油气却无法进行开采，导致菲律宾与他国的海上油气资源合作较少。值得注意的是，菲律宾总统杜特尔特上台后，中菲关系有所缓和，两国也积极探索在南海进行共同开发的方式。[2]

除与中国的合作趋向外，菲律宾与越南的油气资源开采与安全合作也有所推进。2010年10月26日至27日，时任菲律宾总统阿基诺三世于对越南进行国事访问期间签署了关于溢油应急准备和响应合作协议以及海上搜救救援协议。油污泄漏准备的协议旨在提高两国预防、控制、减轻和保护海洋环境免受石油泄漏污染的能力。菲律宾和越南拥有丰富的海洋生物资源，其大部分人口依赖海洋资源。两国都承认，环境破坏性事件，特别是石油泄漏和其他有毒物质的泄漏，可能对其人民产生不利的社会和经济影响。因此双方积极推动关于预防这类事件的合作。[3]

（三）海洋研究合作

1. 与英国的合作

菲律宾海洋巨人信托基金会（Ocean Giants Trust）是世界最大的致力于保护海洋环境和海洋生物的非政府组织，主要保护鲸鲨、儒艮、海龟和大型海洋哺乳动物等。从2018年起，该基金会开始与英国普利茅斯大学（Plymouth University）联手，为普利茅斯海洋系学生创造一系列学习和实践的新机会。该合作通过为该校学生颁发系列奖学金，使该校学生能够在墨西哥、莫桑比克、菲律宾和坦桑尼亚等地的海洋生物保护慈善机构学习和实践。海洋巨人信托基金力求进行开创性研究，促进地方海洋保护行动和教育，倡导国际保护，并通过培养海洋保护专家激励新一代的海洋监护

---

[1] 康霖、罗传钰：《中菲南海油气资源共同开发：挑战与努力方向》，载《国际问题研究》2018年第5期，第115—126页。
[2] 参见后文"八、对中国海洋法主张的态度"中"（五）对'搁置争议、共同开发'的回应与实践"部分。
[3] Henry S. Bensurto, Jr., "Cooperation in the South China Sea: Views on the Philippines-Vietnam Cooperation on Maritime and Ocean Concerns", http://southchinaseastudies.org/en/conferences-and-seminars-/second-international-workshop/593-593-, Dec. 10, 2018.

人的产生。[1]

2. 与越南的合作

1994年，经菲律宾总统与时任越南总统黎德安举行会议批准后正式启动，由菲律宾海事与海洋事务中心和越南海洋学研究所共同组织，菲律宾和越南合作成立了南海海洋学和海洋科学研究海联考察队（The Joint Oceanographic and Marine Scientific Research Expedition in the South China Sea，JOMSRE）。JOMSRE源于《公约》第九部分所涉及的、强调合作的附件三中所涵盖的各项倡议的正式化。JOMSRE合作项目止于2008年，在1994年至2007年，共完成了四次科考活动。其中，JOMSRE III[2]由包括海洋学家、水文学家、海洋生物（珊瑚、鱼类和无脊椎动物）学家和安保人员在内的30人科研团队组成，乘坐BRP Presbitero号，从苏比克湾出发进行了穿越南中国海（包括南沙群岛北部地区）的12天航程。工作组专门从事四个领域的研究工作：物理和化学海洋学、珊瑚礁研究、海洋地质学和海洋生物多样性。在BRP Presbitero号上，有四个特殊实验室，用于研究包括在永登暗沙（Trident Shoal）、北危礁（North Danger Reef）的南沙群岛区域以及巴拉望岛西北部在内的菲律宾和越南专属经济区等地区拍摄和收集的数据。[3] JOMSRE-IV[4]于2007年4月17日至29日进行，由越南海洋研究所的拜红龙（Bui Hong Long）博士和菲律宾西利曼（Silliman）大学的安杰尔·C.阿卡拉（Angel C. Alcala）博士为首，在南沙群岛进行研究和探索。其科研调查领域包括：海洋物理、化学、地质、环境、浮游生物、海洋生物多样性和海生毒素。[5] 该系列研究意在为南中国海问题的信息交换以及正式合作提供范例，并为在海洋可持续性信息欠缺的地区进行

---

[1] Large Marine Vertebrates Research Institute Philippines, "LAMAVE Partners with the University of Plymouth to Engage Students in Marine Conservation", https：//www.lamave.org/news/lamave-plymouth-university, Dec. 10, 2018.

[2] 即其2005年的第三次科考活动。

[3] Karsten von Hoesslin, A view of the South China Sea - from within: Report on the Joint Oceanographic Marine Scientific Research Expedition (III) in the South China Sea, http：//epublications.bond.edu.au/cm/vol7/iss1/4, Dec. 11, 2018.

[4] 即其2007年第四次科考活动。

[5] Do Minh Thu, Bui Thi Minh Ha, "Philippines-Vietnam Joint Oceanographic and Marine Scientific Research Expedition in the South China Sea (JOMSRE-SCS), 1996-2007", http：//www.vnio.org.vn/Home/Scientificactivities/InternationalandCooperativeProjects/tabid/120/ItemID/799/View/Details/language/en-US/Default.aspx, Dec. 19, 2018.

进一步研究提供可行机制。[1]

3. 与中国的海洋研究合作

菲律宾所属海域是黑潮主干道，对渔业资源的影响巨大，在这里开展海洋生物多样性保护的联合研究，对于这里海洋环境的可持续发展以及相关学科研究的开展有重要意义。

2017年4月17日至21日，应菲律宾八打雁省省长以及八打雁国立大学校长的邀请，中国海洋大学副校长李华军率团访问八打雁省政府以及八打雁国立大学。这是中国海洋大学首次组织校级层面团组访问菲律宾，旨在探讨合作研究生物多样性保护，同时就建立孔子学院事项交换了意见。八打雁省省长希望中国海洋大学可以为八打雁省海洋与水产科研机构的发展提供智力支持，并表达了在八打雁省双方共建海洋生物多样性保护中心的愿望。4月20日上午，中国海洋大学访问团在八打雁省农业厅官员和校方人员的陪同下，乘船考察了位于八打雁省西南部、海洋生物丰富的岛屿，并采集了部分海洋生物标本。通过实地考察，访问团成员对该省的海岸自然风貌和海洋生物多样性情况有了实际了解。[2]

（四）渔业合作

渔业是菲律宾国民经济的重要产业之一，渔业产值超过GDP的1%，渔业部门为超过160万人提供就业岗位。[3] 菲律宾渔业产品出口的主要目的地是美国、日本、德国、中国、英国、西班牙、荷兰、韩国及其他地区。[4] 为了促进渔业资源的开发以及规范捕捞活动，菲律宾与中国、越南、印度尼西亚、日本等多个国家开展了渔业合作。

1. 中菲渔业合作

中菲渔业合作有广阔的市场前景。首先，菲律宾沿海受台风侵袭较为严重，而中国的深水网箱养殖技术处于世界领先水平，可以有效应对菲律

---

[1] Henry S. Bensurto, Jr., "Cooperation in the South China Sea: Views on the Philippines-Vietnam Cooperation on Maritime and Oocean Concerns", http://southchinaseastudies.org/en/conferences-and-seminars-/second-international-workshop/593-593-, Dec. 11, 2018.

[2] 郑栋良：《中国海洋大学与菲律宾八打雁国立大学签署合作备忘录》，载华禹教育网，http://www.huaue.com/unews2014/20175490921.htm，最后访问日期：2018年12月10日。

[3] 《菲律宾农渔产品出口市场近日敲定》，载中国驻菲律宾大使馆官网，https://www.fmprc.gov.cn/ce/ceph/chn/flbxw/t359183.htm，最后访问日期：2018年12月12日。

[4] Napoleon Salvador J. Lamarca, "Fisheries Country Profile: Philippines", http://www.seafdec.org/fisheries-country-profile-philippines/, Dec. 12, 2018.

宾的台风问题。其次，推动由捕捞业转向养殖业合作，从产业角度更有利于保护海洋资源。最后，菲律宾气候条件优良，渔业资源丰富，在种苗繁殖等方面可以实现资源、优势互补，帮助提高中国鱼类品质。开展渔业合作也是呼应"一带一路"建设，是与东南亚国家经贸合作的重要抓手。2004年，两国签署了《渔业合作谅解备忘录》，并决定设立渔业合作联合委员会。2007年，双方签署了《关于扩大深化农渔业合作的协议备忘录》[1]。

2005年，第一次中菲渔业联委会在菲律宾马尼拉召开，双方就渔业捕捞、海水养殖、水产品加工、科技交流、利用中国贷款建设渔业设施等方面合作进行了磋商，并基本达成了共识。会议的成功召开，标志着两国在渔业合作上迈出了重要的一步，为以后双方渔业合作的开展创造了条件[2]。

2017年4月26日，第二次中菲渔业联委会在菲律宾马尼拉召开。双方就各自国内渔业发展的重点和管理政策进行了交流，讨论了中菲渔业合作重点领域、基本原则和政府支持措施，对2017—2019年中菲渔业合作项目建设等进行了友好协商，并就开展中菲渔业技术培训交流、支持中菲渔业企业间合作、发展海水养殖和水产品加工等达成初步共识。菲方介绍了菲渔业发展优先领域和重点措施，并向中方提出了四种鱼类种质资源转让的要求以及五个领域渔业技术能力建设需求。为回应菲渔民的培训及养殖需求，中方向菲方提交了中菲渔业技术培训与交流备忘录建议草案，并表示愿从2017年至2019年，每年向菲渔民捐赠10万尾东星斑鱼苗。双方于会后签署了第二次中菲渔业联委会纪要[3]。

2017年11月15日，在李克强总理访菲期间，双方农业部代表签署了《关于中华人民共和国农业部向菲律宾赠送东星斑鱼苗的谅解备忘录》。2017年12月14日上午，中国向菲律宾捐赠的首批10万尾东星斑鱼苗在海南省文昌市清澜港码头启运，以支持菲方发展水产养殖，从而推动新时

---

[1] 郭洁：《重点国别——菲律宾》，载中国国际贸易促进委员会官网，http：//www.ccpit.org/Contents/Channel_ 3558/2014/0713/415375/content_ 415375.htm，最后访问日期：2018年12月11日。

[2] 《第一届中国菲律宾渔业合作联委会会议和第三届中国菲律宾农业联委会会议在马尼拉举行》，载中国驻菲律宾大使馆官网，http：//ph.chineseembassy.org/chn/sgdt/t190032.htm，最后访问日期：2018年12月11日。

[3] 农业部新闻办公室：《第二次中菲渔业联委会在菲律宾马尼拉召开》，载中国农业部官网，http：//jiuban.moa.gov.cn/zwllm/zwdt/201704/t20170428_ 5587453.htm，最后访问日期：2018年12月11日。

期中菲渔业合作空间更广阔、成就更辉煌。[1] 2018年11月14日，中方再次向菲方赠送10万尾鱼苗。[2] 2018年11月21日，在双方共同发布的中华人民共和国与菲律宾共和国联合声明中，强调了渔业合作联委会对增进了解、拓展合作、强化双方伙伴关系具有重要意义。双方支持进一步加强渔业合作。菲方感谢中方捐赠的东星斑鱼苗，并为菲方在相关领域的能力建设提供协助，表示还将与中国加强减贫实践交流和项目合作。[3]

2. 和其他国家的渔业合作

第一，与印尼的合作。菲律宾与印尼曾于1974年签署了《菲律宾和印尼渔业合作协定》（Agreement on Fisheries between the Government of the Republic of the Philippines and the Government of the Republic of Indonesia），规定渔业技术、贸易、投资等方面的合作。[4] 双方于2006年签署了一份延长上述渔业合作协定的备忘录，进一步加强了两国在渔业生产、水产品加工和渔业管理等方面的合作。[5]

第二，与越南的合作。越南与菲律宾于2010年先后签署了包括《水产品合作协议》以及《渔业合作备忘协议》等在内的四项合作文件，以推动两国在南中国海顺利展开合作，大力促进水产品捕捞、海洋研究、防止非法捕鱼等领域发展。[6] 2010年，菲律宾与越南在河内签署渔业合作备忘协议。根据该协议，双方将在资料互换、养殖、研究、培训、产品加

---

[1] 李司坤：《中国再向菲律宾赠送10万尾鱼苗》，载环球网，http：//world.huanqiu.com/exclusive/2018-11/13546890.html，最后访问日期：2018年12月11日。

[2] 农业部渔业渔政管理局：《中国向菲律宾赠送10万尾东星斑鱼苗》，载中国渔业政务网，http：//jiuban.yyj.moa.gov.cn/yyywyzj/201712/t20171214_5979251.htm，最后访问日期：2018年12月11日。

[3] 《中华人民共和国与菲律宾共和国联合声明》，载中国外交部官网，https：//www.fmprc.gov.cn/web/zyxw/t1615198.shtml，最后访问日期：2018年12月11日。

[4] "Agreement on Fishieries between The Government of The Republic of The Philippines and The Government of The Republic of Indonesia", https：//treaties.un.org/doc/publication/unts/volume%20987/volume-987-i-14436-english.pdf, Dec.11, 2018.

[5] 5m The Fish Site, "Indonesia Extend Cooperation on Fishing Development", https：//thefishsite.com/articles/indonesia-extend-cooperation-on-fishing-development, Nov.11, 2018.

[6] 《越南海洋与岛屿周：越南海域国际合作的成绩与展望》，载越南通讯社网站：https：//zh.vietnamplus.vn/%E8%B6%8A%E5%8D%97%E6%B5%B7%E6%B4%8B%E4%B8%8E%E5%B2%9B%E5%B1%BF%E5%91%A8%E8%B6%8A%E5%8D%97%E6%B5%B7%E5%9F%9F%E5%9B%BD%E9%99%85%E5%90%88%E4%BD%9C%E7%9A%84%E6%88%90%E7%BB%A9%E4%B8%8E%E5%B1%95%E6%9C%9B/39669.vnp，最后访问日期：2018年6月9日。

工、食品安全等方面加强合作。[1]

第三，与澳大利亚的合作。2017年，菲律宾与澳大利亚达成渔业合作意向，澳大利亚承诺为菲律宾渔业提供技术和资金支持。[2]

第四，与日本的合作。2009年7月，日本政府承诺向菲律宾提供4.5亿比索无偿援助，用于"菲日提高粮食生产水平项目"。该项目旨在小额信贷、修复灌溉设施、购置机械设备等方面帮助吕宋岛和维萨亚群岛31个贫困地区提高农业和渔业生产水平。[3]

第五，与巴布亚新几内亚的合作。菲律宾与巴布亚新几内亚于2009年签署了一项渔业合作协议。协议强调，通过在渔业领域联合实施商业、贸易、投资、调查和技术合作，实现双边利益最大化。协议的主要内容包括水产养殖技术转让、促进渔业投资、技术培训和联合调查等。[4]

第六，与巴林的合作。菲律宾和巴林于2009年签署了农业和渔业合作谅解备忘录，双方约定在深海渔业、水产养殖、海岸地区开发等方面开展为期5年的合作，互通农业和渔业科学技术资料和信息，加强技术专家和培训人员的交流并组建联合委员会。[5]

第七，与西班牙的合作。菲律宾与西班牙于2007年签署了农业与渔业合作协定备忘录，旨在通过技术交流和投资促进双方在渔业领域的合作。[6]

此外，菲律宾与卡塔尔和科威特分别签署了渔业合作谅解备忘录，菲

---

[1] 中国驻菲律宾大使馆经济商务参赞处：《菲律宾与越南签署渔业合作协议》，载中国商务部官网，http：//ph.mofcom.gov.cn/article/jmxw/201007/20100706999303.shtml，最后访问日期：2018年12月11日。

[2] Australian Embassy-The Philippines, "Australia Commits to Boost PH Agriculture and Fisheries Research for Development", https：//philippines.embassy.gov.au/mnla/medrel20170220.html, Dec. 12, 2018.

[3] 中国商务部：《日本向菲律宾提供4.5亿比索农业与渔业无偿援助项目》，载新浪财经网，http：//finance.sina.com.cn/roll/20090715/14052950904.shtml，最后访问日期：2018年12月11日。

[4] 中国驻菲律宾大使馆经济商务参赞处：《菲律宾与巴布亚新几内亚签署渔业合作协议》，载中国商务部官网，http：//ph.mofcom.gov.cn/aarticle/jmxw/200903/20090306139023.html，最后访问日期：2018年12月11日。

[5] 中国驻菲律宾大使馆经济商务参赞处：《菲律宾与巴林签署农业和渔业协议》，载中国商务部官网，http：//ph.mofcom.gov.cn/article/jmxw/200902/20090206031203.shtml，最后访问日期：2018年12月11日。

[6] Philstar, "Phl, Spain to Boost Agri Ties", https：//www.philstar.com/business/2014/07/16/1346623/phl-spain-boost-agri-ties, Dec. 11, 2018.

律宾政府还积极争取世界粮农组织、东盟等国际组织的援助并展开合作。[1]

（五）区域性国际合作

1. 《亚洲反海盗及武装抢劫船舶区域合作协定》

2004 年 11 月，包括越南在内的东盟十国、日、中、韩、印度、孟加拉国和斯里兰卡就《亚洲反海盗及武装抢劫船舶区域合作协定》（ReCAAP）达成协议，开始在此框架下筹建抗击海盗与武装抢劫的地区信息网络与合作机制，并在 2004 年同意在新加坡设立信息共享中心（ISC）。该中心于 2006 年 12 月正式建成。[2] ReCAAP 是第一个在亚洲地区打击海盗和武装抢劫船舶的政府间协议，发展至今已经有 20 个缔约方。ReCAAP 以其信息共享中心为媒介，通过信息共享、合作安排为亚洲地区应对海盗和海上抢劫作出了巨大贡献。[3]

2. 亚太港口服务组织

亚太港口服务组织（APEC Port Services Network，APSN）成立于 2008 年 5 月 18 日，是由中国领导人倡议成立的第一个致力于推动亚太地区港口行业发展与合作的国际组织，其成员有中国、新加坡、菲律宾等 18 个国家。亚太港口服务组织旨在通过加强本地区港口行业的经济合作、能力建设、信息交流和人员往来，推动投资和贸易的自由化与便利化，实现亚太经合组织（APEC）成员经济体的共同繁荣。[4] 目前，该服务组织几乎涵盖了 APEC 所有经济体。近年来，亚太港口服务组织一直致力于推动亚太港口的绿色发展，对亚太港口的绿色评估机制 GPAS 是其中不可或缺的一部分。GPAS 的目标是促进和激励亚太港口走绿色和可持续发展道路，旨在为亚太港口提供全面、科学、合理和系统的绿色港口发展指南，搭建进行绿色港口最佳实践的国际交流平台。对于参与其中的港口，GPAS 将起到增强环境生态保护意识、升级可持续发展战略、协助履行社会责任与义

---

[1] 林勇新：《菲律宾渔业发展态势研究》，载《南海学刊》2015 年第 1 期，第 108 页。
[2] 唐翀、李志斐：《马六甲海峡安全问题与中国的政策选择》，载《东南亚南亚研究》2012 年第 3 期，第 6—12 页。
[3] Masafumi Kuroki, "Executive Director's Message", http：//www.recaap.org/message_by_recaap-isc_ed, Dec. 13, 2018.
[4] APSN, "About", http：//www.apecpsn.org/cn.php? s =/Index/index/0/#about, June 9, 2018.

务、塑造国际品牌与知名度、提升国际话语权和影响力的作用。[1]

3. 东南亚渔业发展中心

东南亚渔业发展中心（The Southeast Asian Fisheries Development Center, SEAFDEC），是一个成立于1967年的政府间组织，成员包括菲律宾、泰国等11个国家。SEAFDEC的宗旨在于促进成员国之间的一致行动，以确保东南亚渔业和水产养殖的可持续发展。该中心秘书处位于泰国，并设五个技术部门，分别是培训部（Training Department）、海洋渔业科研部（Marine Fisheries Research Department）、水产养殖部（Aquaculture Department）、海洋渔业资源发展与管理部（Marine Fishery Resources Development and Management Department）和内陆渔业资源开发和管理部（Inland Fishery Resources Development and Management Department）。该中心建立以来为东南亚地区渔业合作与发展起了重要的作用。[2]

4. 中西太平洋渔业委员会

中西太平洋渔业委员会（Western and Central Pacific Fisheries Commission）根据2004年6月19日生效的《中西太平洋高度洄游鱼类种群养护和管理公约》（The Convention for the Conservation and Management of Highly Migratory Fish Stocks in the Western and Central Pacific Ocean）设立，旨在规范公海渔业，保护和管理太平洋西部和中部地区的金枪鱼和其他高度洄游鱼类种群。当前，中西太平洋渔业委员会的成员主要有菲律宾、中国、日本、美国等26个国家。[3]

（六）全球性国际组织框架下的合作

1. 国际海事组织

国际海事组织成立于1959年1月，是联合国下属的负责全球海上航行安全、防止船舶污染的一个专门国际组织。该组织致力于促进各国间的航运技术合作，鼓励各国在促进海上安全、提高船舶航行效率、对防止和控

---

[1] 参见亚太港口服务组织秘书处：《亚太港口服务组织（APSN）介绍》，载海事服务网：https：//www.cnss.com.cn/old/283853.jhtml，最后访问日期：2018年12月11日；《纪念亚太港口服务组织成立十周年暨港口互联互通论坛活动在新加坡举办》，载中国交通运输部官网，http：//www.mot.gov.cn/jiaotongyaowen/201811/t20181119_3129688.html，最后访问日期：2018年12月11日。

[2] SEAFDEC,"About SEAFDEC", http：//www.seafdec.org/about/, Dec. 12, 2018.

[3] WCPFC, "About WCPFC", https：//www.wcpfc.int/about-wcpfc, June 9, 2018.

制船舶海洋污染方面采取统一标准,并处理有关的法律问题。[1] 菲律宾于1964年加入国际海事组织,成为1948年《国际海事组织公约》(Convention on the International Maritime Organization, IMO)的缔约方,并在加入后积极参加该组织框架下的合作。2017年12月1日,菲律宾当选为2018—2019年两年期"C"类IMO理事会成员。[2]

2. 联合国粮农组织

联合国粮食及农业组织(Food and Agriculture Organization of the United Nations, FAO),根据1943年5月召开的联合国粮食及农业会议的决议,于1945年10月16日在加拿大魁北克正式成立,并于1946年12月成为联合国的一个专门机构。截至2018年8月,粮农组织共有197个成员,其中包括194个成员国、1个成员组织和2个准成员。菲律宾于1945年10月16日加入FAO。[3]

FAO与菲律宾土地改革部、农业部、环境和自然资源部、统计局、渔业和水产资源局及其他机构长期合作。自2005年以来,FAO一直积极参与恢复棉兰老(Mindanao)受冲突和灾害影响地区的农业和渔业生产,其中包括棉兰老穆斯林自治区、棉兰老中部、达沃东部和三宝颜市。近十年来,FAO不断增加对菲律宾农业和渔业的投入,培训农民和渔民改进技术、生产方法从而加强他们抵抗自然灾害的能力。FAO还曾通过对渔业和农业等主要部门采取干预措施以支持遭受台风"海燕"破坏的农民和渔民的灾后重建。[4]

---

[1] IMO, "Brief History of IMO," http：//www.imo.org/en/About/HistoryOfIMO/Pages/Default.aspx, Nov. 6, 2018.

[2] Portcalls ASIA, "PH Reelected to IMO Council, Improves Category Ranking", https：//www.portcalls.com/ph-reelected-imo-council-improves-category-ranking/#, Dec. 13, 2018.

[3] FAO, "A Short History of FAO", http：//www.fao.org/about/en/, Dec. 11, 2018.

[4] FAO, "FAO in the Philippines", http：//www.fao.org/3/a-i4948e.pdf, Dec. 9, 2018.

八、对中国海洋法主张的态度

（一）对中国加入国际海洋法公约时的表态

1. 对于1958年"日内瓦海洋法公约"

根据联合国公布相关信息，1958年《领海及毗连区公约》《公海公约》《捕鱼与养护公海生物资源公约》《大陆架公约》及《关于签署强制性争端解决的任择协定书》都于1958年4月29日由台湾当局代表签署。其中，除《大陆架公约》在1970年10月12日获得台湾当局批准外，其他四公约都未在签字后有进一步的批准信息。

就台湾当局对1958年《大陆架公约》的批准行为，保加利亚、波兰、罗马尼亚、乌克兰、苏联常驻联合国代表团都向联合国秘书长发出声明，称这一所谓的"批准"为非法，所谓的"中国政府"不能代表任何人，也没有权利代表中国发声，因为世界上只有一个中国即中华人民共和国。[1]

一如前述，菲律宾并未在1958年"日内瓦海洋公约"的任何一份文件上签字；对于台湾当局的签署和批准行为，菲律宾政府也未作出任何针对性的立场表态。[2]

2. 对于1982年《联合国海洋法公约》

（1）对《公约》的批准

中国在1996年5月15日批准《公约》时作出四项声明：

"一、按照《联合国海洋法公约》的规定，中华人民共和国享有二百海里专属经济区和大陆架的主权权利和管辖权。

二、中华人民共和国将与海岸相向或相邻的国家，通过协商，在国际法基础上，按照公平原则划定各自海洋管辖权界限。

三、中华人民共和国重申对1992年2月25日颁布的《中华人民共和国领海及毗连区法》第二条所列各群岛及岛屿的主权。

---

[1] UN Treaty Collection, "Convention on the Continental Shelf-End Note 1", https://treaties.un.org/Pages/ViewDetails.aspx?src=TREATY&mtdsg_no=XXI-4&chapter=21&clang=_en, Sep. 4, 2018.

[2] See UN Treaty Collection, "Status of Treaties", https://treaties.un.org/Pages/ViewDetails.aspx?src=TREATY&mtdsg_no=XXI-1&chapter=21&clang=_en, Sep. 5, 2018.

四、中华人民共和国重申：《联合国海洋法公约》有关领海内无害通过的规定，不妨碍沿海国按其法律规章要求外国军舰通过领海必须事先得到该国许可或通知该国的权利。"

同一天，中国公布《中华人民共和国政府关于中华人民共和国领海基线的声明》，根据1992年2月25日《中华人民共和国领海及毗连区法》，宣布由直线基线组成的中华人民共和国大陆领海的部分基线和西沙群岛的领海基线。

1996年5月17日，对于上述两项声明文件，菲律宾向联合国提交《外交部关于中国批准〈联合国海洋法公约〉的声明》，称：

"外交部对中国于1996年5月15日批准《公约》表示欢迎。这一批准再次确认了中国对于《公约》所纳原则的承诺，尤其是呼吁各方在相互理解和合作的精神下解决一切问题。

但是，外交部注意到，中国同时发布了一个声明，公布了被称为'帕拉赛尔'（中国称'西沙群岛'）的一组争议岛屿周围的基线以及中国大陆附近海域的基线。

菲律宾严重关切这一行为。中国在南中国海争议部分的行为扰乱了地区稳定，背离了在南中国海缓慢发展中的合作精神，并于争端解决无益。

菲律宾呼吁中国与南中国海其他各方交换意见，从而在平等和相互尊重的基础上以友好方式解决分歧。

外交部会密切监控这一区域的后续发展。"[1]

（2）关于《公约》第298条的声明

2006年8月25日，中国根据《联合国海洋法公约》第298条的规定向联合国秘书长提交声明称，关于《联合国海洋法公约》第298条第1款（a）、（b）和（c）项所述的任何争端（涉及海域划界、历史性海湾或所有权、军事和执法活动以及安理会执行《联合国宪章》所赋予的职务等争端），中华人民共和国政府不接受《联合国海洋法公约》第十五部分第二节规定的任何程序。

在菲律宾2014年3月向仲裁庭提交的书面陈述中，关于中国在《公

---

[1] Divesion for Ocean Affairs and The Law of The Sea Office of Legal Affairs, "Statement of the Department of Foreign Affairs on the Ratification by China of the United Nations Convention on the Law of the Sea", *The Law of the Sea Bulletins*, 32, United Nations, 1996, p. 88.

约》第298条下的上述声明,菲律宾主张:

第一,《公约》第297条规定的管辖权限制或第298条规定的管辖例外,均不妨碍仲裁庭行使管辖权。

第二,第297条的限制仅适用于在沿海国无可争议的专属经济区行使某些主权权利的争端,而不涉及前一阶段有关这些权利是否存在的前置问题的争端。由于仲裁案只提出了后一类别的问题,第297条对法庭的管辖权没有限制。

第三,《公约》第298条所规定的任何任择性例外都不会对仲裁庭的管辖权产生任何影响。仲裁案不涉及有关海洋边界划界的第15、第74或第83条的解释或适用,也不涉及任何历史上的海湾或权利;相反,只涉及了与海洋空间划界无关的权利问题。同时,这一争端也没有涉及被排除的军事或执法活动。菲律宾没有对中国的军事活动提出质疑,所质疑的执法活动也没有发生在中国的专属经济区内,而是仅发生在菲律宾主张的部分专属经济区和大陆架的区域内。因此,没有任何一个菲律宾的主张被排除在第298条规定的法庭管辖之外。[1]

3. 关于其他联合国海洋法条约

中国于1994年7月签署、1996年6月接受《关于执行1982年12月10日〈联合国海洋法公约〉第十一部分的协定》的拘束;于1996年11月签署《关于执行1982年12月10日〈联合国海洋法公约〉关于保护和管理跨界鱼类种群和高度洄游鱼类种群的规定的协定》,但未批准。

菲律宾签署和批准了上述两项公约,但未对中国关于该两项公约的签署或批准发表相关声明或异议意见。

(二) 对中国在南海岛礁主权主张的立场

1. 关于领土取得的先占性权利

面对中国政府不断重申的南沙群岛"自古以来就是中国的领土""中国人民在南海的活动已有2000多年历史""中国最早发现、命名和开发利用南海诸岛及相关海域,最早并持续、和平、有效地对南海诸岛及相关海

---

[1] Memorial of the Philippines (Volume I Annexes), Republic of the Philippines v. People's Republic of China, 30 March 2014, Arbitration under Annex VII of the United Nations Convention on the Law of the Sea, p. 14, pp. 254-269.

域行使主权和管辖,确立了在南海的领土主权和相关权益"等相关主张,[1] 以及中国学界立足汉唐各朝发现管辖南沙的大量研究成果所主张的先占实践,菲律宾政府并未作出针对性的官方回应,但其理论及实践界试图翻转中国相关立场依据的努力从未停歇。

作为菲方代表同时参与了中菲南海仲裁案有关管辖权及实体问题聆讯程序的 Carpio 法官[2],在其 2017 年出版的《南中国海:菲律宾对西菲律宾海的主权与管辖》一书中,分别以第一章"南中国海与南岛民族"和第三章"南中国海争端的根由"意图淡化中国在南海的历史实践与地位。Carpio 以南岛民族的迁徙(Austronesian Migration)如占城海(Champa Sea)的迁徙、满者伯夷帝国(Majapahit Empire)等来展示南海"土著"居民的先祖活动,并特别对郑和七下西洋的历史壮举作出评价,认为:这只是中国一次贸易往来,而"朝贡"也不过是想获得在中国贸易权利的商人们中的一种"纳税"行为,这并不表示他们想成为中国的属国或臣民。郑和从未到过菲律宾,而其下西洋的行为除了促进贸易、以友好的方式展示明朝的力量外,别无其他意图和效果。[3]

菲律宾就中菲南海仲裁案提交的相关书面陈述也回应了上述观点。在有关"南中国海的历史"阐述中,菲律宾提出:"南中国海"的名称来源于早期欧洲与中国及东南亚之间贸易的航行利益。尽管中国在早期的历史和海上经济生活中发挥了重要作用,但许多其他政治实体也扮演着同样重要的角色。海洋对其他这些国家和人民来说同样很重要,包括马来人、扶南人、詹族人(Cham)以及后来的菲律宾人。尽管"中国在 1567 年将私人贸易合法化,并努力重建自己的海上力量,但它从未在南中国海取得过霸主地位"。随后,陈述中列举了从 16 世纪到 20 世纪葡萄牙、西班牙、荷兰、英国、法国、日本等列强在东南亚的殖民活动,以排除中国在此期间

---

[1] 参见《中国对西沙群岛和南沙群岛的主权无可争辩——中华人民共和国外交部文件》,载《中华人民共和国国务院公报》1980 年第 1 期,第 19—28 页;《中华人民共和国外交部关于西沙群岛、南沙群岛问题的备忘录》,载《中华人民共和国国务院公报》1988 年第 12 期,第 396—398 页;《中华人民共和国政府关于在南海的领土主权和海洋权益的声明》(2016 年 7 月 12 日),载中国外交部官网,https://www.fmprc.gov.cn/nanhai/chn/snhwtlcwj/t1380021.htm,最后访问日期:2018 年 9 月 10 日。
[2] Antonio T. Carpio 毕业于菲律宾大学法学院,于 1992 年被任命为菲律宾总统办公室首席法律顾问,1998 年获得总统勋章,2001 年宣誓成为菲律宾最高法院大法官,现任最高法院第二分庭庭长及参议院选举法庭庭长。
[3] Antonio T. Carpio, *The South China Sea Dispute: Philippine Sovereign Rights and Jurisdiction in the West Philippine Sea*, Published by Antonio T. Carpio, eBook version 1.0, May 4, 2017, pp. 2-18, p. 26.

对南海的实际管辖。菲律宾在该节的结论是：尽管其国际名称是"南中国海"，但"南中国海"在实践中从来都没成为过"中国的海"。"可以肯定的是，作为一个有着漫长海岸线和古老航海历史的沿海国家，中国在这些水域拥有重要的存在和利益，但它与其他沿海国家或者它们的殖民地或前殖民时期的国家，包括菲律宾、越南、马来西亚和印度尼西亚，都是平等的。"正是因为南海利用者们长期从事的航行、钓鱼、贸易、勘探、测量和制图等丰富多样的活动，无论是中国还是其他国家都没有理由认为，历史赋予其一个统治性的地位或高于任何其他沿海国家的权利。[1]

2. 关于收复南海岛礁主权的主张

"中国收复日本在侵华战争期间曾非法侵占的中国南海诸岛，并恢复行使主权"；"1945年日本投降后，当时的中国政府于1946年11月、12月先后指派高级官员分赴西沙群岛和南沙群岛接收，在岛上举行了接收仪式，并立碑纪念，派兵驻守。日本政府也于1952年正式表示'放弃对台湾、澎湖列岛以及南沙群岛、西沙群岛之一切权利、权利名义与要求'，从而将西沙群岛和南沙群岛正式交还给中国方面。"[2] 对于中国政府已经在"二战"后"收复"南海岛礁的多次声明，菲律宾政府认为：

在1946年中国"收复"西沙、南沙岛礁前后，有多个国家已经宣称对南海诸岛拥有主权，其中也包括菲律宾。1946年7月，时任菲律宾副总统Quirino在某新闻发布会上曾声称："菲律宾将宣布巴拉望群岛以西的群岛（中国称'南沙'）对其安全至关重要。"随后的1947年，菲律宾渔业主管部门开始向南沙群岛派遣渔船，并计划开发这一区域的经济潜力。[3]

---

[1] Memorial of the Philippines (Volume I Annexes), Republic of the Philippines v. People's Republic of China, 30 March 2014, Arbitration under Annex VII of the United Nations Convention on the Law of the Sea, pp. 23-34.

[2] 参见《中华人民共和国外交部关于西沙群岛、南沙群岛问题的备忘录》，载《中华人民共和国国务院公报》，1988年第12期，第396—398页；《中华人民共和国政府关于在南海的领土主权和海洋权益的声明》（2016年7月12日），载中国外交部官网，https://www.fmprc.gov.cn/nanhai/chn/snhwtlcwj/t1380021.htm，最后访问日期：2018年9月8日。

[3] 有关所述副总统发言及渔业派遣活动，菲律宾并未提供任何官方正式文件。前者引自英国出版的《现代亚洲研究》(Modern Asian Studies)期刊（2006年）所载名为《欧洲衰落时代的南中国海》(The South China Sea in the Age of European Decline)之论文，论文所用文献则来自一名法国驻马尼拉领事的报告；后者引自于新加坡出版的名为《菲律宾在世界的何处？》的专著。See "Annexes 280", "Annexes 298", Memorial of the Philippines (Volume IX Annexes), Republic of the Philippines v. People's Republic of China, 30 March 2014, Arbitration under Annex VII of the United Nations Convention on the Law of the Sea, p. 21, pp. 70-72.

而对于1951年签订、1952年生效的《旧金山和约》，菲律宾认为，虽然在这一正式结束太平洋战争的条约中，日本明确宣布"放弃对南沙群岛和西沙群岛的所有权利、权益和主张"，但条约也并没有具体指明日本放弃后的主权应交由哪一国家。尽管在旧金山对日和会上，苏联曾提议由中国获得西沙群岛和南沙群岛的主权，但这一提议遭到了其他条约缔约方的强烈反对。[1]

3. 关于黄岩岛的领土主张

对于黄岩岛的领土主权，菲律宾的相关主张及立场主要包括：

（1）中国在"二战"结束之初并未对黄岩岛提出领土主张。在中国政府1948年2月所发布的《南海诸岛位置图》中的"十一段线"中，并未标注出"黄岩岛"或之前所称"民主礁"，因此，可认为中国在最初的"十一段线"主张中并未包括对黄岩岛的主权要求。[2]

（2）菲律宾在"二战"前即注意到黄岩岛问题，并在"二战"后较早提出领土主张。尽管有中国学者研究认为，在2009年《菲律宾领海基线法》（第9522号共和国法案）颁布前，菲律宾并未采取"任何领土编入或向国际社会宣告等正式的方式声索过黄岩岛的主权"[3]，但菲律宾提出，其在20世纪50年代就"重申"了对黄岩岛［菲方称"斯卡伯勒滩"（Scarborough Shoal）］的主权要求。[4]

（3）菲律宾在"二战"后关于黄岩岛有多种实践。1963年，黄岩岛被一些我国台湾地区和菲律宾渔民用作将走私货物运入菲律宾的中转地，菲律宾海军在此区域展开了缉私活动，并炸毁了岛礁上的设施。菲律宾政府声称，其1965年曾在黄岩岛建设过灯塔并树立国旗，还于1992年进行过修缮。1997年5月，中、日、美等国的无线电爱好者在黄岩岛进行无线

---

[1] Memorial of the Philippines (Volume I Annexes), Republic of the Philippines v. People's Republic of China, 30 March 2014, Arbitration under Annex VII of the United Nations Convention on the Law of the Sea, p. 33.

[2] Antonio T. Carpio, *The South China Sea Dispute: Philippine Sovereign Rights and Jurisdiction in the West Philippine Sea*, Published by Antonio T. Carpio, eBook version 1.0, 4 May 2017, pp. 2-18, p. 26. Memorial of the Philippines (Volume I Annexes), Republic of the Philippines v. People's Republic of China, 30 March 2014, Arbitration under Annex VII of the United Nations Convention on the Law of the Sea, p. 26.

[3] 邬志野：《菲律宾南海主张的形成及其问题》，载《区域与全球发展》2018年第1期，第41页。

[4] Memorial of the Philippines (Volume IX Annexes), Republic of the Philippines v. People's Republic of China, 30 March 2014, Arbitration under Annex VII of the United Nations Convention on the Law of the Sea, pp. 72-73.

电远距离通信活动时，受到菲律宾军机、军舰的干扰。同年5月17日至18日，菲律宾国会议员与海军人员登陆黄岩岛，并树立了菲律宾国旗。

（4）菲律宾在2009年颁布的《菲律宾领海基线法》（第9522号共和国法案）中第一次以法律文件的形式对黄岩岛作出明确规定。该法令对第3046号共和国法案进行了修正，其第2部分在仍然未宣布占领或领土编入的情形下，直接以"菲律宾拥有黄岩岛的领土主权"为前提，规定"卡拉延群岛"和黄岩岛的领海基线应符合《公约》第121条所规定的"岛屿制度"。[1]

（5）最终认定黄岩岛为"岩礁"而非"岛"。2011年菲律宾最高法院在有关第9522号共和国法案的违宪审查案中，针对起诉方就《公约》第121条岛屿制度适用于"卡拉延群岛"和黄岩岛的质疑作出回应：该法案将"卡拉延群岛"和黄岩岛都置于群岛基线之外，是为了与《公约》相符；而根据《公约》第121条，"自然形成的、被水所包围的、在高潮时露出水面"的岛屿应拥有其本身可适用的海洋区域。在这一判决中，菲律宾最高法院似还未明确排除黄岩岛产生专属经济区或大陆架的可能。[2]但至2013年中菲南海仲裁案时，菲律宾已经表明立场，确认黄岩岛不是"岛"而是"岩"，即不能产生相应的专属经济区和大陆架的权利。在菲律宾向仲裁庭提交的书面陈述中，特别提及黄岩岛的六个突出的地形表面没有淡水、食物或生长作物或其他任何植物的能力。这六个突出地形中没有一个有足够的生存空间来支持人类生存，也从来没有人尝试过在这些小地形的表面上生活。因此，在没有稳定的、持续的人类居住可能性的情形下，这些小地形属于《公约》第121条第3款含义下的岩石，因此它们可以被宣示领土主权，但不会产生专属经济区或大陆架的权利。[3]

4. 关于其他被中国控制的岛礁的领土主张

菲律宾将中国控制下的其他南海岛礁分为三类：其一，赤瓜礁、华阳礁、永暑礁的地位与黄岩岛类似，都是小型的贫瘠的突起，没有淡水，没

---

[1] 参见张祖兴：《菲律宾领土和海洋主张的演变》，载《东南亚研究》2017年第6期，第37—49页；邝志野：《菲律宾南海主张的形成及其问题》，载《区域与全球发展》2018年第1期，第41页。

[2] G. R No. 187167, Supreme Court, EN BANC, Republic of the Philippines, August 16, 2011, https://lawphil.net/judjuris/juri2011/aug2011/gr_187167_2011.html#rnt22, Sep. 4, 2018.

[3] Memorial of the Philippines (Volume I Annexes), Republic of the Philippines v. People's Republic of China, 30 March 2014, Arbitration under Annex VII of the United Nations Convention on the Law of the Sea, pp. 116-130.

有食物，没有生长作物的能力，没有植被，也没有生存空间来支持人类居住。由于无法维持自己的经济生活，它们与黄岩岛一样，也是《公约》第121条第3款意义上的岩石，可以被占领但不产生专属经济区或大陆架。其二，仁爱礁、美济礁和渚碧礁为低潮高地，既不产生领海、专属经济区或大陆架的权利，也不能被宣示为陆地领土或以其他方式占据。因为处于周围国家领海基线12海里以外，它们要么是沿海国延伸的大陆架的一部分，要么是国家管辖范围以外的海床的一部分。其三，西门礁和南熏礁虽然也都为低潮高地，但每一个都在周边某高潮地物基线的12海里范围内。因此，它们属于最终对高潮地物拥有主权的国家，并且可以作为衡量这些地形的领海宽度的基点，却并不必然属于中国。[1]

菲律宾声称：将《公约》第121条适用于上述海洋地形的结果是，没有任何一个海洋地形能产生专属经济区或大陆架的权利，这也包括了它自己所拥有或控制的所有海洋地形。越南和马来西亚同样持此立场。只有中国声称南沙群岛拥有200海里专属经济区和大陆架的权利。菲律宾要告知中国这一"错误"，"中国占领或控制的8个南沙群岛的特征要么是岩礁，要么是低潮高地。即使是南沙群岛的两个最大的地形，也是岩礁。在南部地区，没有一个能够维持人类居住或经济生活。因此，没有一个国家在《联合国海洋法公约》下产生对专属经济区或大陆架的权利。"[2]

（三）对"九段线"及"历史性权利"主张的立场

1. 关于"九段线"的地位判断与官方立场

菲律宾的官方及学界普遍认为，"九段线"最初源自1948年国民党政府统治时期所发布的一幅官方地图，该地图首次用11段线描绘了一条覆盖了南中国海大部分地区的虚线。1948年的这条线应仅仅表明了中国宣称在线内范围所拥有主权的岛屿，当时的中国政府并没有对其内部的所有水域主张主权或其他权利。而至2009年，为反对越南与马来西亚联合提交的大陆架界限，中国首次正式对世界宣布"九段线"的主张。中国向联合国提交了一份标有"九段线"的地图，并主张对这一线段包围内的所有岛礁和附近水域拥有"无可争辩的主权"，以及对其相关水域拥有"主权权利和

---

[1] Memorial of the Philippines (Volume I Annexes), Republic of the Philippines v. People's Republic of China, 30 March 2014, Arbitration under Annex VII of the United Nations Convention on the Law of the Sea, p. 140, p. 142.

[2] Ibid., p. 150.

管辖权"。对这一地图,菲律宾方面认为尚存在诸多进一步明确的内容,例如,中国并没有给出这些线段的具体坐标,中国也没有解释划定这些线段的含义或基础,没有解释相邻水域的含义和地位。

菲律宾研究者认为,根据国际法,中国的"九段线"主张完全没有依据。基于国际法中根深蒂固的"陆地统治海洋"原则,所有的海上权利区域都必须从大陆、岛屿或高潮岩礁的相关基线来测量。中国的"九段线"不符合《公约》的基本要求。他们提出,中国学者也承认中国在"九段线"内的岛屿及《公约》赋予权利之外所主张的不是主权,而是一种在悠久历史中形成的"历史性权利",或是一种类似于专属经济区的权利。中国希望以一种独特的权利来主张几乎整个南中国海的资源,这种权利超出《公约》范围之外,以"剥夺其他沿海国家的专属经济区权利为代价","就好像没有其他陆地或沿海国家在同一海域一样"。而如果放任中国的"九段线"主张,其后果将极其可怕,因为这意味着菲律宾在南海将失去:(1)约80%的专属经济区、超过38万平方公里的海域,包括整个礼乐滩和部分马拉帕亚气田(Malampaya gas field);(2)100%的外大陆架估计超过15万平方公里的海域;(3)在这个广阔地区发现的所有渔业、石油、天然气和矿产资源。[1]

对于中国2009年地图中的"九段线"主张,菲律宾政府发表了多份外交文件表示明确反对:

2010年,菲律宾海事海洋事务委员会秘书长在向外交部提交的备忘录中称,中国的"九段线"是对菲律宾领土和海洋区域的"侵犯";菲律宾必须明确回复以免被视为对"九段线"的默认;这是菲律宾的法律义务,而非不友好的行为,菲律宾推迟发布对"九段线"主张的照会已经是向中国表示的友好姿态。[2] 2011年,在同样由上述部门提交给外交部长的另一份备忘录中,重申"九段线"影响到菲律宾在南海的主权和管辖,为了不致误解,菲律宾除了表明立场别无选择。[3]

---

[1] Antonio T. Carpio, *The South China Sea Dispute: Philippine Sovereign Rights and Jurisdiction in the West Philippine Sea*, Published by Antonio T. Carpio, eBook version 1.0, 4 May 2017, pp. 27-28, p. 30.

[2] Commission on Maritime and Ocean Affairs Secretariat, "Memorandum from Secretary General", Department of Foreign Affairs of the Republic of the Philippines to the Secretary of Foreign Affairs of the Republic of the Philippines (7 Dec. 2010).

[3] Commission on Maritime and Ocean Affairs Secretariat, "Memorandum from Secretary General", Department of Foreign Affairs of the Republic of the Philippines to the Secretary of Foreign Affairs of the Republic of the Philippines (28 Mar. 2011).

在 2011 年 4 月菲律宾向联合国发出的正式照会中，菲律宾明确提出，"九段线"没有国际法尤其是《公约》依据。相关区域中所指的主权、管辖权及主权权利，都必然归属于适当的沿岸国或群岛国即菲律宾，其所附属的水域及海床和底土，根据《公约》第 3、第 4、第 55、第 57、第 76 条，或属于其专属经济区，或属于其大陆架。[1]

2012 年，针对中国在护照页地图中标注"九段线"的行动，菲律宾再次反对，称强烈抗议在中国电子护照中出现"九段线"，因为这一图像很明显覆盖了菲律宾领土和海洋领域的一部分。菲律宾不接受这"九段线"的效力，这是一种对海洋空间的过度宣示，违反了国际法。[2]

2013 年，中国发布新版国家地图再次标注了"断续线"，并在台湾东侧添加一条线段，同时将这 10 条断续线宣布为"国家边界"。菲律宾于同年 6 月向中国驻菲使馆发出照会，表示强烈反对将"九段线"作为中国在西菲律宾海或南中国海的国家边界的标示，再次强调：第一，"九段线"没有国际法依据，尤其不符合 1982 年《公约》；第二，作为《公约》缔约方，中国的海洋区域应立足于《公约》，基于"九段线"的海洋主张与《公约》相悖而无效；第三，"九段线"侵犯了菲律宾基于《公约》享有的主权权利和管辖权；第四，"九段线"侵犯了菲律宾在黄岩岛的主权。[3]

2. 关于"九段线"范围内的历史性权利

菲律宾全面否认中国在"九段线"内存在"历史性权利"。主要理由在于：

第一，"历史性权利"主张与《公约》规定不相符。菲律宾认为，包括中国和菲律宾在内的所有缔约国的海洋权益都受到《公约》的全面规范，其中，《公约》第 56、第 57、第 62、第 76、第 77 和第 121 条尤其与判定中菲相关海洋权益争议直接相关。而在上述 6 条规定之外，《公约》中再也没有任何规则能够为沿海国在其领海以外确定其他的主权或主权权利。《公约》对主权和主权权利的限制已经明确确立，被广泛接受，并反映了一般国际法的规则。在这些限制之外，任何国家都不得在海洋、海床

---

[1] Note Verbale from the Permanent Mission of the Republic of the Philippines to the United Nations to the Secretary-General of the United Nations, No. 000228 (5 Apr. 2011).

[2] Note Verbale from the Department of Foreign Affairs of the Republic of the Philippines to the Embassy of the People's Republic of China in Manila, No. 12-3331 (21 Nov. 2012).

[3] Note Verbale from the Department of Foreign Affairs of the Republic of the Philippines to the Embassy of the People's Republic of China in Manila, No. 13-1878 (7 June 2013).

或底土上享有主权或主权权利。

第二，对专属经济区和大陆架的主张不受一般国际法规则的支配。菲律宾认为，尽管《公约》规定，"本公约未予规定的事项，应继续以一般国际法的规则和原则为准据"，但专属经济区和大陆架制度的相关问题需要区别对待。专属经济区及大陆架的法律制度不同于领海，《公约》第2条第3款规定"对于领海的主权的行使受本公约和其他国际法规则的限制"，而专属经济区和大陆架制度部分却没有适用"其他国际法规则"的措辞。这两部分也没有任何条款保留了一般国际法中关于专属经济区或大陆架的水域、海床或底土的"历史性权利"的主张。恰恰相反，这些条款通过规定只有沿海国家拥有利用生物和非生物资源的专属主权，拒绝在这两个区域中接受任何这样的权利。

第三，"历史性权利"已在《公约》谈判过程中被取代。菲律宾考察第三次联合国海洋法会议谈判文本后认为，各缔约国通过《公约》谈判过程，最终用专属经济区制度取代了另一个国家原本在该水域内捕鱼的任何历史性权利。《公约》第61条和第62条，赋予沿海国家在其专属经济区内确立允许捕捞限额的专属权利，并建立起自己的捕捞能力。只在沿海国家没有能力达到其容许极限的捕捞量时，它才必须与其他国家按照沿海国的条款和条件达成协议，从而让他国捕捞盈余资源。只有在这种情况下，沿海国家才有义务去顾虑，"尽量减轻其国民惯常在专属经济区捕鱼或曾对研究和测定种群做过大量工作的国家经济失调现象的需要"。在一般国际法下承认在另一个国家专属经济区捕鱼的任何其他"历史性权利"都是与《公约》规定相抵触的。《公约》的文本和谈判历史都表明，在沿海国家对其生物和非生物资源享有专属权利的专属经济区和大陆架，没有任何其他国家可以在一般国际法规则下享有"历史性权利"或这些海域的资源。

第四，"历史性权利"主张即使可适用一般国际法规则也与其不相符。菲律宾提出，大多数关于海洋区域的"历史性权利"的案例都早于《公约》，因而可适用一般国际法规则。如果要在《公约》出台后仍适用一般国际法，则必须证明其主张符合"历史性权利"相关构成要素。即使在《公约》法律体系的时代之前，中国也未能在《公约》赋予权利之外有效建立起"历史性权利"的主张。菲律宾认为，根据联合国秘书处1962年的研究报告《包括历史性海湾在内的历史性水域的法律制度》，建立"历史性权利"需要两个要素：长期连续行使所主张的权利，以及其他国家的容忍,中国都未能满足。中国从未在公开记录中提供过能够支持这一主张的证据。而"历史性权利"即使存在,此概念也仅适用于捕鱼权,因为在一般国际法下,没有任何权威承认过关于海床或底土的非生物资源的"历史性权利"。因此,中国的"历史性权利"的主张是失败的,不仅是因为它与《公约》不相容,也因为它在一般国际法下不可持续,毕竟相关规则是在国际社会一致同意的基础上达成的,才被采纳和反映在1982年的《公约》中。

综上,菲律宾有关"历史性权利"的基本立场是:中国在"九段线"内的"历史性权利"主张是双重违背法律义务的行为。一方面,这一主张超出了《公约》所合法赋予中国的权利范围;另一方面,这一主张侵犯了《公约》赋予菲律宾的应享权利。即使中国能够建立起在一般国际法下的"历史性权利",但在菲律宾的专属经济区或大陆架范围内来主张这一权利也是毫无根据的。因此,"历史性权利"的主张与《公约》不相容,也不能与任何其他国家相对抗。[1]

(四)对南海岛礁建设的官方立场与性质认定

中国在南海岛礁上的建设行为一直为包括菲律宾在内的区域内外国家密切关注。这些区域内外国家不断发出抗议和反对声音,但菲律宾的官方表态在2016年其政府换届后出现明显的措辞软化与模糊。

自1995年发现中国在美济礁上的建设活动后,菲律宾就迅速"表示对中华人民共和国在美济礁上某些结构建设的严重关切"。菲律宾声明,美济礁是菲律宾领土的一部分,中国采取单边行动占据这一地形违反1992年东盟《南海宣言》的精神。[2]

1998年10月,中国向菲律宾大使传达了中国"将翻修和加固1995年在美济礁上修建的结构"的计划。菲律宾认为,中国的后续动作远远超出了"翻修"或"加固",是"大规模"的建设活动,"有100到150人在为设置一个方形结构的基础而工作"。作为回应,菲律宾于1998年11月5

---

[1] Memorial of the Philippines (Volume I Annexes), Republic of the Philippines v. People's Republic of China, 30 March 2014, Arbitration under Annex VII of the United Nations Convention on the Law of the Sea, pp. 84-114.

[2] "Annex 17", Memorial of the Philippines (Volume III Annexes), Republic of the Philippines v. People's Republic of China, 30 March 2014, Arbitration under Annex VII of the United Nations Convention on the Law of the Sea, p. 2.

日向中国发出了一份照会，称："菲律宾共和国政府已收到有关中国船舶人员在海军护送下从事修理、改造、建设、加固和设防工程的核实信息。菲律宾共和国政府强烈抗议并表示反对这些活动"；"外交部重申，菲律宾政府认为美济礁是一个永久没于水下的地理地物，这一立场是清楚和一贯的，也得到了国际社会的支持"；要求中国政府"立即停止并不再从事在美济礁上进一步的非法建设，并且拆除任何维修、翻新、加固、设防或任何加强工程"。[1]

除围绕美济礁上的建设活动多次声明立场并与中国进行双边交涉外，自2014年至2016年7月，菲律宾外交部对中国在南海其他岛礁上的建设行为也表示了高度关注与强烈质疑，并为配合中菲南海仲裁案的审理过程，在2015年呼声尤为密集。

2014年5月，菲律宾外交部发文对"中国在赤瓜礁填海造陆"表示关注，文中展示了菲律宾情报机构收集的从2012年3月到2014年3月赤瓜礁人工建设的系列变化图片，强调赤瓜礁属于"卡拉延群岛"，是菲律宾领土的一部分，并表示这些行动是在动摇和违反《南海各方行为宣言》和国际法。[2]

2015年3月的第17届亚洲—印度高官会上，菲律宾外交部副部长呼吁国际社会共同施加压力以制止中国在南海的大规模填海造陆活动，称"这一肆无忌惮的填海造陆活动令本就敏感的地区政治局势更加恶化，并增添了军事化加强的阴霾"。[3]

同年4月11日，菲律宾跟风美国谴责中国的填海造陆行为，称美国的相关声明体现了国际社会越来越关注违反国际法的大规模人工造陆行为，这些行为违反《公约》并动摇建立地区安全与稳定的集体努力；菲律宾将继续与东盟及其他国际社会的负责任的成员关注单边的"侵略性"行为。4月13日，菲律宾单独发表对中国填海造陆行为的正式声明，称中国的行

---

[1] "Annex 185", Memorial of the Philippines (Volume VI Annexes), Republic of the Philippines v. People's Republic of China, 30 March 2014, Arbitration under Annex VII of the United Nations Convention on the Law of the Sea, pp. 1-2.

[2] DFA, "China's Reclamation on Mabini Reef", https：//www. dfa. gov. ph/dfa-news/dfa-releasesupdate/2871-china-s-reclamation-on-mabini-reef? tmpl = component&print = 1, Sep. 10, 2018.

[3] DFA, "Philippines Calls Anew on International Community to Press for Cessation of Reclamation in the South China Sea", https：//www. dfa. gov. ph/dfa-news/dfa-releasesupdate/5649-philippines-calls-anew-on-international-community-to-press-for-cessation-of-reclamation-in-the-s% E2% 80% A6, Sep. 8, 2018.

为已经对南海生物多样性和生态平衡造成不可逆转和广泛的伤害,"不能接受中国关于其没有危害南海环境的声明",中国已经破坏了 300 公顷的珊瑚礁系统,造成沿岸国每年约 1 亿美元的经济损失;中国 4 月 9 日所谓岛礁建设将提供"综合性服务以满足民事需求及必要的军事防御需要"的声明,只能带来军事化的提升并威胁地区和平和稳定。[1]

5 月,在印尼雅加达举办的一次海洋事务论坛上,菲律宾外交部亚非事务部副部长发言称,区域内海洋资源管理的挑战,有极大部分来自大规模的海上人工造陆活动及相关经济成本。菲律宾呼吁关注中国在南海六个海洋地形上的大规模单边建设行为,并称这一行为已经引起了美国、欧盟及七国集团的关注。菲律宾的这一发言得到了与会越南代表的支持,称中国的填海造陆行为违反国际法并改变南海区域现状,将进一步危及海洋生态系统和造成地区政治紧张。[2]

6 月,菲律宾外交部再次发文重申对中国大规模填海造陆活动和在海洋地形上的设施建设计划表示"严重关切"。文中称,中国的填海和建设行为已经严重违反 2002 年《南海各方行宣言》,将可能加剧争端并动摇促进和平、安全和稳定的努力;这些活动已经对地区海洋环境和海洋生物多样性造成不可修复的损害;再次提醒中国依据《南海各方行为宣言》第 5 条约束自己的行为。[3]

同一时间,在菲律宾于联合国总部举办的以"《联合国海洋法公约》与海洋环境保护"为主题的论坛上,菲律宾驻联合国大使发言表示"南海已经陷入环境危机"。他特别提及中国大规模的集中的填海造陆行为的影响,认为自 2013 年菲律宾提交仲裁申请后,中国更大大加速了这一行动;估算中国在赤瓜礁、西门礁、美济礁、华阳礁、南熏礁和永暑礁的填海面积已经达到了 800 公

---

[1] DFA,"Statement on Growing International Concern over China's Massive Reclamation Activities in the South China Sea", https://www.dfa.gov.ph/dfa-news/dfa-releasesupdate/5910-statement-on-growing-international-concern-over-china-s-massive-reclamation-activities-in-the-s% E2% 80% A6;DFA,"Statement on China's Reclamation Activities and their Impact on the Region's Marine Environment", https://www.dfa.gov.ph/dfa-news/dfa-releasesupdate/5913-statement-on-china-s-reclamation-activities-and-their-impact-on-the-region-s-marine-environmen% E2% 80% A6,Sep. 8,2018.

[2] DFA," China's Reclamation a Threat to Global Sustainable Development Goals ", https://www.dfa.gov.ph/dfa-news/dfa-releasesupdate/6079-china-s-reclamation-a-threat-to-global-sustainable-development-goals-dfa? tmpl = component&prin% E2% 80% A6,Sep. 8,2018.

[3] DFA," On China's Statement Regarding Construction in the Reclaimed Features ", https://www.dfa.gov.ph/dfa-news/dfa-releasesupdate/6519-on-china-s-statement-regarding-construction-in-the-reclaimed-features? tmpl = component&print = 1,Sep. 8,2018.

顷，破坏了数世纪以来的珊瑚礁生态系统，导致了28000万美元的生态产品及服务的损失，损害了珊瑚三角区周边所有国家的利益。[1]

在随后于8月举办的第48届东盟部长会议期间，美菲外长会晤就双边及区域事务交换意见时，菲律宾方面宣称，美菲双方都再次确认了"对在南海海洋地形的填海和建设的反对立场"[2]。

2016年2月，菲律宾对中国在永兴岛上部署地对空导弹一事表示严重关切，认为这一行为同样是将南海军事化，明显违反《南海各方行为宣言》并破坏中国和东盟国家有关达成"南海行为准则"的早期互信。[3]同年6月，在昆明举行的中国—东盟特别外长会议上，东盟各国外交部长的共识中再次出现"强调所有行动中的非军事化和自我克制行为的重要性"的内容，其中特别指出"包括填海造陆行为""加剧南海紧张局势"。[4]

至2016年下半年，随着菲律宾政局的翻转，其官方有关中国南海岛礁建设的相关声音趋近沉寂。在2017年菲律宾外交部公布的声明中，措辞的软化与立场的刻意回避已经有明显体现。

2017年8月，针对美国智库战略与国际研究中心（Center for Strategic and International Studies，CSIS）下"亚洲海事透明倡议"（Asia Maritime Transparency Initiative，AMTI）项目关于南海持续填海造陆活动的报告，菲律宾外长发表声明称：尽管在东盟部长会议期间，菲律宾并没有收到在菲律宾所主张的海洋地形存在填海造陆的进一步报告，但考虑到在菲律宾主张以外的南海海洋地形仍有可能正在发生或已经发生填海造陆行为，他与

---

[1] DFA,"Philippines Raises Concern on Environmental Crisis in South China Sea, Calls for Regional and Global Cooperation", https://www.dfa.gov.ph/dfa-news/dfa-releasesupdate/6575-philippines-raises-concern-on-environmental-crisis-in-south-china-sea-calls-for-regional-and-gl%E2%80%A6, Sep.10, 2018.

[2] DFA,"Secretary Del Rosario, Secretary Kerry Reaffirm Opposition to Reclamation, Construction on South China Sea Features", https://www.dfa.gov.ph/dfa-news/dfa-releasesupdate/7051-secretary-del-rosario-secretary-kerry-reaffirm-opposition-to-reclamation-construction-on-south-c%E2%80%A6, Sep.10, 2018.

[3] DFA,"Statement on China's Reported Deployment of Missiles on Woody Island", https://www.dfa.gov.ph/dfa-news/dfa-releasesupdate/8568-statement-on-china-s-reported-deployment-of-missiles-on-woody-island?tmpl=component&print=1, Sep.10, 2018.

[4] DFA,"Media Statement of the Department of Foreign Affairs of the Phlippines after the Special ASEAN-China Foreign Ministers' Meeting in Kunming, Yunnan Province, China Held on 14 June 2016", https://www.dfa.gov.ph/dfa-news/dfa-releasesupdate/9602-media-statement-of-the-department-of-foreign-affairs-of-the-philippines-after-the-special-asean-c%E2%80%A6, Sep.10, 2018.

东盟各国外长都同意,在联合公报中仍有必要反映出对填海造陆问题的关注。尽管根据 AMTI 的报告,西沙群岛在前几个月曾出现填海造陆行为,但这一报告并未显示出此类行为恰好就发生在东盟部长会议之前。但"我们保证,若有任何相反报告,我们将进行仔细的研究、核查与处置。"[1]

应该说,在杜特尔特政府着意营造与中国良好氛围的基本方略下,菲律宾政府在近年来展现出较为温和的对华实践,但菲律宾并没有也不可能放弃其有关南海岛礁主权及海洋权益的基本立场。对中国在南海岛礁的人工造陆行为的法律性质,菲律宾在中菲南海仲裁案中提出如下表述及主张:

第一,中国建造人工岛屿或设施的行为违反《公约》第 60 条和第 80 条。根据《公约》,只有沿岸国享有在其专属经济区和大陆架建造及"授权和管理建造"人工岛屿与设施的"专属权利"。菲律宾认为,美济礁位于巴拉望岛的 200 海里以内,并不在中国声称拥有专属经济区或大陆架的任何地形的 200 海里以内,它处于菲律宾专属经济区和大陆架范围内。因此,任何寻求在该地形上建造或使用人工岛屿、设施或结构的国家都必须寻求并获得菲律宾的授权。中国非但没有得到授权,还在菲律宾的抗议活动中采取了行动,违反了《公约》第 56 条第 1 款、第 60 条第 1 款、第 80 条。

第二,中国借建造人工设施而"占有"美济礁违反国际法。菲律宾提出,美济礁本为低潮高地,它不能类同于岛屿或其他陆地领土可通过"占有"而获得主权,其法律地位取决于所坐落的海洋区域。菲律宾主张,美济礁位于菲律宾的专属经济区和大陆架范围内,其主权权利属于菲律宾。中国因为这一地形被"九段线"包围而对其宣示"主权",并通过实际占领和在其上建造人工岛、设施和结构而非法占有这一地形,"侵犯"了菲律宾作为《公约》下沿岸国的权利。

第三,中国建造人工岛屿或设施的行为违反《公约》下的环境保护义务及《生物多样性公约》相关义务。菲律宾提出,一方面,包括美济礁在内的南海珊瑚礁,是脆弱的生态系统,是脆弱物种的家园,也是海洋生物多样性的重要孵化器。在美济礁的珊瑚礁上建造人工岛,不可避免地损害

---

[1] DFA, "Statement on Claims by CSIS-AMTI of Ongoing Reclamation Activities in the South China Sea", https://www.dfa.gov.ph/dfa-news/statements-and-advisoriesupdate/13565-statement-on-claims-by-csis-amti-of-ongoing-reclamation-activities-in-the-south-china-sea?tmpl=component&print=1, Sep. 8, 2018.

了那里脆弱的生态系统，并对脆弱物种的栖息地造成了严重破坏；另一方面，中国没有就其人工造岛行动进行环境影响评估，也没有通报其在美济礁进行建设活动的后果。因此，中国的行为违反了《公约》和《生物多样性公约》保护和维持海洋环境的相关义务。[1]

由于菲律宾参与仲裁案的相关书面陈述形成于 2013 年至 2014 年年初，中国 2013 年后有关其他南海岛礁的"大规模"建设尚未在上述立场阐释中得到体现。但从其法律依据、论证思路及后续官方发言来看，可以认为，菲律宾围绕美济礁人工造岛行为、所建造的人工陆地的地位及使用的主张和结论，同样可推而及于菲律宾对中国其他南海岛礁建设行为的基本立场。

（五）对"搁置争议、共同开发"的回应与实践

"搁置争议、共同开发"被认为是中国和平解决领土及海洋争议的创造性战略思想。这一由邓小平在 20 世纪 70 年代提出的主张至今尚未在中菲海洋油气资源开发中有成功实践，而菲律宾历届政府对这一主张的态度也出现了阶段性的摇摆。

1. 接受与回应阶段（20 世纪 80 年代至 2008 年）

尽管菲律宾早在 20 世纪 70 年代即着手在巴拉望岛附近的单边开发，但在这一阶段对于中国提出的"搁置争议、共同开发"主张，菲律宾表现出较好的接受度与较为积极的回应姿态。

1986 年，邓小平在会见菲副总统萨尔瓦多·劳雷尔时曾提出：南沙的问题可以先放一放，平心静气地商讨一个可为各方接受的方式。1988 年，邓小平会见菲总统科拉松·阿基诺时重申："从两国友好关系出发，这个问题可先搁置一下，采取共同开发的办法。"[2] 1993 年，菲律宾总统拉莫斯访华时，江泽民也再次表达"搁置争议、共同开发"的主张与立场。当时的菲律宾政府对中方的相关提议表现出相当的兴趣。1995 年，在《中华人民共和国和菲律宾共和国关于南海问题和其他领域合作的磋商联合声明》中，两国同意：推动在海洋环境、航行安全、打击海盗、海洋科研、

---

[1] Memorial of the Philippines（Volume I Annexes）, Republic of the Philippines v. People's Republic of China, 30 March 2014, Arbitration under Annex VII of the United Nations Convention on the Law of the Sea, pp. 193-202.

[2] 冯雷：《中菲共同开发南海再进一步，三十多年来破局关键何在》，载凤凰网国际智库，https://pit.ifeng.com/a/20170818/51675997_0.shtml，最后访问日期：2018 年 9 月 8 日。

减灾防灾、搜救、气象和海洋污染控制方面的合作。

2003年3月，菲律宾外交部正式就共同开发南海事宜致函中国外交部。2003年8月，对于中国提出的共同开发建议，菲律宾表示欢迎并完善了有关计划内容。2003年11月，中国海洋石油总公司和菲律宾国家石油公司在马尼拉签署了有关共同开发南海油气资源的意向，协议面积达16万余平方千米。[1]

2004年，两国政府在联合新闻公报中再次肯定共同开发前景，提及"在尚未全面并最终解决南海地区的领土和海洋权益争端前，双方将继续探讨共同开发等合作"[2]。有报道称，在新闻公报发表前的9月1日，中国海洋石油总公司已经和菲律宾国家石油公司在北京签署了《联合海洋勘探谅解备忘录》。不过，时任菲律宾总统阿罗约的发言人对此作出保留性的声明，强调"该协议不是一项石油勘探谅解备忘录，而只是合作性的联合研究，旨在研究中菲两国都宣称拥有主权的南海地区的石油潜力"；明确这项"勘探前的研究"目的仅在于"收集、处理和分析地震数据，研究不包括钻探或开发"。[3]

2005年3月1日，菲律宾外长罗慕洛在访华时也积极表态，认为菲中两国已放弃了冲突和争议，同意在南海地区共同进行海洋评估工作，从而把南海变成"合作、和平和发展"的地区。[4] 随后的3月14日，具有历史意义的《在南海协议区三方联合海洋地震工作协议》（以下简称《工作协议》）在马尼拉正式签署。根据这份协议，中国海洋石油总公司、菲律宾国家石油公司与越南油气总公司将共同进行一项南海石油蕴藏量测量工

---

[1] 参见《中华人民共和国和菲律宾共和国关于南海问题和其他领域合作的磋商联合声明》，载中国政府网，http://www.gov.cn/gongbao/content/2000/content_60226.htm，最后访问日期：2018年9月6日；张丽娜：《南海争议海域油气资源共同开发探析》，载《海南大学学报》（人文社会科学版）2015年第6期，第8页。

[2] 《中华人民共和国政府与菲律宾共和国政府联合新闻公报》（2004年9月3日），载中国外交部官网，https://www.fmprc.gov.cn/web/gjhdq_676201/gj_676203/yz_676205/1206_676452/1207_676464/t155753.shtml，最后访问日期：2018年9月10日。

[3] 《法新社马尼拉9月2日消息："中菲研究南海油藏"》，载《大公报》（菲律宾版），2004年9月4日，第6版，转引自李金明：《中菲南海油气资源"共同开发"的可行性研究》，载《太平洋学报》2018年第5期。

[4] 参见李子秋：《中菲两国共同探讨开发南海争议地区》，载《世界报》2005年3月4日，第1版；《中国与菲律宾发表联合声明》（2005年4月28日），载中国外交部官网，https://www.fmprc.gov.cn/web/gjhdq_676201/gj_676203/yz_676205/1206_676452/1207_676464/t193789.shtml，最后访问日期：2018年9月5日。

作。中菲越三方发表的联合声明称，这是"勘察前的准备工作"，表达了"他们共同研究南海潜在石油资源的意愿"。协议约定，勘探合作为期三年，主要收集南海协议区内定量的二维和三维地震数据，并对区内现有的二维地震线进行处理，协议合作区总面积达 143000 平方千米，估计最初成本约 1500 万美元，将由三方平均分担。[1]

令人遗憾的是，这一迄今为止有关中菲间共同开发的唯一实质性成果，经历了菲律宾政府断崖式的立场转变。协议签署之初的 2005 年，菲律宾总统阿罗约高度评价这一协议的达成，称该协议是和平解决南海争议的一个"外交突破"，是落实东盟与中国签订的《南海各方行为宣言》的第一步；协议"有助于国家的能源独立计划，以使我们可为该地区和我们国家提供更多的能源"。[2] 但在第一阶段工作完成之后，预订于 2007 年 10 月开始的第二阶段即因菲方态度的翻转而推迟。2008 年 3 月，菲律宾总统府表示，由于有人声称《工作协议》不符合宪法，侵犯了国家主权，政府可能会完全废弃其之前在南海争议区域勘探石油与天然气方面所作的所有努力。随后，在国内政治压力下，阿罗约领导下的菲律宾单方面撕毁协议，中菲越三国首次在南海油气资源"共同开发"的尝试浅尝辄止、半途而废。[3]

2. 否认与排斥阶段（2012 年至 2016 年 7 月）

2008 年《工作协议》搁浅后，2009 年《菲律宾领海基线法》颁布。在菲律宾立法将中国宣示主权的部分南海岛礁纳入其海洋管辖范围的低迷氛围中，共同开发已难有立足的根基。至阿基诺三世在任期间，菲律宾可谓全面否决"搁置争议、共同开发"主张，认定中菲海上油气资源共同开发的所涉区域，尤其是礼乐滩，位于菲方 200 海里的专属经济区内，不存在争议，更不同意共同开发。

---

[1] 周雷：《我外交部发言人就中、菲、越三家石油公司签署有关南海合作协议表示中国愿力促南海合作》，载《湖南日报》2005 年 3 月 16 日，第 A3 版。

[2] Leszek Buszynski, Iskandar Sazlan, "Maritime Claims and Energy Cooperation in the South China Sea", *Contemporary Southeast Asia*, Vol. 29, No. 1, 2007, pp. 164-165；《中国与菲律宾发表联合声明》（2005 年 4 月 28 日），载中国外交部官网，https://www.fmprc.gov.cn/web/gjhdq_676201/gj_676203/yz_676205/1206_676452/1207_676464/t193789.shtml，最后访问日期：2018 年 9 月 6 日。

[3] 参见李金明：《中菲南海油气资源"共同开发"的可行性研究》，载《太平洋学报》2018 年第 5 期，第 74 页；冯雷：《中菲共同开发南海再进一步，三十多年来破局关键何在》，载凤凰网国际智库，https://pit.ifeng.com/a/20170818/51675997_0.shtml，最后访问日期：2018 年 9 月 8 日。

面对菲律宾南海天然气田的能源开采即将枯竭的危险境况,[1] 菲律宾莱克斯石油公司的董事长兼首席执行官 Manuel Pangilinan 有意就礼乐滩的合作开发与中国海洋石油总公司进行商谈。2012 年 5 月,Pangilinan 就会谈情况向总统阿基诺三世提交报告,称其所提出的 11 点建议已经得到了中方的"积极看待"。菲律宾能源部长在 2013 年 10 月也提及,论坛能源公司与中海油为在礼乐滩共同勘探石油和天然气问题,已在外地举行了多次例行会议。[2] 不过,这一行业层面的星星之火很快在官方的冷硬立场中窒息。

阿基诺三世回应指出,礼乐滩位于菲律宾专属经济区内,协议必须符合菲律宾法律,所有矿产税都应该归菲律宾。[3] 菲律宾外交部长罗萨里奥在与出访菲律宾的中国前驻菲大使王英凡、王春贵会面时则称,菲律宾"很愿意邀请中国投资者在遵守菲律宾法律的前提下来到礼乐滩投资",但礼乐滩是菲律宾必不可少的一部分,就其本身而言,不能被联合开发,否则,就是违反菲律宾宪法;同时强调,"联合开发显然本就'属于'菲律宾的西菲律宾海(中国称'南海')并不是解决菲中两国问题的行得通的办法"。[4] 有菲律宾法律界人士也对论坛能源公司合作开发意向提出警告,称这种做法可能违反菲律宾宪法,因为按菲律宾宪法规定,"对自然资源的勘探开发和使用,必须在国家的全面控制和监督下进行","国家可以直接进行上述活动,也可以与菲律宾公民,或者与菲公民控制资本六成以上

---

[1] 菲律宾在南海唯一一个具备商业开采规模的气田马兰帕亚,据 2014 年的相关报道,其储量为 2.7 万亿立方英尺,仅够开采 25 年;据 2018 年相关报道,其储量将在 10 年内开采枯竭。参见《菲准许一家英国能源公司,延长南海天然气勘探》,载《世界日报》(菲律宾),2014 年 7 月 12 日,第 4 版。Pia Lee-Brago, "Cayetano Pushes Philippines-China Joint Oil Exploration in South China Sea", https://www.philstar.com/headlines/2018/07/27/1837109/cayetano-pushes-philippines-china-joint-oil-exploration-south-china-sea, Sep. 10, 2018.

[2] 郭文静:《菲律宾媒体:中菲可能联合开发礼乐滩油气》,载新浪网,http://mil.news.sina.com.cn/2012-06-04/1420692173.html,最后访问日期:2018 年 9 月 2 日;《就菲中讨论礼乐滩联合探油,阿基诺:勘探协议须符菲法律》,载《世界日报》(菲律宾),2013 年 10 月 25 日,第 1 版。

[3] 暨佩娟等:《菲律宾冷对"共同开发南海"专家称或因美挑拨》,载中国新闻网,http://www.chinanews.com/gj/2013/01-08/4468080.shtml,最后访问日期:2018 年 9 月 2 日。

[4] 暨佩娟:《菲律宾邀请外资勘探南海油气 拒同中国联合开发》,载环球网,http://world.huanqiu.com/roll/2012-02/2475770.html? hmsr = % E5% BF% AB% E6% 92% AD% E6% 92% AD% E6% 94% BE% E5% 99% A8&hmmd = &hmpl = &hmkw = &hmci = ,最后访问日期:2018 年 9 月 3 日。

的企业或组织签署共同生产、合营，或产量分成协议"[1]。

3. 回暖与拓进阶段（2016年8月至今）

较具戏剧性的是，在南海仲裁案使中菲关系降至冰点之后，现任杜特尔特政府的执政却反弹式地实现了两国关系的逆转。菲律宾方面认为，在一定条件下务实地与中国在南海地区加强经济联系，增强能源合作水平，是最符合菲律宾国家利益的选择。由此，在2016年10月杜特尔特访华后发表的联合声明中，特别提及："争议问题不是中菲双边关系的全部"，"双方同意探讨在其他领域展开合作"[2]。

2017年1月，菲律宾候任驻华大使罗马纳率先透露，菲律宾政府正在"认真研究"与中国在南海进行联合勘探油气资源的可能性，菲律宾能源部和外交部已经被责成研究与中国在这片有争议海域进行联合勘探的前景。5月14日，菲律宾特使何塞·德贝西内亚在参加中国主办的"一带一路"国际合作高峰论坛时，强调联合勘探开发南沙群岛的石油等资源可能带来的经济利益，呼吁联合勘探开发南沙群岛[3]。5月17日，杜特尔特总统首席法律顾问进一步表示，菲律宾政府应探讨同中国在有争议海域进行联合勘探的一切可能性。在他看来，菲律宾宪法并不形成障碍，因为根据宪法第12条第2款，"总统可以就勘探利用矿产资源，按照法律规定同外国公司缔订国际协议"[4]。7月25日，在中菲两国外交部长的马尼拉记者会上，菲律宾外交部长卡耶塔诺表示，早在1986年，邓小平先生和时任菲律宾副总统已就中菲南海共同开发作出了决定，通过寻求共同开发自然资源使两国人民受益；相信这一代的两国领导人有智慧找到合适的方式共同开发自然资源，造福两国人民[5]。8月17日，菲外交部长卡耶塔诺在记者招待会上称，总统杜特尔特已为中菲在争议海域的共同开发亮了绿

---

[1] 参见李金明：《中菲礼乐滩油气资源"共同开发"的前景分析》，载《太平洋学报》2015年第5期，第78—85页；李金明：《中菲南海油气资源"共同开发"的可行性研究》，载《太平洋学报》2018年第5期，第72—81页。

[2] 《中华人民共和国与菲律宾共和国联合声明》（2016年10月21日），载中国外交部官网，http://www.fmprc.gov.cn/web/gjhdq_676201/gj_676203/yz_676205/1206_676452/1207_676464/t1407676.shtml，最后访问日期：2018年8月25日。

[3] 张程：《外媒：中越强调管控好南海分歧 菲提议中菲共同开发南沙》，载参考消息网，http://www.cankaoxiaoxi.com/world/20170516/1998645.shtml，最后访问日期：2018年9月12日。

[4] 李金明：《中菲南海油气资源"共同开发"的可行性研究》，载《太平洋学报》2018年第5期，第72—81页。

[5] 关向东：《中菲两国外长谈南海"共同开发"》，载中国新闻网，http://www.chinanews.com/gn/2017/07-26/8287468.shtml，最后访问日期：2018年9月12日。

灯,"当前的指示是继续推进";他已经与能源部进行协调,并就此向技术专家和法律专家进行了咨询,以便拟出可行法律架构;同时强调,"菲律宾不会因此丧失领土或主权权利"。[1] 9 月 28 日,《菲律宾星报》报道称,菲律宾同中国联合勘探巴拉望油气资源的菲方合同文本已提交给总统杜特尔特审核。合同勘探区域位于巴拉望西北部的卡拉棉群岛,勘探主体为菲律宾、中国和马来西亚公司组成的合资企业。同一日,菲律宾能源部长在东盟能源部长会议后称,"菲方正寻求与中国和加拿大公司共同推进靠近南海争议水域的一个延宕日久的油气项目",并积极推进同包括中国在内的其他南海主权声索国的共赢方案。[2]

2018 年 2 月 13 日,中菲举行南海双边磋商机制的第二次会议,就包括海洋环境保护、渔业、海洋科考研究、油气开发在内的领域交换了建设性的意见,对在南海框架下的油气开发等的共同提案展开详细讨论,并由技术小组确认了数项有可操作性的合作议案。[3] 2 月 16 日,菲律宾外交部长卡耶塔诺召开记者会称,"正在积极地推动这项工作,因为我们两国都对此存在需求";"我们会讨论出一个合法的行动框架,在不违背宪法的情况下进行联合勘探";双方将参考世界上其他争议地区达成一项符合菲中两国法律的协议。[4] 3 月 1 日,菲总统发言人称,菲能源部正与一家未透露名称的中国国企进行谈判,而且目前正在讨论能源开采问题,且这一进展得到了杜特尔特总统的肯定。[5] 该总统发言人同时表示,不同意最高法院 Carpio 法官有关在菲律宾专属经济区内与另一个国家共同进行资源开发是违宪的观点。他援引最高法院 2004 年有关共和国第 7942 号法案即 1995 年《菲律宾矿业法》的相关判决称,这一判例意味着允许与外国实体

---

[1] Ellson Quismorio,"Duterte OKs Joint Venture with China",https：//news. mb. com. ph/2017/08/16/duterte-oks-joint-venture-with-china/,Sep. 12,2018.

[2] 甄翔:《菲律宾推动菲中南海联合开采合同文本已提交杜特尔特审核》,载环球网,http：//world. huanqiu. com/exclusive/2017-09/11295284. html#thread,最后访问日期：2018 年 9 月 9 日。

[3] DFA,"Joint Press Release：Second Meeting of the Philippines-China Bilateral Consultation Mechanism on the South China Sea",https：//www. dfa. gov. ph/dfa-news/dfa-releasesupdate/15562-second-meeting-of-the-philippines-china-bilateral-consultation-mechanism-on-the-south-china-s% E2% 80% A6,Sep. 9,2018.

[4] 《菲律宾外长:中菲正积极推进南海联合海洋勘探》,载观察者网,https：//www. guancha. cn/Neighbors/2018_ 02_ 17_ 447320. shtml,最后访问日期：2018 年 9 月 8 日。

[5] 《菲与中企磋商共同开发南海资源 菲总统:这更可取》,载参考消息在线,https：//baijiahao. baidu. com/s? id =1593797257333932093&wfr = spider&for = pc,最后访问日期：2018 年 9 月 8 日。

展开共同勘探,只要他们遵守宪法规定,并遵循一份由总统签署的书面协议,同时将这份协议递交国会。他认为,可以搁置主权的相关争议,"因为联合勘探是通过一种妥协方式进行,我们先不要争论主权的问题,我们要先获得利益"。[1] 7月25日,卡耶塔诺在接受广播采访时称,菲律宾"希望与中国进行联合勘探和开发的原因","恰恰"是为了避免菲律宾失去石油和天然气资源,因为菲律宾没有技术和财力独自完成这项工作。他许诺,中菲在南海联合勘探和开发的合作细节与菲律宾在巴拉望岛西北部60公里进行的马拉帕亚油气合同相似或更好,将保证菲律宾的油气收益占比不会低于40%。[2] 11月23日,中菲签署了关于南海联合油气开发的谅解备忘录,虽然石油和天然气框架发展草案的细节尚未正式公布,但据报告显示,联合勘探的收益将在各国之间平均分配,工作组将由中国海洋石油总公司和能源公司的代表领导。菲律宾政府对该项目进行了授权。[3]

可以认为,对于中国"搁置争议、共同开发"的一贯主张,当前的菲律宾政府采取了承认共识、积极响应甚至主动推进的向好立场,前景似乎较为乐观。但就其国际国内的政治现实而言:一方面,尽管杜特尔特甫一上台即表现出"疏远美国"的立场,但以美国为代表的国际势力对菲律宾政局的干扰从未远离,在共同开发问题上一再发表负面倾向的言论[4];另一方面,杜特尔特政府面临以前总统阿基诺三世为首的反对派声浪与实际的国内法困境,这也是其官方言论中,不断就所谓中菲实行共同开发是"违反菲律宾宪法"和"损害菲律宾对礼乐滩的主权"等问题进行回应和

---

[1]《府:菲中共探南海属妥协之举,无须强迫中国先承认菲海洋权益》,载《世界日报(菲律宾)》,2018年3月7日,第1版。

[2] 易平天下:《菲外长:中菲共同开发南海石油菲方占比不能低于四成》,载百家号,https://baijiahao.baidu.com/s?id=1607128616680924292&wfr=spider&for=pc,最后访问日期:2018年9月10日。

[3] Christina Mendez, Paolo Rome, "Philippines, China Sign MOU on Joint Gas, Oil Developement", https://www.philstar.com/headlines/2018/11/21/1870458/philippines-china-sign-mou-joint-gas-oil-developement, Jan. 23, 2019.

[4] 美国《华尔街日报》网站称,"中菲正在谈判的共享南海油气资源协议将加强北京对这一战略水域的控制,对这一协议的争论也反映了南海地区小国的困境"。参见《中菲谈判共同开发南海油气资源 美媒又坐不住了》,载凤凰网,http://news.ifeng.com/a/20180912/600608_16_0.shtml?_zbs_baidu_news,最后访问日期:2018年9月10日。

反驳的原因所在。[1] 因此，当前的乐观前景仍需要审慎对待，菲律宾国内政局的变化将极大左右中菲共同开发的合意与实践；无论是从菲律宾政府的态度在2008年的断崖式翻转，还是从其2016年的反弹式逆转，都可见一斑。

（六）在"一带一路"框架下与中国的合作

菲律宾对于"一带一路"建设的态度及其在该倡议框架下的参与合作程度，对中国"一带一路"在沿线国家尤其是"21世纪海上丝绸之路"覆盖的东南亚邻国的推进具有示范意义。一方面，菲律宾重要的地缘战略位置使其在地缘政治和地缘经济上都成为我国建设"21世纪海上丝绸之路"的一个关键国家。就海上通道安全而言，无论是通过位于中国台湾岛与菲律宾北部吕宋岛之间的巴士海峡进入西太平洋南下，还是通过菲律宾棉兰老岛以南的西里伯斯海进入西太平洋后南下，都绕不开菲律宾的附近海域。另一方面，作为东盟元老级成员国，要在"一带一路"建设下深化中国与东盟"10＋1"机制并实现与东盟长期合作的发展与稳定，菲律宾也掌握一定的话语权。[2]

1. 阿基诺三世执政期与倡议肇始

在阿基诺三世2010年至2016年的执政期内，中国与菲律宾间在政治外交方面发生了一系列的冲突。就在"一带一路"倡议肇始的2013年1月22日，菲律宾照会中国将就南海问题提起国际仲裁，中菲关系降至冰点。由此，对中国提出的"一带一路"相关表达，菲律宾官方反应一度相当冷淡。从学者的相关调研整理来看，阿基诺三世治下的菲律宾各界对"一带一路"的反响或认同状态主要有以下体现：

（1）政府层面的公开表态

总体来说，自"一带一路"建设提出以来，菲律宾领导人从未作出正面积极回应。唯一可以视为参与"一带一路"布局建设的官方实践即为加

---

[1] 菲律宾最高法院Carpio法官在2016年7月接受媒体采访时说："宪法强调政府应保护专属经济区的自然资源，保证它只有菲律宾人民才能使用"；"因此，不论是杜特尔特、阿罗约或是任何一名总统，都不能妥协，不能在自己的专属经济区与其他国家共同开发，这是宪法禁止的。"参见李金明：《中菲南海油气资源"共同开发"的可行性研究》，载《太平洋学报》2018年第5期，第72—81页。

[2] 参见朱陆民：《菲律宾杜特尔特政府的外交调整、影响及中国的对策研究》，载《统一战线学研究》2017年第1期，第91—92页。

入亚洲基础设施投资银行（以下简称"亚投行"）。尽管菲律宾在反复犹疑中将签署一直拖延至亚投行创始成员国签字的最后日期，但总体上菲律宾政界对加入亚投行的意义及亚投行的前景都表达了不容错失的肯定姿态。例如，菲律宾前驻巴基斯坦大使 Jaime J. Yambao 认为，中国提出的"一带一路"及亚投行的建设是其在全球"安全建构"的重要举措，将会取代美国在世界上建构的秩序。如果菲律宾跟着美国拒绝加入亚投行，它就会发现其将错失 21 世纪的"马歇尔计划"和失去与亚洲共同发展的新机遇。[1] 菲律宾阿尔伯特·罗萨里奥研究所的主任 Dindo Manhit 也认为，菲律宾政府决定加入亚投行是一个重要的决定，这个行动表明，菲律宾政府不仅在海牙国际仲裁法庭保护自己的利益，同时也在经济、人文交流方面寻求和中国发展伙伴关系的可能性。[2]

除亚投行实践之外，有别于其国内冷待"一带一路"的低迷，菲律宾驻华外交官在华友好活动中曾作出较为热情的回应。在 2015 年 10 月《南方日报》所作的一个专访中，菲律宾公使弗兰克·奥莱亚评价认为，东盟十国将从 21 世纪海上丝绸之路建设中受益匪浅，它"将为东南亚国家提供更多的经济机遇"，同时提出，"海上丝绸之路沿线国家都有自己的比较优势，都将为取得共同繁荣贡献自己的力量"。在谈到菲律宾与中国的可能合作时，奥莱亚公使认为，"中国是一个制造业大国，而菲律宾是商业和加工业外包方面的大国。因此中国制造业公司可以将部分服务外包给菲律宾企业"；菲律宾等国家"与中国南方省份隔海相望，希望能够在港口建设、港对港、港口管理等方面进行合作。菲律宾也希望在中国与东南亚国家之间架起一座沟通的桥梁，加强互联互通"；并最终公开表示，"菲律宾非常支持中国提出'一带一路'倡议，会给双方人民都带来好处"。[3]

（2）媒体层面的报道宣传

从报道倾向来看，针对华人群体的《菲律宾商报》《菲律宾世界日报》对中国的观点较为友好，对"一带一路"建设的关注相对较多。如，菲律

---

[1] "Joining the Marshall Plan of the 21st Century?", The Manila Times, https://www.manilatimes.net/joining-the-marshall-plan-of-the-21st-century/174690/, Sep. 13, 2018.
[2] Ayee Macaraig, "Philippines and China: Rivals at Sea, Allies in Trade?", http://www.rappler.com/nation/118452-philippines-china-aiib-sea-row, Sep. 13, 2018.
[3] 李秀婷等：《专访菲律宾公使弗兰克·奥莱亚、柬埔寨公使努齐望 海上丝绸之路建设将使沿线国家受益匪浅》，载《南方日报》2015 年 10 月 31 日，第 5 版。

宾最大的华文媒体《世界日报》在 2015 年 3 月 29 日发表的社论中提出，"一带一路"的实施将重现古代海上丝绸之路的盛况，使亚非欧三洲人民成为互联互通的友好伙伴，促成共赢互利的美好愿景。[1] 而英文媒体如《马尼拉公报》《菲律宾每日问询者报》《马尼拉时报》等，对中国相关主张的态度则较为严苛。如，较消极的观点认为邻国中国的实力过于强大，对于菲律宾是一种威胁，中国提出"一带一路"建设的目的不单纯。[2]

从报道规模来看，该阶段菲律宾媒体关注的内容主要围绕南海问题或亚投行的建立，真正全面阐述"一带一路"实质的文章较少，篇幅也有限。以在菲律宾较具影响力的平面媒体《菲律宾星报》《菲律宾每日问询者报》及电视媒体 ABS-CBN、GMA 的报道情况为例，以"南海""亚投行""一带一路"三项为关键词的搜索结果显示，"一带一路"所受关注度最低，且与前两项在数量上形成巨大差距；即使抛开最受关注的"南海"一项，"一带一路"与"亚投行"的报道数量之比仅为 10∶188000。[3]

（3）学界的研究认知

整体而言，菲律宾学界对中国"一带一路"建设的学术关注并不热络。虽然研究中国问题的部分菲律宾学者努力希望向菲律宾政府乃至民众传达"一带一路"的思想，但在这一阶段作用有限，且有部分研究成果对"一带一路"表现出警惕和猜疑。如，有学者直接以"马歇尔计划"比照"一带一路"；也有学者认为，"一带一路"远远超过了简单的共享经济繁荣，它具有明显的政治和安全的基础；还有学者提出，由于菲律宾在外交方面"长期对美国言听计从"，因此对于中菲"一带一路"的合作前景，菲律宾做到既坚持南中国海主权声索，又争取中国经济合作的两手平衡，出路将是搁置南中国海主权争议。[4] 应该说，菲律宾学界存在对中国"一

---

[1] 郭秋梅：《东盟国家对"一带一路"战略的认同问题考察》，载《山东科技大学学报》（社会科学版）2016 年第 5 期，第 81 页。

[2] 陆建人、蔡琦：《"一带一路"倡议下中国与菲律宾的经济合作》，载《国际经济合作》2017 年第 3 期，第 17—18 页。

[3] 参见吴杰伟：《菲律宾社会对中国"一带一路"倡议的反应》，载《南洋问题研究》2016 年第 4 期；郭秋梅：《东盟国家对"一带一路"战略的认同问题考察》，载《山东科技大学学报》（社会科学版）2016 年第 5 期。

[4] 《外媒热炒"中国版马歇尔计划"》，载《中国报道》2014 年第 12 期，第 9 页；刘莉莉：《外国专家热议 21 世纪海上丝绸之路》，载《理论参考》2014 年第 9 期，第 51 页。Lucio Blanco Pitlo III, "China's 'One Belt, One Road' to Where? Why Do Beijing's Regional Trade and Transport Plans Worry so Many People?", https://thediplomat.com/2015/02/chinas-one-belt-one-road-to-where/, Sep. 14, 2018.

带一路"建设有关目的和动因的误读、误解,而菲律宾知华派学者虽然希望借助"一带一路"建设加大对中国的了解,但他们数量和影响较为有限,其获取中国信息、与中国沟通交流的渠道也较为欠缺〔1〕。

同一阶段,中国学界有关"一带一路"中的菲律宾规划也显示出对应性滞缓状态。一方面,在文献数量上,2016年前的相关研究或报道明显不成规模。另一方面,在文献内容上,更多体现出中国方面对"一带一路"在菲律宾推行进程的现状观望或前景展望,但并无实质性进展的支撑:或是认为"应该"存在较好机遇,但菲方暂时并无实际反响;或是就合作基础与空间进行论证,提出"预期"是乐观的;或是将"一带一路"视为中国破解域外大国在中菲关系中搅局的重要策略;或是提醒该阶段下与菲律宾经贸投资合作的政治风险;或是仅就行业或企业层面的个案实践有所报道〔2〕。

值得注意的是,即使在中菲政治关系紧张的大背景下,中菲之间人文交流仍然在不同领域有所展开。如,2013年11月,菲律宾遭受台风"海燕"的重创,中国红十字会派遣医疗队进入灾区,开展了医疗救治、赈济救助、遗体搜索、临时校舍建设等全方位的救援服务,涵盖了紧急救援、过渡安置、灾后重建各个阶段的人道需求。2014年上半年,中国自行车协会理事长马中超率团到菲律宾,受到菲律宾政府、投资促进委员会、电动车协会、摩托车零部件制造商出口商协会以及相关企业的热烈欢迎。双方就城市公共交通中扩大电气化比例的合作进行了交流。同年11月,中国计量科学研究院接收菲律宾专家到研究院学习和培训,并派出专家到菲律宾工业技术发展研究院标准测试所(ITDI-STD)进行战略咨询和技术培训〔3〕。

---

〔1〕 陆建人、蔡琦:《"一带一路"倡议下中国与菲律宾的经济合作》,载《国际经济合作》2017年第3期,第17—18页。

〔2〕 参见汤莉:《"一带一路"该如何东南飞》,载《中国海洋报》2015年8月3日,第1版;梁艳霞、蔡琦:《"一带一路"背景下中菲印刷业合作分析》,载《印刷杂志》2015年第12期;任心悦:《加强矿产投资"一带一路"助力中菲合作共赢》,载《中国黄金报》2015年11月20日,第4版;赵宁:《陈连增会见菲律宾菲华联谊总会代表团紧抓"一带一路"机遇推动两国交流合作》,载《国际商报》2015年6月30日,第A07版;《中国机械企业期待"一带一路"带来更多东盟商机》,载《大型铸锻件》2015年第3期;陈潇旭:《中材节能首个海外BOT项目在菲律宾竣工》,载《中国建材》2015年第7期;房珊珊、洪奕宜、李劲:《APEC会场外"暗流"涌动》,载《南方日报》2015年11月23日,第A12版。

〔3〕 参见中国红十字会总会直属机关党委:《跨海人道救援——中国红十字会援助菲律宾台风"海燕"灾区纪实》,载《紫光阁》2014年第4期;沈孟晋:《在菲律宾"油改电"的进程中,中菲产业合作的"恋爱季"已经到来》,载《中国自行车》2014年第8期;刘旭红、杨蕾:《中国计量院为菲律宾提供计量培训和咨询》,载《中国质量报》2014年11月24日,第1版。

2. 杜特尔特执政期与倡议推进

尽管从2012年中菲关系急剧恶化以来，两国迟迟未有"一带一路"的合作项目签署与实质推进，但中国一直对菲律宾的加入保持坦诚和开放的态度。中国于2016年年初再次表示，只要中菲关系回归正常轨道，中国的进出口贸易、投资和基础设施建设都将使菲律宾获益。[1] 而杜特尔特执政后的菲律宾也顺势实现对接，一跃成为东盟国家中推进"一带一路"最为积极的合作方。

（1）官方层面的积极表态

2016年10月，菲律宾总统在首次访华前夕接受中央电视台采访时提及："请你提醒你们的政府，'一带一路'不要忘了菲律宾。"采访记者毫不犹豫地给予答复："我们从未忘记菲律宾。"在随后10月20日的中国—菲律宾经贸合作论坛上，中菲之间的友谊与合作热情迸发。菲律宾总统除了与中方领导人会谈外，也频繁地和中工国际、中国铁建、华为等中国企业的负责人单独展开交流，并参观中国银行，毫不掩饰菲律宾在贸易投资方面的迫切需求。这一被称为"历史""重要转折点"的会见所达成的系列合作协议，都被认为是中国送给海上丝绸之路要地菲律宾的"大礼包"。[2]

2017年3月，中国商务部部长钟山访菲并主持召开了中菲双边经贸联委会第28次会议，重启中断6年之久的重要经贸磋商机制。双方就加强"一带一路"建设与"菲律宾雄心2040"战略对接，为双方经贸务实合作提供更多发展机遇达成一致。在一周后的3月16日至19日，中国国务院副总理汪洋对菲律宾进行正式访问，并出席中菲经贸论坛和"中国—东盟旅游合作年"开幕式，从而进一步增进中菲双方互信和务实合作，推动中菲关系再上一个新台阶。[3]

2017年5月，菲律宾总统杜特尔特再次来华出席"一带一路"国际合作高峰论坛。杜特尔特祝贺"一带一路"国际合作高峰论坛成功举行，明确表示"一带一路"倡议将有力促进亚洲互联互通和经济增长，也将为菲

---

[1] 张宇权、洪晓文：《杜特尔特政府对华政策调整及其影响》，载《现代国际关系》2016年第12期，第51页。

[2] 张凡：《"一带一路"从未忘记菲律宾》，载《中国贸易报》2016年10月25日，第3版；徐祥丽、崔东：《国际观察：菲总统访华达成重要共识开启中菲关系新起点》，载人民网，http：//world.people.com.cn/n1/2016/1022/c1002-28799179.html，最后访问日期：2018年9月13日。

[3] 刘旭颖：《对接"一带一路"菲律宾有"雄心"》，载《国际商报》2017年3月16日，第A04版。

律宾带来就业和繁荣。[1]

　　而在2017年6月对菲律宾外交代表及政府官员的相关采访报道中，菲律宾驻华大使罗马纳表示：对于2013年中国国家主席习近平首次提出"一带一路"这一重要概念，以及政策沟通、设施联通、贸易畅通、资金融通、民心相通的"五通"目标，当时的菲方就给予了特别关注；菲方充分认识到"一带一路"倡议在帮助沿线国家实现其各自的经济发展目标方面的价值及潜力。他提出，菲方认识到，"一带一路"倡议契合了菲律宾的战略发展目标，因此，菲方愿积极参与到"一带一路"倡议中，并愿与沿线国家开展合作。他肯定"一带一路"倡议让菲律宾搭上了中国发展的快车，为菲律宾的政治、经济、社会发展都带来了良好机遇，并展望"除经贸合作外，两国未来在文化、教育、旅游等方面的交流也将迅速发展"，"中菲合作前景非常光明"。这一在任菲律宾驻华大使对"一带一路"倡议表示了高度赞扬，认为"'一带一路'向世界展示了亚洲已经成为并将持续作为世界经济增长与繁荣的中心，'一带一路'倡议正在推动多极化世界格局形成并走向成熟，最终构建和平、繁荣与和谐的多极化世界"。[2]

　　同时，菲律宾总统府新闻部长安达纳尔在受访时也表示："一带一路"证明经济发展不是"单行道"，不是只有西方世界才能引领，经济发展同样可以由东方世界来推动。他提出，菲律宾支持中国提出的"一带一路"倡议，并与中方建立了更加深入、更具活力的合作关系，我们要通过这种关系从"一带一路"中受益。他热切表示，菲律宾位于海上丝绸之路的中间地带，连接中国与世界其他国家；中菲不仅是友邻，更是兄弟，与中国密切合作符合菲律宾的利益。[3]

　　2017年7月，中菲两国外交部长在马尼拉会见时表示，"一带一路"是开放包容、互利共赢的合作平台，共建"一带一路"是下一步两国合作的重点和亮点。菲方表示，未来菲律宾希望对"一带一路"倡议加深认识和理解，进一步发现菲中潜在合作领域，并与其他参与国家建立伙伴关系，促进资金、货物和人员的互联互通，为发展经贸合作和扩大市场作出

---

[1] 杜一菲：《习近平会见菲律宾总统杜特尔特》，载《人民日报》2017年5月16日，第2版。
[2] 参见李瑞蔚：《"我愿为提升菲中两国友谊与合作贡献力量"——专访菲律宾驻华大使何塞·圣地亚哥·罗马纳》，载《当代世界》2017年第6期，第36—37页；笔畅：《菲律宾搭上中国发展快车》，载《中国联合商报》2017年6月5日，第B01版。
[3] 笔畅：《菲律宾搭上中国发展快车》，载《中国联合商报》2017年6月5日，第B01版。

贡献，最终使人民获益。[1]

2017年10月，以菲律宾财政部长卡洛斯·多明格斯为代表的杜特尔特政府经济官员代表团访问上海时，菲律宾公造部长马克·维拉表示，"一带一路"可以在许多亚洲国家之间建立一个联结，使彼此之间的专长得以充分利用，也使得各国的基建项目可以以更快、更高效的方式完成。因此他认为，"能够成为'一带一路'倡议的一部分会是一个巨大的优势，对所有的参与者来说都是如此，对菲律宾更是如此；'一带一路'倡议将会进一步加速我们对基础设施的发展建设"。[2]

2018年4月，菲律宾总统杜特尔特来华出席博鳌亚洲论坛前夕，中国驻菲律宾大使赵鉴华专门刊发署名文章，高度评价菲律宾在"一带一路"、共建海上丝绸之路中的作用，认为"菲律宾将成为最重要的参与者、推动者和受益者之一"。杜特尔特在博鳌亚洲论坛上更表示，"我需要中国，当前我比任何人都更需要中国"；菲方愿积极参与共建21世纪海上丝绸之路，密切同中方在经贸、渔业、旅游、教育、基础设施、执法、安全等领域合作。[3]

（2）经贸合作的主要成果

杜特尔特执政之初即将国家发展重心转移到国内社会经济发展方面，制定了《国家发展计划》和《总统关于社会经济发展的十点倡议》，发起提出"大建特建"计划，提出"菲律宾雄心2040"的发展战略及中期发展规划《菲律宾发展规划2017—2022》。

据"菲律宾雄心2040"战略，菲律宾计划到2040年消除贫困，特别是实现就业在地化、减少民众外出务工并让大多数民众进入中产阶级。在此愿景下，确定未来6年经济年均增长达7%—8%、贫困率从1.6%降至1.4%等一系列发展目标。而要实现这一战略及《菲律宾发展规划2017—2022》（以下简称"发展规划"）的相关目标，菲律宾政府将农业、制造业等作为首要发展领域，并将改善基础设施作为实现以上目标的第一要务，这与中国的"一带一路"倡议有很多共通之处。杜特尔特明确表示，"一带一路"倡议和菲律宾目前正在推进的"发展规划"十分契合，特别是在

---

[1] 毕淑娟：《中菲务实合作进入黄金期》，载《中国联合商报》2017年8月7日，第B01版。
[2] 翟少辉、吴睿婕：《菲律宾官员：菲律宾基建迎来黄金时代 "一带一路"正联结更多亚洲国家》，载《21世纪经济报道》2017年10月19日，第7版。
[3] 付志刚：《菲律宾："一带一路"倡议重要的参与者、推动者和受益者》，载《光明日报》2018年5月20日，第8版。

基础设施建设方面,"一带一路"倡议同菲律宾政府提出的"打造基础设施建设黄金时代"目标一致,两国合作空间很大。[1]

"大建特建"计划是菲律宾政府 2017 年 4 月宣布正式推出的一项大规模基础设施投资计划。根据计划,菲律宾政府将在 2017 年到 2022 年的 6 年间投资 1633 亿美元进行基础设施建设,目前已经开工或正在筹备的项目超过 30 个,涵盖道路、桥梁、机场、铁路、港口、防洪设施等各个领域,被称为"菲律宾史上最大胆、最雄心勃勃的基础设施建设计划"。菲律宾财政部长称,这一计划就起始于中菲两国领导人的一次会面:"中国向我们承诺了一笔 90 亿美元的贷款,此后,我们又与中方有过三次高级别会议,最近一次便是此前在北京进行的";"我们确定了两套计划,其中第一套计划包括由中国政府援助的两座大桥、一项灌溉工程、一项水利工程与一项铁路工程。"[2]

在基础建设方面,以中国建筑股份有限公司、中国电力建设集团有限公司、中国路桥工程有限责任公司等为代表的中国企业都已经实际参与进来,中菲关系陆续开展的多个合作项目有"早期收获",成果不断涌现。如,作为中菲关系转圜后首个落地项目——中国援建菲律宾戒毒中心,即充分展现了中菲两国合作成果。截至 2018 年,随着更多中国援助和贷款支持的项目落地,在菲律宾建设中国工业园区也取得阶段性成果,这些将推动菲律宾经济发展、民生改善。[3]

在标准体系构建方面,在 2017 年"一带一路"国际合作高峰论坛前后,由国家标准委发起,中国与俄罗斯、白俄罗斯、塞尔维亚、蒙古国、柬埔寨、马来西亚、哈萨克斯坦、埃塞俄比亚、希腊、瑞士、土耳其、菲律宾等 12 个国家标准化机构共同签署了《关于加强标准合作,助推"一带一路"建设联合倡议》(以下简称"联合倡议")。"联合倡议"已纳入

---

[1] 参见付志刚:《菲律宾:"一带一路"倡议重要的参与者、推动者和受益者》,载《光明日报》2018 年 5 月 20 日,第 8 版;毕淑娟:《中菲务实合作进入黄金期》,载《中国联合商报》,2017 年 8 月 7 日,第 B01 版;刘旭颖:《对接"一带一路"菲律宾有"雄心"》,载《国际商报》2017 年 3 月 16 日,第 A04 版。

[2] 参见《中国承诺贷款 90 亿美元帮助菲律宾实施"大建特建"计划》,中国一带一路网,https://www.yidaiyilu.gov.cn/xwzx/hwxw/30860.htm;《菲律宾推出"大建特建"基础设施建设计划》,人民网,http://www.sohu.com/a/135048892_114731,最后访问日期:2018 年 9 月 12 日。

[3] 王旭光:《加强发展战略对接密切经贸往来 一带一路焕发中菲合作新生机》,载《国际商报》2018 年 5 月 16 日,第 2 版。

2017年"一带一路"国际合作高峰论坛成果,这说明沿线国家对标准化支撑"一带一路"建设,促进互联互通的基础性、战略性作用已达成共识,将进一步助推标准体系的相互兼容。[1]

整体而言,中菲于2016年签署了13项合作文件,于2017年上半年再次签署22项合作文件。截至2018年6月,所签署合作文件已达40多项,涉及领域包括经贸、基础设施建设、毒品打击、海上合作以及民间交流。2017年,中国首次成为菲律宾最大的贸易伙伴,中菲双边贸易额首次突破500亿美元大关。[2]

(3) 金融合作的推进

作为阿基诺三世政府唯一参与的"一带一路"重要实践,亚投行在菲律宾国家建设中的务实价值从一开始就得到了菲律宾上下的肯定。但在阿基诺三世执政时期,菲律宾除在2015年宣布签署相关协定、以创始成员国身份加入亚投行、并将分期出资1.96亿美元外,并未开展进一步的行动。直至杜特尔特执政后的2016年12月,菲律宾国会才批准了《亚洲基础设施投资银行协定》。

2017年,菲律宾政府向亚投行提交了快速公交系统和马尼拉防洪系统两个项目的贷款申请。菲律宾财政部长在同年6月参加亚投行第二届理事会年会时对亚投行作出的卓越贡献和展现出的组织效率表示赞赏,并明确"未来菲律宾政府十分期待同亚投行展开合作,并从亚投行提供的贷款中受益"。[3]

2017年10月,亚投行同意为菲律宾提供约2亿美元的融资,用于改善大马尼拉地区的防洪管理能力。菲律宾工造部长称,"大马尼拉洪水管控计划便是我们与亚投行合作的开端,我们对此感到非常高兴",并肯定亚投行"尤其在基建项目融资方面"将"扮演一个越来越积极的角色"。他认为,这说明"中菲双方的合作关系已经进入了一个新的高度",标志着"与中国政府的通力协作已经开花结果",并提出菲律宾"还有其他许

---

[1] 国家标准委:《中国与12国签署"一带一路"标准化联合倡议》,载《中国质量与标准导报》2017年第6期,第8页。
[2] 参见付志刚:《菲律宾:"一带一路"倡议重要的参与者、推动者和受益者》,载《光明日报》2018年5月20日,第8版;毕淑娟:《中菲务实合作进入黄金期》,载《中国联合商报》2017年8月7日,第B01版;刘旭颖:《对接"一带一路"菲律宾有"雄心"》,载《国际商报》2017年3月16日,第A04版。
[3] 袁梦晨:《菲律宾财长表示期待同亚投行合作》,载环球网,http://w.huanqiu.com/r/MV8wXzEwODg5NzMxXzEzNF8xNDk4MjAwMDUw,最后访问日期:2018年9月15日。

多旗舰项目也是通过中国方面的融资来实施的"。2018年1月,这一总投资5亿美元的马尼拉大都会防洪项目正式启动。[1]

2018年8月,菲律宾财政部表示,亚投行正在考虑为菲律宾Camarines Sur省的两个主要道路项目提供贷款。菲财政部部长在一份声明中表示,亚投行还在考虑与其他多边贷款机构共同为菲律宾"大建特建"计划下的其他基础设施项目提供融资。[2]

除在亚投行框架下的融资合作外,其他中菲金融合作的主要行动还包括:其一,2017年10月,以菲律宾财政部长为代表的杜特尔特政府经济官员代表团访问上海,参与2017年菲律宾经济形势介绍会,以向中国金融投资者及直接投资者推介菲律宾基础设施建设及其他行业领域中的商机。其二,2018年3月,菲律宾在中国银行间债券市场成功发行14.60亿元人民币计价债券,即"熊猫债"。这期债券由中国银行为牵头主承销商及簿记管理人,由渣打银行(中国)为联席主承销商。中国银行方面称,该笔债券是菲律宾进入中国银行间债券市场发行的首支主权熊猫债,是中国资本市场又一成功案例和里程碑,将有力促进中国债券资本市场的发展,推动中菲两国"一带一路"双边政经合作。而菲律宾央行方面也表示,此次"熊猫债"成功发行,拓宽了菲律宾共和国的境外融资渠道、丰富外汇储备,也有助于中菲双方进一步加强"一带一路"倡议框架下的合作,为东盟地区及更多"一带一路"沿线国家的债券发行人树立了成功的样板,也为未来进入中国债券市场融资的银行和工商企业提供了定价基准。[3]

(4)人文交流的开展

当下,中菲两国人文往来方兴未艾。2017年中国已成为菲律宾第二大游客来源国,其他如中菲友好城市、科技、教育、文化、艺术、媒体、智库、青年等层面的交流也日益热络。

第一,教育交流与合作。中菲在2016年10月签署的《联合声明》

---

[1] 参见翟少辉、吴睿婕:《菲律宾官员:菲律宾基建迎来黄金时代"一带一路"正联结更多亚洲国家》,载《21世纪经济报道》2017年10月19日,第7版;《亚投行在菲律宾的第一个项目将启动 建成后97万人受益》,载中国一带一路网,http://www.sohu.com/a/216293068_731021,最后访问日期:2018年9月14日。
[2] 中国驻菲律宾大使馆经济商务参赞处:《亚投行(AIIB)为菲律宾基础设施项目提供资金支持》,载中国商务部官网,http://www.mofcom.gov.cn/article/i/jyjl/j/201809/20180902782552.shtml,最后访问日期:2018年9月14日。
[3] 黄斌:《菲律宾首只"熊猫债"发行规模近15亿 资金用于外储及"一带一路"基建》,载《21世纪经济报道》2018年3月22日,第10版。

第Ⅰ部分　菲律宾海洋法律体系研究

中，表达了双方"在诸如教育、金融、海关、体育等其他领域签署合作协定和谅解备忘录的意愿";明确"双方鼓励两国大学间在研究、创新领域开展实质性交流，加强学术和产学研模式交流合作";涉及如何鼓励开展更多的教育交流和校际合作，"中方愿在科学、技术、工程和数学领域对菲增加政府奖学金名额"。2017年11月的《联合声明》再次声明，"双方同意在教育、文化、卫生、旅游、体育等人文领域加强合作"。[1]

在语言教育及中国文化启蒙方面，孔子学院的办学得到了菲律宾的持续关注与更大支持。除在孔子学院直接教授学生外，一些政府机关也成为孔子学院开辟的第二课堂。"一带一路"倡议提出以来，应菲律宾政府部门的要求，孔子学院为菲律宾副总统办公室、外交部、海关总署等开设了短期汉语课程。中国驻菲律宾大使及中国使馆外交官不仅多次亲临孔子学院指导工作，还亲自为孔子学院的文化传播活动牵线。菲律宾政府对红溪礼示大学的鼎力支持更是孔子学院成功的重要保证。在红溪礼示大学的积极推动下，菲律宾教育部已正式将汉语列为中学外语选修课程，与此相配套，该院还着力培养了一批菲律宾本土汉语教师，从而推动中国文化在菲律宾基础教育中的传播。[2]

菲律宾驻华大使罗马纳认为，虽然当前已有一些菲律宾学生到中国攻读硕士、博士学位或进行语言项目学习，但总体看来数量仍然很少，这意味着中菲两国未来在教育交流方面仍有较大提升空间。他提出，一方面，应积极鼓励两国在校际交流、科学研究、国际会议等方面广泛开展合作，既鼓励更多的菲律宾学生赴华学习，也应积极鼓励中国学生尤其是有兴趣学习英语的学生赴菲律宾留学;另一方面，要积极鼓励菲律宾学生赴中国接受学位教育，而非仅停留在语言学习层面。[3]

2017年11月，"一带一路"国际青年论坛在菲律宾马尼拉召开，来自中国、菲律宾、美国、韩国、加纳等国家和地区的中外专家学者出席会议

---

[1]《中华人民共和国与菲律宾共和国联合声明》(2016年10月21日)，载中国外交部官网，http://www.fmprc.gov.cn/web/gjhdq_676201/gj_676203/yz_676205/1206_676452/1207_676464/t1407676.shtml;《中华人民共和国政府和菲律宾共和国政府联合声明》(2017年11月16日)，载中国外交部官网，https://www.fmprc.gov.cn/web/gjhdq_676201/gj_676203/yz_676205/1206_676452/1207_676464/t1511205.shtml，最后访问日期：2018年8月25日。

[2] 孙驰：《以"一带一路"相约友邦 共创世界大同》，载《交通企业管理》2018年第2期，第3页。

[3] 吕伊雯、潘金晶：《在"一带一路"建设下加强中国与菲律宾人文交流——访菲律宾驻华大使乔斯·圣地亚哥·罗马纳》，载《世界教育信息》2018年第10期，第3—5页。

并发表演讲，多所中菲高校、科研机构的青年学者、博士研究生应邀提交会议论文或参与讨论。该论坛由菲律宾莱西姆大学、美国旧金山大学孤山会、"一带一路"经济技术合作中心、菲律宾中华青年联合会、北京市博士爱心基金会主办，北京大学东南亚学研究中心提供学术支持。

这届论坛发布了《"一带一路"国际青年论坛马尼拉宣言》，指明"一带一路"建设顺应时代潮流、遵循发展规律、符合各国人民利益，是构建人类命运共同体的世纪工程；青年不分国界，应该多学习、常学习、爱学习，弘扬刻苦钻研的工匠精神，以强烈的责任心积极地投入科学实践中，把自我的人生目标与"一带一路"伟大倡议结合起来。菲律宾莱西姆大学研究生院院长 Gonzales 博士代表学校对参会的嘉宾和青年学者表示衷心感谢，呼吁马尼拉的青年学者积极参与"一带一路"建设研究，通过科研成果表达青年一代的责任心，期待菲律宾莱西姆大学中国研究中心建立常态化国际论坛、研讨会等学术合作机制，促进"一带一路"沿线国家和地区人才的交流，推动发展中国家和地区的繁荣。[1]

第二，媒体交流与合作。中菲 2016 年《联合声明》同样提及："双方同意鼓励中国媒体同菲媒体包括'人民广播公司'开展人员互访、新闻产品互换、设备技术和培训等业务合作"，"中国新闻主管部门愿同菲总统府新闻部加强交流与合作"。[2]

在上述政策背景之下，中菲两国媒体各领域合作近两年来发展迅速，中央广播电视总台（国际台）同菲律宾国家电台联合制作的广播节目已经在菲律宾国家电台播出。中央广播电视总台（中央电视台）、新华社也同菲律宾合作媒体之间建立了内容交换机制。

2018 年 5 月，来自中央广播电视总台（国际台）、上海广播电视台、中国传媒大学等机构的中国新闻代表团参观访问了菲律宾主流报纸《马尼拉时报》，菲律宾国家电视台、国家广播电台、国家新闻通讯社等媒体机构，并同菲律宾媒体代表就新闻素养、媒体从业人员职业教育、社交媒体发展等相关话题展开讨论。同时，中华全国新闻工作者协会与菲律宾全国记者俱乐部在菲律宾首都马尼拉签署《"一带一路"新闻交流合作协议》。

---

[1] 李沫：《"一带一路"国际青年论坛在菲律宾马尼拉召开》，载国务院新闻办公室网站，http://mini.eastday.com/mobile/171127150926289.html，最后访问日期：2018 年 9 月 15 日。

[2] 《中华人民共和国与菲律宾共和国联合声明》(2016 年 10 月 21 日)，载中国外交部官网，http://www.fmprc.gov.cn/web/gjhdq_676201/gj_676203/yz_676205/1206_676452/1207_676464/t1407676.shtml，最后访问日期：2018 年 8 月 25 日。

这一协议旨在推动"一带一路"框架下两国新闻媒体和记者的交流与合作。根据该协议,双方将定期安排两国新闻媒体互访,组织开展"一带一路"主题相关的联合采访活动,加强双边交流和教育培训等。中菲双方的签字代表分别表示,希望通过此举,组织和推动两国媒体以及新闻记者之间的交流与各项具体合作,共同努力把中菲媒体合作推到新的高度,让更多的菲律宾记者乃至普通民众能够了解中国。[1]

(5) 学界的研究扩展与期望提升

随着菲律宾官方参与"一带一路"的积极作为,菲律宾学界的学术关注也相应增多,其研究结论也呈现更为乐观的倾向。

如,菲律宾雅典耀大学讲师、中国及国际问题研究客座学者阿伦·吕贝那(Aaron Jed Rabena)指出,菲律宾期盼菲中"一带一路"合作项目的签约与落实,也希望得到亚洲基础设施投资银行对这些项目的支持,他由此寄望菲中双方能够建立更具建设性的平台。菲律宾国立大学国家关系学教授、菲律宾智库"人民良政"中心主任鲍比·图阿松(Bobby Tuazon)也提出,一个新的菲中合作舞台已搭建,这是由新型贸易、基础设施建设、旅游、投资等多领域合作,以及对菲律宾反恐、打击非法毒品行动的援助等组成,非常务实。菲律宾著名媒体制作人张兴万则表示,中国有许多地方值得菲律宾学习借鉴,比如如何寻求有"菲律宾特色的社会发展道路",使国家和人民摆脱经济社会不发达的状态。[2]

而菲律宾大学迪利曼分校亚洲中心副教授恩内里托·塞维利亚(Henelito A. Sevilla)在 2017 年发文认为,"'一带一路'会对整个地区带来积极影响,也会对菲律宾的政治和外交带来综合性的影响"。他提出,以前的总统并没有充分意识到"一带一路"对菲律宾经济发展和创新的重要性,而现在杜特尔特总统认识到了"一带一路"确实具有举足轻重的地位,这也表达了"在安全、经济和政治方面的充分考量"。不过,他进一步指出,虽然"中菲关系有了新的发展,但这并不意味着菲律宾人民的观点都已发生了转变,大部分菲律宾人事实上还没有对与中国关系的升温形成正确的认识",所以他呼吁"必须要向人民提供正确的信息,让菲律宾人民更好地了解中国","也需要中菲在官方层面有持续的双

---

[1] 赵新乐:《中菲共推"一带一路"媒体合作》,载中国新闻出版广电网,http://www.chinaxwcb.com/2018-05/09/content_370679.htm,最后访问日期:2018 年 9 月 15 日。

[2] 杨丹志:《中菲经贸合作前景可期》,载《国际商报》2017 年 11 月 15 日,第 C03 版。

边协调".[1]

可以看到,菲律宾国内学界对于"一带一路"建设和中菲合作的美好前景较之前有了更高的期待。越来越多的菲律宾学者认可"一带一路"并不是中国自己的单独的国家发展计划,而是一个国际性、全球性的发展战略;所有参与"一带一路"的国家都可以把本国的发展计划和长远规划同中国"一带一路"规划结合到一起,以促进各国和世界的繁荣和稳定。[2]

由上,"一带一路"建设得到了当前杜特尔特执政下菲律宾的全面拥抱,务求淡化分歧以最大限度在"一带一路"建设中分享利益、把握发展机遇。在这一政府指向下,中菲两国合作潜力迅猛释放,合作成效日益显著。正如日本公布的一份研究报告所显示,菲律宾将是除巴基斯坦、孟加拉国和马来西亚以外,从中国"一带一路"建设中获益最多的四个亚洲经济体之一。[3]

结　语

以菲律宾海洋地理格局为根基,排布其海洋管理机构体系,枚举其国内海洋立法及国际海洋条约实践,观察其海洋争端解决,概略其海洋合作现况,并就其对中国海洋主张的立场有所整理,可以认为:

第一,菲律宾极为重视海洋法律体系构建完善。受国家地理特征与国内生存依赖所限,菲律宾的国内海洋立法起步较早且在修订完善进程中受到较多的关注。一则,从"二战"后菲律宾的各阶段宪法来看,其每一部宪法均在开篇第一条明确规定菲律宾的领土范围,在这一范围中明确将"领海""底土""海床、岛架及其他海底区域"等囊括其中,并从1973年宪法起即积极明示其"菲律宾群岛"或"群岛国"的地位。二则,从第一次联合国海洋法会议体现国际法编纂动向后,专门性海洋立法就从未离开过菲律宾领导人的视线。1961年即颁布第一部《菲律宾领海基线划定法

---

[1] [菲]恩内里托·塞维利亚:《杜特尔特对中国的政策与东盟的未来》,载《世界知识》2017年第12期,第23—24页。

[2] 于洋、于国政:《空间格局视角下中国周边国家对"一带一路"发展态势的关注》,载《东北亚经济研究》2017年第2期,第85页。

[3] 《丝路新闻摘要 日本报告称菲律宾在"一带一路"受益最大,59国人员入境海南旅游将免签》,载中国一带一路网,http://www.sohu.com/a/228697582_731021,最后访问日期:2018年9月15日。

案》，并分别于1968年、2009年两次对该法案作出修订，最后明确将"领海基线"规定调整为"群岛基线"立法。其1978年的专属经济区立法也早于1982年《公约》的出台，而其大陆架立法更是在1968年即以总统公告的形式有所表达，在后续成为《公约》框架下探索和提交大陆架界限及外大陆架界限最为积极的国家之一。[1] 三则，除立足《公约》的专门性海洋立法外，菲律宾将海上运输、渔业捕捞、海事安全、海洋环境保护等相关领域也都纳入立法，并形成了较为完备的分支体系。

第二，菲律宾极为倚重国际海洋立法成果及实践运用。从菲律宾的国内海洋立法状况可知，尽管菲律宾没有加入1958年"日内瓦海洋法公约"中的任意一项，却在其国内立法中迅速吸纳了第一次联合国海洋法会议的成果中对其有利的相关表述及制度。第三次联合国海洋法会议中，群岛国家成功推动1982年《公约》中群岛国制度的确立，更成为菲律宾以特殊海洋国家地位争取海洋权益最大化的最重要依凭。这使得《公约》成形之初，便引发了菲律宾国家从官方到民间的研究热情；如，从其1981年即建立"海洋法条约内阁委员会"，旨在使菲律宾政府机构须在执行"海洋法条约"的政策及行动的各方面协调一致，并确保菲律宾基于条约所获的利益，便可见一斑。一方面，在有关海洋权益的政治谈判中，《公约》及相关协定成为支撑菲国家权利主张的重要依据（如与印尼专属经济区划界协定）；另一方面，在自觉政治谈判不具优势的情形下，充分有效地利用《公约》条款及强制争端解决机制精心策划在法律上的"正义"形象、舆论上的"悲情"角色，成为菲律宾尽可能谋求海洋利益的最优工具（中菲南海仲裁案）。

第三，菲律宾对海洋管理机构的体系及制度有较为严密而完备的编制及建设。诚如前述，菲律宾对海洋管理机构建设的重视由来已久，既具专业性又覆盖较全且重视组织协调。除了交通运输部、农业部、环境与资源部等国家既有行政部门在传统职能中对海上运输、渔业、水产等的分散监管之外，菲律宾政府从1981年起即开始设立管理海洋事务的专门部门，从海洋法条约内阁委员会、海事与海洋事务内阁委员会、外交部—海事海洋

---

[1] 据国际海底管理局公布的相关资料，截至2016年10月15日，菲律宾是履行了《公约》第84条第2款"妥为公布"义务，向联合国秘书长交存了大陆架外部界限海图或地理坐标表的7个成员国之一。See International Seabed Authority, "Article 84（2）-Charts and Lists of Geographical Coordinates", https：//www.isa.org.jm/article-842-charts-and-lists-geographical-coordinates, Sep. 15, 218.

事务中心，至总统办公室下海事海洋事务委员会、国家海岸警戒系统，这一系列机构建设已近40年。而2011年国家海岸警戒系统对海洋管理专门机构的接管，更反映了菲律宾以更为强硬的国家力量介入海洋事务监管的姿态。这无疑是阿基诺三世执政时期为配合菲在南海争端中一系列举措的对应安排，但杜特尔特执政迄今也并未作出调整安排。

第四，菲律宾可能成为中国南海战略推进的正向示范。一方面，从菲律宾海洋争端的解决实践来看，中国并非是菲律宾南海争端中的唯一争端方，但菲律宾与中国处理南海问题的方式与成效却极可能对其他南海声索方产生示范效应。无论是2014年菲律宾与印尼专属经济区划界协定的签署，还是2013年菲律宾就与中国间南海争议提交国际仲裁，阿基诺三世政府的初衷都含有指责中国不遵守国际海洋法、以武力相威胁之意气，而菲律宾则树立起了以和平谈判、国际司法解决南海问题榜样，从而形成拉拢其他南海声索国、孤立中国的反向示范。但就国际现况而言，印尼与菲律宾通过政治谈判解决海洋划界问题，本就符合中国坚持以谈判解决南海问题的一贯立场，或可视为以政治谈判解决争端方式优越性的又一例证；而中菲南海仲裁案，虽然在仲裁裁决中给出了有利于菲律宾的结论，但裁决在当前的实际搁置无疑显示出这一解决路径的无力与困顿，从而再次体现了政治谈判在南海争端解决中的合理性与价值。另一方面，从菲律宾在"一带一路"建设中的参与实践来看，现任政府在中菲关系最为沉寂的冰点状态下，迅速得到"一带一路"建设进程的全面接纳，从"海上丝绸之路"沿线最为冷淡的国家之一，一跃成为参与最为积极、收获最为丰厚的国家之一，其与中国的交往方式、合作路径及发展成果，都将为中国的其他海洋争端方带来正向示范。

第五，菲律宾的南海政策可能因政局而改变，其海洋领土主权及其他海洋权益立场却基本如一。从前述菲律宾对中国海洋主张的回应来看，无论是阿罗约政府时期的断崖式"变脸"，还是杜特尔特政府上任后的颠覆式逆转，都在佐证菲律宾政局变动对其国家海洋政策的轻易左右。但需要明确的是，海洋政策的脆弱易变并不等同于其国家海洋主张的根本变动或国家海洋立场的底线撤回。从其海洋立法进程及管理实践来看，菲律宾历届政府持续通过立法不断扩展其海洋领土主权主张范围，并不断通过各种行政及司法行为、国内及国际行动来确认和巩固其海洋区域的界限。而在政局影响下发生极端转变的海洋政策，也仅限于对"搁置争议、共同开发"或"一带一路"建设等的回应，与菲律宾海洋领土主张或其他海洋权益的可能让步并无关联。可以认为，菲律宾海洋政策的调整不过是其官方务实态度的反映和阶段性的取舍，显示出某届政府工作重心的转移，并不意味着其海洋立场也随之转变。一如杜特尔特政府"搁置"仲裁裁决，却从未也不可能"拒不承认"或"永不执行"，中菲间南海问题的角力还将漫长、艰辛而充满变数。

第 II 部分

印度尼西亚海洋法律体系研究

一、印度尼西亚海洋基本情况

公元 3—7 世纪，印度尼西亚（以下简称"印尼"）建立了一些分散的封建王国。13 世纪末至 14 世纪初，爪哇岛上建立了印尼历史上最强大的麻喏巴歇封建帝国。[1] 15 世纪，葡萄牙、西班牙和英国先后侵入印尼。1596 年荷兰入侵后，于 1602 年在印尼成立了具有政府职权的"东印度公司"，并于 1799 年年底改设殖民政府。1942 年，日本占领印尼。1945 年日本投降后，印尼爆发八月革命，于当年 8 月 17 日宣布独立，成立印度尼西亚共和国（Republic of Indonesia）。[2] 1945 年至 1950 年，印尼先后武装抵抗英国、荷兰的入侵，期间印尼与荷兰经过多次战争和协商，于 1949 年 11 月 2 日签订印荷《海牙圆桌会议协定》[3]。根据此协定，印尼于 1949 年 12 月 27 日成立联邦共和国，加入成立荷印联邦。1954 年 8 月，印尼联邦脱离荷印联邦。1959 年 8 月，印尼联邦重新恢复为印度尼西亚共和国。1967 年，印尼和马来西亚、菲律宾、新加坡、泰国成立了"东南亚国家联盟"（Association of Southeast Asian Nations，ASEAN，以下简称"东盟"），成为其创始成员国之一。

（一）地理位置

印尼位于亚洲东南部，由太平洋和印度洋之间的 17508 个大小岛屿组成，面积为 190.4 万平方公里，其中海洋面积为 316.6 万平方公里（不包括专属经济区）。印尼群岛东西达 5300 公里，南北约 2100 公里，其中 6000 个岛屿有人居住。作为全球最大的群岛国家，印尼地跨南北两个半球、横卧两洋两洲（太平洋、印度洋，亚洲、大洋洲），扼守马六甲海峡、巽他海峡、龙目海峡等重要的国际贸易航道，在全球战略上居重要地位。

---

[1]《印度尼西亚概况》，载中国人大网，http://www.npc.gov.cn/zgrdw/npc/wbgwyz/wsgz/cfd-nysg/2010-11/02/content_1603717_4.htm，最后访问日期：2019 年 1 月 21 日。

[2]《印度尼西亚》，载行政区划网，http://www.xzqh.org/old/waiguo/asia/1015.htm，最后访问日期：2019 年 1 月 21 日。

[3] 指印度尼西亚共和国、荷兰扶植的邦区同荷兰于 1949 年 11 月 2 日在海牙签订的一系列协定的总称。

印尼位于环太平洋地震带，境内多火山，是一个地震频发的国家。[1]

（二）行政区划

印尼共有一级行政区（省级）34 个，包括雅加达、日惹、亚齐 3 个地方特区和 31 个省。二级行政区（县/市级）共 514 个。首都雅加达是全国的政治、经济和文化中心，其他主要的经济城市包括泗水、万隆、棉兰、三宝垄和巨港等。[2]

从政治制度上看，印尼为单一的共和制国家，"信仰神道、人道主义、民族主义、民主主义、社会公正"是其建国五项基本原则。[3] 该国实行总统制，总统为国家元首、行政首脑和武装部队最高统帅。2004 年起，总统和副总统不再由人民协商会议选举产生，改由全民直选；任期 5 年，只能连任一次。总统任命内阁，内阁对总统负责。人民协商会议（People's Representative Council）为印尼国家最高权力机关，由全国人民代表会议（The Indonesian House of Representatives）和地方代表理事会（The People's Consultative Assembly of the Republic of Indonesia）共同组成。[4]

（三）外交关系

从外交关系上看，印尼奉行独立自主的积极外交政策，在国际事务中坚持不干涉内政、平等协商、和平解决争端等原则。印尼是万隆会议十项原则的重要发起国之一，是 G20、亚非新型伙伴关系、七十七国集团、伊斯兰会议组织等国际/地区组织的倡导者和重要成员。印尼坚持以东盟为"贯彻对外关系的基石之一"的原则，在东盟一体化建设和东亚合作中发挥重要作用；坚持大国平衡原则，与美国、中国、日本、澳大利亚以及欧盟等世界主要力量保持友好关系；主张多边主义，注重维护发展中国家利益，积极参与千年发展目标、联合国改革、气候变化、粮

---

[1] 商务部国际贸易经济合作研究院、商务部投资促进事务局、中国驻印度尼西亚大使馆经济商务参赞处：《对外投资合作国别（地区）指南——印度尼西亚（2018 年版）》，载中国商务部官网，http：//www. mofcom. gov. cn/dl/gbdqzn/upload/yindunixiya. pdf，最后访问日期：2019 年 1 月 21 日。

[2] 《印度尼西亚国家概况》，载中国外交部官网，https：//www. fmprc. gov. cn/web/gjhdq_676201/gj_676203/yz_676205/1206_677244/1206x0_677246/，最后访问日期：2019 年 1 月 22 日。

[3] 同上。

[4] 参见本部分"二、海洋事务主管部门及其职能"下"（一）立法机构"。

食能源安全、世贸组织谈判等。同时，印尼借助"民主温和穆斯林"的国家形象，积极沟通伊斯兰与西方世界，在区域和国际问题上发挥独特作用。[1]

中国与印尼于 1950 年 4 月 13 日建交。1967 年 10 月 30 日，两国因 1965 年印尼发生的"9·30"事件[2]断交。20 世纪 80 年代，两国关系开始松动。1990 年 8 月 8 日，时任总理李鹏访问印尼期间，两国外交部长分别代表本国签署《关于恢复外交关系的谅解备忘录》，宣布自当日起正式恢复两国外交关系。1999 年年底，两国就建立和发展长期稳定的睦邻互信全面合作关系达成共识。2000 年 5 月，两国元首发表《中华人民共和国和印度尼西亚共和国关于未来双边合作方向的联合声明》，成立由双方外交部长牵头的政府间双边合作联委会。2005 年 4 月，两国共同发表《中华人民共和国与印度尼西亚共和国关于建立战略伙伴关系的联合宣言》。[3] 2013 年 10 月，两国共同发表《中华人民共和国和印度尼西亚共和国全面战略伙伴关系未来规划》。[4] 2015 年 3 月，两国共同发表《中华人民共和国和印度尼西亚共和国关于加强全面战略伙伴关系的联合声明》。[5]

（四）经济状况

印尼是东盟最大的经济体。当前，印尼经济保持较快增长，国内消费成为印尼经济发展的稳定动力，经济结构比较合理。农业、工业、服务业均在国民经济中发挥重要作用。1950—1965 年 GDP 年均增长仅为 2%；60 年

---

[1] 商务部国际贸易经济合作研究院、商务部投资促进事务局、中国驻印度尼西亚大使馆经济商务参赞处：《对外投资合作国别（地区）指南——印度尼西亚（2018 年版）》，载中国商务部官网，http://www.mofcom.gov.cn/dl/gbdqzn/upload/yindunixiya.pdf，最后访问日期：2019 年 1 月 21 日。
[2] 1965 年，印尼军方发起针对印尼共产党的血腥屠杀，数十万华人在屠杀中丧命。
[3] 《中华人民共和国与印度尼西亚共和国关于建立战略伙伴关系的联合宣言》（国务院公报 2005 年第 18 号），载中国政府网，http://www.gov.cn/gongbao/content/2005/content_64213.htm，最后访问日期：2019 年 2 月 22 日。
[4] 《中印尼全面战略伙伴关系未来规划》（2013 年 10 月 3 日），载中国外交部官网，https://www.fmprc.gov.cn/web/gjhdq_676201/gj_676203/yz_676205/1206_677244/1207_677256/t1084574.shtml，最后访问日期：2019 年 1 月 21 日。
[5] 《中华人民共和国和印度尼西亚共和国关于加强两国全面战略伙伴关系的联合声明》，载人民网，http://politics.people.com.cn/n/2015/0327/c1001-26756829.html，最后访问日期：2019 年 1 月 21 日。

代后期调整经济结构，经济开始提速；1970—1996 年 GDP 年均增长 6%，跻身中等收入国家。在 1997 年受到亚洲金融危机重创、发生经济严重衰退后，印尼于 1999 年年底开始缓慢复苏，GDP 年均增长 3%—4%，并于 2003 年年底按计划结束国际货币基金组织（IMF）的经济监管。面对 2008 年的国际金融危机，印尼政府应对得当，经济仍保持较快增长。2017 年印尼国内生产总值约合 10152 亿美元，同比增长 5.07%；贸易总额 3256 亿美元，同比增长 15.9%。2018 年，印尼第一季度国内生产总值约合 2548.7 亿美元，同比增长 5.06%；2018 年 1—4 月，印尼贸易总额 1187.9 亿美元，同比增长 15.8%。[1]

在旅游业方面，印尼旅游资源非常丰富，拥有许多风景秀丽的热带自然景观、丰富多彩的民族文化和历史遗迹，发展旅游业具有得天独厚的条件。从 20 世纪 70 年代起，印尼政府大力发展旅游业，兴建星级酒店等旅游基础设施，通过完善旅游业的法规，逐步扩大到印尼旅游免办签证的国家，并采取其他有力措施，多方吸引外国游客。2017 年，赴印尼旅游的国外游客为 1404 万人次，马来西亚、中国、新加坡、澳大利亚和东帝汶为印尼前五大游客来源地。

在农林渔业方面，印尼是一个农业大国，全国耕地面积约 8000 万公顷，从事农业人口约 4200 万人。印尼自然条件得天独厚，气候湿润多雨，日照充足，农作物生长周期短，主要经济作物有棕榈油、橡胶、咖啡、可可。2017 年，印尼棕榈油产量达到创纪录的 3820 万吨，比上年增加 18%；包括棕榈仁油在内的总产量达到 4200 万吨，高于 2016 年的 3560 万吨。印尼森林覆盖率为 54.25%，达 1 亿公顷，是世界第三大热带森林国家。全国有 3000 万人依靠林业维持生计。胶合板、纸浆、纸张出口在印尼的出口产品中占很大份额，其中藤条出口占世界 80%—90% 的份额。印尼最大的林业和造纸企业集团为金光集团（Sinar Mas）。

作为世界上最大的群岛国家，印尼海岸线长 8.1 万公里，水域面积达 580 万平方公里，包括领海渔业区 270 万平方公里，专属经济区 310 万平方公里。渔业资源丰富，海洋鱼类多达 7000 种，政府估计潜在捕捞量超过 800 万吨/年。目前已开发的海洋渔业产量占总渔业产量的 77.7%，专属经

---

[1]《印度尼西亚国家概况》，参见中国外交部官网，https://www.fmprc.gov.cn/web/gjhdq_676201/gj_676203/yz_676205/1206_677244/1206x0_677246/，最后访问日期：2019 年 1 月 22 日。

济区的渔业资源还未充分开发。在 2017 年期间,印尼渔产出口额约达 45.1 亿美元,渔产出口量虾类为最多,其次是金枪鱼,第三是螃蟹,第四是海藻。[1]

---

[1] 商务部国际贸易经济合作研究院、商务部投资促进事务局、中国驻印度尼西亚大使馆经济商务参赞处:《对外投资合作国别(地区)指南——印度尼西亚(2018 年版)》,载中国商务部官网,http://www.mofcom.gov.cn/dl/gbdqzn/upload/yindunixiya.pdf,最后访问日期:2019 年 1 月 21 日。

二、海洋事务主管部门及其职能

(一) 立法机构

印尼实行三权分立,其立法机构是对行政权力的主要制约因素。近年来,随着民主制度的推进,印尼立法机构的组织形态和角色作用也发生相应变化,形成了东南亚乃至世界上较为独特的立法机构体系。[1]

印尼立法机构由人民协商会议、人民代表会议和地方代表理事会三部分组成。

1. 人民协商会议

人民协商会议(People's Representative Council,以下简称"人协")是国家立法机构,由人民代表会议和地方代表理事会共同组成,负责制定、修改和颁布宪法,并对总统进行监督。如总统违宪,其有权弹劾罢免总统。每五年换届选举。本届人协于2014年10月成立,现任主席为祖尔基弗利·哈桑(Zulkifli Hasan)。人协另设副主席4名,692名议员,包括560名国会议员和132名地方代表理事会成员。[2]

2. 全国人民代表会议

全国人民代表会议(Indonesian House of Representatives,以下简称"国会")是国家立法机构,拥有立法权、预算审批权、法律监督权和修正权,并拥有法律实施中的质询及调查权。其具体职能包括:提出法律草案,制定法律;确定国家财政预算并监督其实施过程;审议国家财政审计署的报告;审议总统关于宣布紧急状态、对外宣战的决定以及与外国缔结和约或其他条约等的决定。[3] 国会无权解除总统职务,总统也不能宣布解散国会;但如总统违反宪法或人协决议,国会有权建议人协追究总统的责任。

国会共有500名议员,均兼任人协成员,任期五年。其中,462名经

---

[1] 骆永昆:《印度尼西亚的立法机构及其运作特点》,载《中国人大》2015年第17期,第54—55页。
[2] 《印度尼西亚国家概况》,载中国外交部官网,https://www.fmprc.gov.cn/web/gjhdq_676201/gj_676203/yz_676205/1206_677244/1206x0_677246/,最后访问日期:2019年1月22日。
[3] 同上。

选举产生，另外 38 名为军警代表，由武装部队司令推荐、总统任命。本届国会于 2014 年 10 月成立，现任议长为班邦·苏萨迪约（Bambang Soesatyo），共有 10 个派系，即民主斗争党派系（19.46%），专业集团党派系（16.25%），大印尼运动党派系（13.04%），民主党派系（10.89%），民族觉醒党派系（8.39%），国家使命党派系（8.57%），繁荣公正党派系（7.14%），民族民主党派系（6.43%），建设团结党派系（6.96%），民心党派系（2.86%）。[1]

3. 地方代表理事会

地方代表理事会（People's Consultative Assembly of the Republic of Indonesia）系 2004 年 10 月成立的立法机构，负责有关地方自治、中央与地方政府关系、地方省市划分以及国家资源管理等方面的立法工作。地方代表理事会设主席 1 名，副主席 2 名，其成员分别来自全国 34 个省级行政区，每区 4 名代表，共 132 名，兼任人协议员。现任主席为乌斯曼·沙普达[2]（Oesman Sapta）。

国会和地方代表理事会共同组成人协，行使人协职能。地方代表理事会有权向国会提交涉及地方事务的法案并参与讨论、提出建议。国会在制定涉及预算、地方事务以及税收、教育、宗教等有关法案，选举国家财政审计署人选以及审议审计署报告时须征求地方代表理事会的意见。[3]

（二）行政执法机构

印尼行政机构中与海洋有关的统筹部有：政治法律安全统筹部（Coordinating Ministry for Political, Legal and Security Affairs）、海事统筹部（Coordinating Ministry for Maritime Affairs）。[4]

印尼行政机构中与海洋有关的部委有：海洋渔业部（Department of Maritime and Fisheries Affairs）、交通部（Department of Transportation）、外交部（Department of Foreign Affairs）、能源与矿产资源部（Department of

---

[1]《印度尼西亚国家概况》，载中国外交部官网，https://www.fmprc.gov.cn/web/gjhdq_676201/gj_676203/yz_676205/1206_677244/1206x0_677246/，最后访问日期：2018 年 12 月 15 日。

[2] "Pemerintah Indonesia", https://indonesia.go.id/profil/sistem-pemerintahan, Dec. 16, 2018.

[3] 沈娟：《印尼议会》，载中国人大网，http://www.npc.gov.cn/npc/c15920/201106/efbe61c20de94a8d8a1017067a8ffb36.shtml，最后访问日期：2019 年 2 月 22 日。

[4] 在印尼的内阁架构中，由政治法律安全统筹部管理内政部、外交部、国防部，由海事统筹部管理能源与矿产部、交通部、海洋渔业部、旅游部。

Energy and Mineral Resources）、环境与林业部（Indonesian Ministry of Environment and Forestry）。

与海洋有关的国家直属机构有：印度尼西亚气象、气候和地球物理局（Indonesian Agency for Meteorology, Climatology and Geophysics），国家搜救局（Indonesian Search and Rescue Department）。

1. 政治法律安全统筹部

政治法律安全统筹部的职责是协助总统对政治、法律及安全领域进行统筹规划，起草并实施政策。其具体职能包括：第一，在政治、法律及安全领域协调、规划、起草和执行政策；第二，控制部门事务的实施；第三，管理本部门的资产；第四，监督本部门内部的职责履行情况以及总统下达的有关任务的履行情况。[1] 其下设的海事安全局和海上安全协调委员会，主要负责海上安全事务。

（1）海事安全局

海事安全局通过政治法律安全统筹部长对总统负责。其具体职能有：第一，在印尼管辖范围内进行安全巡逻；第二，制定印尼管辖范围内的安全和保障领域的国家政策；第三，在印尼管辖范围内实施安保预警系统；第四，监督、预防和打击在印尼管辖范围内发生的违法行为，捍卫印尼的管辖权；第五，协调和监测有关机构执行水域巡逻的情况；第六，为相关机构提供技术和业务支持；第七，在印尼管辖范围内进行搜寻并提供援助；第八，在国防系统中履行其他职责。[2]

（2）海上安全协调委员会

印尼积极推进海上安全协调机制建设。2005年12月，印尼对以前成立的以海军为主的包括警察、交通部、海关等部门的海上安全协调委员会进行了重组。重组后的海上安全协调委员会由总统直接领导，并对总统负责。海上安全协调委员会主席由政治法律安全统筹部部长担任，成员由外交部部长、内政部部长、国防部部长、司法与人权部部长、财政部部长、交通部部长、海洋渔业部部长、最高检察长、三军总司令、警察总长、国家情报局长、海军参谋长共同组成。重组后的海上安全协调委员会通过政

---

[1] "Kementerian Koordinator Bidang Politik, Hukum, dan Keamanan Republik Indonesia", https：//indonesia.go.id/kementerian-lembaga/kementerian-koordinator-bidang-politik-hukum-dan-keamanan-republik-indonesia, Dec. 16, 2018.

[2] "Badan Keamanan Laut", https：//indonesia.go.id/kementerian-lembaga/badan-keamanan-laut, Dec. 15, 2018.

策协调与技术、行政支持将针对印尼管辖水域的监控、护航、安全保卫等职责进行系统统筹。[1]

2. 海事统筹部

海事统筹部（Coordinating Ministry for Maritime Affairs）主要负责规划、协调和统筹印尼的海事政策。其具体职能有：第一，协调、制定和实施海事政策；第二，协调本部门内各项任务的执行和发展并向各下属机关提供行政支持；第三，实现国家海洋政策的弹性发展并协调国家海洋资源管理；第四，统筹海事基础设施建设的相关政策；第五，管理海洋统筹部的财政；第六，监督海洋统筹部的职责履行；第七，执行总统下达的任务。[2]

3. 海洋渔业部

海洋渔业部（Department of Maritime and Fisheries Affairs）成立于1999年，在此之前，由农业部负责分管渔业事务。海洋渔业部的主要任务之一是负责印尼国内的渔业管理，进行渔业资源开发。其中，保护和经营海洋资源是重中之重，也是佐科政府"海洋强国战略"起步阶段的核心内容。其主要职能有：第一，制定海洋空间管理政策，进行海洋生物多样性和养护管理；第二，进行沿岸和岛屿管理、捕捞渔业管理、水产养殖管理；第三，加强海洋和渔业产品的竞争力和完善后勤系统，加强海洋和渔业企业的可持续性政策的实施，并负责渔业及其他海洋资源的管理和监督；第四，在海洋和渔业领域进行研究和开发；第五，实施海洋和渔业领域的人力资源开发；第六，实施鱼类检疫，进行质量控制，保护渔业产品安全和鱼类生物安全；第七，监督本部门内部的任务执行情况。[3]

印尼海洋渔业部与日本合作发展纳土纳岛渔业中心，日本政府计划通过日本国际合作机构在纳吐纳岛建设海洋与渔业的基础设施。印尼海洋与渔业部部长苏茜（Susi Pudjiastuti）表示，日方将向印尼在纳吐纳岛兰巴海峡的综合渔业营业中心提供数个支撑渔业活动的设施。此举将支撑兰巴海峡渔业中心的发展，并为兴建综合渔业港口提供参照。该综合渔港将设有

---

[1] Badan Koordinasi Keamanan Laut, http://www.bakorkamla.go.id, Dec. 23, 2018.

[2] Kementerian Koordinator Bidang Kemaritiman, "Profile", https://maritim.go.id/profil/, Dec. 16, 2018.

[3] "Kementerian Kelautan dan Perikanan", https://kkp.go.id/page/139-tugas-dan-fungsi, Dec. 15, 2018.

沿海雷达系统、冷冻库、鱼市场及社区中心。[1]

4. 交通部

交通部自印尼独立（1945年8月17日）以来便已经存在。交通部主要负责：第一，制定并实施与运输相关的国家政策及技术政策；第二，监督和实施运输领域的具体任务；第三，向总统提交关于运输部门职能领域的评估结果及建议书。[2]

（1）海上运输总局

海上运输总局（Maritime Transport Department）的主要任务是制定和实施海运政策并实现标准化运作。其具体职能有：第一，制定并实施海上交通、港口及疏浚、海上运输、航行安全与救援领域的政策；第二，制定海上运输领域的规范、准则和程序；第三，提供技术指导并进行评估；第四，管理本机构的内部事务。海上运输总局的下辖工作部门主要有：海运总局秘书处、海上交通运输局、港口和疏浚局、航运和海事局、导航理事会、沿海和海洋联盟理事会。

印尼海洋和海岸护卫队（Indonesian Sea and Coast Guard）隶属于印尼交通部海上运输总局，其主要职责是确保印尼航运和海洋区域内的安全，直接由印尼交通部长领导。其主要任务有：第一，制定并执行海上和海岸护卫队的政策，包括但不限于巡逻和安保、安全监测、航行规划、处理灾害和水下工作；第二，制定海洋和海岸护卫队的规范、准则、标准和程序；第三，为其他部门提供技术指导；第四，在管辖范围内执行任务；第五，评估和报告海上和海岸警卫队的活动；第六，管理沿海及海上防护设施和基础设施。[3]

印尼海洋与海岸护卫队不隶属于印度尼西亚国家武装部队，但经常与印度尼西亚海军进行联合演习并开展联合行动。[4]

---

[1] 盛超：《印尼海洋渔业部与日本合作发展纳土纳岛渔业中心》，载中国国际贸易促进委员会官网，http：//www.ccpit.org/Contents/Channel_ 4114/2017/0810/857489/content_ 857489.htm，最后访问日期：2019年1月2日。

[2] PPID, "Profil Unit Kerja Kementerian Perhubungan", http：//ppid.dephub.go.id/index.php? page = profile&categori = Profil-Unit-Kerja, Dec. 15, 2018.

[3] Indonesia Coast Guard, "Tasks and Function of Bakamla", https：//bakamla.go.id/home/tugas_ fungsi_ eng, Dec. 15, 2018.

[4] Siswanto Rusdi, "The dilemma of Indonesia's Coast Guard", https：//www.thejakartapost.com/news/2015/02/11/the-dilemma-indonesia-s-coast-guard.html, Dec. 15, 2018.

第Ⅱ部分　印度尼西亚海洋法律体系研究

（2）运输研究与开发署

运输研究与开发署（General Administration of Transport and Research and Development）的主要任务是进行包括海洋通信领域在内的研究和开发。其具体职能有：第一，制定运输领域的技术政策、计划和研发计划；第二，实施通信领域的研究与开发；第三，检测、评估和报告运输领域的研究和开发实施情况；第四，管理研究开发的相关进程。运输研究与开发署主管的单位有：运输研究和发展署秘书处、多式联运管理研发中心、公路和铁路研究与发展中心、海运研究和发展中心、航空运输研究与发展中心。

（3）运输人力资源开发署

运输人力资源开发署的主要任务是开展教育和培训。其具体职能有：第一，制定关于教育和培训的技术政策和方案，包括早期教育和培训、技术与职业教育和培训以及土地、海洋、空气、气象和地球物理运输方面的教育管理和培训；第二，提供早期教育和培训并评估其实施情况；第三，在实施并发展教育和培训的背景下，与国内外政府和私营机构进行协调与合作；第四，管理运输教育和培训机构。运输人力资源开发署主管的与海事有关的单位有：运输人力资源开发署秘书处、海运人力资源开发署、交通运输设备人力资源开发署。

目前，政府发展规划主要集中在境内水运航线和港口的建设方面，包括加里曼丹（Kalimantan）地区的河运交通建设项目以及一系列渡口码头和湖泊码头的建设项目等。在海运方面，印尼政府希望尽快提高其港口的货物处理能力，解决由于装卸能力不足导致的货物滞留问题。印尼政府未来数年内将开发25个国际码头项目。为解决资金问题，其正在逐步放宽对港口的控制，并计划允许私人机构通过BOT方式建设和管理港口。

5. 能源与矿产资源部

能源与矿产资源部（Indonesian Ministry of Energy and Mineral Resources）的任务是执行国家能源与矿产资源的事务以协助总统进行国家治理。其具体职能包括：第一，制定和实施能源和矿产资源的政策；第二，管理该部门的资产；第三，监督能源与矿产资源部的职责履行情况；第四，进行技术指导；第五，监督国家级能源与矿产资源相关的技术活动领域的事务。

印尼在16个"海上丝绸之路"沿线资源国中，油气储量、产量与待发现资源量均居首位。在"一带一路"建设的大好机遇中，印尼正抓住机会积极推进亚太油气合作区建设。目前，全球有近300家油气公司在印尼进行石油天然气勘探开发，86家公司拥有开发区块的PSC（Production Share Contract），其中66家公司正在进行油气生产。埃克森美孚、雪佛龙、道达尔、康菲等世界主要石油公司在印尼皆有合同区块，中石油中油国际（印尼）公司综合排名居第10位。[1]

6. 环境与林业部

环境与林业部（Indonesian Ministry of Environment and Forestry）的任务是组织环境和林业领域的政府事务。其具体职能有：第一，管理自然资源，保护生态系统，增加流域和森林保护区的承载能力，对森林资源进行可持续管理；第二，提高原始森林产品产业的竞争力，改善环境质量，控制环境污染，减少环境破坏；第三，控制森林和陆地火灾；第四，在环境和林业领域开展研究工作，进行开发和创新；第五，在环境和林业领域进行相关的人力资源开发工作；第六，管理本部门的资产。

印尼的海洋环境状况堪忧。《科学》杂志刊登了一份研究报告称，印尼在世界范围内是仅次于中国的第二大塑料污染国，如果不进行有效的控制，每年将会有320万吨的塑料废品流入大海。印尼政府正在着力改善周边海洋环境。根据《印度尼西亚海事政策和行动计划》（Indonesia Maritime Policy and Action Plan），印尼正在通过升级海港等措施大幅度减少海洋塑料废物。2018年，印尼政府已经划出2000万公顷的海洋保护区。该保护区的大部分位于印尼东部，由环境与林业部进行统筹管理。[2]

7. 印度尼西亚气象、气候和地球物理局

印度尼西亚气象、气候和地球物理局（Indonesian Agency for Meteorology, Climatology and Geophysics）于1841年成立，1866年被荷属东印度政府收归政府部门，此后该机构曾更名数次，于2008年改为现名。[3] 印度尼西亚气象、气候和地球物理局是世界气象组织南太平洋地区的区域专责气象中心之一，专责热带气旋的监测。

---

[1] 亚洲油气决策者俱乐部：《东南亚海洋油气新机遇和新前景——印尼海洋油气之旅重磅起航》，载搜狐网，http://www.sohu.com/a/258695979_805124，最后访问日期：2018年12月28日。

[2] 《印尼举办2018"我们的海洋"大会》，载国际环保在线，https://www.huanbao-world.com/a/zixun/2018/1101/53879.html，最后访问日期：2018年12月26日。

[3] Indonesian Agency for Meteorology, Climatology and Geophysics, "Sejarah", https://www.bmkg.go.id/profil/? p = sejarah&lang = ID, Dec. 14, 2018.

该部门在印尼国内的具体职能有：第一，制定气象学、气候学和地球物理学领域的国家政策和一般政策；第二，在气候学和地球物理学领域实施、指导和控制观测；第三，在气象学、气候学和地球物理学领域实施专业知识和政府管理方面的教育、培训；第四，开展气象学、气候学和地球物理学领域的专业教育等。印度尼西亚气象、气候和地球物理局对于监测海洋灾害，指导海上救援工作有重要的作用。[1]

8. 国家搜救局

根据2016年《关于国家搜救机构的第83号总统条例》，国家搜救局（Indonesian Search and Rescue Department）的任务是协助总统组织搜救领域的政府事务。其具体职能包括：第一，制定和确定规范、程序、标准和许可要求以及进行搜索和救援行动的程序和建议；第二，制定有关搜救行动、搜救人员、设备和基础设施领域的政策；第三，制定和实施搜救行动的培训和实施标准；第四，进行组织培训。[2] 印尼国家搜救局在海上航行和空中航行事故相关的海上搜救活动中发挥了重要作用，如寻找失事飞机的"黑匣子"、搜寻遇难者遗体、寻找船或飞机的残骸等。在2018年10月29日印尼狮子航空公司的坠机事件和2018年12月22日印尼西部巽他海峡海啸发生后，印尼国家搜救局在海上救援中发挥了巨大的作用。[3]

（三）海上武装执法机构

1. 国防部

印尼国防部（Department of Defense）成立于1946年组建的第二个内阁时期，着重关注国家的防御和安全事务。国防部在维护国家安全、领土主权和完整性方面发挥重要作用。[4] 国防部的主要任务是：维护国家主

---

[1] Indonesian Agency for Meteorology, Climatology and Geophysics, "Tugas dan Fungsi", https://www.bmkg.go.id/profil/? p=tugas-fungsi&lang=ID, Jan. 13, 2019.

[2] INDONESIA. GO. ID, "National Search And Rescue Agency", https://indonesia.go.id/kementerian-lembaga/badan-nasional-pencarian-dan-pertolongan-badan-sar-nasional, Jan. 13, 2019.

[3] 郑世波：《印尼：失事客机未发生空中爆炸 已打捞起部分遇难者遗体》，载人民网，http://world.people.com.cn/n1/2018/1030/c1002-30371607.html，最后访问日期：2019年2月24日。

[4] Kementerian Pertahanan Republik Indonesia, "SEJARAH", https://www.kemhan.go.id/sejarah, Dec. 16, 2018.

权、保护国家安全、确保海洋安全。[1] 其具体职能有：第一，制定和实施国防政策；第二，监督国防部内部的职责履行情况；第三，管理国防部的资产；第四，管理全国各地国防事务的实施。印尼国防部的组成单位有：秘书处、规划总局、战略总局、监察总局、研究和发展机构等。[2]

2. 印度尼西亚海军

印度尼西亚海军（Indonesian Navy）是印尼国家军的海上武装部队，成立于1945年9月10日，旨在保卫印尼漫长的海岸线、领海、附属岛屿和专属经济区，捍卫印尼海洋战略利益以及防御海上威胁等。[3] 由于印尼海洋面积广阔，而海军力量不足，印尼独立后即积极推进海军的现代化。1949年至1959年，印尼海军逐步建立了海军舰队、海军陆战队、海军航空兵以及海防部队等。同时，从其他国家引进舰船装备，建设多处海军基地，并开始招募和培训海军士兵和专业人员。

印尼海军目前由三支舰队、军事海运司令部以及海军陆战队构成，总兵力约为45000万人，包括海军陆战队15000人和海军航空兵1000人，装备各型船舰200余艘。其中，海军总部可分为领导模块、领导辅助模块、指挥官直属勤务模块以及中央执行机构四个层次。而在海军总部之下，共有舰队司令部、海军海运司令部、海军陆战队、海军教育训练与规条发展司令部以及海军水文和海洋学中心五个主要司令部。[4]

根据《印度尼西亚国家武装部队第34号法律》第9条，海军的任务主要包括：第一，执行国防军事任务；第二，根据国家法律和所批准的国际条约，执行法律并确保国家管辖海域的秩序；第三，履行外交职责，支持政府制定的外交政策；第四，履行与发展海军力量有关的其他职责。

长期以来，为了维护国家的海上权益，印尼海军推行"逐岛防御"的军事思想。"逐岛防御"即以大岛为核心，以群岛为基地，建立内外兼顾、独立防守与机动作战相结合的防御体系，独立保卫本岛领土、领海和维护社会治安。同时，印尼海军还将印尼领土划分为四个主要的防卫区域，西部由苏门答腊岛组成，中部由婆罗洲和爪哇岛组成，东部将西里伯斯海和

---

[1] Kementerian Pertahanan Republik Indonesia, "VISI DAN MISI", https：//www. kemhan. go. id/visi-dan-misi, Dec. 16, 2018.

[2] Ibid.

[3] "Indonesian Navy", https：//military. wikia. org/wiki/Indonesian_ Navy, Dec. 12, 2018.

[4] Ibid.

南部岛屿合为一个区域，其余的西巴布亚、马鲁古省和一部分南部岛屿合为一个区域。此外，印尼海军还加强了濒临马六甲海峡、南中国海及印度洋等具有战略意义的前沿、边境、重要海峡及偏远地区的防卫力量，形成以爪哇岛为中心，东西兼顾的战略布局。

三、国内海洋立法

(一) 划定管辖海域的法

1. 综合性海洋立法

印尼作为一个群岛国,其丰富的资源须可持续地利用管理以增进公共福利,而海洋作为印尼领域的最主要部分,对其政治、经济、社会、文化、国防与安全等各方面均有重要的战略意义。为将海洋资源的管理置于法律框架下,并增加法律的确定性,印尼于2014年10月17日颁布了《印尼共和国海洋法》[1](Indonesia Maritime Law 2014)。

该法总共74个条款,为印尼海洋区域的划分,海洋发展与管理,海洋空间管理与环境保护,海洋防卫、安全、法律执行及航行安全,海洋制度化管理等方面提出了原则性的要求与指导。

依该法,海洋法的执行须坚持可持续性、一致性、整体性、法律确定性、合作、平等、公众参与、透明、分权、问责制、公正等原则(第2条)。海洋活动应致力于巩固印尼的群岛国特性;海洋资源的利用要符合国内法与国际法以促进国家与地区繁荣,且须以可持续发展的、不损害后代利益的方式进行;应保障海洋的安全;促进海洋文化的普及与推广;培养促进海洋优化和整体发展的专业、职业、敬业的人才资源;并提高印尼在海洋国际法事务中的参与和重要性(第3条)。

就海洋区域而言,该法再次明确了印尼的群岛国地位及特征(第5条)、印尼水域及其主权与管辖权的范围(第7条)、24海里的毗连区范围(第8条)、主张外大陆架的权利与限制(第9条)、公海上的权利与限制(第11条)、在国际海底区域的权利与限制(第12条)。

就海洋管理而言,该法指出印尼政府应制订长期与中短期计划,以及相应的各方面政策(第13条)。其中,海洋资源利用涉及渔业资源、能源与矿产资源、海岛与其他非传统资源等方面,而海洋开发则涉及海洋产业、海洋旅游、海洋运输以及海洋建设等(第14条)。对于海洋资

---

[1]"PENJELASAN ATAS UNDANG-UNDANG REPUBLIK INDONESIA(NOMOR 32 TAHUN 2014)", http://www.ilo.org/dyn/natlex/docs/ELECTRONIC/98587/117396/F175196957 8/IDN98587%20Idn.pdf, March 5, 2019.

源的利用，该法第 16 条至第 19 条涉及渔业资源，第 20 条至第 21 条涉及能源与矿物资源，第 22 条涉及海岛资源，第 23 条至第 24 条涉及其他非传统资源；而对于海洋开发，第 25 条至 27 条涉及海洋产业，第 28 条涉及海洋旅游，第 29 条至第 31 条涉及海洋运输，第 32 条至第 33 条涉及海洋建设。

就海洋发展而言，该法规定了包括人力资源发展、科学与技术研究、海洋信息系统与数据以及海洋合作等方面（第 34 条），分别由第 35 条至 36 条、第 37 条至第 39 条、第 40 条与第 41 条规制。

就海洋空间管理与海洋保护而言，海洋空间管理包括规划、利用、监督与控制（第 42 条），具体由第 43 条至第 49 条规制；海洋环境保护致力于海洋资源保护，海洋污染控制，海洋灾难管理与污染、破坏与灾难的防止与控制（第 50 条），具体由第 51 条至 57 条规制。

就防卫、安全、法律执行与海上安全而言，印尼成立海事安全局（第 59 条），其职能由第 60 条至第 68 条进一步规定。

2. 群岛基线相关立法

（1）《印尼群岛国家宣言》与《1960 年 2 月 18 日第 4 号法令》（已失效）

《印尼群岛国家宣言》（以下简称《宣言》）与《1960 年 2 月 18 日第 4 号法令》（Act No. 4 concerning Indonesian Water, 18 February, 1960）是印尼宣称群岛国的地位并主张直线基线适用的重要文件。通过此种划界方式，印尼获得了近 66.6 万平方海里的内水以及近 9.8 万平方海里的领海。较之普通的划界方式，群岛国家直线基线的采用使得印尼领海覆盖面积达到了依普通划界方法确定范围的近 3.5 倍。

有关领海的范围，《宣言》第 1 条第 2 款规定，印尼之领海是指诸岛在低潮线之外缘点或领土之外端点所连成的直线基线，从该基线或基线的任一点向外海测算的垂直距离 12 海里范围之水域。宽度未及 24 海里之海峡，如沿岸国不只印尼，则领海之疆界线将以海峡中间线为准。与此同时，该《宣言》在第 3 条确立了外国船舶在印尼内水享有的无害通过权。与之对应，《法令》第 1 条第 2 款规定，印尼领海是一条 12 海里宽的海洋地带，其最外缘界线是依据与基线或基线上的基点呈直角来计算的，基线则是连接构成印尼领土之最外缘岛屿或该岛群之一部分岛屿之低水线之最外缘基点而成的直线。假如海峡的跨度不超过 24 海里，则印尼领海的最外缘界线将以海峡中线来划定。[1]

这些基点可粗略分为五个部分：

① 第一部分从新加坡东侧的民丹岛延伸到位于婆罗洲岛的印尼—马来西亚陆地边界的西部海岸。该部分连接了最靠海岛屿的最外延点，封闭了进入爪哇岛的北部入口。这35个线段总长为1333.2海里，平均每段线段长38.09海里。最短的线段为点1至点1a，长度约为12海里；最长的线段为点15至点16，长度约为83.5海里。从点16至点34的线段包围了部分孤立、分散的岛屿群。

② 第二部分从位于婆罗洲岛印尼—马来西亚陆地边界的东端延伸至印尼—新几内亚边界。该部分封闭了通往佛洛瑞斯海、马鲁古海和班达海的北部入口。从点36至点81的共49条线段总长2260.5海里，平均长度为46.13海里。最长的线段为点59至点60，长约124海里；最短的线段为点36至点36a，长约4海里。点56所在的棉加斯岛亦为菲律宾所主张的领海区域。该点距离棉兰老岛52海里，距离哈马黑拉岛215海里。

③ 第三部分从印尼—巴布亚陆地边界的南端延伸至葡属帝汶附近的一点。该部分包围了通往班达海的东部入口。从点82至点113的32条线段，总长约1436.5海里，线段的平均长度约为44.8海里。其中，最长的线段从点88至点89长约103.9海里，最短的线段从点105至点106长约8海里。

④ 第四部分是一条靠近葡属帝汶欧库西分地长约12海里的直线。尽管在地图上该线也显示为连接印尼—葡属帝汶陆地边界靠海一侧界点的一条线，然而其显然并非法案的意图。此人为两点的选择似旨在将葡属帝汶限制于狭窄的领海带。该单条线段的长度为25.8海里。

⑤ 第五部分从位于帝汶的葡萄牙—印尼边界的南端延伸至点1，其封闭了通往萨武海、佛洛瑞斯海的南部入口。该79条线段总长为3111.6海里，线段平均长度为39.3海里。其中，最长的线段从点186至点187长约100.8海里；最短的线段从点190至点191长约2.6海里。

两个岛屿位于线段104—105和线段139—140靠海一侧。法律本身的意图可能是将其纳入基线之内，然而由于定位等技术问题造成了此种排除。

---

[1] 该法案已被废止，但其作为首个适用群岛直线基线的法律文件，具有比较研究的价值。陈鸿瑜编译：《东南亚各国海域法律及条约汇编》，暨南国际大学东南亚研究中心1997年版，第76页。

如上，按照该两项法律文件，印尼的整个直线基线体系总长为8167.6海里，包括平均长度约为41.67海里的196条线段，围括了前述海域诸如巽他海峡、松巴海峡、龙目岛海峡、翁拜海峡、摩鹿加海峡、马卡萨海峡等重要海峡以及大量印尼内水航道在内的近66万平方海里的内水。相较于印尼所主张的12海里的领海范围，通过该直线基线体系，额外近9800平方海里的水域被归入印尼的主权范围之内。[1]

需要明确的是，在该宣言作出以及法案颁布之时，"群岛原则"并未被国际法所接受，但后来的1982年《联合国海洋法公约》采纳了此观点。

（2）2002年《印度尼西亚共和国第38号政府法例》及2008年《印度尼西亚共和国第37号政府法规》

根据2002年《印度尼西亚共和国第38号政府法规》及2008年《印度尼西亚共和国第37号政府法规》（The Government Regulation of the Republic of Indonesia Number 38 of 2002 and The Government Regulation of The Republic of Indonesia Number 37 of 2008）修订的印尼群岛基线点地理坐标见第Ⅱ部分 表1：

第Ⅱ部分 表1 印尼群岛基线点地理坐标

坐标号	纬度	经度	位置
1	01°14′27″ N	104°34′32″ E	Tg. Berakit
2	01°02′52″ N	104°49′50″ E	P. Sentut
3	02°18′00″ N	105°35′47″ E	P. Tokong Malang Biru
4	02°44′29″ N	105°22′46″ E	P. Damar
5	03°05′32″ N	105°35′00″ E	P. Mangkai
6	03°19′52″ N	105°57′04″ E	P. Tokong Nanas
7	03°27′04″ N	106°16′08″ E	P. Tokongbelayar
8	04°04′01″ N	107°26′09″ E	P. Tokongboro
9	04°31′09″ N	107°43′17″ E	P. Semiun
10	04°42′25″ N	107°54′20″ E	P. Sebetul
11	04°47′38″ N	108°00′39″ E	P. Sekatung
12	04°47′45″ N	108°01′19″ E	P. Sekatung

---

[1] US Bureau of Oceans and International Environmental and Scientific Affairs, "Straight Baselines: Indonesia", *Limits in the Seas* No. 35, https://2009-2017.state.gov/documents/organization/61544.pdf, pp.8-10, Jan. 15, 2019.

续表

坐标号	纬度	经度	位置
13	04°00′48″ N	108°25′04″ E	P. Senua
14	03°01′51″ N	108°54′52″ N	P. Subi Kecil
15	02°38′43″ N	109°10′04″ E	P. Kepala
16	02°05′10″ N	109°38′43″ E	Tg. Datu
17	04°10′10″ N	117°54′29″ E	P. Sebatik
18	04°09′58″ N	117°55′44″ E	P. Sebatik
19	04°09′34″ N	117°56′27″ E	P. Sebatik
20	04°00′38″ N	118°04′58″ E	Karang Unarang
21	02°15′12″ N	118°38′41″ E	P. Maratua
22	01°46′53″ N	119°02′26″ E	P. Sambit
23	00°59′55″ N	120°12′50″ E	P. Lingian
24	01°20′16″ N	120°47′31″ E	P. Salando
25	01°22′40″ N	120°53′04″ E	P. Dolangan
26	01°22′41″ N	120°53′07″ E	P. Dolangan
27	01°18′48″ N	121°26′36″ E	Tg. Kramat
28	01°08′17″ N	122°25′47″ E	Kr. Boliogut
29	01°02′52″ N	123°06′45″ E	P. Bangkit
30	01°09′29″ N	124°20′38″ E	Tg. Laimpangi
31	01°45′47″ N	124°43′51″ E	P. Manterawu
32	02°44′15″ N	125°09′28″ E	P. Makalehi
33	04°14′06″ N	125°18′59″ E	P. Kawalusu
34	04°40′16″ N	125°25′41″ E	P. Kawio
35	04°44′14″ N	125°28′42″ E	P. Marore
36	04°44′25″ N	125°28′56″ E	P. Marore
37	04°44′46″ N	125°29′24″ E	P. Batubawaikang
38	05°34′02″ N	126°34′54″ E	P. Miangas
39	05°33′57″ N	126°35′29″ E	P. Miangas
40	04°46′18″ N	127°08′32″ E	P. Marampit
41	04°45′39″ N	127°08′44″ E	P. Marampit
42	04°38′38″ N	127°09′49″ E	P. Intata
43	04°37′36″ N	127°09′53″ E	P. Kakarutan
44	03°45′13″ N	126°51′06″ E	Tg. Tampida

第Ⅱ部分 印度尼西亚海洋法律体系研究

续表

坐标号	纬度	经度	位置
45	02°38′44″ N	128°34′27″ E	Tg. Sopi
46	02°25′39″ N	128°41′57″ E	Tg. Gorua
47	01°34′44″ N	128°44′14″ E	Tg. Lelai
48	00°43′39″ N	129°08′30″ E	P. Jiew
49	00°32′08″ N	130°43′52″ E	P. Budd
50	01°05′20″ N	131°15′35″ E	P. Fani
51	01°04′28″ N	131°16′49″ E	P. Fani
52	00°20′16″ S	132°09′34″ E	P. Miossu
53	00°20′34″ S	132°25′20″ E	Tg. Yamursba
54	00°21′42″ S	132°43′01″ E	Tg. Wasio
55	00°56′22″ N	134°17′44″ E	P. Fanildo
56	00°55′57″ N	134°20′30″ E	P. Bras
57	00°23′38″ S	135°16′27″ E	P. Bepondi
58	00°41′56″ S	135°51′21″ E	Tg. Wasanbari
59	01°04′13″ S	136°23′14″ E	Tg. Basari
60	01°27′23″ S	137°55′51″ E	Tg. Narwaku
61	01°34′26″ S	138°42′57″ E	P. Liki
62	02°19′12″ S	140°09′07″ E	Tg. Kamdara
63	02°26′22″ S	140°36′47″ E	Tg. Kelapa
64	02°36′16″ N	141°00′00″ E	Tg. Oinake
65	09°07′40″ S	141°01′10″ E	S. Torasi
66	09°10′53″ S	140°59′07″ E	S. Torasi
67	09°12′13″ S	140°57′27″ E	S. Torasi
68	09°12′00″ S	140°56′08″ E	S. Torasi
69	09°05′42″ S	140°50′58″ E	S. Blatar
70	08°16′11″ S	139°26′11″ E	Kr. Sametinke
71	08°26′09″ S	138°54′23″ E	Ug. Komoran
72	08°26′44″ S	137°39′28″ E	Ug. Salah
73	08°12′49″ S	137°41′24″ E	P. Kolepon
74	07°49′28″ S	137°50′50″ E	S. Korima
75	06°21′31″ S	138°23′59″ E	S. Cook
76	05°58′45″ S	138°03′22″ E	Gosong Triton

179

续表

坐标号	纬度	经度	位置
77	05°23′14″ S	137°43′07″ E	P. Laag
78	04°54′24″ S	136°45′35″ E	Tg. Pahonbatu
79	04°38′41″ S	136°07′14″ E	Amarapya
80	05°35′42″ S	134°49′05″ E	P. Arakula
81	06°00′09″ S	134°54′26″ E	P. Karaweira Br
82	06°19′26″ S	134°54′53″ E	P. Panambulai
83	06°38′50″ S	134°50′12″ E	P. Kultubai Utara
84	06°49′54″ S	134°47′14″ E	P. Kultubai Selatan
85	07°01′08″ S	134°41′26″ E	P. Karang
86	07°01′48″ S	134°40′38″ E	P. Karang
87	07°06′14″ S	134°31′19″ E	P. Enu
88	07°05′23″ S	134°28′18″ E	P. Enu
89	06°57′01″ S	134°11′38″ E	P. Batugoyang
90	06°00′25″ S	132°50′42″ E	Tg. Weduar
91	07°14′26″ S	131°58′49″ E	P. Larat
92	07°39′49″ S	131°43′33″ E	Kr. Sarikilmasa
93	08°03′07″ S	131°18′02″ E	P. Asutubun
94	08°03′57″ S	131°16′55″ E	P. Asutubun
95	08°10′17″ S	131°07′31″ E	P. Selaru Timur
96	08°18′27″ S	130°53′20″ E	P. Selaru Barat
97	08°20′30″ S	130°49′16″ E	P. Batarkusu
98	08°20′41″ S	130°48′47″ E	Fursey
99	08°20′54″ S	130°45′21″ E	Tg. Arousu
100	08°13′29″ S	129°49′32″ E	P. Masela
101	08°21′09″ S	128°30′52″ E	P. Meatimiarang
101A	08°14′20″ S	127°38′34″ E	Tg. Karang, P. Leti
101B	08°14′17″ S	127°38′04″ E	Tg. Kesioh, P. Leti
101C	08°06′07″ S	127°08′52″ E	Tutun Yen, P. Kisar
101D	07°58′31″ S	126°27′59″ E	Tutun Eden, P. Wetar
101E	08°03′44″ S	125°44′06″ E	P. Lirang
101F	08°19′04″ S	125°08′25″ E	Tg. Lisomu, P. Alor
101G	08°21′26″ S	125°03′37″ E	Tg. Seromu, P. Alor

第Ⅱ部分　印度尼西亚海洋法律体系研究

续表

坐标号	纬度	经度	位置
101H	08°23′58″S	124°47′10″E	Tg. Sibera, P. Alor
101I	08°57′26″S	124°56′57″E	MotaBiku, P. Timor
101J	09°27′37″S	125°05′20″E	MotaTalas, P. Timor
102	09°38′09″S	124°59′39″E	Tg. Wetoh
103	09°52′28″S	124°45′00″E	Tg. BatuMerah
104	10°07′14″S	124°28′59″E	Tg. Haikmeo
105	10°10′19″S	124°23′44″E	Tg. Tunfano
106	10°49′47″S	123°13′22″E	Tg. Puleh
107	11°00′36″S	122°52′37″E	P. Dana
108	10°37′37″S	121°50′15″E	Tg. Merebu
109	10°50′00″S	121°16′57″E	P. Dana
110	10°49′54″S	121°16′38″E	P. Dana
111	10°19′02″S	120°27′13″E	Tg. Ngunju
112	10°20′22″S	120°07′02″E	P. Mangudu
113	10°20′08″S	120°05′56″E	P. Mangudu
114	09°41′55″S	119°03′27″E	Tg. Merapu
115	09°33′46″S	118°55′29″E	Tg. Karoso
116	08°53′22″S	118°28′02″E	ToroDoro
117	09°06′15″S	117°03′25″E	Tg. Talonan
118	09°06′37″S	117°00′46″E	Tg. Talonan
119	08°55′20″S	116°00′08″E	P. Sophialouisa
120	08°49′11″S	115°35′13″E	Tg. Sedihing
121	08°51′06″S	115°10′32″E	Tg. Ungasan
122	08°50′56″S	115°06′31″E	Tg. Mebulu
123	08°47′14″S	114°31′33″E	Tg. Bantenan
124	08°30′30″S	113°17′37″E	P. Barung
125	08°24′24″S	111°42′31″E	P. Sekel
126	08°22′17″S	111°30′41″E	P. Panehan
127	08°12′03″S	110°42′31″E	Tg. Batur
127A	08°06′05″S	110°26′20″E	Tg. Ngeres Langu
127B	07°46′39″S	109°25′52″E	Batu Tugur
128	07°47′05″S	109°02′34″E	P. Nusakambangan

续表

坐标号	纬度	经度	位置
129	07°49′17″ S	108°25′57″ E	Tg. Legokjawa
130	07°49′11″ S	108°19′18″ E	P. Manuk
131	07°49′03″ S	108°17′55″ E	Tg. Tawalan
132	07°44′32″ S	107°50′32″ E	Tg. Gedeh
133	07°23′20″ S	106°24′14″ E	Ug. Genteng
134	07°10′00″ S	105°31′25″ S	P. Deli
135	06°51′17″ S	105°15′44″ E	Kr. Pabayang
136	06°50′22″ S	105°14′20″ E	Tg. Guhakolak
137	05°53′45″ S	104°26′26″ E	P. Batukecil
138	05°14′22″ S	103°54′57″ E	Ug. Walor
139	05°30′50″ S	102°21′11″ E	Tg. Kahoabi
140	05°31′13″ S	102°16′00″ E	Tg. Labuho
141	05°30′30″ S	102°14′42″ E	Tg. Labuho
142	05°21′35″ S	102°05′04″ E	Tg. Kooma
143	04°01′12″ S	101°01′49″ E	P. Mega
144	03°17′48″ S	100°19′47″ E	P. Sibarubaru
145	02°50′14″ S	99°59′55″ E	Tg. Betumonga
146	01°51′58″ S	99°04′34″ E	P. Sinyaunyau
147	01°40′43″ S	98°52′35″ E	Tg. Simansih
148	01°13′32″ S	98°36′07″ E	Tg. Sakaladat
149	00°05′33″ S	97°51′14″ E	P. Simuk
150	00°04′05″ S	97°50′07″ E	P. Simuk
151	01°12′47″ N	97°04′48″ E	P. Wunga
152	01°24′19″ N	97°03′38″ E	Tg. Toyolawa
153	02°31′47″ N	95°55′05″ E	P. Simeulucut
154	02°57′51″ N	95°23′34″ E	P. Salaut Besar
155	02°58′57″ N	95°23′06″ E	P. Salaut Besar
156	04°52′33″ N	95°21′46″ E	P. Raya
157	05°16′34″ N	95°12′07″ E	P. Rusa
158	05°47′34″ N	94°58′21″ E	P. Benggala
159	06°04′30″ N	95°06′45″ E	P. Rondo
160	06°04′30″ N	95°07′11″ E	P. Rondo

续表

坐标号	纬度	经度	位置
161	05°53′50″ N	95°20′03″ E	Ug. Le Meule
162	05°30′12″ N	95°53′16″ E	Ug. Pidie
163	05°16′31″ N	96°49′57″ E	Ug. Peusangan
164	05°15′04″ N	97°29′40″ E	Tg. Jamboaye
165	05°13′01″ N	97°32′54″ E	P. Paru Buso
166	04°53′38″ N	97°54′49″ E	Ug. Peureula
167	04°25′36″ N	98°17′15″ E	Ug. Tamiang
168	03°46′38″ N	99°30′03″ E	P. Berhala
169	02°52′10″ N	100°41′05″ E	P. Batu Mandi
170	02°05′42″ N	101°42′30″ E	Tg. Punah
171	01°31′29″ N	102°28′13″ E	Tg. Parit
172	01°06′04″ N	102°58′11″ E	Tg. Kedabu
173	01°11′30″ N	103°21′08″ E	P. Iyu Kecil
174	01°09′59″ N	103°23′20″ E	P. Karimum Kecil
175	01°09′13″ N	103°39′11″ E	P. Nipa
176	01°09′12″ N	103°39′21″ E	P. Nipa
177	01°07′44″ N	103°41′58″ E	P. Pelampong
178	01°07′27″ N	103°46′30″ E	Kr. Helen Mars
179	01°29′26″ N	103°48′50″ E	Kr. Benteng
180	01°11′06″ N	130°52′57″ E	BatuBerhanti
181	01°12′29″ N	104°04′47″ E	P. Nongsa
182	01°12′16″ N	104°23′37″ E	Tg. Sading
183	01°14′35″ N	104°33′22″ E	Tg. Berakit

该规定基于 2002 年《第 38 号政府法规》作出,并被 2008 年《第 37 号政府法规》部分修改。

针对印尼所划定的上述基点,东帝汶提出了反对。东帝汶拒绝承认印尼从 101E 点至 101F 点以及 101H 点至 101I 点的基线。东帝汶认为,第一组基线并未考虑东帝汶阿陶罗岛的领海和印尼里朗岛与阿洛岛的领海中间;而第二组基线因包括了东帝汶飞地欧库西的领海而不符合《海洋法公约》第 47 条第 5 款有关群岛基线制度不得将另一国的领海同公海或专属经

183

济区隔断的限制。[1]

（3）1998年《第61号政府法规》

1998年《第61号政府法规》(Government Regulation No. 61 of 1998 on the List of Geographical Coordinates of the Base Points of the Archipelagic Baselines of Indonesia in the Natuna Sea) 划定了印尼在纳土纳海的群岛基线。不同于直接公布地理坐标的做法，该法案选择用文字描述该基线，并用附录的方式标注基点坐标。该法规第2条规定印尼在纳土纳海的群岛基线建立在以下最外缘岛屿低潮线的最外缘点之上：

（a）从位于民丹岛北侧的丹绒帕拉吉到民丹岛东侧的森图图（Sentut）岛；

（b）从民丹岛东侧的森图图岛到阿南巴斯群岛的托孔马朗比鲁岛；

（c）从阿南巴斯群岛的托孔马朗比鲁岛到阿南巴斯群岛的达马尔岛；

（d）从阿南巴斯群岛的达马尔岛到安南巴斯群岛的芒凯（Mangkai）岛；

（e）从阿南巴斯群岛的芒凯岛到阿南巴斯群岛的都纲那那斯（Tokongnanas）岛；

（f）从阿南巴斯群岛的都纲那那斯岛到阿南巴斯群岛的都纲贝莱亚（Tokongbelayar）岛；

（g）从阿南巴斯群岛的都纲贝莱亚岛到纳土纳（Utara）北方群岛的Tokongboro岛；

（h）从纳土纳群岛的Tokongboro岛到纳土纳北方群岛的塞缪（Semiun）岛；

（i）从位于纳土纳北方群岛的塞缪岛到位于纳土纳北方群岛中劳特岛西侧的塞贝都（Sebetul）岛；

（j）从位于纳土纳北方群岛中劳特岛西侧的塞贝都岛到位于纳土纳北方群岛中劳特岛东侧的塞康图（Sekatung）岛；

（k）塞康图岛北侧的两点；

（l）从位于纳土纳北方群岛中劳特岛西侧的塞康图岛到位于大纳土纳群岛中朋古兰岛西侧的塞那阿（Senua）岛；

（m）从位于大纳土纳群岛中朋古兰岛西侧的塞那阿（Senua）岛到位于纳土纳塞拉坦群岛的大苏比（Subi Besar）岛；

---

[1] Division for Ocean Affairs and The Law of The Sea, "The List of Geographical Coordinates of Points of The Indonesian Archipelagic Baselines Based on The Government Regulation of The Republic of Indonesia Number 38 of 2002 as Amended by The Government Regulation of The Republic of Indonesia Number 37 of 2008", http：//www.un.org/depts/los/LEGISLATIONANDTREATIES/PDFFILES/DEPOSIT/idn_ mzn67_ 2009.pdf, Dec. 30, 2018.

（n）从位于纳土纳塞拉坦群岛的大苏比岛到位于纳土纳塞拉坦群岛的可帕拉（Kepala）岛；

（o）从位于纳土纳塞拉坦群岛的可帕拉岛到西加里曼丹的丹绒达都。

在附件中，印尼政府明确上述基线的地理坐标见第Ⅱ部分 表2：

第Ⅱ部分 表2 印尼在纳土纳海群岛基线

坐标点	纬度（北）	经度（东）
1	01°14′15″	104°34′20″
2	01°02′53″	104°49′49″
3	02°17′59″	105°35′43″
4	02°44′30″	105°22′45″
5	03°05′45″	105°34′55″
6	03°19′44″	105°56′50″
7	03°27′05″	106°16′09″
8	04°04′00″	107°26′11″
9	04°31′30″	107°43′40″
10	04°42′27″	107°54′35″
11	04°47′45″	108°02′17″
12	04°47′40″	108°00′48″
13	04°00′50″	108°25′20″
14	03°01′30″	108°55′20″
15	02°38′40″	109°10′01″

针对上述基点，《解释》进一步明确，鉴于准确及永久标明覆盖整个印尼海岸线的群岛基线基点以及重新定位由于自然原因而改变的基点坐标的难度较大，出于法律精确性的考量，在该领域内基点的确定可基于实地勘测的结果作出。[1]

---

[1] Division for Ocean Affairs and The Law of The Sea, "Government Regulation No. 61 of 1998 on the List of Geographical Coordinates of the Base Points of the Archipelagic Baselines of Indonesia in the Natuna Sea", http://www.un.org/Depts/los/LEGISLATIONANDTREATIES/PDFFILES/IDN_1998_Regulation61.pdf, Dec. 30, 2018.

3. 领海相关立法

《关于印尼领水的 1996 年 6 号法案》（Act No. 6 of 8 August 1996 Regarding Indonesian Waters）分为"序言""印尼领水""外国船舶通过权""印尼水域环境的利用、管理、保护及永久维护""印尼水域主权和法律的维护""临时条款""最后条款"等七个部分，重申了印尼的群岛国地位及群岛直基线的适用，并明确了通过权的限制。

该法案第 2 条规定，印尼共和国国家为群岛国。所有环绕、介于及连接各岛屿或部分岛屿的水域，包括印尼共和国国家的大陆，无论其面积大小，应构成印尼共和国大陆领土的完整部分，因此应构成印尼共和国国家主权管辖之下印尼水域的一部分。[1]

有关印尼领水，该法案第 3 条规定，印尼领水应包含印尼领海、群岛海域和内陆海域。印尼领海应为印尼群岛基线量起 12 海里宽度的海道；印尼群岛水域应为位于群岛直基线内侧的所有水域，而不论其深度或距海岸远近；印尼内陆海域应为印尼海岸的低潮线向陆地一侧的所有水域，包括位于在河口、江口、海湾、附属海域和港口划定的封闭线向陆地一侧各种深度的海域。

有关领海基线的划定，该法案第 5 条规定，印尼群岛基线应依群岛直基线划定。在未能使用前述群岛直基线时，应使用一般基线，即沿着海岸的低潮线或直基线，亦即连接最外缘基点至最突出海岸线随海岸弯曲或沿着海岸的一系列岛屿的直线划定。群岛直基线应为连接最外缘基点至最外缘岛屿的低潮线和印尼群岛的干礁的直线。群岛直基线长度应不超过 100 海里，但围绕群岛的基线总数中至多 3% 可超过该长度，最长以 125 海里为限。群岛直基线不得从低潮高地划起或作为终点，除非在其上建有灯塔或永久位于海平面上的类似的建筑物，或假如该低潮高地完全地或局部地位于不超过距离最近的岛屿的领海宽度的地点。

对于与相邻或相向国家间的划界，该法案第 10 条规定，在印尼海岸与邻国相向或相邻之处，除非有相反的协议，印尼与前述国家的领海边界线应为中间线，该中间线的基点应距离测算各自国家的领海宽度的基线的最近基点相等。如有历史上合法的理由或任何其他为设立两国领海疆界所需

---

[1] Division for Ocean Affairs and The Law of The Sea, "Act No. 6 of 8 August 1996 regarding Indonesian Waters", http：//www. un. org/Depts/los/LEGISLATIONANDTREATIES/PDFFILES/IDN_1996_ Act. pdf, Feb. 26, 2019.

而与前述规定有所不同的特殊条件,则该规定无效。

4. 专属经济区相关立法

(1)《印尼共和国政府关于印尼专属经济区之声明》

印尼共和国政府于1980年3月21日作出此声明。根据该声明,印尼专属经济区是指依据1960年第4号关于印尼海域法所公布的印尼领海之外的区域,其宽度为测算印尼领海宽度之基线起算200海里。

印尼主张在该区域内其享有及行使下述权利:(a)勘探、开发、管理与保存专属经济区海床、底土及上覆水域的生物和非生物资源,以及进行对该水域的经济性勘探与开发活动(包括以海水、海流及风力产生能源等)的主权权利;(b)有关下列事项的管辖权:人工岛屿、设施及结构的建造及使用,海洋科学研究,海洋环境的保护与保全,以及基于国际法的其他权利。此条款所提及的印尼关于海床及底土的主权权利,应继续依据印尼有关印尼水域和印尼大陆架之法律和条例、国际协议和国际法规约来行使。

在印尼专属经济区航行和上空飞越、铺设海底电线和电缆的自由,应根据新国际海洋法原则继续得到承认。印尼专属经济区的边界线与邻接或相向国家有划界问题时,印尼政府准备在适当时间与有关国家进行谈判,以达成协议。[1]

(2)《印尼共和国专属经济区法》

该法令颁布于1983年10月18日,共包含总则、印尼专属经济区、主权权利、其他权利、管辖权及义务、印尼专属经济区之活动、补偿、法的执行、刑法规定、暂定规定及附则,共21个条文。

根据该法令,印尼专属经济区为现行印尼水域有关法律所定印尼领海外侧之水域,为自印尼领海基线量起200海里为止所包含的海床、底土及上覆水域。印尼专属经济区在与海岸相向或相邻的他国专属经济区重叠时,由印尼共和国与该国以协议划定印尼与该国间专属经济区的界线。若无法达成前述协议,且不存在需要特别考虑的情势时,印尼与相关国家间的专属经济区界线为印尼领海基线或印尼外侧基点与该国的领海基线或外侧基点间的中间线或等距离线,但与该关系国间订立有关于印尼专属经济区界限的暂定协定者不在此限。

该法令重新确认了在上述专属经济区声明中所主张的各项权利、义务

---

[1] C. Cook, "Filling the Gap-Delimiting the Australia-Indonesia Maritime Boundary", *Australian Year Book of International Law* 4, 1983, pp. 311-315.

与管辖权。对于在专属经济区之内的活动,该法令规定在无相反国际协议及法规的前提下,于印尼专属经济区内勘探或开发天然资源,抑或从事经济性勘探或开发活动（包括以海水、海流及风力产生能源等）者,必须基于印尼共和国政府许可或印尼共和国签署的国际协定,并依该许可条件或国际协定进行。在不妨碍前款规定适用的前提下,对于生物自然资源的勘探或开发必须依印尼共和国政府所订有关管理及保存的规定进行。如无相反协议,外国自然人、法人或外国政府在印尼专属经济区一定区域内从事生物资源的勘探及开发,仅于提升印尼共和国政府对可捕鱼种的捕获能力的情况下获准。在印尼专属经济区内建造或使用人工岛屿、设施或结构者,须获印尼共和国政府的许可,且依该许可所订条件为之。在印尼专属经济区从事科学研究活动者,须事前取得印尼共和国的同意,并依印尼共和国所订条件为之。在印尼专属经济区内从事活动者,负有采取措施以防止、限制、控制及克服环境污染的义务;在印尼专属经济区内投弃废弃物,须获印尼共和国政府许可方可为之。[1]

(二) 港口、船舶与航运相关的立法

1. 《外国船舶在印度尼西亚水域的无害通过 (1962 年 36 号政府法规)》

《外国船舶在印度尼西亚水域的无害通过 (1962 年 36 号政府法规)》(Regulation No. 36, Foreign Ships Innocent Passage in the Indonesia Waters, 1962) 确认了所有船只享有的可中止的无害通过权,并制定了一系列与后来通过的 1982 年《联合国海洋法公约》中无害通过权有关要求相一致的规定,包括潜水艇需要在水面上航行等。出于无害通过的目的,外国船只被鼓励使用在航运界流通的领航员日志中所包含的航线。但值得注意的是,该法令第 7 条要求外国军舰和非商业政府船只的无害通过权以事先通知为前提。[2]

2. 《关于印尼领水的 1996 年 6 号法案》及《关于印尼领水的 1996 年 6 号法案之解释说明》

除前述有关领海区域划定的条款外,《关于印尼领水的 1996 年 6 号法

---

[1] Division for Ocean Affairs and The Law of The Sea, "Act No. 5 of 1983 on the Indonesian Exclusive Economic Zone (18 October 1983)", http://www.un.org/depts/los/LEGISLATIONANDTREATIES/PDF-FILES/IDN_ 1983_ Act.pdf, Feb. 26, 2019.

[2] "No. 36, 1962-Foreign Ships- Innocent Passage in the Indonesian Waters", http://extwprlegs1.fao.org/docs/pdf/ins1647.pdf, Feb. 26, 2019.

案》中存有较大争议的另一内容是其对外国船舶在群岛海域航行的限制。此类限制遭到了包括美国在内的一些海洋强国的反对，对此美国通过其持续的"航行自由"军事行动（Freedom of Navigation，Operational Assertion）表示抗议。[1]

具体而言，该法案将外国船舶通过权分为和平通过权、群岛海道通过权和穿越通过权。

对于和平通过权，该法案规定，所有国家的船舶，无论为沿海国或非沿海国皆应享有和平通过印尼领海和印尼群岛水域的权利。若外国船舶通过时不干扰印尼的和平、秩序或安全，则通过应视为和平通过，且该项通过应依据海洋法相关公约和任何其他国际法来执行。外国船舶通过印尼水域或群岛水域时，从事海洋法相关公约或任何其他国际法禁止的活动，应被视为危及印尼的和平、秩序或安全。印尼政府为保证其安全，包括在军队训练时，得紧急宣布中止所有外国船舶在领水或群岛水域的特定地区和平通过。该中止应在根据有效规定公布航行警告通知后生效。如有需要，在航行安全的考量下，印尼政府应在领水及群岛水域设立海道和分航道计划。在领水及群岛水域行使和平通过权，潜水艇及其他潜航船只应在海面上航行并显示其国旗。外国核动力船舶及携带核子或其他物质的船舶，由于其危险或有毒的性质，如行使其和平通过权，应携带文件并遵守根据国际协议所设立的特殊防止措施。进一步规范有关外国商船、军舰及政府船舶为商业目的及非商业目的在印尼领水行使其和平通过权的权利与义务，应由政府相关法规规定。

对于群岛海道通过权，该法案规定，通过特别设立的群岛海道，应根据《联合国海洋法公约》的规定行使航行和飞越权，在正常情况下仅能不间断地、直接地、尽快地及无阻碍地穿越。所有外国船舶和航空器，无论是沿海国或非沿海国的，应享有穿越介于公海的一部分或印尼专属经济区与公海的一部分或其他印尼专属经济区之间的群岛水域的群岛海道通过权。进一步规范上述群岛海道通过权行使的权利义务，由政府相关法规规定。印尼政府应划定海道，包括在该海道上的飞越路线，以便外国船舶和航空器行使群岛海道通过权，使船舶安全地通过航道。该海道和飞越路

---

[1] US Department of Defense，"Annual Freedom of Navigation Report（Fiscal Year 2017）"，https：// policy. defense. gov/Portals/11/FY17% 20DOD% 20FON% 20Report. pdf？ ver = 2018-01-19-1634 18-053，Nov. 5，2018.

线，应从路线的进口处经过最近的群岛水域和领海到出口处设立一连串相连接的轴心线。如有需要，经正式宣布，以前所设立的海道和分航道计划得由其他海道和分航道计划取代。外国船舶通过群岛海道应遵守既定的海道和分航道计划。

对于穿越通过权，该法案规定，所有外国船舶和航空器应基于不间断的、直接的、尽快的目的，自由航行和飞越介于公海的一部分或印尼专属经济区与公海的一部分或其他印尼专属经济区之间海峡中的印尼领海。如有需要，在遵守航行安全的情况下，印尼政府得设立海道和分航道计划，作为穿越通过之用。

为了进一步保障该法案的施行，印尼政府颁布了对其的相关解释。在该解释中，针对和平通过权，将"海洋法公约禁止的活动"定义为：任何对主权或领土完整或群岛国家的政治自由进行任何威胁或强制，或以任何方式违反《联合国宪章》所包含的国际法律原理；行使或使用任何武力；任何企图收集危害群岛国家国防和安全的咨讯的活动；任何目的在于影响群岛国家国防和安全的宣传行为；起飞、着陆或接受任何航空器；起飞、着陆或接受任何军事工具和设备；装载或卸下任何商品、通货或个人而违反群岛国家海关、财政、移民或卫生的法律和条例；任何违反海洋法公约的故意和严重污染；任何捕鱼活动；研究和调查；任何意图干扰群岛国家的通信系统或其他设施；任何间接与通行有关的其他活动。对于保障和平通过权行使而设立海道和分航道计划，该解释明确，为监视外国船只在印尼水域行使其和平通过权及保证安全航行，印尼政府有权采取此措施，特别要求油轮、核动力船只及携带危险或有毒容器（包括放射性废弃物）的船只必须经由指定的海道和平通过。该和平通过海道亦能适用于保护性捕鱼，包括海中养殖和环境维护。

针对群岛海道通行的分航道制度，该解释明确，为保障印尼在水域和空域的主权和安全，印尼政府应为外国船舶划定群岛海道，为外国航空器划定飞行线路的空域。海道和飞行路线的决定，目的是维持直接和持续的通过，以及缩短距离。除此之外，为了保障航行安全，印尼政府亦应在经常有意外发生的海道中设立分航道线路。与和平通过的海道不同，群岛海道和飞行线路不代表实质上现行的海道或航道走廊，而仅指正在使用中的线路通道。海道路线根据可使用的群岛海道宽度，通过设定若干轴心点来决定。除非获得印尼政府的同意，外国船舶和航空器航行或飞行超过原设定的群岛海道，将不被视为履行其海道通过权。若船舶仍然在和平通过的海道外航行，将被认为是违反规定。

该解释进一步明确通过马六甲海峡和新加坡海峡的穿越通过权的行驶应当迅速穿越或通过海峡；避免对主权、领土完整或印尼的政治自由产生威胁或强制，或以任何方法违反《联合国宪章》所包含的国际法原则；除了经常地、直接地及尽可能迅速地正常穿越外，避免任何其他活动，但为不可抗力或航行纷争所需者除外。此外，在航行过程中，应遵守有关海上航行安全，避免、减少和控制来自船上的污染，国际民航组织飞行安全规则，监听指定的无线电频率的国际规定。[1]

3.《2002年第37号有关外国船舶与航空器通过指定群岛海道行使群岛海道通行权的政府法规》

在《2002年第37号有关外国船舶与航空器通过指定群岛海道通过权的政府法规》(Regulation No. 37 of 2002 Concerning the Rights and Obligations of Foreign Ships and Aircraft Exercising the Right of Archipelagic Sea Lanes Passage through Designated Archipelagic Sea Lanes, 28 June 2002)中，印尼政府共指定了由南至北的三组群岛海道。[2]

（1）第一组群岛海道

第一组海道连接南中国海与印度洋，途经纳土纳海、卡里马塔海峡、爪哇海和巽他海峡，其坐标见第Ⅱ部分 表3：

第Ⅱ部分 表3 第一组群岛海道坐标

坐标点	纬度	经度
I-1	03°35′00″N	108°51′00″E
I-2	03°00′00″N	108°10′00″E
I-3	00°50′00″N	106°16′20″E
I-4	00°12′20″S	106°44′00″E
I-5	02°01′00″S	108°27′00″E
I-6	02°16′00″S	109°19′30″E
I-7	02°45′00″S	109°33′00″E

---

[1] Division for Ocean Affairs and The Law of The Sea, "Act No. 6 of 8 August 1996 regarding Indonesian Waters", http://www.un.org/Depts/los/LEGISLATIONANDTREATIES/PDFFILES/IDN_1996_Act.pdf, Feb. 26, 2019.

[2] 三组群岛海道示意图参见 IMO Circular SN/Circ. 200/Add. 1 of 3 July 2003, Annexes, p. 9, https://transportstyrelsen.se/globalassets/global/sjofart/dokument/sjotrafik_dok/imo_sn_cirkular.pdf.

续表

坐标点	纬度	经度
I-8	03°46′45″S	109°33′00″E
I-9	05°12′30″S	106°54′30″E
I-10	05°17′15″S	106°44′30″E
I-11	05°17′15″S	106°27′30″E
I-12	05°15′00″S	106°12′30″E
I-13	05°57′15″S	105°46′20″E
I-14	06°18′30″S	105°33′15″E
I-15	06°24′45″S	104°41′25″E

除上述主航道外，往来新加坡海峡与印度洋，途经纳土纳海、爪哇海和巽他海峡或者是途经纳土纳海往来南中国海，还存在连接第Ⅱ部分 表4 下两点的分支航道：

第Ⅱ部分 表4 第一组群岛海道分支航道坐标

坐标点	纬度	经度
IA-1	01°52′00″N	104°55′00″E
I-3	00°50′00″N	106°16′20″E

以上地理坐标，I-1 至 I-3 为南中国海与纳土纳海间的轴线；I-3 至 I-5 为纳土纳海与卡里马塔海峡间的轴线；I-5 至 I-7 为通过卡里马塔海峡的轴线；I7-I12 为经过西爪哇海的轴线；I12-I15 为巽他海峡与印度洋之间的轴线；IA-1 与 I-3 为新加坡海峡与纳土纳海间的轴线。[1]

（2）第二组群岛海道

第二组海道连接苏拉威西海与印度洋，途经望加锡海峡、佛洛瑞斯海与龙目海峡，其坐标第Ⅱ部分 表5：

第Ⅱ部分 表5 第二组群岛海道坐标

坐标点	纬度	经度
II-1	00°57′00″N	119°33′00″E
II-2	00°00′00″	119°00′00″E
II-3	02°40′00″S	118°17′00″E

---

[1] 相关连线走向示意图参见 IMO Circular SN/Circ. 200/Add. 1 of 3 July 2003, Annexes, p. 10, https：//transportstyrelsen. se/globalassets/global/sjofart/dokument/sjotrafik_ dok/imo_ sn_ cirkular. pdf。

续表

坐标点	纬度	经度
II-4	03°45′00″S	118°17′00″E
II-5	05°28′00″S	117°05′00″E
II-6	07°00′00″S	116°50′00″E
II-7	08°00′00″S	116°00′00″E
II-8	09°01′00″S	115°36′00″E

以上地理坐标，II-1 至 II-2 为苏拉威西海与望加锡海峡间的轴线；II-2 至 II-5 为加里曼丹岛与苏拉威西岛间的轴线；II-5 至 II-7 为经过佛洛瑞斯海的轴线；II-7 至 II-8 为龙目海峡与印度洋间的轴线。[1]

（3）第三组群岛海道

第三组海道由五条分支航道组成。其中，分支航道一连接太平洋与印度洋，途经马鲁古海、斯兰海、班达海、翁拜海峡、萨武海至萨武岛西侧，其坐标第Ⅱ部分 表6：

第Ⅱ部分 表6 第三组群岛海道分支航道一坐标

坐标点	纬度	经度
IIIA-1	03°27′00″N	127°40′30″E
IIIA-2	01°40′00″N	126°57′30″E
IIIA-3	01°12′00″N	126°54′00″E
IIIA-4	00°09′00″N	126°20′00″E
IIIA-5	01°53′00″S	127°02′00″E
IIIA-6	02°37′00″S	126°30′00″E
IIIA-7	02°53′00″S	125°30′00″E
IIIA-8	03°20′00″S	125°30′00″E
IIIA-9	08°25′00″S	125°20′00″E
IIIA-10	09°03′00″S	123°34′00″E
IIIA-11	09°23′00″S	122°55′00″E
IIIA-12	10°12′00″S	121°18′00″E
IIIA-13	10°44′30″S	120°45′45″E

---

[1] 相关连线走向示意图参见 IMO Circular SN/Circ. 200/Add. 1 of 3 July 2003，Annexes，p. 11，https：//transportstyrelsen. se/globalassets/global/sjofart/dokument/sjotrafik_ dok/imo_ sn_ cirkular. pdf。

以上地理坐标，IIIA-1 至 IIIA-5 为太平洋与马鲁古海间的轴线；IIIA-5 至 IIIA-7 为穿过斯兰海的轴线；IIIA-7 至 IIIA-9 为班达海至翁拜海峡间的轴线；IIIA-9 至 IIIA-13 为经过翁拜海峡与松巴岛—萨武岛间的萨武海到达印度洋的轴线。[1]

分支航道二连接太平洋与帝汶海，途经马鲁古海、斯兰海、班达海及勒蒂（Leti）海峡，其坐标见第Ⅱ部分 表7：

第Ⅱ部分 表7　第三组群岛海道分支航道二坐标

坐标点	纬度	经度
IIIA-8	03°20′00″S	125°30′00″E
IIIB-1	04°00′00″S	125°40′00″E
IIIB-2	08°31′00″S	127°33′00″E

以上地理坐标；IIIA-8 至 IIIB-2 为经过班达海与勒蒂海峡到达帝汶海的轴线。

分支航道三连接太平洋与阿拉弗拉海，途经马鲁古海、斯兰海与班达海，其坐标见第Ⅱ部分 表8：

第Ⅱ部分 表8　第三组群岛海道分支航道三坐标

坐标点	纬度	经度
IIIA-8	03°20′00″S	125°30′00″E
IIIB-1	04°00′00″S	125°40′00″E
IIIC-1	06°10′00″S	131°45′00″E
IIIC-2	06°44′00″S	132°35′00″E

以上地理坐标 IIIB-1 至 IIIC-2 为途经班达海和勒蒂海峡到达帝汶海的轴线。

分支航道四连接太平洋与印度洋，途经马鲁古海、斯兰海、班达海、翁拜海峡、萨武岛东侧的萨武海至印度洋，其坐标见第Ⅱ部分 表9：

---

[1] Division for Ocean Affairs and The Law of The Sea, "Indonesia Goverment Regulation No. 37 on the Rights and Obligation of Foreign Ships and Aircraft Exercising the Right of Archipelagic Sea Lane Passage through Designated Archipelagic Sea Lanes, 28 June 2002", *Law of the Sea Bulletin* No. 52 New York, United Nations, 2003, pp. 20-40.

第Ⅱ部分 表9　第三组群岛海道分支航道四坐标

坐标点	纬度	经度
ⅢA-11	09°23′00″S	122°55′00″E
ⅢD-1	10°58′00″S	122°11′00″E

以上地理坐标ⅢA-11至ⅢD-1为萨武海、萨武岛与罗地岛间的印度洋的轴线。

分支航道五连接苏拉威西海与印度洋，途经马鲁古海、斯兰海、班达海、翁拜海峡、萨武海至萨武岛东侧或西侧，或途经马鲁古海、斯兰海、班达海、勒蒂海峡、帝汶海或斯兰海、班达海至阿拉弗拉海到达印度洋，其坐标见第Ⅱ部分 表10：

第Ⅱ部分 表10　第三组群岛海道分支航道五坐标

坐标点	纬度	经度
ⅢE-2	04°32′12″N	125°10′24″E
ⅢE-1	04°12′06″N	126°01′00″E
ⅢA-2	01°40′00″N	126°57′30″E

以上地理坐标，ⅢE-2至ⅢA-2为苏拉威西海与马鲁古海间的轴线。[1]

（4）群岛海道通过权

除指定分航道外，该法规明确承认外国船舶与航空器的群岛海道通过权，但对其行使作出了限制，即：未经允许，不得使用勘探设备或样本搜集的方式进行海洋调查与水道测量；不得进行捕鱼活动；在非不可抗力或紧急避险的情况下，不得违反有关海关、移民、财政与健康的法律法规，进行人员、货物、通货的装卸；须遵守广为接受的涉及船舶安全包括避免船舶碰撞的国际规章、程序与实践，不得干扰或破坏导航设备或海底电缆、管道；在为航行安全而实施分航道的航线，须遵守该分航道的规定；行至安装有生物与非生物资源开采设备的区域时，不得过于靠近进行区域，即上述开采设备500米之内。同时，在行使群岛海道通行权的过程中，外国船舶不得排放油、油废物或其他有毒物质，不得进行任何违反国际预防、减少及控制源自船舶的海洋污染的规章与标准的活动，亦不得在印尼

---

[1] 第三组海道中的五条分支航道示意图参见 IMO Circular SN/Circ. 200/Add.1 of 3 July 2003, Annexes, p.12, https://transportstyrelsen.se/globalassets/global/sjofart/dokument/sjotrafik_dok/imo_sn_cirkular.pdf.

水域倾倒废物。外国核动力船与携带核物质或其他危险或有毒物质的船只在行使群岛海道通行权时,必须携带文件并遵守国际条约所规定的特定预防措施。

印尼上述有关分航道的规定,可能与1982年《联合国海洋法公约》存在潜在冲突。《联合法海洋法公约》第53条规定,群岛国可指定适当的海道和其上的空中通道,以便外国船舶和飞机继续不停和迅速通过或飞越其群岛水域或邻接的领海。这种海道和空中通道应穿过群岛水域和邻接的领海,并应包括用作通过群岛水域或其上空的国际航行或飞越的航道的所有正常通道,并且在这种航道内,就船舶而言,包括所有正常航行水道,但无须在相同的进出点之间另设同样方便的其他航道。如果群岛国没有指定海道或空中航道,可通过正常用于国际航行的航道行使群岛海道通过权。包括美国在内的海洋强国认为,印尼所指定的三条航线并未穷尽通常用于国际航行的所有线路,因此仅为部分指定,不影响外国船舶使用其他航道,尤其是东西向航道的权利。

(三) 石油相关立法

鉴于石油与天然气对印尼重要的经济与战略意义,加之早期法律的滞后性已无法满足新的社会需求,印尼政府于2001年颁布了《印尼2001年石油与天然气法》(Law No. 22/2001 Dated November 23, 2001 Petroleum and Natural Gas,以下简称《石油与天然气法》),并于2004年颁布了进一步执行该法的《有关上游石油和天然气商业活动的2004年第35号政府规章》(Government Regulation No. 35 of 2004 regarding Upstream Oil and Natrual Gas Business Activities,以下简称"GR35"),及《有关下游石油天然气活动的2004年36号政府规章》(Government Regulation No. 36 of 2004 regarding Downstream Oil and Natural Gas Business Activities,以下简称"GR36")。

其中,GR35共十四章105条,分别对"工作区域""油气数据勘测""上游产业活动实施""油气资源的国内利用""对开发地区的安置""行业安全与健康、环境管理与社会发展""国内产品、服务、技术及工程管理与设计能力的利用""对上游产业活动的指导与监管"等油气勘探和开发所涉活动作出规定;GR36共十九章100条,分别从"下游产业活动的运行""商业执照""加工""运输""存储""贸易""战略石油储备""标准与品质""特定种类石油燃料的获取与分销""发展与监管"等方面对油气下游产业所涉活动作出规定。该两法均于2009年通过第55号

（Government Regulation No. 30 of 2009）及30号政府规章（Government Regulation No. 30 of 2009）得以修订。[1]

除上述政府规章之外，印尼也通过总统令对油气勘探、开发、利用等相关监管环节作出调整。2012年，作为对宪法法院相关判决的回应，印尼总统颁布2012年第95号总统令，要求在政府修订油气相关法律或发布新的行政法规时，将上游产业相关责任临时转移给能源与矿产权部（Ministry of Energy and Mineral Rights）。2016年，印尼总统颁布《加快实施国家战略项目的2016年第3号总统令》（Presidential Regulation No. 3 of 2016 regarding the Acceleration of the Implementation of National Strategic Projects），以引导相关油气项目加快实施，并加强相关政府部门在相关目标上的合作。该法令通过2018年的第56号总统令得到了修订。

---

[1] Government Regulation No. 35 of 2004 regarding Upstream Oil and Natrual Gas Business Activities, amended by Goverment Regulation No. 55 of 2009, https://www.pwc.com/id/en/energy-utilities-mining/assets/gr35-2004.pdf, Feb. 20, 2019; Government Regulation No. 36 of 2004 regarding Downstream Oil and Natural Gas Business Activities, as amended by Government Regulation No. 30 of 2009, https://www.pwc.com/id/en/energy-utilities-mining/assets/gr36-2004.pdf, Feb. 20, 2019.

四、缔结和加入的国际海洋法条约

(一) 联合国海洋法公约及其相关条约

印尼于1982年12月10日签署《联合国海洋法公约》,并于1986年2月3日批准,且未对其作出任何声明或保留。1994年7月29日,印尼签署了《关于执行1982年12月10日〈联合国海洋法公约〉第十一部分的协定》,并于2000年6月2日批准生效。[1] 1995年12月4日,印尼签署了《执行1982年12月10日〈联合国海洋法公约〉有关养护和管理跨界鱼类种群和高度洄游鱼类种群的规定的协定》,并于2009年9月28日批准。[2]

对于"日内瓦海洋法公约"体系下的四公约,印尼于1958年5月8日签署了《公海公约》(Convention on the High Seas)、《公海捕鱼及养护生物资源公约》(Convention on Fishing and Conservation of the Living Resources of the High Seas)、《大陆架公约》(Convention on the Continental Shelf)与《关于强制争端解决的任择议定书》(Optional Protocol of Signature Concerning the Compulsory Settlement of Disputes)。其中,仅《公海公约》在1961年8月10日获得印尼批准。值得注意的是,印尼对该公约作出了保留,强调了其适用群岛直线基线(straightlines)的立场。[3]

1998年8月26日,印尼签署了《国际海底管理局特权和豁免议定书》(Protocol on the Privileges and Immunities of the International Seabed Authority),但未批准。[4] 印尼也未加入1997年的《关于国际海洋法法庭特权和

---

[1] UN Treaty Collection, "Agreement relating to the Implementation of Part XI of the United Nations Convention on the Law of the Sea of 10 December 1982", https://treaties.un.org/Pages/ViewDetails.aspx?src=TREATY&mtdsg_no=XXI-6-a&chapter=21&clang=_en, Dec. 28, 2018.

[2] UN Treaty Collection, "Agreement for the Implementation of the Provisions of the United Nations Convention on the Law of the Sea of 10 December 1982 relating to the Conservation and Management of Straddling Fish Stocks and Highly Migratory Fish Stocks", https://treaties.un.org/Pages/ViewDetails.aspx?src=TREATY&mtdsg_no=XXI-7&chapter=21&clang=_en, Dec. 28, 2018.

[3] UN Treaty Collection, "Convention on the High Seas-Declarations and Reservations-Indonesia", https://treaties.un.org/Pages/ViewDetails.aspx?src=TREATY&mtdsg_no=XXI-2&chapter=21&clang=_en#EndDec, Dce. 28, 2018.

[4] UN Treaty Collection, "Protocol on the Privileges and Immunities of the International Seabed Authority", https://treaties.un.org/Pages/ViewDetails.aspx?src=TREATY&mtdsg_no=XXI-9&chapter=21&clang=_en, Dec. 28, 2018.

豁免的协定》(Agreement on the Privileges and Immunities of the International Tribunal for the Law of the Sea)。[1]

(二) 缔结与加入的其他海洋海事条约

印尼缔结与加入的其他有关海洋海事的多边条约涉及海洋资源利用与开发、航运及海上救助、海洋环境保护等多个方面。

1. 海洋资源利用与开发相关条约

第一,《建立亚太渔业理事会协定》(Agreement for the Establishment of the Asia-Pacific Fishery Commission)。该协定于 1948 年 11 月 9 日生效,印尼于 1950 年 3 月 23 日批准加入该协定。[2] 第二,《东盟自然及自然资源保护协定》(ASEAN Agreement on the Conservation of Nature and Natural Resources)。印尼于 1985 年 7 月 9 日签署该协定,并于 1986 年 7 月 10 日批准通过。该协定于 1997 年 8 月 2 日生效。[3] 第三,《中西太平洋高度洄游鱼群养护与管理公约》(Convention on the Conservation and Management of Highly Migratory Fish Stocks in the Western and Central Pacific Ocean)。印尼于 2001 年 8 月 31 日签署、2013 年 10 月 30 日批准该公约。该公约自 2013 年 11 月 29 日起对其生效。[4] 第四,《养护南方金枪鱼公约》(Convention for the Conservation of Southern Bluefin Tuna)。印尼于 2008 年 4 月 8 日批准加入该公约,该公约自 2008 年 4 月 8 日起对其生效。[5] 第五,《预防、制止和消除非法、未报告和无管制捕捞的港口国措施协定》(Agreement on Port State Measures to Prevent, Deter and Eliminate Illegal, Unreported and Unregulated Fishing)。印尼于 2009 年 11 月 22 日签署、2016 年 6 月 23 日批

---

[1] UN Treaty Collection, "Agreement on the Privileges and Immunities of the International Tribunal for the Law of the Sea", https://treaties.un.org/Pages/ViewDetails.aspx?src=TREATY&mtdsg_no=XXI-8&chapter=21&clang=_en, Dec. 28, 2018.

[2] FAO, "Agreement for the Establishiment of The Asia-Pacific Fishery Commission", http://www.fao.org/fileadmin/user_upload/legal/docs/001s-e.pdf, Dec. 28, 2018.

[3] ASEAN, "Agreement on the Conservation of Nature and Natural Resources", https://environment.asean.org/agreement-on-the-conservation-of-nature-and-natural-resources/, Dec. 28, 2018.

[4] "Convention on the Conservation and Management of Highly Migratory Fish Stocks in The Western and Central Pacific Ocean", http://www2.ecolex.org/server2neu.php/libcat/docs/TRE/Full/En/TRE-001400.pdf, Dec. 28, 2018.

[5] UN Treaty Collection, "Convention for the Conservation of Southern Buefin Tuna", https://treaties.un.org/doc/Publication/UNTS/Volume%201819/volume-1819-I-31155-English.pdf, Dec. 28, 2018.

准该协定，该协定自2016年7月23日起对其生效。[1]

2. 航运及海上救助相关条约

第一，1960年《国际海上人命安全公约》。该公约于1967年1月26日起对印尼生效，后印尼于1980年5月25日退出该公约。第二，1972年《国际海上避碰规则公约》。印尼于1973年5月30日批准加入该公约，该公约自1977年7月15日起对其生效。第三，1974年《国际海上人命安全公约》。该公约制定于1974年11月1日，于1980年5月25日生效。印尼于1976年6月16日批准加入该公约，该公约自1980年5月25日起对其生效。第四，《关于1974年〈国际海上人命安全公约〉之1978年议定书》（Protocol of 1978 relating to the International Convention for the Safety of Life at Sea, 1974）。印尼于1988年8月23日批准加入该议定书，该议定书自1988年11月23日起对其生效。第五，《2004年国际船舶压载水和沉积物控制和管理公约》（International Convention for the Control and Management of Ships Ballast Water and Sediments, 2004）。印尼于2015年11月24日批准签署该公约，该公约自2017年9月8日起对其生效。

3. 海洋环境保护相关条约

第一，《核动力船舶经营人责任公约》（Convention on the Liability of Operators of Nuclear Ships）。该公约于1962年5月25日开放签署，但暂未生效。印尼于1962年5月25日签署该公约。第二，《国际油污损害民事责任公约》（International Convention on Civil Liability for Oil Pollution Damage）。印尼于1969年11月29日加入，1978年9月1日批准该公约。该公约自1978年11月30日起对其生效。第三，1973年《防止船舶污染国际公约（附件三：防止来自海上包装运输有害物质的污染）》（International Convention for the Prevention of Pollution from Ships, 1973—Annex Ⅲ: Prevention of Pollution by Harmful Substances Carried by Sea in Packaged Form）。印尼于2012年6月27日批准加入该附件，该附件自2012年9月27日起对其生效。第四，1973年《防止船舶污染国际公约（附件四：污水）》（International Convention for the Prevention of Pollution from Ships—Annex Ⅳ: Sewage）。该公约制定于1978年2月17日，生效于2003年9月27日。印尼

---

[1] "Agrement on Port State Measures to Prevent, Deter and Eliminate Illegal, Unreported and Unregulated Fishing", http://www2.ecolex.org/server2neu.php/libcat/docs/TRE/Full/En/TRE-154601.pdf, Dec. 28, 2018.

于 2012 年 6 月 27 日批准加入该公约，该公约自 2012 年 9 月 27 日起对其生效。第五，1973 年《防止船舶污染国际公约（附件五：生活垃圾）》（International Convention for the Prevention of Pollution from Ships—Annex V: Garbage）。该附件制定于 1973 年 11 月 2 日，生效于 1988 年 12 月 31 日。印尼于 2012 年 6 月 27 日批准加入该附件，该附件自 2012 年 9 月 27 日起对其生效。第六，《关于 1973 年国际防止船舶造成污染公约的 1978 年议定书》（International Convention for the Prevention of Pollution from Ships as Modified by the Protocol of 1978）。该议定书制定于 1978 年 2 月 17 日，生效于 1983 年 10 月 2 日。印尼于 1986 年 9 月 24 日批准加入该议定书，该议定书自 1986 年 12 月 24 日起对其生效。第七，《修正 1969 年〈国际油污损害民事责任公约〉的 1992 年议定书》（Protocol of 1992 to amend the International Convention on Civil Liability for Oil Pollution Damage, 1969）。印尼于 1999 年 7 月 6 日批准加入该议定书，该议定书自 2000 年 7 月 6 日起对其生效。第八，2001 年《国际燃油污染损害民事责任公约》（International Convention on Civil Liability for Bunker Oil Pollution Damage, 2001）。印尼于 2014 年 9 月 11 日批准加入该公约，该公约自 2014 年 12 月 11 日起对其生效。第九，2001 年《控制船舶有害防污底系统国际公约》（International Convention on the Control of Harmful Anti-Fouling Systems on Ships, 2001）。印尼于 2014 年 9 月 11 日批准加入该公约，该公约自 2014 年 12 月 11 日起对其生效。

其他海商海事相关公约，参见"全球国际合作"内容中的"国际海事组织"部分。

五、海洋争端解决

(一) 通过协议解决的海洋争端

1. 印尼与马来西亚之间的划界协定

(1)《印尼与马来西亚政府关于两国大陆架的划界协定》

印尼和马来西亚政府于1969年10月27日签订了《印尼与马来西亚政府关于两国大陆架的划界协定》（Agreement between the Government of Malaysia and the Government of Indonesia on the Delimitation of the Continental Shelves between the Two Countries）。[1]

该协定的主要实体内容包括：第一，两国主管机关共同确定划分大陆架边界的地理坐标，并以其连线作为两国在马六甲海峡和南海大陆架的边界；第二，两国政府应采取必要的国内程序，确保遵守本协定的条款；第三，本协定不应以任何方式影响两国政府将来可能达成的确定两国领海边界的协定；第四，如果存在跨界的单一油气地质构造，两国政府应就最有效开发利用此构造的方式进行协商；第五，两国应通过协商或谈判方式，和平解决本条约解释和实施过程中产生的任何争端。[2]

该条约划定了印尼与马来西亚在马六甲海峡和南中国海的大陆架边界，[3] 其为以下各坐标点间的连接线：

第Ⅱ部分 表11 位于马六甲海峡的分界线段

坐标点	纬度	经度
1	05°27′0″N	98°17′5″E
2	04°55′7″N	98°41′5″E

---

[1] Division for Ocean Affairs and The Law of The Sea, "Agreement between the Government of Malaysia and the Government of Indonesia on the Delimitation of the Continental Shelves between the Two Countries, 27 October 1969", http://www.un.org/depts/los/LEGISLATIONANDTREATIES/PDFFILES/TREATIES/MYS-IDN1969CS.PDF, Dec. 28, 2018.

[2] 赵伟：《南（中国）海周边国家协议解决海域划界争端的实践及其对中国的启示》，载《中国海洋法学评论》2013年第1期，第137—142页。

[3] 以下分界线段所形成的大陆架划界示意图参见：US Bureau of Oceans and International Environmental and Scientific Affairs, "Continental Shelf Boundary: Indonesia-Malaysia", *Limits in the Seas* No. 1, http://www.marineregions.org/documents/61975.pdf, Dec. 30, 2018。

续表

坐标点	纬度	经度
3	03°59′6″N	99°43′6″E
4	03°47′4″N	99°55′0″E
5	02°41′5″N	101°12′1″E
6	02°15′4″N	101°46′5″E
7	01°55′2″N	102°13′4″E
8	01°41′2″N	102°35′0″E
9	01°19′5″N	103°03′9″E
10	01°15′0″N	103°22′8″E

第Ⅱ部分 表12 位于南海的分界线段（西段—西马来西亚东海岸）

坐标点	纬度	经度
11	01°23′9″N	104°29′5″E
12	01°38′0″N	104°53′0″E
13	01°54′4″N	105°05′2″E
14	02°22′5″N	105°01′2″E
15	02°55′2″N	104°51′5″E
16	03°50′1″N	104°46′5″E
17	04°03′0″N	104°51′9″E
18	05°04′7″N	105°28′8″E
19	05°40′6″N	105°47′1″E
20	06°05′8″N	105°49′2″E

第Ⅱ部分 表13 位于南海的分界线段（东段—沙捞越海岸外）

坐标点	纬度	经度
21	02°05′0″N	109°38′8″E
22	03°00′0″N	109°54′5″E
23	04°40′0″N	110°02′0″E
24	05°31′2″N	109°59′0″E
25	06°18′2″N	109°38′6″E

（2）《印尼与马来西亚关于划分两国在马六甲海峡领水的条约》

1970年3月17日，印尼和马来西亚签署了《印尼与马来西亚关于划分两国在马六甲海峡领水的条约》（Treaty between the Republic of Indonesia and Malaysia on Determination of Boundary Lines of Territorial Waters of the Two Nations at the Strait of Malacca），确定了两国在马六甲海峡特定区域内的领海边界。该领海划界条约经过两国的宪法程序批准后，于 1971 年 3 月 10 日经两国换文生效。这一换文为 1971 年马来西亚、印尼和新加坡三国的联合声明奠定了基础。[1]

根据本条约，印尼与马来西亚在马六甲海峡相关区域的领水界限为双方在该区域的基线的中线。该分界线各坐标点第 II 部分 表 14：[2]

第 II 部分 表 14　印尼与马来西亚在马六甲海峡领水界限坐标

坐标点	纬度	经度
点 1	02°51.6′N	101°00.2′E
点 2	02°41.5′N	101°12.1′E
点 3	02°15.4′N	101°46.5′E
点 4	01°55.2′N	102°13.4′E
点 5	01°41.2′N	102°35.0′E
点 6[3]	01°19.1′N	103°02.1′E
点 7	01°19.5′N	103°03.9′E
点 8	01°15.0′N	103°22.8′E

对印尼来说，两国之间大陆架和领海划界条约的签订为其成为《公约》中的群岛国铺平了道路。[4]

（3）1982 年《雅加达条约》

1982 年《雅加达条约》（1982 Jakarta Treaty），全称为《印度尼西亚与马来西亚关于群岛国法律制度以及马来西亚在东、西马来西亚之间的印尼领海与群岛水域及其领土、领海及群岛水域上空权利的 1982 年条约》（The 1982 Treaty between the Republic of Indonesia and Malaysia Relating to the Legal Regime of Archipelagic State and the Rights of Malaysia in the Territorial

---

[1] US Bureau of Oceans and International Environmental and Scientific Affairs, "Territorial Sea Boundary: Indonesia-Malaysia", *Limits in the Seas*, No.50, https://2009-2017.state.gov/documents/organization/61516.pdf, Dec.30, 2018.

[2] 该条约划界示意图参见 US Bureau of Oceans and International Environmental and Scientific Affairs, "Territorial Sea Boundary: Indonesia-Malaysia", *Limits in the Seas*, No.50, https://2009-2017.state.gov/documents/organization/61516.pdf, Dec.30, 2018.

[3] 根据该条约第 1 条第 2 款第 2 项的规定，点 6 不适用于马来西亚（Point 6 shall not apply to Malaysia）。

[4] 有关该领海划界条约的其他内容，详见"马来西亚海洋法律体系研究争端解决相关部分"。

Sea and Archipelagic Waters as well as in the Airspace above the Territorial Sea, Archipelagic Waters and the Territory of the Republic of Indonesia Lying between East and West Malaysia）。该条约于 1984 年 5 月 25 日生效。

根据该条约，一方面，马来西亚承认并尊重印尼在领海、群岛水域和领空的主权，尊重印尼在领海、群岛水域的海床和底土及其中所蕴藏资源的主权。根据印尼相关法律，印尼适用群岛国家体制并符合国际法。为促进条约相关权利的行使及适法利益，马来西亚有义务：①避免使用任何武力或以武力威胁印尼的主权、领土完整、政治独立和安全；②应采取必要措施防止、减少及管理任何原因所造成的海洋环境污染；③遵守与本条约相符的印尼的法律法规。

但另一方面，对于马来西亚在东、西马来西亚之间的印尼领海、群岛水域及其上空的传统权利，印尼应继续予以尊重。马来西亚的相关权利包括：①政府船舶享有在指定航道通行和通信的权利；②商船及渔船享有通过航道通行和通信的权利；③国家航空器的通行和通信权利；④民用航空器的通行和通信权利；⑤马来西亚传统渔民在附近相关区域享有传统捕鱼权；⑥在东、西马来西亚之间的印尼领海、群岛水域的海床及其底土上已有的海底电缆和管道的存在、保护、检查、整备、修补、更换以及其他电缆和管道的铺设的合法权益；⑦印尼和马来西亚政府通过合作制定相关法律的权益；⑧由适当机关通过合作和协调进行搜查和搜救作业的相关权益；⑨合作从事海洋科学研究的相关权益。[1]

2. 印尼与澳大利亚之间的划界协定

（1）《印尼与澳大利亚关于确立特定海床边界的协定》

1971 年 5 月 18 日，印尼和澳大利亚签订了《印尼与澳大利亚关于确立特定海床边界的协定》（Agreement between the Government of the Republic of Indonesia and the Government of the Commonwealth of Australia Establishing Certain Seabed Boundaries），自两国交换批准书时生效。

该协定共有 9 条。其中，第 1 条至第 4 条分别就 133°23′E 以东的阿拉弗拉海（邻接及附属于澳大利亚的海床区域与邻接及附属于印尼的海床区域）、140°49′30″E 以西（邻接及附属于巴布亚领土的海床区域与邻接及附属于印

---

[1] US Bureau of Oceans and International Environmental and Scientific Affairs, "Indonesia's Maritime Claims and Boundaries", *Limits in the Seas*, No. 141, https://2009-2017.state.gov/documents/organization/231912.pdf, Dec. 30, 2018.

尼的区域）、新几内亚（伊里安）北方海岸之外（邻接或附属于新几内亚托管地之海床区域与邻接及附属于印尼的区域），作出了划界的安排。[1]

依据上述规定，阿拉弗拉海与海床的分界线为 A1（9°52′S，140°29′E）到 A12（8°53′S，133°23′E）的连接线。新几内亚（伊里安）岛南方海岸相关区域的分界线为从 B1（9°24′30″S，140°49′30″E）到 A1（9°52′S，140°29′E）的连接线。新几内亚（伊里安）岛南方海岸相关区域的分界线为从 C1 到 C2（2°8′30″S，141°1′30″E）的连接线。而 133°23′E 以西的邻接海床区域，双方并未达成协议，有赖于日后继续谈判。连接分界线的各点的坐标第Ⅱ部分 表15：[2]

第Ⅱ部分 表15　印尼与澳大利亚部分确定海床分界线坐标

坐标点	纬度	经度
A1	9°52′S	140°29′E
A2	10°24′S	139°46′E
A3	10°50′S	139°12′E
A4	10°24′S	138°38′E
A5	10°22′S	138°35′E
A6	10°09′S	138°13′E
A7	9°57′S	137°45′E
A8	9°08′S	135°29′E
A9	9°17′S	135°13′E
A10	9°22′S	135°03′E
A11	9°25′S	134°50′E
A12	8°53′S	133°23′E

（2）《印尼与澳大利亚划定帝汶海与阿拉弗拉海特定海床边界的协定（对1971年5月18日协定之补充）》

《印尼与澳大利亚划定帝汶海与阿拉弗拉海特定海床边界的协定（对

---

[1] "Agreement between the Government of The Republic of Indonesia and the Government of The Commonwealth of Austrilia Establishing Certain Seabed Boundaries", http：//www2.ecolex.org/server2neu.php/libcat/docs/TRE/Full/Other/TRE-152886.pdf, Dec. 30, 2018.

[2] 该协定划界示意图参见 Ministry of Foreign Affairs of The Republic of Indonesia, "AUS-1971-0005-9", Agreement between the Government of the Republic of Indonesia and the Government of the Commonwealth of Australia Establishing Certain Seabed Boundaries, http：//treaty.kemlu.go.id/apisearch/pdf?filename=AUS-1971-0005-9.pdf, Feb. 22, 2019。

1971年5月18日协定之补充)》（Agreement between the Government of the Commonwealth of Australia and the Government of the Republic of Indonesia Establishing Certain Seabed Boundaries in the Area of the Timor and Arafura Seas, Supplementary to the Agreement of 18 May 1971，以下简称1972年《特定海床边界协定》）签订于1972年10月9日。根据该协定，在塔宁巴尔群岛（Tanimbar Islands）以南区域，邻接及附属于澳大利亚的海床区域与邻接及附属于印尼的海床区域之间的界线为连接第Ⅱ部分 表16中各坐标点的线：[1]

第Ⅱ部分 表16　印尼与澳大利亚关于帝汶海与阿拉弗拉海特定海床边界坐标

坐标点	纬度	经度
A12	8°53′S	133°23′E
A13	8°54′S	133°14′E
A14	9°25′S	130°10′E
A15	9°25′S	128°00′E
A16	9°28′S	127°56′E

在罗地（Roti）和帝汶群岛（Timor Islands）以南区域，邻接及附属于澳大利亚的海床区域与邻接及附属于印尼的海床区域之间的界线，为第Ⅱ部分 表17各点间的连接线：

第Ⅱ部分 表17　印尼与澳大利亚关于罗地与帝汶群岛以南地区海床边界坐标

坐标点	纬度	经度
A17	10°28′S	126°0′E
A18	10°37′S	125°41′E
A19	11°01′S	125°19′E
A20	11°07′S	124°34′E
A21	11°25′S	124°10′E
A22	11°26′S	124°00′E
A23	11°28′S	123°40′E
A24	11°23′S	123°26′E
A25	11°35′S	123°14′E

---

[1] UN treaty Collection, "Agreement between the Government of the Commonwealth of Australia and the Government of the Republic of Indonesia Establishing Certain Seabed Boundaries in the Area of the Timor and Arafura Seas, Supplementary to the Agreement of 18 May 1971", http://www.un.org/Depts/los/LEGISLATIONANDTREATIES/PDFFILES/TREATIES/AUS-IDN1972TA.pdf, Dec. 30, 2018.

针对坐标点 A15 和 A16 之间以及坐标点 A17 和 A18 之间的线，该协定在第 3 条表明，其仅明确了划界的方向。两国政府将在进一步签订划界协议或有关在帝汶海海床的勘探及自然资源开采协议时，协同对坐标点 A15 和 A16 之间以及坐标点 A17 和 A18 之间的界线进行协商。

该协定第 7 条进一步指出，假如海床下液态碳氢化合物或天然气的单一储藏或其他矿物的蕴藏跨越了本协定所指的界线，而位于该界线一侧的矿藏可以流动形式被整体或部分地从界线另一侧采收，则两国政府应就最有效开采矿藏及平等分享该开采收益进行协商。[1]

(3)《印尼与澳大利亚关于印尼与巴布亚新几内亚之特定边界划界的协定》

《印尼与澳大利亚关于印尼与巴布亚新几内亚之特定边界划界的协定》（Agreement concerning Certain Boundaries between Papua New Guinea and Indonesia）由印尼与澳大利亚于 1973 年 2 月 12 日签订。[2] 根据该协定，在新几内亚（伊里安）岛南部海岸之外，邻接及附属于巴布亚新几内亚的海床区域与邻接及附属于印尼的海床区域之间的界线，应为一条第 Ⅱ 部分表 18 所示坐标点之间的连接线：

第 Ⅱ 部分 表 18　印尼与巴布亚新几内亚特定边界坐标

坐标点	纬度	经度
B1	9°24′30″S	140°49′30″E
B2	9°23′S	140°52′E
B3	9°8′8″S	141°01′10″E

针对航行问题，该协定第 8 条规定，经巴布亚新几内亚法律许可在流经巴布亚新几内亚的本斯巴赫河（the Bensbach River）航道行驶的船舶或其他船只，基于进入或离开此河的目的，拥有通行邻接印尼水域的权利；而基于进入本斯巴赫河河口的目的，巴布亚新几内亚和印尼当局应开放且标示安全航行所必要的航道。[3]

---

［1］ "Agreement between The Government of The Common Wealth of Australia and The Government of The Republic of Indonesia Establishing Certain Seabed Boundaries in The Area of The Timor and Arafura Seas, Supplementary to The Agreement of 18 MAY 1971", https://viewfromll2.files.wordpress.com/2014/03/1972-indo-aus-treaty.pdf, December 30, 2018.

［2］ 1946 年，联合国将巴布亚新几内亚委托给澳大利亚托管，后巴布亚新几内亚于 1975 年独立。

［3］ Division for Ocean Affairs and The Law of The Sea, "Agreement concerning Certain Boundaries between Papua New Guinea and Indonesia (with chart). Signed at Jakarta 12 February 1973 (1)", http://www.un.org/Depts/los/LEGISLATIONANDTREATIES/PDFFILES/TREATIES/AUS-IDN1973PNG.pdf, Dec. 30, 2018.

(4)《印尼与澳大利亚关于印尼传统渔民在澳大利亚专属渔区与大陆架作业的谅解备忘录》

《印尼与澳大利亚关于印尼传统渔民在澳大利亚专属渔区与大陆架作业的谅解备忘录》(Memorandum of Understanding between the Government of Australia and the Government of the Republic of Indonesia Regarding the Operations of Indonesian Traditional Fishermen in Areas of the Australian Exclusive Fishing Zone and Continental Shelf) 签署于1974年11月7日。该备忘录共有8条规定，分别就印尼渔民可以作业的特定区域、限制条件、可捕捞的海产物种以及管辖权等问题作出了相应规定。

根据该备忘录第2条，澳大利亚政府允许印尼传统渔民在阿什莫尔礁（Ashmore Reef）(12°15′S，123°03′E)、卡地亚岛（Cartier Islet）(12°32′S，123°33′E)、斯科特礁（Scott Reef）(14°03′S，121°47′E)、塞林伽巴丹礁（Soringapatam Reef）(11°37′S，122°03′E)、布劳斯岛（Browse Islet）(14°06′S，123°32′E)附近作业，但受制于以下条件：①印尼在该区域的作业仅限于传统渔民；②印尼传统渔民仅能出于获得淡水补给的目的在阿什莫尔礁的东部岛(12°15′S，123°07′E)与中部岛(12°15′S，123°03′E)登陆；③传统印尼捕鱼船可在上述允许捕鱼的区域避难，但船上人员除满足前款获得淡水补给的限制外不得上岸。

在作业区域及限制条件方面，澳大利亚仅允许印尼在以上地区作业，且第4条特别规定，印尼渔民不得从澳大利亚专属渔区捕捞海龟，亦不能在除邻近阿什莫尔礁以及卡地亚岛、布劳斯岛、斯科特礁与塞林伽巴丹礁的海床外的区域将马蹄螺、鲍鱼、夜光贝、海绵动物以及所有软体动物从海床、高潮位移至大陆架边缘。

在管辖协调方面，印尼政府承认，除第2条规定的区域外，在澳大利亚专属渔区捕鱼或在澳大利亚开采资源的印尼渔民，应受到澳大利亚的管辖。同时，印尼政府将尽最大努力将备忘录的内容告知可能在澳大利亚周围作业的印尼渔民。双方政府应为交换有关印尼渔船在帝汶海西部作业的信息提供便利。[1]

---

[1] "Memorandum of Understanding between the Government of Australia and the Government of the Republic of Indonesia Regarding the Operations of Indonesian Traditional Fishermen in Areas of the Australian Exclusive Fishing Zone and Continental Shelf", http://www2.ecolex.org/server2neu.php/libcat/docs/TRE/Full/Other/TRE-151704.pdf, Dec. 30, 2018.

(5)《印尼与澳大利亚关于实施临时捕鱼监督与执行协议的谅解备忘录》

《印尼与澳大利亚关于实施临时捕鱼监督与执行协议的谅解备忘录》(Memorandum of Understanding between the Government of the Republic of Indonesia and the Government of Australia Concerning the Implementation of a Provisional Fisheries Surveillance and Enforcement Arrangement）签署于1982年2月1日，适用于印尼与澳大利亚专属经济区的重叠海洋区域。

该谅解备忘录的主要内容包括：第一，两国均承认在该重叠区域存在未决的海洋划界争端；第二，双方政府均不对临时捕鱼线之外的洄游鱼种行使相关管辖权，也不颁发捕捞此类鱼种的执照；第三，在两国已存在大陆架划界的海洋区域，两国将依据协议继续对定栖鱼种进行管辖；第四，在不适用临时捕鱼线及尚未划定大陆架界限的区域，两国将进行必要的磋商，以避免行使管辖权时遇到困难；第五，该备忘录中的界限为临时性质，不损及两国在边界谈判时的后续立场，不影响两国各自在200海里区域的界线，也不影响两国在200海里区域内的捕鱼权。该临时协议亦不损害印尼传统渔民的传统捕鱼权。[1]

(6)《澳大利亚与印尼在印尼东帝汶省与北澳大利亚地区建立合作区域之条约》

《澳大利亚与印尼在印尼东帝汶省与北澳大利亚地区建立合作区域之条约》(Treaty between Australia and the Republic of Indonesia on the Zone of Cooperation in an Area between the Indonesian Province of East Timor and Northern Australia) 签署于1989年12月11日，于1991年2月19日生效，俗称"帝汶缺口条约"，是对争议地区油气资源进行开发的临时性安排。

印尼与澳大利亚于1972年签订《特定海床边界协定》时，东帝汶尚不是印尼的一部分。因此，当东帝汶并入印尼后，印尼与澳大利亚的海床边界便出现了一个缺口，即"帝汶缺口"。针对此区域，该条约将其分为区域A、区域B、区域C三个部分。其中，区域B位于该地域的南部，由澳大利亚管理；区域C位于该地域的北部，由印尼管理；而最大的区域A位于中部，两国在该区域内的权利义务由依该条约建立的部长理事会（the

---

[1] "Memorandum of Understanding between the Government of the Republic of Indonesia and the Government of Australia Concerning the Implementation of a Provisional Fisheries Surveillance and Enforcement Arrangement", https://viewfromll2.files.wordpress.com/2014/03/provisional-fisheries-surveillance-and-enforcement-arrangement.pdf, Dec. 30, 2018.

Minister Council)与联合管理局(the Joint Authority)确定实施,后者对前者负责。[1]

1991年,葡萄牙向国际法院起诉,否认该条约的效力,认为其违反了东帝汶人民的民族自决权,亦侵犯了葡萄牙对东帝汶的管理权,但由于印尼拒绝接受国际法院的管辖,后者未能对此案作出判决。[2] 随着东帝汶在2002年的独立,该条约被《东帝汶政府与澳大利亚政府间帝汶海条约》(Timor Sea Treaty between the Government of East Timor and the Government of Australia)所取代。[3]

(7)《澳大利亚政府与印尼政府划定专属经济区边界及部分海床边界条约》

《澳大利亚政府与印尼政府划定专属经济区边界及部分海床边界条约》(Treaty between the Government of Australia and the Government of the Republic of Indonesia Establishing an Exclusive Zone Boundary and Certain Seabed Boundaries)签署于1997年3月14日,从未生效。[4]

3. 印尼与泰国之间的划界协定

(1)《印尼政府与泰国政府关于两国在马六甲海峡北段及安达曼海的大陆架边界划界协定》

1971年12月17日,印尼和泰国签署了《印尼政府与泰国政府关于两国在马六甲海峡北段及安达曼海的大陆架边界划界协定》(Agreement between the Government of the Republic of Indonesia and Government of the Kingdom of Thailand relating to the Delimitation of a Continental Shelf Boundary between the Two Countries in the Northern Part of the Strait of Malacca and in the Andaman Sea)。根据该协定,印尼与泰国在马六甲海峡北段及安达曼海的

---

[1] 区域A、B、C的位置及油气资源分布示意图参见"1989 Treaty between Australia and the Republic of Indonesia on the Zone of Cooperation in an Area between the Indonesian Province of East Timor and Northern Australia", https://cil.nus.edu.sg/wp-content/uploads/formidable/14/1989-Australia-Indonesia-Timor-Gap-Treaty.pdf, Dec. 30, 2018。

[2] ICJ, "Judgment of 30 June 1995", Case Concerning East Timor (Portugal v. Australia), https://www.icj-cij.org/files/case-related/84/084-19950630-JUD-01-00-EN.pdf, Jan. 15, 2019.

[3] "Timor Sea Treaty", http://timor-leste.gov.tl/wp-content/uploads/2010/03/R_2003_2-Timor-Treaty.pdf, Dec. 30. 2018.

[4] Division for Ocean Affairs and The Law of The Sea, "Treaty between the Government of Australia and the Government of the Republic of Indonesia Establishing an Exclusive Economic Zone Boundary and Certain Seabed Boundaries, 14 March 1997", http://www.un.org/Depts/los/LEGISLATIONANDTREATIES/PDFFILES/TREATIES/AUS-IDN1997EEZ.pdf, Dec. 30, 2018.

大陆架分界线为从坐标点（6°21′8″N，97°54′0″E）向西延伸至坐标点（7°05′8″N，96°36′5″E）的一条直线。[1]

该协定共5条，其中前两条为有关划界的实质性问题的安排。根据协定第2条，若任何单一地质的石油或天然气构造越过了前述分界线，而该构造之一部分可从前述分界线的另一边进行全部或局部开采，则双方政府应寻求就最有效开采该构造之方式进行谈判。对本协定的解释或执行若存在争议，依照第3条的规定应由各国以协商或谈判的和平方式解决。

（2）《印尼政府与泰国政府关于两国在安达曼海的海床划界协定》

1975年12月11日，印尼和泰国签订了《印尼政府与泰国政府关于两国在安达曼海的海床划界协定》（Agreement between the Government of the Republic of Indonesia and the Government of the Kingdom of Thailand Relating to the Delimitation of the Sea-Bed Boundary between the Two Countries in the Andaman Sea）。根据该协定，印尼与泰国在安达曼海的海床边界为从坐标点（7°5′8″N，96°36′5″E）向西北延伸至坐标点（7°46′1″N，95°33′1″E）的一条直线。其中，坐标点（7°5′8″N，96°36′5″E）为两国在1971年的大陆架划界协定中的分界线的中点。关于任何越过边界线的地质构造的开采活动以及争端解决，本协定也作出了与上述两国的大陆架划界协定一致的规定。[2]

4. 印尼与新加坡之间的划界协定

（1）1973年《印尼和新加坡领海划界条约（新加坡海峡）》

1973年《印尼和新加坡领海划界条约（新加坡海峡）》[Treaty between Indonesia and Singapore relating to the Delimitation of the Territorial Sea（Strait of Singapore），1973，以下简称《1973年领海条约》]签订于1973年5月25日，划定了印尼与新加坡在新加坡海峡的界线。根据该条约，两国在新

---

[1] Division for Ocean Affairs and The Law of The Sea, "Agreement between the Government of the Kingdom of Thailand and the Government of the Republic of Indonesia relating to the Delimitation of a Continental Shelf Boundary between the Two Countries in the Northern Part of the Straits of Malacca and in the Andaman Sea 17 December 1971", December 30, 2018.

[2] Division for Ocean Affairs and The Law of The Sea, "Agreement between the Government of the Kingdom of Thailand and the Government of the Republic of Indonesia relating to the Delimitation of the Seabed Boundary between the two Countries in the Andaman Sea 11 December 1975", http：//www.un.org/depts/los/LEGISLATIONANDTREATIES/PDFFILES/TREATIES/THA-IDN1975SB.PDF, Dec. 30, 2018.

加坡海峡的界线,应当是第Ⅱ部分 表19 所示6个坐标点之间的连接线。

第Ⅱ部分 表19　印尼与新加坡在新加坡海峡的界线坐标

坐标点	纬度	经度
1	1°10′46.0″N	103°40′14.6″E
2	1°07′49.3″N	103°44′26.5″E
3	1°10′17.2″N	103°48′18.0″E
4	1°11′45.5″N	103°51′35.4″E
5	1°12′26.1″N	103°52′50.7″E
6	1°16′10.2″N	103°02′00.0″E

该条约共有4条。根据协定的第1条第3款和第4款,上述坐标点在海上的实际位置的确定方法,由两国的主管机关共同决定;其主管机关是指,印尼国家测绘及地图机构负责人与新加坡政府指定的负责人。此外,有关该协定解释与执行的争议,由双方通过协商或谈判的方式和平解决。[1]

(2) 2009年《印尼与新加坡有关划定新加坡海峡西段领海分界线的条约》

2009年《印尼与新加坡有关划定新加坡海峡西段领海分界线的条约》(Treaty between the Republic of Indonesia and the Republic of Singapore relating to the Delimitation of the Territorial Seas of the Two Countries in the Western Part of the Strait of Singapore, 2009) 签署于2009年3月10日。该条约是在《1973年领海条约》的基础上,对两国在新加坡海峡西段界线的进一步确定。依该条约,两国在1973年《领海条约》中所确定的坐标点1 (1°10′46.0″N,103°40′14.6″E) 西端延伸线应为一条由4个坐标点构成的连接线,坐标点具体位置如第Ⅱ部分 表20 所示。[2]

---

[1] 该条约相关条款及划界示意图,参见 US Bureau of Oceans and International Environmental and Scientific Affairs, "Territorial Sea Boundary: Indonesia-Singapore", *Limits in the Seas*, No. 60, https://2009-2017.state.gov/documents/organization/61500.pdf, Dec. 28, 2018; Division for Ocean Affairs and The Law of The Sea, "Indonesia and Singapore: Delimitation of the Territorial Seas of Singapore and Indonesia in the Strait of Singapore, 25 May 1973", *Law of the Sea Bulletin* No. 68, United Nations, New York, 2008. pp. 17-19, Dec. 30, 2018。

[2] Division for Ocean Affairs and The Law of The Sea, "Treaty between the Republic of Singapore and the Republic of Indonesia relating to the Delimitation of the Territorial Seas of the Two Countries in the Western Part of the Strait of Singapore, 10 March 2009", *Law of the Sea Bulletin* No. 75, United Nations, New York, 2011. pp. 21-26。

第Ⅱ部分 表20　印尼与新加坡关于新加坡海峡西段领海界线坐标

坐标点	纬度	经度
1	1°10′46.0″N	103°40′14.6″E
1A	1°11′17.4″N	103°39′38.5″E
1B	1°11′55.5″N	103°34′20.4″E
1C	1°11′43.8″N	103°51′35.4″E

（3）2014年《印尼与新加坡有关划定新加坡海峡东段领海分界线的条约》

2014年《印尼与新加坡有关划定新加坡海峡东段领海分界线的条约》（Treaty between the Republic of Indonesia and the Republic of Singapore relating to the Delimitation of the Territorial Seas of the Two Countries in the Eastern Part of the Strait of Singapore, 2014）签署于2014年9月3日，于2017年2月10日生效。该条约是在《1973年领海条约》的基础上，对两国在新加坡海峡东段界线的进一步确定。依该协定，两国在《1973年领海条约》中所确定的坐标点6（1°10′46.0″N，103°40′14.6″E）东段延伸线应为一条由3个坐标点构成的连接线。[1] 坐标点具体位置如第Ⅱ部分 表21 所示。[2]

第Ⅱ部分 表21　印尼与新加坡关于新加坡海峡东段领海界线坐标

坐标点	纬度	经度
6	1°16′10.2″N	104°02′00.0″E
7	1°16′22.8″N	104°02′16.6″E
8	1°16′34.1″N	104°07′06.3″E

5. 印尼与印度之间的划界协定

（1）《印度与印尼两国间大陆架划界协定》

《印度与印尼两国间大陆架划界协定》（Agreement between the Govern-

---

[1] UN treaty Collection, "Treaty between the Republic of Singapore and the Republic of Indonesia relating to the Delimitation of the Territorial Seas of the Two Countries in the Eastern Part of the Strait of Singapore", https://treaties.un.org/Pages/showDetails.aspx?objid=08000002804cce54, Dec. 30, 2018.

[2] 该条约划界示意图参见 UN Treaty Collection, "Treaty between the Republic of Singapore and the Republic of Indonesia relating to the Delimitation of the Territorial Seas of the Two Countries in the Eastern Part of the Strait of Singapore- ANNEXURE 'A'", https://treaties.un.org/doc/Treaties/2017/09/20170925%2004-42%20PM/I-54672-Map-AnnexA-English.pdf, Dec. 30, 2018。

ment of the Republic of India and the Government of the Republic of Indonesia relating to the Delimitation of the Continental Shelf Boundary between the Two Countries）签署于 1974 年 8 月 8 日。根据该协定，印度与印尼在大尼科巴（印度）和苏门答腊（印尼）之间的大陆架界限，其坐标点之间的连接线见第Ⅱ部分 表22：

第Ⅱ部分 表22　印度与印尼大陆架界限坐标

坐标点	纬度	经度
1	6°38′5″N	94°38′0″E
2	6°30′0″N	94°32′4″E
3	6°16′2″N	94°24′2″E
4	6°0′0″N	94°10′3″E

与印尼所缔结的其他大陆架划界协定相同，该协定同样规定，在单一地质结构跨越边界时，两国政府应彼此交换资讯，寻求就最有效开采及平等分享开采达成协议。[1]

（2）《印度与印尼有关延伸两国 1974 年在安达曼海与印度洋大陆架边界的协定》

《印度与印尼有关延伸两国 1974 年在安达曼海与印度洋大陆架边界的协定》（Agreement between the Government of the Republic of India and the Government of the Republic of Indonesia on the Extension of the 1974 Continental Shelf Boundary between the Two Countries in the Andaman Sea and the Indian Ocean）签订于 1977 年 1 月 14 日，旨在 1974 年两国大陆架划界协议的基础上进一步明确双方在安达曼海与印度洋的边界。根据该协定，印尼与印度在安达曼海的大陆架界限为一条从点 1 到点 O 之间的连接线。各点坐标如第Ⅱ部分 表23 所示：[2]

---

[1] US Bureau of Oceans and International Environmental and Scientific Affairs,"Continental Shelf Boundary: India-Indonesia", *Limits in the Seas* No. 62, https://2009-2017.state.gov/documents/organization/61495.pdf, Dec. 28, 2018.

[2] Division for Ocean Affairs and The Law of The Sea, "Agreement between the Government of the Republic of India and the Government of the Republic of Indonesia on the Extension of the 1974 Continental Shelf Boundary between the two Countries in the Andaman Sea and the Indian Ocean 14 January 1977", http://www.un.org/Depts/los/LEGISLATIONANDTREATIES/PDFFILES/TREATIES/IND-IDN1977CS.PDF, Dec. 30, 2018.

第Ⅱ部分 表23 印度与印尼在安达曼海的大陆架边界坐标

坐标点	纬度	经度
1	6°38′5N	94°38′0E
K	7°02′24″N	94°55′37″E
N	7°40′06″N	95°25′45″E
O	7°46′06″N	95°31′12″E

两国在印度洋的大陆架界限为一条从点4到点U之间的连接线。各点坐标如第Ⅱ部分 表24 所示：

第Ⅱ部分 表24 印度与印尼在印度洋的大陆架边界坐标

坐标点	纬度	经度
4	6°00′0N	94°10′3E
R	5°25′20″N	93°41′12″E
S	4°27′34″N	92°51′17″E
T	4°18′31″N	92°43′31″E
U	4°01′40″N	92°23′55″E

6. 印尼与越南关于大陆架的划界协定

2003年6月26日，印尼与越南签署了《印尼与越南关于大陆架的划界协定》（Agreement between the Government of the Republic of Indonesia and the Government of the Socialist Republic of Vietnam Concerning the Delimitation of the Continental Shelf Boundary）。该协定于2007年5月29日生效。根据该协定，印尼与越南大陆架的边界各坐标点见第Ⅱ部分 表25：[1]

第Ⅱ部分 表25 印尼与越南大陆架边界坐标

坐标点	纬度	经度
20	06°05′48″N	105°49′12″E
H	06°15′00″N	106°12′00″E
H1	06°15′00″N	106°19′01″E
A4	06°20′59.88″N	106°39′37.67″E
X1	06°50′15″N	109°17′13″E
25	06°18′12″N	109°38′36″E

---

[1] UN Treaty Collection, "Agreement between the Government of the Socialist Republic of Vietnam and the Government of the Republic of Indonesia concerning the delimitation of the Continental Shelf Boundary, 26 June 2003", https：//treaties. un. org/doc/publication/unts/no% 20volume/part/i-44165. pdf, Dec. 30, 2018.

7. 印尼与巴布亚新几内亚之间的划界及合作协定

1980年12月13日印尼与巴布亚新几内亚签订了《印尼与巴布亚新几内亚关于两国海洋边界以及相关事项合作的协定》（Agreement between the Government of Indonesia and the Government of Papua New Guinea Concerning the Maritime Boundaries between the Republic of Indonesia and Papua New Guinea and Cooperation on Related Matters）。该协定于1982年7月10日生效。这一协定是对印尼与澳大利亚上述海床划界协定的进一步延伸。根据该协定，两国之间的大陆架界限应为一条从坐标点C2到C5之间的连接线。相关坐标点位置第Ⅱ部分 表26：

第Ⅱ部分 表26　印尼与巴布亚新几内亚大陆架界限坐标

坐标点	纬度	经度
C2	2°08′30″S	141°1′30″E
C3	1°04′35″S	141°24′00″E
C4	00°44′10″N	140°49′10″E
C5	1°01′35″N	140°48′35″E

该协定明确，对于从C5点向北延伸的相关区域，上述界线的划定不影响两国在各自的大陆架区域内行使勘探和开发自然资源的主权权利。

对于双方在其他方面的合作，该协定规定，两国国民在对方水域内捕鱼的传统及习惯性权利应得到承认和尊重，但该权利的本质及范围有待通过后续条约进一步确定。当事国应当加强在各自专属经济区或渔区内生物资源的管理、保护及利用方面的合作，尤其应给予高度洄游物种及第三方在该区域对生物资源的利用以特别关注。同时，双方应相互咨询以协调其在各自专属经济区或渔区内依据国际法保护海洋环境、开展海洋研究的相关政策。有关该协定解释或执行的争议，由双方通过磋商或谈判的方式和平解决。[1]

8. 印尼涉及的多国间划界协定

（1）《印尼、马来西亚与泰国关于在马六甲海峡北段的大陆架划界协定》

《印尼、马来西亚与泰国关于在马六甲海峡北段的大陆架划界协定》（Agreement between the Government of the Republic of Indonesia, the Govern-

---

[1] "Agreement between the Government of Indonesia and the Government of Papua New Guinea Concerning the Maritime Boundaries between the Republic of Indonesia and Papua New Guinea and Cooperation on Related Matters", http：//www2.ecolex.org/server2neu.php/libcat/docs/TRE/Full/En/TRE-151707.pdf, Dec. 30, 2018.

ment of Malaysia and the Government of the Kingdom of Thailand Relating to the Delimitation of the Continental Shelf Boundaries in the Northern Part of the Strait of Malacca）签署于1971年12月21日，与前述印尼与马来西亚之间关于马六甲海峡大陆架划界的协定几乎在同一时间进行。依该协定，印尼、马来西亚和泰国在马六甲海峡北段之大陆架边界，将以坐标点（5°57′0″N，98°1′5″E）为共同基点。该共同基点并非基于等距离而选定，其与印尼、马来西亚、泰国最近基点的距离分别为52.0海里、98.9海里与76.1海里。上述的距离差异来自谈判的妥协，而非数学公式的计算。

立足于这一结果，印尼和泰国之大陆架边界，为从共同基点往西北方向至基点（6°21′8″N，97°54′0″E），再往西方向至基点（7°5′8″N，96°36′5″E）划出的直线。印尼和马来西亚之大陆架边界，为从共同基点往南方向至基点（5°27′0″N，98°17′5″E）的连接线。马来西亚和泰国之大陆架边界，为从该共同基点往东北方向至基点（6°18′0″N，99°6′7″E），再往东南方向至基点（6°16′3″N，99°19′3″E），后向东北方向至基点（6°18′4″N，99°27′5″E）的连接线。[1]

有关越过分界线的地质构造中的石油或天然气的开采，以及本协定相关争议的解决，该协定的第3条和第4条作出了与前述印尼与马来西亚之间的双边大陆架划界协定完全一致的规定。

（2）《印度、印尼与泰国有关确立三国交界点及划定安达曼海边界的协定》

1978年6月22日，印尼、印度和泰国签订了《印度、印尼与泰国有关确立三国交界点及划定安达曼海边界的协定》（Agreement between the Government of Republic of India, the Government of the Republic of Indonesia and the Government of the Kingdom of Thailand Concerning the Delimitation of the Tri-junction Point and the Delimitation of the Related Boundaries of the Three Countries in the Andaman Sea）。该协定于1979年3月2日生效。依据该协定，三国边界的交界点为坐标点（07°47′00″N，95°31′48″E）。[2] 因此，印

---

[1] US Bureau of Oceans and International Environmental and Scientific Affairs, "Continental Shelf Boundaries: India-Indonesia-Thailand", *Limits in the Seas*, No. 93, https://2009-2017.state.gov/documents/organization/58818.pdf, Dec. 30, 2018.

[2] 三国在安达曼海的海上交界点示意图，参见US Bureau of Oceans and International Environmental and Scientific Affairs, "Continental Shelf Boundaries: India - Indonesia - Thailand", *Limits in the Seas*, No. 93, https://2009-2017.state.gov/documents/organization/58818.pdf, Dec. 30, 2018。

尼与印度间的大陆架边界为从该交界点向西南延伸至坐标点 0（07°46′06″N，95°31′12″E）的一条直线。[1] 泰国—印度之间的海床边界为从该交界点向东北延伸至坐标点 1（07°48′00″N，95°32′48″E）的一条直线。[2] 泰国—印尼的海床边界为从该三接点向东南延伸至点 L（07°46′1″N，95°33′1″E）的一条直线。[3]

（二）通过国际司法机构解决的海洋争端——利吉丹岛和西巴丹岛主权归属案

利吉丹岛（Pulau Ligitan）和西巴丹岛（Pulau Sipadan）均地处西里伯斯海（the Celebes Sea），相隔约 15.5 海里。利吉丹岛位于 4°09′N、118°53′E，是从达纳万岛和西阿米尔岛向南延伸的一个星形大珊瑚礁最南端的一个很小的岛。该岛与位于婆罗洲上最近的地区——仙本那半岛上的丹戎图托普约 21 海里。该岛在高潮时露出海面，且岛上无人永久居住。西巴丹岛位于 4°06′N、118°37′E，占地面积约 0.13 平方公里，是在一个 600—700 米高的水下山的顶部形成的珊瑚环礁。它离丹戎图托普约 15 海里，离塞巴缔克岛东海岸 42 海里。该岛在 20 世纪 80 年代被开发成一个潜水旅游胜地之前无人常住。

1969 年，独立后的印尼和马来西亚就两国间的大陆架边界进行谈判，并于同年 10 月 27 日达成了关于两国大陆架边界的协议，[4] 但包含两个岛屿在内的婆罗洲以东的海域并未在此协定中得以确定。正是在此次谈判中，两国关于利吉丹岛和西巴丹岛的主权争端明确化。1991 年，双方设立了联合工作组以研究利吉丹岛和西巴丹岛的情势，但未能达成共识。由此，双方于 1997 年 5 月 31 日缔结了特别协议，将争端提交国际法院解决。

在提交书面程序的阶段，菲律宾提出了参加诉讼的申请。因此，本案分别围绕是否允许菲律宾参加以及利吉丹岛和西巴丹岛的归属展开了两个阶段的审理和裁判。

---

[1] 该坐标点 0 由两国在 1977 年签订的《印度与印尼有关延伸两国 1974 年在安达曼海与印度洋大陆架划界的协定》中确立。
[2] 该坐标点 1 由两国在 1978 年签订的《印度与泰国关于两国在安达曼海的海床划界协定》中确立。
[3] 该坐标点 L 由两国在 1975 年签订的《印尼与泰国关于两国在安达曼海的海床划界协定》中确立。
[4] 即 1969 年《印尼与马来西亚政府关于两国大陆架的划界协定》。

1. 第一阶段：是否允许菲律宾参加

2001年3月13日，菲律宾提交了援引《国际法院规约》第62条要求参加该案的请求书。依据该请求书，本案裁决可能会影响菲律宾相关法律性质的利益，即当事各方所提供的条约协议或其他法律证据将对北婆罗洲的法律地位问题具有直接或间接的影响。印尼和马来西亚均书面反对菲律宾的参与请求。[1]

法院主要从"参与请求书的适时性"[2] "请求书未附可资佐证的文件"[3] "缺少管辖联系"[4] "未证明存在具有法律性质的利益"[5] 等几个方面作出分析，拒绝了菲律宾的参与请求。尽管前两项不适用于菲律宾，但菲律宾既未列出其主张的文件目录，也未能清楚证明有任何法律性质的利益将受到法院解释或推理的影响。

2. 第二阶段：利吉丹岛和西巴丹岛的归属

印尼和马来西亚均宣称对两岛拥有主权。印尼的领土主张立足于英国和荷兰在1891年的《专约》[6]、有效占领的行为以及对领土的继承。马来西亚的主张则立足于对前君主苏丹国最初所有权的系列传递以及后续的有效占领。[7]

针对英国和荷兰之间的1891年《专约》，其争议焦点在于《专约》第4条规定的分界线是否应得以适用。法院认为：首先，就第4条的字面含义而言，英文和荷兰文对"横穿""继续向东"等措辞及相关标点符号的理解都存在差异，且都不能提供确切的解释。从第4条所规定分界线的实际效果来看，其字面含义支持了马来西亚的立场。其次，就上下文而言，与该《专约》有关的其他法律文件及所附地图也未能进一步明晰该问题。再次，从《专约》的目的及嗣后实践来看，该条约也仅涉及婆罗洲上的领

---

[1] "Judgment of 23 October 2001-Application by The Philippines for Permission to Intervene", Case Concerning Sovereignty over Pulau Ligitan and Pulau Sipadan (Indonesia/Malaysia), ICJ., https://www.icj-cij.org/files/case-related/102/102-20011023-JUD-01-00-EN.pdf, Dec. 30, 2018.

[2] Ibid, para 18-26.

[3] Ibid, para 27-30.

[4] Ibid, para 31-36.

[5] Ibid, para 37-83.

[6] 该《专约》是指1891年6月20日大不列颠与荷兰之间为了"确定荷兰在婆罗洲岛上的领地与处于英国保护下的岛屿上国家之间的边界"而缔结的《专约》。

[7] "Judgment of 17 December 2002", Case Concerning Sovereignty over Pulau Ligitan and Pulau Sipadan (Indonesia/Malaysia), ICJ., https://www.icj-cij.org/files/case-related/102/102-20021217-JUD-01-00-EN.pdf, Dec. 30, 2018.

土边界，并未解决争议地区的划界。因此，法院未支持通过《专约》获得两岛主权的主张。[1]

针对两国通过继承获得岛屿主权的主张，印尼或马来西亚通过继承获得利吉丹岛和西巴丹岛的可能性，法院认定均不成立。其中，印尼意图依赖的是荷兰与布伦干苏丹所缔约的各种附庸关系合同，然而这些协议并未明确涉及争议岛屿。而马来西亚方面则认为，在由前君主苏禄苏丹最初拥有所有权经过一系列的所谓"传递"之后，马来西亚取得对利吉丹岛和西巴丹岛的主权，随后所有权依次被传递给西班牙、美国、代表北婆罗洲岛国的英国、大不列颠及北爱尔兰联合王国，最后传给马来西亚。对此，法院认为：第一，没有证据证明苏禄苏丹曾对这两个小岛提出主权主张或实际行使过权力；第二，没有证据表明，苏禄苏丹将其领地割让给西班牙时也包含了利吉丹和西巴丹岛，且西班牙也从未明示或默示地对该两岛提出过领土主张；第三，没有证据表明西班牙与美国所签订的1900年条约中，将利吉丹和西巴丹转让给了美国；第四，根据1930年英国和美国达成的一项临时安排，美国已经放弃了对西巴丹和利吉丹岛的领土主权主张；第五，美国不可能将其放弃的岛屿转让给英国，因此马来西亚也无法从英国继承其对岛屿的主权。

因此，法院认为，本案不应适用1891年《专约》。虽然苏禄苏丹确定性地将"苏禄列岛及其属地"割让给西班牙，但没有证据证明西班牙认为该议定书适用于利吉丹岛和西巴丹岛。事实上，西班牙在代表北婆罗洲国的英国时期和荷兰时期都未曾明示或默示地对利吉丹岛和西巴丹岛提出过权利主张。对于所有权转移链中的下一个环节，即西班牙与美国于1900年11月7日签订条约"将属于菲律宾列岛的任何和所有岛屿的一切所有权和所有权主张均转让给美国"，西班牙虽因此放弃了其可能对利吉丹岛和西巴丹岛的任何主张，美国并不清楚自己依据该条约已经获得了对哪个岛屿的所有权。因此，英国与美国在1907年通过一份换文作出了一项临时安排。这个临时安排一直持续到1930年1月2日英国与美国缔结一项《专约》为止。通过该条约，美国放弃了其对利吉丹岛和西巴丹岛以及对邻近岛屿可能拥有的任何主张。但由于法院不能依据证据得出美国曾对这些岛

---

[1] "Judgment of 17 December 2002", Case Concerning Sovereignty over Pulau Ligitan and Pulau Sipadan (Indonesia/Malaysia), ICJ, https://www.icj-cij.org/files/case-related/102/102-20021217-JUD-01-00-EN.pdf, Dec. 30, 2018, para 34-92.

屿提出过主权要求的结论,故其拒绝承认美国通过此《专约》将对争议岛屿的所有权转让给了英国,也进而拒绝承认马来西亚从大不列颠及北爱尔兰联合王国那里继承了条约所规定的所有权。[1]

针对双方提出的有效占领的主张,法院认为:第一,不能考虑双方当事国在明确争端日期之后发生的行为;第二,只有明确具体地提及争议岛屿的行为,才能构成对授权的相关表示,而一般性质的规章和行为并不能予以采信。因此,在本案中,印尼所提出的"荷兰皇家海军的巡逻""印尼海军的活动"以及"印尼渔民的私人活动",均未被法院视为有效占领的实施。而马来西亚所提出的在利吉丹和西巴丹岛无论为管理和控制搜集海龟蛋所采取的措施,还是设立鸟类保护区的举动,都是对具体指明的领土在法规和行政上主张权利的行为。灯塔和导航设备的建造和运作虽一般不被认为是国家权力的显示,但在很小的岛屿上建造导航设备可能具有法律上的关联性。[2]

综上,法院认为马来西亚以自己的名义和作为英国继承国展开活动,其活动在相当长的时期内涉及立法、行政和准司法行为的多个方面,从而揭示了马来西亚对利吉丹和西巴丹岛行使国家职能的意图,且印尼及其被继承国荷兰从未对马来西亚的上述活动提出异议。因此,法院在有效占领的基础上判定,马来西亚拥有对两个争议岛屿的主权。

虽然印尼接受了这一判决结果,但其日后在面对类似争端时,均选择以协商的方式解决,而尽量避免再将争端交由第三方裁决。关于该两岛本身的主权归属,两国间不再存在争议,但是马来西亚基于对该两岛的主权,而以该两岛为划定领海的基点,导致两国在安巴拉特海域仍然长期存在争端,甚至一度出现武力对峙的情况。[3]

(三) 未决的海洋争端

1. 与马来西亚的海洋争端

印尼和马来西亚的海洋争端主要集中于安巴拉特海域(Ambalat Area)

---

[1] "Judgment of 23 October 2001-Application by The Philippines for Permission to Intervene", Case Concerning Sovereignty over Pulau Ligitan and Pulau Sipadan (Indonesia/Malaysia), ICJ., https://www.icj-cij.org/files/case-related/102/102-20011023-JUD-01-00-EN.pdf, Dec. 30, 2018, 92-125.

[2] "Judgment of 23 October 2001-Application by The Philippines for Permission to Intervene", Case Concerning Sovereignty over Pulau Ligitan and Pulau Sipadan (Indonesia/Malaysia), ICJ., https://www.icj-cij.org/files/case-related/102/102-20011023-JUD-01-00-EN.pdf, Dec. 30, 2018, 126-149.

[3] 关于该争端,详见下文"与马来西亚的未决海洋争端"部分。

的划界问题和印尼、马来西亚与新加坡三国在新加坡海峡的有关划界问题。[1] 安巴拉特海域位于马来西亚沙巴州东南海岸以外,印尼加里曼丹省以东,属于苏拉威西海的一部分,印尼将其命名为安巴拉特区域(Blok Ambalat)和东安巴拉特区域(Blok Ambalat Timur),马来西亚则将其命名为 ND-6 区域(Blok ND-6)和 ND-7 区域(Blok ND-7)。据估计,该两区域的石油储量多达 6200 万桶,天然气储量多达 3.48 亿立方米。[2]

印尼和马来西亚两国曾长期对于该海域的利吉丹岛和西巴丹岛的归属问题存在争议。1979 年,马来西亚出版大陆架和领海地图,把安巴拉特大部分海域划入自己领海,并以利吉丹岛和西巴丹岛为领海基点。[3] 2002 年,国际法院将两岛判归马来西亚后,马来西亚基于对该两岛的主权,以该两岛作为划定领海的基点,单方面宣称位于苏拉威西海域、加里曼丹省以东,面积超过 1.53 万平方千米的海域归属本国,并于 2005 年 2 月将位于安巴拉特海域的 ND-6 和 ND-7 两区块的油气开采权授予英荷壳牌石油公司。印尼则从 1999 年起就开始开发这一海域的海底石油,并于 2001 年发现储量丰富的海底油田。2004 年 12 月,印尼政府向美国优尼科石油公司(Unocal Corporation)授予了在临近的东安巴拉特区域的开发权。对于马来西亚对该海域的主权主张,印尼一直以来强烈反对,印尼国防部部长更曾公开警告马来西亚勿在印尼拥有主权的该海域挑衅。[4]

从 1979 年到 2009 年的 30 年间,印尼就该争端先后向马来西亚发出过 36 份外交照会。[5] 两国虽然达成以谈判协商的方式解决该争端的共识,但是由于双方都坚持本国对该海域拥有主权,因此谈判缺乏实质基础,并且自 2009 年之后,没有再进行过正式谈判,使得该争端至今仍未彻底解决。[6]

---

[1] 对于后一问题,详见下文"与新加坡的海洋争端"部分。
[2] Selasa, "Cadangan Minyak dan Gas Ambalat Sangat Besar", https://bisnis.tempo.co/read/179337/cadangan-minyak-dan-gas-ambalat-sangat-besar/full&view=ok, Dec. 30, 2018.
[3] See R. Haller-Trost, "Some Comments on the Territorial Sea and Continental Shelf Map of Malaysia", *Ocean Yearbook*, Vol. 12, 1996, pp. 316-333.
[4] 章卓:《印尼马来西亚出兵安巴拉特海域争抢油田》,载新浪网,http://mil.news.sina.com.cn/2008-12-17/1212535235.html,最后访问日期:2018 年 12 月 30 日。
[5] JAKATAGLOBE, "Talks With Malaysia on Ambalat Border Dispute to Resume in July", https://jakartaglobe.id/archive/talks-with-malaysia-on-ambalat-border-dispute-to-resume-in-july/, Dec. 30, 2018.
[6] Damos Dumoli Agusman and Gulardi Nurbintoro, "Hard Work Continues to Settle Maritime Borders", https://www.thejakartapost.com/academia/2018/12/13/hard-work-continues-to-settle-maritime-borders.html, Dec. 30, 2018.

尽管两国在该争议海域摩擦不断，但是总体而言，双方都尽量保持了克制，并未发生直接的武力对抗。近年来，两国关于安巴拉特海域的争端暂时趋于缓和。[1] 为了开发该海域丰富的石油和天然气资源，两国选择搁置争议，加强信息交换方面的合作。[2]

2. 与东帝汶的海洋争端

2002年东帝汶独立后，印尼修改了本国的领海基线。2008年，印尼对于2002年的领海基线又进行了修改并将修改后的领海基线图交存联合国秘书长。[3] 2012年2月16日，东帝汶常驻联合国代表照会联合国秘书长，不承认印尼2008年交存的领海基线图中的两段。第一段是印尼领海基线图中从101E（TD112A）点到101F（TD113）点之间的连线，第二段是101H（TD113B）点到101I（TD114）点之间的连线。在东帝汶看来，第一段领海基线的划设没有考虑到东帝汶的阿陶罗岛（Ataúro Island）与印尼的利兰岛（Pulau Liran）和阿洛岛（Pulau Alor）的中间线（Median Line）；而第二段领海基线的划设则违反了《公约》第47条第5款的规定，因为它包含了东帝汶飞地欧库西（Oecussi）的领海，从而使得东帝汶无法在欧库西海域进入东帝汶的专属经济区和公海。[4]

由于印尼和东帝汶之间的陆地划界问题在经过长达10年的谈判以后依然没有解决，两国间的海洋划界问题迟迟无法展开，因此，印尼尚未修改其2008年交存的领海基线图。印尼—东帝汶边界委员会依然在定期会晤，但由于受历史上的纠葛和现实经济利益的影响，双方在短期内解决包括海洋边界在内的划界问题的难度仍然较大。

3. 与新加坡的海洋争端

围绕着马六甲海峡的划界问题，印尼、马来西亚和新加坡三国进行了

---

[1] Dylan Amirio,"House Will Support Any Security Measure Taken in Ambalat Incursions Case", https://www.thejakartapost.com/news/2015/06/17/house-will-support-any-security-measure-taken-ambalat-incursions-case.html, Dec. 30, 2018.

[2] JAKARTAGLOBE, "Ambalat Border Dispute Ignored for Joint Indonesia/Malaysia Exploration Efforts", https://jakartaglobe.id/news/border-dispute-ignored-for-joint-exploration-efforts-2/, Dec. 30, 2018.

[3] Division for Ocean Affairs and The Law of The Sea, "M. Z. N. 67. 2009. LOS (Maritime Zone Notification)", http://www.un.org/Depts/los/LEGISLATIONANDTREATIES/PDFFILES/mzn_s/mzn67.pdf, Dec. 30, 2018.

[4] Division for Ocean Affairs and The Law of The Sea, "Permanent Mission of the Democratic Republic of Timor-Leste to the United Nations（NV/MIS/85/2012）", http://www.un.org/Depts/los/LEGISLATIONANDTREATIES/PDFFILES/DEPOSIT/communicationsredeposit/mzn67_2009_tls.pdf, Dec. 30, 2018.

近50年的复杂博弈,迄今也未能最终解决。

1973年、2009年和2014年,印尼和新加坡先后完成了新加坡海峡中段、西段和东段的海洋划界,[1] 但这只是初步缓解了两国间关于海洋界限划分的争端,并未彻底消除在新加坡海峡西段和东段的划界中遗留的两个"灰色地带",因为这两个"灰色地带"海域的划界除涉及印尼与新加坡外还涉及马来西亚。目前,该区域划界仍处于谈判中,相关共识始终未能达成。[2]

4. 与帕劳的海洋争端

1994年,帕劳结束托管宣布独立。2007年,印尼和帕劳建交。在帕劳独立到两国正式建交期间,双方从未商讨过海洋划界问题,这使得帕劳成为唯一一个未曾与印尼谈判解决海洋划界问题的争端国家。因此,印尼在建交时表达了与帕劳开展海上划界谈判的意愿。[3]

2008年,帕劳向联合国秘书长交存了一份关于帕劳海洋边界争端的文件。[4] 在所附地图中,帕劳为本国划设了一个大致为五边形的海洋界限,并标注了地理坐标。其东北标注为帕劳与密克罗尼西亚联邦之间的议定边界,西北标注为帕劳与菲律宾尚处争议中的划界,而东南、南、西南三个方向,均标注为帕劳与印尼的争议中边界。[5]

两国划界谈判的主要障碍在于:第一,帕劳提交的海洋边界最南端标注为海伦岛(Helen Island),然而印尼标注为海伦礁(Helen Reef);第二,帕劳的海洋边界主张与印尼、菲律宾同时存在分歧。这意味着,未来如要谈判,除了双边谈判外还存在通过三边协商寻求共识的潜在需要。而由于印尼和菲律宾之间尚存在未决的大陆架划界问题,因此,上述预期中的三

---

[1] 有关三个划界条约的具体内容参见第Ⅱ部分"五、海洋争端解决中(一)通过协定解决的海洋争端"部分。

[2] 王忠田:《印尼与新加坡签署海洋划界协议》,载中国海洋在线,http://www.oceanol.com/gjhy/ktx/2014-09-09/36541.html,最后访问日期:2018年12月30日。

[3] 《印尼与帕劳建交 希望建交后两国商讨边界问题》,载新浪网,http://news.sina.com.cn/o/2007-07-13/200712200429s.shtml,最后访问日期:2019年1月4日。

[4] Division for Ocean Affairs and The Law of The Sea, "M. Z. N. 62. 2008. LOS (Maritime Zone Notification)", http://www.un.org/Depts/los/LEGISLATIONANDTREATIES/PDFFILES/mzn_s/mzn62.pdf, Dec. 30, 2018.

[5] Division for Ocean Affairs and The Law of The Sea, "Republic of Palau Maritime Boundary Contention 2008", http://www.un.org/Depts/los/LEGISLATIONANDTREATIES/PDFFILES/DEPOSIT/plw_mzn62_2008.pdf, Dec. 30, 2018.

边协商将较为艰难。[1]

5. 与中国的海洋争端

印尼与中国在南海海域并不存在关于岛屿主权的领土争端，但在纳土纳群岛附近海域存在海洋权益主张的重叠，并由此引发在相应海域的渔业争端。[2]

2009年5月，中国政府在向联合国秘书长提交抗议越马划界声明的照会时，首次将标有"九段线"的地图附在其中，旨在提请有关方面在对待中国在南海的主权和权益时要充分尊重历史事实，但中国政府从未宣布要以此线作为国界线。[3] 同时，为了消除印尼方面的担心，中国外交部发言人先后于2015年11月12日[4]、2016年3月21日[5]、2016年3月23日[6]和2016年6月23日[7]明确表示，中国与印尼之间不存在领土争端，纳土纳群岛主权属于印尼，中方对此不持异议。但同时，中国一直坚持纳土纳群岛附近海域属于中国渔民的传统渔场和两国海洋权益主张重叠海域，对于在该海域屡次发生的中国渔民被捕事件，希望双方以友好协商的方式妥善解决。[8]

根据1983年《印尼专属经济区法》第2条规定的其专属经济区的范围，中国所主张的"九段线"以内有约83000平方公里的海域属于印尼专

---

[1] 刘畅：《印度尼西亚海洋划界问题：现状、特点与展望》，载《东南亚研究》2015年第5期，第35—40页。

[2] 《2016年6月20日外交部发言人华春莹主持例行记者会》，载中国外交部官网，https：//www.fmprc.gov.cn/web/wjdt_674879/fyrbt_674889/t1373583.shtml，最后访问日期：2018年12月30日。

[3] 中华人民共和国常驻联合国代表团：《中国对马来西亚和越南联合提交外大陆架申请之声明》（CML/17/2009）》，载联合国官网，https：//www.un.org/depts/los/clcs_new/submissions_files/mysvnm33_09/chn_2009re_mys_vnm.pdf，最后访问日期：2018年12月27日。

[4] 《2015年11月12日外交部发言人洪磊主持例行记者会》，载中国外交部官网，https：//www.fmprc.gov.cn/web/fyrbt_673021/t1314278.shtml，最后访问日期：2018年12月30日。

[5] 《2016年3月21日外交部发言人华春莹主持例行记者会》，载中国外交部官网，https：//www.fmprc.gov.cn/web/fyrbt_673021/t1349568.shtml，最后访问日期：2018年12月30日。

[6] 《2016年3月23日外交部发言人华春莹主持例行记者会》，载中国外交部官网，https：//www.mfa.gov.cn/web/fyrbt_673021/t1350108.shtml，最后访问日期：2018年12月30日。

[7] 《2016年6月23日外交部发言人华春莹主持例行记者会》，载中国外交部官网，https：//www.mfa.gov.cn/web/fyrbt_673021/t1374542.shtml，最后访问日期：2018年12月30日。

[8] 《外交部发言人华春莹就印尼海军舰船袭扰枪击中国渔船渔民事答记者问》，载中国外交部官网，https：//www.fmprc.gov.cn/web/wjdt_674879/fyrbt_674889/t1373394.shtml，最后访问日期：2018年12月30日。

属经济区。[1] 因此，对于"九段线"在纳土纳群岛附近海域的分布，印尼方面表示强烈不满。2010年7月，印尼向联合国秘书长发出外交照会，称中国的"九段线"地图缺乏国际法依据，并且极力贬低南海岛礁的法律地位，称这些岛礁不能产生专属经济区和大陆架。[2] 2014年10月至2018年8月，印尼炸沉了448艘外国渔船。[3] 其中，在该海域正常作业的中国渔船屡次被炸沉、中国渔民被捕。[4] 2017年，印尼发布新版官方地图，将该争议海域命名为"北纳土纳海"（North Natuna Sea），以此否认中方认为该海域属于中国传统渔场的定性[5]。虽然中国外交部表示这一更名"毫无意义",[6] 但是印尼方面却认为，更名海域属于印尼经济专属区，其有权对海域更名。[7]

随着佐科政府对待该海域的态度日益强硬，关于该海域的海洋权益争端和渔业争端亟待双方协商解决。[8]

---

[1] FAO, "Law No. 5 of 1983 on the Indonesian Exclusive Economic Zone", http://extwprlegs1.fao.org/docs/pdf/ins1641.pdf, Dec. 30, 2018.

[2] Division for Ocean Affairs and The Law of The Sea, "No. 480/POL-703/VII/10", http://www.un.org/depts/los/clcs_new/submissions_files/mysvnm33_09/idn_2010re_mys_vnm_e.pdf, Jan. 10, 2018.

[3] 东博社：《印尼炸沉125艘外国渔船：多艘越南、菲律宾、马来西亚渔船被炸沉》，载印尼国际日报网，http://eguojiribao.com/2445/，最后访问日期：2019年3月23日。

[4] 中国外交部官网，https://www.fmprc.gov.cn/web/wjdt_674879/fyrbt_674889/t1373394.shtml，最后访问日期：2018年12月30日。

[5] 见路透社新闻，https://www.reuters.com/article/us-indonesia-politics-map/asserting-sovereignty-indonesia-renames-part-of-south-china-sea-idUSKBN19Z0YQ，最后访问日期：2018年12月30日。

[6] 《2017年7月14日外交部发言人耿爽主持例行记者会》，载中国外交部官网，https://www.fmprc.gov.cn/web/wjdt_674879/fyrbt_674889/t1477885.shtml，最后访问日期：2018年12月30日。

[7] Luke Hunt, "Indonesia New North Natuna Sea: A Response to an Old China Problem", https://thediplomat.com/2017/08/indonesia-new-north-natuna-sea-a-response-to-an-old-china-problem/, Dec. 30, 2018.

[8] Yenni Kwok, "Indonesian President Boards Warship in Message to China", http://time.com/4379401/indonesia-china-jokowi-natuna-sovereignty-maritime-fishing-dispute/, Dec. 30, 2018.

六、国际海洋合作

(一) 海洋防务合作

由于印尼的海上军事实力有限,对外合作一直是其海洋战略中的必要发展路径。但由于其特殊的地缘政治特点,印尼对外安全合作一直非常谨慎。20世纪80年代起,印尼开始与他国开展海上安全合作,分别与马来西亚组建安全联合部队以及与澳大利亚签订安全保障协定。2002年《南海各方行为宣言》颁布后,印尼开始逐渐尝试适度参与区域安全合作,以弥补国家经济增长能力有限所导致的国防能力建设不足等问题。[1]

2004年,印尼在与马来西亚、新加坡、泰国等国开展了海峡安全合作之后,对其他与海上安全有关的联合行动表现出了相对积极的态度。2005年,印尼与中国签署了"战略伙伴关系"协定,确立了包括建立军事互访机制、发展军事工业、应对非传统安全合作等在内的28项加强双边关系的措施。次年,两国又确立了中国—印尼军事安全协作机制。[2]

除了与亚太地区国家建立广泛的合作关系之外,印尼还分别与美国、澳大利亚建立了推动双边国防领域合作的"印尼—美国安全对话""美国—印尼双边国防对话""印尼—澳大利亚战略防御对话"等论坛,确立了与美国在国际军事教育、武器销售、军事演习等领域的合作意向,以及与澳大利亚在防御合作、反恐合作和海事安全合作领域的合作关系。此外,印尼与德国、英国、法国、荷兰、意大利、西班牙等欧盟国家就军备购买、技术转让等问题签署了合作备忘录和协议。

1. 与中国的合作

2005年4月25日,印尼与中国签署了《中国与印尼关于建立战略伙伴关系的联合宣言》,确立了包括建立军事互访机制、发展军事工业、应对非传统安全合作等在内的28项加强双边关系的措施。[3]

---

[1] Jan Pieter Ate, "The Reform of the Indonesian Armed Forces in the Context of Indonesia's Democratisation", http://www.defence.gov.au/ADC/Publications/Shedden/2010/Publctns_ShedPaper_100924_ReformoftheIndonesianArmedForces.pdf, Feb. 12, 2019.

[2] 《中华人民共和国与印度尼西亚共和国联合声明》,载中国政府网,http://www.gov.cn/gongbao/content/2005/content_69398.htm,最后访问日期:2019年1月24日。

[3] 吴艳:《印度尼西亚海洋战略探析》,载《战略决策研究》2014年第5期,第50—59页。

以2006年建立的防务安全磋商机制为起点，印尼与中国在传统和非传统安全领域不断深化海洋合作。2007年11月，印尼与中国国防部长在北京签署了《中国与印尼关于防务领域合作的协议》。[1] 2009年至2014年年末，印尼海军与中国签订了3份购买C705反舰导弹的合同，并计划通过技术转移到印尼国内生产。印尼还选用了中国研发的730型近程防御武器系统改装KCR-60M型导弹艇。中国多次邀请印尼海军来华进行技术培训。两国海军互访自2006年以来几乎没有间断。[2]

2011年4月29日，中国和印尼在雅加达共同发表《中华人民共和国政府和印度尼西亚共和国政府关于进一步加强战略伙伴关系的联合公报》。其中，第9条提出："双方重申海上合作对发展两国战略伙伴关系的重要意义，承诺继续加强在航行安全、海上安全、海军合作、渔业开发活动，打击非法、不报告及不受管制的渔业捕捞活动，海洋科研环保等领域的交流与合作。"第17条强调："双方一致认为，为应对二十一世纪传统和非传统安全挑战，两国应进一步加强战略防务合作。为此，双方承诺，进一步加强包括联合演习、海上安全、国防工业在内的防务及其能力建设领域的合作，并加强在非传统安全领域的交流与合作。"[3]

2013年，两国海军就加强区域海洋安全方面合作达成协议，共同维护贸易通道安全。两国在《中印尼全面战略伙伴关系未来规划》中提出将扩展海洋合作领域，进一步加强在航行安全、海上安全、海军合作、海洋科研与环保、海上搜救、渔业、蓝色经济等领域的务实合作。[4]

2014年和2016年，中国舰艇编队参加了在印尼举行的"科摩多"多边人道主义救援联合演习。[5] 2015年3月，两国签署了《海上搜救合作谅解备忘录》，并于同年11月首次举行联合海上搜救沙盘演习，提升海上

---

[1]《曹刚川与印尼防长会谈 签署两国防务合作协议》，载中国驻印尼大使馆官网站，https://www.fmprc.gov.cn/ce/ceindo/chn/xwdt/t379084.htm，最后访问日期：2019年1月14日。

[2] 梁福龙：《中国助印尼造C705导弹 与南海局势无关》，载观察者网，https://www.guancha.cn/Neighbors/2012_07_29_87558.shtml，最后访问日期：2019年2月26日。

[3]《中华人民共和国政府和印度尼西亚共和国政府关于进一步加强战略伙伴关系的联合公报》，载中国驻印尼大使馆官网，http://id.chineseembassy.org/chn/zgyyn/zywx/t819218.htm，最后访问日期：2018年12月27日。

[4]《中印尼全面战略伙伴关系未来规划》，载中国外交部官网，https://www.fmprc.gov.cn/web/gjhdq_676201/gj_676203/yz_676205/1206_677244/1207_677256/t1084574.shtml，最后访问日期：2019年2月26日。

[5] 顾时宏：《印尼"科摩多"多边人道主义救援演习开演》，载中国新闻网，http://www.chinanews.com/gj/2014/03-29/6007911.shtml，最后访问日期：2019年1月14日。

救援协同能力。两国也在多边框架下进行了非传统安全合作。[1]

2. 与美国的合作

1991年至2005年，由于美国在印尼武装部队侵犯人权后对其实施制裁，美国与印尼的国防关系陷入僵局。然而今天，两国之间的安全和国防关系已成为印美关系的亮点。从2005年前几乎没有互动，到当前两国每年高达170多场双边军事演习，印美双方关系已有很大改善。与此同时，国防销售已经成为两国国防关系的重要组成部分，印尼多次购买美国的阿帕奇直升机和退役的F-16战斗机。同样，曾在制裁实施期间被切断的美国军事援助也得到恢复，这些促进了美国和印尼军队之间的大量互动。[2]

美国和印尼执法合作也很密集。第一，美国司法部的国际刑事调查培训援助计划（ICITAP）为印尼国家警察提供组织发展及与系统和政策改进相关的协助，以打击跨国犯罪、保护自然资源以及海上和边境安全。[3] 第二，打击和阻止在印尼和更广泛的东盟地区的非法、未报告和无管制（以下简称"IUU"）捕捞活动。第三，美国国际开发署为印尼提供相关技术促进其系统集成能力建设；美国国家海洋和大气管理局、司法部和国防部通过采购技术，系统集成和能力建设来协助印尼。如，实施联合国粮农组织的《港口国措施协定》，在印尼进行渔业执法以及信息和情报分析有关的培训；支持印尼遵守美国海洋资源可追溯性计划的新数据能力，以配合打击美国商业中的海产品欺诈。[4]

2009年，印尼首次派遣国家安全部队人员参与由美国、日本、泰国和新加坡共同组织的"金色眼镜蛇"（Cobra Gold）联合军事演习。[5] 2016年，来自美国、日本、韩国、印尼、马来西亚等27个国家共8000多名陆海空军方人员参加"金色眼镜蛇"军演。该次演习重点演练非战斗性项

---

[1] 《中国和印尼关于加强两国全面战略伙伴关系的联合声明》，载中国政府网，http：//www.gov.cn/xinwen/2015-03/27/content_2838995.htm，最后访问日期：2019年1月24日。

[2] CSIS, "Enhancing the U.S.-Indonesia Strategic Partnership", https：//www.csis.org/analysis/enhancing-us-indonesia-strategic-partnership, Dec. 27, 2018.

[3] U.S. Embassy & Consulates in Indonesia, "Fact Sheet: United States-Indonesia Relations", https：//id.usembassy.gov/our-relationship/policy-history/embassy-fact-sheets/fact-sheet-united-states-indonesia-relations/, Dec. 27, 2018.

[4] U.S. Embassy & Consulates in Indonesia, "Fact Sheet: U.S.-Indonesia Maritime Cooperation", https：//id.usembassy.gov/our-relationship/policy-history/embassy-fact-sheets/fact-sheet-u-s-indonesia-maritime-cooperation/, Dec. 27, 2018.

[5] "金色眼镜蛇"军演由美军太平洋司令部和泰国联合军司令部共同主办，每年实施多国维和军演。其主要演练目标是向发生武力纷争的地区投入多国维和部队，以平息战乱、恢复稳定。

目，宗旨是应对地区乃至全球性安全挑战，加深国际合作，维护亚太地区稳定。[1]

3. 与澳大利亚的合作

印尼和澳大利亚之间的地理位置较为接近。作为在印度洋—太平洋地区（The Indo-Pacific Region）最重要的两个国家，推进以海洋安全为中心的双边合作，已经成为两国关系的重要内容。两国有诸多共同的海洋利益，包括：维持良好的海上秩序；防止海盗、人口走私和非法捕鱼；保护海洋环境；维持区域稳定，和平解决领土争端；消除对海上通信安全的威胁等。2015 年，澳大利亚、印尼外交和国防部长举行了第三次"2＋2"对话。在这次对话中，双方表示：澳大利亚和印尼分别是世界上唯一的岛屿大陆（Island Continent）和世界上较大的群岛国家，处于太平洋和印度洋的关键位置，迫切希望建立一个人口、贸易及环境都得到蓬勃发展的安全海洋领域。[2]

在这些利益的基础上，两国于 2017 年 2 月发布了《海事合作联合声明》（Joint Declaration on Maritime Cooperation between the Government of Australia and the Government of the Republic of Indonesia）。该声明致力于达成：畅通的合法商业贸易、航行自由和飞越领空以及可持续利用海洋生物资源的渠道；维护该区域的和平、安全与稳定，充分尊重法律和外交政策，以及根据国际法和平解决海洋争端；解决海上跨国犯罪所带来的挑战等目标。这些原则的范围从海洋生物资源的可持续性发展到海洋基础设施建设和海上安全防护均有覆盖。[3]

4. 与印度的合作

印尼和印度作为拥有共同海洋边界的国家，多年来一直致力于加强海洋合作。2001 年，两国签订了《国防领域合作活动协定》（Bilateral Agreement on Cooperative Activities in the Field of Defence），随后陆续开展人员培

---

[1]《美泰举行"2017 金色眼镜蛇"联合军演 9 国将参加演习》，载新华网，http://www.xinhuanet.com/world/2017-02/13/c_129477695.htm，最后访问日期：2019 年 1 月 24 日。

[2] Minister for Foreign Affairs（AU），"Archived（18-Sep-2013-28-Aug-2018）"，https://foreignminister.gov.au/releases/Pages/2015/jb_mr_151221.aspx，Jan. 25，2019.

[3] "Joint Declaration on Maritime Cooperation between the Government of Australia and the Government of the Republic of Indonesia"，https://dfat.gov.au/geo/indonesia/Documents/australia-indonesia-joint-declaration-maritime-cooperation.pdf，Fed. 26，2019.

训、港口互访、印度洋海军巡逻等合作和交流。印尼于 2007 年批准了该协定。[1]

2016 年 11 月，印尼总统佐科首次访问印度。在该次访问发表的专门联合声明中，双方同意增强军事交流，增加国防交流、训练和联合演习的频率，探讨国防工业之间的合作，以便通过技术转让、技术援助和能力建设合作实现联合生产设备。双方强调了海洋对各自国家、周边和世界的重要性，承诺加强包括在海事安全、海上航行及其他海事领域的合作以及在预防和打击非法捕捞等领域的合作。

2017 年 12 月，印尼总统佐科再次访问印度，提出制定两国海上安全合作指针，建议两国联合开展海上巡逻、定期交流、联合演习、情报共享，并合作生产防务装备与系统。

2018 年 5 月 30 日，印尼总统佐科和印度总理莫迪在雅加达签署了国防合作协议，宣布印度将通过提供资金以及技术转让来支持印尼军队的现代化项目。双方将扩大在联合生产、技术转让与援助、优先军品采购等方面的合作，深入挖掘两国在国防工业领域的合作潜力，并加强在军事对话、联合演习、海上安全以及反对恐怖主义、网络犯罪、武器走私和洗钱等问题上的合作。这些都将进一步深化两国的防务关系，推动建立新的"全面战略合作伙伴关系"，使两国安全关系进入一个新阶段。

2018 年 6 月，印度"卡莫尔塔"号及"沙克蒂"号两艘护卫舰靠泊印尼望加锡港口，开始对印尼进行为期三天的访问。随着海洋安全形势的发展，两国海上合作更加频繁。作为海上邻国，两国都希望共同确保该地区海上秩序的稳定，两国海军也在各自的国家海洋边界线上举行了多次联合海巡，印度甚至提出在潜艇行动中培训印尼水兵，以促进海上安全合作。

2018 年 11 月 12 日至 18 日，印度与印尼海军举行了有史以来首次双边联合演习，印度东部海军司令部东部舰队派出了最先进的"拉那"号导弹驱逐舰。此次代号为"海洋力量"的演习互动再次成为印度与印尼国防关系的焦点。

此外，武器装备采购也是印尼与印度防务合作的一个重要内容。目前，印度对印尼武器出口水平层级较低，为此一直寻求提升与印尼国防合

---

[1] Vibhanshu Shekhar, "India-Indonesia Relations: An Overview", https://www.files.ethz.ch/isn/95449/IPCS-Special-Report-38.pdf, Feb. 26, 2019.

作等级,特别鼓励本国军工企业和印尼军工企业开展各领域的合作。根据国际货币基金组织的预计,印尼的GDP今后每年将保持6.2%—6.8%的增幅,到2030年其GDP按照购买力比值计算将成为世界第6—8大经济体,仅次于中国、美国、印度、日本和巴西。随着经济的发展,印尼军事支出也将继续增加,在马来西亚和泰国不断减少武器采购的背景下,印尼可能成为东南亚地区潜在的第一武器进口大国。[1]

5. 与菲律宾的合作

印尼和菲律宾同为东盟的创始成员,两国都位于东南亚海洋的战略位置,长期以来一直寻求在打击恐怖主义和打击海盗等危害海洋安全方面进行合作。双边安全协作的一个重要方面就是在海事领域的深化合作。海上合作不仅包括双方之间的信息交流、访问和巡逻(涵盖在苏禄—苏拉威西海的三边巡逻),还包括设备的转让和开发。印尼正在寻找其国内国防工业的出口市场,菲律宾也在加强国防设备的进口和研发,这为两国之间寻求共同合作提供更多机遇。[2]

2001年,菲律宾总统阿罗约(Gloria Macapagal Arroyo)和印尼总统梅加瓦蒂(Megawati Soekarno Putri)讨论了如何加强双边安全合作,同时订立了贸易协定。两国就联合打击海上海盗行为以及加强两国情报和安全部门之间的合作进行了磋商。[3]

2005年,印尼和菲律宾政府达成了《双边安全合作协议》(Bilateral Security Cooperation Agreement),其中双方愿意共同维护北苏拉威西、婆罗洲、棉兰老南部和马鲁古北部地区的海上安全。[4]

2017年6月,马来西亚、菲律宾和印尼通过《三边合作安排》(TCA),即通过三边海上巡逻队(TMP)开展军事合作。三边海上巡逻队由马来西亚武装部队、菲律宾武装部队和印尼国家武装部队共同组成,旨在加强三国对沙巴水域的监视,以解决和打击包括恐怖主义入侵在内的任

---

[1] 凌云志:《印度印尼首次海军联演:武器出口诱惑与东进3.0》,载搜狐网,http://www.sohu.com/a/277661923_260616?spm=spmc.csrpage.news-list.4.1548376811096ndmb3Nz,最后访问日期:2019年1月25日。

[2] Prashanth Parameswaran, "Naval Visit Spotlights Indonesia-Philippines Maritime Ties", https://thediplomat.com/2018/10/naval-visit-spotlights-indonesia-philippines-maritime-ties/, Dec. 9, 2018.

[3] Cáceres-Solari AH, *Indonesia, Malaysia, and the Philippines Security Cooperation in the Celebes Sea* (master's thesis., Naval Postgraduate School Monterey, CA, 2008), p. 9.

[4] Ibid.

何威胁,从而维护沙巴地区的主权和海上安全。[1]

2018年10月22日,一艘印尼海军舰艇抵达菲律宾进行友好访问。虽然这只是两国广泛关系中的众多互动之一,但它仍然是东南亚各国在海洋领域持续活动和紧密合作的重要体现。[2]

6. 与日本的合作

2008年,印尼与日本共同发布了《海上安全合作宣言》(Joint Declaration on Security Cooperation between Japan and Indonesia),巩固了两国在情报交流、技术培训、军事教育和训练等方面的合作。

2015年3月23日,日本与印尼在东京签署了一份谅解备忘录,旨在增强日本与印尼两国间的国防装备及技术合作,包括国防工业方面的合作。此外,两国政府还在国防后勤保障方面达成合作意向。[3]

(二) 海洋油气资源合作

由于地处亚欧、印度洋和太平洋三大板块交汇处,印尼的石油、天然气资源丰富,石油储量约97亿桶,天然气储量约5万亿立方米。[4] 印尼是世界上最早发展石油天然气工业的国家之一,其于1962年加入石油输出国组织(Organization of Petroleum Exporting Countries, OPEC),曾是亚洲唯一的OPEC成员国。20世纪90年代以来,石油产量下降、国内消费量增加,使得印尼于2004年成为原油净进口国,于2008年暂时退出OPEC。2016年1月,印尼重新加入OPEC,但于同年12月再度退出,原因是印尼不愿满足OPEC关于石油减产5%的要求。同时,印尼也是世界第十大天然气生产国和亚太地区第二大天然气生产国。[5] 尽管印尼国内的天然气消

---

[1] The Star Online,"Hisham: Malaysia, Philippines, Indonesia to Foster Military Cooperation", https://www.thestar.com.my/news/nation/2017/06/09/hisham-malaysia-philippines-indonesia-to-foster-military-cooperation/, Dec. 9, 2018.

[2] Prashanth Parameswaran,"Naval Visit Spotlights Indonesia-Philippines Maritime Ties", https://thediplomat.com/2018/10/naval-visit-spotlights-indonesia-philippines-maritime-ties/, Dec. 9, 2018.

[3] 闵睿:《日本与印度尼西亚签署国防装备和技术合作协议》,载中国新闻网,http://www.chinanews.com/mil/2015/03-27/7164888.shtml,最后访问日期:2019年1月1日。

[4] 参见中国外交部官网, https://www.fmprc.gov.cn/chn///pds/gjhdq/gj/yz/1206_43/1206x0/t9382.htm,最后访问日期:2018年12月28日。

[5] Global Business Guide Indonesia,"Indonesia's Gas Industry: Prioritising Domestic Demand and New Opportunities", http://www.gbgindonesia.com/zh-cn/energy/article/2012/indonesia_s_gas_industry_prioritising_domestic_demand_and_new_opportunities.php, Dec. 29, 2018.

费量一直在增长，但仍是天然气的主要出口国。[1] 由于缺乏技术和资金，一直以来，印尼主要通过与其他国家合作的方式进行油气勘探开发活动，与中国、美国、俄罗斯等国家有密切的油气资源合作。

1. 与中国的合作

中国和印尼的能源合作是两国经济合作的重要组成部分。中国与印尼的能源合作有着良好的基础，中国能源企业从20世纪90年代开始参与印尼的能源开发。中国海油石油股份有限公司（以下简称"中海油"）、中国石油股份有限公司（以下简称"中石油"）等能源企业在印尼的多个油田拥有股权，并涉及下游炼油业务。

2002年，中国—印尼第一次能源论坛在印尼巴厘岛举行，此后，双方分别于2006年、2008年、2010年、2017年举行中国—印尼能源论坛。能源论坛的成功举办，为两国加强能源交流与合作营造了更加良好的环境，促进两国在能源领域加深了解和扩大合作。其中，2006年，两国在中国—印尼第二次能源论坛期间签署了《中华人民共和国政府和印度尼西亚共和国政府关于能源和矿产资源领域合作的谅解备忘录》。2017年，两国在中国—印尼第五次能源论坛期间签署了《中华人民共和国国家能源局与印度尼西亚能源矿产部关于能源合作的谅解备忘录》。印尼能源和矿产资源部部长表示，印尼愿在"一带一路"框架下全面加强与中国的能源合作，期待中国油气企业更好地参与印尼上游油气勘探开发和下游产品加工。[2]

以中石油和中海油为例。2002年，中石油购买了美国戴文能源公司（Devon Energy）在印尼的6个区块的油气资产，并于同年成立中石油国际（印尼）公司。自公司成立以来，油气产量年均增长11%，成为印尼第七大石油公司。2003年，该公司购买了马来西亚国际矿产能源公司（Malaysia International Mining Resources）在印尼 Selat Bangka 区块 45% 的权益。[3] 目前，该公司在印尼拥有9个合同区块，生产的油气产品涵盖原油、凝析油和天然气等。[4]

---

[1] World Energy Counci,"Energy in Indonesia", https：//www.worldenergy.org/impact-communities/members/entry/indonesia, Dec. 29, 2018.
[2] 梁辉：《中国和印尼加强能源合作》，载新华网，http：//www.xinhuanet.com//2017-11/13/c_1121949868.htm，最后访问日期：2018年12月29日。
[3] 中国石油勘探开发研究院：《印尼油气资源及中国石油合同区块现状》，载中国投资指南网，http：//bfsu.fdi.gov.cn/1800000618_3_4489_0_7.html，最后访问日期：2018年12月30日。
[4] 马莹莹：《中国石油和印尼国家石油公司签署谅解备忘录》，载中国能源网：http：//www.cnenergy.org/yq/201711/t20171115_448339.html，最后访问日期：2018年12月30日。

中海油于 1994 年购买了阿莫科公司[1]在印尼 Malacca Strait 区块 32.58% 的权益，1995 年又从日本公司购买 6.93% 的权益，从而使总权益达到 39.51%。2002 年，中海油成功收购了西班牙瑞普索（Repsol-YPE）公司在印尼五个产品分成合同（Production Sharing Contract）区块的部分权益。这些权益包括：东南苏门答腊（South East Sumatra）65.34% 的权益、西北爪哇海（Offshore NW Java）36.72% 的权益、西马杜拉（West Madura）25% 的权益、坡棱（Poleng TAC）50% 的权益、布劳拉（Blora）16.7% 的权益，成为印尼海上最大的石油生产商。2003 年年初，中海油又购买了印尼 TANGGUH 项目 12.5% 的权益。[2] 2008 年，中海油福建天然气有限责任公司在印尼投资约 240 亿元人民币，开发福建省液化天然气（LNG）总体项目，这是中国—印尼油气资源合作的重大项目，也是第一个完全由印尼国内企业自主引进、建设和管理的液化天然气项目。2010 年，中海油、苏门答腊能源（Samudra Energy）以及赫斯基能源（Husky Energy）三家公司共同投资马都拉海峡（Madura Strait）天然气产品分成合同项目。该项目所在区块的天然气储量达 4420 亿立方英尺，项目所需投资为 6.5 亿美元。[3]

2013 年 5 月，中石油在印尼苏门答腊岛的 14 座石油与天然气井的入口被当地政府封锁。此次事件与印尼政治环境、经济环境、外交政策的变动有关，对投资者信心产生了不利影响，并使中国和印尼间的能源合作论坛一度关闭。2014 年，新任总统佐科上台后，着力改善印尼能源领域的投资环境，中国—印尼的能源论坛于 2017 年恢复。

2016 年，印尼对中国的油气出口总额超过 192 亿美元，占印尼对中国出口总量的 90.4%，双方合作规模正持续扩大、产业链不断延伸。[4] 2018 年，中国和印尼继续加强两国间的油气合作，致力于打造"亚太油气

---

[1] 阿莫科公司曾经是世界上第十二位、美国第五位的上下游一体化的综合性跨国石油公司，业务遍及世界上 40 多个国家和地区，1998 年被英国石油公司并购。
[2] 中国石油勘探开发研究院：《印尼油气资源及中国石油合同区块现状》，载中国投资指南网，http：//bfsu.fdi.gov.cn/1800000618_3_4489_0_7.html，最后访问日期：2018 年 12 月 30 日。
[3] 唐芳：《中海油与印尼能源企业合资开发印尼天然气项目》，载人民网，http：//energy.people.com.cn/GB/13056946.html，最后访问日期：2018 年 12 月 30 日。
[4] 林永传：《时隔七年重启能源论坛 中印尼签能源合作〈谅解备忘录〉》，载中国新闻网，http：//www.chinanews.com/ny/2017/11-13/8375433.shtml，最后访问日期：2018 年 12 月 29 日。

合作区"。[1]

2. 与美国的合作

印尼与美国有着久远和密切的油气资源合作。早在1912年，美国的石油公司就开始在印尼进行石油勘探活动。

1980年，埃克森美孚公司（Exxon Mobil）与印尼政府签署了一份产品分成合同，规定埃克森美孚对位于南海的东纳土纳区块（East Natuna Block）享有开发权。据估计，该区块含有约222万亿立方英尺天然气。2012年8月，埃克森美孚的子公司埃索纳土纳（Esso Natuna）、印尼国家石油公司（Pertamina）和泰国国家石油公司（PTT Thailand）组成的财团与印尼政府在签署开发东纳土纳的产品分成合同中对协议原则（POA）进行了重申。2015年12月，印尼政府同意将协议原则延长30个月，承认有必要进一步评估和审查技术条件和全球市场状况，以便找到资源商业化的方法。[2]

雪佛龙公司（Chevron）与印尼的油气合作可以追溯到1924年。当时，雪佛龙的前身加利福尼亚标准石油公司（Standard Oil Company of California）曾向苏门答腊岛（Sumatra）派出地质探险队。1941年，雪佛龙开始在杜里（Duri）油田进行钻探活动。在半个多世纪的时间里，雪佛龙在廖内省（Riau Provinces）和东加里曼丹省（East Kalimantan Provinces）的陆上和海上油田生产了120多亿桶石油。[3] 雪佛龙在加里曼丹的经营权益包括4个海上产品分成合同区域，位于库特伊盆地（Kutei Basin）11100平方公里的近海区域。然而，2016年，雪佛龙告知印尼政府其不会延长在东加里曼丹的产品分成合同的合同期，并打算于2018年到期时将资产退还给印尼政府。[4]

印尼库特伊盆地有两个天然气深水开发项目，统称"印尼深水开发项目"（Indonesia Deepwater Development，以下简称"Bangka项目"）。2014年，雪佛龙在获得印尼政府的批准后投资了该项目，并于该年下半年开始

---

[1] 李新民：《中国携印尼打造"亚太油气合作区"》，载中国一带一路网，https://www.yidaiyilu.gov.cn/xwzx/hwxw/45471.htm，最后访问日期：2018年12月30日。

[2] Exxon Mobil, "Our history in Indonesia", https://www.exxonmobil.co.id/en-ID/Company/Overview/Who-we-are/Our-history-in-Indonesia, Dec. 30, 2018.

[3] Chevron Global, "About Chevron in Indonesia", https://indonesia.chevron.com/en/about, Dec. 30, 2018.

[4] Chevron Global, "Our Businesses in Indonesia", https://indonesia.chevron.com/en/our-businesses, Dec. 30, 2018.

钻探活动。雪佛龙在 Bangka 项目中拥有 62% 的权益，并于 2016 年 8 月开始生产天然气。该项目的产能为 1.1 亿立方英尺天然气和每天 4000 桶凝析油。通过 Bangka 项目，雪佛龙向印尼转移了先进的技术，有利于印尼能源生产的安全与高效。[1]

3. 与俄罗斯的合作

印尼和俄罗斯的双边关系曾历经波折。印尼建国初期，与苏联保持良好关系，曾得到苏联不少援助。冷战期间，印尼成为美国在东南亚的重要盟友，印苏关系逐渐冷却。近年来，俄罗斯与印尼的关系逐步加强。2003 年，两国签署的《面向 21 世纪友好伙伴关系原则宣言》，成为俄罗斯与印尼双边关系的一个历史转折点。[2] 俄罗斯将印尼视为其在亚太地区潜力巨大的伙伴，两国在能源领域有密切的合作关系。

2007 年 4 月，俄罗斯卢克石油公司（Lukoil Holdings）与印尼国有石油天然气公司（Pertamina）签署了联合勘探和开发油气田的合作备忘录。同年 9 月，两家公司进一步就联合研究印尼几个区块达成协议。双方同意设立一个指导委员会和一个联合技术小组，研究印尼各区域的近海和岸上地区，旨在为油气区块的进一步勘探开发提供数据评估和解释依据。上述安排极大地促进了两家公司在油气勘探和生产领域的合作。

2007 年，俄罗斯苏尔古特集团（Sintez Group）与印尼国有石油公司签署协议，规定苏尔古特石油天然气公司在石油勘探和炼油领域向印尼方提供技术服务。俄罗斯苏尔古特集团的一家子公司苏尔古特石油天然气公司（Sintezmorneftegaz）于 2008 年与印尼油气上游操作执行委员会（Indonesian Upstream Oil and Gas Executive Agency，以下简称"BPMigas"）[3] 签订了一份产品分成合同。根据该合同，苏尔古特获得 East Bawean-I 区块油田的地质调查和开采权。[4]

---

[1] Chevron Global, "Indonesia Deepwater Development", https：//indonesia. chevron. com/en/our-businesses/indonesia-deepwater-development, Dec. 30, 2018.

[2] 叶平凡：《俄罗斯加深与印尼合作 欲在东南亚重振雄风》，载暨南大学东南亚研究所网站，https：//dnyyj. jnu. edu. cn/08/c0/c5952a133312/page. htm，最后访问日期：2018 年 12 月 30 日。

[3] 印尼油气资源长久以来被印尼国家石油公司控制，但其 2001 年通过的《石油天然气法》收缩了政府在石油天然气领域的权力，印尼国家石油公司的产品分成合同管理职能划归油气上游操作执行委员会（BPMigas），下游管理业务划归下游管理委员会（BPHMigas），印尼国家石油公司成为一个单纯的有限责任公司参与市场竞争。

[4] Business Council for Cooperation with Indonesia, "Main Areas of Trade and Economic Cooperation", http：//bcri. ru/en/main-areas-trade-and-economic-cooperation, Dec. 30, 2018.

另外，俄罗斯佩特集团（Petros Group）于 2010 年年初在雅加达开设办事处。该公司一直在印尼大力推广先进的提高采油率（EOR）的方法，提供基于加速清除固体油污技术的油罐清洗服务和高效的矿藏勘探技术。

4. 与法国的合作

法国道达尔公司在印尼油气产业的上游和下游部门都建有子公司。道达尔勘探与生产公司（印尼公司）（Total E&P Indonesia，以下简称"TEPI"）自 1968 年建立以来，一直在运营位于东加里曼丹（East Kalimantan）的 Mahakam 区块。自 2000 年以来，TEPI 一直是印尼最大的天然气生产商。目前，邦坦液化天然气厂（Bontang LNG Plant）82% 的天然气由其供应。道达尔将其在印尼的业务扩展到马哈卡姆（Mahakam）地区以外。截至 2012 年，该公司已对 15 个区块拥有权益。道达尔于 2003 年通过子公司道达尔石油公司印尼分公司（PT. Total Oil Indonesia）进入下游市场，开始在印尼销售道达尔和 Elf 品牌的润滑油。[1]

5. 与沙特阿拉伯的合作

印尼从沙特进口大量的石油，两国在石油勘探开发和冶炼等领域也有密切的合作关系。2012 年 2 月，沙特阿拉伯阿美公司（Aramco）的子公司沙特阿拉伯阿美公司亚洲分公司（Saudi Aramco Asia Company Limited）和印尼国有石油公司（Pertamina）签署了一份谅解备忘录，共同在印尼爪哇（Java）的图班（Tuban）建设一个综合炼油和石化项目。[2]

2017 年 3 月，沙特阿拉伯国王萨勒曼（Salman Abdulaziz Al Saudi）与印尼总统佐科进行了会谈，两国建立了油气合作关系。沙特阿拉伯阿美公司投资 60 亿美元，与印尼国有石油公司在芝拉扎（Cilacap）共同建设炼油厂。此外，双方还讨论了沙特在杜迈（Dumai）、巴隆岸（Balongan）及文当（Bontang）投资建设炼油厂以及在占碑（Jambi）的矿井口建设蒸汽发电站等合作事宜。[3]

6. 与伊朗的合作

2016 年 12 月，印尼总统佐科在对伊朗进行国事访问期间，会见了伊朗总统哈桑·鲁哈尼和一些商界代表。两国领导人都表示致力于通过扩大经济合作，特别是能源领域的合作，将双边关系提升到新的高度。印尼同

---

[1] Total, "Total in Indonesia", https：//www.total.id/total-indonesia, Dec. 31, 2018.

[2] OGN, "The Story of Saudi Aramco-Timeline", http：//www.oilandgasnewsworldwide.com/Article/35116/The_ story_ of_ Saudi_ Aramco_ %E2%80%93_ Timeline, Dec. 31, 2018.

[3] 《沙特阿美公司与国油缔结油气合作》，载《印尼国际日报》2017 年 3 月 3 日，第 A3 版。

意在2017年从伊朗购买超过500000吨的液化石油气。伊朗承诺在东爪哇投资建设一座炼油厂和在尚未确定的区域投资建设一座5000兆瓦移动电力装置（Mobil Power Plant）。哈桑·鲁哈尼称印尼是伊朗的能源战略合作伙伴，并表示伊朗会满足印尼对石油、天然气、液化石油气以及该行业其他产品的需求。[1]

（三）渔业合作

作为世界最大的群岛国，印尼拥有丰富的渔业资源，但其生产力较低，技术工艺落后，缺乏资金，本国渔业资源开发能力不足。因此，政府鼓励外国投资者投资渔业，促进渔业合作，并接受国际援助。同印尼进行渔业合作的国家主要有中国、澳大利亚、菲律宾、日本等，合作内容主要集中于共同打击 IUU 捕捞以及以金枪鱼为主的鱼类水产养殖和捕捞。

1. 与中国的合作

印尼与中国之间正式的渔业合作始于2001年。2001年4月，中印尼两国签署《中华人民共和国农业部和印度尼西亚海洋事务与渔业部关于渔业合作的谅解备忘录》（以下简称《备忘录》）。《备忘录》是中印尼两国开展渔业合作的纲领性文件，主要对七方面内容进行规定，包括：确定两国在渔业领域进行合作，联合开展培训、考察等项目，共建两国合资的水产品加工企业及销售网络；合作领域涉及捕捞、水产品加工及销售、教育及培训、渔港发展和维护、船舶修造及商定的其他领域；两国应通过友好协商方式解决渔业领域的争端和纠纷等。2001年12月，为了保证《备忘录》有效实施，中印尼签订《中华人民共和国农业部和印度尼西亚海洋事务与渔业部就利用印度尼西亚专属经济区部分总可捕量的双边安排》，规定了两国渔业合作的可操作性措施，如入渔许可、作业水域和捕捞鱼种许可、作业渔船及规格限定等。

2007年11月，印尼海洋事务与渔业部和中国国家海洋局签订了《中印尼海洋领域合作谅解备忘录》。2013年10月2日，双方签署《中华人民共和国农业部和印度尼西亚共和国海洋事务与渔业部渔业合作谅解备忘录》，并于次年10月签署《中华人民共和国农业部和印度尼西亚共和国海洋事务与渔业部渔业合作谅解备忘录有关促进捕捞渔业合作的执行安排》

---

[1] Ina Parlina, "RI to Buy LPG from Iran, Team up on Energy", https://www.thejakartapost.com/news/2016/12/15/ri-to-buy-lpg-from-iran-team-up-on-energy.html, Dec. 31, 2018.

予以落实。

2014年10月，两国签署了一份有效期为三年的海洋渔业合作协议，该协议确定，对进入印尼相关海域的中国渔船采取发放许可证、吨位限制等方式加以管理。但由于印尼国内政策的改变，2014年开始，印尼几乎废除了与所有周边国家签署的有关渔业合作的协议，其中包括在2015年1月单方面中止与中国签署不到半年的渔业合作协议[1]。此后，虽然印尼总统佐科表达出与中国开展渔业合作的诉求，支持两国海洋战略的对接，但迄今为止，两国还没有达成新的渔业合作协议，这就造成已有渔业合作被搁置，许多投资企业面临潜在的风险或将因印尼政策蒙受损失，导致渔业合作前景堪忧。[2]

2. 与美国的合作

2007年，印尼与美国签署了《美国国家海洋和大气管理局、美国商务部与印尼海洋事务和渔业部关于海洋和渔业科技及其应用的合作谅解备忘录》(Memorandum of Understanding between the National Oceanic and Atmospheric Administration U. S. , Department of Commerce of the United States of America and the Ministry of Marine Affairs and Fisheries of the Republic of Indonesia on Marine and Fisheries Science, Technology and Application Cooperation)。其合作范围包括：管理和研究沿海及海洋资源；建立海洋保护区；鱼产品的加工与销售；海洋及渔业数据和信息的交换以及水产养殖的发展等。[3]

2015年10月，两国签署了新的《印尼与美国关于海洋合作的谅解备忘录》(Memorandum of Understanding on Maritime Cooperation between the Government of the Republic of Indonesia and the Government of the United States of America)，将合作延伸至包括海洋资源与渔业保护和管理、海洋安全、海洋经济、海洋科技等各个方面。两国还肯定了共同致力于打击IUU捕捞

---

[1] 夏雪妮：《签署不足半年 印尼废止与中国渔业协议》，载观察者网，https：//www.guancha.cn/Neighbors/2015_01_26_307529.shtml，最后访问日期：2018年12月28日。

[2] 孙悦琦：《中国与印尼渔业合作面临的新挑战及对策分析》，载《学术评论》2018年第3期，第69—78页。

[3] US Department of State, "Memorandum of Understanding between the National Oceanic and Atmospheric Administration U. S. Department of Commerce of the United States of America and the Ministry of Marine Affairs and Fisheries of the Republic of Indonesia on Marine and Fisheries Science, Technology and Application Cooperation", https：//2009-2017.state.gov/documents/organization/137062.pdf, Dec. 30, 2018.

的迫切性,为深化两国间海洋渔业合作奠定了基础。[1]

3. 与澳大利亚的合作

1992年,印尼和澳大利亚签订了《印尼政府与澳大利亚政府关于渔业合作的协定》(The Agreement between the Government of Australia and the Government of the Republic of Indonesia Relating to Cooperation in Fisheries),为两国之间的渔业和海洋合作提供了框架,以协助研究、管理和技术发展方面的信息交换,促进培训和技术交流,发展水产养殖,促进渔业贸易,合作阻止非法捕捞等。[2]

印尼与澳大利亚从数年前就开始计划共同开发印尼东部的海洋资源。但是在印尼长期的通货危机和东帝汶动乱之下,两国的关系恶化并使得共同开发海洋资源的计划迟迟无法展开。2000年10月,印尼海洋渔业部的高级官员证实,印尼与澳大利亚政府已同意开发印尼东部的海洋资源,澳大利亚向印尼提供养殖技术和鱼苗。[3]

两国关于双边渔业合作的优先事项包括:第一,有关合作促进1974年《谅解备忘录》[4]的管理安排事项;第二,关于鲷鱼和鲨鱼等共享种群的合作管理以及渔业能力建设;第三,由澳大利亚边境部队(ABF)、澳大利亚渔业管理局(AFMA)和印尼海洋事务和渔业部(MMAF)联合开展对IUU的集中打击;第四,澳大利亚在合作中协助印尼参与区域渔业管理组织,如南部蓝鳍金枪鱼养护委员会和印度洋金枪鱼委员会。[5]

4. 与日本的合作

印尼与日本长期保持良好的渔业合作关系。2005年以来,印尼同日本的渔业合作项目主要有:(1)加入南部蓝鳍金枪鱼保护委员会,加强对南部蓝鳍金枪鱼的养护和管理;(2)共同开发印尼200海里专属经济区内的

---

[1] The White House Office of the Press Secretary, "Joint Statement by the United States of America and the Republic of Indonesia", https://obamawhitehouse.archives.gov/the-press-office/2015/10/26/joint-statement-united-states-america-and-republic-indonesia, Dec. 30, 2018.

[2] Australian Department of Agriculture, "Indonesia-Australia Fisheries Cooperation", http://www.agriculture.gov.au/fisheries/international/cooperation/indonesia, Dec. 28, 2018.

[3] Australian Fisheries Management Authority, "Joint Australia/Indonesia Illegal Fishing Patrol a Success", https://www.afma.gov.au/joint-australiaindonesia-illegal-fishing-patrol-success, Dec. 28, 2018.

[4] 即第Ⅱ部分"五、海洋争端解决(一)通过协议解决的海洋争端"中的1974年《印尼与澳大利亚关于印尼传统渔民在澳大利亚专属渔区与大陆架作业的谅解备忘录》。

[5] Australian Department of Agriculture, "Indonesia-Australia Fisheries Cooperation", http://www.agriculture.gov.au/fisheries/international/cooperation/indonesia, Dec. 28, 2018.

深海鱼类资源；（3）由印尼批准一定数量的日本渔船对某些鱼类品种进行配额捕捞；（4）双方共同进行鲸的资源调查并向国际鲸协提出科研用鲸的申请；（5）由日本贷款修建雅加达渔港及配套设施等。[1]

2017年9月，印尼与日本进行了关于在印尼最外围地区开展海上合作的谈判。本次谈判的重点之一即为发展印尼当地渔业相关产业，包括：建造渔港和鱼类运输船；研发沿海雷达系统和卫星以监测在印尼海域非法捕鱼的外国渔船；提升印尼传统渔民的捕鱼能力等。[2]

2018年7月，两国达成一项名为"外岛渔业部门发展计划"（Programme for the Development of Fisheries Sector in Outer Islands）的援助协议，日本将为印尼提供25亿日元（折合约2300万美元）的补助金，以发展六个渔业社区和最外地区沿海雷达，帮助印尼在偏远的岛屿上建造渔港设施，发展这些岛屿上的渔业市场和港口设施。[3] 此外，合作还包括投资渔业产品贸易，打击非法捕捞和根除渔业犯罪，研究和提高海洋和渔业能力，建设渔船，促进从偏远地区到市场的连接运输，利用日本的技术加强对六个偏远地区的控制和监测以及利用空间技术安排海洋和渔业项目等。[4] 项目基本信息见表第Ⅱ部分 表27：

第Ⅱ部分 表27 "外岛渔业部门发展计划"基本信息[5]

项目名称	外岛渔业部门发展计划
国家	印度尼西亚共和国
计划执行期	38个月
执行机构	海洋事务和渔业部

---

[1] 张平远：《日本扩大与印尼、越南的渔业合作》，载《水产科技情报》2007年第4期，第187页。

[2] Erwida Maulia, "Indonesia, Japan Deepen Talks on Joint Development in South China Sea", https：//asia.nikkei.com/Politics/Indonesia-Japan-deepen-talks-on-joint-development-in-South-China-Sea2, Dec. 30, 2018.

[3] Daniel Hurst, "Japan, Indonesia Strengthen Maritime Ties Amid 60th Anniversary", https：//thediplomat.com/2018/06/japan-indonesia-strengthen-maritime-ties-amid-60th-anniversary/, Dec. 30, 2018.

[4] Nusantara Maritime News, "Indonesia-Japan Intensify the Cooperation in Marine and Fisheries Sector", https：//maritimenews.id/indonesia-japan-intensify-the-cooperation-in-marine-and-fisheries-sector/, Dec. 30, 2018.

[5] JICA, "Signing of Grant Agreement with Indonesia：Contributing to the Fisheries Activities in Outer Islands by developing Fishing Port Facilities and Fish Markets", https：//www.jica.go.jp/english/news/press/2018/180731_01.html, Dec. 30, 2018.

续表

项目名称	外岛渔业部门发展计划
目标区域、设施	Sabang（亚齐省），Natuna（廖内群岛省），Morotai（北马鲁古省），Saumlaki（马鲁古省），Moa（马鲁古省），Biak（巴布亚省）的渔港设施和鱼市
具体项目细节（临时）	为建立和恢复渔港设施（包括系泊空间、冷藏设施、制冰设施、基础设施）和市场、设施设计和运行准则的制定提供财政援助；其他

5. 与菲律宾的合作

作为世界上最大的两个群岛国家，印尼和菲律宾长期以来十分重视渔业合作。早在1974年8月，两国就签署了《菲律宾与印尼有关渔业的协定》(Agreement on Fisheries between the Government of the Republic of the Philippines and the Government of the Republic of Indonesia)，以促进两国之间的渔业投资与合作以及两国之间有关渔业及其副产品的技术协助和研究合作等[1] 2001年10月，在经过多次会议后，两国签署了渔业合作备忘录，详细说明了两国在渔获、养殖、养护、捕获后加工、打击IUU捕捞、研究与培训等方面的合作。2002年1月10日，印尼与菲律宾签署了入渔协定，尔后菲律宾金枪鱼延绳钓渔船又可进入印尼专属经济区水域作业，解除了2001年1月印尼颁布的外国渔船禁渔规定。[2]

对于菲律宾渔民在印尼渔区非法捕捞的问题，两国于2006年2月23日签署了关于《海洋和渔业合作的谅解备忘录》(Memorandum of Understanding on Marine and Fisheries Cooperation)。该谅解备忘录取代了之前的《菲律宾共和国与印度尼西亚共和国关于部分利用印度尼西亚专属经济区总剩余捕捞量的安排》(Republic of the Philippines-Republic of Indonesia Arrangement on Utilization of Part of the Total Allowance Catch in the Indonesia Exclusive Zone)。根据该谅解备忘录，只允许与印尼公司合资的菲律宾渔业公司在印尼专属经济区捕鱼。[3]

---

[1] UN Treaty Collection, "Philippines and Indonesia Agreement on fisheries（Signed at Jakarta on 8 August 1974）", https：//treaties. un. org/doc/publication/unts/volume%20987/volume-987-i-14436-english. pdf, Dec. 30, 2018.

[2] 陈思行：《印度尼西亚渔业管理与渔业合作》，载《海洋渔业》2003年第1期，第45—48页。

[3] N. Ganesan, and R. Amer, eds., *International Relations in Southeast Asia: between Bilateralism and Multilateralism*, Singapore, Institute of Southeast Asian Studies, 2010.

2015年2月,印尼总统在访问菲律宾时,菲律宾总统强调了进一步加强两国海洋事务合作的重要性,尤其是合作打击IUU捕鱼的重要性。[1]

6. 与泰国的合作

同印尼政府一样,泰国政府也意识到打击非法捕鱼需要与政府、政府间及非政府间国际组织密切合作,因此泰国政府积极地与印尼政府进行有关渔业合作谅解备忘录的谈判。[2] 2002年,两国达成了《印尼与泰国间关于渔业合作的谅解备忘录》(Memorandum of Understanding between the Government of the Republic of Indonesia and the Government of the Kingdom of Thailand on Fisheries Cooperation),明确了在海洋捕捞渔业、打击IUU捕捞、水产养殖、沿海渔业管理、海洋渔业保护以及海洋研究等方面的合作。[3] 2009年,双方开展了关于两国渔业公司合作的谅解备忘录的谈判。[4] 在此后的谈判中,双方明确此备忘录将不仅规范两国之间的渔业合作,还将规范对鱼类加工的投资,使其不仅限于渔业捕捞。[5]

2018年7月5日,印尼与泰国召开了第九次联合委员会会议,双方同意加快召开渔业合作工作组第一次会议,讨论渔业各方面的合作,研究和开发渔业及相关产业的投资。双方还同意尽早缔结联合公报,解决IUU捕捞这一对两国渔业发展而言都相当棘手的问题。[6]

7. 与越南的合作

2010年,《印尼与越南关于渔业与海洋问题合作备忘录》(Memoran-

---

[1] Catherine Benson Wahlén, "Indonesia and the Philippines Reinforce Commitments to CTI-CFF, Sustainable Fisheries", http://sdg.iisd.org/news/indonesia-and-the-philippines-reinforce-commitments-to-cti-cff-sustainable-fisheries/, Dec. 30, 2018.

[2] Royal Thai Embassy, Poland, Warsaw, "Thailand's Progress in Combating IUU Fishing", http://www.thaiembassy.org/warsaw/en/information/64427-Thailand's-progress-in-combating-IUU-fishing.html, Dec. 30, 2018.

[3] UN Treaty Collection, "Memorandum of Understanding between the Government of the Republic of Indonesia and the Government of the Kingdom of Thailand on fisheries cooperation. Jakarta, 17 January 2002", https://treaties.un.org/doc/publication/UNTS/Volume%202262/v2262.pdf, Dec. 30, 2018.

[4] Mustaqim Adamrah, "MoU to Net Illegal Fishing Boats", https://www.thejakartapost.com/news/2009/02/26/mou-net-illegal-fishing-boats.html, Dec. 30, 2018.

[5] Antara, Senin, "Indonesia-Thailand Upayakan MoU Cegah Illegal Fishing", https://id.beritasatu.com/agribusiness/indonesia-thailand-upayakan-mou-cegah-illegal-fishing/19717, Dec. 30, 2018.

[6] Ministry of Foreign Affairs, Kingdom of Thailand, "Press Release: The 9th Joint Commission Meeting between Thailand and Indonesia", http://www.mfa.go.th/main/en/news3/6886/91429-The-9th-Joint-Commission-Meeting-between-Thailand.html, Dec. 30, 2018.

dum of Understanding on Maritime and Fisheries Cooperation between the Republic of Indonesia and the Socialist Republic of Vietnam，以下简称"2010 年《备忘录》")签订。2011 年 5 月 26 日，印尼与越南举行了会谈，讨论了实施 2010 年《备忘录》的计划；合作解决两国根据其法律和《公约》的相关规定处理缉获渔船和逮捕渔民的案件；同意在渔业部门设立联合技术委员会（JTC）；在两国之间定期召开轮流会议。[1] 同年，双方还签署了《打击非法捕鱼合作备忘录》。[2] 2013 年，双方发表的一份联合声明提出两国要推进实施 2010 年《备忘录》，以开发该领域的巨大合作潜力，同时解决 IUU 捕鱼活动，安排释放因上述原因而被逮捕或拘留的渔民。[3] 2016 年 7 月 26 日，两国决定将 2010 年《备忘录》延长 5 年。

2017 年，两国签署了《印尼与越南关于海洋和渔业合作的谅解备忘录》（Memorandum of Understanding on Sea and Fishery Cooperation between the Republic of Indonesia and the Socialist Republic of Vietnam），印尼计划与越南的农业和乡村发展部合作，发展海洋渔业。[4]

8. 与马来西亚的合作

由于与马来西亚长期存在海洋划界争议，印尼与马来西亚的渔业合作并不密切，且多停留在共识层面，鲜有实际合作。2012 年 12 月 18 日，印尼和马来西亚在年度磋商会议上发表联合声明。双方领导人都重申双方必须继续就渔业领域的谅解备忘录进行谈判。同时指出，在当前合作中，双方根据"区域行动计划"开展的打击 IUU 捕捞等非法捕捞行为的活动已经取得重要效果。双方同意渔业领域的谅解备忘录包括水产养殖发展、贸易

---

[1] Vietnam Ministry of Agriculture and Rural Development, "Vietnam Boosts Fisheries Cooperation with Malaysia, Indonesia ", https：//www.mard.gov.vn/en/Pages/vietnam-boosts-fisheries-cooperation-with-malaysia-indonesia-633.aspx, Dec.30, 2018.

[2] 《越南海洋与岛屿国：越南海域国际合作的成绩与展望》，载越南通讯社官网，https：//zh.vietnamplus.vn/%E8%B6%8A%E5%8D%97%E6%B5%B7%E6%B4%8B%E4%B8%8E%E5%B2%9B%E5%B1%BF%E5%9B%BD%EF%BC%9A%E8%B6%8A%E5%8D%97%E6%B5%B7%E5%9F%9F%E5%9B%BD%E9%99%85%E5%90%88%E4%BD%9C%E7%9A%84%E6%88%90%E7%BB%A9%E4%B8%8E%E5%B1%95%E6%9C%9B/39669.vnp，最后访问日期：2018 年 12 月 30 日。

[3] Vietnam Ministry of Foreign Affairs, "Joint Statement between the Socialist Republic of Viet Nam and the Republic of Indonesia" http：//www.mofa.gov.vn/en/nr040807104143/nr040807105001/ns130628184132, Dec.30.2018.

[4] VEN, "Vietnam to sign MoU on Sea and Fishery Cooperation with Indonesia", http：//ven.vn/vietnam-to-sign-mou-on-sea-and-fishery-cooperation-with-indonesia-24960.html, Dec.30, 2018.

和投资、教育和培训、研究和食品安全等领域。[1] 2019 年，在双方农业及渔业相关部长会议上，上述意图再次得到了强调和延伸。[2]

9. 与沙特阿拉伯的合作

2017 年 3 月，印尼海洋事务和渔业部部长与沙特阿拉伯王国环境、水和农业部部长在西爪哇举行双边会晤后，签署了一份谅解备忘录，使两国在海洋和渔业部门建立了正式的合作关系。由于进入沙特阿拉伯国内市场的商业产品标准非常高，因此本次合作的关键点是关于鱼类检疫和保护的信息交流。

印尼海洋事务和渔业部邀请沙特阿拉伯的进口商和企业家在每月定期于该部举行的"海洋商业论坛"中直接与印尼出口商会面。在此之前，中东地区并未成为印尼海洋和渔业的主要出口目的地，印尼方面希望这种合作可以促进印尼渔业产品向中东地区的营销，以此增加印尼海洋渔业产品的出口量。[3]

10. 与纳米比亚的合作

2018 年 8 月 30 日，纳米比亚总统在访问印尼时与印尼签署了《印尼与纳米比亚海事和渔业合作谅解备忘录》（Memorandum of Understanding on Maritime and Fisheries Cooperation between the Republic of Indonesia and the Republic of Namibia），表示两国同意开展在海洋和渔业领域的合作，尤其是在打击非法捕鱼方面的合作。[4]

同年 11 月，印尼海洋事务和渔业部部长与纳米比亚渔业和海洋资源部部长签署了《渔业合作行动计划》（The Plan of Action for Cooperation in Fisheries）。2019 年至 2021 年的行动计划预计将使两国在打击 IUU 捕捞以及可持续水产养殖生产方面分享信息和进行合作。两国在可持续渔业、以海洋为基础的能源解决方案、旅游业、海洋保护区的新方法以及海洋经济

---

[1] "Joint Statement between Malaysia and the Republic of Indonesia at 9th Annual Consultation between Prime Minister Dato Sri Mohd Najib Bin Tun Abdul Razak and President Dr. H. Susilo Bambang Yudhoyono on 18 December 2012", https：//www. kln. gov. my/archive/content. php？t＝3&articleId ＝2588590, Dec. 30, 2018.

[2] Bernama, "Malaysia, Indonesia to Work Together on Fisheries Issues", https：//theworld-news. net/my-news/malaysia-indonesia-to-work-together-on-fisheries-issues, Sep. 12, 2019.

[3] Netralnews, "Minister Susi Signs Maritime, Fishery Cooperation with Saudi", http：//www. en. netralnews. com/news/business/read/2167/minister. susi. signs. maritime. fishery. cooperation. with. saudi, Dec. 30, 2018.

[4] 《印尼—纳米比亚联手打击非法捕鱼》，https：//www. medcom. id/cn/news/read/2018/08/30/ 9497，最后访问日期：2018 年 12 月 30 日。

方面，都具有许多可以相互借鉴的经验。[1]

（四）海洋研究合作

1. 与中国的合作

自 2006 年起，印尼和中国在科学家层面启动了实质性的海洋领域科技合作。两国的合作具体包括六个方面：第一，2007 年 11 月 10 日，印尼与中国签署了海洋领域合作谅解备忘录，正式启动了两国之间的海洋科技合作；第二，建立双边海洋科技合作对话机制；第三，建立双边海洋科技合作平台；第四，双边海洋科技合作能力建设；第五，建设联合海洋观测站；第六，开展双边海洋科技合作项目。[2]

2010 年 5 月，中国—印尼海洋与气候联合研究中心正式成立。该中心由中国国家海洋局第一海洋研究所与印尼海洋与渔业研究局共同运行，是中国在海外建立的首个海洋领域的联合研究中心。2012 年 3 月，在两国领导人的见证下，双方签署协议，将该研究中心提升为国家级中心。[3] 同年 11 月，印尼和中国签署《海洋科技合作备忘录》，以在海洋生物多样性保护与生态系统管理、海洋环境保护与监测技术、海洋生物资源开发与利用等领域开展研究合作和交流。[4]

2017 年，两国举行海上合作技术委员会第十次会议。会议同意在继续保持两国海上安全、航行安全、海洋科研与环保领域对话合作的基础上，进一步加强双方在海洋经济、海上资源开发、海上基础设施建设等领域的合作，不断丰富中国与印尼全面战略伙伴关系内涵。[5]

2. 与美国的合作

2007 年，印尼与美国签署了关于海洋和渔业科学合作的谅解备忘录。

---

[1] "Namibia, Indonesia Sign Cooperation Agreement, Stop Illegal Fishing", https://stopillegalfishing.com/press-links/namibia-indonesia-sign-cooperation-agreement/, Dec. 30, 2018.

[2] 国家海洋局国际合作司：《中印尼海洋科技合作成果丰富》，载中国自然资源部官网，http://www.mnr.gov.cn/zt/hy/zdblh/xwzx/201509/t20150917_2105752.html，最后访问日期：2019 年 9 月 3 日。

[3] 《广结海洋科技合作伙伴》，载中国海洋在线，http://www.oceanol.com/zhuanti/201805/17/c77187.html，最后访问日期：2018 年 12 月 30 日。

[4] 《中印尼签署海洋科技合作备忘录——共同推进对南海的认识、开发和保护》，载中国驻棉兰总领事馆官网，http://medan.china-consulate.org/chn/zyngx/zhongyaowenjian/t853829.htm，最后访问日期：2018 年 12 月 30 日。

[5] 席来旺：《中印尼海上合作技术委员会第十次会议成功举行》，载人民网，http://world.people.com.cn/n1/2017/1215/c1002-29710209.html，最后访问日期：2018 年 12 月 30 日。

该谅解备忘录下的合作领域包括但不限于：海洋和沿海的观察；研究、管理、开发和保护生物资源；海洋资源研究；海洋气象观测与研究；海洋保护区研究以及包括印度洋海啸预警系统在内的海洋灾害研究。[1] 2010 年，印尼与美国合作建立了生物多样性研究中心，通过利用美国的资金和人才支持，以提升本国的海洋科学研究能力。[2]

2015 年，印尼与美国签署了海洋合作备忘录，其中有关海洋科技合作的内容主要涉及：对包括海洋和气候变化在内的海洋生态系统进行联合观测和研究，加强对海洋和大气之间相关性的研究，研究海洋酸化对珊瑚礁的影响等。[3]

2017 年 11 月 19 日，印尼科学院深海研究中心与中国国家海洋局第一海洋研究所、美国马里兰大学大气与海洋科学系签署了三方合作共同开展海洋科学研究和技术交流合作的谅解备忘录。根据该备忘录，今后三方将在印尼贯穿流研究、东印度洋上升流研究及交流培训等多领域开展合作。[4]

2018 年 10 月，印尼科学院深海研究中心与中国国家海洋局及美国马里兰大学达成合作，共同研究海水从较深层上升到较浅层流经印尼海洋的上升流混合体（Arlindo）。这种全球海域上升流对印尼气候具有很大的影响，并且造成有关低频振荡的厄尔尼诺南方涛动（ENSO）。来自印尼科学院深海研究中心、美国马里兰大学、中国国家海洋局第一海洋研究所及印尼海洋事务与渔业部海洋观察研究所的专家，共同参与了 10 月 1 日到 13 日在爪哇南部水域及巴厘海峡的研究活动。按计划，第二次的研究活动于 2019 年在巴厘水域至苏拉威西海峡一带进行。此外，印尼科学院与美国马里兰大学及中国国家海洋局第一海洋研究所共同签署了合作协议，致力于加强对海洋渔业、生物多样性和海洋生态环境的研究。[5]

---

[1] US Department of State, "Memorandum of Understanding between the United States of America and Indonesia", https://2009-2017.state.gov/documents/organization/178867.pdf, Dec. 30, 2018.

[2] William J. Furney：《印尼与美国合作建立生物多样性研究中心》，载科学与发展网，https://www.scidev.net/global/news/zh-136671.html，最后访问日期：2018 年 12 月 30 日。

[3] The White House Office of the Press and Secretary, "FACT SHEET: U.S.-Indonesia Maritime Cooperation", https://www.usindo.org/assets/up/2017/07/U.S.-Indonesia-Maritime-Cooperation.pdf, Dec.30, 2018.

[4] 《我所与印尼科学院深海研究中心、美国马里兰大学大气与海洋科学系签署三方合作谅解备忘录》，载中国国家海洋局第一海洋研究所官网，http://www.fio.org.cn/news/7956.htm，最后访问日期：2018 年 12 月 30 日。

[5] 《印尼科学研究院与中国国家海洋局、美国马里兰大学合作研究气候变化对印尼海域的影响》，载《印尼国际日报》2018 年 10 月 2 日，第 A1 版。

3. 与英国的合作

2016年5月,印尼与英国签署协议,建立海洋和渔业合作伙伴关系。该伙伴关系汇集了印尼和英国相关领域的众多专家,包括印尼海洋渔业协会(MMAF)的科学家以及英国环境渔业和水产养殖科学中心(CEFAS)的科学家等。根据该协议,双方的合作包括:海洋事务和渔业科学研究、观测和调查;有关专家的交流;可持续利用海洋和保护生物多样性的研究等。[1]

4. 与澳大利亚的合作

印尼和澳大利亚于2017年2月26日签署了《印尼与澳大利亚有关海洋合作的联合声明》(Joint Declaration on Maritime Cooperation between the Government of Australia and the Government of the Republic of Indonesia),提出两国将寻求更深层次的海洋合作,共同致力于海洋科学合作以及在海洋安全方面加强教育和研究合作等。[2]

2018年,两国签署了《执行2017年〈联合声明〉的行动计划》(Plan of Action for the Implement of the Joint Declaration on Maritime Cooperation between the Government of Indonesia and the Government of the Republic of Australia)。该行动计划专门列出了海洋科技合作部分,具体包括:第一,通过加强两国间大学和科研机构的研究交流,强化在保障海洋安全、处理海洋污染、实现海洋蓝色经济可持续发展方面的研究合作;第二,设立关于海洋科技研究方面的奖项和奖学金等;第三,加强两国间渔业、科技、教育等各相关部门的官方合作,以促进两国间的海洋研究合作。[3]

5. 与日本的合作

2009年4月,由日本科学技术振兴机构(JST)和日本国际协力机构(JICA)资助,印尼和日本开展了一项关于降雨预测的海洋大陆气候变化

---

[1] Cefas, "New Indonesia-UK Partnership to Strengthen Marine and Fisheries Cooperation", https://www.cefas.co.uk/news/new-indonesia-uk-partnership-to-strengthen-marine-and-fisheries-co-operation/, Dec. 30, 2018.

[2] "Joint Declaration on Maritime Cooperation between The Government of Australia and The Government of The Republic of Indonesia", https://dfat.gov.au/geo/indonesia/Documents/australia-indonesia-joint-declaration-maritime-cooperation.pdf, Dec. 30, 2018.

[3] "Plan of Action for the Implement of the Joint Declaration on Maritime Cooperation between the Government of Indonesia and the Government of the Republic of Australia", http://treaty.kemlu.go.id/apisearch/pdf?filename=AUS-2018-0238.pdf, Dec. 30, 2018.

研究。[1]

2015年12月,印尼和日本举行外长及防长的"2+2"磋商,重点商讨两国关于加强海洋合作相关事宜,具体包括促进海洋研究机构之间的合作、改善海上连接、发展可持续的海洋经济以及打击非法捕鱼等。[2]

6. 与韩国的合作

2017年11月,印尼与韩国共同建立了海洋科技合作研究中心,希望与韩国合作研究其岛屿上的海洋能源基础设施和海洋废弃物管理。该中心位于井里汶万隆研究所技术学院(Institute Technology of Bandung in Cirebon)的第二个校区,由三个部门组成,包括行政、研究和技术以及教育和培训部门。在中心成立的第一年,双方计划优先考虑长期讨论的项目。[3]

(五) 区域性国际合作

1. D-8合作组织

D-8,也称为"Developing-8",是印尼、孟加拉国、埃及、伊朗、马来西亚、尼日利亚、巴基斯坦和土耳其组成的发展合作组织,于1997年6月15日在土耳其宣布正式成立。该组织秘书处位于土耳其伊斯坦布尔,其目标是提高成员国在全球经济中的地位,实现贸易关系多样化和创造新机遇,加强参与国际决策,提高生活水平。[4]

目前,D-8成员国之间已在能源、采矿和矿产、贸易、海洋和渔业、工业、海关、旅游、农业、民用航空等各领域开展了合作。在2009年2月25日至27日于吉隆坡举行的第一次D-8粮食安全部长级会议上,D-8成员国努力在农业领域建立具体合作,并在该次会议上通过了解决粮食安全的吉隆坡倡议。该倡议任命了实现这些倡议的主要推动者,其中印尼被任命

---

[1] Keisuke Mizuno and Manabu D. Yamanaka, Research Institute for Global Change: Annual Report FY2001, Yokosuka, Japan Agency for Marine-Earth Science and Technology, 2012, pp. 25-30.

[2] 参见席来旺:《印尼将与日本首次举行外长防长"2+2"磋商》,载人民网,http://world.people.com.cn/n/2015/1203/c1002-27887420.html,最后访问日期:2018年12月30日;Ministry Foreign Affairs of The Republic of Indonesia, "Two Plus Two Talks", https://www.kemlu.go.id/en/berita/Pages/2plus2rijapan.aspx, Dec. 30, 2018.

[3] Korea Ministry of Ocean and Fisheries, "Joint Marine Technology Cooperation Research Center Was Unveiled in Cirebon, Indonesia", http://www.mof.go.kr/eng/article/view.do?articleKey=23700&boardKey=41&menuKey=485&currentPageNo=1, Dec. 30, 2018.

[4] D-8 Organization for Economic Cooperation, "Brief History of D-8", https://developing8.org/about-d-8/brief-history-of-d-8/, Dec. 31, 2018.

负责的领域,即为海洋和渔业。同年 5 月,印尼即在万鸦老(Kota Manado)举行了海洋和渔业领域的协调会议。[1]

在 2009 年 5 月举行的海洋和渔业领域协调会议上,印尼向 D-8 成员国和 D-8 秘书处提交了海洋和渔业工作组的职权范围草案,并听取了成员国关于该草案的意见。2010 年 4 月,D-8 海洋和渔业及肥料工作组第一次部长级会议和第一次高级官员会议在开罗正式举行。此次会议通过了技术转让、培训计划、鱼贸易等议题。其中,技术转让关涉海水和淡水水产养殖、鱼饲料制造、珊瑚养护和管理、技术研究人员和研究机构之间的合作等领域;培训计划包含海洋及淡水和咸淡水养殖、孵化技术和综合水产养殖领域、海洋渔业和内陆水域管理、鱼和渔业加工质量控制等培训课程;鱼贸易则主要关注加强私营部门对共同投资的作用、增加贸易流量、制定质量标准规范、确定渔业贸易的关税和非关税壁垒、水产养殖和相关活动领域的投资规则和要求、制定关于鱼品质和安全保障的相互承认制度等领域。[2]

2. 印度洋海洋事务合作机制

印度洋海洋事务合作(Indian Ocean Marine Affairs Cooperation, IOMAC),旨在促进在印度洋区域实现人类整体性的海洋管理活动。其目标有:建立起对印度洋、印度洋资源、印度洋各国发展潜力的认识,并促进印度洋国家之间以及活跃在该地区的其他国家之间的合作,促进公约宗旨的实现;提供一个论坛,以使印度洋国家和其他感兴趣的国家可以审查印度洋的经济用途状况及其相关的资源开发活动,包括在政府间组织的框架内开展国际合作和协调一致的行动;将与海洋有关的活动纳入其各自的发展进程,以加强印度洋各个国家发展战略,开展定期和持续的对话,尤其是发展中国家的技术合作对话,从而实行海洋的整体性管理。1985 年 7 月至 1987 年 1 月末,IOMAC 在科伦坡举行了第一次全体会议,会后设置了常务委员会、秘书处。[3]

---

[1] Ministry Foreign Affairs of The Republic of Indonesia, "Developing Eight (D-8)", https://www.kemlu.go.id/en/kebijakan/kerjasama-multilateral/Pages/Developing-Eight-(D-8).aspx, December 31, 2018.

[2] D-8 Organization for Economic Cooperation, "Introduction", https://developing8.org/areas-of-cooperation/marine-and-fisheries/, Dec. 31, 2018.

[3] Hiran W. Jayewardene, "The Indian Ocean Marine Affairs Cooperation (IOMAC)", http://archive.unu.edu/unupress/unupbooks/uu15oe/uu15oe0n.htm, Dec. 31, 2018.

印尼与毛里求斯、莫桑比克、巴基斯坦和斯里兰卡签署并批准了IOMAC的纲领性文件《阿鲁沙协定》（Arusha Agreement）。虽然《阿鲁沙协定》未生效，但是IOMAC的技术合作小组已经与国际海洋研究所（International Maritime Organization）合作开展IOMAC-IOI海事培训，也为有意在印度洋区域开展海事合作的国家提供了一个对话平台。至目前为止，IOMAC已与海洋活动相关的国际组织开展了广泛的合作，这些组织包括但不限于：海湾合作委员会（Gulf Cooperation Council）、国际海洋开发中心（International Centre for Ocean Development）、国际水文局（International Hydrographic Bureau）、国际海事组织、国际海洋研究所（International Ocean Institute）。

3. 东京港口国监督谅解备忘录

东京港口国监督谅解备忘录（Tokyo-Memorandum of Understanding on Port State Control，Tokyo MOU）是全球港口国监督谅解备忘录（PSC）组织在亚太地区的区域性分支，也是世界上最活跃的区域港口国监督组织之一。该组织由亚太地区的20个成员机构组成。Tokyo MOU的主要目标是通过其成员的合作以及协调成员间的活动，在亚太地区建立有效的港口国控制制度，消除不合格的航运，促进海上安全，保护海洋环境，保护船上的工作和生活条件。Tokyo MOU由各成员国选派代表组成的港口国监督委员、秘书处、计算机信息系统三个机构组成。[1]

1993年12月1日，印尼与中国、日本、韩国等共计18个国家和地区共同签署了Tokyo MOU，并于同年成为该组织观察国，直至1996年正式成为该组织成员国。[2]

4. 区域性渔业组织

（1）南部蓝鳍金枪鱼保护委员会和印度洋金枪鱼协会

印尼是世界上主要的金枪鱼捕捞国，仅2014年在印度洋区域4种主要金枪鱼的渔获量估计为185675吨，其中包括黄鳍金枪鱼（65686吨）、大眼金枪鱼（34400吨）、鲣鱼（79999吨）和长鳍金枪鱼（5590吨）。[3]印尼加入了南部蓝鳍金枪鱼保护委员会（Commission for the Conservation of

---

[1] TOKYO MOU, "Welcome to Tokyo MOU", http：//www.tokyo-mou.org/, Dec. 31, 2018.

[2] TOKYO MOU, "25th Anniversary of TOKYO MOU", http：//www.tokyo-mou.org/doc/25%20years%20anniversary%20memorial%20brochure-web.pdf, Dec. 31, 2018.

[3] Indian Ocean Tuna Commission, "Indonesia-National Report (2015)", http：//www.iotc.org/documents/indonesia-%E2%80%93-national-report-2015, Jan. 1, 2019.

Southern Bluefin Tuna，CCSBT）和印度洋金枪鱼委员会（Indian Ocean Tuna Commission，IOTC）以实现金枪鱼的可持续捕捞，从而发展本国渔业特别是金枪鱼产业，并开展更广范围的渔业合作。

CCSBT 成立于 1993 年 5 月，其总部在澳大利亚堪培拉，是负责南部蓝鳍金枪鱼分配管理的政府间组织。该组织最初是由澳大利亚、日本和新西兰为实现对南部蓝鳍金枪鱼进行限制性捕捞而形成的。印尼已于 2008 年 4 月 8 日加入 CCSBT 的委员会并正式成为其成员国。IOTC 同为政府间组织，负责管理印度洋的金枪鱼和金枪鱼类物种，总部位于塞舌尔的维多利亚州。印尼于 2007 年签署并批准《建立印度洋金枪鱼委员会协定》《Agreement for the Establishment of the Indian Ocean Tuna Commission》而成为该组织成员国，[1] 其国内的十一个渔业管辖区域中有三个位于该委员会的管辖范围内。[2]

（2）其他区域性渔业组织

除上述金枪鱼相关区域性安排外，印尼目前已加入的区域性渔业组织还包括：东南亚渔业开发中心（Southeast Asian Fisheries Development Center，SEAFDEC）和亚太水产养殖中心网络（Network of Aquaculture Centres in Asia-Pacific，NACA）。此外，印尼正在等待西太平洋和中太平洋渔业委员会（Western and Central Pacific Fisheries Commission，WCPFC）批准其成为会员国。

SEAFDEC 成立于 1967 年 12 月，是一个自治的政府间机构。2017 年，SEAFDEC 理事会特别会议审议并确认了 SEAFDEC 的使命是"促进成员国之间的协调行动，以确保东南亚渔业和水产养殖的可持续性"。其总部位于泰国曼谷，下设五个部门：培训部（Training Department）、海洋渔业研究部（Marine Fisheries Research Department）、水产养殖部（Aquaculture Department）、海洋渔业资源开发与管理部（Marine Fishery Resources Development and Management Department）和内陆渔业资源开发和管理部门（Inland Fishery Resources Development and Management Department）。[3]

---

[1] Indian Ocean Tuna Commission, "The Agreement for the Establishment of the Indian Ocean Tuna Commission", https://www.iotc.org/sites/default/files/documents/2012/5/25/IOTC%20Agreement.pdf, Jan. 1, 2019.

[2] Indian Ocean Tuna Commission, "Indonesia-National Report (2015)", http://www.iotc.org/documents/indonesia-%E2%80%93-national-report-2015, Jan. 1, 2019.

[3] SEAFDEC, "About SEAFDEC", http://www.seafdec.org/about/, Jan. 1, 2019.

第Ⅱ部分　印度尼西亚海洋法律体系研究

NACA 最初是联合国粮农组织的一个区域项目，于 1990 年 1 月依据《亚太水产养殖中心网络协定》（Agreement on the Network of Aquaculture Centres in Asia and the Pacific）转变为由其成员国拥有并管理的区域性自治组织，[1] 总部位于泰国曼谷。印尼境内已有六个渔业养殖发展中心参与到 NACA 的海水水产养殖业的研究，分别是：塔卡拉尔咸水养殖发展中心（Brackish Water Aquaculture Development Centre, Takalar）、诗都文罗咸水养殖发展中心（Brackish Water Aquaculture Development Centre, Situbondo）、楠榜省海水养殖发展主要中心（Main Centre for Mariculture Development, Lampung）、安汶海水养殖发展中心（Mariculture Development Centre, Ambon）、巴淡岛海水养殖发展中心（Mariculture Development Centre, Batam）、龙目岛海水养殖发展中心（Mariculture Development Centre, Lombok）。[2]

（六）全球性国际组织框架下的合作

1. 国际海事组织

印尼于 1960 年 5 月 7 日成为国际海事组织成员国。国际海事组织是联合国的专门机构，负责采取措施改善国际航运的安全和防止船舶造成的海洋污染，是国际航运安全、环境绩效的全球标准制定机构。IMO 是依据 1948 年日内瓦公约建立的，总部位于英国伦敦，下设海上安全委员会（The Maritime Safety Committee）、海洋环境保护委员会（The Marine Environment Protection Committee）、法律委员会（The Legal Committee）、技术合作委员会（The Technical Cooperation Committee）、促进委员会（The Facilitation Committee）。[3]

印尼已批准了在 IMO 组织框架下的众多国际条约。这些条约可以分为：船舶管理、海上航行安全、海员管理、防治海洋污染等方面。[4]

其中，关于船舶管理方面的条约有：《1966 年国际载重线公约》及其 1988 年议定书（Convention on Facilitation in International Maritime, 1966 and

---

[1] FAO, "The Network of Aquaculture Centres in Asia-Pacific (NACA): 'Coordinating Regional Research and Development in Aquaculture'", http://www.fao.org/docs/eims/upload/206450/1_1_2_cases.PDF, Jan. 1, 2019.

[2] NACA, "Participating R&D Centres", https://enaca.org/?id=42&title=participating-research-centres, Jan. 1, 2019.

[3] IMO, "Structure of IMO", http://www.imo.org/en/About/Pages/Structure.aspx, Jan. 1, 2019.

[4] IMO, "Status of Conventions", http://www.imo.org/en/About/Conventions/StatusOfConventions/Pages/Default.aspx, Jan. 22, 2019.

Protocol of 1988 relating to the International Convention on Load Lines, 1966)、《1969 年国际船舶吨位丈量公约》、《2004 年国际船舶压载水及沉积物控制与管理公约》(International Convention for the Control and Management of Ships' Ballast Water and Sediments, 2004)。

关于海上航行安全方面的条约有:《1974 年国际海上人命安全公约》及其 1978 年议定书、1988 年议定书、1972 年《国际海上避碰规则公约》,《1972 年国际集装箱安全公约》(International Convention for Safe Containers),《国际海上搜寻救助公约》(International Convention on Maritime Search and Rescue 1979), 1971 年《特殊贸易客船协定》及其 1973 议定书 (Special Trade Passenger Ships Agreement 1971, Protocol on Space Requirements for Special Trade Passenger Ships 1973), 1976 年《国际海事卫星组织公约》(Convention on the International Maritime Satellite Organization 1976) 以及《国际海事卫星组织业务协定》(Operating Agreement on the International Maritime Satellite Organization, 1976)。

关于海员管理方面的条约有:《1978 年海员培训、发证和值班标准国际公约》。

关于防治海洋污染方面的条约有:《关于〈1973 年国际防止船舶造成污染公约〉的 1978 年议定书》附件 I, II, V (International Convention for the Prevention of Pollution from Ships, 1973 as modified by the Protocol of 1978 relating thereto, Annex I, II, V),《经 1978 年议定书修订的〈关于 1973 年国际防止船舶造成污染公约〉的 1997 年议定书》(Protocol of 1997 to Amend the International Convention for the Prevention of Pollution from Ships, 1973, as modified by the Protocol of 1978 relating thereto), 1969 年《国际油污损害民事责任公约》(International Convention on Civil Liability for Oil Pollution Damage, 1969), 2008 年《控制船舶有害防污底系统国际公约》(International Convention on the Control of Harmful Anti-Fouling Systems On Ships, 2008), 2001 年《国际油污损害民事责任公约》(International Convention on Civil Liability for Bunker Oil Pollution Damage, 2001)。

2. 国际水文学组织

国际水文局 (IHB) 成立于 1921 年,设立目的是实现更便捷和更安全的航海。1970 年,IHB 转变为国际水文学组织 (International Hydrographic

Organization，IHO），总部设在摩纳哥。[1] IHO 的主要任务是：获取水文信息包括水文调查；出版海图并致力于实现用于航海图和相关出版物的规格、符号、样式和格式的最大标准化；[2] 开展能力建设技术合作；开展水文相关的教育和培训等。[3] 印尼身为该组织的成员国，积极履行其成员义务，通过加强和支持在 IHO 成员国所在区域范围内的水文活动合作，以促进全球范围内水文数据的覆盖与应用，改善成员国及非成员国内的水文基础设施建设能力，并协调区域间电子地图的适用性、覆盖，积极进行海上安全信息的互通、海洋测绘等活动。[4]

印尼还是 IHO 下属的区域性水文组织——西南太平洋水文学委员会（South-West Pacific Hydrographic Commission）的准会员国。该委员会已在成员国所在区域从事了一系列活动，包括：制作国际通用航海图表和电子航海地图，加强岛屿国家的水文能力建设，提高对区域水文学重要性的认识等，同时特别强调与其他区域海事组织的联系和合作。[5]

---

[1] IHO，"About the IHO"，https：//www.iho.int/srv1/index.php？option＝com_content&view＝article&id＝298&Itemid＝297&lang＝en，Jan.1，2019.

[2] Hydro International，"Origins and General Structure"，https：//www.hydro-international.com/content/article/international-hydrographic-organization，Jan.1，2019.

[3] IHO，"Activities"，https：//www.iho.int/srv1/index.php？option＝com_content&view＝article&id＝311&Itemid＝294&lang＝en，Jan.1，2019.

[4] IHO，"IHO Three-Year Work Programme 2018-2020"，https：//www.iho.int/mtg_docs/misc_docs/basic_docs/3YEARWP2018-2020_ENG.pdf，Jan.1，2019.

[5] IHO，"South-West Pacific Hydrographic Commission（SWPHC）"，https：//www.iho.int/srv1/index.php？option＝com_content&view＝article&id＝429&Itemid＝388&lang＝en，Jan.22，2019.

七、对中国海洋法主张的态度

(一) 对中国南海政策的态度

1. 对中国"九段线"的态度

长期以来,印尼作为唯一一个与中国在南海海域没有主权争端的国家,一直对中国的南海政策持中立立场。但是,由于与中国之间关于纳土纳群岛附近海域的海洋权益争端长期存在并偶有激化,印尼对中国南海政策的态度也逐渐有所转变。

2009年5月,针对"越南、马来西亚的200海里外大陆架申请案",中国向联合国提交了附有南海"九段线"示意图的反制照会[1] 2010年7月8日,印尼向联合国秘书长提交了一份外交照会,概述了其对于上述照会中"九段线地图"的基本立场:第一,印尼不是南海主权争端的声索国,自1990年以来,印尼一直扮演着公正积极的角色,致力于在各主权声索国之间建立互信,并为营造南海和平的环境采取了一系列行动;第二,针对上述"九段线地图",印尼高度重视并认为,没有任何证据表明中国的"九段线"的划定方法和法律地位具有合法的依据,这些断断续续的虚线似乎只是南海水域中各种有争议的小型地物的海洋区域;第三,印尼认为,中国以无人居住、远离大陆并位于公海的岩礁作为划定海洋范围的基点,不仅触及《公约》的基本原则,并且损害了国际社会的法律权益;第四,"九段线地图"明显缺乏法律依据并且违反了《公约》的有关原则和规定。[2]

2015年,印尼总统在接受日本媒体采访时指责中国对南中国海地区"九段线"的主权主张没有国际法的依据,并进而认为中国对南中国海大多数海域的主权诉求,在国际法中没有法律基础。[3]

---

[1] 中华人民共和国常驻联合国代表团:《中国对马来西亚和越南联合提交外大陆架申请之声明(CML/17/2009)》,载联合国官网,https://www.un.org/depts/los/clcs_new/submissions_files/mysvnm33_09/chn_2009re_mys_vnm.pdf,最后访问日期:2018年12月27日。

[2] Division for Ocean Affairs and The Law of The Sea, "No. 480/POL-703/VII/10", http://www.un.org/depts/los/clcs_new/submissions_files/mysvnm33_09/idn_2010re_mys_vnm_e.pdf, Dec. 30, 2018.

[3] 《印尼总统访华前称中国"南海九段线"无法律依据》,载凤凰网:http://news.ifeng.com/a/20150325/43412410_0.shtml, Dec. 30, 2018。

在印尼看来,从纳土纳群岛附近经过的中国"九段线"所划定的海域范围,约有83000平方公里的海域是印尼的专属经济区。因此,印尼反对"九段线"主张的态度或将愈加坚定。

2. 对中国在南海建造人工岛礁的态度

由于印尼与中国不存在南沙群岛领土主权争端,对于中国在南海的填海造地,印尼政府始终保持中立,从未在官方层面正式表达过对南海中国岛礁建设的反对或质疑。[1] 2015年,印尼国防部长在出席香山论坛[2]时表示,中国的南海岛礁建设目的明确,是用于和平目的,并将提供更好的公共服务,保障其他国家的航行自由,印尼对此表示支持。[3]

(二) 对南海仲裁案的态度

印尼不是南海争端当事国,但作为南海沿岸国家和东盟核心成员,其对南海问题给予高度关注,并通过东盟介入争端管理。在菲律宾提起仲裁案后,印尼向常设仲裁法院派出了一个代表团参与听证,并要求中国澄清对于几乎所有战略航道(strategic water ways)的主张。[4]

裁决宣布后,印尼外交部发表了一项声明,没有提及仲裁结果,仅表达了四点原则性主张:第一,印尼政府再次呼吁有关各方自我克制,避免采取任何可能加剧紧张局势的行为,以保护东南亚区域免受任何可能威胁和平稳定的军事活动的影响,同时遵守包括《公约》在内的国际法。第二,印尼政府也呼吁有关各方继续共同致力于维护和平,彰显长期培养起来的友好与合作的立场;为达此目的,南中国海各方应根据一致达成的共同原则行事。第三,印尼将继续推动东南亚和平、自由和中立区的建立,以加强东盟政治与安全共同体。第四,印尼鼓励所有声索方依据国际法,

---

[1]《他们都怎么说:美军进南海 美菲日澳印尼反应各异》,载新浪网,http://mil.news.sina.com.cn/2015-10-28/1151842430.html,最后访问日期:2018年12月30日。

[2] 该论坛于2006年由中国军事科学学会发起,自2015年第6届起,香山论坛由中国军事科学学会和中国国际战略学会共同主办。目前,北京香山论坛已发展成为具有重要国际影响力的亚太安全与防务高端论坛。

[3]《印尼国防部长:尊重中国在南海的岛礁建设行为》,载新浪网,http://mil.news.sina.com.cn/2015-10-18/1435841460.html,最后访问日期:2018年12月30日。

[4] Niña P. Calleja, "7 Countries Send Observers to Monitor PH Case vs China", https://globalnation.inquirer.net/132852/7-countries-send-observers-to-monitor-ph-case-vs-china, Dec. 30, 2018.

就南中国海相互重叠的主权声索继续开展和平谈判。[1]

可以看到,印尼政府有意回避仲裁案,不愿意在此问题上过于鲜明地表达其立场。印尼政治法律安全统筹部部长在声明发表次日接受采访时,一方面表示印尼将继续努力与中国保持友好关系,另一方面又称有关各方应该尊重包括《公约》在内的国际法。此言被印尼媒体解读为印尼接受仲裁庭的裁决。[2]

(三) 对《南海各方行为宣言》的态度

2002 年 11 月 4 日,东盟与中国签署了《南海各方行为宣言》(the Declaration on the Conduct of Parties in the South China Sea,DOC)。《南海各方行为宣言》实质上是一份政治性文件,并不具有国际法上条约的约束性,但是该宣言仍旧被视为一项重要的冲突预防措施。[3]

东南亚地区事务是印尼对外政策的基石,历届政府都十分重视。印尼广泛地与中国和东盟其他各国开展合作,并在中国与东盟的多个海洋合作机制中发挥建设性作用。因此,印尼在《南海各方行为宣言》的制定及实施过程中一直表现出积极的态度。一方面,印尼希望通过在东盟与中国的谈判中发挥其重要作用,从而提高其在东盟内部的影响力;另一方面,对于《南海各方行为宣言》的实施以及"南海行为准则"(Code of Conduct for the South China Sea,COC)的制定,印尼也发挥了巨大作用。

2012 年东盟外长会议结束之后,印尼外交部长在两天内飞往五国首都(马尼拉、河内、曼谷、金边和新加坡),与其他东盟成员国积极开展关于"南海行为准则"的磋商。2015 年,印尼国防部长在第六届香山论坛第二次全体会议上发言,呼吁南海争端各当事国积极遵守《南海各方行为宣言》,建立多边互信,在南海海域开展联合巡逻,共同促进南海和平与安全。2017 年 8 月,中国与东盟各国通过了有关"南海行为准则"的议定框架,以在商定的时间内推进该文件的进一步谈判工作。同年 11 月,东盟和

---

[1] Ministry of Foreign Affairs of The Republic of Indonesia, "Indonesia Calls on All Parties to Respect International Law including UNCLOS 1982", https://www.kemlu.go.id/en/berita/Pages/Indonesia-Calls-On-All-Parties-To-Respect-International-Law-Including-UNCLOS-1982.aspx, Dec. 30, 2018.

[2] 廖建裕:《印尼对仲裁庭裁决的反应》,载联合早报网,http://www.zaobao.com/print/forum/views/world/story20160720-643504,最后访问日期:2018 年 12 月 30 日。

[3] 吴士存、刘复国主编:《2013 年南海地区形势评估报告》,载中国南海研究院官网,http://www.nanhai.org.cn/work_c/101.html,最后访问日期:2019 年 2 月 15 日。

中国同意开始谈判。在这一系列的谈判过程中，印尼始终发挥着积极而又不可或缺的作用。[1]

（四）在"一带一路"框架下与中国合作的态度

2013年10月，中国国家主席习近平在访问印尼时，首次正式提出建设"21世纪海上丝绸之路"的倡议。相较于陆上丝绸之路，海上丝绸之路具有独特的意义。它所经过的东南亚地区，是海上丝绸之路的必经之路和重要枢纽，与中国有着密切而成熟的经贸关系。

2014年11月，在东亚峰会上，佐科提出将印尼打造为"全球海洋支点"。这一战略具体包括：重塑印尼的海洋文化；保护和管理海洋资源；优先发展海洋基础设施和互联互通；开展海洋外交以及加强印尼的国防力量。

可以看到，"21世纪海上丝绸之路"倡议致力于基础设施建设和打造联络亚非欧的互联互通，而"全球海洋支点"战略以海洋基础设施建设和实现岛屿间互联互通为优先方向，基础设施建设和互联互通同为两国发展的重要领域。因此，"21世纪海上丝绸之路"与"全球海洋支点"的建设思路高度契合。印尼作为"21世纪海上丝绸之路"两条主线的交汇点，是海上丝绸之路的重要支点，而中国则是印尼"全球海洋支点"推进的强大助力，两国政府高层一直积极寻求这两大战略的对接。[2]

2015年3月25日至28日，印尼总统对中国进行国事访问并出席博鳌亚洲论坛2015年年会，印尼和中国共同发表《中华人民共和国和印度尼西亚共和国关于加强两国全面战略伙伴关系的联合声明》。其第11条提到："习近平主席提出的建设'21世纪海上丝绸之路'重大倡议和佐科总统倡导的'全球海洋支点'战略构想高度契合。双方同意发挥各自优势，加强战略交流和政策沟通，推动海上基础设施互联互通，深化产业投资、重大工程建设等领域合作，推进海洋经济、海洋文化、海洋旅游等领域务实合作，携手打造'海洋发展伙伴'。"其第22条表示："双方积极评价两国海上合作取得的长足进展，认为应继续用好两国海上合作委员会机制和中印尼海上合作基金，加快推进'海事卫星地面站建设''中印尼国家联

---

[1] Carlyle A. Thayer, "New Commitment to a Code of Conduct in the South China Sea?", https://www.nbr.org/publication/new-commitment-to-a-code-of-conduct-in-the-south-china-sea/, Dec. 30, 2018.

[2] 余珍艳：《"21世纪海上丝绸之路"战略推进下中国—印度尼西亚海洋经济合作：机遇与挑战》，载《战略决策研究》2017年第1期，第61—81页。

合海上搜救沙盘推演'和'中印尼海洋与气候中心建设'等项目,并继续加强在航行安全、海上安全、海上搜救、海洋科研环保等领域务实合作。欢迎中国交通运输部和印尼国家搜救局签署《中印尼海上搜救合作谅解备忘录》。"[1]

2015年4月21日至24日,中国国家主席习近平赴印尼出席亚非领导人会议和万隆会议60周年纪念活动时,与印尼方共同发布《中华人民共和国与印度尼西亚共和国联合新闻公报》。其第6条重申"将全面对接中方建设'21世纪海上丝绸之路'构想和印尼方'全球海洋支点'发展规划,加强政策协调、务实合作和文明互鉴,打造共同发展、共享繁荣的'海洋发展伙伴'"。[2]

2018年5月6日至8日,中国国务院总理李克强对印尼进行正式访问,双方共同发表《中华人民共和国政府和印度尼西亚共和国政府联合声明》。该声明第三条提出:"双方充分肯定两国建立全面战略伙伴关系五年来双边关系取得的重要进展,特别是积极对接'21世纪海上丝绸之路'倡议和'全球海洋支点'构想、深化务实合作取得的显著成效,同意在全面战略伙伴关系框架下加强双边、地区及国际层面三个支柱合作。"该声明第6条强调:"双方乐见两国不断加强在基础设施互联互通方面的合作,特别是在'一带一路'倡议和'全球海洋支点'构想框架内继续推进雅加达—万隆高速铁路建设,并就'区域综合经济走廊'建设合作进行探讨。双方同意共同努力,加速推动有关项目取得成功。同时,双方还签署了《中华人民共和国国家发展和改革委员会与印度尼西亚共和国海洋统筹部关于推进区域综合经济走廊建设合作的谅解备忘录》及《中华人民共和国国家发展和改革委员会与印度尼西亚共和国国有企业部关于对雅加达—万隆高速铁路项目持续顺利实施提供支持的谅解备忘录》。"[3]

由上,中国的海上丝绸之路构想为印尼建设海洋强国的目标提供了机

---

[1]《中华人民共和国和印度尼西亚共和国关于加强两国全面战略伙伴关系的联合声明(2015年3月26日)》,载人民网,http://politics.people.com.cn/n/2015/0327/c1001-26756829.html,最后访问日期:2018年12月30日。

[2]《中华人民共和国与印度尼西亚共和国联合新闻公报(2015年4月22日 雅加达)》,载人民网,http://military.people.com.cn/n/2015/0423/c172467-26889495.html,最后访问日期:2018年12月30日。

[3]《中华人民共和国政府和印度尼西亚共和国政府联合声明(2018年5月7日 雅加达)》,载中国外交部官网,https://www.fmprc.gov.cn/web/ziliao_674904/zt_674979/dnzt_674981/lzlzt/lkqcf0506_692295/zxxx_692297/t1557430.shtml,最后访问日期:2018年12月30日。

遇与可能，而印尼又为中国建设海上丝绸之路提供了巨大的支持，两国政策互通、利益共享，在国家建设尤其是海洋发展方面共享繁荣前景。

结　语

作为世界上最大的群岛国，海洋毫无疑问地成为印尼的立国之基，兴国之本。从海洋渔业、海洋运输到海洋资源勘探与开发，印尼的经济建设高度依赖于海洋；从丰富的国内海洋立法到积极参与的国际海洋海事条约和协定，印尼的法治发展紧紧围绕海洋；从国际司法裁决到政府间的双边、多边协商，印尼国际争端解决经验的丰富得益于海洋。中印尼之间虽然存在轻微的海洋权益摩擦，但是整体观之，印尼对中国海洋法主张的态度相对友好，印尼的自然条件与中国的发展需求相互支持，印尼国内的发展计划与中国的"一带一路"倡议相互契合，是我国妥善解决海洋争端的重要参考，也是我国打通海上丝绸之路的关键枢纽，更是我国发展海洋经济、建设海洋强国的友好伙伴。

第Ⅲ部分

新加坡海洋法律体系研究

一、新加坡海洋基本情况

新加坡古称淡马锡（Temasek），8世纪时隶属室利佛逝（Samboja）王朝，18—19世纪时是马来柔佛（Johor Sultanate）王国的一部分。1819年英国人史丹福·莱弗士抵达新加坡，与柔佛苏丹（Sultan Johor）[1]达成协议，开始在新加坡设立贸易站。1824年，新加坡沦为英国殖民地，成为英国在远东的转口贸易商埠和东南亚的主要军事基地。1942年，新加坡被日本占领。1945年，日本投降，英国恢复对新加坡的殖民统治，并于次年将其划为直属殖民地。1959年，新加坡实现自治，成为自治邦，英国保留国防、外交、修改宪法、宣布紧急状态等权力。1963年9月16日，新加坡与马来西亚、沙巴、沙捞越共同组成马来西亚联邦，后于1965年8月9日脱离该联邦，成立新加坡共和国。同年9月，新加坡成为联合国正式会员国，10月加入英联邦。新加坡在1967年与印度尼西亚、马来西亚、菲律宾和泰国组成东南亚国家联盟（Association of Southeast Asian Nations，以下简称"东盟"），为该组织发起国之一。[2]

从地理位置上看，新加坡位于马来半岛南端、马六甲海峡出入口，北隔柔佛海峡与马来西亚相邻，南隔新加坡海峡与印度尼西亚相望，由新加坡岛及附近63个小岛组成，海岸线长200余公里。20世纪60年代，新加坡陆地面积为581.5平方公里，经过多年填海造地，至2018年新加坡陆地面积已达721.5平方公里。[3] 政府计划到2030年再填海造地100平方公里。新加坡独特的地理位置、优质的海港条件以及高水平的港务能力使之成为世界上最繁忙的港口国之一。

从行政区划上看，新加坡是一个城邦国家，无省市之分，以符合都市规划的方式将全国划分为五个社区（行政区），由相应的社区发展理事会

---

[1] 柔佛苏丹是柔佛王国的最高统治者，政权开始于16世纪初。参见 Coronation of HRH Sultan Ibrahim of Johor, "History of the Johor Sultanate", https://kemahkotaan.johor.gov.my/pengenalan/sejarah-kesultanan-johor/? lang = en，最后访问日期：2019年1月12日。

[2] 商务部国际贸易经济合作研究院、中国驻新加坡大使馆经济商务参赞处、商务部对外投资和经济合作司：《对外投资合作国别（地区）指南——新加坡（2017年版）》，载商务部官网，http://fec.mofcom.gov.cn/article/gbdqzn/upload/xinjiapo.pdf，第2页，最后访问日期：2018年6月5日。

[3] 《图说新加坡的填海造陆，新加坡23%的国土面积竟然是填海所得》，载新加坡狮城新闻网，https://www.shicheng.news/show/443939，最后访问日期：2019年1月12日。

(Community Development Council，以下简称"社理会")管理。五个社理会按照地区划分，分别为东北、东南、西北、西南和中区社理会。五个社区进一步分为27个选区，包括12个单选区和15个集选区。

从政治制度上看，新加坡实行议会共和制。总统为国家元首，原经议会选举产生，任期为4年。自1993年起，根据1992年颁布的民选总统法案，总统由全民直接选举产生，任期为6年。总统委任议会的多数党领袖为总理。总统和议会共同行使立法权，总统有权否决政府财政预算和公共部门职位的任命，可审查政府执行内部安全法令和宗教法令的情况，有权调查贪污案件。总统在任命公务员时，必须先征求总统顾问理事会[1]（Council of Presidential Advisers）的意见。最高法院和总检察署是新加坡的司法机关。最高法院由高等法庭（the High Court）和上诉法庭（the Court of Appeal）组成。[2] 1994年，新加坡废除上诉至英国枢密院的规定，将新加坡最高法院上诉庭作为终审法庭。

从经济状况上看，新加坡是全球最具活力、前景持续看好的新兴经济体之一。2017年，新加坡人均国内生产总值5.7万美元。[3] 新加坡经济的迅速发展得益于其经济结构向资本、技术密集型和知识密集型的成功转型。其中，与海洋直接相关的产业包括：环境及水务产业、[4] 物流与供应链管理产业、[5] 海洋事务及离岸工程产业、[6] 石化与天然气设备及其相

---

[1] President of the Republic of Singapore, "Role of the Council", https：//www.istana.gov.sg/Presidents-Office/Council-of-Presidential-Advisers, Jan. 12, 2019.

[2] Supreme Court Singapore, "Structure of the Courts", https：//www.supremecourt.gov.sg/about-us/the-supreme-court/structure-of-the-courts, Jan. 12, 2019.

[3] CEIC,"Singapore GDP per Capita", https：//www.ceicdata.com/zh-hans/indicator/singapore/gdp-per-capita, June 5, 2018.

[4] 新加坡被誉为"全球水务中心"，主张通过"国家四大水喉"，即集水区的水源、进口食水、新生水和淡化海水，建立多元化的可持续供水系统。参见《环境及水务产业》，载新加坡经济发展局官网，https：//www.edb.gov.sg/content/edb/zh/industries/industries/environment-and-water.html，最后访问日期：2018年6月5日。

[5] 新加坡得天独厚的地理位置，使之成为连接重要海上主航线的交通枢纽。作为全球最繁忙的转运港，新加坡集装箱转运吞吐量约占全世界的1/7，其200多条航线可与世界123个国家的600个港口相连。参见《物流和供应链管理产业》，载新加坡经济发展局官网，https：//www.edb.gov.sg/content/edb/zh/industries/industries/logistics-and-supply-chain-management.html，最后访问日期：2018年6月5日。

[6] 新加坡是全球最大的升降式钻油台制造商，占有全球70%的市场。同时，其还持有全球浮式生产储卸油装置改装作业70%的市场占有率及全球船舶修理市场20%的份额。参见《海洋事务及离岸工程产业》，载新加坡经济发展局官网，https：//www.edb.gov.sg/content/edb/zh/industries/industries/marine-offshore-engineering.html，最后访问日期：2018年6月5日。

关服务。[1] 然而,新加坡的捕渔业并不发达,其消耗的海产品主要从印度尼西亚、马来西亚、泰国、越南等国进口。[2]

从国际海洋航运地位来看,新加坡是世界领先的海事中心。这一地位得益于以下几方面的条件和努力:第一,在船舶业发展方面,新加坡是世界主要的船舶注册地和燃料补给港;拥有并经营大量船舶,拥有世界领先水平的造船厂和发达的船舶金融行业;是主要的船体与轮机保赔协会的总部或办公室的所在地。第二,在海事海商法律人才方面,新加坡成立了海事基金会并重视培养专业化的律师队伍。第三,在海事争端解决方面,新加坡国际仲裁中心设立新加坡海事仲裁院(The Singapore Chamber of Maritime Arbitration)专门处理海事争议。新加坡推出了新加坡船舶买卖合同,将新加坡作为默认的仲裁地。波罗的海国际航运公会(The Baltic and International Maritime Council)在其标准的争端解决条款中也将新加坡作为三个官方的仲裁地之一(与纽约、伦敦并列)。第四,在海事国际合作方面,新加坡还作为东道国组织了一系列包括新加坡海事周(Singapore Maritime Week)、国际海事—海港技术发展会(International Maritime-Port Technology and Development Conference)在内的活动与会议。[3]

---

[1] 虽然缺乏本土油气资源,新加坡却因其处于西亚原油产地与东方石油消费区之间的特殊位置,加之附近诸如印度尼西亚、文莱等国石油资源丰富而成为世界三大出口炼油中心之一。参见《石化与天然气设备及服务》,载新加坡经济发展局官网,https://www.edb.gov.sg/content/edb/zh/industries/industries/oil-and-gas.html,最后访问日期:2018年6月5日。

[2] Commonwealth of Nations, "Find Fisheries Expertise in Singapore", https://www.commonwealthofnations.org/sectors-singapore/business/fisheries, June 5, 2018.

[3] Supreme Court Singapore, "Maritime Law in Singapore and Beyond-Its Origins, Influence and Importance", https://www.supremecourt.gov.sg/Data/Editor/Documents/J%20Steven%20Chong%20Speeches/NUS%20Centre%20for%20Maritime%20Law%20(03.09.15).pdf, Jan. 12, 2019.

二、海洋事务主管部门及其职能

(一) 立法机构

新加坡是一个沿袭英国"西敏制"[1]（Westminster System）的议会制政体共和国。《新加坡宪法》第38条规定："新加坡的立法权属于由总统和议会组成的立法机关。"

新加坡议会实行"一院制"，自第一次会议召开或议会成员全体列席之日起五年为一届。其议员由选举产生，获得多数席位的政党领导人将被总统提名成为总理。随后，总理将从民选议员中选任部长以组成内阁。新加坡议会成员由选区议员、非选区议员、提名议员组成，负责制定法律、政府问责、审查国家年度预算。[2] 1991年之前，总统由议会任命，是国家元首。1991年之后，总统改为由选民选举产生，每届任期六年，可连选连任。依据《新加坡宪法》，总统有责任保护新加坡的国家储备和公共服务的完整性，其有权否决政府预算和关键公职的任命。但是，总统在一些重要事项作出决定之前必须咨询总统顾问委员会（Council of Presidential Advisers）[3]。

新加坡法律草案必须在议会中经过特别的"三读"程序才能正式成为法律。[4] 其中，"第一读"是一项法律草案在议会中的正式提出，议会的任何议员都可以提出一项名为私人议员法案（Private Member's Bill）的法律草案；"第二读"是在议会中就该法律草案的一般原则、优点、价值展开充分辩论，该草案将交由一个议会任命的或是经挑选的成员组成的委员

---

[1] "西敏制"，也称为威斯敏斯特体系，是沿袭英国议会西敏宫所用之体制而形成的民主政府体制，以一个立法机关为显著特点，是供立法机构运作的一整套程序。"西敏制"主要在英联邦国家使用，是澳大利亚、印度、爱尔兰、牙买加、马来西亚、新西兰、马耳他等国家现行议会制度。参见 Mcgill. ca, "Westminster System", https://www.cs.mcgill.ca/~rwest/wikispeedia/wpcd/wp/w/Westminster_System.htm, 最后访问日期：2019年1月18日。

[2] Singapore Parliament, "SYSTEM OF GOVERNMENT", https://www.parliament.gov.sg/about-us/structure/system-of-government, Dec. 26, 2018.

[3] 总统顾问委员会的人员选任、职权等事项见《新加坡宪法》第37条及该条的解释。参见 Singapore Statutes Online, "Constitution of the Republic of Singapore (1965)", https://sso.agc.gov.sg/Act/CONS1963#pr1-, 最后访问日期：2019年1月18日。

[4] Parliament of Singapore, "Functions", https://www.parliament.gov.sg/about-us/parliament-information/functions, Dec. 26, 2018.

会进行细致的研究和修正；"第三读"是委员会进行充分考量后，再次移交议会进行的第三次审议。法律草案通过"三读"程序后，还将交由总统下属的少数民族权利总统委员会[1]（Presidential Council for Minority Rights）审查以确保不会有损于任何种族或任何宗教群体的权利。少数民族权利总统委员会审查同意后，法案将被移交至总统。该法案自总统批准过后正式成为议会法律并经政府公报（Government Gazette）公布之日或按法律已实际生效的其他日期起正式生效。

（二）行政执法机构

新加坡政府机构分为部委（Ministry）、法定委员会（Statutory Boards）、国家机关（Organ of State）和公共服务组织（Public Services Contact）。其中，与海洋事务有关的部委及法定委员会有：外交部（Ministry of Foreign Affairs）、国家发展部（Ministry of National Development）、环境与水资源部（Ministry for the Environment and Water Resources）、运输部（Ministry of Transport）、海事及港务管理局（Maritime and Port Authority of Singapore）。

1. 外交部

新加坡外交部建立于1965年8月，旨在通过外交手段保障和增进其国家利益。具体而言，其任务主要包括维护新加坡主权、促进区域和平、维护新加坡的国际性、提高新加坡的政治与经济地位、分享其作为负责任的国际社会参与者的经验，并在需要时为旅居境外的新加坡国民提供帮助。[2]

新加坡外交部领导层[3]依次设置为外交部长（Minister for Foreign Affairs）、高级国务部长（Senior Minister of State）、总理办公室大臣（Minister of State Prime Minister's Office）。新加坡外交部由常任秘书长、高级咨询人员和三位副秘书长组成。常任秘书长负责外交部的各项具体事务，属国务大臣管辖。下辖三个分工明确的副秘书长，依次为管理副秘书长、亚洲太

---

[1] Parliament of Singapore, "Other Presidential Councils", https：//www.istana.gov.sg/Presidents-Office/Other-Presidential-Councils, https：//www.istana.gov.sg/roles-and-responsibilities/presidents-office/other-presidential-councils, Dec. 26, 2018.

[2] The Ministry of Foreign Affairs, "Organisation", https：//www1.mfa.gov.sg/About-MFA/Organisation-Chart, Dec. 24, 2018.

[3] Ibid.

平洋副秘书长、东南亚东盟副秘书长。其中,管理副秘书长负责战略性交流、条约、信息管理等事务,东南亚东盟副秘书长负责国际组织等事务。[1]

外交部参与海洋法相关的重要事件有:1966 年 1 月 17 日,外交部签署了《国际海事组织公约》并成为国际海事组织成员国;1981 年 3 月,新加坡常驻联合国代表担任第三次联合国海洋法会议主席;2007 年 9 月 4 日至 6 日,外交部主持召开了国际海事组织大会,会上建立了确保马六甲海峡和新加坡海峡航行安全与环境保护的合作机制;2009 年 3 月 10 日,新加坡与印度尼西亚签署了《新加坡与印度尼西亚有关划定新加坡海峡西段领海分界线的条约》;2013 年 5 月 15 日,新加坡被授予北极理事会观察员的资格;2014 年 9 月 3 日,新加坡与印度尼西亚签署了两国有关划定新加坡海峡东段领海分界线的条约;2014 年 9 月 4 日,新加坡提出针对发展中小岛国的技术合作计划,其中包括提供有关民航与海事课程的奖学金;2017 年 2 月 10 日,新加坡与印度尼西亚交换了划分新加坡海峡东段领海分界线条约的批准书。

2. 国家发展部

新加坡国家发展部成立于 1959 年,旨在完善基础设施建设,建立充满生机、可持续的居住环境以及有凝聚力的社区。国家发展部由 12 个部门、12 个附属机构组成。[2]

国家发展部是负责国有土地规划与发展的主要政府机构,其主要职能包括:指导新加坡土地规划;城镇再发展与保护区建设;提供廉价高质的公住房;发展高效的建筑业以确保安全、高质与可持续的环境建设;建设与管理公园、公共区域以及保护自然区域;保障食品安全与动植物健康标准,并通过提高不动产中介业务的专业性以保护消费者权益。

新加坡因国土面积狭小、渔业用地有限,渔业的养殖规模小,国内新鲜海鲜严重依赖进口。虽然如此,新加坡国内的食用鱼养殖业仍蓬勃发展且变得日益重要,已占国内食用鱼消费量的 6%。其国内的食用鱼主要产自新加坡北部海湾的漂流浮动养殖渔场。

---

[1] The Ministry of Foreign Affairs is a ministry of the Government of Singapore,"MFA HQ's Organisational Structure", https://www.mfa.gov.sg/About-MFA/Organisation-Chart, Dec. 24, 2018.

[2] 国家发展部的各组成部门、高级管理人员、代理商详情,参见 Singapore Ministry of National Development (MND),"Senior Management", https://www.mnd.gov.sg/who-we-are/our-organisation/senior-management, Dec. 26, 2018。

农业食品及兽医管理局（Agri-Food & Veterinary Authority of Singapore，AVA）是新加坡国家水产养殖发展和管理的官方机构，隶属于国家发展部，通过签发养鱼业许可证管理水产养殖场。就海洋食用鱼养鱼场而言，被许可人必须遵守良好的养鱼场管理指引，以维持养鱼场的良好状况，并确保养鱼场不会从事有损养殖环境的活动。其下属的海洋水产养殖中心负责孵化鱼苗并出售给新加坡及附近东南亚国家的商业渔场。AVA与本地商业孵化场分享有关孵化场技术发展的资料、与研究机构和当地养鱼场合作开发疫苗，以提高鱼种和鱼苗的存活率，从而增加农场的产量，并减少因长期使用而对预防性药物的依赖。AVA还提供技术援助，帮助农民制订可行的生产计划，以提高产量。AVA在圣约翰岛上建立了海洋水产养殖中心（Marine Aquaculture Centre），通过发展鱼类繁殖和优质鱼种、鱼苗生产以及大规模养鱼技术来满足新加坡水产养殖发展的需要。目前，研究工作已涉及缩短重要海洋食用鱼类的繁殖周期、以商业化规模进行鱼苗生产等技术。[1]

AVA经营着两个重要的渔港：裕廊渔港（Jurong Fishery Port，JFP）和圣诺哥渔港（Senoko Fishery Port，SFP），为外国和当地渔船提供以下服务：加油、卸货、鱼类转运及营销、渔港活动、鱼类批发市场服务。裕廊渔港于1969年开始运营，占地5.1公顷，是著名的国际捕捞渔船港口，也是在印度洋和太平洋进行捕捞作业的外国渔船的停泊和加油基地，除星期一不提供营销分销服务外，其余时间24小时提供营业服务。裕廊渔港拥有一个占地9000平方米的鱼类批发市场，分布着110个小型批发点，每天有2000—3000家的鱼类零售商、鱼类加工商和鱼类买家来到这个市场进行鱼类贸易。裕廊渔港还是鲜鱼集散中心，每天有来自中国、马来西亚、泰国、印度、澳大利亚、孟加拉等国家的渔船和鱼类冷藏船在此卸载鱼类，冷冻金枪鱼也通过这里进行转运。圣诺歌渔港于1997年取代榜鹅（Punggol）渔港并开始运营，占地3.24公顷，是当地捕鱼船队的母港，每年处理约15000吨鱼。[2]

3. 环境与水资源部

环境与水资源部致力于为新加坡民众提供优质的生活环境。环境与水

---

[1] SEAFDEC/AQD, "Current Status of Aquaculture in Singapore", https://repository.seafdec.org.ph/handle/10862/2785, June 5, 2018.

[2] Singapore Food Agency, "AVA", https://www.ava.gov.sg/explore-by-sections/fisheries/fishery-ports/fishery-port-services, Dec. 24, 2018.

资源部下辖两个法定委员会：国家环境局（National Environment Agency）和国家水务机构（The National Water Agency）。该部门计划至2019年4月1日，新增法定委员会——新加坡食品局（Singapore Food Agency），以监督食品安全。[1]

国家环境局成立于2002年7月1日，是提高和维持新加坡干净、绿色环境的主要公共机构。新加坡国家环境局通过与个人及其他公私部门合作，推进各项环境计划与项目。新加坡国家环境局致力于激励公民个人承担环境责任，将环境保护作为生活方式的一部分。具体而言，其主要任务包括：污染控制、固体废弃物管理、提高能源利用率、辐射保护与核安全保障、预防与控制虫媒病、公共卫生与清洁、摊贩管理、气象服务、3P（People，Private，Public）合作和环境能力建设培训。[2]国家环境局下辖20个下级机构[3]，其中环境保护科下属的污染控制部（Pollution Control Department）主要负责控制空气与水污染、有害物质与有毒工业废弃物。污染控制部不仅监测外部大气环境与包括海洋环境在内的水体的纯净度，还制定、实施与邻国达成的跨境污染防治项目。[4]

新加坡视海水淡化为应对气候变化和确保国家水资源安全的重要倚仗。国家水务机构现管理着三个海水淡化厂，分别是2005年投产的Sing-

---

[1] Ministry of the Environment and Water Resources of Singapore, "About Us", https://www.mewr.gov.sg/about-us, June 17, 2018.

[2] National Environment Agency, "About Us", https://www.nea.gov.sg/corporate-functions/who-we-are/about-us, May 28, 2018.

[3] 20个下级机构分别是3P网络部（3P Network Division），企业交流部（Corporate Communications Department），企业服务与发展科（Corporate Services and Development Division），环境保护科（Environmental Protection Division），环境公共卫生科（Environmental Public Health Division），环境保护政策和国际关系科（Environmental Protection Policy and International Relations Division），商贩中心科（Hawker Centres Division），人力资源科（Human Resource Division），内部审计部（Internal Audit Department），产业发展及促进部（Industry Development and Promotion Department），IT部（IT Department），联合行动和规划司（Joint Operations and Planning Division），法律部（Legal Department），新加坡气象服务部（Meteorological Service Singapore），公共卫生政策及规划科（Public Health Policy and Planning Division），新加坡环境研究所（Singapore Environment Institute），服务质量科（Service Quality Division），协调转化部（Transformation Department），信息与系统集成科（Technology and Systems Integration Division）。参见National Environment Agency, "Divisions and Departments", https://www.nea.gov.sg/corporate-functions/who-we-are/divisions-and-departments，最后访问日期：2018年12月24日。

[4] National Environment Agency, "Environmental Protection Division", https://www.nea.gov.sg/corporate-functions/who-we-are/divisions-and-departments/environmental-protection-division, Dec. 24, 2018.

Spring 海水淡化厂、2013 年投产的 Tuaspring 海水淡化厂、2018 年投产的 Tuas 海水淡化厂，总日处理水能力约为 59 万立方米，已满足新加坡每日需水量的 30%。至 2020 年，另外两个海水淡化厂（Marina East 海水淡化厂和 Jurong Island 海水淡化厂）将建成投产，以使新加坡的海水淡化能力至 2060 年，仍能满足其国内 30% 的每日需水量。[1] 目前，国家环境局的目标是积极探索低能耗淡化以确保淡化水的可持续性生产，计划以电去离子（Electro-deionisation）和仿生学（Biomimicry）工艺为主将未来海水淡化所需的能量减半。[2]

4. 交通运输部

新加坡作为一个高度依赖国际贸易的小国，一直把海事活动视为支持其经济发展的重要支柱，海洋相关产业也是新加坡人重要的就业来源。新加坡交通部监管航空运输、陆路运输和海运，致力于加强该国交通的连通性，发展该部门的潜力，以提高新加坡的经济竞争力与生活质量。在海运方面，新加坡交通运输部意在通过提供具有卓越的全球连通性、与海事活动相关的高水平综合海上辅助服务，将新加坡打造成为全球顶级的枢纽港与世界海事中心。

为推进航运业发展，新加坡引入了包含免税等多项支持航运公司发展的计划，以吸引更多的国际船东和运营商将运输业务扩展到新加坡。交通运输部提出：新加坡身为领先的国际航运中心，将继续在船舶管理、船舶融资、海运保险、船舶经纪、海事法律服务等领域完善和提升其服务范围，以保持新加坡的竞争优势。目前，新加坡有超过 5000 家海事公司，包括 130 多个国际航运集团。为确保海洋安全，新加坡投资建立了包括船舶交通信息系统（Vessel Traffic Information System）在内的复杂信息体系，以监控在其水域的船舶动向，还通过马六甲海峡航行安全与环境保护合作机制等区域性平台，与周边国家、主要使用国和航运业密切合作。交通运输部力求实现平衡海洋环境保护与港口和海运业的发展，以承担起身为负责任枢纽港的环境责任，实行积极环境管理，开展环境影响评估，与国际海

---

[1] PUB,"Singapore's Desalination Journey", https：//www.pub.gov.sg/PublishingImages/TDP_Panel-2-v2.jpg, Dec. 24, 2018.

[2] PUB,"Desalinated Water", https：//www.pub.gov.sg/watersupply/fournationaltaps/desalinated-water, Dec. 24, 2018.

事界合作，为减少航运业及相关活动对环境的影响作出积极的行动。[1]

此外，在海上事故调查方面，新加坡专门成立了运输安全调查局[2]（Transport Safety Investigation Bureau），以国际标准独立地进行事故调查来促进航空和海上安全。其下辖的海事安全调查处（Marine Safety Investigation Branch）主要负责调查两类船舶的严重海上安全事故，一类是新加坡注册船舶，另一类是新加坡领海内非新加坡注册船舶，调查标准主要为"国际标准守则"（the Code of International Standards）及"国际海事组织海上意外伤亡事故安全调查建议实务"（Recommended Practices for a Safety Investigation into a Marine Casualty or Incident of the International Maritime Organization）。

5. 海事及港务管理局

海事及港务管理局成立于1996年2月2日，致力于将新加坡打造成世界顶级的枢纽港和国际航运中心，并促进和保障新加坡的战略性海洋权益。新加坡海事及港务管理局是新加坡港口及海洋事务发展的推动者，负责港口监督、港口规划等海洋事务。海事及港务管理局携手其他机构，努力提高港口水域的安全与环境保护水平，为港口作业提供便利，扩大港口附属服务的范围并促进海洋科学研究的发展与人力资源的储备。[3]

为了培养相关人才，新加坡海事及港务管理局成立了专门的学院，即MPA学院（MPA Academy）。MPA学院是海事及港务管理局的培训机构，逐渐发展为一个专业学院，专注于全球海事领导力培训，以培养全球海事领导精英为目标，以成为海事和港口管理的全球学习中心为愿景。学院当前使命是提高MPA官员的专业技能和知识，并为海外港务和海事官员开展高端培训，满足包括国际海事组织等提出的培训需求。[4]

---

[1] Ministry of Transport, "Sea Transport", https://www.mot.gov.sg/about-mot/sea-transport, Dec. 25, 2018.

[2] 运输安全调查局是新加坡的空中和海上事故调查机构，于2016年8月1日由原航空事故调查局重组而成立，分为空中事故调查处（Air Accident Investigation Bureau）和海事安全调查处（Marine Safety Investigation Bureau）。参见Ministry of Transport, "Transport Safety Investigation Bureau (TSIB)", https://www.mot.gov.sg/About-MOT/Transport-Safety-Investigation-Bureau/，最后访问日期：2018年12月25日。

[3] Maritime and Port Authority of Singapore, "Mission, Vision & Values", https://www.mpa.gov.sg/web/portal/home/about-mpa/mission-vision-values, Dec. 25, 2018.

[4] Maritime and Port Authority of Singapore, "Introduction", https://www.mpa.gov.sg/web/portal/home/mpa-academy/about-us/introduction, Dec. 25, 2018.

(三) 海洋管理中的多机构实践

值得注意的是，由于对任一事件的处理通常都涉及多部门的联合行动，新加坡部门间的协作与部门间的分工同等重要，有时还会涉及非上述部门的合作。例如，为了有效执行油污泄漏的应急计划，新加坡海事及港务管理局作为领导机构须与其他各政府机构与非政府组织合作；环境与水资源部须负责海岸线及其他陆地区域的清理；国防部负责调集飞机勘察和清理；内政部负责为大规模溢油事故的海岸线清理工作提供人力，并为外国协助清理的专家和工人入境提供便利；移民和检查点管理局为进入新加坡的设备提供清关服务，以协助清理行动；新加坡民航局协助海上救援，并在必要时提供消防设备；卫生部向受漏油影响的人们提供医疗援助，并就与清理行动有关的卫生事宜提供咨询意见；新加坡农业食品和兽医管理局负责保护渔场和其他生物资源、评估损失并提供相应策略。[1]

---

[1] Robert Beckman, "Signapore Strives To Enhance Safety, Security, And Environmental Protection In Its Port And In The Straits Of Malacca And Singapore", *Ocean and Coastal Law Journal* 14, 2008, pp. 174-175.

三、国内海洋立法

(一) 划定管辖海域的法

1. 1878 年《领水管辖权法案》

1878 年《领水管辖权法案》[1]（Territorial Waters Jurisdiction Act 1878）[2] 颁布于 1878 年 8 月 16 日，后于 1987 年 3 月 30 日被修订。该法案不仅规定了新加坡的领海宽度为从低潮标量起的 1 航海里格（one marine league），即 3 海里，还长期影响了新加坡对领海的主张。

2. 1928 年《海峡殖民地和柔佛州领水（协定）法案》

1928 年《海峡殖民地和柔佛州领水（协定）法案》[Straits Settlements and Johore Territorial Waters（Agreement）Act 1928] 颁布于 1928 年 8 月 3 日，后于 1987 年 3 月 30 日被修订。该法案批准了英国与苏丹柔佛之间签订的关于新加坡与该区域边界划分的条约。该条约再次确认了英国 1878 年《领水管辖法案》中确定的 3 海里领海宽度。该法案所体现的条约内容将在后文进一步展开。[3]

3. 《边界和调查地图法》

新加坡《边界和调查地图法》（Boundaries and Survey Maps Act）颁布于 1998 年 10 月 16 日，并于 2006 年 4 月 1 日被修改。该法令规定了土地划界、界标的建立和维持以及某些调查地图的公布等事宜，分为四个部分总计 18 条。

该法第一部分前言规定了术语解释和首席调查员的任命等；第二部分详细规定了调查的内容，包含了土地调查要求、首席调查员权力和职责、边界线的修改、检验等；第三部分规定了地图的测绘，包含地图的修正、地图作为证据的条件等；第四部分规定了杂项，包含了对违反该法案行为

---

[1] 1878 年，新加坡为英国殖民地。1878 年《领水管辖权法案》为英帝国法案，该法案第 7 条规定了新加坡的领海宽度。参见 Cuide Me Singapore，"A Brief History of Singapore"，https://www.guidemesingapore.com/business-guides/immigration/get-to-know-singapore/a-brief-history-of-singapore，最后访问日期：2019 年 1 月 19 日。

[2] Singapore Statutes Online, "Territorial Waters Jurisdiction Act 1878", https://sso.agc.gov.sg/Act/TWJA1878, Jan. 15, 2019.

[3] Singapore Statutes Online, "Straits Settlements and Johore Territorial Waters（Agreement）Act 1928", https://sso.agc.gov.sg/Act/SSJTWAA1928, Jan. 15, 2019.

人的处罚、调查费用的负担等。[1]

(二) 海洋环境相关立法

1. 《预防海洋污染法案》

《预防海洋污染法案》(Prevention of Pollution of the Sea Act) 颁布于1991年2月1日，后于1999年12月30日被修改。该法案旨在实施《1973年国际防止船舶造成污染公约》及其1978年议定书、《2004年国际船舶压载水和沉积物的控制与管理公约》以及其他海洋环境保护及防止、减少、控制海洋排污和船舶排污的国际公约项下的义务，并制定规则规制海洋排污与船舶排污的防止、减少、控制以及其他相关事务。[2]

依该法制定的规章有:《预防海洋污染（石油）规定》[Prevention of Pollution of the Sea (Oil) Regulations]，《预防海洋污染（散装有毒液体物质）规定》[Prevention of Pollution of the Sea (Noxious Liquid Substances in Bulk) Regulations]，《预防海洋污染（污染事故报告）规定》[Prevention of Pollution of the Sea (Reporting of Pollution Incidents) Regulations]，《预防海洋污染（接收设施和垃圾设施）规定》[Prevention of Pollution of the Sea (Reception Facilities and Garbage Facilities) Regulations]，《预防海洋污染（油污的防范、应对及合作)》[Prevention of Pollution of the Sea (Oil Pollution Preparedness, Response and Co-operation) Regulations]，《预防海洋污染（罪行构成)》[Prevention of Pollution of the Sea (Composition of Offences) Regulations]，《预防海洋污染（垃圾）规定》[Prevention of Pollution of the Sea (Garbage) Regulations]，《预防海洋污染（危险和有毒物质污染防范、应对及合作）规定》[Prevention of Pollution of the Sea (Hazardous and Noxious Substances Pollution Preparedness, Response and Co-operation) Regulations]，《预防海洋（空气）污染规定》[Prevention of Pollution of the Sea (Air) Regulations]，《预防海洋污染（污水）规定》[Prevention of Pollution of the Sea (Sewage) Regulations]，《预防海洋污染（石油）规定》[Prevention of Pollution of the Sea (Oil) Regulations]，《预防海洋污染（有害防污系

---

[1] Singapore Statutes Online, "Boundaries and Survey Maps Act", https://sso.agc.gov.sg/Act/BSMA1998, Jan. 15, 2019.

[2] Singapore Statutes Online, "Prevention of Pollution of the Sea Act", https://sso.agc.gov.sg/Act/PPSA1990, Jan. 15, 2019.

统）规定》［Prevention of Pollution of the Sea（Harmful Anti-Fouling Systems）Regulations］等。[1]

2. 《环境保护与管理法案》

《环境保护与管理法案》（Environmental Protection and Management Act）颁布于1991年4月1日，其巩固了环境污染控制、环境和资源保护以及与此类目的相关的规则体系。该法案总计78条，分为13个部分。其中，第二部分规定了执行该法律的专门行政人员的任命和职责，第五部分规定了排放污水所需的许可证、工业废水的处理程序、非法排放废水的处罚等内容。[2]

3. 2015年《深海采矿法令》

2015年《深海采矿法令》（Deep Seabed Mining Act 2015）自2015年4月1日起生效，是对《〈联合国海洋法公约〉第十一部分的协定》的国内法执行。该法令共有25条，分为四个部分，即序言、深海采矿的规制、判决及裁决的执行和杂项。第一部分规定了生效时间、术语解释、立法目的等；第二部分规定禁止深海采矿的情形、采矿许可证的授予、许可证授予的条件、许可证的生效与有效期、对被许可人的指令、许可证转让、许可证的失效、许可证的中止或撤销、被许可人可在许可证被中止或撤销前申述、许可证过期后的指令、被许可人的不法责任等；第三部分规定了海底争端分庭决定的登记、登记的效力、仲裁裁决的执行等；第四部分规定了法人团体的违法行为、经济处罚的恢复、法院规则等。[3]

4. 《渔业法案》

《渔业法案》（Fisheries Act）最初颁布于1969年1月1日，后于2002年12月31日被修改。该法案旨在保护渔场，制定条款控制捕鱼、鱼获销售与分配、渔港的控制，并采取促进新加坡公共福利与渔业发展的措施。

该法案分为五个部分共计27条。第一部分规定了法案的正式简称和术语解释；第二部分规定了行政人员的任命和执法程序等；第三部分规定了渔业执照的授予条件、有效期、被授予人等；第四部分规定了具体的违法

---

［1］ 规章在新加坡国内的立法体系中属附属立法（Subsidiary Legislation）。本部分所涉规章均可在新加坡法令在线网站查询，访问地址为https：//sso.agc.gov.sg/Index。

［2］ Singapore Statutes Online, "Environmental Protection and Management Act", https：//sso.agc.gov.sg/Act/EPMA1999, Jan. 15, 2019.

［3］ Singapore Statutes Online, "Republic of Singapore Government Gazette Acts Supplement", https：//sso.agc.gov.sg/Act/DSMA2015, Jan. 15, 2019.

行为，如故意损坏特定渔用器械、使用毒药或爆炸物捕鱼、非法登陆或出售捕获的鱼类、使用拖网、处罚没收船只、合作伙伴的责任、违法行为的构成、法人团体违法行为、法院的管辖权等；第五部分杂项规定了官员的权力、豁免、费用等。[1]

（三）海商海事相关立法

1.《新加坡海事及港务管理局法案》

《新加坡海事及港务管理局法案》（Maritime and Port Authority of Singapore Act）颁布于1996年2月2日，后于1997年5月30日被修改。该法案旨在建立和组成新加坡海事及港务管理局，规制其功能、权力以及其他相关的事务。具体而言，该法案包括：序言；机构的建立与组成；机构的功能、职责与权力；与人事相关的事务、财政条款；海员的招聘；海港的规制；沉没船舶、航空器及其他障碍物的移除；领航；出海活动的规制与控制；海事及海港服务与设施的许可；特定的公共被许可方、特定的商业信托以及特定的股权持有人的控制；相关公共被许可人的控制；机构责任；过错以及杂项等十六个部分。[2]

依该法授权制定的规章有：《新加坡海事和港口管理局（许可证费用）公示》［Maritime and Port Authority of Singapore（License fees）Notification］，《新加坡海事及港口管理局（港口税、费率及一般费用）公示》［Maritime and Port Authority of Singapore（Scale of Dues, Rates and General Fees）Notification］，《新加坡海事及港口管理局（港口限制）公示》［Maritime and Port Authority of Singapore（Port Limits）Notification］，《新加坡海事及港口管理局（领航区域）公示》［Maritime and Port Authority of Singapore（Pilotage District）Notification］，《新加坡海事及港口管理局（锚地及航道）公示》［Maritime and Port Authority of Singapore（Anchorages and Fairways）Notification］，《新加坡海事及港口管理局（高度限制区域）公示》［Maritime and Port Authority of Singapore（Height Restricted Areas）Notification］，《新加坡海事及港口管理局（禁区）公示》［Maritime and Port Authority of Singapore（Prohibited Areas）Notification］，《新加坡海事及港口管理局（违法行

---

[1] Singapore Statutes Online, "Fisheries Act", https：//sso.agc.gov.sg/Act/FA1966, Jan.15, 2019.

[2] Singapore Statutes Online, "Maritime and Port Authority of Singapore Act", https：//sso.agc.gov.sg/Act/MPASA1996, Jan.15, 2019.

为构成）规定》［Maritime and Port Authority of Singapore（Composition of Offences）Regulations］，《新加坡海事及港口管理局（危险品、石油及爆炸品）规定》［Maritime and Port Authority of Singapore（Dangerous Goods, Petroleum and Explosives）Regulations］，《新加坡海事及港口管理局（海港船只）规定》［Maritime and Port Authority of Singapore（Harbour Craft）Regulations］，《新加坡海事及港口管理局（海港船舶配员牌照考试）规定》［Maritime and Port Authority of Singapore（Harbour Craft Manning Licence Examination）Regulations］，《新加坡海事及港口管理局（引航）规定》［Maritime and Port Authority of Singapore（Pilotage）Regulations］，《新加坡海事及港口管理局（游艇）规例》［Maritime and Port Authority of Singapore（Pleasure Craft）Regulations］，《新加坡海事及港口管理局（港口）规定》［Maritime and Port Authority of Singapore（Port）Regulations］，《新加坡海事及港口管理局（海员注册及雇用）规定》［Maritime and Port Authority of Singapore（Registration and Employment of Seaman）Regulations］，《新加坡海事及港口管理局的职能分配》（Assignment of Function to Maritime and Port Authority of Singapore），《2005年新加坡海事及港口管理局（危险品、石油及爆炸品）规定》［Maritime and Port Authority of Singapore（Dangerous Goods, Petroleum and Explosives）Regulations 2005］。

2. 《商船法》

《商船法》（Merchant Shipping Act）制定于1995年，于1996年2月2日修订，同年4月30日生效。该法共分十一部分总计217条。[1]

第一部分规定了术语解释、海军舰船等的豁免、海事处处长和验船师的任命等；第二部分规定了船舶注册登记，包含船舶登记条件、新加坡船舶登记、船舶标记、初始登记、临时登记处、船舶的物权移转、船舶的抵押、船舶适航的规定及证明等；第三部分规定了船舶人员资质及其证明，包含海员资格、相关证书等；第四部分规定了船员事项，包含船员的聘用、解雇、工资、医护条件、赔偿等内容；第五部分规定了调查和安全事项，包含禁止超载、禁止未经批准的情况下出海、禁止缺陷船舶出海、船舶碰撞、适航义务、碰撞事故双方的协助义务和报告等；第六部分规定了处理航运人员伤亡事故的询问和调查；第七部分规定了货物运输规则，包

---

［1］ Singapore Statutes Online, "Merchant Shipping Act", https：//sso.agc.gov.sg/Act/MSA1995#Sc-, Dec. 28, 2018.

含码头卸货规则、留置权、码头占用者和仓库管理员的权利与义务等内容;第八部分规定了船东的责任和救助人的海事请求,包含免责声明、海事赔偿责任限制、乘客索赔限额等内容;第九部分规定了打捞和救助;第十部分规定了海事诉讼的法律程序,包含管辖权、证人制度等;第十一部分为杂项规定,如费用、逮捕权等。

依该法制定的规章有:《被认可的测量船舶组织》(Approved Organisations for Surveying Ships),《延长过期证书的授权》(Authorisation to Extend Expired Certificates),《新加坡政府及港口管理局船只的豁免》(Exemption of Government and Port of Singapore Authority Vessels),《商船(责任限制)(新加坡货币等价物)命令》[Merchant Shipping (Limitation of Liability) (Singapore Currency Equivalents) Order],《商船(航运伤亡、上诉和复审)规则》[Merchant Shipping (Shipping Casualties, Appeals and Rehearings) Rules],《商船(法院调查)规则》[Merchant Shipping (Court of Survey) Rules],《商船(海上牲畜运输)规则》[Merchant Shipping (Transit of Cattle by Sea) Rules],《商船(客运轮船的调查)规则》[Merchant Shipping (Survey of Passenger Steamers) Rules],《商船(员工转移)规则》[Merchant Shipping (Staff Transfer) Rules],《商船(培训、发证及维修)规例》[Merchant Shipping (Training, Certification and Maining) Regulations],《商船(船舶注册)规定》[Merchant Shipping (Registry of Ships) Regulations],《商船(医疗店)规定》[Merchant Shipping (Medical Stores) Regulations],《商船(规定格式)规定》[Merchant Shipping (Prescribed Forms) Regulations],《商船(载重线)规定》[Merchant Shipping (Load Line) Regulations],《商船(新加坡调查船)规定》[Merchant Shipping (Survey of Singapore Ships) Regulations],《商船(船舶注册)法规》[Merchant Shipping (Registration of Ships) Regulations],《商船(特殊限制客船)安全条例》[Merchant Shipping (Special Limits Passenger Ships) Safety Regulations],《商船(非公约船舶)安全条例》[Merchant Shipping (Non-Convention Ships) Safety Regulations],《商船(预防海上碰撞)规定》[Merchant Shipping (Prevention of Collisions at Sea) Regulations],《商船(安全公约)的规定》[Merchant Shipping (Safety Convention) Regulations],《商船(吨位)规定》[Merchant Shipping (Tonnage) Regulations],《商船(驾驶员)规定》[Merchant Shipping (Deck Officers) Regulations],《商船(海洋轮机员)规定》[Merchant Shipping (Marine Engineer Officers) Regulations],《商船(罪行构

成）规定》[Merchant Shipping（Composition of Offences）Regulations]，《商船（费用）规定》[Merchant Shipping（Fees）Regulations]，《商船（认可机构）规定》[Merchant Shipping（Authorized Organizations）Regulations]，《商船（船员协议、船员名单和海员解雇）规定》[Merchant Shipping（Crew Agreements，Lists of Crew and Discharge of Seamen）Regulations]，《商船（卸货簿）规定》[Merchant Shipping（Discharge Books）Regulations]，《商船（惩戒违法行为）规定》[Merchant Shipping（Disciplinary Offences）Regulations]，《商船（官方航海日志）规定》[Merchant Shipping（Official Log Books）Regulations]，《商船（已故海员财产）规定》[Merchant Shipping（Property of Deceased Seamen）Regulations]，《商船（食物和水供应）规定》[Merchant Shipping（Provisions and Water）Regulations]，《商船（遣返）规定》[Merchant Shipping（Repatriation）Regulations]，《商船（生死报告）规定》[Merchant Shipping（Returns of Births and Deaths）Regulations]，《商船（海员分配）规定》[Merchant Shipping（Seamen's Allotments）Regulations]，《商船（海员工资和账户）规定》[Merchant Shipping（Seamen's Wages and Accounts）Regulations]，《商船（船员住宿）规定》[Merchant Shipping（Crew Accommodation）Regulations]，《商船（水上飞行器）规定》[Merchant Shipping（Wing-In-Ground Craft）Regulations]等。

3.《商船法案（燃油油污污染民事责任与赔偿）》

《商船法案（燃油油污污染民事责任与赔偿）》[Merchant Shipping（Civil Liability and Compensation for Bunker Oil Pollution）Act]颁布于2008年11月21日，后于2010年1月1日被修订。该法案的颁布旨在内国化新加坡所承担的2001年《国际燃油污染损害民事责任公约》项下的义务。[1]

依该法制定的规章有：《商船（民事责任和燃油污染赔偿）（强制保险）规定》[Merchant Shipping（Civil Liability and Compensation for Bunker Oil Pollution）（Compulsory Insurance）Regulations]。

4.《商船法案（油污污染民事责任与赔偿）》

《商船法案（油污污染民事责任与赔偿）》[Merchant Shipping（Civil Liability and Compensation for Oil Pollution）Act]颁布于1998年12月31日，并于1999年12月30日被修订。该法案的颁布旨在内国化新加坡在1992年

---

[1] Singapore Statutes Online，"Merchant Shipping（Civil Liability and Compensation for Bunker Oil Pollution）Act"，https：//sso.agc.gov.sg/Act/MSCLCBOPA2008，Dec. 28，2018.

《国际油污损害民事责任公约》与 1992 年《设立国际油污损害赔偿基金国际公约》项下的义务。[1]

依该法制定的规章有:《商船(民事责任和油污赔偿)(强制保险)规定》[Merchant Shipping (Civil Liability and Compensation for Oil Pollution) (Compulsory Insurance) Regulations]。

5.《海上保险法案》

《海上保险法案》(Marine Insurance Act)颁布于 1993 年 11 月 12 日,是海上保险事项的专门立法。该法案共计 92 条分为 17 个部分,其具体内容涵盖了海陆风险、保险利益、保险价值、披露义务、公共政策、双保险、航程、保费、海上损失、赔偿等事项,体系较为完善,内容翔实。[2]

6. 1911 年《海洋公约法案》

1911 年《海洋公约法案》(Maritime Conventions Act 1911)颁布于 1911 年 12 月 16 日,后于 2004 年 12 月 31 日被修改。该法案总计 10 条分为三个部分,分别涉及船舶碰撞、海上救助和一般规定。[3]

7.《海上非法行为法案》

《海上非法行为法案》(Maritime Offences Act)颁布于 2004 年 5 月 3 日,该立法旨在国内落实履行 1988 年 3 月 10 日于罗马通过的《制止危及海上航行安全非法行为公约》及同日通过的《制止危及大陆架固定平台安全非法行为议定书》项下的条约义务。[4]

---

[1] Singapore Statutes Online, "Merchant Shipping (Civil Liability and Compensation for Oil Pollution) Act", https://sso.agc.gov.sg/Act/MSCLCOPA1998, Dec. 28, 2018.

[2] Singapore Statutes Online, "Marine Insurance Act", https://sso.agc.gov.sg/Act/MIA1906, Dec. 28, 2018.

[3] Singapore Statutes Online, "Maritime Conventions Act 1911", https://sso.agc.gov.sg/Act/MCA1911, Dec. 28, 2018.

[4] Singapore Statutes Online, "Maritime Offences Act", https://sso.agc.gov.sg/Act/MOA2003, Dec. 28, 2018.

四、缔结和加入的国际海洋法条约

(一) 联合国海洋法公约

新加坡于 1982 年 12 月 10 日签署《联合国海洋法公约》,并于 1994 年 11 月 17 日同时批准了该公约及《关于执行 1982 年 12 月 10 日〈联合国海洋法公约〉第十一部分的协定》。新加坡未对《公约》作出任何声明或保留。

新加坡并未签署 1958 年 "日内瓦海洋法公约" 体系下的四公约,即《领海及毗连区公约》《公海公约》《捕鱼及养护公海生物资源公约》和《大陆架公约》,也未签署联合国海洋法公约体系下的《执行 1982 年 12 月 10 日〈联合国海洋法公约〉有关养护和管理跨界鱼类种群和高度洄游鱼类种群的规定的协定》《国际海洋法法庭特权和豁免协定》《国际海底管理局特权及豁免协定》和《关于强制争端解决的任择议定书》。

(二) 缔结和加入的其他相关条约

鉴于海洋海商事业对新加坡经济的重要性,保障船舶在马六甲海峡和新加坡海峡安全可靠通过,防止其沿海与海洋区域遭受污染,确保进入其港口或经过其水域的船只符合船源污染的国际标准以平衡环境与发展间的冲突,是新加坡的重要国家利益。

新加坡通过其海事及港务管理局确保新加坡加入国际海事组织所有与航行安全以及保护海洋环境有关的公约,并确保每个通过或加入的条约在对新加坡生效后都能得以有效地实施与执行。

1. *海上安全相关公约*

新加坡是国际海事组织有关航行安全公约的成员国,包括 1972 年《国际海上避碰规则公约》、1979 年《国际海上搜寻救助公约》、1976 年《国际海事卫星组织公约》以及《国际海事卫星组织业务协定》、1966 年《国际载重线公约》及其 1988 年议定书、1969 年《国际船舶吨位丈量公约》(International Convention on Tonnage Measurement of Ships, 1969)、《制止危害航海安全的非法行为公约》(Convention for the Suppression of Unlawful

Acts Against the Safety of Maritime Navigation）等。[1]

2. 船员管理相关公约

在船员管理方面，新加坡加入了 1932 年《防止意外事故（码头工人）公约（修订本）》[Protection against Accidents (Dockers) Convention (Revised), 1932]，1974 年《国际海上人命安全公约》，1978 年《海员培训、发证和值班标准国际公约》，2006 年《海事劳工公约》（Maritime Labour Convention, 2006）并根据该公约的要求建立了医疗保健、工伤福利和残疾福利等政府部门。

3. 海洋环境相关公约

新加坡十分重视国内的环境保护，也积极参与国际社会的环境污染防治和环境保护进程。新加坡是东南亚唯一一个加入了 1973 年《防止船舶污染国际公约》所有六个附件以及经修订的 1978 年议定书的国家。新加坡还是首批加入 2004 年《国际船舶压载水和沉积物控制和管理公约》的国家。

除上述两个公约外，新加坡也是 2010 年《船舶有害防污底系统控制国际公约》以及 2017 年《控制和管理船舶压载水、沉积物国际公约》（International Convention for the Control and Management of Ships' Ballast Water and Sediments）的缔约国。

针对原油或有毒有害物质泄漏的应急计划，新加坡加入了 1990 年《国际油污准备、响应和合作公约》（International Convention on Oil Pollution Preparedness）和 2000 年《有害和有毒物质污染事件的准备、响应和合作议定书》（Protocol on Preparedness, Response and Co-operation to Pollution Incidents by Hazardous and Noxious Substances）。新加坡还是 1992 年《国际油污损害民事责任公约》、1992 年《设立国际油污损害赔偿基金国际公约》以及 2001 年《国际油舱油污损害民事责任公约》的缔约方。

---

[1] See IMO Status of Conventions, http://www.imo.org/en/About/Conventions/StatusOfConventions/Pages/Default.aspx, Jan. 22, 2019.

五、海洋争端解决

（一）通过协议解决的海洋争端

为了解决与邻国的划界及其他海洋法问题，新加坡与印度尼西亚、马来西亚达成了一系列的双边协定。

1. 新加坡与马来西亚的领海划界协定

（1）1927年《海峡殖民地与柔佛领海协定》

1927年《海峡殖民地与柔佛领海协定》（Strait Settlement and Johore Territorial Waters Agreement, 1927, 以下简称1927年《划界协定》）是由英国作为殖民统治者与苏丹柔佛签订的涉及新加坡与柔佛沿着柔佛海峡的边界线的协定，新加坡独立后继承了此协定。

1927年《划界协定》中提及的具体的划界方法在1928年《海峡殖民地与柔佛领海协定》中被再次确定。1928年《海峡殖民地与柔佛领海协定》（Strait Settlement and Johore Territorial Waters Agreement, 1928）颁布于1928年8月3日，后于1987年3月30日被修订。依据该协定，除另有规定外，新加坡与柔佛之间的领海界线应为一条在柔佛大陆与新加坡岛（Island of Singapore）北岸、乌敏岛（Pulau Ubin）、小德光岛（Pulau Tekong）、大德光岛（Pulau Tekong Besar）之间沿着柔佛海峡深水航道中心延伸的虚拟线（imaginary line）。在柔佛海峡的西部入口，边界线在通过孟兰邦岛（Pulau Merambong）东部深水航道中心后，沿海峡中轴线向海方向延伸，直至与从孟兰邦岛南海岸低潮线量起的3海里界线相交。在柔佛海峡的东部入口，边界线应从位于柔佛大陆、柔佛山西部与大德光岛间深水航道的中心通过，穿过柔佛浅滩与柔佛大陆、柔佛山南侧之间深水航道的中心，最终向南与从柔佛大陆低潮标量起的3海里线相交。[1]

（2）1995年《马来西亚与新加坡根据〈1927年海峡殖民地与柔佛领海协定〉划定领海界线的协定》

1995年《马来西亚与新加坡根据〈1927年海峡殖民地与柔佛领海协定〉划定领海界线的协定》（Agreement between the Government of Malaysia and the

---

[1] Singapore Statutes Online, "Straits Settlements and Johore Territorial Waters (Agreement) Act 1928", https://sso.agc.gov.sg/Act/SSJTWAA1928, Jan. 22, 2019.

Government of the Republic of Singapore to Delimit precisely the Territorial Waters Boundary in accordance with the Straits Settlements and Johore Territorial Waters Agreement 1927，以下简称 1995 年《划界协定》）包含六个条款，划定了新加坡岛与马来西亚南端相隔约 50 海里的柔佛海峡的界线。1927 年《划界协定》第一条规定，新加坡与柔佛之间的领海分界线应为一条沿着柔佛海峡深水航道中心延伸的虚拟线。基于此，双方于 1982 年展开了联合水道测量调查，并于 1985 年作出了报告。此后，为准确确立柔佛海峡深水航道中心线，两国展开了一系列谈判，并基于该谈判结果达成《1995 年划界协定》。[1]

1995 年《划界协定》表明：第一，其划定的连接 72 个点的直线是根据 1927 年《划界协定》的内容确定的；第二，规定了划定界线的地理坐标经纬度的基准；第三，上述地理坐标由两国的主管部门的负责人及其指定的人共同负责确定，前述主管部门分别为马来西亚测绘局和新加坡国防部地图局；第四，任何与本协定有关的争议应通过协商解决。

2. 新加坡与印尼的领海划界协定

1973 年至 2014 年，新加坡与印尼分别通过 1973 年《印度尼西亚和新加坡领海划界条约（新加坡海峡）》[Treaty between Indonesia and Singapore relating to the Delimitation of the Territorial Sea (Strait of Singapore), 1973]，2009 年《新加坡与印度尼西亚有关划定新加坡海峡西段领海分界线的条约》(Treaty between the Republic of Singapore and the Republic of Indonesia relating to the Delimitation of the Territorial Seas of the Two Countries in the Western Part of the Strait of Singapore, 2009)，2014 年《新加坡与印度尼西亚有关划定新加坡海峡东段领海分界线的条约》(Treaty between the Republic of Singapore and the Republic of Indonesia relating to the Delimitation of the Territorial Seas of the Two Countries in the Eastern Part of the Strait of Singapore, 2014) 对两国在新加坡海峡的领海界线作出划分。[2]

---

[1] Jonathan Ⅰ. Charney and Lewis M. Alexander, eds., *International Maritime Boundaries*: Volume Ⅲ, Zuidpoolsingel, Kluwer Law International, 1998, pp. 2334-2352.

[2] See Division for Ocean Affairs and The Law of The Sea, "Indonesia and Singapore: Delimitation of the Territorial Seas of Singapore and Indonesia in the Strait of Singapore, 25 May 1973", *Law of the Sea Bulletin* No. 68, New York, United Nations, 2008, pp. 17-19; Division for Ocean Affairs and The Law of The Sea, "Treaty betweent the Republic of Singapore and the Republic of Indonesia relating to the Delimitation of the Territorial Seas of the Two Countries in the Western Part of the Strait of Singapore, 10 March 2009", *Law of the Sea Bulletin* No. 75, United Nations, New York, 2011, pp. 21-26; UN Treaty Collection, "Treaty between the Republic of Singapore and the Republic of Indonesia relating to the Delimitation of the Territorial Seas of the Two Countries in the Eastern Part of the Strait of Singapore (with maps). Singapore, 3 September 2014", https://treaties.un.org/doc/Publication/UNTS/No%20Volume/54672/Part/I-54672-08000002804cce54.pdf, Jan. 12, 2019.

相关划界条款规定及界线走向详见"印度尼西亚海洋法律制度研究"中"五、海洋争端解决"下"（一）4.印尼与新加坡之间的划界协定"部分。

（二）通过国际司法机构解决的海洋争端

1. 马来西亚诉新加坡围海造地案

（1）案件背景

马来西亚与新加坡仅相隔一条1400米宽的柔佛海峡（Johor Strait），两国于1995年划分了该水域的界线。由于国土面积狭小以及人口不断增长导致对土地的需求与日俱增，新加坡自20世纪60年代以来一直不遗余力地填海造陆。新加坡于2000年6月和11月分别在柔佛海峡西面的大士（Tuas）和东面的德光岛（Pulau Tekong）进行填海活动，引起了邻国马来西亚的不满。

自2002年1月18日以来，马来西亚多次向新加坡发出通告进行抗议。2003年7月4日，马来西亚根据《公约》第287条、《公约》附件Ⅶ第1条，就新加坡在柔佛海峡及其周围海域填海造陆行为向国际海洋法法庭提起诉讼。同年9月5日，马来西亚向海洋法法庭提出临时措施申请，请求责令新加坡停止在德光岛和大士地区的填海活动。

（2）是否采取临时措施

新加坡认为马来西亚的请求不满足《国际海洋法庭规则》（Rules of the Tribunal，ITLDS/8）第89条第3款有关对权利侵害与环境污染具体说明的规定以及第89条第4款有关情况紧急性的要求。[1] 对此，马来西亚认为，其主张意图保护的是海洋与海岸环境。与此同时，新加坡还提出，鉴于仲裁庭最迟不超过2003年10月9日组成，因此并无必要在如此短的时间内规定临时措施。

法庭认为，公约第290条并未作出此种限制，仲裁庭成立的时间远近并不必然决定情况的紧急程度以及临时措施应该适用的期限，而紧急程度是决定是否"修改、撤销、确认临时措施"的考量因素。法庭规定的临时措施可以持续到仲裁庭成立后。但法庭认为，马来西亚有关领海的主张本身并不能构成支持采取临时措施的充分理由。鉴于马来西亚所提供的证据并不能表明

---

[1] Rules of the Tribunal（ITLOS/8），https：//www.itlos.org/fileadmin/itlos/documents/basic_texts/Itlos_8_E_17_03_09.pdf，Dec. 25，2018.

情况的紧急性或者证明在仲裁庭就案件实体部分进行审理时其主张的领海权会招致不可逆的损害，因此，法庭裁定临时措施的根据不成立。[1]

（3）海洋法法庭对临时措施的裁决

法庭在2003年10月8日对此案作出了判决，判决内容主要包括：第一，马来西亚与新加坡应迅速建立一个独立专家组。专家组的任务包括，在不超过一年的期限内研究新加坡围海造地的影响，针对由此而来的负面影响提出恰当的建议；尽快针对德光岛区域的填海工程作出中期报告。双方应定期交换信息，并评估新加坡围海造地工程的风险和影响；履行此判决中提及的承诺并避免采取与之有效履行相违背的行为；通过协商针对在德光岛区域的必要的临时措施达成共识，以确保在研究调查期间填海工程不会影响新加坡履行所作承诺的能力。第二，在虑及独立专家组报告的基础上，新加坡不得因围海造地而不可逆转地侵害马来西亚的权利或严重危害海洋环境。第三，两国均应在2004年1月9日前提交初步报告，除非仲裁庭作出其他裁决。第四，对新加坡的填海工程规定了一定的限制的措施，并附加了特定的注意义务。

（4）双方和解协议与PCA仲裁裁决

2005年4月26日，马来西亚和新加坡签署了一项协议以解决两国之间的争端，该协议主要包括如下内容：第一，落实两国共同组建的专家组报告的建议；第二，新加坡向马来西亚保证，即使在德光岛填海之后，瓜拉柔佛（Kuala Johor）和卡特尔港（Catder Harbour）的船舶也将安全通行，不会受到上述填海工程的不利影响。第三，双方同意将柔佛海峡环境保护相关事宜纳入马来西亚—新加坡环境联合委员会（MSJCE）的职权范围。第四，本协议将最终全面解决填海造陆和与此有关的所有其他问题的争端，双方协商一致要求常设仲裁法院（Permanent Court of Arbitration，PCA）采用本协议作出终局裁决。

2005年9月1日，按照该协议对管辖权的约定，常设仲裁法院认为其对该案有管辖权，认可和解协议的内容，马来西亚和新加坡应尽快落实。[2]

---

[1] Land Reclamation in and around the Straits of Johor (Malaysia v. Singapore), Provisional Measures, Order of 8 October 2003, ITLOS Reports 2003, p. 10.

[2] "Award on Agreed Terms", Case Concerning Land Reclamation by Singapore in and around The Straits of Johor, 2005, Malaysia v. Singapore, PCA., http：//www.pcacases.com/web/sendAttach/1126, Dec. 26, 2018.

2. 马来西亚与新加坡有关白礁岛、中岩礁和南礁的主权归属案

白礁岛（Pedra Brane）位于马来西亚半岛柔佛东南 717 海里、新加坡以东 255 海里，是一个无人岛。中岩礁（Middle Rocks）和南礁（South Ledge）位于白礁岛以南。中岩礁离白礁岛 111 千米，南礁离白礁岛 319 千米，是低潮高地。新马两国的白礁岛主权纠纷肇始于 1979 年马来西亚出版的领海与大陆架界线图，该地图明确将白礁岛划入马来西亚领海。1989 年，新加坡提议将此问题提交国际法院解决。在 1993 年 2 月的政府间会谈中，新加坡亦提出中岩礁和南礁的主权归属问题，认为中岩礁和南礁主权应属于拥有白礁岛主权的国家。1994 年，新加坡和马来西亚同意把白礁岛主权争端提交国际法院裁决。直到 2003 年 2 月 6 日，新马两国政府才签署特别协定。同年 5 月 9 日，两国批准了双方签署的、具有约束力的特别协定，约定把白礁岛、中岩礁和南礁的主权归属问题交由国际法院裁决。2003 年 7 月 24 日，新马两国通知国际法院该特别协定及其生效情况，争端被正式提交至国际法院。

国际法院经审理认为，尽管新加坡主张在 19 世纪时白礁岛是无主地，但是，一系列的证据表明白礁岛本属于柔佛苏丹王朝，这个"古老"的主权可从柔佛苏丹的统治得到证明。然而 1844 年后情况发生了变化，特别是 1852 年至 1853 年，英国殖民当局在白礁岛修建霍斯堡灯塔，对其进行了一系列行使主权的行为，这些活动均为公开进行，且直到 1979 年并未遭到马来西亚反对，因此表明了新加坡对该岛的主权。

（1）有效控制的适用

白礁岛案中，国际法院判决新加坡拥有白礁岛主权的主要理由在于：新加坡自 19 世纪 80 年代以来一直对该岛进行有效控制，行使主权。新加坡认为，150 多年来自己一直对白礁岛进行有效控制，而马来西亚尽管声称拥有对该岛屿的主权，但并未实际行使主权。因此，马来西亚无法主张对白礁岛的主权。

为了论证新加坡对白礁岛的有效控制，新加坡出示了大量的证据。例如，1974 年 3 月，马来西亚官员一行征得新加坡的许可后，前往白礁岛进行潮汐视察。当时，马来西亚海军按照新加坡的要求提供了登岛官员的姓名、护照号码和登岛视察时间等详细资料。若白礁岛是马来西亚的领土，则马来西亚官员登岛就不需要新加坡的许可。此外，1978 年有两名马来西亚调查局的官员在未通知任何人的情况下登上白礁岛，但新加坡的灯塔管理员告诉他们必须先获得新加坡海事及港务管理局的批准，才可在岛上逗

留。这种入境许可显然是新加坡行使主权的表现。这些证据一方面表明白礁岛是在新加坡的有效控制之下，另一方面也表明马来西亚的有关官员认可了新加坡对白礁岛行使有关行政权力并对其有效控制这一事实。

（2）禁止反言的适用

案件审理过程中，新加坡提供了其对白礁岛拥有主权的有关资料。资料显示，殖民地秘书在1953年6月12日给柔佛苏丹的英国顾问的信函中请求对方提供白礁岛主权的资料，以便确定"殖民地的领海"界线。而代理柔佛州州务大臣在1953年9月21日的回信中指出："柔佛政府没有这个岛屿的所有权。"因此，法庭认为，这一信件以及内容的诠释对于确定白礁岛主权的归属十分关键。柔佛的回复显示其并没有白礁岛的主权。根据禁止反言原则，该国不能再主张对该岛的主权。

（3）法院裁决结果

2008年5月23日，位于荷兰海牙的国际法院以12票赞成对4票反对判决白礁岛主权属于新加坡，以15票赞成对1票反对判决白礁岛附近的中岩礁主权属于马来西亚，而南礁主权视其所属海域而定。

（4）关于本案的个别意见及异议意见

对于上述判决结果，不少法官提出了个别意见或异议意见。

兰杰瓦（Raymond Ranjeva）法官对本判决并未提出实质性的反对意见，但其在声明中表明：本案不应适用殖民国家的规则和惯例来认定所有权在国家间的转让。对于殖民地领土的主权而言，柔佛在殖民时期保持沉默，并不能成为反对柔佛所有权的依据。但马来西亚独立后不应继续保持沉默。[1]

帕拉-阿朗古伦（Parra-Aranguren）法官反对将白礁岛的主权判给新加坡。他认为，首先，既然马来西亚拥有白礁岛的原始主权，而新加坡并未坚持认为1953年的信件应理解为柔佛抛弃、放弃或丢弃对白礁岛的所有权，这一事实不应是裁定依据。其次，此信件后双方再没有信件往来不符合国际交往的基本做法，因为书面请求的问题与对方的答复并不一致。再次，新加坡的大多数主权归属行为都是在1953年之后展开，约20年的有效控制时间"非常短暂"，通过援引"喀麦隆和尼日利亚陆地和海洋边界

---

[1] "Declaration of Judge Ranjeva", Sovereignty over Pedra Branca/Pulau Batu Puteh, Middle Rocks and South Ledge (Malaysia/Singapore), ICJ., https：//www.icj-cij.org/files/case-related/130/130-20080523-JUD-01-01-EN.pdf, Jan. 12, 2019.

案"（Land and Maritime Boundary between Cameroon and Nigeria）和"布基纳法索与马里共和国的边界争端案"（Frontier Dispute between Burkina Faso and Republic of Mali），如果行为不符合法律，存在争议的领土实际上由拥有其合法所有权以外的国家管理，不应优先考虑新加坡。英国应对此负责，不应当让白礁岛的归属直至1953年都不明确。最后，在认可法院裁定中岩礁属于马来西亚的基础上，帕拉-阿朗古伦法官认为南礁位于马来西亚领海范围内，故应属于马来西亚。[1]

西马（Simma）法官和亚伯拉罕（Abraham）法官反对白礁岛归新加坡所有。两位法官认为，法院并未区分"默认"或"默许"，亦未说明这两种情况是否有可能结合在一起。同时，判决也没有提及"取得时效"的概念。本案中的事实未表明新加坡及其被继承国明确地、一贯地、公开地对白礁岛行使国家主权，相反，这些行为是小规模且不连续的。[2]

本努纳（Bennouna）法官作出简短声明，反对在殖民行为的基础上作出裁决。迪加尔德专案法官同样反对将白礁岛判给新加坡。他认为"默认""默许"并不能提供让人可以接受的法律依据。[3] 但斯雷尼瓦萨·劳（Sreenivasa Rao）法官认为，中岩礁也应当属于新加坡。他认为，马来西亚没有履行举证责任，证明其对中岩礁和南礁的原始所有权。凭借对白礁岛及周围水域的主权，新加坡也拥有对中岩礁和南礁的主权，因为这几处海洋地物均在新加坡的领海范围内。[4]

（5）判决的复核与解释程序

2017年2月，依据《国际法院规约》第61条第1款，马来西亚提请国际法院对本案进行复核。该条规定"申请法院复核判决，应根据发现具有决定性之事实，而此项事实在判决宣告时为法院及申请复核之当事国所

---

[1] "Separate Opinion of Judge Parra-Aranguren", Sovereignty over Pedra Branca/Pulau Batu Puteh, Middle Rocks and South Ledge (Malaysia/Singapore), ICJ., https：//www.icj-cij.org/files/case-related/130/130-20080523-JUD-01-02-EN.pdf, Jan. 12, 2019.

[2] "Joint Dissenting Opinion of Judges Simma and Abraham", Sovereignty over Pedra Branca/Pulau Batu Puteh, Middle Rocks and South Ledge (Malaysia/Singapore), ICJ., https：//www.icj-cij.org/files/case-related/130/130-20080523-JUD-01-03-EN.pdf, Jan. 12, 2019.

[3] "Declaration of Judge Bennouna", Sovereignty over Pedra Branca/Pulau Batu Puteh, Middle Rocks and South Ledge (Malaysia/Singapore), ICJ., https：//www.icj-cij.org/files/case-related/130/130-20080523-JUD-01-04-EN.pdf, Jan. 12, 2019.

[4] "Separate Opinion of Judge ad hoc Sreenivasa Rao", Sovereignty over Pedra Branca/Pulau Batu Puteh, Middle Rocks and South Ledge (Malaysia/Singapore), ICJ., https：//www.icj-cij.org/files/case-related/130/130-20080523-JUD-01-06-EN.pdf, Jan. 12, 2019.

不知者，但以非因过失而不知者为限"。该复核的请求须在新事实发现后六个月内提出，且不能超过判决日起十年。

在该请求中，马来西亚声称存在符合上述第61条的具有决定性之事实，主要是指其2016年8月4日至2017年1月30日期间于英国档案馆发现的三份文件，即新加坡当局1958年的内部通信、英国海军官员1958年提出的事故报告以及标注了海军行动的地图。马来西亚认为，这些文件表明在相关的时间段内"英国殖民政府与新加坡行政高级官员认为白礁岛并非新加坡领土的一部分"。马来西亚主张："如果知道这些新的证据，法庭一定会对白礁岛的主权归属作出不同的裁决。"针对《国际法院规约》第61条所提出的其他条件，马来西亚声称在判决作出时，这些新的事实并不为马来西亚或法庭所知，因为这些信息只有在英国解密之后才知晓，而不能获得此信息并不能归咎于马来西亚的疏忽。同时，马来西亚的主张符合时效的规定。[1]

2017年6月30日，马来西亚提交申请请求法院解释其2008年对该案作出的判决。根据《规约》第60条，国际法院的判决是终局的，不得上诉，若因判词的含义和范围产生争议，经任一当事方请求，法院应予以解释。在该申请中，马来西亚指出，由于两国无法对判决中的"白礁岛的主权属于新加坡"和"南礁的主权属于其所在区域所属的国家"的含义达成一致，为执行裁决设立的联合技术委员会（Joint Technical Committee）于2013年11月陷入僵局，无法继续履行职责。[2]

2018年5月28日，马来西亚通知法院两国同意中止程序。新加坡于次日确认了此事。2018年5月29日，法院发布两份命令分别记录了复核程序的中止和解释程序的中止，并指示将该案从案件列表中删除。

3. 利用国际司法机构解决海洋争端的后续立场

2015年8月31日，新加坡律政部常务秘书长（Ministry of Law）与国际海洋法法庭庭长签署了联合声明，使新加坡成为后者在亚洲解决海洋法争端的审判地。在该声明中，新加坡表示无论何时国际海洋法法庭或其分

---

[1] Application for Revision of the Judgment of 23 May 2008 in the Case concerning Sovereignty over Pedra Branca/Pulau Batu Puteh, Middle Rocks and South Ledge (Malaysia/Singapore) (Malaysia v. Singapore), ICJ., https://www.icj-cij.org/en/case/167, Dec. 25, 2018.

[2] Request for Interpretation of the Judgment of 23 May 2008 in the Case concerning Sovereignty over Pedra Branca/Pulau Batu Puteh, Middle Rocks and South Ledge (Malaysia/Singapore) (Malaysia v. Singapore), ICJ., https://www.icj-cij.org/en/case/170, Dec. 25, 2018.

庭意欲在新加坡履行其职能，新加坡均愿意提供相应的设施及协助。[1] 新加坡外交大臣及法律部长[2]称，该联合声明是对新加坡作为有效解决国际争端的中立审判地的认可，它同样表明新加坡通过便利国际海洋法法庭，将更好地应对本地区国家的需求，促进海洋法有关争端和平解决，践行其推动国际法治的承诺。[3]

---

[1] "Singapore as A Venue for Proceedings in Cases before The International Tribunal for The Law of The Sea", Joint Declaration Signed between Ministry of Law and President of the Tribunal, https：//www.itlos.org/fileadmin/itlos/documents/press_releases_english/PR_239_EN.pdf, Jan.12, 2019.

[2] 新加坡检察系统中设立了法律部，专门为各政府部门提供法律咨询、履行法律事务，以保证其依法行事，不越权，不逾矩。

[3] The Maritime Executive, "Singapore to Host UNCLOS Disputes", https：//www.maritime-executive.com/article/singapore-to-host-unclos-disputes#gs.SB4IRU4, Jan.12, 2019.

六、海洋国际合作

（一）海洋防务合作

虽然新加坡的国土面积狭小，海军的规模不大，但其所处地理位置极其特殊，跟其他国家仍存在密切的防务合作。

1. 与中国的合作

新加坡与中国的防务合作呈积极的态势。2015 年 5 月及 2016 年 9 月，新加坡与中国连续两年举行了海军联合演习。[1] 2018 年 2 月，新加坡国防部长与到访的中国国防部长举行会晤。对于两国加强海军军事合作的倡议，新加坡方面表示愿意加强与中国人民解放军的交往与联系。[2] 2018 年 10 月，身为该年度东盟轮值主席国的新加坡，成功组织了中国与东盟 10 个成员国之间开展的第一次联合海军演习，这既是东盟首次与单一国家进行联合军演，也是我军首次与东盟开展海上联合演习，同时还是我国南部战区成立后首次牵头组织的多国联合演习活动，意义重大。[3]

2. 与美国的合作

新加坡支持美国的亚太政策与美国海军在该地区的参与及控制，认为这有利于维护亚太地区的和平与稳定。新加坡与美国是长期的国防合作伙伴。美国海军经常停靠在新加坡港，新加坡在美国亚利桑那、爱达华等州也有空军训练小组，其每年有 1000 名左右的军事人员在美国接受训练。两国曾进行联合军事训练，共同参加了打击亚丁湾海盗等军事行动。2017 年 8 月下旬至 9 月初，新加坡和美国在关岛首次举行双边海军军事演习。[4] 随着新加坡在 2018 年成为东盟轮值主席国，新加坡进一步支持美国—东盟

---

[1] Prashanth Parameswaran, "China, Singapore to Hold Naval Exercise", https：//thediplomat.com/2016/09/china-singapore-to-hold-second-ever-naval-exercise/, Dec. 8, 2018.

[2] Chan Cheow Pong, "Singapore-China Defence Ties Are Getting Stronger Because of These Latest Developments", https：//mothership.sg/2018/02/singapore-china-defence-ties/, Dec. 8, 2018.

[3] PressTv, "China, 10 ASEAN Nations Hold Naval Drill in Singapore", https：//www.presstv.com/Detail/2018/08/03/570061/ChinaASEANSingapoernavydrill, Dec. 8, 2018.

[4] Mike Yeo, "Singapore Wraps up First-ever Naval Exercise with US off Guam", https：//www.defensenews.com/training-sim/2017/09/05/singapore-wraps-up-first-ever-naval-exercise-with-us-off-guam/, Dec. 8, 2018.

之间的海上安全合作以及反恐合作。

此外,新加坡加入了美国主导的部分海上安全机制。2002年9月20日,新加坡政府发表声明表示愿意接受美国发起的《集装箱安全倡议》[1](Container Security Initiative),使之成为第一个接受该倡议的国家。2004年,新加坡加入了美国主导的"深刃行动"(Deep Sabre),并于2005年首次在东南亚举办了防扩散安全演习,该行动旨在防止在公海上非法运输大规模杀伤性武器。[2]

3. 与日本的合作

从2011年开始,新加坡与日本每年进行一次海上安全对话。2018年9月,两国进行了第八次海上安全对话。两国间的海上安全对话涉及一系列广泛的问题,包括海洋法的重要性、主要海道的海事安全问题、海事执法能力的建设与援助、区域与多边框架下合作打击海盗等。[3] 新加坡与日本的定期海上安全对话机制有效地促进了两国的海上防务合作。

4. 与印度尼西亚的合作

1992年7月8日,新加坡海军(Republic of Singapore Navy)、新加坡海岸警卫队(Singapore Police Coast Guard)与印度尼西亚海军(Indonesian Navy)、印度尼西亚国民警察(Indonesian National Police)组建了印度尼西亚—新加坡协同巡逻机制,以打击在新加坡海峡以及菲利普水道(Philip Channel)的海上抢劫。2005年,新加坡和印度尼西亚建立了SURPIC海上监视系统,该系统旨在提升两国海军在海上监管方面的共识。2012年5月,两国海军联合推出了SURPIC Ⅱ信息共享门户系统,该系有分析、实时聊天、翻译等功能,改进了原有的海上监视系统。通过上述合作,新加坡海军和印度尼西亚海军实现了有效的监控与频繁的信息交流,从而极大地降低了该区域海上抢劫行为的发生。[4]

---

[1] JCO, "Singapore Implements Container Security Initiative", https://www.joc.com/maritime-news/singapore-implements-container-security-initiative_20030316.html, Jan. 12, 2019.

[2] NTI, "Singapore Hosts PSI Exercise 'Deep Sabre'", http://www.nti.org/gsn/article/singapore-hosts-psi-exercise-deep-sabre/, Jan. 12, 2019.

[3] Ministry of Foreign Affairs of Japan, "The Seventh Japan-Singapore Maritime Security Dialogue", https://www.mofa.go.jp/fp/msp/page25e_000161.html, Jan. 12, 2019.

[4] Naval Today, "Singapore Recognizes Indonesian Navy Chief of Staff for Fostering Bilateral Ties", https://navaltoday.com/2012/05/23/singapore-recognizes-indonesian-navy-chief-of-staff-for-fostering-bilateral-ties/, Jan. 12, 2019.

5. 与印度的合作

新加坡与印度是紧密的双边和地区合作伙伴，两国的国防合作在过去几年中逐步发展。[1] 2015年11月，双方签订了《国防合作协定》（Defense Cooperation Agreement）。2016年，双方开展首次国防部长对话。2017年11月，双方签订了《印度—新加坡双边海军合作协定》（India-Singapore Bilateral Agreement for Navy Cooperation）以促进海上安全合作。[2] 该协定深化了双方在联合训练、海军的短期部署、后勤支持等方面的合作。基于此协定，印度不仅可以进一步深入樟宜海军基地，还可以借此增加与其他东南亚国家的互动。[3]

6. 多国海上防务合作

2017年5月，新加坡海军成立50周年[4]时，邀请了包括来自印度、菲律宾、法国、俄罗斯、日本、美国等20多个国家的共46只舰艇参加了国际阅舰式。中国海军导弹护卫舰黄山舰应邀参加。[5] 2017年8月，新加坡与孟加拉国、文莱、印度尼西亚、马来西亚、菲律宾、美国、泰国、越南在新加坡举行了旨在促进情报共享和更加有效的统一性行动的九国联合海军军事演习。[6]

---

[1] Channel News, "Singapore and India to boost cooperation in maritime security", https：//www.channelnewsasia.com/news/asia/singapore-and-india-to-boost-cooperation-in-maritime-security-945 2048, Jan. 12, 2019.

[2] Pradeep Rana, "India, Singapore Navies to Step up Maritime Cooperation as Defence Ministers Meet", https：//www.connectedtoindia.com/india-singapore-navies-to-step-up-maritime-cooperation-as-defence-ministers-meet-3202.html, Jan. 12, 2019.

[3] Prashanth Parameswaran, https：//thediplomat.com/2017/11/why-the-new-india-singapore-naval-pact-matters/, Jan. 12, 2019.

[4] 1965年8月9日，新加坡从马来西亚正式分离而独立，同时加入了英联邦。1966年1月22日，新加坡志愿部队海事分队改名为新加坡志愿海军部队。1967年5月5日，新加坡志愿海军部队第一次升起自己的军旗。同年9月，新加坡志愿海军部队改名为人民海上防卫部队，受海上防卫司令部的指挥。1968年，海上防卫司令部改名为海事指挥部（Maritime Command，MC），即现在新加坡共和国海军部队的前身。此后，海事指挥部立志于扩大海军部队的规模以更有效地防卫新加坡海域。1975年4月1日，海事司令部正式改名为新加坡共和国海军部队，随后新加坡武装部队正式确立海陆空三军分立。

[5] Chong Zi Liang, "Naval Cooperation Key to Maritime Security：President", https：//www.straitstimes.com/singapore/naval-cooperation-key-to-maritime-security-president, Jan. 12, 2019.

[6] Naval Today, "Multinational Maritime Drill SEACAT Kicks off in Singapore", https：//navaltoday.com/2018/08/27/multinational-maritime-drill-seacat-kicks-off-in-singapore/, Dec. 8, 2018.

（二）海洋运输合作

新加坡港是世界上最繁忙的港口和亚洲主要转口枢纽之一，也是世界第一大燃油供应港。[1] 新加坡的海洋运输处于世界领先地位，与中国、荷兰等国家有密切的海洋运输合作。

1. 与中国的合作

中国与新加坡于1989年首次签署了《中华人民共和国政府和新加坡共和国政府海运协定》，规定两国航运公司的船舶可以进入对方的港口，并享受最惠国待遇。[2] 2005年，中国和新加坡签署了意在巩固两国间原有海上运输协定的新协议，规定两国的航运公司可以在对方国家设立全资子公司，不受地域限制。[3] 2018年11月，两国交通部部长在北京就深化交通运输合作交换了意见。双方认为，中新两国在交通领域一直有良好的合作，通过高层互访、中国—东盟交通部长会议（China-ASEAN Transport Ministers Meeting）、IMO等机制，两国交通运输主管部门建立了密切顺畅的沟通渠道。目前，中国和新加坡在"一带一路"框架下，正在推进中新（重庆）战略性互联互通示范项目建设，该项目已成为多式联运合作网络的新典范。[4] 两国均有意继续通过IMO和海事高官会等机制深化务实合作，为全球海运治理作出积极贡献。[5]

2. 与荷兰的合作

新加坡和荷兰于2015年签署了《港务信息交流与研发合作谅解备忘录》（Memorandum of Understanding on Cooperation in Information Exchange and Research and Development），两国在海上网络安全、液化天然气加注和船舶交通系统等关键领域有良好的合作。2018年7月，两国在第四届港务

---

[1] UFSOO, "Port of Singapore", https://www.ufsoo.com/port/singapore/, Dec. 17, 2018.

[2]《中华人民共和国政府和新加坡共和国政府海运协定》，载中国外交部官网，https://www.fmprc.gov.cn/web/ziliao_674904/tytj_674911/tyfg_674913/t6021.shtml，最后访问日期：2018年12月17日。

[3] Ministry of Transport of Singapore, "Singapore And China Enhance Agreement On Maritime Transport", https://www.mot.gov.sg/news-centre/news/Detail/Singapore%20And%20China%20Enhance%20Agreement%20On%20Maritime%20Transport/, Dec. 13, 2018.

[4] 俞懿春：《港口合作发力，中国东盟海上互联更紧密》，载人民网，http://world.people.com.cn/n1/2017/0915/c1002-29537003.html，最后访问日期：2018年12月13日。

[5] MPA, "High-Level Visit Strengthens Sino-Singaporean Maritime Relations", https://www.mpa.gov.sg/web/portal/home/media-centre/news-releases/detail/fe6e2449-8142-4e6f-b381-f1e06ec14ec4, Dec. 13, 2018.

局圆桌会议期间续签了《港务信息交流与研发合作谅解备忘录》，旨在促进港口数字化、港口服务、港口安全和运营等方面的合作。[1] 新加坡和荷兰同为航运大国，两国的合作使新加坡的港口更安全、更智能和更高效，有利于海洋生态环境维护，是这一领域国际合作的典型范例。

3. 与埃及的合作

2015年，埃及海上运输部门负责人达维什（Admiral Abd ElKader Darwish）海军上将代表埃及和新加坡国际港口集团首席顾问陈柏欣先生签署了《海运和港口合作谅解备忘录》（Memorandum of Understanding on Maritime and Port Cooperation），双方将在港口开发、管理、运营和投资方面开展合作。新加坡为埃及的亚历山大港（Alexandria Port）和达米埃塔港（Damieta Port）等港口的发展提供技术和人员培训，这有助于埃及海运部门的发展和提高埃及港口的竞争力。[2] 同时，此次合作为新加坡和埃及的后续经济合作奠定了良好的基础。

4. 与格鲁吉亚的合作

新加坡和格鲁吉亚在海上运输方面一直有合作意向，两国间关于海运合作的协议草案已经形成，并通过外交途径提交给双方政府。2018年11月，格鲁吉亚经济与可持续发展部部长访问新加坡时会见了新加坡海事及港务管理局首席执行官，就政府间海上贸易协定草案进行了磋商。双方就新加坡帮助格鲁吉亚完善港口建设进行了深入讨论，尤其是在"单一窗口"服务和相关服务数字化方面。双方还讨论了两国海事教育机构之间的合作以及在新加坡海事管理学院（MPA Academy）为格鲁吉亚海事当局提供一个特别培训班的可能性。[3]

（三）油气资源合作

随着"二战"后东亚经济的崛起，中国、日本、韩国都要经由马六甲

---

[1] MPA, "MPA Renews Memorandum of Understanding With Port of Rotterdam Authority to Strengthen Cooperation in Information Exchange and R&D", https://www.mpa.gov.sg/web/portal/home/media-centre/news-releases/detail/960fb0d7-453e-494f-a649-6e3a75dff43c, Dec. 13, 2018.

[2] DPA, "Transport Minister Witnesses Signature of MOU between Maritime Transport Sector and International Singapore Ports", https://www.dpa.gov.eg/?news=transport-minister-witnesses-signature-of-mou-between-maritime-transport-sector-and-international-singapore-ports, Dec. 13, 2018.

[3] Business Media Georgia, "George Kobulia Discussed Prospects of Bilateral Cooperation in Maritime Transport Sector in Singapore", http://www.bm.ge/en/article/george-kobulia-discussed-prospects-of-bilateral-cooperation-in-maritime-transport-sector-in-singapore/26393, Dec. 13, 2018.

海峡输入大量的能源资源，而东南亚各国对石油产品的消费需求也日益多样化。时任新加坡总理李光耀较早地意识到由能源决定的世界经济版图正在形成，凭借着中东原油产地和东方石油消费区战略咽喉的有利位置和大型跨国石化公司的入驻，新加坡的石化产业得以迅速发展。新加坡与皇家壳牌（Royal shell）、英国石油（British Petroleum Company）、美孚（Mobil）、埃索（Esso）、住友（Sumitomo）、三井（Mitsui）、雪佛龙—菲利普斯（Chevron-Phillips）、塞拉尼斯（Celanese Corporation）等企业都建立了合作关系。

虽然新加坡油气资源储量极少，但立足于新加坡的能源政策，并长期与上述多国企业开展油气产业合作，其石油加工业产值仍占到其工业总产值的11%，平均每天可处理原油超过120万桶。[1] 新加坡还是世界船用燃料油的最大市场，吸引了全球50多家大型石油公司在此设置经营总部，也是百家中小型石油贸易公司的全天候交易集散地。通过新加坡买卖的原油现货世界原油现货贸易总额的15%—20%。同时，新加坡还是全球最大的自升式石油钻井平台制造国，所占市场份额高达70%。新加坡已成为世界第三大炼油中心、亚洲石油产品定价中心，同时也是世界石油贸易中心之一。

（四）海港建设合作

2017年4月，新加坡海事及港务管理局与日本国土交通省港务局（Ports and Harbours Bureau of the Ministry of Land, Infrastructure, Transport and Tourism of Japan, MLIT）在日本横滨召开的国际液化天然气研讨会（International Symposium on LNG Bunkering）上签订了合作备忘录，合作涉及港口规划、港口管理以及与港口相关的技术发展。此前，为了促进港口部门之间的人员培训合作，双方在2016年启动了第一个双边交流项目。新加坡和日本还计划轮流举行更多的定期会议，以加强合作和信息交流，促进两国的海港建设合作。[2]

---

[1]《化工产业》，载新加坡经济发展局官网，https://www.edb.gov.sg/content/edb/zh/industries/industries/chemicals.html，最后访问日期：2018年12月14日。

[2] MPA, "Maritime And Port Authority of Singapore Inks Memorandum of Cooperation With Ports And Harbours Bureau of The Ministry of Land, Infrastructure, Transport And Tourism of Japan", https://www.mpa.gov.sg/web/portal/home/media-centre/news-releases/detail/3f71a99f-97a1-4c28-80cb-77db03884d4e, Jan. 12, 2019.

（五）海洋研究合作

2000年，新加坡海事及港务管理局与挪威研究理事会（Research Council of Norway）签署了《海洋研究与发展合作谅解备忘录》（Memorandum of Understanding on Maritime Research and Development Cooperation），并于2003年、2006年、2009年、2012年和2015年续签。该谅解备忘录涵盖海洋环境、可持续能源技术、近海和海洋工程、海上业务和信息通信技术等领域的研究。2015年4月，新加坡和挪威在新加坡海事技术大会上宣布扩大两国已有的海洋研究与发展谅解备忘录框架，此举旨在加强两国间在海洋研究领域的交流与合作，推动两国研究机构联合研发项目。新加坡海事及港务管理局和挪威研究理事会已拨出600万新加坡元，用于两国在航行安全、船舶作业和安全、船舶港口作业、绿色航运等领域的联合研究项目。[1] 新加坡和挪威同为海洋研究发达国家，两国的海洋研究合作可谓强强联合，促进了其各自的海洋研究发展，也提升了世界海洋研究水平。

（六）区域性国际合作

1. 《亚洲打击海盗与武装抢劫船只区域合作协定》

日本首先发起了亚洲地区打击海盗与武装抢劫船只的国际合作的倡议。1998年，日本公司拥有的"天由"号（Tenyu）商船在马六甲水域被劫持。1999年，在巴拿马注册的日资"阿隆德拉·彩虹"（Arondra·Rainbow）号商船在通过马六甲海峡时遭遇袭击。2001年，日本政府组织召开了"亚洲打击海盗合作大会"，与会各国同意就打击海盗建立区域合作机制，并于2004年最终通过了《亚洲打击海盗与武装抢劫船只区域合作协定》。新加坡是第一批签署该协定的国家。

2006年9月4日，ReCAAP经柬埔寨、日本、老挝、新加坡、泰国、菲律宾、缅甸、韩国、越南、印度与斯里兰卡共11个国家递交批准书，达到生效要件，正式生效。截至目前，该协定共有20个缔约方，除东南亚和南亚国家外，挪威、荷兰、丹麦、英国、澳大利亚和美国也是缔约方。[2]

---

[1] MPA, "Singapore and Norway Renew Cooperation in Maritime Research and Development", https://www.mpa.gov.sg/web/portal/home/media-centre/news-releases/detail/0ad1ed50-4889-4d5f-8635-132bd923c909, Jan. 12, 2019.

[2] ReCAAP, "Contracting Parties of ReCAAP", http://www.recaap.org/about_ReCAAP-ISC, Dec. 15, 2018.

ReCAAP 是第一个促进打击亚洲海盗和武装抢劫船只合作的政府间协定，促进了成员国之间的沟通和信息交流，提高了该地区海盗和武装抢劫船只的统计数据收集效率和报告撰写质量，加强了成员国打击海盗的能力，有效地缓解了亚洲地区海盗和海上抢劫船只的问题。其中，ReCAAP 信息共享中心（The ReCAAP Information Sharing Centre，ReCAAP ISC）于 2006 年 11 月 29 日在新加坡成立，是 ReCAAP 的一个支柱。在 2018 年第 12 届理事会会议上，理事会宣布 ReCAAP ISC 符合打击海盗和武装抢劫海上船只信息共享卓越中心的标准。新加坡积极推动 ReCAAP 的通过和生效，积极参与打击海盗和武装抢劫船只犯罪，协调各缔约方的行动，为发挥 ReCAAP 的作用作出了重要的贡献。

2. 马六甲三国共管机制

新加坡格外重视与印度尼西亚、马来西亚合作，通过打击针对船舶的海盗与武装抢劫行为来提高马六甲海峡的海上安全。"海盗问题"曾长期困扰该区域，而国际法有关海上打击行为管辖权的现有规定又增加了该问题解决的复杂性。根据 1982 年《公约》，只有发生在公海或专属经济区的行为才能被称为"海盗行为"，而大多数发生在该区域的袭击船只行为都发生在三个沿海国中某国的港口、领海或印度尼西亚的群岛水域。国际海事组织将此类行为定义为"武装抢劫船只"。[1] 海盗行为与武装抢劫船只行为在管辖权方面有很大的区别。针对发生在公海或专属经济区的海盗行为，所有国家均可登临海盗船只逮捕海盗，但是如果袭击发生在领海或群岛海域，仅沿海国有权行使管辖权。印度尼西亚与马来西亚对其主权问题极为敏感，不愿允许外国船只在其领域内针对"海盗行为"展开巡逻或行使管辖权。

自 2004 年起，新加坡、马来西亚与印度尼西亚开始逐步采取措施，加强在此事项上的合作。2004 年 7 月，三国的自卫队发起了三方马六甲海峡巡逻以在该区域提供持续的海军威慑。在该协调巡逻中，各国船只在国内水域内巡逻，但会彼此协调以增加信息互换。[2] 2005 年 9 月，三国开始在

---

[1] "Piracy and Armed Robbery Against Ships", http：//www.imo.org/en/OurWork/Security/PiracyArmedRobbery/Pages/Default.aspx, June 26, 2019.

[2] MINDEF, "Inaugural Malacca Strait Patrols Information Sharing Exercise", http：//www.nas.gov.sg/archivesonline/speeches/view-html? filename = 20080328985.htm, Jan. 12, 2019.

该区域开展代号为"空中之眼"（Eyes in the Sky）的空军巡逻。[1] 2006年4月21日，上述合作终于以书面形式固定，三国国防部长签署了《马六甲海峡巡逻标准作业程序》（Malacca Straits Patrols and Standard Operational Procedures on Coordinated Patrols）。[2]

2005年8月，马六甲海峡三个沿海国的外交部长在印度尼西亚的巴淡岛（Batam Island）召开了由国际海事组织发起的有关该区域的航行安全等事宜的会议，并发表了《巴淡联合部长声明》。[3] 该声明重申了三个沿海国对海峡拥有主权，且对航行安全、环境保护和海事安全负主要责任。与此同时，该声明承认使用国及诸如国际海事组织之类的国际机构在该区域的利益与作用，并强调在该区域的所有合作行为均应符合包括《联合国海洋法公约》在内的国际法的要求。该宣言承认三方部长级会议在提供合作总框架方面的重要性，同时认为三方高级官员应定期见面以及时处理有关问题。

3. 亚太港口服务组织

亚太港口服务组织（APEC Port Services Network，APSN）成立于2008年5月18日，是由中国领导人倡议成立的致力于推动亚太地区港口行业发展与合作的第一个国际组织。APSN旨在通过加强本地区港口行业的经济合作、能力建设、信息交流和人员往来，推动投资和贸易的自由化与便利化，实现亚太经合组织成员经济体的共同繁荣。新加坡是APSN的创始会员之一，新加坡海事及港务管理局港务政策处处长谭成鹏是现任APSN理事会副主席。[4]

4. 东南亚国家联盟

（1）合作解决南海争端

2002年11月4日，包括新加坡在内的东盟各国与中国签署了《南海各方行为宣言》。《南海各方行为宣言》确认了中国与东盟的睦邻互信伙伴关系，共同维护南海地区的和平与稳定。《南海各方行为宣言》强调通过

---

[1] DefenceTalk, "Launch of Eyes in the Sky (EiS) Initiative", https://www.defencetalk.com/launch-of-eyes-in-the-sky-eis-initiative-3356/, Jan. 12, 2019.

[2] Koh Swee Lean Collin, "The Malacca Strait Patrols: Finding Common Ground", https://www.rsis.edu.sg/wp-content/uploads/2016/04/CO16091.pdf, Jan. 12, 2019.

[3] Robert Beckman, "Singapore Strives to Enhance Safety, Security and Environmental Protection in Its Port and in the Straits of Malacca and Singapore", Ocean and Coastal Law Journal 14, 2008, pp. 167-200.

[4] APSN, "ABOUT APSN", http://www.apecpsn.org/index.php?s=/Index/index/0/#about, Dec. 15, 2018.

友好协商和谈判,以和平方式解决有关南海的争议。在争议解决之前,各方承诺保持克制,不采取使争议复杂化和扩大化的行动。《南海各方行为宣言》实质上是一份政治性文件,并不具有国际法上条约的强制性效力,但是该宣言仍旧被视为一项重要的冲突预防措施。新加坡作为东盟创始成员国,南海局势的稳定符合其作为航运业发达国家的利益。虽然其曾对中国在南海的主张表示明确反对,但仍坚持和呼吁各方遵守该《宣言》。

从本质上说,《南海各方行为宣言》作为一个获得了中国与东盟国家充分肯定的阶段性成果,缺乏国际法上的强制性效力,严重影响了其实践效果。因此,中国和部分东盟国家希望制定具有较强约束力的"行为准则"。由于南海问题的极端敏感性以及南海和平与稳定对地区安全的极端重要性,"行为准则"的磋商进程复杂而艰巨。不过,随着美国退出跨太平洋伙伴关系协议(Trans-Pacific Partnership Agreement,TPP),实行亚太收缩战略,对南海问题的干涉力度减小,澳大利亚对南海问题的干涉也有所收敛,再加上东盟各国与中国经贸关系日渐紧密,"行为准则"的谈判取得实质性进展。

2017年5月,中国与东盟国家落实《南海各方行为宣言》第14次高官会在中国贵阳举行,会议审议了"南海行为准则"框架。2017年8月5日,在菲律宾首都马尼拉召开的第50届东盟外长会议正式通过了"南海行为准则"框架。2018年8月,在新加坡举行的中国—东盟外长会议上,新加坡外长宣布中国与东盟国家已就"南海行为准则"单一磋商文本草案达成一致。[1] 这是"准则"磋商取得的又一个重大进展。2018年,新加坡担任东盟轮值主席国,上半年还担任中国—东盟关系协调国。在此期间,新加坡推动了中国—东盟关系进一步深入发展。新加坡和其他东盟成员国正与中国一起就"中国—东盟战略伙伴关系2030年愿景"进行规划,为东盟—中国关系未来发展指明方向。[2]

(2)海上运输合作

新加坡与其他东盟国家共同推进了东盟海上运输一体化的进展,从而

---

[1] 刘笑冬:《王毅:"南海行为准则"单一磋商文本草案形成 证明中国与东盟国家有能力达成共同遵守的地区规则》,载新华网,http://www.xinhuanet.com/politics/2018-08/02/c_1123215373.htm,最后访问日期:2018年12月15日。

[2] 《东南亚国家联盟》,载中国外交部官网,https://www.fmprc.gov.cn/web/wjb_673085/zzjg_673183/yzs_673193/dqzz_673197/dnygjlm_673199/dnygjlm_673201/,最后访问日期:2018年12月15日。

促进东盟单一航运市场的发展。2009 年 11 月，在印度尼西亚雅加达举行了东盟过境运输协调委员会（ASEAN Transit Transport Coordinating Board）成立会议，这是加速完成实施"东盟货物便利化框架协议"（ASEAN Framework Agreement on the Facilitation of Goods in Transit）、"东盟多式联运框架协议"（ASEAN Framework Agreement on Multi Modal Transport）和"东盟框架协议"（ASEAN Framework Agreement）的必要监管和程序基础的重要一步，对促进东盟地区货物的无缝流动有重大意义。[1] 新加坡与其他东盟国家在东盟框架下不断推进海洋运输合作，极大地降低了东盟国家间的海运成本。

（七）在全球性国际组织框架下的合作

新加坡与国际海事组织关系紧密，是第一个与国际海事组织签署第三世界国家培训项目谅解备忘录的国家。2018 年 4 月，新加坡承诺将为国际海事组织及其成员国提供价值 500 万美元的整体技术合作与培训计划，具体包括支持国际海事组织 2018—2023 年战略计划（IMO Strategic Plan for 2018—2023）、综合性技术合作项目（Integrated Technical Cooperation Program）以及国际海事组织成员国审计计划（IMO Member State Audit Scheme）。较之以前的培训项目，上述项目在三方面予以提升：第一，新加坡加大了在《新加坡—国际海事组织针对第三世界国家培训项目的谅解备忘录》（Singapore-IMO Third Country Training Program MOU）项下技术支持的程度与范围；第二，扩大了与世界海事大学（World Maritime University）的合作；第三，与国际海事组织合作进一步推动全球范围内的海事培训，并为成员国的海事官员参加新加坡境内各种培训项目提供资金支持。[2]

---

[1] ASEAN, "ASEAN Framework Agreement on The Facilitation of Goods in Transit", https：//asean. org/? static _ post = asean-framework-agreement-on-the-facilitation-of-goods-in-transit，Dec. 13, 2018.

[2] Tan Hwee Hwee, "Singapore Maritime Week 2018：Singapore Pledges US$5m for International Maritime Organization", https：//www. businesstimes. com. sg/transport/singapore-maritime-week-2018-singapore-pledges-us5m-for-international-maritime，Jan. 12, 2019.

七、对中国海洋法主张的态度

(一) 对中国南海政策的态度

一直以来,新加坡与中国都保持友好的关系,且近年来经济上较为倚重中国。因此,新加坡没有对中国南海政策持明确的反对立场,但曾对中国在南海的一些主张表示异议。对于中国在南海的"九段线"主张,新加坡曾表示,中国未针对"九段线"提出明确的法律依据,不符合国际法的要求。新加坡与美国、澳大利亚、印度、马来西亚等国以"航行自由"的名义在南海举行军演,实则是挑战中国在南海的一些海洋法主张。

与此同时,新加坡对中国关于春晓油气田、冲之鸟礁和北极新航道的海洋法主张,没有作出表态。

(二) 对南海仲裁案的态度

新加坡从表面上看持中立立场,实则隐晦地表达了对仲裁裁决的支持态度。2016年7月,仲裁庭对南海争端作出裁决后,新加坡表示其不是一个主权声索国,在领土争端中不偏袒任何一方,但支持根据包括《公约》在内的国际法规则,在不诉诸武力或威胁的情况下,以和平方式解决争议。作为一个小国,新加坡强烈支持维护一个基于规则的秩序,维护所有国家的权益。新加坡珍视在双边和东盟范围内与所有各方的长期友好关系,敦促各方充分尊重法律和外交程序,保持克制,避免采取任何可能加剧地区紧张局势的行动。新加坡支持充分有效地执行《南海各方行为宣言》,并迅速缔结具有法律约束力的"南海行为准则"。[1]

2016年8月,新加坡总理李显龙对美国进行国事访问期间,在美国商会举办的一场对话会上,回答了与会记者针对"南海仲裁案"的提问。李显龙表示:中国作为南海主权声索国之一,仲裁庭的裁决对各方的主权声索作出了"强而有力的定义"。作为小国,新加坡希望各国都能尊重国际法,接受仲裁结果。[2]

---

[1] Todayonline, "Singapore Urges Respect for Court Ruling on South China Sea", https://www.todayonline.com/singapore/singapore-south-china-sea-ruling-reaction, Dec. 9, 2018.

[2] 郭光昊:《新加坡总理李显龙声称南海仲裁"强而有力"外交部回应》,载观察者网,https://www.guancha.cn/Neighbors/2016_08_06_370229.shtml,最后访问日期:2019年3月10日。

2016年9月，第17次不结盟运动峰会（Non-Aligned Movement）在委内瑞拉召开，在起草文件的磋商过程中，新加坡坚持增加支持菲律宾南海仲裁案的内容。由于遭到许多国家的明确反对，新加坡的意图落空。[1] 2016年9月29日，新加坡总理在访问日本期间，在东京发表演讲，就仲裁庭基于《联合国海洋法公约》得出的全面否定中国在南海主权主张的仲裁结果表示，世界不能没有规则，中国应遵守该结果。[2]

2018年8月2日，中国—东盟（10+1）外长会上，新加坡外交部长维文宣布，在同年6月于中国长沙举行的会议中，东盟成员国与中国已经达成了"南海行为准则"单一磋商文本草案，这份鲜活的文件将成为未来"准则"磋商的基础，也成为"准则"进程上的又一里程碑。[3]

新加坡是东盟国家中除菲律宾和越南外，唯一一个曾明确反对中国在南海主张权利的国家。新加坡的立场有出于大国平衡的考量，不希望看到中国在南海的势力上升；也有海上航行和航空利益的考量，随着美国退出TPP，经济增长乏力的新加坡急需加强与中国的经济合作。当前阶段，对于中国在南海问题的主张，新加坡不再表示明确反对，并且为"南海行为准则"的磋商作出了努力。

（三）"一带一路"框架下与中国合作的态度

新加坡处于独特的地理位置，是"一带一路"沿线的重要一站。尽管对中巴输油管道、中缅输油管道、马来西亚皇京港（Melaka Gateway）的建设有所顾虑，新加坡依旧是中国"一带一路"倡议的积极支持者。新加坡总理等政府官员在多个场合积极评价"一带一路"建设，认为这有利于促进东南亚、南亚、中亚和欧洲国家间的合作，并希望这个过程会持续下去，也希望新加坡能在中国"做得更多"。[4]

2017年5月，双方签署《中华人民共和国政府与新加坡共和国政府关于共同推进"一带一路"建设的谅解备忘录》。2017年6月12日，新加坡

---

[1]《外交部：不结盟运动并非讨论南海问题合适场合》，载中国政府网，http://www.gov.cn/xinwen/2016-09/27/content_5112789.htm，最后访问日期：2019年3月11日。

[2]《李显龙竟要中国接受南海仲裁结果 与安倍一唱一和》，载中国日报网，http://www.chinadaily.com.cn/interface/yidian/1120781/2016-09-30/cd_26947979.html，最后访问日期：2018年12月9日。

[3] 张志文：《新加坡外长："南海行为准则"达成里程碑式文件》，载人民网，http://world.people.com.cn/n1/2018/0802/c1002-30203333.html，最后访问日期：2018年12月9日。

[4] 林芮：《加强互联互通是亚洲发展的关键》，载《人民日报》2019年8月25日，第3版。

外长维文在来华访问时表示"一带一路"倡议具有历史意义，新加坡从一开始就全力支持。新加坡认为，"一带一路"倡议将为亚洲各国提供急需的基础设施建设和互联互通支持，把亚洲、欧洲以及大洋洲国家联结在一起，最终为全世界人民带来和平与繁荣。2018年4月，新加坡总理在接受人民日报专访时表示，新加坡是最早支持中国"一带一路"倡议的国家之一。许多沿线国家需要更大量、更优质的基础设施，"一带一路"不仅能让它们受益，也与维持开放、包容的区域目标体系相符。因此，两国决定把"一带一路"倡议定为双边合作的重点领域。[1] 2018年10月25日，首届中国—新加坡"一带一路"投资合作论坛在新加坡举行，新加坡贸工部长陈振声表示，两国在多个领域开展了长期务实合作，政府间项目成果丰硕。作为全球重要的贸易中心和金融中心，新加坡愿积极参与"一带一路"建设，成为新理念的探路者，在金融、法律等方面提供专业服务。新方愿与中方携手共同应对经济全球化面临的挑战，推动多边体系不断完善升级，按照市场化原则开展国际合作，深度整合产业价值链，推动互惠共赢。[2]

2018年11月14日，两国发表《中华人民共和国政府和新加坡共和国政府联合声明》，双方一致认为，"一带一路"合作是当前中新关系的新重点。双方将继续加强"一带一路"框架下互联互通合作、金融支撑合作、三方合作，以及法律与司法这一新的重点领域合作，把中新（重庆）战略性互联互通示范项目"国际陆海贸易新通道"和三方合作打造成两大合作新亮点。双方同意提升两国间各种方式的互联互通，进一步加强航空客货往来，加强人文交流，促进旅游发展，从而支持"一带一路"倡议。双方同意基于规则的营商环境有利于推进"一带一路"建设，将加强法律、司法交流与合作。[3]

在两国共同努力下，中新"一带一路"合作已取得丰硕成果，主要体现在以下四个方面：

---

[1] 王恬、杨迅：《"为新中合作创造更大空间"——访新加坡总理李显龙》，载《人民日报》2018年4月8日，第3版。

[2] 李晓渝：《首届中国—新加坡"一带一路"投资合作论坛举行》，载中国一带一路网，https://www.yidaiyilu.gov.cn/xwzx/hwxw/69751.htm，最后访问日期：2018年12月9日。

[3] 《中华人民共和国政府和新加坡共和国政府联合声明（2018年11月14日）》，载新华网，http://www.xinhuanet.com//2018-11/15/c_1123714971.htm，最后访问日期：2018年12月9日。

互联互通方面，中新（重庆）战略性互联互通示范项目[1]进展迅速。项目得到了中新两国及东盟多国的支持，通道建设已初见成效。2017年9月常态化运行班列首发。截至2018年8月底，铁海联运班列（重庆口岸—渝黔铁路—广西钦州港—新加坡及东盟各港口）累计开行超过300班次，跨境公路运输陆海联运方式（重庆南彭—广西防城港—越南胡志明市—新加坡）累计发车超过350车次，跨境铁路测试班列（重庆南彭—广西凭祥—越南河内）开行20班，目的地覆盖58个国家和地区的113个港口。新加坡成立亚洲基础设施办公室（Infrastructure Office for Projects in Asia），统筹包括金融服务、专业服务、精密工程以及建筑等整个基建价值链的国内外企业合作，搭建基础设施项目规划、融资、落实合作平台。

金融支持方面，中国商业银行、证券公司纷纷在新加坡设立分支。中资银行发行"一带一路"支持债券逾100亿美元；中国工商银行新加坡分行发放"一带一路"相关贷款共70余笔，余额合计50亿美元；中国再保险新加坡公司牵头成立新加坡"一带一路"保险联合体，已处理11个"一带一路"保险项目；中国工商银行新加坡分行是离岸人民币清算行之一，2017年全年清算43.66万笔，清算金额43.85万亿元，新加坡已成为仅次于中国香港的第二大离岸人民币清算中心。

第三方合作方面，中国机械设备工程股份有限公司与新加坡星桥腾飞集团（Ascendas Group）合作在印度开发建设园区；中国富春控股集团与新加坡叶水福集团（YCH Group）合作开发"一带一路"沿线物流产业；中国魏桥集团及烟台港务局与新加坡韦立集团（Winning International Group）合作开发几内亚铝土矿；中咨集团与新加坡盛裕集团（Surbana Jurong）合作承接"一带一路"框架下相关工程。新加坡在中国的投资占了"一带一路"沿线国家对华投资总额的85%，而中国对"一带一路"沿线国家的投资额，近三分之一是经由新加坡再投向沿线国家。

专业服务方面，新加坡国际调解中心和中国国际贸易促进委员会、中国国际商会调解中心签署谅解备忘录，共同建立解决"一带一路"跨境合

---

[1] 2015年11月，中新两国签约启动中新（重庆）战略性互联互通示范项目。中新（重庆）战略性互联互通示范项目"国际陆海贸易新通道"以重庆为运营中心、重庆和新加坡为枢纽，广西、贵州、甘肃等省份为重要节点，利用铁路、公路、水运、航空等多种运输方式打造国际陆海贸易通道。该通道向北连接丝绸之路经济带，向南经广西与新加坡等东盟国家通过海运连接21世纪海上丝绸之路，形成"一带一路"经中国西部地区的完整环线，具有助推"一带一路"建设、促进中国西部发展、加强中国与东盟合作的多重意义。

作相关争议的机制；新加坡国立大学、南洋理工大学等机构开设"一带一路"相关的短期培训课程，双方在第三方人员培训方面合作潜力巨大。双方共同致力于完善多元化纠纷解决机制，增强了投资者的信心。[1]

此外，双方于2018年11月12日在新加坡签署了中新自贸协定升级议定书。[2] 双方首次在自由贸易协定中纳入"一带一路"合作的内容，强调"一带一路"倡议对于深化双方全方位合作、实现共同发展目标、发展和强化互联互通以及促进地区和平发展的重要意义。[3] 2018年12月7日，中新国际智慧产业园在广州正式动工，是中新广州知识城上升为国家级双边项目后，中新双方进一步推进科技创新、智慧城市建设等领域合作的又一产业园区。项目为新加坡企业探索与广州以外的大湾区城市合作提供了良好的平台。

结　语

新加坡地处马来半岛，其国土面积虽然狭小，却因扼守世界上重要的咽喉要道——马六甲海峡，在国际航运中的地位举足轻重。新加坡既是世界上重要的海港国家，又是世界上重要的燃油交易基地，还是世界上重要的渔业贸易基地和鱼类中转站。这使得该国具有港务管理的天然发展优势，国内港务管理也经验丰富。在国内法层面，由于曾属于英国的殖民地，新加坡继受了英国的立法体系，其国内的海洋立法法律体系完善，兼有众多配套实施法律的附属法典。在国际法层面，新加坡加入了《联合国海洋法公约》，积极参与区域性和国际性海事合作组织，积极履行一个负责任的海洋国家的义务。在争端解决方面，新加坡既通过分别与马来西亚和印尼签订了一系列条约、协定来划定领海界线，也积极通过国际司法机

---

[1] 中国驻新加坡大使馆经济商务参赞处：《中新"一带一路"合作情况》，载中国商务部官网，http：//sg.mofcom.gov.cn/article/ztjx/zxhzqk/201810/20181002799146.shtml，最后访问日期：2018年12月9日。

[2] 中新自贸协定于2008年10月签署，自2009年1月1日起实施。2015年7月，习近平主席与来华访问的新加坡总统陈庆炎就启动中新自贸协定升级谈判联合研究达成重要共识。2015年8月，双方启动了中新自贸协定联合可行性研究并于当年10月完成，建议双方尽快启动自贸协定升级谈判。2015年11月，习近平主席对新加坡进行国事访问期间，与新加坡总统陈庆炎共同宣布两国之间建立与时俱进的全方位合作伙伴关系，并就启动中新自贸协定升级谈判达成共识。经过八轮谈判，该自贸协定升级谈判于2018年10月正式结束。

[3] 宁培：《"中新自贸协定升级议定书"解读（二）》，载中国国际贸易促进委员会官网，http：//www.ccpit.org/Contents/Channel_4256/2018/1121/1090456/content_1090456.htm，最后访问日期：2019年2月18日。

构解决海洋争端，较好地维护了其海洋权益。新加坡热衷于推动国际法治的发展，积极协助国际海洋法法庭的工作，是国际海洋法法庭在亚洲解决海洋争端的唯一审判地。新加坡在海洋防务、海洋运输、海洋研究、海港建设等方面与其他国家和国际组织展开了一系列合作。

作为"海上丝绸之路"的重要节点，新加坡历来与我国有着密切的经济、社会、文化合作，我国可以通过加强与新加坡的合作，推进"一带一路"倡议。在充分考量当前国际形势背景以及尊重新加坡国内海洋法律法规与相关政策的情况下，新加坡与我国在未来就海事事务各方面的合作定可大有作为。

附 录

附录1 1987年《菲律宾共和国宪法》[1]（第一条）

1987 Constitution of the Republic of the Philippines
ARTICLE I NATIONAL TERRITORY

The national territory comprises the Philippine archipelago, with all the islands and waters embraced therein, and all other territories over which the Philippines has sovereignty or jurisdiction, consisting of its terrestrial, fluvial and aerial domains, including its territorial sea, the seabed, the subsoil, the insular shelves, and other submarine areas. The waters around, between, and connecting the islands of the archipelago, regardless of their breadth and dimensions, form part of the internal waters of the Philippines.

---

[1] See CHAN ROBLES Virtual Law Library, http://laws.chanrobles.com/otherlaws/1_otherlaws.php?id=1.

附录 2 1961 年菲律宾第 3046 号共和国法令《菲律宾领海基线划定法案》[1]

An Act to Define the Baselines of the Territorial Sea of the Philippines
(Republic Act No. 3046 of 17 June 1961)

Whereas, the Constitution of the Philippines describes the national territory as comprising all the territory ceded to the United States by the Treaty of Paris concluded between the United States and Spain on December 10, 1898, the limits of which are set forth in Article III of said treaty together with all the islands embraced in the treaty concluded in Washington, between the United States and Spain on November 7, 1900, and in the treaty concluded between the United States and Great Britain on January 2, 1930, and all the territory over which the Government of the Philippine Islands exercised jurisdiction at the time of the adoption of the Constitution;

Whereas, all the waters within the limits set forth in the above-mentioned treaties have always been regarded as part of the territory of the Philippine Islands;

Whereas, all the waters around, between and connecting the various islands of the Philippine archipelago, irrespective of their width or dimension, have always been considered as necessary appurtenances of the land territory, forming part of the inland or internal waters of the Philippines;

Whereas, all the waters beyond the outermost islands of the archipelago but within the limits of the boundaries set forth in the aforementioned treaties comprise the territorial sea of the Philippines;

Whereas, the baselines from which the territorial sea of the Philippines is determined consist of straight lines joining appropriate points of the outermost islands of the archipelago; and Whereas, the said baselines should be clarified and specifically defined and described for the information of all concerned.

Section 1. (See Republic Act No. 5446 infra.)

Section 2. All waters within the baselines provided for in section one hereof are considered inland orinternal waters of the Philippines.

---

[1] See United Nations-Office of Legal Affairs, https://www.un.org/Depts/los/LEGISLATION-ANDTREATIES/PDFFILES/PHL_1961_Act.pdf.

附录3 1968年菲律宾第5446号共和国法令《对第3046号法案〈菲律宾领海基线划定法案〉的修订》[1]

An Act to Amend Section one of Republic Act numbered thirty hundred and forty-six, entitled "An Act to Define the Baselines of the Territorial Sea of the Philippines" (Repucblic Act No. 5446)

Section 1. To correct typographical errors, Sec. one of Republic Act numbered thirty hundred and forty-six is amended to read as follows:

Section 1. The baselines for the territorial sea of the Philippines are hereby defined and described specifically as follows:

	N. Latitude	E. Longtitude	Azimuth	Distance in Metres
Y'ami Island (E) Line 1 [Yami I. (E) Tumaruk Rk.]	2107′03″	12157′24″	35327′	71656
Tumaruk Rk. Line 2 (Tumaruk Rk. Balintang Is.)	2028′28″	12202′06″	34713′	58105
Balintang Island Line 3 (Balingtang Is. Didicas Rk.)	1957′45″	12209′28″	37505′	97755
Didicas Rk. Line 4 (Didicas Rk. -Iligan Pt.)	1904′50″	12212′18″	35039′	86155
Iligan Pt. Line 5 (Iligan Pt. -Ditolong Pt.)	1818′45″	12220′15″	35123′	136030
Ditolong Pt. Line 6 (Ditolong Pt. -Diviuisa Pt.)	1705′50″	12231′44″	1656′	34378
Diviuisa Pt. Line 7 (Diviuisa Pt. -Dijohan Pt.)	1648′00″	12226′06″	2101′	57781
Dijohan Pt. Line 7a (Dijohan Pt. -Bulubalik Pt.)	1618′45″	12214′28″	1052′	142360
Bulubalik Pt. Line 8 (Bulubalik Pt. -Tinaga I.)	1502′56″	12159′30″	30015′	120986

[1] United Nations-Office of Legal Affairs, https://www.un.org/Depts/los/LEGISLATIONANDTREATIES/PDFFILES/PHL_1968_Act.pdf.

续表

	N. Latitude	E. Longtitude	Azimuth	Distance in Metres
Tinaga I. Line 9（Tinaga I. -Horadaba Rks.）	14°29′45″	122°57′40″	286°27′	148690
Horadaba Rks. Line 10（Horadaba Rks. Matulin Rk.）	14°06′41″	124°16′54″	306°34′	1083
Matulin Rk. Line 11（Matulin Rk. -Atalaya Pt.）	14°06′20″	124°17′23″	331°46′	178480
Atalaya Pt. Line 11a（Atalaya Pt. -Finch Rk.）	12°40′59″	125°04′02″	313°30′	22268
Finch Rk. Line 12（Finch Rk. -SE of Manjud Pt.）	12°32′40″	125°12′57″	313°56′	12665
SE Manjud Pt. Line 12a（SE of Manjud Pt. -Sora Cay）	12°27′54″	125°17′59″	322°27′	14225
Sora Cay Line 13（Sora Cay -Bunga Pt.）	12°21′47″	125°22′46″	321°03′	22793
Bunga Pt. Line 13a（Bunga Pt. -Tubabao I.）	12°12′10″	125°30′40″	331°50′	12686
Tubabao I. Line 14（Tubabao I. -Tugnug Pt.）	23°06′06″	125°33′58″	355°22′	83235
Tugnug Pt. Line 15（Tugnug Pt. -Suluan I.）	11°21′06″	125°37′40″	331°03′	75326
Suluan Island Line 16（Suluan I. -Tuason Pt.）	10°45′20″	125°57′40″	347°51′	107070
Tuason Pt. Line 17（Tuason Pt. -Cauit Pt.）	9°48′33″	126°10′00″	355°25′	55415
Cauit Pt. Line 18（Cauit Pt. Arangasa Is.）	9°18′35″	126°12′25″	342°44′	49703
Arangasa Is. Line 19（Arangasa Is. -Quinablangan I.）	8°52′50″	126°20′28″	348°40′	131330
Quinablangan I. Line 19a（Quinablangan I. -Above Languyan R.）	7°42′58″	126°34′30″	353°08′	25619
Above Languyan R. Line 20（Above Languyan R. Pusan Pt.）	7°29′10″	126°36′10″	356°52′	22489

续表

	N. Latitude	E. Longtitude	Azimuth	Distance in Metres
Pusan Pt. Line 21（Pusan Pt. -Tuguban Pt.）	7 16′59″	126 36′50″	26 39′	36259
Tuguban Pt. Line 22（Tuguban Pt. -Cape S. Agustin N.）	6 59′24″	126 28′00″	20 33′	83350
Cape San Agustin（N） Line 22a［Cape S. Agustin（N）Cape San Agustin（S）］	6 17′03″	126 12′08″	30 16′	1707
Cape SanAgustin（S） Line 23［Cape S. Agustin（S）Panguil Bato Pt.］	6 16′15″	126 11′40″	39 23′	125100
Panguil Bato Pt. Line 23a（Panguil Bato Pt. -Tapundo Pt.）	5 23′45″	125 28′42″	66 32′	7484
Tapudo Pt. Line 24（Tapundo Pt. -Manamil I.）	5 22′08″	125 24′59″	89 19′	7667
Manamil I. Line 24a［Manamil I. -Balut I.（W）］	5 22′05″	125 20′50″	139 01′	3051
Balut I.（W） Line 25［Balut I.（W）-Middle of 3 Rk. Awash］	5 23′20″	125 19′45″	124 47′	149840
Middle of 3 Rk. Awash Line 26（Middle of 3 Rk. Awash Tongquil I.）	6 09′39″	124 13′02″	86 18′	259400
Tongquil I. Line 27（Tongquil I. -Sumbasumba I.）	6 00′15″	121 52′45″	61 29′	115950
Sumbasumba I. Line 28（Sumbasumba I. -Kinapusan Is.）	5 30′10″	120 57′35″	43 19′	44445
Kinapusan Is. Line 29（Kinapusan Is. -Manuk Manka I.）	5 12′37″	120 41′05″	63 14′	101290
Manuk Manka I. Line 30（Manuk Manka I. -Frances Reef）	4 47′50″	119 52′10″	58 30′	80847
Frances Reef Line 31（Frances Reef -Bajapa Reef）	4 24′54″	119 14′54″	134 34′	29330
Bajapa Reef Line 32（Bajapa Reef -Panguan I.）	4 36′04″	119 03′36″	164 05′	13480

	N. Latitude	E. Longtitude	Azimuth	Distance in Metres
Panguan I. Line 33（Panguan I. -Omapoy I.）	4 43′06″	119 01′36″	238 48′	42470
Omapoy I. Line 34（Omapoy I. -Sanga-Sanga I.）	4 55′02″	119 21′15″	246 11′	51005
Sanga-Sanga I. Line 35（Sanga-Sanga I. -Pearl Bank）	5 06′12″	119 46′30″	170 05′	80200
Pearl Bank Line 36（Pearl Bank -Baguan I.）	5 49′04″	119 39′01″	103 13′	137050
Baguan I Line 36a（Banguan I. -Taganak I.）	6 06′00″	118 26′42″	76 52′	15535
Taganak I. Line 37（Taganak I. -Gt. Bakkungaan O.）	6 04′05″	118 18′30″	118 39′	24805
Gt. Bakkungaan Line 37a（Gt. Bakkungaan -Sibaung I.）	6 10′32″	118 06′42″	136 04′	18470
Sibaung I. Line 38（Sibaung -I. Muligi I.）	6 17′45″	117 59′45″	215 36′	79915
Mulugi I. Line 39（Mulugi I. -Mangsee Is.）	6 53′00″	118 25′00″	119 14′	140541
Mangsee Is. Line 39a（Mangsee Is. -Cape Melville）	7 30′10″	117 18′20″	134 50	48815
Cape Melville Line 40（Cape Melville -Ligas Pt.）	7 48′50″	116 59′30″	153 54′	15665
Ligas Pt. Line 41（Ligas Pt. -Cay）	7 56′28″	116 55′45″	170 40′	5666
Cay Line 41a（Cay-Secam I.）	7 59′30″	116 55′15″	204 52′	22925
Secam I. Line 42（Secam I. -N. of Canipan Bay）	8 10′47″	117 00′30″	209 09′	54900
N. ofCanipan Bay Line 43（N. of Canipan Bay Tatub Pt.）	8 36′50″	117 15′06″	218 57′	18570
Tatub Pt. Line 44（Tatub Pt. -Punta Baja）	8 44′40″	117 21′28″	222 04′	45125

续表

	N. Latitude	E. Longtitude	Azimuth	Distance in Metres
Punta Baja Line 45（Punta Baja -Malapackun I.）	9°02′50″	117°37′58″	223°30′	32194
Malapackun I. Line 46（Malapackun I. -Piedras Pt.）	9°15′30″	117°50′04″	225°50′	148260
Piedras Pt. Line 47（Piedras Pt. -Tapuitan I.）	10°11′28″	118°48′18″	203°19′	124900
Tapuitan I. Line 48（Tapuitan I. -Pinnacle Rk.）	11°13′40″	119°15′28″	208°47′	136590
Pincle Rk. Line 49（Pinnacle Rk. -Cape Calavite）	12°18′34″	119°51′45″	200°40′	134230
CapeCalavite Line 50（Cape Calavite -Cabra I.）	13°26′40″	120°18′00″	148°12′	58235
Cabra I. Line 51（Cabra I. -Capones Is.）	13°53′30″	120°00′58″	179°26′	113400
Capones Is. Line 52（Capones Is. -Pa-Lauig Pt.）	14°55′00″	120°00′20″	168°09′	58100
Palauig Pt. Line 53（Palauig. -Hermana Mayor I.）	15°25′50″	119°53′40″	164°17′	40870
Hermana Mayor I. Line 53a（Hermana Mayor Tambobo Pt.）	15°47′10″	119°47′28″	167°10′	20490
Tambobo Pt. Line 54（Tambobo Pt. -Rena Pt.）	15°58′00″	119°44′55″	181°43′	22910
Rena Pt. Line 54a（Rena Pt. -Cape Bolinao）	16°10′25″	119°45′18″	191°39′	18675
Cape Bolinao Line 55（Cape Bolinao -Darigayos Pt.）	16°20′20″	119°47′25″	226°20′	80016
Darigayos Pt. Line 56（Darigayos Pt. -Dile Pt.）	16°50′15″	120°20′00″	179°58′	81616
Dile Pt. Line 56a（Disle Pt. -Pinget I.）	17°34′30″	120°19′58″	188°27′	12060
Pinget I. Line 56b（Pinget I. -Badoc I.）	17°40′58″	120°20′58″	192°46′	27170

续表

	N. Latitude	E. Longtitude	Azimuth	Distance in Metres
Badoc I. Line 57（Badoc I. -Cape Bojeador）	1755′20″	12024′22″	19503′	65270
CapeBojeador Line 58（Cape Bojeador -Dalupiri I.）	1829′30″	12034′00″	22216′	101740
Dalupiri I. Line 59（Dalupiri I. -Catanapan Pt.）	1910′15″	12113′02″	21329′	25075
Catanapan Pt. Line 60（Catanapan Pt. -Dequey I.）	1921′35″	12120′56″	20227′	116870
Dequey I. Line 61（Dequey I. -Raile）	2920′06″	12146′35″	18047′	42255
Raile Line 62［Raile -Y'ami I.（W）］	2043′00″	12146′55″	20030′	48140
Y'ami I.（W） Line 63［Y'ami I.（W）-Y'ami I.（M）］	2107′26″	12156′39″	23840′	237
Y'ami I.（M） Line 64［Y'ami I.（M）-Y'ami I.（E）］	2107′30″	12156′46″	30708′	1376
Y'ami I.（E）	2107′03″	12157′24'		

Section 2. The definition of the baselines of the territorial sea of the Philippine archipelago as provided in this Act is without prejudice to the delineation of the baselines of the territorial sea around the territory of Sabah, situated in North Borneo, over which the Republic of the Philippines has acquired dominion and sovereignty.

Section 3. This Act shall take effect upon its approval.

附录4 2009年《菲律宾群岛基线划定法案（对第3046号及5446号法案的修订案）》[1]

An Act to Amend Certain Provisions of Republic Act No. 3046, as Amended by Republic Act No. 5446, to Define the Archipelagic Baseline of The Philippines and for other Purposes (Republic Act No. 9522)

Be it enacted by the Senate and House of Representatives of the Philippines in Congress assembled:

Section 1. Section 1 of Republic Act No. 3046, entitled "An Act to Define the Baselines of the Territorial Sea of the Philippines", as amended by Section 1 of Republic Act No. 5446, is hereby amended to read as follows:

Section 1. The baselines of the Philippines archipelago are hereby defined and described specifically as follows:

Basepoint Number	Station Name	Location	World Geodetic System of 1984 (WGS 84) Coordinates Latitude (N)	Longtitude (E)	Distance to Next Basepoint (M)
1	PAB-01	Amianan Is.	21657.73″	1215727.71″	70.08
2	PAB-02	Balintang Is.	195738.19″	122946.32″	99.17
3	PAB-04	Bigan Pt.	181835.30″	1222019.07″	71.83
4	PAB-05A	Ditolong Pt.	17716.30″	1223128.34″	1.05
5	PAB-05B	Ditolong Pt.	17614.79″	1223143.84″	0.39
6	PAB-05	Ditolong Pt.	17551.31″	1223142.66″	3.29
7	PAB-06	Spires Is.	17236.91″	122313.28″	9.74
8	PAB-06B	Digollorin Pt.	165918.03″	1222756.61″	3.51
9	PAB-06C	Digollorin Rk.	164956.11″	1222650.78″	2.40
10	PAB-07	Divimisa Pt.	164738.86″	122264.40″	30.94
11	PAB-08	Dinoban Pt.	161844.33″	1221406.69″	116.26

---

[1] See CHAN ROBLES Virtual Law Library, http://laws.chanrobles.com/republicacts/96_republicacts.php?id=9388.

续表

Basepoint Number	Station Name	Location	Latitude (N)	Longtitude (E)	Distance to Next Basepoint (M)
12	PAB-10A	Tinaga Is.	142954.43″	1225751.15″	80.29
13	PAB-11	Horodaba Rk.	146.29.91″	1241659.21″	0.54
14	PAB-12	Matulin Rk.	146.10.40″	1241726.28″	96.04
15	PAB-13	Atalaya Pt.	12416.37″	125353.71″	6.79
16	PAB-13A	Bacan Is.	123618.41″	125850.19″	5.52
17	PAB-14	Finch Rk.	1232.33.62″	1251259.70″	0.80
18	PAB-14A	Cube Rk.	1231.57.45″	1251332.37″	4.90
19	PAB-14D	NWManjud Pt.	122836.42″	1251712.32″	1.30
20	PAB-15	SEManjud Pt.	122737.51″	125185.23″	7.09
21	PAB-16A	SSorz Cay	122141.64″	125237.41″	5.68
22	PAB-16B	Panablihon	121727.17″	125270.12″	5.21
23	PAB-16C	Alugon	121321.95″	1253019.47″	1.94
24	PAB-16D	NBunga Pt.	121148.16″	1253130.88″	0.54
25	PAB-17	EBunga Pt.	121120.67″	1253148.29″	5.71
26	PAB-18A	SETobabao Is.	1267.00″	1253411.94″	83.94
27	PAB-19C	Suluan Is.	104516.70″	125588.78″	56.28
28	PAB-19D	NTuason Pt.	94959.58″	126106.39″	57.44
29	PAB-20A	Arangasa Is.	85316.62″	1262048.81″	40.69
30	PAB-21B	Sanco Pt.	81311.53″	1262853.25″	30.80
31	PAB-22	Bagoso Is	74245.02″	1263429.08″	12.95
32	PAB-22C	Languyan	72949.47″	1263559.24″	0.54
33	PAB-23	Languyan	72916.93″	1263559.50″	0.76
34	PAB-23B	Languyan	72830.97″	1263557.30″	1.2
35	PAB-23C	NBaculin Pt.	72729.42″	1263551.31″	10.12
36	PAB-24	Pusan Pt.	71719.80″	1263618.26″	1.14
37	PAB-24A	S Pusan Pt.	71614.43″	1263557.20″	63.28
38	PAB-25B	Cape SanAgustin	61714.73″	1261214.40″	1.28
39	PAB-25	Cape SanAgustin	6168.35″	1261135.06″	67.65
40	PAB-26	SESarangani Is.	52334.20″	1252842.11″	0.43
41	PAB-27	Pangil Bato Pt.	52321.80″	1252819.59″	3.44

附录

续表

Basepoint Number	Station Name	Location	World Geodetic System of 1984 (WGS 84) Coordinates Latitude (N)	Longtitude (E)	Distance to Next Basepoint (M)
42	PAB-28	Tapundo Pt.	62155.66″	1262511.21″	3.31
43	PAB-29	WCalia Pt.	52158.48″	1252152.03″	0.87
44	PAB-30	Manamil Is.	5222.91″	1252059.73″	1.79
45	PAB-31	Marampog Pt.	52320.18″	1251944.29″	78.42
46	PAB-32	Pola Pt.	698.44″	1241542.81″	122.88
47	PAB-33A	Kantuan Is	62647.22″	12213.34.50″	29.44
48	PAB-34A	Tongguil Is.	6233.77″	1215636.20″	2.38
49	PAB-35	Tongquil Is	618.51″	1215441.45″	1.72
50	PAB-35A	Tongquil Is.	6017.88″	1216311.17″	85.94
51	PAB-38A	Kirapusan Is	512.8.70″	1204138.14″	55.24
52	PAB-39	Manuk Manka Is.	44739.24″	1195158.08″	43.44
53	PAB-40	Frances Reef	42453.84″	1191450.71	0.61
54	PAB-40A	Frances Reef	4253.83″	1191415.15″	15.48
55	PAB-41A	Bajapa Reef	436″9.01″	119322.75″	6.88
56	PAB-42A	Paguan Is.	44252.07″	119144.04″	8.40
57	PAB-43	Alice Reef	44555.25″	119315.19″	2.28
58	PAB-44	Alice Reef	4475.36″	119512.94″	18.60
59	PAB-45	Omapoy Rk.	45510.45″	119221.30	23.37
60	PAB-46	Bukut Lapis Pt.	5223.73″	1194418.14″	44.20
61	PAB-47	Pearl Bank	54635.15″	1193951.77″	75.17
62	PAB-48	Bagnan Is.	6558.41″	1182657.30″	8.54
63	PAB-48A	Taganak Is	6414.08″	1181833.33″	13.46
64	PAB-49	Great Bakkungaan Is.	6114.65″	118654.15″	3.97
65	PAB-50	Libiman Is.	61339.90″	118352.09″	5.53
66	PAB-51	Sibaung Is.	61743.99″	11805.44″	41.60
67	PAB-52	Muligi Is.	65214.53″	1182340.49″	75.06
68	PAB-53	South Mangsee Is.	73026.05″	1171833.75″	26.00
69	PAB-54	Balabac Is.	74830.69″	1165939.18″	6.08
70	PAB-54A	Balabac Great Reef	75127.17″	1165417.19″	1.18
71	PAB-54B	Balabac Great Reef	75219.86″	1165328.73″	2.27

续表

Basepoint Number	Station Name	Location	Latitude (N)	Longtitude (E)	Distance to Next Basepoint (M)
72	PAB-55	Balabac Great Reef	75436.35″	1165316.64″	5.42
73	PAB-60	Ada Reef	820.26″	1165410.04″	10.85
74	PAB.61	Secam Is.	81118.36″	1165951.87″	30.88
75	PAB-62	Latua Pt.	88756.37″	1171551.23″	7.91
76	PAB-63	SWTatub Pt.	84417.40″	1172039.37″	11.89
77	PAB-63A	WSicud Pt.	85332.20″	1172815.78″	13.20
78	PAB-64	Tarumpitao Pt.	92.57.47″	1173738.88″	81.12
79	PAB.64B	Dry Is.	95922.54″	1183653.61″	82.76
80	PAB-65C	Sinangcolan Pt.	111319.82″	1191517.74″	74.65
81	PAB-67	Pinnacle Rk.	121935.22″	1195056.00	93.88
82	PAB-68	Cabra Is	135324.45″	12015.86″	115.69
83	PAB-71	Hermana Mayor Is.	154843.61″	1194656.09″	9.30
84	PAB-72	Tambobo Pt.	155761.67″	1194455.32″	12.06
85	PAB-72B	Rena Pt.	16957.90″	11945.15.76″	0.25
86	PAB-73	Rena Pt.	161012.42″	1194511.95″	6.43
87	PAB-74	Rocky Ledge	161634.46″	1194619.50″	0.65
88	PAB-74A	Piedra Pt.	163712.70″	1194628.62″	1.30
89	PAB-75	Piedra Pt.	161829.49″	1194644.94″	1.04
90	PAB-75C	Piedra Pt.	161928.20″	119477.69″	0.63
91	PAB-75D	Piedra Pt.	16204.38″	1194720.48″	80.60
92	PAB-76	Dile Pt.	173424.94″	1202033.36″	6.86
93	PAB-77	Pinget Is.	174117.56″	120212.20″	14.15
94	PAB-78	Baboc Is.	17554.13″	1202440.56″	35.40
95	PAB-79	Cape Bojeador	182932.42″	1203342.41″	1.77
96	PAB-79B	Bobon	183052.88″	1203455.35″	58.23
97	PAB-80	Calagangan Pt.	191014.78″	1211252.64″	98.07
98	PAB-82	Itbayat Is.	204315.74″	1214657.80″	25.63
99	PAB-83	Amianan Is	21717.47″	1215643.85″	0.08
100	PAB-84	Amianan Is.	21718.41″	1215648.79″	0.25
101	PAB-85	Amianan Is.	21712.04″	121573.65″	0.44

Section 2. The baseline in the following areas over which the Philippines likewise exercises sovereignty and jurisdiction shall be determined as "Regime of Islands" under the Republic of the Philippines consistent with Article 121 of the United Nations Convention on the Law of the Sea (UNCLOS):

a) The Kalayaan Island Group as constituted under Presidential Decree No. 1596; and

b) Bajo de Masinloc, also known as Scarborough Shoal.

Section 3. This Act affirms that the Republic of the Philippines has dominion, sovereignty and jurisdiction over all portions of the national territory as defined in the Constitution and by provisions of applicable laws including, without limitation, Republic Act No. 7160, otherwise known as the Local Government Code of 1991, as amended.

Section 4. This Act, together with the geographic coordinates and the chart and maps indicating the aforesaid baselines, shall be deposited and registered with the Secretary General of the United Nations.

Section 5. The National Mapping and Resource Information Authority (NAMRIA) shall forthwith produce and publish charts and maps of the appropriate scale clearly representing the delineation of base points and baselines as set forth in this Act.

Section 6. The amount necessary to carry out the provisions of this Act shall be provided in a supplemental bud yet or included in the General Appropriations Act of the year of its enactment into law.

Section 7. If any portion or provision of this Act is declared unconstitutional or invalid the other portions or provisions hereof which are not affected thereby shall continue to be in full force and effect.

Section 8. The provisions of Republic Act No. 3046, as amended by Republic Act No. 5446, and all other laws, decrees, executive orders, rules and issuances inconsistent with this Act are hereby amended or modified accordingly.

Section 9. This Act shall take effect fifteen (15) days following its publication in the Official Gazette or in any two (2) newspaper of general circulation.

附录5 1978年"建立专属经济区及其他目的"的第1599号总统令[1]

Presidential Decree No. 1599 of 11 June 1978 establishing an Exclusive Economic Zone and for other purposes

Section 1. There is hereby established a zone to be known as the exclusive economic zone of the Philippines. The exclusive economic zone shall extend to a distance of two hundred nautical miles beyond and from the baseline from which the territorial sea is measured: provided, that, where the outer limits of the zone as thus determined overlap the exclusive economic zone of an adjacent or neighbouring State, the common boundaries shall be determined by agreement with the State concerned or in accordance with pertinent generally recognized principles of international law on delimitation.

Section 2. Without prejudice to the rights of the Republic of the Philippines over its territorial sea and continental shelf, it shall have and excercise in the exclusive economic zone established herein the following:

A. Sovereign rights for the purpose of exploration and exploitation, conservation and management of the natural resources whether living or non-living, both renewable and non-renewable, of the seabed, including the subsoil and the superjacent waters, and with regard to other activities for the economic exploitation and exploration of the resources of the zone, such as the production of energy from the water, currents and winds;

B. Exclusive rights and jurisdiction with respect to the establishment and utilization of artificial islands, off-shore terminals, installations and structures, the preservation of the marine environment, including the prevention and control of pollution, and scientific research;

C. Such other rights as are recognized by international law or State practice.

Section 3. Except in accordance with the terms of any agreement entered into

---

[1] United Nations-Office of Legal Affairs, Presidential Decree No. 1599 of 11 June 1978 establishing an Exclusive Economic Zone and for other purposes.

with the Republic of the Philippines or of any licence granted by it or under authority by the Republic of the Philippines, no person shall, in relations to the exclusive economic zone:

A. Explore or exploit any resources;

B. Carry out any research, excavation or drilling operations;

C. Conduct any research;

D. Construct, maintain or operate any artificial island, off-shore terminal, installation or other structure or device; or

E. Perform any act or engage in any activity which is contrary to, or in derogation of, the sovereign rightsand jurisdiction herein provided.

Nothing herein shall be deemed a prohibition on a citizen of the Philippines, whether natural or juridical, against the performance of any of the foregoing acts, if allowed under existing laws.

Section 4. Other States shall enjoy in the exclusive economic zone freedoms with respect to navigation and overflight, the laying of submarine cables and pipelines, and other internationally lawful uses of the sea relating to navigation and communications.

Section 5. (a) The President may authorize the appropriate government office/agency to make and promulgate such rules and regulations which may be deemed proper and necessary for carrying out the purposes of this decree.

(b) Any persons who shall violate any provision of this decree or of any rule or regulation promulgated hereunder and approved by the President shall be subject to a fine which shall not be less than two thousand pesos (Pesos 2000.00) nor be more than one hundred thousand pesos (Pesos 100000.00) or imprisonment ranging from six (6) months to ten (10) years, or both such fine and imprisonment, in the discretion of the Court. Vessels and other equipment or articles used in connection therewith shall be subject to seizure and forfeiture.

Section 6. This decree shall take effect thirty (30) days after publication in the official Gazette.

附录6 1978年《"宣布某些区域为菲律宾领土的一部分并规定其政府及行政机构"的第1596号总统令》[1]

Presidential Decree No. 1596—Declaring Certain Area Part of the Philippine Territory and Providing for Their Government and Administration

WHEREAS, by reason of their proximity the cluster of islands and islets in the South China Sea situated within the following:

KALAYAAN ISLAND GROUP

From a point [on the Philippine Treaty Limits] at latitude 7°40′ North and longitude 116°00′ East of Greenwich, thence due West along the parallel of 7°40′ N to its intersection with the meridian of longitude 112°10′ E, thence due north along the meridian of 112°10′ E to its intersection with the parallel of 9°00′ N, thence northeastward to the intersection of the parallel of 12°00′ N with the meridian of longitude 114° 30′ E, thence, due East along the parallel of 12°00′ N to its intersection with the meridian of 118° 00′ E, thence, due South along the meridian of longitude 118°00′ E to its intersection with the parallel of 10°00′ N, thence Southwestwards to the point of beginning at 7°40′ N, latitude and 116° 00′ E longitude are vital to the security and economic survival of the Philippines;

WHEREAS, much of the above area is part of the continental margin of the Philippine archipelago;

WHEREAS, these areas do not legally belong to any state or nation but, by reason of history, indispensable need, and effective occupation and control established in accordance with international law, such areas must now be deemed to belong and subject to the sovereignty of the Philippines;

WHEREAS, while other states have laid claims to some of these areas, their claims have lapsed by abandonment and can not prevail over that of the

---

[1] See CHAN ROBLES Virtual Law Library, http://laws.chanrobles.com/presidentialdecrees/17_presidentialdecrees.php?id=1638.

Philippines on legal, historical, and equitable grounds.

NOW, THEREFORE, I, FERDINAND E. MARCOS, President of the Philippines, by virtue of the powers in me vested by the Constitution, do hereby decree as follows:

Section 1. The area within the following boundaries:

KALAYAAN ISLAND GROUP

From a point [on the Philippine Treaty Limits] at latitude 7°40′ North and longitude 116°00′ East of Greenwich, thence due West along the parallel of 7°40′ N to its intersection with the meridian of longitude 112°10′ E, thence due north along the meridian of 112°10′ E to its intersection with the parallel of 9°00′ N, thence northeastward to the inter-section of the parallel of 12°00′ N with the meridian of longitude 114°30′ E, thence, due East along the parallel of 12°00′ N to its intersection with the meridian of 118°00′ E, thence, due South along the meridian of longitude 118°00′ E to its intersection with the parallel of 10°00′ N, thence Southwestwards to the point of beginning at 7°40′ N, latitude and 116°00′ E longitude;

Including the sea-bed, sub-soil, continental margin and air space shall belong and be subject to the sovereignty of the Philippines. Such area is hereby constituted as a distinct and separate municipality of the Province of Palawan and shall be known as "Kalayaan".

Section 2. Pending the election of its regular officials and during the period of emergency declared in Proclamation No. 1081, and unless earlier provided by law, the administration and government of the area shall be vested in the Secretary National Defense or in such officers of the Armed Forces of the Philippines as may designate.

Section 3. This Decree shall take effect immediately.

Done in the City of Manila, this 11th day of June, in the year of Our Lord, nineteen hundred and seventy-eight.

附录 7　1968 年第 370 号总统令《关于大陆架上的所有矿产及其他自然资源归属菲律宾共和国管辖与管制的宣告》[1]

Presidential Proclamation No. 370 of 20 March 1968 Declaring as Subject to the Jurisdiction and Control of the Republic of the Philippines all Mineraland other Natural Resources in the Continental Shelf

Now, therefore, I, Ferdinand E. Marcos, President of the Philippines, do hereby proclaim that all the mineraland other natural resources in the seabed and subsoil of the continental shelf adjacent to the Philippines, but outside the area of its territorial sea to where the depth of the superjacent waters admits of the exploitation of such resources, including living organisms belonging to sedentary species, appertain to the Philippines and are subject to its exclusive jurisdiction and control for purposes of exploration and exploitation. In any case where the continental shelf is shared with an adjacent state, the boundary shall be determined by the Philippines and that state in accordance with legal and equitable principles. The character of the waters above these submarine areas as high seasand that of the airspace above those waters, is not affected by this proclamation.

---

[1] See United Nations-Office of Legal Affairs, https: //www. un. org/Depts/los/LEGISLATION-ANDTREATIES/PDFFILES/PHL_ 1968_ Proclamation. pdf.

附录 8 2017 年菲律宾总统第 25 号行政命令
《"宾汉隆起"更名为"菲律宾隆起"》[1]

Changing the name of "Benham Rise" to "Philippine Rise" and for other Purposes

WHEREAS, the United Nations Convention on the Law of the Sea (UNCLOS) was signed and ratified by the Philippines on 10 December 1982 and 08 May 1984, respectively, and entered into force on 16 November 1994;

WHEREAS, the undersea feature known as the Benham Rise Region, which has an area approximately 24 million hectares in size, is located within the Philippine's exclusive economic zone and continental shelf, as well as the outer limits of the continental shelf in accordance with the recommendations of the Commission on the Limits of the Continental Shelf (CLCS) issued on 12 April 2012;

WHEREAS, the Benham Rise Region is subject to the sovereign rights and jurisdiction of the Philippines pursuant to relevant provisions of the 1987 Philippine Constituteion, national legislation, the UNCLOS and applicable international law;

WHEREAS, in the exercise of its sovereign rights and jurisdiction, the Philippines has the power to designate its submarine areas with appropriate nomenclature for purposes of the national mapping system.

NOW, THEREFORE, I, RODRIGO ROA DUTERTE, President of the Republic of the Philippines by virtue of the powers vested in me by the Constitution and existing laws, do hereby order:

Section 1. Change of name. The undersea feature presently known as "Benham Rise" in local and international maps and charts, shall henceforth be referred to as the "Philippine Rise".

Section 2. Official Maps and Charts. Official maps and charts of the Philip-

---

[1] See United Nations-Office of Legal Affairs, https://www.un.org/Depts/los/LEGISLATIONANDTREATIES/PDFFILES/PHL_executiveorder_16_05_2017.pdf.

pines that include the area referred to as "Benham Rise" in Section 1 of this Order to be produced and published by the National Mapping and Resourse Information Authority, shall henceforth indicate the name "Philippine Rise" in lieu of the name "Benham Rise".

Section 3. Notification. The Philippine Government, through the Departmentof Foreign Affairs (DFA) in consultation with NAMRIA and other relevant government agencies, shall transmit the appropriate notifications to the concerned international organizations consistent with this Order.

Section 4. Information Dissemination. All departments, subdivisions, agencies and instrumentalities of the Government shall hence forth use and employ the name "Philippine Rise" in all official documents in referring to the undersea feature that is the subject of this Order.

Section 5. Funding. The costs of the initial implementation of this Order shall be subject to available funds of the DFA and other concerned agencies and to existing budgeting, accounting and auditing rules and regulations.

Section 6. Separability Clause. Should any part or provision of this Order be held unconstitutional or invalid, the other parts or provisions thereof shall not be affected and shall continue to be in full force and effect.

Section 7. Repealing Clause. All orders, rules and regulations, issuances or any part thereof inconsistent with the provisions of this Order are hereby repealed, amended or modified accordingly.

Section 8. Effectivity. This Order shall take effect upon its publication in a newspaper of general circulation.

附录9 1996年菲律宾外交部对中国批准《公约》的声明[1]

Statement of the Department of Foreign Affairs on the Ratification by China of the United Nations Convention on the Law of the Sea

The Department of Foreign Affairs welcomes the ratification by the People's Republic of China of the United Nations Convention on the Law of the Sea on 15 May 1996. The ratification reaffirms China's stated commitment to the principles enshrined in the Convention, which, among other things, calls upon the parties to settle all issues relating to the law of the sea in the spirit of mutual understanding and cooperation.

The Department notes, however, that China has simultaneously issued a declaration proclaiming baselines around the group of disputed islands known as the Paracels as well as the baselines of the sea adjacent to China's mainland.

The Philippines is gravely concerned over this act. China's action in a disputed part of the South China Sea disturbs the stability of the area, sets back the spirit of cooperation that has been slowly developing in the South China Sea and does not help in the resolution of the disputes there.

The Philippines calls upon China to confer with other parties to the disputes in the South China Sea with a view to settling their differences in a friendly manner on the basis of equality and mutual respect.

The Department is keenly monitoring further developments in the area.

---

[1] See Divesion for Ocean Affairs and The Law of The Sea Office of Legal Affairs, "Statement of the Department of Foreign Affairs on the ratification by China of the United Nations Convention on the Law of the Sea", *The Law of the Sea Bulletins* (No. 32), United Nations, 1996, p. 88.

附录10 2011年菲律宾致联合国照会[1]

The Permanent Mission of the Republic of the Philippines to the United Nations presents its compliments to the Secretary-General of the United Nations (UN), and has the honor to refer to the People's Republic of China's NotesVerbales CML/17/2009 dated 7 May 2009 and CML/18/2009 dated 7 May 2009 addressed to the Secretary-General of the UN.

The Philippine Permanent Mission notes that the said NotesVerbales were reactions specifically on the Unilateral and Joint Submission for the extended continental shelves (ECS) in the South China Sea (SCS) by the Socialist Republic of Vietnam and Malaysia. However, since the justification invoked by the People's Republic of China in registering its reaction to the said submissions touched upon not only on the sovereignty of the islands per se and "the adjacent waters" in the South China Sea, but also on the other "relevant waters as well as the seabed and subsoil thereof" as indicated in the map attached thereat, with an indication that the said claims are "widely known by the international community", the Government of the Republic of the Philippines is constrained to respectfully express its views on the matter.

<u>On the Islands and other Geological Features</u>

FIRST, the Kalayaan Island Group (KIG) constitutes an integral part of the Philippines. The Republic of the Philippines has sovereignty and jurisdiction over the geological features in the KIG.

<u>On the "Waters Adjacent" to the Islands and other Geological Features</u>

SECOND, the Philippines, under the Roman notion of dominium maris and the international law principle of "laterre domine la mer" which states that the land dominates the sea, necessarily exercises sovereignty and jurisdiction over the waters around or adjacent to each relevant geological feature in the KIG as provided for under the United Nations Convention on the Law of the Sea (UNCLOS).

---

[1] See United Nations - Office of Legal Affairs, https://www.un.org/Depts/los/clcs_new/submissions_files/mysvnm33_09/phl_re_chn_2011.pdf.

At any rate, the extent of the waters that are "adjacent" to the relevant geological features are definite and determinable under UNCLOS, specifically under Article 121 (Regime of Islands) of the said Convention.

On the Other "Relevant Waters, Seabed and Subsoil" in the SCS

THIRD, since the adjacent waters of the relevant geological features are definite and subject to legal and technical measurement, the claim as well by the People's Republic of China on the "relevant waters as well as the seabed and subsoil thereof" (as reflected in the so-called 9-dash line map attached to Notes Verbales CML/17/2009 dated 7 May 2009 and CML/18/2009 dated 7 May 2009) outside of the aforementioned relevant geological features in the KIG and their "adjacent waters" would have no basis under international law, specifically UNCLOS. With respect to these areas, sovereignty and jurisdiction or sovereign rights, as the case may be, necessarily appertain or belong to the appropriate coastal or archipelagic state — the Philippines — to which these bodies of waters as well as seabed and subsoil are appurtenant, either in the nature of Territorial Sea, or 200 M Exclusive Economic Zone (EEZ), or Continental Shelf (CS) in accordance with Articles 3, 4, 55, 57 and 76 of UNCLOS.

The Permanent Mission of the Republic of the Philippines to the United Nations avails itself of this opportunity to renew to the Secretary-General of the United Nations the assurances of its highest consideration.

附录11 菲律宾缔结和加入的国家条约

序号	公约的名称	签字日期（年/月/日）	批准日期（年/月/日）	公约在菲律宾生效的日期（年/月/日）
1	1982年《联合国海洋法公约》 United Nations Convention on the Law of the Sea, 1982	1982/12/10	1984/5/8	1994/11/16
2	《关于执行1982年12月10日〈联合国海洋法公约〉第十一部分的协定》 Agreement relating to the Implementation of Part XI of the United Nations Convention on the Law of the Sea of 10 December 1982	1994/11/15	1997/7/23	1997/8/22
3	《执行1982年12月10日〈联合国海洋法公约〉有关养护和管理跨界鱼类种群和高度洄游鱼类种群的规定的协定》 Agreement for the Implementation of the Provisions of the United Nations Convention on the Law of the Sea of 10 December 1982 relating to the Conservation and Management of Straddling Fish Stocks and Highly Migratory Fish Stocks	1996/8/30	2014/9/24	2014/9/24

IMO框架下的海事公约

序号	公约的名称	公约生效时间（年/月/日）	签署或提交批准书或加入IMO的日期（年/月/日）	公约在菲律宾生效的日期（年/月/日）
1	经修正的《1974年国际海上人命安全公约》[1] International Convention for the Safety of Life at Sea, 1974, as amended (SOLAS 1974)	1981/12/15	1981/12/15	1982/3/15
2	经修正的《1974年国际海上人命安全公约1978年议定书》 Protocol of 1978 relating to the International Convention for the Safety of Life at Sea, 1974, as amended (SOLAS PROT 1978)	1981/5/1	2018/4/24	2018/7/24

---

[1] 加入方式为：正式加入（accession）。

续表

序号	公约的名称		公约生效时间（年/月/日）	签署或提交批准书或加入IMO的日期（年/月/日）	公约在菲律宾生效的日期（年/月/日）
3	经修正的《1974年国际海上人命安全公约1988年议定书》[1] Protocol of 1988 relating to the International Convention for the Safety of Life at Sea, 1974, as amended (SOLAS PROT 1988)		1988/11/11	2018/6/6	2018/9/6
4	经修正的《1972年国际海上避碰规则公约》[2] Convention on the International Regulations for Preventing Collisions at Sea, 1972, as amended (COLREG 1972)		1972/10/20	2013/6/10	2013/6/10
5	《〈1973年国际防止船舶造成污染公约〉的1978年议定书》 Protocol of 1978 relating to the International Convention for the Prevention of Pollution from Ships, 1973 (MARPOL 73/78)		1983/10/2		
6	《〈1973年国际防止船舶造成污染公约〉的1978年议定书》 Protocol of 1978 relating to the International Convention for the Prevention of Pollution from Ships, 1973 (MARPOL 73/78)	议定书[3] Protocol		2001/6/15	2001/9/15
		可选附则三：防止海运包装形式有害物质污染规则 Optional Annex Ⅲ: Harmful Substances carried in Packaged Form		2001/6/15	2001/9/15

---

[1] 加入方式为：正式加入（accession）。
[2] 加入方式为：正式加入（accession）。
[3] 加入方式为：正式加入（accession）。

续表

序号	公约的名称		公约生效时间（年/月/日）	签署或提交批准书或加入IMO的日期（年/月/日）	公约在菲律宾生效的日期（年/月/日）
6		可选附则四：防止船舶生活污水污染规则 Optional Annex Ⅳ: Sewage		2001/6/15	2003/9/27
		可选附则五[1]：防止船舶垃圾污染规则 Optional Annex Ⅴ: Garbage		2001/6/15	2001/9/15
7	《经1978年议定书修订的〈1973年国际防止船舶造成污染公约〉的1997年议定书》[2] Protocol of 1997 to amend the International Convention for the Prevention of Pollution from Ships, 1973, as modified by the Protocol of 1978 relating thereto, as amended (MARPOL PROT 1997)		1997/9/26	2018/4/24	2018/7/24
8	1966年《国际载重线公约》 International Convention on Load Lines, 1966 (LL 1966)		1968/7/21	1969/3/4	1969/6/4
9	1966年《国际载重线公约》 International Convention on Load Lines, 1966 (LL 1966)		1971年修正案（A.231（Ⅶ））1971 Amendments（A.231（Ⅶ））		1973/2/1
10	1969年《国际船舶吨位丈量公约》[3] International Convention on Tonnage Measurement of Ships, 1969 (TONNAGE 1969)		1982/7/18	1978/9/6	1982/7/18

---

[1] 加入方式为：正式加入（accession）。
[2] 加入方式为：正式加入（accession）。
[3] 加入方式为：正式加入（accession）。

续表

序号	公约的名称	公约生效时间（年/月/日）	签署或提交批准书或加入IMO的日期（年/月/日）	公约在菲律宾生效的日期（年/月/日）
11	《修正〈1969年国际油污损害民事责任公约〉的1992年议定书》[1] Protocol of 1992 to Amend the International Convention on Civil Liability for Oil Pollution Damage, 1969 (CLC PROT 1992)	1996/5/30	1997/7/7	1998/7/7
12	1971年《特种业务客船协定》[2] Special Trade Passenger Ships Agreement, 1971 (STP 1971)	1974/1/2	1973/7/2	1974/1/2
13	经修正的《1976年国际海事卫星组织公约》[3] Convention on the International Mobile Satellite Organization, as amended (IMSO C 1976)	1979/7/16	1981/3/30	1981/3/30
14	经修正的《1976年国际海事卫星组织公约》[4] Convention on the International Mobile Satellite Organization, as amended (IMSO C 1976)	1985年修正案 1985 Amendments	1989/10/13	1987/8/17
15	经修正的《国际移动卫星组织业务协定》 Operating Agreement on the International Mobile Satellite Organization (Inmarsat), as amended (INMARSAT OA)	1985年修正案 1985 Amendments	1989/10/13	1987/8/17
16	经修正的《1978年海员培训、发证和值班标准国际公约》[5] International Convention on Standards of Training, Certification and Watchkeeping for Seafarers, 1978, as amended (STCW 1978)	1984/4/28	1984/2/22	1984/5/22

---

[1] 加入方式为：正式加入（accession）。
[2] 加入方式为：正式加入（accession）。
[3] 加入方式为：正式加入（accession）。
[4] 加入方式为：正式加入（accession）。
[5] 加入方式为：正式加入（accession）。

续表

序号	公约的名称	公约生效时间（年/月/日）	签署或提交批准书或加入IMO的日期（年/月/日）	公约在菲律宾生效的日期（年/月/日）
17	《制止危及海上航行安全非法行为公约》[1] Convention for the Suppression of Unlawful Acts against the Safety of Maritime Navigation（SUA）	1992/3/1	2004/1/6	2004/4/5
18	经修正的《1990年国际油污防备、反应和合作公约》[2] International Convention on Oil Pollution Preparedness, Response and Co-operation, 1990, as amended（OPRC 1990）	1995/5/13	2014/2/6	2014/5/6
19	2001年《控制船舶有害防污底系统国际公约》[3] International Convention on the Control of Harmful Anti-Fouling Systems on Ships, 2001（AFS 2001）	2008/9/17	2018/6/6	2018/9/6
20	《国际船舶压载水和沉积物控制与管理公约》[4] International Convention for the Control and Management of Ships' Ballast Water and Sediments, 2004（BWM 2004）	2017/9/8	2018/6/6	2018/9/6
21	《〈防止倾倒废物及其他物质污染海洋的公约〉的1996年议定书》[5] 1996 Protocol to the Convention on the Prevention of Marine Pollution by Dumping of Wastes and Other Matter, 1972（LC PROT 1996）	2006/3/24	2012/5/9	2012/6/8

---

[1] 加入方式为：正式加入（accession）。
[2] 加入方式为：正式加入（accession）。
[3] 加入方式为：正式加入（accession）。
[4] 加入方式为：正式加入（accession）。
[5] 加入方式为：正式加入（accession）。

附录12 《印度尼西亚共和国海洋法》

Indonesia Maritime Law 2014[1]

UNDANG-UNDANG REPUBLIK INDONESIA	LAW OF THE REPUBLIC OF INDONESIA
NOMOR 32 TAHUN 2014	NUMBER 32 2014
TENTANG	ABOUT
KELAUTAN	THE SEA
DENGAN RAHMAT TUHAN YANG MAHA ESA	BY THE GRACE OF GOD ALMIGHTY
PRESIDEN REPUBLIK INDONESIA,	PRESIDENT OF THE REPUBLIC OF INDONESIA,
Menimbang : a. bahwa Negara Kesatuan Republik Indonesia sebagai negara kepulauan memiliki sumber daya alam yang melimpah yang merupakan rahmat dan karunia Tuhan Yang Maha Esa bagi seluruh bangsa dan negara Indonesia yang harus dikelola secara berkelanjutan untuk memajukan kesejahteraan umum sebagaimana diamanatkan dalam Undang-Undang Dasar Negara Republik Indonesia Tahun 1945;	Considering: a. that the Republic of Indonesia as an archipelagic country has abundant natural resources which is mercy and grace of God Almighty for the entire nation of Indonesia that must be managed in a sustainable manner to promote the general welfare, as mandated in the Constitution of the Republic of Indonesia Year 1945 ;
b. bahwa wilayah laut sebagai bagian terbesar dari wilayah Indonesia yang memiliki posisi dan nilai strategis dari berbagai aspek kehidupan yang mencakup politik, ekonomi, sosial budaya, pertahanan, dan keamanan merupakan modal dasar pembangunan nasional;	b. that sea area as the largest part of the territory of Indonesia, which has a position and strategic value of the various aspects of life that includes political, economic, social, cultural, defense, and security is the basis of national development;
c. bahwa pengelolaan sumber daya kelautan dilakukan melalui sebuah kerangka hukum untuk memberikan kepastian hukum dan manfaat bagi seluruh masyarakat sebagai negara kepulauan yang berciri nusantara;	c. that the management of marine resources is done through a legal framework to provide legal certainty and benefits for society as a whole, characterized by the archipelago island nation;
d. bahwa berdasarkan pertimbangan sebagaimana dimaksud dalam huruf a, huruf b, dan huruf c, perlu membentuk Undang-Undang tentang Kelautan;	d. that based on the considerations set forth in paragraphs a, b, and c, it is necessary to establish the Law of Marine;
Mengingat : Pasal 20, Pasal 22D ayat (1), Pasal 25A, dan Pasal 33 ayat (3) Undang-Undang Dasar Negara Republik Indonesia Tahun 1945;	Given: Article 20, Article 22D paragraph (1), Article 25A and Article 33 paragraph (3) of the Constitution of the Republic of Indonesia Year 1945;
Dengan Persetujuan Bersama	With agreement between
DEWAN PERWAKILAN RAKYAT REPUBLIK	HOUSE OF REPRESENTATIVES OF THE

---

[1] See International Labour Organization, http://www.ilo.org/dyn/natlex/docs/ELECTRONIC/98587/117396/F1751969578/IDN98587%20Idn.pdf.

菲律宾、印度尼西亚、新加坡海洋法律体系研究

INDONESIA	REPUBLIC OF INDONESIA
dan	and
PRESIDEN REPUBLIK INDONESIA	PRESIDENT OF THE REPUBLIC OF INDONESIA
MEMUTUSKAN:	DECIDE:
Menetapkan : UNDANG-UNDANG TENTANG KELAUTAN.	Assign: LAW ON THE SEA.
BAB I	PART I
KETENTUAN UMUM	GENERAL PROVISIONS
Pasal 1	Article 1
Dalam Undang-Undang ini yang dimaksud dengan:	In this Act referred to as:
1. Laut adalah ruang perairan di muka bumi yang menghubungkan daratan dengan daratan dan bentuk-bentuk alamiah lainnya, yang merupakan kesatuan geografis dan ekologis beserta segenap unsur terkait, dan yang batas dan sistemnya ditentukan oleh peraturan perundang-undangan dan hukum internasional.	1. Sea water is space on earth that connects the mainland to the mainland and other natural forms, which is the geographical and ecological unity and all its associated elements, and the limits and the system is determined by the legislation and international law.
2. Kelautan adalah hal yang berhubungan dengan Laut dan/atau kegiatan di wilayah Laut yang meliputi dasar Laut dan tanah di bawahnya, kolom air dan permukaan Laut, termasuk wilayah pesisir dan pulau-pulau kecil.	2. Marine is a Marine related matters and / or activities at Sea region which includes the seabed and the subsoil thereof, water column and sea surface, including coastal areas and small islands.
3. Pulau adalah wilayah daratan yang terbentuk secara alamiah yang dikelilingi air dan berada di atas permukaan air pada waktu air pasang.	3. The island is the area of land that formed naturally and is surrounded by water on the surface of the water at high tide.
4. Kepulauan adalah suatu gugusan pulau, termasuk bagian pulau dan perairan di antara pulau-pulau tersebut, dan lain-lain wujud alamiah yang hubungannya satu sama lain demikian erat sehingga pulau-pulau, perairan, dan wujud alamiah lainnya itu merupakan satu kesatuan geografi, ekonomi, pertahanan, dan keamanan serta politik yang hakiki atau yang secara historis dianggap sebagai demikian.	4. Islands are a group of islands, including parts of the island and the waters between the islands, and other natural beings do to each other so closely that the islands, waters and other natural form it is a unity of geography, economic, defense, and security and political intrinsic or that has historically been regarded as such.
5. Negara Kepulauan adalah negara yang seluruhnya terdiri atas satu atau lebih kepulauan dan dapat mencakup pulau-pulau lain.	5. State of the Islands is a country that is entirely made up of one or more islands and may include other islands.
6. Pembangunan Kelautan adalah pembangunan yang memberi arahan dalam pendayagunaan sumber daya Kelautan untuk mewujudkan pertumbuhan ekonomi, pemerataan kesejahteraan, dan keterpeliharaan daya dukung ekosistem pesisir dan Laut.	6. Marine Development is development that gives direction in the Marine resource utilization to achieve economic growth, equitable distribution of wealth, and the continuance of the carrying capacity of coastal ecosystems and the Sea.

7. Sumber Daya Kelautan adalah sumber daya Laut, baik yang dapat diperbaharui maupun yang tidak dapat diperbaharui yang memiliki keunggulan komparatif dan kompetitif serta dapat dipertahankan dalam jangka panjang.

8. Pengelolaan Kelautan adalah penyelenggaraan kegiatan, penyediaan, pengusahaan, dan pemanfaatan Sumber Daya Kelautan serta konservasi Laut.

9. Pengelolaan Ruang Laut adalah perencanaan, pemanfaatan, pengawasan, dan pengendalian ruang Laut.

10. Pelindungan Lingkungan Laut adalah upaya sistematis dan terpadu yang dilakukan untuk melestarikan Sumber Daya Kelautan dan mencegah terjadinya pencemaran dan/atau kerusakan lingkungan di Laut yang meliputi konservasi Laut, pengendalian pencemaran Laut, penanggulangan bencana Kelautan, pencegahan dan penanggulangan pencemaran, serta kerusakan dan bencana.

11. Pencemaran Laut adalah masuk atau dimasukkannya makhluk hidup, zat, energi, dan/atau komponen lain ke dalam lingkungan Laut oleh kegiatan manusia sehingga melampaui baku mutu lingkungan Laut yang telah ditetapkan.

12. Pemerintah Pusat yang selanjutnya disebut Pemerintah adalah Presiden Republik Indonesia yang memegang kekuasaan pemerintahan negara Republik Indonesia yang dibantu oleh Wakil Presiden dan menteri sebagaimana dimaksud dalam Undang-Undang Dasar Negara Republik Indonesia Tahun 1945.

13. Pemerintah Daerah adalah kepala daerah sebagai unsur penyelenggara Pemerintahan Daerah yang memimpin pelaksanaan urusan pemerintahan yang menjadi kewenangan daerah otonom.

14. Menteri adalah menteri yang menyelenggarakan urusan pemerintahan di bidang Kelautan.

BAB II

ASAS DAN TUJUAN

Pasal 2

Penyelenggaraan Kelautan dilaksanakan berdasarkan asas:

a. keberlanjutan;

7. Marine Resources is the Sea resources, both renewable and non-renewable who have a comparative advantage, competitive and sustainable in the long term.

8. Marine Management is organizing activities, provision, exploitation and utilization of Marine Resources and Marine conservation.

9. Sea Space Management is the planning, utilization, monitoring, and control of sea space.

10. Pelindungan Marine Environment is an integrated and systematic efforts are being made to conserve marine resources and prevent pollution and / or damage to the environment at Sea Sea covering conservation, pollution control Sea, Marine disaster management, prevention and control of pollution, as well as damage and disaster .

Sea 11.Pencemaran is entered or the inclusion of a living being, substance, energy, and / or other components into the sea environment by human activities that exceed the environmental quality standards established Sea.

12. Pemerintah Center hereinafter referred to as the Government is the President of the Republic of Indonesia who holds the power of government of the Republic of Indonesia which is assisted by the Vice President and the Minister referred to in the Constitution of the Republic of Indonesia Year 1945.

Regional 13.Pemerintah is the head area as an element of the Regional Government led the implementation of government affairs under the authority of the autonomous region.

14. Menteri is a minister who held government affairs in the field of Marine.

CHAPTER II

PRINCIPLES AND OBJECTIVES

Article 2

Implementation of Marine implemented based on the principle:

a. sustainability;

b. konsistensi;	b. consistency;
c. keterpaduan;	c. integration;
d. kepastian hukum;	d. legal certainty;
e. kemitraan;	e. partnerships;
f. pemerataan;	f. equity;
g. peran serta masyarakat;	g. community participation;
h. keterbukaan;	h. openness;
i. desentralisasi;	i. decentralization;
j. akuntabilitas; dan	j. accountability; and
k. keadilan.	k. justice.

Pasal 3	Article 3
Penyelenggaraan Kelautan bertujuan untuk:	Operation of Marine aims to:
a. menegaskan Indonesia sebagai negara kepulauan berciri nusantara dan maritim;	a. confirms Indonesian archipelago and maritime characterized archipelago;
b. mendayagunakan Sumber Daya Kelautan dan/atau kegiatan di wilayah Laut sesuai dengan ketentuan peraturan perundang-undangan dan hukum laut internasional demi tercapainya kemakmuran bangsa dan negara;	b. utilization of marine resources and / or activities in accordance with the provisions Sea region of legislation and international law in order to achieve prosperity of the nation and the state;
c. mewujudkan Laut yang lestari serta aman sebagai ruang hidup dan ruang juang bangsa Indonesia;	c. Sea realize sustainable and safe as living space and space fighting Indonesian nation;
d. memanfaatkan Sumber Daya Kelautan secara berkelanjutan untuk sebesar-besarnya kesejahteraan bagi generasi sekarang tanpa mengorbankan kepentingan generasi mendatang;	d. Marine Resources utilize sustainable manner for the welfare of the present generation without compromising the interests of future generations;
e. memajukan budaya dan pengetahuan Kelautan bagi masyarakat;	e. promote culture and knowledge Marine to the public;
f. mengembangkan sumber daya manusia di bidang Kelautan yang profesional, beretika, berdedikasi, dan mampu mengedepankan kepentingan nasional dalam mendukung Pembangunan Kelautan secara optimal dan terpadu;	f. develop human resources in the field of Marine professional, ethical, dedicated, and capable of promoting national interests in favor of Marine Development optimal and integrated;
g. memberikan kepastian hukum dan manfaat bagi seluruh masyarakat sebagai negara kepulauan; dan	g. provide legal certainty and benefits for the entire community as an archipelago; and
h. mengembangkan peran Negara Kesatuan Republik Indonesia dalam percaturan Kelautan global sesuai dengan hukum laut internasional untuk kepentingan bangsa dan negara.	h. develop the role of the Republic of Indonesia in the global arena Marine accordance with international law for the benefit of the nation and the state.

BAB III
RUANG LINGKUP
Pasal 4

(1) Ruang lingkup Undang-Undang ini meliputi pengaturan penyelenggaraan Kelautan Indonesia secara terpadu dan berkelanjutan untuk mengembangkan kemakmuran negara.

(2) Penyelenggaraan Kelautan Indonesia sebagaimana dimaksud pada ayat (1) meliputi:

a. wilayah Laut;

b. Pembangunan Kelautan;

c. Pengelolaan Kelautan;

d. pengembangan Kelautan;

e. pengelolaan ruang Laut dan pelindungan lingkungan Laut;

f. pertahanan, keamanan, penegakan hukum, dan keselamatan di Laut; dan

g. tata kelola dan kelembagaan.

BAB IV
WILAYAH LAUT
Bagian Kesatu

Umum

Pasal 5

(1) Indonesia merupakan negara kepulauan yang seluruhnya terdiri atas kepulauan-kepulauan dan mencakup pulau-pulau besar dan kecil yang merupakan satu kesatuan wilayah, politik, ekonomi, sosial budaya, dan historis yang batas-batas wilayahnya ditarik dari garis pangkal kepulauan.

(2) Kedaulatan Indonesia sebagai negara kepulauan meliputi wilayah daratan, perairan pedalaman, perairan kepulauan, dan laut teritorial, termasuk ruang udara di atasnya serta dasar Laut dan tanah di bawahnya, termasuk kekayaan alam yang terkandung di dalamnya.

(3) Kedaulatan Indonesia sebagaimana dimaksud pada ayat (2) tunduk pada ketentuan peraturan perundang-undangan, Konvensi Perserikatan Bangsa-Bangsa tentang Hukum Laut Tahun 1982,

CHAPTER III
SCOPE
Article 4

(1) The scope of this Act includes setting Indonesian Marine implementation of integrated and sustainable prosperity for developing countries.

(2) The Marine Indonesia as referred to in paragraph (1) shall include:

a. Sea region;

b. Marine Development;

c. Marine management;

d. Marine development;

e. Sea space management and environmental protection of the Sea;

f. defense, security, law enforcement, and safety at sea; and

g. governance and institutional.

CHAPTER IV
SEA REGION
Part One

General

Article 5

(1) Indonesia is an archipelago made up entirely of islands and includes islands large and small which is a unit area, political, economic, social, cultural, and historical its borders drawn from archipelagic baselines.

(2) Sovereignty The Indonesian archipelago consists of land territory, internal waters, archipelagic waters and territorial sea, including the air space above it as well as the seabed and the subsoil thereof, including natural resources contained therein.

(3) The sovereignty of Indonesia as referred to in paragraph (2) subject to the provisions of the legislation, United Nations Convention on the Law of the Sea of 1982, and relevant international law.

dan hukum internasional yang terkait.

Pasal 6

(1) Wilayah Laut terdiri atas wilayah perairan dan wilayah yurisdiksi serta laut lepas dan kawasan dasar laut internasional.

(2) Negara Kesatuan Republik Indonesia berhak melakukan pengelolaan dan pemanfaatan kekayaan alam dan lingkungan Laut di wilayah Laut sebagaimana dimaksud pada ayat (1).

(3) Pengelolaan dan pemanfaatan sebagaimana dimaksud pada ayat (2) dilaksanakan sesuai dengan ketentuan peraturan perundang-undangan dan hukum internasional.

Bagian Kedua

Wilayah Perairan dan Wilayah Yurisdiksi

Pasal 7

(1) Wilayah perairan sebagaimana dimaksud dalam Pasal 6 ayat (1) meliputi:

a. perairan pedalaman;

b. perairan kepulauan; dan

c. laut teritorial.

(2) Wilayah yurisdiksi sebagaimana dimaksud dalam Pasal 6 ayat (1) meliputi:

a. Zona Tambahan;

b. Zona Ekonomi Eksklusif Indonesia; dan

c. Landas Kontinen.

(3) Negara Kesatuan Republik Indonesia memiliki:

a. kedaulatan pada perairan pedalaman, perairan Kepulauan, dan laut teritorial;

b. yurisdiksi tertentu pada Zona Tambahan; dan

c. hak berdaulat pada Zona Ekonomi Eksklusif dan Landas Kontinen.

(4) Kedaulatan, yurisdiksi tertentu, dan hak berdaulat di dalam wilayah perairan dan wilayah yurisdiksi sebagaimana dimaksud pada ayat (3) dilaksanakan berdasarkan ketentuan peraturan

Article 6

(1) Sea Region consists of the territorial waters and the territorial jurisdiction and the high seas and the international seabed area.

(2) the Republic of Indonesia is entitled to carry out the management and utilization of natural resources and the environment in the Sea Sea region as referred to in paragraph (1).

(3) The management and utilization as referred to in paragraph (2) shall be implemented in accordance with the provisions of the legislation and international law.

Part Two

Water region and Territorial Jurisdiction

Article 7

(1) The area waters referred to in Article 6 paragraph (1) shall include:

a. inland waters;

b. archipelagic waters; and

c. territorial sea.

(2) The area jurisdiction referred to in Article 6 paragraph (1) shall include:

a. Additional zones;

b. Indonesian Exclusive Economic Zone; and

c. Continental Shelf.

(3) the Republic of Indonesia has:

a. sovereignty in inland waters, the waters of the islands, and the territorial sea;

b. certain jurisdictions Supplement Zone; and

c. sovereign rights in the Exclusive Economic Zone and Continental Shelf.

(4) The sovereignty, jurisdictions, and the sovereign rights in the waters and the territorial jurisdiction referred to in paragraph (3) shall be conducted under the provisions of the legislation and international

perundang-undangan dan hukum internasional.

law.

Pasal 8

(1) Negara Kesatuan Republik Indonesia berhak menetapkan Zona Tambahan Indonesia hingga jarak 24 mil laut dari garis pangkal.

(2) Di Zona Tambahan Indonesia berhak untuk:

a. mencegah pelanggaran ketentuan peraturan perundang-undangan tentang bea cukai, fiskal, imigrasi, atau saniter di dalam wilayah atau laut teritorialnya; dan

b. menghukum pelanggaran terhadap ketentuan peraturan perundang-undangan sebagaimana dimaksud pada huruf a yang dilakukan di dalam wilayah atau laut teritorialnya.

(3) Penetapan dan pengelolaan Zona Tambahan Indonesia sebagaimana dimaksud pada ayat (1) dan ayat (2) diatur sesuai dengan ketentuan peraturan perundang-undangan.

Article 8

(1) the Republic of Indonesia reserves the right to assign additional zone Indonesia up to a distance of 24 nautical miles from the baselines.

(2) In addition Indonesian zone are entitled to:

a. prevent violations of laws and regulations on customs, fiscal, immigration or sanitary laws within its territory or territorial sea; and

b. punish violations of the provisions of the legislation referred to in paragraph a committed within the territory or territorial sea.

(3) Establishment and management of Indonesian Supplement zone referred to in paragraph (1) and paragraph (2) shall be in accordance with the provisions of the legislation.

Pasal 9

(1) Negara Kesatuan Republik Indonesia berhak untuk mengklaim Landas Kontinen di luar 200 mil laut dari garis pangkal.

(2) Batas Landas Kontinen di luar 200 mil laut dari garis pangkal harus disampaikan dan dimintakan rekomendasi kepada Komisi Batas-Batas Landas Kontinen Perserikatan Bangsa-Bangsa sebelum ditetapkan sebagai Landas Kontinen Indonesia oleh Pemerintah.

(3) Landas Kontinen di luar 200 mil laut yang telah ditetapkan harus dikelola sesuai dengan ketentuan peraturan perundang-undangan dan hukum laut internasional.

Article 9

(1) the Republic of Indonesia is entitled to claim a continental shelf beyond 200 nautical miles from the baselines.

(2) Limits of the Continental Shelf beyond 200 nautical miles from the baselines must be submitted and requested a recommendation to the Commission on the Limits of the Continental Shelf of the United Nations before designated as the Continental Shelf Indonesia by the Government.

(3) the Continental Shelf beyond 200 nautical miles that have been assigned to be managed in accordance with the provisions of the legislation and international law.

Bagian Ketiga

Laut Lepas dan

Kawasan Dasar Laut Internasional

Pasal 10

(1) Laut lepas merupakan bagian dari Laut yang tidak termasuk dalam Zona Ekonomi Eksklusif, laut teritorial, perairan kepulauan, dan perairan

Part Three

The high seas and

Region International Seabed

Article 10

(1) Sea off is part of the Sea is not included in the Exclusive Economic Zone, territorial sea, archipelagic waters and inland waters.

pedalaman.

(2) Kawasan Dasar Laut Internasional merupakan dasar Laut serta tanah di bawahnya yang terletak di luar batas-batas yurisdiksi nasional.

(2) International Seabed Area is the seabed and the subsoil thereof which lies beyond the limits of national jurisdiction.

Pasal 11

(1) Negara Kesatuan Republik Indonesia berhak melakukan konservasi dan pengelolaan sumber daya hayati di laut lepas.

(2) Di laut lepas Pemerintah wajib:

a. memberantas kejahatan internasional;

b. memberantas siaran gelap;

c. melindungi kapal nasional, baik di bidang teknis, administratif, maupun sosial;

d. melakukan pengejaran seketika;

e. mencegah dan menanggulangi Pencemaran Laut dengan bekerja sama dengan negara atau lembaga internasional terkait; dan

f. berpartisipasi dalam pengelolaan perikanan melalui forum pengelolaan perikanan regional dan internasional.

(3) Pemberantasan kejahatan internasional di laut lepas sebagaimana dimaksud pada ayat (2) huruf a dilakukan melalui kerja sama dengan negara lain.

(4) Konservasi dan pengelolaan sumber daya hayati sebagaimana dimaksud pada ayat (1) dilaksanakan berdasarkan ketentuan peraturan perundang-undangan dan hukum internasional.

Article 11

(1) the Republic of Indonesia is entitled to carry out the conservation and management of biological resources on the high seas.

(2) On the high seas Government shall:

a. combating international crime;

b. combating illicit broadcasts;

c. protect national vessels, both on the technical, administrative, and social;

d. do hot pursuit;

e. prevent and combat Marine Pollution by cooperating with countries or international organizations concerned; and

f. participate in fisheries management through regional forums and international fisheries management.

(3) Elimination of international crimes on the high seas as referred to in paragraph (2) letter a is done in cooperation with other countries.

(4) Conservation and management of biological resources referred to in paragraph (1) shall be based on the provisions of the legislation and international law.

Pasal 12

(1) Di Kawasan Dasar Laut Internasional sebagaimana dimaksud dalam Pasal 10 ayat (2), Pemerintah berwenang membuat perjanjian atau bekerja sama dengan lembaga internasional terkait.

(2) Perjanjian atau kerja sama sebagaimana dimaksud pada ayat (1) dilaksanakan sesuai dengan ketentuan peraturan perundang-undangan dan hukum laut internasional.

Article 12

(1) In the International Seabed Area as referred to in Article 10 paragraph (2), the Government has authority to make agreements or to cooperate with relevant international organizations.

(2) the agreement or cooperation referred to in paragraph (1) shall be implemented in accordance with the provisions of the legislation and international law.

BAB V

CHAPTER V

PEMBANGUNAN KELAUTAN

Pasal 13

(1) Pembangunan Kelautan dilaksanakan sebagai bagian dari pembangunan nasional untuk mewujudkan Indonesia menjadi negara kepulauan yang mandiri, maju, kuat, dan berbasiskan kepentingan nasional.

(2) Pembangunan Kelautan sebagaimana dimaksud pada ayat (1) diselenggarakan melalui perumusan dan pelaksanaan kebijakan:

a. pengelolaan Sumber Daya Kelautan;

b. pengembangan sumber daya manusia;

c. pertahanan, keamanan, penegakan hukum, dan keselamatan di laut;

d. tata kelola dan kelembagaan;

e. peningkatan kesejahteraan;

f. ekonomi kelautan;

g. pengelolaan ruang Laut dan pelindungan lingkungan Laut; dan

h. budaya bahari.

(3) Proses penyusunan kebijakan Pembangunan Kelautan sebagaimana dimaksud pada ayat (1) dan ayat (2) dilaksanakan sebagai berikut:

a. Pemerintah menetapkan kebijakan Pembangunan Kelautan terpadu jangka panjang sesuai dengan ketentuan peraturan perundang-undangan;

b. Pemerintah menetapkan kebijakan Pembangunan Kelautan terpadu jangka menengah dan jangka pendek; dan

c. Kebijakan Pembangunan Kelautan dijabarkan ke dalam program setiap sektor dalam rencana pembangunan dan pengelolaan Sumber Daya Kelautan.

(4) Ketentuan lebih lanjut mengenai kebijakan Pembangunan Kelautan sebagaimana dimaksud pada ayat (1) dan ayat (2) diatur dalam Peraturan Pemerintah.

DEVELOPMENT OF MARINE

Article 13

(1) Development of Marine implemented as part of national development to realize Indonesia became independent island nation, advanced, powerful, and based on national interests.

(2) Development of Marine referred to in paragraph (1) shall be conducted through the formulation and implementation of policies:

a. management of marine resources;

b. human resource development;

c. defense, security, law enforcement, and safety at sea;

d. governance and institutional;

e. increase well-being;

f. marine economy;

g. Sea space management and environmental protection of the Sea; and

h. maritime culture.

(3) The process of preparation of Marine Development policy referred to in paragraph (1) and paragraph (2) shall be as follows:

a. The government established a policy of long-term integrated Maritime Development in accordance with the provisions of the legislation;

b. The government established a policy of Marine Development of integrated short and medium-term; and

c. Marine Development Policy translated into every sector programs in development plans and management of Marine Resources.

(4) Further provisions on Marine Development policy referred to in paragraph (1) and paragraph (2) Government Regulation.

BAB VI

PENGELOLAAN KELAUTAN

CHAPTER VI

MANAGEMENT OF MARINE

Bagian Kesatu

Umum

Pasal 14

(1) Pemerintah dan Pemerintah Daerah sesuai dengan kewenangannya melakukan Pengelolaan Kelautan untuk sebesar-besarnya kemakmuran rakyat melalui pemanfaatan dan pengusahaan Sumber Daya Kelautan dengan menggunakan prinsip ekonomi biru.

(2) Pemanfaatan Sumber Daya Kelautan sebagaimana dimaksud pada ayat (1) dapat meliputi:

a. perikanan;

b. energi dan sumber daya mineral;

c. sumber daya pesisir dan pulau-pulau kecil; dan

d. sumber daya nonkonvensional.

(3) Pengusahaan Sumber Daya Kelautan sebagaimana dimaksud pada ayat (1) dapat berupa:

a. industri Kelautan;

b. wisata bahari;

c. perhubungan Laut; dan

d. bangunan Laut.

Pasal 15

(1) Dalam rangka pemanfaatan dan pengusahaan Sumber Daya Kelautan sebagaimana dimaksud dalam Pasal 14, Pemerintah menetapkan kebijakan ekonomi Kelautan.

(2) Kebijakan ekonomi Kelautan sebagaimana dimaksud pada ayat (1) bertujuan untuk menjadikan Kelautan sebagai basis pembangunan ekonomi.

(3) Basis pembangunan ekonomi sebagaimana dimaksud pada ayat (2) dilaksanakan melalui penciptaan usaha yang sehat dan peningkatan kesejahteraan rakyat, terutama masyarakat pesisir dengan mengembangkan kegiatan ekonomi produktif, mandiri, dan mengutamakan kepentingan nasional.

(4) Untuk menjadikan Kelautan sebagai basis pembangunan ekonomi bangsa sebagaimana dimaksud pada ayat (2), Pemerintah wajib menyertakan luas wilayah laut sebagai dasar

Part One

General

Article 14

(1) The Government and Local Government in accordance with the authority doing Marine Management for the greatest prosperity of the people through the use and exploitation of marine resources by using the principles of the blue economy.

(2) Utilization of Marine Resources referred to in paragraph (1) may include:

a. fisheries;

b. energy and mineral resources;

c. coastal resources and small islands; and

d. unconventional resources.

(3) Exploitation of Marine Resources referred to in paragraph (1) may include:

a. Marine industry;

b. marine tourism;

c. Marine transportation; and

d. Sea building.

Article 15

(1) In connection with the utilization and exploitation of marine resources as referred to in Article 14, the Government set economic policy Marine.

(2) Marine economic policies referred to in paragraph (1) aims to make the Marine as the basis of economic development.

(3) Basis of economic development as referred to in paragraph (2) shall be implemented through the creation of a healthy business and improving the welfare of the people, especially the coastal communities to develop economically productive activities, independent, and give priority to national interests.

(4) To make the Marine as the basis of economic development of the nation as referred to in paragraph (2), the Government shall include the sea area as the basis for budget allocation Marine Development.

pengalokasian anggaran Pembangunan Kelautan.

(5) Anggaran Pembangunan Kelautan berasal dari anggaran pendapatan dan belanja negara dan/atau anggaran pendapatan dan belanja daerah.

Bagian Kedua

Pemanfaatan Sumber Daya Kelautan

Paragraf 1

Perikanan

Pasal 16

Pemerintah mengatur pengelolaan sumber daya ikan di wilayah perairan dan wilayah yurisdiksi serta menjalankan pengaturan sumber daya ikan di Laut lepas berdasarkan kerja sama dengan negara lain dan hukum internasional.

Pasal 17

(1) Pemerintah mengoordinasikan pengelolaan sumber daya ikan serta memfasilitasi terwujudnya industri perikanan.

(2) Dalam memfasilitasi terwujudnya industri perikanan sebagaimana dimaksud pada ayat (1), Pemerintah bertanggung jawab:

a. menjaga kelestarian sumber daya ikan;

b. menjamin iklim usaha yang kondusif bagi pembangunan perikanan; dan

c. melakukan perluasan kesempatan kerja dalam rangka meningkatkan taraf hidup nelayan dan pembudidaya ikan.

Pasal 18

Untuk kepentingan distribusi hasil perikanan, Pemerintah mengatur sistem logistik ikan nasional.

Pasal 19

(1) Dalam rangka peningkatan usaha perikanan, pihak perbankan bertanggung jawab dalam pendanaan suprastruktur usaha perikanan.

(2) Pendanaan sebagaimana dimaksud pada ayat (1) diatur dalam undang-undang tersendiri.

(5) Development Budget Marine comes from the state budget and / or budget revenue and expenditure.

Part Two

Utilization of Marine Resources

Paragraph 1

Fishery

Article 16

Government regulates the management of fish resources in the territorial waters and the territorial jurisdiction and run setup Sea fish resources off by cooperation with other countries and international law.

Article 17

(1) The Government shall coordinate the management of fish resources and facilitate the realization of the fishing industry.

(2) In facilitating the realization of the fishing industry as referred to in paragraph (1), the Government is responsible:

a. preserve the fish resources;

b. ensure a conducive business environment for the development of fisheries; and

c. expanding employment opportunities in order to improve the lives of fishermen and fish farmers.

Article 18

For the purposes of the distribution of fishery products, the Government set up a national logistics system of fish.

Article 19

(1) In order to improve fisheries, the banks are responsible for funding the superstructure fisheries.

(2) Funding referred to in paragraph (1) shall be in a separate law.

Paragraf 2

Energi dan Sumber Daya Mineral

Pasal 20

(1) Pemerintah mengembangkan dan memanfaatkan energi terbarukan yang berasal dari Laut dan ditetapkan dalam kebijakan energi nasional.

(2) Pemerintah memfasilitasi pengembangan dan pemanfaatan energi terbarukan yang berasal dari Laut di daerah dengan memperhatikan potensi daerah.

Pasal 21

(1) Pemerintah mengatur dan menjamin pemanfaatan sumber daya mineral yang berasal dari Laut, dasar Laut, dan tanah dibawahnya untuk sebesar-besarnya kemakmuran rakyat.

(2) Pengaturan pemanfaatan sumber daya mineral sebagaimana dimaksud pada ayat (1) dilakukan sesuai dengan peraturan perundang-undangan dan hukum internasional.

Paragraf 3

Sumber Daya Pesisir

dan Pulau-Pulau Kecil

Pasal 22

(1) Pemerintah dan Pemerintah Daerah sesuai dengan kewenangannya bertanggung jawab mengelola dan memanfaatkan sumber daya pesisir dan pulau-pulau kecil.

(2) Pengelolaan dan pemanfaatan sebagaimana dimaksud pada ayat (1) bertujuan:

a. melindungi, mengonservasi, merehabilitasi, memanfaatkan, dan memperkaya sumber daya pesisir dan pulau-pulau kecil serta sistem ekologisnya secara berkelanjutan;

b. menciptakan keharmonisan dan sinergi antara Pemerintah dan Pemerintah Daerah dalam pengelolaan sumber daya pesisir dan pulau-pulau kecil;

c. memperkuat peran serta masyarakat dan lembaga pemerintah serta mendorong inisiatif masyarakat dalam pengelolaan sumber daya pesisir dan pulau-pulau kecil agar tercapai keadilan, keseimbangan,

Paragraph 2

Energy and Mineral Resources

Article 20

(1) The Government shall develop and utilize renewable energy that comes from the sea and is set in the national energy policy.

(2) The Government will facilitate the development and utilization of renewable energy that comes from the sea in the area with regard to the potential area.

Article 21

(1) The Government shall regulate and ensure the utilization of mineral resources from the Sea, seabed, and subsoil to the overall prosperity of the people.

(2) Setting the utilization of mineral resources referred to in paragraph (1) shall be conducted in accordance with legislation and international law.

Paragraph 3

Coastal Resources

and Small Islands

Article 22

(1) The Government and Local Government in accordance with the authority responsible for managing and utilizing the resources of coastal and small islands.

(2) Management and utilization as referred to in paragraph (1) aims to:

a. protect, conserve, rehabilitate, utilize, and enrich the resources of coastal and small islands as well as the ecological system in a sustainable manner;

b. create harmony and synergy between the Government and Local Government in the management of coastal resources and small islands;

c. strengthening the role of the community and government agencies, and encouraging communities in the management of coastal resources and the small islands in order to achieve fairness, balance, and dan berkelanjutan; dan

d. meningkatkan nilai sosial, ekonomi, dan budaya masyarakat melalui peran serta masyarakat dalam pemanfaatan sumber daya pesisir dan pulau-pulau kecil.

(3) Pengelolaan dan pemanfaatan sumber daya pesisir dan pulau-pulau kecil yang meliputi sumber daya hayati, sumber daya nonhayati, sumber daya buatan, dan jasa lingkungan dilaksanakan sesuai dengan ketentuan peraturan perundang-undangan.

Paragraf 4

Sumber Daya Alam Nonkonvensional

Pasal 23

(1) Pengelolaan dan pemanfaatan sumber daya alam nonkonvensional Kelautan dilakukan untuk sebesar-besarnya kemakmuran rakyat.

(2) Pengelolaan dan pemanfaatan sebagaimana dimaksud pada ayat (1) dilaksanakan dengan berdasarkan pada prinsip pelestarian lingkungan.

Pasal 24

(1) Pemerintah, Pemerintah Daerah, dan masyarakat bertanggung jawab melaksanakan pelindungan, pemanfaatan, dan pengembangan sumber daya nonkonvensional di bidang Kelautan.

(2) Pelindungan, pemanfaatan, dan pengembangan sebagaimana dimaksud pada ayat (1) dilaksanakan sesuai dengan ketentuan peraturan perundang-undangan dan hukum laut internasional.

Bagian Ketiga

Pengusahaan Sumber Daya Kelautan

Paragraf 1

Industri Kelautan

Pasal 25

(1) Pengusahaan Sumber Daya Kelautan yang dilakukan melalui pengelolaan dan pengembangan industri Kelautan merupakan bagian yang integral dari kebijakan pengelolaan dan pengembangan

sustainable; and

d. increasing the value of social, economic, and cultural communities through community participation in resource utilization of coastal and small islands.

(3) The management and utilization of coastal resources and the small islands that include biological resources, non-biological resources, artificial resources, and environmental services carried out in accordance with the provisions of the legislation.

Paragraph 4

Unconventional Natural Resources

Article 23

(1) The management and utilization of natural resources Marine nonconventional done to the overall prosperity of the people.

(2) Management and utilization as referred to in paragraph (1) shall be based on the principles of environmental conservation.

Article 24

(1) The Government, Local Government, and the people responsible for implementing protection, utilization, and development of unconventional resources in the field of Marine.

(2) The protection, utilization, and development referred to in paragraph (1) shall be implemented in accordance with the provisions of the legislation and international law.

Part Three

Exploitation of Marine Resources

Paragraph 1

Marine Industry

Article 25

(1) Exploitation of Marine Resources is done through the management and development of the Marine industry is an integral part of the policy of the management and development of national

industri nasional.

(2) Industri Kelautan sebagaimana dimaksud pada ayat (1) meliputi industri bioteknologi, industri maritim, dan jasa maritim.

(3) Pengelolaan dan pengembangan industri Kelautan sebagaimana dimaksud pada ayat (1) meliputi prasarana dan sarana, riset ilmu pengetahuan dan teknologi, inovasi, sumber daya manusia, serta industri kreatif dan pembiayaan.

(4) Pemerintah dan Pemerintah Daerah sesuai dengan kewenangannya wajib melakukan pembinaan terhadap peningkatan kualitas dan kuantitas pendukung industri Kelautan berskala usaha mikro kecil menengah dalam rangka menunjang ekonomi rakyat.

Pasal 26

(1) Pemerintah dan Pemerintah Daerah bertanggung jawab mengembangkan dan meningkatkan industri bioteknologi Kelautan sebagaimana dimaksud dalam Pasal 25 ayat (2).

(2) Industri bioteknologi Kelautan sebagaimana dimaksud pada ayat (1) dilakukan dengan memanfaatkan potensi keanekaragaman hayati.

(3) Industri bioteknologi Kelautan sebagaimana dimaksud pada ayat (1) bertujuan untuk:

a. mencegah punahnya biota Laut akibat eksplorasi berlebih;

b. menghasilkan berbagai produk baru yang mempunyai nilai tambah;

c. mengurangi ketergantungan impor dengan memproduksi berbagai produk substitusi impor;

d. mengembangkan teknologi ramah lingkungan pada setiap industri bioteknologi Kelautan; dan

e. mengembangkan sistem pengelolaan sumber daya Laut secara berkesinambungan.

Pasal 27

(1) Industri maritim dan jasa maritim sebagaimana dimaksud dalam Pasal 25 ayat (2) dilaksanakan berdasarkan pada kebijakan Pembangunan Kelautan.

(2) Dalam rangka keberlanjutan industri maritim dan jasa maritim untuk kesejahteraan rakyat,

industry.

(2) Industrial Marine referred to in paragraph (1) shall include the biotechnology industry, maritime industries and maritime services.

(3) The management and development of the Marine industry as referred to in paragraph (1) include the infrastructure and facilities, research science and technology, innovation, human resources, as well as the creative industry and finance.

(4) Government and Local Government in accordance with the authority is obliged to provide guidance to increase the quality and quantity of the Marine industry supporting small and medium-scale micro enterprises in order to support the economy.

Article 26

(1) The Government and Local Government is responsible for developing and increasing the Marine biotechnology industry as referred to in Article 25 paragraph (2).

(2) Marine biotechnology industry as referred to in paragraph (1) is done by exploiting the potential of biodiversity.

(3) Marine biotechnology industry as referred to in paragraph (1) aims to:

a. prevent the extinction of sea life due to excessive exploration;

b. produces a wide range of new products that have added value;

c. reduce dependence on imports to produce a variety of products import substitution;

d. develop environmentally friendly technologies at every Marine biotechnology industry; and

e. developing a resource management system on an ongoing basis Sea.

Article 27

(1) The maritime industry and maritime services as referred to in Article 25 paragraph (2) shall be based on the policy of Marine Development.

(2) In the framework of sustainability of the maritime industries and maritime services for the

digunakan kebijakan ekonomi Kelautan.

(3) Industri maritim sebagaimana dimaksud pada ayat (1) dapat berupa:

a. galangan kapal;

b. pengadaaan dan pembuatan suku cadang;

c. peralatan kapal; dan/atau

d. perawatan kapal.

(4) Jasa maritim sebagaimana dimaksud pada ayat (1) dapat berupa:

a. pendidikan dan pelatihan;

b. pengangkutan benda berharga asal muatan kapal tenggelam;

c. pengerukan dan pembersihan alur pelayaran;

d. reklamasi;

e. pencarian dan pertolongan;

f. remediasi lingkungan;

g. jasa konstruksi; dan/atau

h. angkutan sungai, danau, penyeberangan, dan antarpulau.

(5) Ketentuan lebih lanjut mengenai industri maritim dan jasa maritim diatur dalam Peraturan Pemerintah.

Paragraf 2

Wisata Bahari

Pasal 28

(1) Pemerintah dan Pemerintah Daerah sesuai dengan kewenangannya memfasilitasi pengembangan potensi wisata bahari dengan mengacu pada kebijakan pengembangan pariwisata nasional.

(2) Keberlanjutan wisata bahari sebagaimana dimaksud pada ayat (1) ditujukan untuk kesejahteraan rakyat.

(3) Pengembangan wisata bahari dilaksanakan dengan mempertimbangkan aspek kepentingan masyarakat lokal dan kearifan lokal serta harus memperhatikan kawasan konservasi perairan.

(4) Pengembangan dan peningkatan wisata bahari

welfare of the people, used Marine economic policy.

(3) The maritime industry as referred to in paragraph (1) may include:

a. shipbuilding;

b. providing and manufacture of spare parts;

c. ship equipment; and / or

d. maintenance of the ship.

(4) maritime services referred to in paragraph (1) may include:

a. education and training;

b. removal of valuables origin cargo ship sank;

c. navigation channel dredging and cleaning;

d. reclamation;

e. search and rescue;

f. environmental remediation;

g. construction services; and / or

h. transport streams, lakes, crossing, and inter-island.

(5) Further provisions on the maritime industries and maritime services in Government Regulations.

Paragraph 2

Marine Tourism

Article 28

(1) The Government and Local Government in accordance with the authority to facilitate the development of marine tourism potential with reference to the national tourism development policy.

(2) Sustainability of marine tourism as referred to in paragraph (1) is intended for the welfare of the people.

(3) The development of nautical tourism conducted by considering the interests of local communities and local wisdom, and should pay attention to water conservation.

(4) The development and improvement of marine

sebagaimana dimaksud pada ayat (1) dilaksanakan sesuai dengan ketentuan peraturan perundang-undangan.

Paragraf 3

Perhubungan Laut

Pasal 29

(1) Pemerintah dan Pemerintah Daerah sesuai dengan kewenangannya mengembangkan potensi dan meningkatkan peran perhubungan laut.

(2) Dalam pengembangan potensi dan peningkatan peran perhubungan laut sebagaimana dimaksud pada ayat (1), Pemerintah mengembangkan dan menetapkan tatanan kepelabuhanan dan sistem pelabuhan yang andal.

(3) Tatanan kepelabuhanan yang andal sebagaimana dimaksud pada ayat (2) meliputi penentuan lokasi pelabuhan lautdalam yang dapat melayani kapal generasi mutakhir dan penetapan pelabuhan hub.

(4) Sistem pelabuhan yang andal sebagaimana dimaksud pada ayat (2) bercirikan:

a. efisien dan berstandar internasional;

b. bebas monopoli;

c. mendukung konektivitas antarpulau, termasuk antara pulau-pulau kecil terluar dengan pulau induknya;

d. ketersediaan fasilitas kepelabuhanan di pulau-pulau kecil terluar;

e. ketersediaan fasilitas kepelabuhanan, termasuk fasilitas lingkungan dan pencegahan pencemaran lingkungan; dan

f. keterpaduan antara terminal dan kapal.

Pasal 30

(1) Pemerintah dan Pemerintah Daerah sesuai dengan kewenangannya wajib mengembangkan dan meningkatkan penggunaan angkutan perairan dalam rangka konektivitas antarwilayah Negara Kesatuan Republik Indonesia.

(2) Dalam rangka pengembangan dan peningkatan angkutan perairan sebagaimana dimaksud pada ayat (1), Pemerintah melaksanakan kebijakan

tourism as referred to in paragraph (1) shall be implemented in accordance with the provisions of the legislation.

Paragraph 3

Sea Transportation

Article 29

(1) The Government and Local Government in accordance with the authority to develop the potential and increase the role of marine transportation.

(2) In the development potential and increasing the role of marine transportation as described in paragraph (1), the Government develop and establish the order of port and port system reliably.

(3) Order a reliable port as referred to in paragraph (2) includes determining the location of ports that can serve ships lautdalam latest generation and establishment of hub ports.

(4) a reliable port system as referred to in paragraph (2) is characterized by:

a. efficient and international standards;

b. free monopoly;

c. supports connectivity between islands, including the outermost small islands with its parent island;

d. availability of port facilities in the outer islands;

e. availability of port facilities, including the environment and prevention of environmental pollution; and

f. integration between the terminal and the ship.

Article 30

(1) The Government and Local Government in accordance with its authority shall develop and improve the use of water transport within the framework of inter-regional connectivity of the Republic of Indonesia.

(2) In the framework of the development and improvement of water transport as referred to in paragraph (1), the Government has implemented a

pengembangan armada nasional.

(3) Pemerintah mengatur kebijakan sumber pembiayaan dan perpajakan yang berpihak pada kemudahan pengembangan sarana prasarana perhubungan laut serta infrastruktur dan suprastruktur kepelabuhanan.

(4) Pemerintah memfasilitasi sumber pembiayaan usaha perhubungan laut melalui kebijakan perbankan nasional.

Pasal 31

Pengembangan potensi perhubungan laut sebagaimana dimaksud dalam Pasal 29 dan Pasal 30 dilaksanakan sesuai dengan ketentuan peraturan perundang-undangan.

Paragraf 4

Bangunan Laut

Pasal 32

(1) Dalam rangka keselamatan pelayaran semua bentuk bangunan dan instalasi di Laut tidak mengganggu, baik Alur Pelayaran maupun Alur Laut Kepulauan Indonesia.

(2) Area operasi dari bangunan dan instalasi di Laut tidak melebihi daerah keselamatan yang telah ditentukan.

(3) Penggunaan area operasional dari bangunan dan instalasi di Laut yang melebihi daerah keselamatan yang telah ditentukan sebagaimana dimaksud pada ayat (2) harus mendapatkan izin dari pihak yang berwenang.

(4) Pendirian dan/atau penempatan bangunan Laut wajib mempertimbangkan kelestarian sumber daya pesisir dan pulau-pulau kecil.

(5) Ketentuan mengenai kriteria, persyaratan, dan mekanisme pendirian dan/atau penempatan bangunan di Laut diatur dalam Peraturan Pemerintah.

Pasal 33

Pemerintah bertanggung jawab melakukan pengawasan terhadap aktivitas pembongkaran bangunan dan instalasi di Laut yang sudah tidak

policy of national fleet development.

(3) The Government shall regulate sources of financing and taxation policies in favor of the ease of development of sea transportation infrastructure and port infrastructure and superstructure.

(4) The Government will facilitate marine transportation business financing sources through the national banking policy.

Article 31

The development potential of marine transportation as referred to in Article 29 and Article 30 is implemented in accordance with the provisions of the legislation.

Paragraph 4

Marine Building

Article 32

(1) In order to shipping safety of all forms of buildings and installations at sea does not interfere, either Shipping Channel and the Indonesian archipelagic sea lanes.

(2) Areas of operation of buildings and installations in the sea does not exceed a predetermined safety area.

(3) The use of the operational area of the buildings and installations in the sea exceeds a predetermined safety area as referred to in paragraph (2) must obtain permission from the authorities.

(4) Establishment and / or placement of the Sea building shall consider the preservation of coastal resources and small islands.

(5) The provisions regarding the criteria, requirements, and the establishment of mechanisms and / or placement of the building in the Sea of Government Regulation.

Article 33

The government is responsible to supervise the demolition and installation activities at sea that are not working.

berfungsi.

BAB VII	CHAPTER VII
PENGEMBANGAN KELAUTAN	DEVELOPMENT OF MARINE
Bagian Kesatu	Part One
Umum	General
Pasal 34	Article 34
Pengembangan Kelautan meliputi:	Marine Development include:
a. pengembangan sumber daya manusia;	a. human resource development;
b. riset ilmu pengetahuan dan teknologi;	b. science and technology research;
c. sistem informasi dan data Kelautan; dan	c. Marine information systems and data; and
d. kerja sama Kelautan.	d. Maritime cooperation.
Bagian Kedua	Part Two
Pengembangan Sumber Daya Manusia	Human Resource Development
Pasal 35	Article 35
(1) Pemerintah dan Pemerintah Daerah sesuai dengan kewenangannya bertanggung jawab menyelenggarakan pengembangan sumber daya manusia melalui pendidikan.	(1) The Government and Local Government in accordance with the authority responsible for organizing the development of human resources through education.
(2) Penyelenggaraan pendidikan sebagaimana dimaksud pada ayat (1) dapat bekerja sama dengan berbagai pihak, baik pada tingkat nasional maupun pada tingkat internasional yang berbasis kompetensi pada bidang Kelautan.	(2) The education system as referred to in paragraph (1) may cooperate with various parties, both at national and at the international level in the field of Marine competency based.
(3) Penyelenggaraan pendidikan dilaksanakan sesuai dengan ketentuan peraturan perundang-undangan.	(3) The education system is implemented in accordance with the provisions of the legislation.
Pasal 36	Article 36
(1) Dalam pengembangan sumber daya manusia sebagaimana dimaksud dalam Pasal 35, Pemerintah menetapkan kebijakan pengembangan sumber daya manusia dan kebijakan budaya bahari.	(1) In the development of human resources as referred to in Article 35, the Government established a policy of human resource development policy and maritime culture.
(2) Kebijakan pengembangan sumber daya manusia sebagaimana dimaksud pada ayat (1) dilakukan melalui:	(2) human resource development policy referred to in paragraph (1) is done through:
a. peningkatan jasa di bidang Kelautan yang diimbangi dengan ketersediaan lapangan kerja;	a. improvement of services in the field of Marine which is offset by the availability of employment;
b. pengembangan standar kompetensi sumber daya	b. development of competency standards of human

manusia di bidang Kelautan;	resources in the field of Marine;
c. peningkatan dan penguatan peranan ilmu pengetahuan dan teknologi, riset, dan pengembangan sistem informasi Kelautan;	c. improvement and strengthening of the role of science and technology, research, and development of information systems Marine;
d. peningkatan gizi masyarakat Kelautan; dan	d. Marine and of nutrition; and
e. peningkatan pelindungan ketenagakerjaan.	e. increase employment protection.
(3) Kebijakan budaya bahari sebagaimana dimaksud pada ayat (1) dilakukan melalui:	(3) Policy maritime culture as referred to in paragraph (1) is done through:
a. peningkatan pendidikan dan penyadaran masyarakat tentang Kelautan yang diwujudkan melalui semua jalur, jenis, dan jenjang pendidikan;	a. increase education and awareness about the Marine who realized through all paths, type, and level of education;
b. identifikasi dan inventarisasi nilai budaya dan sistem sosial Kelautan di wilayah Negara Kesatuan Republik Indonesia sebagai bagian dari sistem kebudayaan nasional; dan	b. identification and inventory of cultural values and social systems Marine in the territory of the Republic of Indonesia as part of a system of national culture; and
c. pengembangan teknologi dengan tetap mempertimbangkan kearifan lokal.	c. technological development while considering local knowledge.
(4) Ketentuan lebih lanjut mengenai kebijakan budaya bahari sebagaimana dimaksud pada ayat (3) diatur dalam Peraturan Pemerintah.	(4) Further provisions on maritime cultural policy as referred to in paragraph (3) Government Regulation.
Bagian Ketiga	Part Three
Riset Ilmu Pengetahuan dan Teknologi	Research Science and Technology
Pasal 37	Article 37
(1) Untuk meningkatkan kualitas perencanaan Pembangunan Kelautan, Pemerintah dan Pemerintah Daerah mengembangkan sistem penelitian, pengembangan, serta penerapan ilmu pengetahuan dan teknologi Kelautan yang merupakan bagian integral dari sistem nasional penelitian pengembangan penerapan teknologi.	(1) To improve the quality of Marine Development planning, and regional governments to develop systems research, development, and application of science and technology of Marine which is an integral part of the national research system technology application development.
(2) Dalam mengembangkan sistem penelitian sebagaimana dimaksud pada ayat (1), Pemerintah memfasilitasi pendanaan, pengadaan, perbaikan, penambahan sarana dan prasarana, serta perizinan untuk penelitian dan pengembangan ilmu pengetahuan dan teknologi Kelautan, baik secara mandiri maupun kerja sama lintas sektor dan antarnegara.	(2) In developing the research system as referred to in paragraph (1), the government will facilitate the funding, procurement, repair, addition of facilities and infrastructure, as well as licensing for research and development of science and technology of Marine, both independently and cooperation across sectors and between countries .
(3) Sistem penelitian sebagaimana dimaksud pada ayat (1) tidak termasuk penelitian yang bersifat komersial.	(3) System research referred to in paragraph (1) does not include commercial research.
(4) Pelaksanaan sistem penelitian sebagaimana dimaksud pada ayat (1) dilakukan sesuai dengan	(4) Implementation of the research referred to in paragraph (1) shall be conducted in accordance with

ketentuan peraturan perundang-undangan.

the provisions of the legislation.

Pasal 38

(1) Pemerintah bekerja sama dengan Pemerintah Daerah membentuk pusat fasilitas Kelautan yang meliputi fasilitas pendidikan, pelatihan, dan penelitian yang dilengkapi dengan prasarana kapal latih dan kapal penelitian serta tenaga fungsional peneliti.

(2) Ketentuan mengenai pembentukan pusat fasilitas Kelautan serta tugas, kewenangannya, dan pembiayaannya diatur dalam Peraturan Pemerintah.

Article 38

(1) The Government in collaboration with the Local Government formed the center of Marine facilities that include educational facilities, training, and research training ship equipped with infrastructure and research vessels and functional staff researcher.

(2) The provisions concerning the establishment of the center of Marine facilities and duties, authority, and financing stipulated in Government Regulation.

Pasal 39

(1) Pemerintah mengatur pelaksanaan penelitian ilmiah Kelautan dalam rangka kerja sama penelitian dengan pihak asing.

(2) Hasil pelaksanaan kerja sama penelitian dengan pihak asing sebagaimana dimaksud pada ayat (1) wajib dilaporkan kepada Pemerintah sesuai dengan ketentuan peraturan perundang-undangan.

Article 39

(1) The Government shall regulate the implementation of the Marine scientific research in the framework of research cooperation with foreign parties.

(2) The results of the research cooperation with foreign parties referred to in paragraph (1) shall be reported to the Government in accordance with the provisions of the legislation.

Bagian Keempat

Sistem Informasi dan Data Kelautan

Pasal 40

(1) Pemerintah dan Pemerintah Daerah menghimpun, menyusun, mengelola, memelihara, dan mengembangkan sistem informasi dan data Kelautan dari berbagai sumber bagi kepentingan Pembangunan Kelautan nasional berdasarkan prinsip keterbukaan informasi publik sesuai dengan ketentuan peraturan perundang-undangan.

(2) Sistem informasi dan data Kelautan sebagaimana dimaksud pada ayat (1) meliputi 3 (tiga) kategori:

a. hasil penelitian ilmiah Kelautan yang berupa data numerik beserta analisisnya;

b. hasil penelitian yang berupa data spasial beserta analisisnya; dan

c. pengelolaan Sumber Daya Kelautan, konservasi perairan, dan pengembangan teknologi Kelautan.

(3) Sistem informasi dan data Kelautan sebagaimana

Part Four

Marine Data and Information Systems

Article 40

(1) The Government and Local Government to collect, organize, manage, maintain, and develop information systems and data from various sources Marine for Marine Development of national interests based on the principle of public disclosure in accordance with the provisions of the legislation.

(2) System of Marine information and data referred to in paragraph (1) shall include three (3) categories:

a. Marine scientific research results in the form of numerical data and analysis;

b. the results of such research and analysis of spatial data; and

c. management of marine resources, water conservation, and development of Marine technology.

(3) System of Marine information and data referred

dimaksud pada ayat (2) huruf a dan data terkait sistem keamanan laut disimpan, dikelola, dimutakhirkan, dikoordinasikan, dan diintegrasikan oleh kementerian/lembaga yang ditunjuk sesuai dengan ketentuan peraturan perundang-undangan.

(4) Sistem informasi dan data Kelautan hasil penelitian berupa data yang perlu dibuat peta sebagaimana dimaksud pada ayat (2) huruf b dan huruf c disimpan, dikelola, dimutakhirkan, serta dikoordinasikan oleh lembaga penelitian negara sesuai dengan ketentuan peraturan perundang-undangan.

Bagian Kelima

Kerja Sama Kelautan

Pasal 41

(1) Kerja sama di bidang Kelautan dapat dilaksanakan pada tingkat nasional dan internasional dengan mengutamakan kepentingan nasional bagi kemandirian bangsa.

(2) Kerja sama pada tingkat nasional sebagaimana dimaksud pada ayat (1) dilaksanakan dalam rangka sinergi:

a. antarsektor;

b. antara pusat dan daerah;

c. antarpemerintah daerah; dan

d. antarpemangku kepentingan.

(3) Kerja sama bidang Kelautan pada tingkat internasional sebagaimana dimaksud pada ayat (1) dapat dilakukan secara bilateral, regional, atau multilateral.

(4) Kerja sama pada tingkat internasional sebagaimana dimaksud pada ayat (1) dilaksanakan sesuai dengan ketentuan peraturan perundang-undangan dan hukum laut internasional.

(5) Pemerintah mendorong aktivitas eksplorasi, pemanfaatan, dan pengelolaan Sumber Daya Kelautan di laut lepas sesuai dengan ketentuan hukum laut internasional.

BAB VIII

PENGELOLAAN RUANG LAUT

to in paragraph (2) letter a and data related to marine security system is stored, managed, updated, as coordinated, and integrated by the ministries / agencies appointed in accordance with the provisions of the legislation.

(4) The information system and data Marine research in the form of data that needs to be made a map referred to in paragraph (2) b and c are stored, managed, updated, as well as research institutions coordinated by the state in accordance with the provisions of the legislation.

Part Five

Cooperation Marine

Article 41

(1) Cooperation in the field of Marine can be implemented at national and international level by giving priority to the national interest for the independence of the nation.

(2) cooperation at the national level as referred to in paragraph (1) shall be implemented within the framework of synergy:

a. between sectors;

b. between the central and regional levels;

c. among local governments; and

d. between stakeholders.

(3) Cooperation in the field of Marine international level as referred to in paragraph (1) may be bilateral, regional, or multilateral.

(4) cooperation at the international level as referred to in paragraph (1) shall be implemented in accordance with the provisions of the legislation and international law.

(5) The Government encourages exploration activity, utilization, and management of marine resources in the high seas in accordance with the provisions of international maritime law.

CHAPTER VIII

SPACE MARINE MANAGEMENT

菲律宾、印度尼西亚、新加坡海洋法律体系研究

DAN PELINDUNGAN LINGKUNGAN LAUT	And protection MARINE ENVIRONMENT
Bagian Kesatu	Part One
Pengelolaan Ruang Laut	Marine Space Management
Pasal 42	Article 42
(1) Pengelolaan ruang Laut dilakukan untuk:	(1) Management of Marine space is done to:
a. melindungi sumber daya dan lingkungan dengan berdasar pada daya dukung lingkungan dan kearifan lokal;	a. protect resources and the environment on the basis of the carrying capacity of the environment and local knowledge;
b. memanfaatkan potensi sumber daya dan/atau kegiatan di wilayah Laut yang berskala nasional dan internasional; dan	b. exploit the potential of resources and / or activities at Sea region are national and international; and
c. mengembangkan kawasan potensial menjadi pusat kegiatan produksi, distribusi, dan jasa.	c. develop potential area became the center of production, distribution, and services.
(2) Pengelolaan ruang Laut meliputi perencanaan, pemanfaatan, pengawasan, dan pengendalian.	(2) Management of Sea area include planning, utilization, monitoring, and control.
(3) Pengelolaan ruang Laut sebagaimana dimaksud pada ayat (2) dilaksanakan dengan berdasarkan karakteristik Negara Kesatuan Republik Indonesia sebagai negara kepulauan dan mempertimbangkan potensi sumber daya dan lingkungan Kelautan.	(3) Management of Sea area referred to in paragraph (2) implemented based on the characteristics of the Unitary Republic of Indonesia as an archipelagic country and consider the potential environmental resources and Marine.
Pasal 43	Article 43
(1) Perencanaan ruang Laut sebagaimana dimaksud dalam Pasal 42 ayat (2) meliputi:	(1) Marine spatial planning as referred to in Article 42 paragraph (2) shall include:
a. perencanaan tata ruang Laut nasional;	a. National Marine spatial planning;
b. perencanaan zonasi wilayah pesisir dan pulau-pulau kecil; dan	b. zoning planning coastal areas and small islands; and
c. perencanaan zonasi kawasan Laut.	c. planning zoning Sea region.
(2) Perencanaan tata ruang Laut nasional sebagaimana dimaksud pada ayat (1) huruf a merupakan proses perencanaan untuk menghasilkan rencana tata ruang Laut nasional.	(2) National Marine Spatial Planning as referred to in paragraph (1) letter a is planning to produce a national spatial plan Sea.
(3) Perencanaan zonasi wilayah pesisir dan pulau-pulau kecil sebagaimana dimaksud pada ayat (1) huruf b dilaksanakan sesuai dengan ketentuan peraturan perundang-undangan.	(3) Planning zoning of coastal areas and small islands as referred to in paragraph (1) letter b is carried out in accordance with the provisions of the legislation.
(4) Perencanaan zonasi kawasan Laut sebagaimana dimaksud pada ayat (1) huruf c merupakan perencanaan untuk menghasilkan rencana zonasi kawasan strategis nasional, rencana zonasi kawasan strategis nasional tertentu, dan rencana zonasi kawasan antarwilayah.	(4) Planning Zoning Sea area referred to in paragraph (1) letter c is planning to produce a national strategic plan of zoning, zoning national strategic plan specific, regional and inter-regional zoning plan.

364

(5) Ketentuan lebih lanjut mengenai perencanaan ruang Laut sebagaimana dimaksud pada ayat (1) diatur dengan Peraturan Pemerintah.

Pasal 44

(1) Pemanfaatan ruang Laut sebagaimana dimaksud dalam Pasal 42 ayat (2) dilakukan melalui:

a. perumusan kebijakan strategis operasionalisasi rencana tata ruang Laut nasional dan rencana zonasi kawasan Laut;

b. perumusan program sektoral dalam rangka perwujudan rencana tata ruang Laut nasional dan rencana zonasi kawasan Laut; dan

c. pelaksanaan program strategis dan sektoral dalam rangka mewujudkan rencana tata ruang Laut nasional dan zonasi kawasan Laut.

(2) Pemanfaatan ruang Laut di wilayah pesisir dan pulau-pulau kecil dilakukan sesuai dengan ketentuan peraturan perundang-undangan.

Pasal 45

(1) Pengawasan sebagaimana dimaksud dalam Pasal 42 ayat (2) dilakukan melalui tindakan pemantauan, evaluasi, dan pelaporan.

(2) Pemantauan, evaluasi, dan pelaporan sebagaimana dimaksud pada ayat (1) dilakukan sesuai dengan ketentuan peraturan perundang-undangan.

Pasal 46

Pengendalian pemanfaatan ruang Laut sebagaimana dimaksud dalam Pasal 42 ayat (2) dilakukan melalui perizinan, pemberian insentif, dan pengenaan sanksi.

Pasal 47

(1) Setiap orang yang melakukan pemanfaatan ruang Laut secara menetap di wilayah perairan dan wilayah yurisdiksi wajib memiliki izin lokasi.

(2) Izin lokasi yang berada di wilayah pesisir dan pulau-pulau kecil dilakukan sesuai dengan ketentuan peraturan perundang-undangan.

(3) Setiap orang yang melakukan pemanfaatan ruang Laut secara menetap di wilayah perairan dan wilayah yurisdiksi yang tidak sesuai dengan izin

(5) Further provisions on Marine spatial planning as referred to in paragraph (1) is regulated by the Government.

Article 44

(1) Utilization of Sea area referred to in Article 42 paragraph (2) is done through:

a. strategic policy formulation operationalization National Marine spatial planning and zoning plan Sea region;

b. formulation of sectoral programs in the framework of the embodiment of national Marine spatial planning and zoning plan Sea region; and

c. implementation of strategic and sectoral programs in order to realize the national spatial plan and zoning Sea Sea region.

(2) Utilization of sea space in coastal areas and small islands carried out in accordance with the provisions of the legislation.

Article 45

(1) The supervision referred to in Article 42 paragraph (2) is done through action monitoring, evaluation, and reporting.

(2) Monitoring, evaluation, and reporting referred to in paragraph (1) shall be conducted in accordance with the provisions of the legislation.

Article 46

Sea space utilization control as referred to in Article 42 paragraph (2) is done through licensing, incentives, and the imposition of sanctions.

Article 47

(1) Every person who permanently space utilization Sea in the territorial waters and the territorial jurisdiction of the location should have a license.

(2) permit location in the coastal areas and small islands carried out in accordance with the provisions of the legislation.

(3) Any person who is settled space utilization Sea in the territorial waters and the territorial jurisdiction of which is not in accordance with permission granted

yang diberikan dikenai sanksi administratif berupa:

a. peringatan tertulis;

b. penghentian sementara kegiatan;

c. penutupan lokasi;

d. pencabutan izin;

e. pembatalan izin; dan/atau

f. denda administratif.

(4) Ketentuan mengenai izin lokasi di Laut yang berada di wilayah perairan dan wilayah yurisdiksi sebagaimana dimaksud pada ayat (1) dan tata cara pengenaan sanksi administratif sebagaimana dimaksud pada ayat (3) diatur dengan Peraturan Pemerintah.

Pasal 48

Setiap orang yang melakukan pemanfaatan ruang Laut sesuai dengan rencana zonasi dapat diberi insentif sesuai dengan ketentuan peraturan perundang-undangan.

Pasal 49

Setiap orang yang melakukan pemanfaatan ruang Laut secara menetap yang tidak memiliki izin lokasi sebagaimana dimaksud dalam Pasal 47 ayat (1) dipidana dengan pidana penjara paling lama 6 (enam) tahun dan pidana denda paling banyak Rp20.000.000.000,00 (dua puluh miliar rupiah).

Bagian Kedua

Pelindungan Lingkungan Laut

Pasal 50

Pemerintah melakukan upaya pelindungan lingkungan Laut melalui:

a. konservasi Laut;

b. pengendalian Pencemaran Laut;

c. penanggulangan bencana Kelautan; dan

d. pencegahan dan penanggulangan pencemaran, kerusakan, dan bencana.

Pasal 51

(1) Pemerintah menetapkan kebijakan konservasi

subject to administrative sanctions in the form of:

a. written warning;

b. suspension of activities;

c. site closure;

d. revocation of license;

e. cancellation of licenses; and / or

f. administrative fines.

(4) The provisions concerning the location permit Sea located in the territorial waters and the territorial jurisdiction referred to in paragraph (1) and the procedures for the imposition of administrative sanctions referred to in paragraph (3) is regulated by the Government.

Article 48

Anyone committing Sea space utilization in accordance with the zoning plan can be given incentives in accordance with the provisions of the legislation.

Article 49

Anyone committing permanently space utilization Sea unlicensed location referred to in Article 47 paragraph (1) shall be punished with imprisonment of six (6) years and a fine of up Rp20.000.000.000,00 (twenty billion rupiah).

Part Two

Protection of the Marine Environment

Article 50

Government Marine environmental protection efforts through:

a. Marine conservation;

b. Marine Pollution Control;

c. Marine disaster management; and

d. prevention and control of pollution, destruction, and disaster.

Article 51

(1) The Government shall determine the Sea

Laut sebagai bagian yang integral dengan Pelindungan Lingkungan Laut.	conservation policy as an integral part of the Protection of the Marine Environment.
(2) Pemerintah dan/atau Pemerintah Daerah sesuai dengan kewenangannya memiliki hak pengelolaan atas kawasan konservasi Laut sebagai bagian dari pelaksanaan kebijakan Pelindungan Lingkungan Laut sebagaimana dimaksud pada ayat (1).	(2) The Government and / or the Local Government in accordance with the authority having management rights on Marine protected areas as part of the implementation of the Marine Environment Protection policy referred to in paragraph (1).
(3) Kebijakan konservasi Laut sebagaimana dimaksud pada ayat (1) harus dilaksanakan secara lintas sektor dan lintas kawasan untuk mendukung Pelindungan Lingkungan Laut.	(3) Marine conservation policy as referred to in paragraph (1) shall be implemented across sectors and regions to support the Protection of the Marine Environment.
(4) Setiap sektor yang melaksanakan pembangunan di wilayah perairan dan wilayah yurisdiksi harus memperhatikan kawasan konservasi.	(4) Each sector that carry out development in the territorial waters and the territorial jurisdiction should pay attention to the conservation area.
(5) Kebijakan dan pengelolaan konservasi Laut dilaksanakan sesuai dengan ketentuan peraturan perundang-undangan.	(5) Marine conservation and management policy implemented in accordance with the provisions of the legislation.
Pasal 52	Article 52
(1) Pencemaran Laut meliputi:	(1) Marine Pollution includes:
a. pencemaran yang berasal dari daratan;	a. pollution from land;
b. pencemaran yang berasal dari kegiatan di Laut; dan	b. pollution from activities in the Sea; and
c. pencemaran yang berasal dari kegiatan dari udara.	c. pollution from activities of the air.
(2) Pencemaran Laut sebagaimana dimaksud pada ayat (1) dapat terjadi:	(2) Marine Pollution referred to in paragraph (1) may occur:
a. di wilayah perairan atau wilayah yurisdiksi;	a. in the territorial waters or jurisdiction;
b. dari luar wilayah perairan atau dari luar wilayah yurisdiksi; atau	b. from outside the territorial waters or from outside the territorial jurisdiction; or
c. dari dalam wilayah perairan atau wilayah yurisdiksi ke luar wilayah yurisdiksi Indonesia.	c. of the territorial waters or jurisdiction outside the territorial jurisdiction of Indonesia.
(3) Proses penyelesaian sengketa dan penerapan sanksi Pencemaran Laut sebagaimana dimaksud pada ayat (1) dan ayat (2) dilaksanakan berdasarkan prinsip pencemar membayar dan prinsip kehati-hatian.	(3) The process of dispute resolution and Sea Pollution sanction referred to in paragraph (1) and paragraph (2) shall be based on the polluter pays principle and the precautionary principle.
(4) Ketentuan lebih lanjut mengenai proses penyelesaian dan sanksi terhadap Pencemaran Laut dilaksanakan sesuai dengan ketentuan peraturan perundang-undangan.	(4) Further provisions regarding the settlement process and sanctions against Marine Pollution carried out in accordance with the provisions of the legislation.
Pasal 53	Article 53

(1) Bencana Kelautan dapat berupa bencana yang disebabkan:

a. fenomena alam;

b. pencemaran lingkungan; dan/atau

c. pemanasan global.

(2) Bencana Kelautan yang disebabkan oleh fenomena alam sebagaimana dimaksud pada ayat (1) huruf a dapat berupa:

a. gempa bumi;

b. tsunami;

c. rob;

d. angin topan; dan

e. serangan hewan secara musiman.

(3) Bencana Kelautan yang disebabkan oleh pencemaran lingkungan sebagaimana dimaksud pada ayat (1) huruf b dapat berupa:

a. fenomena pasang merah (red tide);

b. pencemaran minyak;

c. pencemaran logam berat;

d. dispersi thermal; dan

e. radiasi nuklir.

(4) Bencana Kelautan yang disebabkan oleh pemanasan global sebagaimana dimaksud pada ayat (1) huruf c dapat berupa:

a. kenaikan suhu;

b. kenaikan muka air Laut; dan/atau

c. el nino dan la nina.

Pasal 54

(1) Dalam mengantisipasi Pencemaran Laut dan bencana Kelautan sebagaimana dimaksud dalam Pasal 52 dan Pasal 53, Pemerintah menetapkan kebijakan penanggulangan dampak Pencemaran Laut dan bencana Kelautan.

(2) Kebijakan penanggulangan dampak Pencemaran Laut dan bencana Kelautan sebagaimana dimaksud pada ayat (1) dapat dilakukan melalui:

(1) Marine Disasters can be caused disasters:

a. natural phenomena;

b. environmental pollution; and / or

c. global warming.

(2) Marine disasters caused by natural phenomena referred to in paragraph (1) letter a can be:

a. earthquakes;

b. tsunamis;

c. rob;

d. hurricanes; and

e. seasonally animal attacks.

(3) Marine disasters caused by environmental pollution as referred to in paragraph (1) letter b can be:

a. red tide phenomenon (red tide);

b. oil pollution;

c. heavy metal pollution;

d. thermal dispersion; and

e. nuclear radiation.

(4) Marine disasters caused by global warming as referred to in paragraph (1) letter c can be:

a. temperature rise;

b. Sea level rise; and / or

c. el nino and la nina.

Article 54

(1) In anticipation of Marine Pollution and Maritime disasters as referred to in Article 52 and Article 53, the Government established a policy response to the impact of Marine Pollution and Marine disaster.

(2) The policy response to the impact of Marine Pollution and Maritime disasters as referred to in paragraph (1) can be done through:

a. pengembangan sistem mitigasi bencana;	a. development of disaster mitigation system;
b. pengembangan sistem peringatan dini (early warning system);	b. development of an early warning system (early warning system);
c. pengembangan perencanaan nasional tanggap darurat tumpahan minyak di Laut;	c. development of national emergency response planning Sea oil spill;
d. pengembangan sistem pengendalian pencemaran Laut dan kerusakan ekosistem Laut; dan	d. Marine pollution control system development and Sea ecosystem damage; and
e. pengendalian dampak sisa-sisa bangunan di Laut dan aktivitas di Laut.	e. controlling the impact of the remains of the building in the Sea and Sea activity.

Pasal 55

(1) Pemerintah dan Pemerintah Daerah wajib menyelenggarakan sistem pencegahan dan penanggulangan pencemaran dan kerusakan lingkungan Laut.

(2) Pemerintah dan Pemerintah Daerah wajib menyelenggarakan sistem pencegahan dan penanggulangan bencana Kelautan sebagai bagian yang terintegrasi dengan sistem pencegahan dan penanggulangan bencana nasional.

Pasal 56

(1) Pemerintah bertanggung jawab dalam melindungi dan melestarikan lingkungan Laut.

(2) Pelindungan dan pelestarian lingkungan Laut sebagaimana dimaksud pada ayat (1) dilakukan melalui pencegahan, pengurangan, dan pengendalian lingkungan Laut dari setiap Pencemaran Laut serta penanganan kerusakan lingkungan Laut.

(3) Pemerintah bekerja sama, baik bilateral, regional, maupun multilateral dalam melaksanakan pencegahan, pengurangan, dan pengendalian sebagaimana dimaksud pada ayat (2).

Pasal 57

Pelindungan dan pelestarian lingkungan Laut sebagaimana dimaksud dalam Pasal 56 dilaksanakan berdasarkan ketentuan peraturan perundang-undangan dan hukum laut internasional.

BAB IX

PERTAHANAN, KEAMANAN, PENEGAKAN HUKUM,

Article 55

(1) The Government and Local Government are obliged to implement a system of prevention and mitigation of pollution and environmental damage Sea.

(2) government and regional governments are obliged to implement prevention and disaster management system Marine as an integral part of the system of national disaster prevention and mitigation.

Article 56

(1) The Government is responsible for protecting and preserving the sea environment.

(2) The protection and preservation of the sea environment as referred to in paragraph (1) is done through the prevention, reduction, and environmental control of every Marine Pollution Sea and Sea of handling environmental damage.

(3) The Government work together, whether bilateral, regional and multilateral in implementing the prevention, reduction and control referred to in paragraph (2).

Article 57

Marine protection and preservation of the environment as referred to in Article 56 carried out under the provisions of the legislation and international law.

CHAPTER IX

DEFENSE, SECURITY, LAW ENFORCEMENT,

DAN KESELAMATAN DI LAUT

Pasal 58

(1) Untuk mengelola kedaulatan negara, mempertahankan keutuhan wilayah Negara Kesatuan Republik Indonesia, dan melindungi segenap bangsa dan seluruh tumpah darah Indonesia dari ancaman dan gangguan terhadap keutuhan bangsa dan negara di wilayah Laut, dibentuk sistem pertahanan laut.

(2) Sistem pertahanan laut sebagaimana dimaksud pada ayat (1) diselenggarakan oleh kementerian yang menyelenggarakan urusan pemerintahan di bidang pertahanan dan Tentara Nasional Indonesia.

(3) Sistem pertahanan laut sebagaimana dimaksud pada ayat (2) dilaksanakan sesuai dengan ketentuan peraturan perundang-undangan.

Pasal 59

(1) Penegakan kedaulatan dan hukum di perairan Indonesia, dasar Laut, dan tanah di bawahnya, termasuk kekayaan alam yang terkandung di dalamnya serta sanksi atas pelanggarannya dilaksanakan sesuai dengan ketentuan peraturan perundang-undangan dan hukum internasional.

(2) Yurisdiksi dalam penegakan kedaulatan dan hukum terhadap kapal asing yang sedang melintasi laut teritorial dan perairan kepulauan Indonesia dilaksanakan sesuai dengan ketentuan peraturan perundang-undangan dan hukum internasional.

(3) Dalam rangka penegakan hukum di wilayah perairan dan wilayah yurisdiksi, khususnya dalam melaksanakan patroli keamanan dan keselamatan di wilayah perairan dan wilayah yurisdiksi Indonesia, dibentuk Badan Keamanan Laut.

Pasal 60

Badan Keamanan Laut sebagaimana dimaksud dalam Pasal 59 ayat (3) merupakan lembaga pemerintah nonkementerian yang berkedudukan di bawah dan bertanggung jawab langsung kepada Presiden melalui menteri yang mengoordinasikannya.

Pasal 61

Badan Keamanan Laut mempunyai tugas melakukan patroli keamanan dan keselamatan di wilayah perairan Indonesia dan wilayah yurisdiksi Indonesia.

AND SAFETY AT SEA

Article 58

(1) To manage the country's sovereignty, defend the territorial integrity of the Republic of Indonesia, and to protect the people and the country of Indonesia from threats and disruption of the integrity of the nation Sea region, formed sea defense system.

(2) sea defense system referred to in paragraph (1) organized by the ministry which held government affairs in the field of defense and the Indonesian Army.

(3) sea defense system referred to in paragraph (2) shall be implemented in accordance with the provisions of the legislation.

Article 59

(1) Enforcement of the rule of law and in Indonesian waters, seabed, and the ground beneath it, including natural resources contained in it as well as sanctions for the offense carried out in accordance with the provisions of the legislation and international law.

(2) the sovereignty and jurisdiction in the enforcement of laws against foreign ships crossing the territorial sea and archipelagic waters of Indonesia is conducted in accordance with the provisions of the legislation and international law.

(3) In order to uphold the law in the territorial waters and jurisdictions, especially in carrying out security patrols and safety in the territorial waters and the territorial jurisdiction of Indonesia, established the Maritime Security Agency.

Article 60

Maritime Security Agency as referred to in Article 59 paragraph (3) is the government agency that nonkementerian under and directly responsible to the President through the minister mengoordinasikannya.

Article 61

Maritime Security Agency has the task of patrolling the security and safety in the territorial waters of Indonesia and the Indonesian jurisdiction.

| Pasal 62 | Article 62 |

Dalam melaksanakan tugas, Badan Keamanan Laut menyelenggarakan fungsi:

In performing its duties, the Maritime Security Agency for the following functions:

a. menyusun kebijakan nasional di bidang keamanan dan keselamatan di wilayah perairan Indonesia dan wilayah yurisdiksi Indonesia;

a. formulate national policies in the field of security and safety in the territorial waters of Indonesia and the Indonesian jurisdiction;

b. menyelenggarakan sistem peringatan dini keamanan dan keselamatan di wilayah perairan Indonesia dan wilayah yurisdiksi Indonesia;

b. held early warning system security and safety in the territorial waters of Indonesia and the Indonesian jurisdiction;

c. melaksanakan penjagaan, pengawasan, pencegahan, dan penindakan pelanggaran hukum di wilayah perairan Indonesia dan wilayah yurisdiksi Indonesia;

c. perform maintenance, surveillance, prevention, and enforcement of law violations in the territorial waters of Indonesia and the Indonesian jurisdiction;

d. menyinergikan dan memonitor pelaksanaan patroli perairan oleh instansi terkait;

d. synergizing patrol and monitor the implementation of the waters by the relevant agencies;

e. memberikan dukungan teknis dan operasional kepada instansi terkait;

e. providing technical and operational support to relevant agencies;

f. memberikan bantuan pencarian dan pertolongan di wilayah perairan Indonesia dan wilayah yurisdiksi Indonesia; dan

f. provide assistance in search and rescue in the territorial waters of Indonesia and the Indonesian jurisdiction; and

g. melaksanakan tugas lain dalam sistem pertahanan nasional.

g. perform other tasks in the system of national defense.

Pasal 63

Article 63

(1) Dalam melaksanakan tugas dan fungsi sebagaimana dimaksud dalam Pasal 61 dan Pasal 62, Badan Keamanan Laut berwenang:

(1) In carrying out the duties and functions referred to in Article 61 and Article 62, the Maritime Security Agency is authorized to:

a. melakukan pengejaran seketika;

a. do hot pursuit;

b. memberhentikan, memeriksa, menangkap, membawa, dan menyerahkan kapal ke instansi terkait yang berwenang untuk pelaksanaan proses hukum lebih lanjut; dan

b. dismiss, check, catch, carry, and handed over to the ship agency authorized for the implementation of further legal proceedings; and

c. mengintegrasikan sistem informasi keamanan dan keselamatan di wilayah perairan Indonesia dan wilayah yurisdiksi Indonesia.

c. integrate information systems security and safety in the territorial waters of Indonesia and the Indonesian jurisdiction.

(2) Kewenangan sebagaimana dimaksud pada ayat (1) dilaksanakan secara terintegrasi dan terpadu dalam satu kesatuan komando dan kendali.

(2) The authority referred to in paragraph (1) shall be integrated in a single integrated and unified command and control.

Pasal 64

Article 64

Kebijakan nasional di bidang keamanan dan keselamatan di wilayah perairan Indonesia dan wilayah yurisdiksi Indonesia sebagaimana dimaksud

The national policy in the field of security and safety in the territorial waters of Indonesia and the Indonesian jurisdiction referred to in Article 62 letter dalam Pasal 62 huruf a ditetapkan oleh Presiden.

Pasal 65

(1) Badan Keamanan Laut dipimpin oleh seorang kepala dan dibantu oleh sekretaris utama dan beberapa deputi.

(2) Kepala Badan Keamanan Laut dijabat oleh personal dari instansi penegak hukum yang memiliki kekuatan armada patroli.

(3) Kepala Badan Keamanan Laut diangkat dan diberhentikan oleh Presiden.

Pasal 66

Personal Badan Keamanan Laut terdiri atas:

a. pegawai tetap; dan

b. pegawai perbantuan.

Pasal 67

Ketentuan lebih lanjut mengenai struktur organisasi, tata kerja, dan personal Badan Keamanan Laut diatur dengan Peraturan Presiden.

Pasal 68

Peraturan Presiden tentang struktur organisasi, tata kerja, dan personal Badan Keamanan Laut harus sudah ditetapkan dalam waktu paling lama 6 (enam) bulan sejak Undang-Undang ini ditetapkan.

BAB X

TATA KELOLA DAN KELEMBAGAAN LAUT

Pasal 69

(1) Pemerintah menetapkan kebijakan tata kelola dan kelembagaan Laut.

(2) Kebijakan tata kelola dan kelembagaan Laut sebagaimana dimaksud pada ayat (1) meliputi rencana pembangunan sistem hukum dan tata pemerintahan serta sistem perencanaan, koordinasi, pemonitoran, dan evaluasi Pembangunan Kelautan yang efektif dan efisien.

(3) Dalam menyusun kebijakan tata kelola dan kelembagaan Laut sebagaimana dimaksud pada ayat (1), Pemerintah melakukan penataan hukum laut

a set by the President.

Article 65

(1) The Maritime Security Agency is headed by a chief and assisted by the chief secretary and several deputies.

(2) Head of Maritime Security held by personnel of the law enforcement agency that has the power of the patrol fleet.

(3) Head of Maritime Security Agency is appointed and dismissed by the President.

Article 66

Personal Maritime Security Agency consists of:

a. jobholder; and

b. perbantuan employees.

Article 67

Further provisions concerning organizational structure, work procedures, and personal Maritime Security Agency regulated by Presidential Decree.

Article 68

Regulation of the President of the organizational structure, work procedures, and personal Maritime Security Agency must be set within a period of 6 (six) months from the Act's enactment.

CHAPTER X

INSTITUTIONAL GOVERNANCE AND SEA

Article 69

(1) The Government sets policy and institutional governance Sea.

(2) Policy and institutional governance of the Sea referred to in paragraph (1) shall include a plan of development of law and governance systems as well as systems for planning, coordination, monitoring, and evaluation of Marine Development of effective and efficient.

(3) In preparing the policy and institutional governance of the Sea referred to in paragraph (1), the Government made arrangements maritime law in

dalam suatu sistem hukum nasional, baik melalui aspek publik maupun aspek perdata dengan memperhatikan hukum internasional.

(4) Ketentuan lebih lanjut mengenai kebijakan tata kelola dan kelembagaan Laut sebagaimana dimaksud pada ayat (1) diatur dalam Peraturan Pemerintah.

BAB XI

PERAN SERTA MASYARAKAT

Pasal 70

(1) Penyelenggaraan Pembangunan Kelautan dilakukan oleh Pemerintah dan Pemerintah Daerah dengan melibatkan peran serta masyarakat.

(2) Peran serta masyarakat sebagaimana dimaksud pada ayat (1) dapat dilakukan secara perseorangan, kelompok, organisasi profesi, badan usaha, atau organisasi kemasyarakatan lain sesuai dengan prinsip keterbukaan dan kemitraan.

(3) Peran serta masyarakat dalam Pembangunan Kelautan sebagaimana dimaksud pada ayat (1) dilakukan melalui partisipasi dalam:

a. penyusunan kebijakan Pembangunan Kelautan;

b. Pengelolaan Kelautan;

c. pengembangan Kelautan; dan

d. memberikan masukan dalam kegiatan evaluasi dan pengawasan.

(4) Peran serta masyarakat selain sebagaimana dimaksud pada ayat (3) dapat dilakukan melalui partisipasi dalam:

a. melestarikan nilai budaya dan wawasan bahari serta merevitalisasi hukum adat dan kearifan lokal di bidang Kelautan; atau

b. pelindungan dan sosialisasi peninggalan budaya bawah air melalui usaha preservasi, restorasi, dan konservasi.

(5) Ketentuan lebih lanjut mengenai bentuk dan tata cara peran serta masyarakat dalam Pembangunan Kelautan sebagaimana dimaksud pada ayat (1) diatur dalam Peraturan Pemerintah.

BAB XII

a national legal system, either through public or aspects with regard to civil aspects of international law.

(4) Further provisions on governance and institutional policies Sea referred to in paragraph (1) Government Regulation.

CHAPTER XI

COMMUNITY PARTICIPATION

Article 70

(1) Operation of Marine Development of the Government and Local Government to involve community participation.

(2) Public participation as referred to in paragraph (1) can be done as individuals, groups, professional organizations, enterprises, or other community organizations in accordance with the principles of openness and partnership.

(3) Public participation in the Development of Marine referred to in paragraph (1) is done through participation in:

a. Marine Development policy making;

b. Marine management;

c. Marine development; and

d. provide input into the evaluation and monitoring activities.

(4) The participation of people other than those referred to in paragraph (3) can be done through participation in:

a. preserve cultural values and insights maritime and revitalize indigenous customary law in the field of Marine; or

b. protection and dissemination of underwater cultural heritage through the efforts of preservation, restoration, and conservation.

(5) Further provisions on the form and procedures for public participation in the Development of Marine referred to in paragraph (1) Government Regulation.

CHAPTER XII

KETENTUAN PERALIHAN

Pasal 71

(1) Badan Koordinasi Keamanan Laut tetap menjalankan tugas dan fungsinya sampai dengan terbentuknya Badan Keamanan Laut sebagaimana dimaksud dalam Pasal 59 ayat (3).

(2) Sebelum terbentuknya Badan Keamanan Laut, kegiatan dan program kerja yang dilaksanakan oleh Badan Koordinasi Keamanan Laut disesuaikan dengan Undang-Undang ini.

BAB XIII

KETENTUAN PENUTUP

Pasal 72

Pada saat Undang-Undang ini mulai berlaku, ketentuan mengenai pembentukan badan koordinasi sebagaimana diatur dalam Pasal 24 ayat (3) Undang-Undang Nomor 6 Tahun 1996 tentang Perairan Indonesia (Lembaran Negara Republik Indonesia Tahun 1996 Nomor 73 Tambahan Lembaran Negara Republik Indonesia Nomor 3647) dicabut dan dinyatakan tidak berlaku.

Pasal 73

Peraturan pelaksanaan Undang-Undang ini harus telah ditetapkan paling lambat 2 (dua) tahun setelah berlakunya undang-undang ini.

Pasal 74

Undang-Undang ini mulai berlaku pada tanggal diundangkan.

Agar setiap orang mengetahuinya, memerintahkan pengundangan Undang-Undang ini dengan penempatannya dalam Lembaran Negara Republik Indonesia.

Disahkan di Jakarta

pada tanggal 17 Oktober 2014

PRESIDEN REPUBLIK INDONESIA,

DR. H. SUSILO BAMBANG YUDHOYONO

TRANSITIONAL PROVISIONS

Article 71

(1) Maritime Security Coordinating Board shall perform their tasks and functions until the formation of the Maritime Security Agency as referred to in Article 59 paragraph (3).

(2) Prior to the establishment of the Maritime Security Agency, the activities and programs of work carried out by the Maritime Security Coordinating Board adjusted with this Act.

CHAPTER XIII

CLOSING

Article 72

At the time this Act comes into force, the provisions concerning the establishment of a coordinating body as provided for in Article 24 paragraph (3) of Law No. 6 of 1996 Indonesia (State Gazette of the Republic of Indonesia Year 1996 Number 73 Supplement to State Gazette of the Republic of Indonesia Number 3647) revoked and declared invalid.

Article 73

Regulations implementing this law should have been assigned no later than 2 (two) years after the entry into force of this law.

Article 74

This Act shall take effect on the date of promulgation.

For public cognizance, ordering the promulgation of this Law shall be published in the State Gazette of the Republic of Indonesia.

Enacted in Jakarta

on October 17, 2014

PRESIDENT OF THE REPUBLIC OF INDONESIA,

DR. H. Susilo Bambang Yudhoyono

Diundangkan di Jakarta	Promulgated in Jakarta
pada tanggal 17 Oktober 2014	on October 17, 2014
MENTERI HUKUM DAN HAK ASASI MANUSIA REPUBLIK INDONESIA,	MINISTER OF JUSTICE AND HUMAN RIGHTS REPUBLIC OF INDONESIA,
AMIR SYAMSUDIN	AMIR SYAMSUDIN

附录13 《关于印度尼西亚领海的1996年第6号法案》[1]

Act No. 6 of 8 August 1996 regarding Indonesian Waters

The President of the Republic of Indonesia, Considering:

That based on the historical facts and the viewpoint of the Indonesian nation, the State of the Republic of Indonesia, which was proclaimed on 13 August 1945, as an archipelagic State with the Declaration dated 17 December 1957 and Act No. 4 Prp. of 1960 on Indonesian Waters, has stipulated the waters territory of the State of the Republic of Indonesia;

That the Indonesian nation has succeeded in striving for the legal concept of archipelagic State, by the inclusion of provisions on legal principles and regime of archipelagic State in Chapter IV of the United Nations Convention on the Law of the Sea, which was ratified by Act No. 17 of 1985 on ratification of the United Nations Convention on the Law of the Sea;

That the regulation of the archipelagic State law as stipulated in Act No. 4 Prp. of 1960 on Indonesian Waters is not suitable anymore with the development of the archipelagic State law regime as contained in Chapter IV of the Convention as referred to in letter (b);

That in connection therewith, and to confirm the legal basis regulating the Indonesian waters, the sovereignty, jurisdiction, rights and obligations as well as activities in Indonesian waters, in the framework of national development, based on the archipelago principle, it is necessary to revoke Act No. 4 Prp. of 1960 on Indonesian Waters, and replace it with a new act;

Bearing in mind:

Article 5, paragraph 1, article 20, paragraph 1, and article 33, paragraph 3 of the 1945 Constitution; Act No. 17 of 1985 on Ratification of the United Nations Convention on the Law of the Sea (State Gazette of 1985 No. 76, Sup-

---

[1] See United Nations-Office of Legal Affairs, http://www.un.org/Depts/los/LEGISLATIONANDTREATIES/PDFFILES/IDN_ 1996_ Act.pdf.

plementary State Gazette No. 3319);

With the approval of:

The House of Representatives of the Republic of Indonesia has decided to stipulate:

CHAPTER I GENERAL PROVISIONS

Article 1

In this Act,

"Archipelagic State" means a State which entirely consists of one or more islands and can cover other islands;

"Island" means a land area, formed in a natural way, surrounded by water, and located on the water surface at flood tide;

"Archipelago" means a group of islands, including parts of islands and water between said islands, and other natural manifestations, of which the reciprocal relationship is so close that the said islands, waters and other natural manifestations constitute one geographical, economic, security and defence and political unity of intrinsic nature, or which is historically regarded as such;

"Indonesian waters" means the Indonesian territorial sea with the archipelagic waters and the inland waters thereof;

"Low-water line" means the fixed water line at a certain place indicating the sea-water surface level at the lowest ebb tide;

"Ebb tide elevation" means a land area, formed in a natural way, surrounded [by] and above the sea surface at ebb tide, but below the sea surface at flood tide.

"Gulf/bay" means a clear concavity of which the penetration is proportional in such a way with the width of its mouth that it contains closed waters, which is more than just a coastal curve, but a concavity, not constituting a gulf/bay, except if the extent thereof is as wide as or is more extensive than the extent of a half-circle, of which the diameter is drawn, crossing the relative concavity mouth;

"The archipelago's sea channel" means the channel of the sea through which vessels sail or foreign aircraft fly to conduct their sailing and flying in a normal way merely for continuous transits, directly and as rapidly as possible, not obstructed through or over the waters of the archipelago and adjacent territorial sea between one part of the open sea or the Indonesian exclusive economic zone and part of the open sea or other Indonesian exclusive economic zones;

"Convention" shall be the United Nations Convention on the Law of the Sea.

Article 2

The State of the Republic of Indonesia is an archipelago.

All waters in the surroundings, in between and those which connect the islands or part of the islands included in the land area of the State of the Republic of Indonesia, without regard to the extent and width thereof, constitute an integral part of the territories of the land area of the State of the Republic of Indonesian waters existing under the sovereignty of the State of the Republic of Indonesia.

CHAPTER II
THE TERRITORIES OF THE INDONESIAN WATERS

Article 3

The territories of the Indonesian waters comprise the Indonesian territorial sea, the archipelagic waters and the inland waters.

The Indonesian territorial sea is the sea channel of a width of twelve (12) sea miles measured from the Indonesian archipelagic baseline as referred to in article 5.

The Indonesian archipelagic waters are all the waters located on the inner side of the straight baseline of the archipelago without regard to the depth or the distance from the coast.

The Indonesian inland waters are all waters located on the land side of the low-water line from the coasts of Indonesia, including therein all parts of the waters located on the land side of a closing line as referred to in article 7.

Article 4

The sovereignty of the State of the Republic of Indonesia in the Indonesian waters comprises the territorial sea, the archipelagic waters and the inland waters as well as the airspace above the territorial sea, the archipelagic waters and the inland waters as well as the sea bottom and land thereunder including the sources of natural wealth contained therein.

Article 5

The baseline of the Indonesian Archipelago is drawn using the archipelago's straight baseline.

In case the archipelago's straight baseline as referred to in paragraph 1 cannot be used, then the common baseline or the straight baseline is used.

The straight baseline of the archipelago as referred to in paragraph 1 shall be the straight lines which connect the most outside points of the low-water line of the islands and the most outside dry rocks of the Indonesian Archipelago.

The archipelago's straight baseline as referred to in paragraph 3 shall not be drawn from and to the ebb-tide elevation, except if a lighthouse or a similar installation has already been built thereon, which exists permanently on the sea surface or if said ebb-tide elevation is located entirely or partly at a distance not more than the width of the territorial sea from the closest island.

The normal baseline as referred to in paragraph 2 is the lowest-water line along the coast.

The straight baseline as referred to in paragraph 2 shall be the straight line connecting the most outside points on the coastal line protruding far forward and turning landwards or a range of islands found close by and along the coast.

Article 6

The baseline of the Indonesian Archipelago drawn as referred to in article 5 is set forth in maps of adequate scale or scales to confirm the position thereof, or a list of geographic coordinate points can also be made which clearly specifies the geodetic data.

The maps with adequate scale or scales illustrating the Indonesian territorial waters or the list of geographic coordinate points of the baselines of the Indonesian Archipelago as referred to in paragraph 1 are further regulated by Government Regulation.

The Indonesian Government publishes as appropriate the maps with adequate scale or scales or the list of geographic coordinate points as referred to in paragraph 1, and shall deposit a copy of said list of geographic coordinate points with the Secretary-General of the United Nations.

Article 7

In the archipelagic waters, to stipulate the borders of the inland waters, the

Indonesian Government can draw closing lines at the river mouth, estuary, bay, inland sea and harbours.

The inland waters consist of: Inland sea, and Land waters.

The inland sea as referred to in paragraph 2, letter (a), shall be part of the sea located at the land side of the closing line, at the sea side of the low-water line.

The land waters as referred to in paragraph 2, letter (b), shall be all waters located at the land side of the low-water line, except at a river mouth of land waters, [where they] shall be all waters located at the land side of the closing line of a river mouth.

Article 8

The outside border of the Indonesian territorial sea is measured from the baseline, drawn according to the provisions as referred to in article 5.

Article 9

Without prejudice to the provisions of article 4, the Indonesian Government shall respect and honour the existing approvals and agreements with other countries which concern the part of the waters which constitutes its archipelagic waters.

The terms and conditions for the implementation of the rights and activities as referred to in paragraph 1, including the nature, the scope and the region in which said rights and activities are effective, at the request of one of the countries concerned, shall be regulated by bilateral agreement.

The rights as referred to in paragraph 2 shall not be transferred or partly given to a third country or its nationals.

The submarine telecommunication cable already installed by a foreign country or legal entity crossing the Indonesian waters without entering the land side shall be respected/honoured.

The Indonesian Government shall allow the maintenance and replacement of cables as referred to in paragraph 4, after a notification has been received as appropriate concerning the location and the intention to repair and replace said cables.

Article 10

In the matter of the location of the Indonesian coast which is confronting or adjacent to another country, provided that there is no agreement to the contrary, the borderline of the territorial sea between Indonesia and said country shall be the centre line of which the points are of equal distance from the closest points at the baseline from where the width of the territorial sea of the respective countries is measured.

The provisions as referred to in paragraph 1 are not valid if there is a reason of historical right or another special condition, causing the necessity to stipulate the borders of the territorial sea between both countries according to a different way from said provisions.

CHAPTER III
CROSSING RIGHTS FOR FOREIGN VESSELS

First Part　Peaceful Crossing Rights

Article 11

Vessels of all countries, coastal as well as non-coastal countries, enjoy peaceful crossing rights through the territorial sea and waters of the Indonesian archipelago.

Crossing means navigation through the territorial sea and waters of the Indonesian Archipelago for the purpose of:

Crossing said sea without entering the inland waters or making a call at an anchoring place mid-sea or at harbour facilities outside the inland waters, or

Passing by or from the inland waters or making a call at mid-sea or at said harbour facilities.

The peaceful crossing as referred to in paragraph 1, shall be continuous, direct and as quickly as possible, including stopping or riding anchor as far as this is in connection with normal navigation, or shall be conducted because of a forced condition, difficulties experienced, the provision of assistance to another person, a ship or aircraft in danger or difficulties.

Article 12

A crossing is considered as peaceful if it is not harmful to the peace, order or security of Indonesia and is conducted according to the provisions of the Convention and other international laws.

Crossing by a foreign vessel shall be considered as endangering the peace, order or security of Indonesia, if said vessel when being at territorial sea and or at archipelagic waters, conducts one of the activities prohibited by the Convention and/or by another international law.

Further provisions concerning the peaceful crossing as referred to in paragraph 1 and paragraph 2 shall be regulated by Government Regulation.

Article 13

The Government of Indonesia can temporarily postpone the peaceful crossing of all kinds of foreign ships in certain regions of the territorial sea or the archipelagic waters if such a postponement is necessary for the protection of its security, including the purpose of arms/weapons training.

The postponement as referred to in paragraph 1 is only effective after an announcement has been made according to the provisions in force.

Further provisions on the temporary postponement as referred to in paragraph 1 and paragraph 2 shall be regulated by Government Regulation.

Article 14

As required with due observance of the safety of navigation, the Government of Indonesia shall stipulate the sea channel and traffic dividing scheme safety of the territorial sea and archipelagic waters.

Further provisions on the use of the sea channel and the traffic dividing scheme at the territorial sea and the archipelagic waters as referred to in paragraph 1 shall be regulated by Government Regulation.

Article 15

In the implementation of the right of peaceful crossing at territorial sea and archipelagic waters, a submarine and other submarine vehicles shall conduct navigation above the water surface and show the national flag.

Article 16

A nuclear-powered foreign vessel and a foreign vessel carrying nuclear or other material which, because of the dangerous or toxic nature, if they have to use their peaceful crossing right, they have to carry documents and adhere to the special preventive measures stipulated by international agreement.

Article 17

The further provisions concerning the rights and obligations of foreign merchant ships, warships and Government vessels operated for commercial and non-commercial purposes in conducting a peaceful crossing right through the Indonesian waters, shall be regulated by Government Regulation.

SECOND PART
ARCHIPELAGIC SEA CHANNEL CROSSING RIGHTS

Article 18

Archipelagic sea channel crossing at specially stipulated sea channels is the implementation of shipping and aviation rights in accordance with the provisions of the Convention in a normal way, is conducted only to conduct continuous and direct transits as quickly as possible and shall not be obstructed.

All kinds of vessels and aircraft of foreign countries, coastal and non-coastal countries, shall enjoy crossing rights over the archipelagic sea channels through the waters of the Indonesian Archipelago between one part of the open sea or the Indonesian exclusive economic zone with part of the open sea or another Indonesian exclusive economic zone.

Further provisions concerning the rights and obligations of vessels and aircraft of foreign countries which are using their crossing rights over an archipelagic sea channel, as referred to in paragraphs 1 and 2, shall be regulated by Government Regulation.

Article 19

The Indonesian Government shall determine the sea channels, including the flight routes above them, which are suitable to be used for the implementation of the crossing rights over archipelagic sea channels by foreign ships and aircraft, as referred to in article 18, and may also stipulate the traffic dividing scheme as referred to article 14 for the purpose of a safe ship crossing over the sea channel.

The sea channels and flight routes as referred to in paragraph 1 are determined by a range of interconnected axis lines starting from the route's entrance place up to the exit place through the archipelagic waters and territorial sea adjacent thereto.

If required, after an announcement has been made as appropriate, the sea channel and the traffic separation scheme already stipulated beforehand can be replaced with another sea channel and a traffic separation scheme.

In determining or substituting the sea channel or the traffic separation scheme, the Indonesian Government shall forward a proposal to the competent international organization to reach mutual agreement.

The Government determines the sea channel axes and the traffic separation schemes and sets them forth in maps to be published.

Foreign vessels conducting a crossing of an archipelagic sea channel shall adhere to the sea channels and the traffic separation scheme already stipulated.

Further provisions on sea channels and traffic separation schemes, as referred to in paragraph 1, shall be regulated by Government Regulation.

THIRD PART　TRANSIT CROSSING RIGHTS

Article 20

All foreign vessels and aircraft are free to sail or fly merely for the purpose of continuous transits, directly and as quickly as possible through Indonesian territorial sea in a strait between one part of an open sea or the Indonesian exclusive economic zone and another part of an open sea or the Indonesian exclusive economic zone.

The transit crossing right shall be conducted in accordance with the provisions of the Convention, other international laws and/or the legislative regulations in force.

Article 21

If required, with due observance of the safety of navigation, the Indonesian Government can stipulate a sea channel and a traffic separating scheme for shipping at a transit crossing as referred to in article 20.

The further provisions on the use of the sea channel and transit traffic separation scheme, as referred to in paragraph 1, shall be regulated by Government Regulation.

FOURTH PART
ACCESS AND COMMUNICATION RIGHTS

Article 22

If a part of the waters of the Indonesian Archipelago is located between two territorial parts of a neighbouring country which is directly adjacent, Indonesia shall respect/honour the existing rights and other legal interests conducted traditionally by the country concerned in said waters through a bilateral agreement.

The Indonesian Government respects/honours the installation of a sea cable and shall permit the maintenance and replacement of already existing cables by prior appropriate notification.

CHAPTER IV
UTILIZATION, MANAGEMENT, PROTECTION AND PRESERVATION OF THE ENVIRONMENT OF THE INDONESIAN WATERS

Article 23

The utilization, management, protection and preservation of the environments of the Indonesian waters are conducted based on the national legislative regulations in force and on the international law.

The administration and jurisdiction, protection and environmental preservation of the Indonesian waters are implemented based on the prevailing legislative regulations.

If required, to increase the utilization, management protection and preservation of the environment of the Indonesian waters as referred to in paragraph 1, a coordination agency can be established, to be stipulated by Presidential Decree.

CHAPTER V
UPHOLDING OF THE SOVEREIGNTY AND LAW IN THE INDONESIA WATERS

Article 24

The upholding of the sovereignty and law in the Indonesian waters, the airspace above them, the sea bottom and the land thereunder including the natural wealth contained therein as well as the sanctions on the violations thereof, shall be implemented in accordance with the provisions of other international law conventions and the prevailing legislative regulations.

The jurisdiction in the upholding of the sovereignty and law towards foreign ships crossing the Indonesian territorial sea and the archipelagic waters shall be conducted in accordance with the provisions of the Convention, other international laws and the prevailing legislative regulation.

If required, for the implementation of the upholding of the law as referred to in paragraph 1 and paragraph 2, a coordinating agency can be established, stipulated by Presidential Decree.

CHAPTER VI TRANSITIONAL PROVISIONS

Article 25

As long as the Government Regulation as referred to in article 6, paragraph 2, has not yet been stipulated, to this Act shall be attached an illustrative map with a scale or scales illustrating the Indonesian water territories of the list of geographic coordinate points of the baselines of the Indonesian Archipelago.

The implementation regulation of Act No. 4 Prp. of 1960 on the Indonesian Waters shall continue to be effective provided that it is not contradictory to or not yet replaced with a new implementation regulation based on this Act.

CHAPTER VII CONCLUDING PROVISIONS

Article 26

With the effectiveness of this Act, Act No. 4 Prp. of 1960 concerning the Indonesian Waters (State Gazette of 1960 No. 22, Supplementary State Gazette Number 1942) is declared as no longer effective.

Article 27

This Act shall be effective as of the date of promulgation.

For the information of the public, it is instructed to promulgate this Act by inserting it in the State Gazette of the Republic of Indonesia.

附录14 1983年《关于印度尼西亚专属经济区的第5号法案》[1]

Act No. 5 of 1983 on the Indonesian Exclusive Economic Zone, 18 October 1983

Chapter I General Provision

Article 1

For the purposes of this Act,

"Living natural resources" means all species of animals and plants, including their divisions, found on the sea-bed and in the water area of the Indonesian exclusive economic zone;

"Non-living natural resources" means natural substances being non-living natural resources, found on the sea-bed and in the subsoil thereof as well as in the water area of the Indonesian exclusive economic zone;

"Scientific research" means any activity in connection with the research on any maritime aspects on the water surface, in the water column, on the sea-bed and in the subsoil thereof the sea floor in the Indonesian exclusive economic zone;

"Conservation of natural resources" means all efforts aimed at protecting and preserving the natural resources in the Indonesian exclusive economic zone;

"Marine environmental protection and conservation" means any effort aimed at preserving and maintaining the whole of the marine ecosystem within the Indonesian exclusive economic zone.

Chapter II
Indonesia's Exclusive Economic Zone

Article 2

The Indonesian exclusive economic zone is the outer strip bordering the Indonesian territorial sea as determined by the law applicable to the Indonesian wa-

---

[1] See United Nations-Office of Legal Affairs, http://www.un.org/depts/los/LEGISLATIONANDTREATIES/PDFFILES/IDN_ 1983_ Act. pdf.

ters, covering the sea-bed, the subsoil thereof and the water above it with an outermost limit of 200 (two hundred) nautical miles, measured from the baseline of the Indonesian territorial sea.

Article 3

In the event that the Indonesian exclusive economic zone overlaps the exclusive economic zone of another State whose coastline is opposite or adjacent to that of Indonesia, then the boundary line between the exclusive economic zone of Indonesia and that of the other State shall be established by agreement between the Republic of Indonesia and the State concerned.

So long as such agreement as referred to in paragraph (1) does not exist, and no special conditions need to be considered, the boundary line between the exclusive economic zone of Indonesia and that of the other State shall be the median line or a line that is equidistant from the baselines of Indonesian territorial sea or the outermost points of Indonesia and the baselines of the territorial sea or outermost points of the other State, except if an agreement has been reached with the said State on a provisional arrangement of the boundaries of the Indonesian exclusive economic zone.

Chapter III
Sovereign Rights, other Rights, Jurisdiction and Duties

Article 4

Within the Indonesian exclusive economic zone, the Republic of Indonesia shall have and exercise:

Its sovereign rights to conduct the exploration, exploitation, management and conservation of the living and non-living resources on the sea-bed and in the subsoil thereof, as well as the water above it, including other activities for the purpose of economic exploration and exploitation of said zone, such as the generation of power by means of water, current and wind;

Its jurisdiction in connection with:

The construction and use of artificial islands, installations and other structures;

Marine scientific research;

The protection and conservation of the marine environment;

Other rights and duties, based on the applicable provisions of the Convention on the Law of the Sea.

As far as it concerns the sea-bed and the subsoil thereof, the sovereign rights and other rights, jurisdiction and duties of Indonesia as referred to in paragraph (1), shall be exercised in accordance with the legislative provisions on the Indonesian continental shelf, agreements concluded between the Republic of Indonesia and neighbouring States and the rules of international law in force.

Within the Indonesian exclusive economic zone, the freedom of international navigation and overflight, as well as the freedom of laying submarine cables and pipelines, shall be respected in accordance with the principles of the international law of the sea.

Chapter IV
Activities within the Indonesian Exclusive Economic Zone

Article 5

Without prejudice to the provision in article 4, paragraph (2), the exploration and/or exploitation of natural resources or any other activities for the purpose of the economic exploration or exploitation of said natural resources, such as generation of power by means of water, current or wind within the Indonesian exclusive economic zone, may only be conducted on the permission of the Government of the Republic of Indonesia, or on the basis of an international agreement concluded with the Government of the Republic of Indonesia. Such activity has to be carried out under the conditions of such permit or such international agreement.

Without prejudice to the provision in paragraph (1), any exploration and/or exploitation of the living natural resources shall comply with the provisions on management and conservation as stipulated by the Government of the Republic of Indonesia.

Without prejudice to the provision in article 4, paragraph (2), any exploration and/or exploitation of the living resources in a certain area within the Indonesian exclusive economic zone, conducted by any person, a corporate body or Government of a foreign State, may be permitted provided that the catch as allowed by the Government of the Republic of Indonesia of the species in question is in excess of Indonesia's capacity to harvest the allowable catch.

Article 6

Whoever constructs and/or uses any artificial island or installations or other structures within the Indonesian exclusive economic zone, may do so based on the permission of the Government of the Republic of Indonesia. Such activities have to be carried out under the conditions of such permit.

Article 7

Whoever intends to conduct any scientific research activity in the Indonesian exclusive economic zone has to ensure that such activity shall obtain the prior consent of, and such activity shall be carried out under the conditions as determined by, the Government of the Republic of Indonesia.

Article 8

Whoever conducts any activity within the Indonesian Exclusive Economic Zone has the duty to take steps towards preventing, minimizing, controlling and surmounting the pollution of the environment.

Discharge of waste in the Indonesian exclusive economic zone may be effected only after having obtained the permission of the Government of the Republic of Indonesia.

Chapter V   Indemnity

Article 9

Whoever conducts any activity in violation of the provisions of the statutory regulations of the Republic of Indonesia and international law in relation to artificial islands, installations or other structures within the Indonesian exclusive economic zone and causes loss shall be liable for such loss and shall pay indemnity to the owner of such artificial islands, installations and/or other structures.

Article 10

Without prejudice to the provision in article 7, whoever conducts any activity within the Indonesian exclusive economic zone in violation of the provisions of the statutory regulations of the Republic of Indonesia and the rules of international law, as applicable to the field of marine scientific research, and causes loss shall be held responsible for such loss and shall pay indemnity to the Republic of Indonesia.

Article 11

Without prejudice to the provision in article 8 and with due observance to a fixed maximum of indemnity, whoever causes pollution of the marine environment and/or damage to the natural resources within the Indonesian exclusive economic zone shall be held fully responsible for such pollution or damage and shall pay immediately a reasonable amount of the rehabilitation costs for the marine environment and/or natural resource.

Exempted from the full responsibility as provided for in paragraph (1) are those who can prove that such pollution of the marine environment and/or damage to the natural resources was the result of:

A natural calamity, being beyond one's power;

A damage which wholly or partly was caused by an act or negligence of a third party.

The form, type and size of the loss resulting from the pollution of the marine environment and/or damage to the natural resources shall be fixed on the basis of the outcome of an ecological investigation.

Article 12

The regulation pertaining to the limit of maximum indemnity, method of ecological investigation and claim for damages, as referred to in article 11, shall be dealt with by statutory regulations as referred to in article 20.

Chapter VI Law Enforcement

Article 13

In exercising the sovereign rights and other rights, jurisdiction and duties, as specified in article 4, paragraph (1), the competent law-enforcement agency of the Republic of Indonesia may take law-enforcement measures in accordance with Act No. 8 of 1981 on the Code of Criminal Procedure with the following exceptions:

In the case of any ship and/or persons deemed to have committed an offence within the Indonesian exclusive economic zone, such measures shall include the detention of the ship until the handing over of such ship and/or persons at the port, where the said case can be further prosecuted.

The handing over of such ship and/or persons shall take place as soon as possible, not exceeding a period of 7 (seven) days, except in case of a force majeure.

For the purpose of detention, the criminal act as referred to in article 16 and article 17, shall come under the category of criminal acts as referred to in article 21, paragraph (4), letter b, Act No. 8 of 1981 on the Code of Criminal Procedure.

Article 14

The law-enforcement agency in the field of investigation within the Indonesian exclusive economic zone is a Navy Officer of the Indonesian Armed Forces, so assigned by the Commander-in-Chief of the Armed Forces of the Republic of Indonesia.

The plaintiff is the public prosecutor attached to the court of first instance as referred to in paragraph (3).

The court of justice authorized to try offences arising from violation of the provisions of this Act is the court of first instance whose jurisdiction covers the port where the detention of such ship and/or persons as referred to in article 13, letter a, has taken place.

Article 15

Any request for the release of such ship and/or persons arrested on the ground of being accused of having committed a violation of this act or any legislative provision issued on the basis of this act may be filed at any time prior to the verdict of the competent court of first instance.

Any request for such release as provided for in paragraph (1) may be complied with after the claimant has handed over a reasonable amount of bail as fixed by the competent court of first instance.

Chapter VII Penal Provisions

Article 16

Whoever commits a violation of the provisions in article 5, paragraph (1), article 6 or article 7 shall be punished by a fine to a maximum of Rp 225000000 (two hundred and twenty-five million rupiahs).

The court in its verdict may decide to confiscate the products of activity, the ship and/or the equipment used in committing the criminal act as referred in paragraph (1).

Whoever deliberately commits an act causing damage to the life environment or the pollution of the life environment within the Indonesian exclusive economic zone shall be threatened with punishment in accordance with the legislative provisions applicable to the field of life environment.

Article 17

Whoever damages or destroys the evidences used in committing a criminal act referred to in article 16, paragraph (1), with the purpose of avoiding the confiscation of said evidences during the investigation, shall be punished by a fine to a maximum of Rp 75000000 (seventy-five million rupiahs).

Article 18

The criminal act referred to in article 16 and article 17 shall be regarded as a crime.

Chapter VIII   Transitional Provision

Article 19

Any provisions on the exploration and/or exploitation of the living resources enacted before the promulgation of this act shall remain in force until changes are made by virtue of legislative provisions issued on the basis of this Act.

Chapter IX Closing provisions

Article 20

Other statutory regulations shall be adopted to implement further the provisions of this Act.

The government regulation in implementing the provisions of this Act may stipulate a maximum fine of Rp75000000 (seventy-five million rupiahs) against any violation of its provisions.

Article 21

This Act shall come into force as from the date of its promulgation. In order that everybody may have knowledge of it, the promulgation of this act is hereby ordered through its placing in the State Gazette of the Republic of Indonesia.

STATE GAZETTE OF THE REPUBLIC OF INDONESIA OF 1983, No. 44.

ANNEX
Elucidation of Act No. 5 of 1983

GENERAL

The Government of the Republic of Indonesia has long since felt the great importance of the exclusive economic zone to support the realization of the Archipelagic Outlook in the framework of improving the welfare of the Indonesian nation, by way of utilizing all natural resources, both living and non-living, found within its exclusive economic zone.

Based on what is mentioned above and in order to safeguard the national interest, particularly in the matter of satisfying the need of the Indonesian people for animal protein and in regard to the utilization of non-living resources, protection and conservation of the marine environment and marine scientific research, the Government of the Republic of Indonesia issued a government announcement on 21 March 1980 on the Indonesian exclusive economic zone.

International law on the exclusive economic zone has been developed by the international community through the Third United Nations Conference on the Law of the Sea and State practice, and is aimed at protecting the interests of the coastal State against the danger of exhausting the natural resources adjacent to its coast by fishery activities on the basis of the régime of the high seas.

Besides, the exclusive economic zone also serves to protect the interests of coastal States in the field of the conservation of the marine environment and the conduct of marine scientific research in the framework of supporting the utilization of natural resources within the exclusive economic zone.

The United Nations Convention on the Law of the Sea has provided the Republic of Indonesia in its capacity as a coastal State with the sovereign right to explore and exploit the natural resources found within the exclusive economic zone and the jurisdiction relating to the exercise of such sovereign right.

On the other hand, Indonesia has the duty to respect the right of other States in its exclusive economic zone, such as the freedom of navigation and overflight, as well as the freedom of the laying of submarine cables and pipelines within the exclusive economic zone.

With special reference to the utilization of the living resources found within the Indonesian exclusive economic zone, any other State may, in accordance with the United Nations Convention on the Law of the Sea, take part in utilizing the living resources, so long as Indonesia has not yet fully utilized all of these living resources.

Besides announcing the above-mentioned principles and basic policies, which are primarily directed towards the outside world, it was found necessary also that said principles and basic policies be laid down in an Act so as to provide a solid basis for the exercise of the sovereign right, other rights, jurisdiction and duties within the exclusive economic zone, so that, in this way, legal security may be established as well.

It was in this connection that the Act on the Indonesian Exclusive Economic Zone was drawn up, which stipulates the sovereign right, other rights, jurisdiction and duties of the Republic of Indonesia within its exclusive economic zone.

This Act only provides the basic rules, while further implementation of the provisions of this act shall be laid down in other statutory regulations.

ARTICLE BY ARTICLE

Article 1

The term "living resources" in this act means the same as is meant by the term "fishery resources" in the provisions of the statutory regulations on fishery.

Article 2

This article clarifies and confirms the geographical definition of the Indonesian exclusive economic zone as contained in the announcement of the Government of the Republic of Indonesia dated 21 March 1980 on the Indonesian exclusive economic zone.

Article 3

Paragraph (1)

Sufficiently clear.

Paragraph (2)

This paragraph provides that the principles of equidistance is applied to determine the boundaries between the exclusive economic zone of Indonesia and a neighbouring State, except in case of special circumstances necessitating consideration, so as not to prejudice the national interest.

Such special circumstances, for example, may include the presence of an island belonging to another country, located at a distance less than 200 (two hundred) sea miles from the baseline from which the breadth of the Indonesian exclusive economic zone is measured.

Article 4

Paragraph (1)

The expression "Indonesian sovereign right" is not the same as or cannot be equalized with the full sovereignty as possessed and exercised by Indonesia over its territorial sea, interislands waters and inland waterways.

Based on what is mentioned above, so the sanctions imposed in the Indonesian exclusive economic zone differ from those imposed upon the waters falling under the sovereignty of the Republic of Indonesia.

Other rights, based on international law, include the right of the Republic of Indonesia to enforce the law upon and undertake a hot pursuit of any foreign ships committing a violation of the provision of Indonesia's statutory regulations in the exclusive economic zone.

Another duty, based on international law, is the duty of the Republic of Indonesia to respect the rights of other States, such as the freedoms of navigation and overflight, as well as the freedom for the laying of submarine cables and pipelines.

Paragraph (2)

This paragraph stipulates that, as far as it concerns the living and non-living resources found on the sea-bed and in the subsoil thereof, within the boundaries of the Indonesian exclusive economic zone, the Indonesian sovereign right shall be exercised and shall be based on Indonesia's statutory regulations as applicable to the continental shelf régime, as well as international agreements on the continental shelf determining the boundaries between the continental shelves of Indonesia and neighbouring States whose coasts are opposite or adjacent to those of the Republic of Indonesia.

Paragraph (3)

In accordance with the applicable principles of international law, such as those originating from the practice of States and laid down in the United Nations Convention on the Law of the Sea as adopted at the Third United Nations Conference on the Law of the Sea, within the exclusive economic zone, any State, whether coastal or landlocked, shall enjoy the freedom of international navigation and overflight as well as the freedom of the laying of submarine cables and pipelines and using the sea pursuant to said freedoms, such as the operation of ships and aircraft and the maintenance of submarine cables and pipelines.

Article 5

Paragraph (1)

Any exploratory or exploitative activity of the natural resources or any other activity for the purpose of economic exploration and/or exploitation, such as the generation of power from water, current and wind, conducted within the Indonesian exclusive economic zone by any Indonesian national or corporate body shall be based on a permit granted by the Government of the Republic of Indonesia.

Activities as meant above conducted by a foreign State, foreigner or foreign corporate body shall be based on an international agreement concluded between the Government of the Republic of Indonesia and the foreign State concerned.

The terms and conditions of such international treaty or agreement have to state the rights and duties to be observed by those conducting exploratory or exploitation activities within the said zone, such as the duty to pay levies to the Government of the Republic of Indonesia.

Paragraph (2)

Living resources basically have the quality to recover, but not in the sense of being unlimited. Therefore, with the presence of such quality, the Government of the Republic of Indonesia, in the management and conservation of the living resources, has decided upon the degree of utilization in the Indonesian exclusive economic zone, in part or in whole.

Paragraph (3)

Within the framework of conserving the living resources, Indonesia has the duty to guarantee the maximum sustainable yield of the living resources within the Indonesian exclusive economic zone.

With due observance to said maximum sustainable yield, Indonesia also has the duty to fix the maximum quantity of allowable catch of the living resources.

In the event that the Indonesian fisheries industry is not yet fully capable of utilizing said maximum quantity of allowable catch, then the difference between the allowable catch and the Indonesian harvesting capacity may be utilized by another State with the permission of the Government of the Republic of Indonesia on the basis of an international agreement.

Suppose the allowable catch is fixed at 1000 (one thousand) tons, while Indonesia's harvest capacity has reached only 600 (six hundred) tons, another State may participate in utilizing the remaining 400 (four hundred) tons, with the permission of the Government of the Republic of Indonesia on the basis of an international agreement.

The reference to article 4, paragraph (2), is meant to clarify that sedentary species found on the sea-bed within the exclusive economic zone are subject to the continental shelf régime (art. 1, letter b, Act No. 1 of 1973, on the Indonesian Continental Shelf). Therefore, they are not subject to the provision under this paragraph.

Article 6

In accordance with article 4, paragraph (1), the Republic of Indonesia has the exclusive right to develop, license and arrange the development, operation and use of artificial islands, installations and other structures.

Besides, Indonesia has exclusive jurisdiction over such artificial islands, installations and structures, including jurisdiction relating to the implementation of legislative provisions in the fields of customs, taxation, health, safety and immigration.

Although Indonesia has exclusive jurisdiction over such artificial islands, installations and structures, nevertheless they do not have the status of islands in the sense of State territories, and therefore do not have a territorial sea of their own, and their presence does not affect the boundaries of the Indonesian territorial sea, exclusive economic zone or continental shelf.

Article 7

Any marine scientific research within the Indonesian exclusive economic zone may only be carried out after the request for such research has been approved previously by the Government of the Republic of Indonesia.

In the event that in 4 (four) months following receipt of such request, the Government of the Republic of Indonesia fails to state:

its objection against such request, or that the information provided by the applicant is not consistent with the reality or is incomplete, or that the applicant has not fulfilled his duty in the matter of an earlier research project, then the marine scientific research project may be implemented within 6 (six) months following receipt of a research application by the Government of the Republic of Indonesia.

Article 8

Paragraph (1)

The authority to protect and conserve the natural resources within the Indonesian exclusive economic zone is based internationally on the practice of States that has now been embodied in the United Nations Convention on the Law of the Sea, whereas from the national point of view, its basis is to be found in Act No. 4 of 1982 on the Basic Provisions pertaining to Life Environmental Management.

Paragraph (2)

Dumping in the sea may cause pollution of the marine environment, and for that reason it was deemed necessary to arrange the site, manner and frequency of dumping as well as the type, content and volume of the materials to be dumped under licence. Such dumping covers the dumping of rubbish and other materials that may cause pollution of the marine environment. Ordinary disposal of refuse by ships during their voyage does not need a permit.

Article 9

Sufficiently clear.

Article 10

Sufficiently clear.

Article 11

Paragraph (1)

The duty to bear strict liability and to pay indemnity for the rehabilitation of the marine environment and/or natural resources is the consequence of the duty to maintain environmental harmony and equilibrium.

Therefore, such duty shall rest upon whomsoever commits an act or fails to prevent the commission of the act or allows the occurrence of the pollution of the marine environment and/or damage to the natural resource.

"Strict liability" implies that said liability takes effect as from the very moment that pollution of the marine environment and/or damage to the natural resource occurs, and, that the production of evidence in terms of procedure is no longer necessary.

Paragraph (2)

Sufficiently clear.

Paragraph (3)

The form, type and size of loss caused by the pollution of the marine environment and/or damage to the natural resources shall determine the amount of indemnity. Ecological investigation on the form, type and size of such loss shall be conducted by a team comprising members representing the Government, the sufferers and the offenders.

Such special team is meant to be set up for each case.

Article 12

Sufficiently clear.

Article 13

Any ship and/or persons being suspected of having committed a criminal act based on sufficient preliminary evidences at sea, particularly in case of a foreign ship and/or foreigners, further investigation may be conducted by way of arresting the ships and/or persons concerned.

Any ship and/or persons having Indonesian nationality can be given an ad hoc order to proceed to a port or base appointed by the investigator at/sea for further prosecution.

Such an above-mentioned arrest cannot always conform to the time limit of arrest, i. e. , one day, as fixed in Act No. 8 of 1981 on the Code of Criminal Procedure.

Therefore, for an arrest at sea, a reasonable period of time is needed so as to enable the law-enforcement agency at sea to escort such ship and/or persons to any port or base.

A period of time of seven days is considered to be the maximum time required to haul or tow such ship from the farthest point within the Indonesian exclusive economic zone to any port or base.

The provision on detention for reasons of a criminal act according to this Act has not yet been dealt with in Act No. 8 of 1981, whereas the detention of such criminal act is a means to enable further prosecution of the case.

In this connection, although the criminal punishment that can be imposed is in the form of a fine, nevertheless, for its being qualified as a crime, such criminal act should come under the category of criminals acts as referred to in article 21, paragraph (4), letter b, Act No. 8 of 1981 on the Code of Criminal Procedure.

Article 14

Paragraph (1)

The Navy Officer of the Indonesian Armed Forces, who may be appointed as investigator, is, for instance, the ship's captain, Navy District Commander, Base Commander and Navy Station Commander. The appointment of a Navy Officer of the Indonesian Armed Forces as the investigating agency within the Indonesian exclusive economic zone is in conformity with the provision of Article 30, paragraph (20), Act No. 20 of 1982 on the Basic Provisions of Defence and Security of the Republic of Indonesia, and article 17, Government Regulation No. 27 of 1983, concerning the Execution of Act No. 8 of 1981 on the Code of Criminal Procedure.

Paragraph (2)

Sufficiently clear.

Paragraph (3)

Sufficiently clear.

Article 15

Paragraph (1)

The request for the release of a ship and/or person arrested for being suspected of having committed an offence can be filed, based on conventional practice, by the legation of the State of the foreign ship concerned, the owner or the captain or whomsoever having any work or business relation with the ship or person concerned, based on legal evidences.

Paragraph (2)

The fixing of the amount of bail is based on the value of the ship, its equipment and the proceeds of its activities, increased by the maximum amount of fine.

Sufficiently clear.

Sufficiently clear.

Article 16

Paragraph (1)

Paragraph (2)

Paragraph (3)

Sufficiently clear.

Article 17

Sufficiently clear.

Article 18

Sufficiently clear.

Article 19

Sufficiently clear.

Article 20

Sufficiently clear

Article 21

Sufficiently clear.

SUPPLEMENTARY STATE GAZETTE OF THE REPUBLIC OF INDONESIA, No. 3260.

附录 15　印度尼西亚对《公海公约》的保留[1]　(1961)

Reservation:

The terms "territorial sea" and "internal waters" mentioned in the Convention, as far as the Republic of Indonesia is concerned, are interpreted in accordance with Article 1 of the Government Regulation in Lieu of an Act No. 4 of the Year 1960 (State Gazette 1960, No. 22) concerning Indonesian Waters, which, in accordance with Article 1 of the Act No. 1 of the Year 1961 (State Gazette 1961, No. 3) concerning the Enactment of All Emergency Acts and All Government Regulations in Lieu of an Act which were promulgated before January 1, 1961, has become Act, which Article word by word is as follows:

Article 1:

1. The Indonesian Waters consist of the territorial sea and the internal waters of Indonesia.

2. The Indonesian territorial sea is a maritime belt of a width of twelve nautical miles, the outer limit of which is measured perpendicular to the baselines or points on the baselines which consist of straight lines connecting the outermost point on the low water mark of the outermost islands or part of such islands comprising Indonesian territory with the provision that in case of straits of a width of not more than twenty-four nautical miles and Indonesia is not the only coastal state the outer limit of the Indonesian territorial sea shall be drawn at the middle of the strait.

3. The Indonesian internal waters are all waters lying within the baselines mentioned in paragraph 2.

4. One nautical mile is sixty to one degree of latitude.

---

[1] See United Nations-Office of Legal Affairs, https://treaties.un.org/Pages/ViewDetails.aspx?src=TREATY&mtdsg_no=XXI-2&chapter=21&clang=_en#EndDec.

附录 16　印度尼西亚根据《公约》第 47 条第 9 款交存一份群岛基线各点的地理坐标一览表的通知[1]

09/105

United Nations　　Nations Unies

HEADQUARTERS · SIEGE　　NEW YORK, NY 10017
TEL.: 1 (212) 963.1234 • FAX: 1 (212) 963.4879

REFERENCE: M.Z.N.67.2009.LOS (Maritime Zone Notification)　　25 March 2009

United Nations Convention on the Law of the Sea
Montego Bay, 10 December 1982

Deposit by the Republic of Indonesia of a list of geographical coordinates of points, pursuant to article 47, paragraph 9, of the Convention

The Secretary-General of the United Nations communicates the following:

On 11 March 2009, the Republic of Indonesia deposited with the Secretary-General, pursuant to article 47, paragraph 9, of the Convention, a list of geographical coordinates of points of the Indonesian Archipelagic Baselines based on the Government Regulation of the Republic of Indonesia Number 38 of 2002 as amended by the Government Regulation of the Republic of Indonesia Number 37 of 2008.

The list of geographical coordinates of points is referenced to the World Geodetic System 1984 (WGS84).

The note accompanying the deposit states that "illustrative maps will be ... deposited in the near future".

The list of geographical coordinates, as deposited by Indonesia is available on the website of the Division at: www.un.org/Depts/los and will be published in the next *Law of the Sea Bulletin*.

---

[1] See United Nations-Office of Legal Affairs, https://www.un.org/Depts/los/LEGISLATION-ANDTREATIES/PDFFILES/mzn_s/mzn67.pdf.

附录17　2012年东帝汶致联合国秘书长照会[1]

Permanent Mission of the Democratic Republic of Timor-Leste to the United Nations

NV/MIS/85/2012

New York, 6 February 2012

The Permanent Mission of the Democratic Republic of Timor-Leste to the United Nations presents its compliments to the Secretary-General of the United Nations and has the honour to refer to its communication 25th March 2009 regarding the document M.Z.N 67.2009 (Maritime Zone Notification) concerning the deposit of the list of geographical coordinates of points of the Indonesian Archipelagic Baselines based on the Government Regulation of the Republic of Indonesia Number 38 of 2002 as amended by the Government Regulation of the Republic of Indonesia Number 37 of 2008.

The Permanent Mission of the Democratic Republic of Timor-Leste to the United Nations has further the honour to submit the position and the observation of the Government of Timor-Leste with respect to the aforementioned list of coordinates.

Although not being party to the 1982 United Nations Convention on the Law of the Sea (hereinafter referred to as the "Convention"), the Government of Timor-Leste considers that the provisions of the Convention, namely those regarding its Part IV, are already part of the international customary law, being mandatory for both Timor-Leste and Indonesia, which is a State party to the Convention.

The Government of Timor-Leste does not recognize the archipelagic straight baselines drawn from the point 101E (TD112A) to the point 101F(TD113), and from the point 101H(TD113B) to the point 101I (TD114). The first archipelagic straight baseline does not take in consideration the median line between the territorial sea of Timor-Leste's island of Ataúro and the territorial seas of Indonesia's island of Lirang and Alor. The second archipelagic straight baseline does not conform with Article 47(5) of the Convention as it encompasses the territorial sea of the Timor-Leste enclave of Oecussi, thus excluding the enclave of Oecussi from access to the high seas and to its exclusive economic zone.

The Permanent Mission of the Democratic Republic of Timor-Leste to the United Nations avails itself of this opportunity to renew to the Secretary-General of the United Nations the assurances of its highest consideration.

H.E. Mr. Ban Ki-moon
Secretary-General
United Nations
New York

866 United Nations Plaza, Suite 441, New York, N.Y. 10017
Tel: (212) 759 3675 - Fax: (212) 759 4196 - E-mail: timor-leste@un.int

---

[1] See United Nations-Office of Legal Affairs, http://www.un.org/Depts/los/LEGISLATIONANDTREATIES/PDFFILES/DEPOSIT/communicationsredeposit/mzn67_2009_tls.pdf.

附录18　2009年中国致联合国秘书长照会[1]

中华人民共和国常驻联合国代表团
PERMANENT MISSION OF THE PEOPLE'S REPUBLIC OF CHINA TO THE UNITED NATIONS

350 East 35th Street, New York, NY 10016　　TEL.: (212) 655-6100

CML/17/2009

纽约
联合国秘书长
潘基文先生阁下

中华人民共和国常驻联合国代表团向联合国秘书长致意，并谨就马来西亚和越南联合于2009年5月6日向大陆架界限委员会（下称"委员会"）提交的二百海里以外大陆架划界案表达如下立场：

中国对南海诸岛及其附近海域拥有无可争辩的主权，并对相关海域及其海床和底土享有主权权利和管辖权（见附图）。中国政府的这一一贯立场为国际社会所周知。

上述马来西亚和越南联合划界案所涉二百海里以外大陆架区块，严重侵害了中国在南海的主权、主权权利和管辖权。根据《大陆架界限委员会议事规则》附件一第5条（a）项，中国政府郑重要求委员会对马来西亚和越南联合划界案不予审理。中国政府已将上述立场知会马来西亚和越南。

中华人民共和国常驻联合国代表团请秘书长将本照会周知大陆架界限委员会全体委员、《联合国海洋法公约》全体缔约国和联合国全体会员国。

顺致最崇高敬意。

二〇〇九年五月七日于纽约

---

[1] See United Nations-Office of Legal Affairs, https://www.un.org/depts/los/clcs_new/submissions_files/mysvnm33_09/chn_2009re_mys_vnm.pdf.

附录 19　2010 年印度尼西亚致联合国秘书长照会[1]

PERMANENT MISSION OF THE REPUBLIC OF INDONESIA
TO THE UNITED NATIONS
NEW YORK

UNOFFICIAL TRANSLATION

No. 480/POL-703/VII/10

The Permanent Mission of the Republic of Indonesia to the United Nations presents its compliments to the Secretary General of the United Nations and with reference to the circular note of the Permanent Mission of the People's Republic of China number CML/17/2009 dated 7 May 2009, especially its attached map depicting the so-called "the Chinese indisputable sovereignty over the islands in the South China Sea and the adjacent waters, and its sovereign rights and jurisdiction over relevant waters as well as the seabed and subsoil thereof", has the honor to state the following:

1) Indonesia is not a claimant State to the sovereignty disputes in the South China Sea, and as such, Indonesia has played an impartial yet active role in establishing confidence building measures among the claimant States and creating an atmosphere of peace through a series of workshops on the South China Sea since 1990. This endeavor eventually paved the way for the adoption of the "Declaration on the Conduct of Parties in the South China Sea" in 2002;

2) Indonesia also follows closely the debate over the above mentioned map which has also been referred to as the so-called "nine-dotted-lines map". Thus far, there is no clear explanation as to the legal basis, the method of drawing, and the status of those separated dotted-lines. It seems that those separated dotted lines may have been the maritime zones of various disputed small features in the waters of the South China Sea. Regardless of the owner of those features, Indonesia should like to take this opportunity to refer to the position of the People's Republic of China in matters relating to the maritime zone of very small islands and rocks as shown from the following statements:

　　a. The statement of the Head of Delegation of the People's Republic of China, H.E. Ambassador Chen Jinghua, at the 15th Session of the International Seabed Authority (ISBA) in Kingston, Jamaica on June 2009, in particular by mentioning that "Claim on exclusive economic zone and continental shelf with the rock [...] as the basepoint concerns important principles of the Convention and the overall interests of the international community". He further went on by referring to the statement of Ambassador Arvid Prado of Malta that "if a 200 mile limit of jurisdiction could be founded on the possession of uninhabited, remote or very small islands, the effectiveness of international administration of ocean space beyond national jurisdiction would be gravely impaired".

　　b. The statement of the Chinese delegation at the 19th meeting of the State Parties on the Law of the Sea (SPLOS) held on 22-26 June 2009 in New York, reiterating that "according to Article 121 of the UNCLOS, rocks which cannot sustain human habitation or economic life of their own shall have no exclusive economic zone or continental shelf".

---

[1] See United Nations-Office of Legal Affairs, http://www.un.org/depts/los/clcs_new/submissions_files/mysvnm33_09/idn_2010re_mys_vnm_e.pdf.

3) In this connection, the statements of these distinguished representatives of the People's Republic of China are also relevant to the situation in the South China Sea and thus it is only correct to state that those remote or very small features in the South China Sea do not deserve exclusive economic zone or continental shelf of their own. Allowing the use of uninhabited rocks, reefs and atolls isolated from the mainland and in the middle of the high sea as a basepoint to generate maritime space concerns the fundamental principles of the Convention and encroaches the legitimate interest of the global community.

4) Therefore, as attested by those statements, the so called "nine-dotted-lines map" as contained in the above circular note Number: CML/17/2009 dated 7th May 2009, clearly lacks international legal basis and is tantamount to upset the UNCLOS 1982.

The Permanent Mission of the Republic of Indonesia has further the honor to request that this note be circulated to all members of the Commission on the Limits of the Continental Shelf (CLCS) and all State Parties to the United Nations Convention on the Law of the Sea as well as all members of the United Nations.

The Permanent Mission of the Republic of Indonesia to the United Nations avails itself of this opportunity to renew to the Secretary General of the United Nations the assurances of its highest consideration.

New York, 8 July 2010

H.E. Mr. Ban Ki-moon
Secretary General of the United Nations
United Nations
Fax. 212-963-2155

Cc.
Division on Ocean Affairs and Law of the Sea (DOALOS)
Office of Legal Affairs – United Nations
New York
Fax. (212) 963-5847

附录20 2013年《越南与印度尼西亚联合声明》[1]

1. At the invitation of the President of the Republic of Indonesia, H. E. Susilo Bambang Yudhoyono, the President of the Socialist Republic of Viet Nam, H. E. Truong Tan Sang and Madame paid a State visit to the Republic of Indonesia on 27-28 June 2013.

2. During the visit, President Susilo Bambang Yudhoyono and President Truong Tan Sang held talks in a cordial and friendly atmosphere. The two leaders exchanged views and highly valued the traditional relations of friendship and comprehensive cooperation between Viet Nam and Indonesia that have been well maintained and developed with remarkable achievements, serving the well-being of the two nations, especially since the establishment of diplomatic relations in 1955.

3. The two leaders were committed to elevating the long-standing bilateral relationship to a new height and decided to establish the Strategic Partnership between Viet Nam and Indonesia built upon the basis of the Declaration between the Socialist Republic of Viet Nam and the Republic of Indonesia on the Framework of Friendly and Comprehensive Partnership entering the 21st century (2003) and the Indonesia -Viet Nam Plan of Action in the period of 2012-2015 (2011).

4. The Strategic Partnership shall also conform to the principles of the UN and ASEAN Charters, the Treaty of Amity and Cooperation in Southeast Asia, and other universally recognized norms of international law.

5. In light of the Strategic Partnership, the two leaders agreed to intensify the exchange of high-level visits and to further enhance mutually beneficial cooperation in all fields. Both leaders tasked the two Ministries of Foreign Affairs, in collaboration with relevant Ministries, to formulate Plans of Action for the Strategic Partnership that provide ways and means to ensure the concrete and effective implementation of the Strategic Partnership. The two leaders also stressed the im-

---

[1] See Vietnam Ministry of Foreign Affairs, http://www.mofa.gov.vn/en/nr040807104143/nr040807105001/ns130628184132.

portance for both countries to periodically review the implementation of the Strategic Partnership through bilateral cooperation mechanisms, namely the Joint Commission on Bilateral Cooperation and the Joint Commission on Economics, Scientific and Technical Cooperation.

6. On defense and security cooperation, the two leaders supported further effective implementation of the MOU on Promotion of Cooperation of Defence Officials and Related Activities (2010), the Agreement on Cooperation of Criminal Combating and Prevention (2005) and the Terms of Reference on Navy to Navy Talks (2012), particularly in promoting capacity building and exchange personnel. The two leaders also encouraged the enhancement of cooperation in national defense industry and non-traditional security fields.

7. On trade, the two Leaders appreciated the steadily growing two-way trade and were committed to pushing forward the progressive, balanced and sustainable two-way trade cooperation. The two leaders were optimistic that the target of US$ 5 billion in trade volume could be surpassed before 2015 and agreed to set a new target of US$10 billion in trade volume by 2018.

8. The two leaders shared a positive assessment on the growing investment cooperation and were committed to continue promoting a more attractive and favourable environment for greater investment and trade. President of Indonesia expressed his hope for the continued support and assisstance of the VietnameseGovernment for the increasing economic presence of Indonesia in Viet Nam.

9. The two leaders reaffirmed their commitment to enhancing bilateral cooperation aiming at achieving sustainable food and energy security through trade, investment and joint research and development. On food security, the two leaders welcomed the extension of the MoU on Rice Trade to 2017 and agreed to strengthen cooperation in food production and quality control as well as stock management. On energy security, the two leaders encouraged business community of the two countries to actively explore energy and mineral resources cooperation, including on developing eco-friendly mining industry, coal and minerals trade, electricity generation as well as new and renewable energy.

10. The two leaders observed the progress in the fisheries and aquaculture cooperation and emphasized the need for both countries to further implement the MoU on Marine and Fisheries Cooperation (2010) to further tap the high poten-

tials of cooperation in this area and to address illegal, unregulated and unreported (IUU) fishing, including on the arrangement for returning fishermen caught or arrested due to (IUU) fishing.

11. The two leaders directed the technical team to expedite their discussion for the early conclusion on delimitation of the exclusive economic zone and, without prejudice to the final settlement of maritime boundary delimitation, encouraged both sides to find a temporary solution to facilitate cooperation in marine and fisheries affairs.

12. The two leaders were determined to continue to strengthen people to people links by enhancing cooperation in the fields of education, culture and tourism. In this regard, the two leaders agreed to revitalize the MoU on Education Cooperation (2005), promote closer cooperation in developing eco-tourism and MICE industry as well as to strengthen cultural cooperation, including within the framework of Trail of Civilization.

13. The two leaders agreed to further intensify the work of ASEAN in realizing an ASEAN community 2015 that is politically cohesive, economically integrated and socially responsible to take advantage of current and future opportunity andeffectively respond to regional and international challenges.

14. President of Truong Tan Sang reiterated his commitment to provide continuous active support during Indonesia's Chairmanship of APEC in 2013. While President Susilo Bambang Yudhoyono assured Indonesia's full support to Viet Nam in the latter's Chairmanship of APEC in 2017. President Yudhoyono also invited President Truong Tan Sang for the upcoming APEC Economic Leaders Meeting in Bali in October 2013.

15. On South China Sea, the two leaders reaffirmed the importance of peace, stability, maritime security in the region and reaffirmed the collective commitments under the DOC to ensuring the peaceful resolution of disputes in accordance with unversally recognized principles of international law, including the 1982 United Nations Convention on the Law of the Sea. The two leaders expressed their full support for the ASEAN's six-point Principles on the South China Sea and welcomed the commencement of the discussion on the COC between ASEAN and China and looked forward to the continuation of discussions on the COC towards to the early conclusion of a Regional Code of Conduct in the South China Sea.

16. Upon conclusion of the bilateral meeting, the two leaders witnessed the signing of the agreements, namely the Agreement on Extradition, Agreement on Mutual Legal Assistance in Criminal, and the Memorandum of Understanding on Agricultural Commodities Cooperation. On the sidelines of the State visit, the Memorandum of Understanding on Energy and Mineral Resources Cooperation, the Memorandum of Understanding on Financial Cooperation, and the Memorandum of Cooperation between the Chambers of Commerce and Industry of Viet Nam and Indonesia were also signed. The two leaders instructed the relevant Ministries of the two countries to actively implement these documents.

17. President Truong Tan Sang and Madame Mai Thi Hanh expressed their gratitude for the warm hospitality extended by President Susilo Bambang Yudhoyono and Madame Ani Bambang Yudhoyono. President Susilo Bambang Yudhoyono and Madame Ani Bambang accepted the kind invitation by President Truong Tan Sang to visit Viet Nam at a mutually convenient time.

附录21 2015年《中华人民共和国和印度尼西亚共和国关于加强两国全面战略伙伴关系的联合声明》[1]

一、应中华人民共和国主席习近平邀请，印度尼西亚共和国总统佐科·维多多于2015年3月25日至28日对中国进行国事访问并出席博鳌亚洲论坛2015年年会。

二、访问期间，习近平主席同佐科总统在亲切友好气氛中举行会谈，就双边关系及共同关心的国际地区问题广泛深入交换意见，达成重要共识。国务院总理李克强、全国人大常委会委员长张德江也分别会见佐科一行。

三、两国元首对两国关系发展表示满意并强调，中印尼建立全面战略伙伴关系以来，政治互信不断加深，务实合作成果丰硕，人文交流日益密切。两国关系持续深入发展符合两国人民共同利益，也为地区和平稳定和世界发展繁荣作出重要贡献。双方应共同努力，使两国全面战略伙伴关系在新形势下更加体现主权平等、相互尊重、相互信任、互利互惠、团结协作的特性。

四、两国元首一致认为，中国和印尼在地区和多边层面拥有广泛共同利益，在维护地区和平稳定、促进世界繁荣发展、全面推动南南合作、应对全球性议题方面是重要合作伙伴，应加强战略沟通与协作。

两国元首一致同意未来双方将重点加强以下领域合作：

政治、防务和安全领域

五、双方同意继续保持高层交往势头，加强两国领导人间互动沟通，做好两国关系顶层设计，及时就双边关系和共同关心的问题交换意见，增进互信，扩大共识。两国元首一致同意将尽快商签《中印尼全面战略伙伴关系未来五年行动计划》。两国元首一致同意，作为中印尼全面战略伙伴关系重要组成部分，双方应积极推动各领域可行、互利的具体合作项目。

六、双方强调将充分发挥由中国国务院国务委员分别与印尼政治、法律和安全统筹部长，经济统筹部长牵头的中印尼副总理级对话和高层经济对话，两国外交部长牵头的政府间双边合作联委会等各领域、各层级交流

---

[1] 参见人民网，http://politics.people.com.cn/n/2015/0327/c1001-26756829.html。

合作机制作用，统筹协调两国各领域合作，为中印尼全面战略伙伴关系向纵深发展做好科学设计和总体规划。两国元首支持建立由中国负责人文交流事务的副总理和印尼人类发展与文化统筹部长牵头的中印尼副总理级人文交流机制。

七、双方同意进一步加强司法、执法领域合作，加强在打击跨国犯罪、禁毒、反贪、追逃追赃、网络安全、出入境管理以及执法能力建设领域务实合作，承诺在情报信息交流、案件协查、缉捕和遣返犯罪嫌疑人等方面相互支持。双方将尽快签署中国公安部和印尼警察总部关于打击跨国犯罪的有关合作文本。双方愿在力所能及范围内继续在执法培训和技术装备等方面相互支持。

八、双方认为，恐怖主义是人类公敌。双方将在情报交流、联合侦讯、网络反恐、去极端化等领域加强合作，共同应对恐怖主义威胁。双方将积极在提高各自反恐能力建设方面相互支持。

九、双方积极评价两国防务合作成果，承诺将进一步加强军事高层交往，用好防务安全磋商、国防科技工业合作联委会、海军对话等机制，提升联演联训、军工军贸、军舰互访、人员培训、多边安全等领域合作水平。双方一致鼓励建立两国其他军种间的对话平台。

十、两国元首表示，双方将在涉及彼此核心利益的重大问题上继续给予对方坚定支持，继续奉行和平共处五项原则，相互尊重主权、独立和领土完整。习近平主席表示，中国支持印尼政府为维护国家统一和领土完整所做努力。佐科总统重申，印尼坚定奉行一个中国政策，支持中国和平统一事业。

贸易、投资和经济发展领域

十一、双方认为，习近平主席提出的建设"21世纪海上丝绸之路"重大倡议和佐科总统倡导的"全球海洋支点"战略构想高度契合。双方同意发挥各自优势，加强战略交流和政策沟通，推动海上基础设施互联互通，深化产业投资、重大工程建设等领域合作，推进海洋经济、海洋文化、海洋旅游等领域务实合作，携手打造"海洋发展伙伴"。

十二、双方欢迎中印尼高层经济对话首次会议于 2015 年 1 月 26 日在北京举行，承诺积极落实中印尼经贸合作五年发展规划，尽快签署《中华人民共和国和印度尼西亚共和国经贸合作五年发展规划优先项目清单》，共同推动两国经贸和投资合作长期、健康、平衡、可持续发展。双方同意落实中—东盟自由贸易区有关协议，以改善全面市场准入条件。双方欢迎中国国家发展和改革委员会与印尼经济统筹部签署《中印尼经济合作谅解备忘录》。

十三、中方将鼓励企业扩大进口印尼产品，为印尼企业来华举办贸促活动提供便利。双方同意扩大双向投资规模，鼓励各自企业到对方国家投资，支持探讨重签中印尼投资保护协定，并按照双方法律规定保护投资者合法利益。双方欢迎中国国家开发银行与印尼国有企业部签署共同支持中国优质企业与印尼国有企业的合作谅解备忘录。

十四、双方同意深化基础设施与产能合作，鼓励两国企业在铁路、公路、港口、码头、机场等基础设施领域，在电力、光伏、钢铁、有色金属、造船、建材等产能领域开展交流与合作。双方同意就比通经济特区等项目保持密切沟通，深入探讨具体合作设想和方式。双方欢迎中国国家发展和改革委员会与印尼国有企业部签署《中印尼基础设施与产能合作谅解备忘录》和《中印尼雅加达—万隆高铁合作谅解备忘录》。

十五、双方支持两国企业就印尼第一期1000万千瓦燃煤电站租赁运营开展合作。中方欢迎印尼未来五年电站发展规划，同意鼓励中国企业寻找互利投资机遇。印尼方欢迎中方参与印尼下一阶段3500万千瓦电站建设，并愿与中方积极探讨在电网规划、建设、运营和维护方面合作。双方同意使用环保、可持续技术开展电站建设互利合作。

十六、双方承诺将加快推进中印尼综合产业园区建设，并尽快成立两国政府间协调委员会。印尼方表示将尽快出台园区配套优惠政策，为更多中国企业根据印尼法律法规入园提供保障和便利，加快推进园区建设。

十七、双方同意发挥两国能源论坛作用，尽早召开第五次中印尼能源论坛，加强中印尼海陆油气资源开发、炼化、储存以及煤炭、电力等领域合作，探讨水电、太阳能、风能等清洁能源领域合作，尽早签署《中华人民共和国政府和印度尼西亚共和国政府关于和平利用核能协议》，推动中印尼能源合作向更多层次、更宽领域发展。

十八、双方同意用好中印尼农业联委会机制作用，加强在杂交水稻种植、经济作物开发、农业技术交流、动物疫病防控、食品安全等领域合作，探讨建立农业合作产业园区和水稻合作生产园区。加强两国检验检疫合作，促进两国农产品贸易顺利发展。

十九、中方将继续通过双多边金融渠道为印尼基础设施和大项目建设提供融资支持。双方同意在两国双边本币互换协议执行层面加强合作，并探讨进一步扩大本币结算规模。双方积极评价亚洲基础设施投资银行对于促进区域互联互通和经济发展的重要意义,表示将与有关各方共同努力将亚投行打造成专业高效的基础设施投融资平台。

二十、双方同意将积极开展税务合作,共同为加强全球税收合作,打击国际逃避税,帮助发展中国家和低收入国家提高税收征管能力而努力,为两国投资和经贸往来提供有利的税收环境。双方欢迎签署中印尼避免双重征税协定议定书及谅解备忘录。

二十一、双方同意加强两国航空运输合作,以促进中印尼经贸、旅游合作及人文交流。

海上、航天、科技领域

二十二、双方积极评价两国海上合作取得的长足进展,认为应继续用好两国海上合作委员会机制和中印尼海上合作基金,加快推进"海事卫星地面站建设""中印尼国家联合海上搜救沙盘推演"和"中印尼海洋与气候中心建设"等项目,并继续加强在航行安全、海上安全、海上搜救、海洋科研环保等领域务实合作。欢迎中国交通运输部和印尼国家搜救局签署《中印尼海上搜救合作谅解备忘录》。

二十三、双方充分肯定中印尼航天合作联委会机制在推动两国航天合作中的重要作用,欢迎中国国家航天局和印尼航空航天研究院签署《2015—2020中印尼航天合作大纲》,进一步明确两国未来航天合作领域和重点方向。双方同意将继续加强在卫星遥感、卫星通信、卫星导航、卫星发射服务、航天测控、探空火箭、航天基础设施、卫星分系统及零部件、空间科学、人员交流培训、航空技术等领域的合作,全面提高两国航天合作水平。印尼方愿继续根据印尼国家法律和双边协议为中方测控船只赴印尼海域执行测控任务提供便利。中方愿在探空火箭能力建设方面与印尼方进行合作。

二十四、双方同意在两国政府间科技联委会框架下,积极推进共建中印尼技术转移中心、生物技术联合实验室、遥感卫星数据共享与服务平台、青年科学家交流等合作,并探讨核电技术交流、科技创新政策等领域合作。

文化、社会领域

二十五、2015年是中印尼建交65周年。双方同意将"和平繁荣伙伴"作为纪念两国建交65周年的主题。两国元首一致同意共同规划并举办庆祝活动,总结有益经验,深化双方相互了解与信任,传承并发扬两国传统友谊。

二十六、双方认识到文化中心对传播本国文化，加深相互了解具有积极作用，愿尽早商签互设文化中心谅解备忘录，并于时机成熟时启动相关文化中心建设。双方还将探讨新签两国政府文化合作协定和文化交流执行计划，不断密切两国文化交流。

二十七、双方一致认为青年是两国关系的未来，加强青少年交流有利于传承两国传统友谊和中印尼全面战略伙伴关系的长远可持续发展。双方同意继续开展每年向对方国家派遣100名青年访问交流项目，中方将继续邀请印尼优秀青年代表来华参加东盟青年干部培训班。

二十八、双方同意在有关双边教育合作协议框架下，加强在学生交流、语言教学、高等教育和职业培训等领域务实合作，加快商签互认高等教育学位学历协议。印尼方积极评价孔子学院在汉语传播方面的重要作用。中方欢迎在北京和广州建立印尼研究中心。印尼方邀请中方派员赴印尼参加印尼艺术和文化奖学金项目和高级别外交官培训。中方将继续通过多种渠道向印尼提供奖学金，欢迎更多印尼学生来华求学深造。

二十九、中方欢迎印尼政府近期宣布给予中国公民免旅游签证待遇。两国同意进一步开展旅游合作，力争两国公民年度往来早日突破200万人次。双方同意推进文化遗产旅游合作。为此，印尼邀请中国游客赴印尼体验"重走郑和路"旅游新项目。双方同意致力于通过中印尼旅游合作联合工作组探讨互利项目和倡议，并在多边场合讨论旅游议题时加强磋商，协调立场。双方将积极推进中国大熊猫赴印尼合作研究项目和印尼科莫多巨蜥赴中国合作繁育项目。

三十、双方将进一步扩大两国媒体、智库、高校、研究所等机构交流合作，办好"感知中国""中印尼关系研讨会"等交流活动，继续邀请印尼宗教人士访华。

国际和地区事务

三十一、双方认为，中印尼在维护亚洲及世界和平、稳定与繁荣方面拥有共同利益，担负共同责任。双方支持世界多极化和国际关系民主化，主张推动国际秩序和国际体系朝着公正合理的方向发展。双方认为，国际社会应通过对话与合作，消除贫困，缩小南北差距，促进各文明、文化和宗教间和谐与合作，实现共同繁荣。

三十二、双方重申联合国在维护全球和平稳定和促进共同发展方面发挥重要作用，致力于同国际社会一道加强联合国体系，使其能在有效、合理的多边基础上解决全球问题。双方均认为联合国成立70周年意义重大，愿在联合国系列纪念活动中保持沟通协调。中国和印尼一致认为，联合国改革应该是全方位和多层面的，也应是全面、透明、包容、平衡的，需遵循《联合国宪章》有效、负责地予以推进，应充分尊重该组织的政治性及其作为政府间、全球性民主国际组织的特性。双方支持对安理会进行改革，以更好地履行《联合国宪章》赋予的维护国际和平与安全的职责。安理会改革应增加发展中国家代表性和发言权，并通过民主、耐心的政府间谈判，协商寻求兼顾各方利益和关切的全面解决方案，推动改革朝有利于维护联合国整体利益和会员国团结的方向发展。

三十三、双方认识到中国和印尼在联合国维和行动中的重要作用，欢迎各自扩大参与联合国维和行动的努力。中方欢迎印尼方提出的"维和愿景4000"。双方同意推进在维和方面的合作。

三十四、双方一致认为，万隆会议是亚非国家自主举办的历史性国际会议，树立了发展中国家联合自强、反殖反霸的伟大旗帜，在和平、独立、社会公正基础上推进世界秩序建设。会议倡导"团结、友谊、合作"的万隆精神，至今仍对国际关系具有指导意义。中国支持印尼举办万隆会议60周年相关纪念活动，愿与印尼方密切配合，推动亚非各国增进互信，深化南南合作，实现共同发展。

三十五、中方祝贺东盟将建成亚洲地区首个次区域共同体，重申支持东盟共同体建设，支持东盟在东亚合作中的主导地位，支持东盟为地区和平、稳定与繁荣作出更大贡献。中方将继续为东盟一体化建设进程提供力所能及的支持和帮助，愿同包括印尼在内的东盟国家加强在中国—东盟、东盟与中日韩（10+3）、东亚峰会、东盟地区论坛、其他由东盟主导的机制等区域合作机制内的合作，共同维护东亚和平、发展与繁荣。

三十六、关于南海问题，双方重申致力于全面有效落实《南海各方行为宣言》，并在协商一致的基础上尽早达成"南海行为准则"。双方强调通过磋商和谈判以和平方式解决南海分歧和争议的迫切必要。

三十七、双方高度评价中国—东盟战略伙伴关系发展，认为中国与东盟合作不仅促进了中国和东盟国家的经济社会发展，也为地区和平、稳定与繁荣作出积极贡献。印尼方欢迎中方在中国—东盟"2+7"合作框架内的各项提议和倡议。双方致力于加强中国和东盟间的政策协调和务实合作。

三十八、双方高度评价2013年、2014年分别在印尼巴厘岛和中国北京举办的亚太经合组织（APEC）领导人非正式会议在实现茂物目标、区域经济一体化、互联互通、经济创新发展与改革、可持续公平增长等方面取得的重大务实成果。双方一致同意在 APEC 内加强协作，共同推动亚太自贸区建设，落实《十年期互联互通蓝图》《经济创新发展、改革与增长共识》等会议成果，为亚太长远发展和共同繁荣作出积极贡献。

三十九、中方欢迎印尼担任环印度洋联盟 2015 年至 2017 年主席国。作为联盟对话伙伴国，中方相信印尼将引领联盟在海上安全、贸易投资便利化、渔业管理、灾害风险管理、学术科技、旅游文化交流等六大优先领域有效开展深度合作。

四十、双方一致同意在二十国集团、亚欧会议等多边组织中加强合作，积极考虑相互支持各自候选人竞选国际组织职位，就重大国际问题经常性交换意见，加强在气候变化、多哈回合谈判、能源和粮食安全、国际金融机构改革和全球经济治理等重大全球性问题上的沟通协调，共同维护发展中国家利益。为此，印尼方表示将支持中方主办 2016 年二十国集团峰会。中方欢迎印尼方在联合国框架内在维护国际和平与安全方面发挥更大作用。

四十一、会谈结束后，习近平主席和佐科总统共同出席了两国有关合作文件的签字仪式。

附录22 2015年《中华人民共和国与印度尼西亚共和国联合新闻公报》[1]

一、应印度尼西亚共和国总统佐科·维多多邀请，中华人民共和国主席习近平于2015年4月21日至24日赴印尼出席亚非领导人会议和万隆会议60周年纪念活动。

二、习近平主席同佐科总统在会议期间举行会晤。习近平主席忆及自2013年就任国家主席以来两次到访印尼，感谢佐科总统和印尼人民的热烈欢迎和友好接待。佐科总统也忆及他2014年10月执政后5个月内两次访华，显示了两国友好关系和紧密合作的重要性。佐科总统对中方的热情友好接待表示感谢。

三、两国元首就中印尼建交65周年互致祝贺，一致同意在"和平繁荣伙伴"主题下办好相关庆祝活动，弘扬两国传统友谊，深化民众相互了解，打造面向未来、世代友好的中印尼关系。

四、两国元首一致认为，深化中印尼全面战略伙伴关系符合双方共同利益。双方将加快制定《全面战略伙伴关系未来五年行动计划》，推动两国关系继续向更广领域和更深层次发展。

五、两国元首一致同意继续加强和完善两国各领域合作机制建设，逐步将现有的中印尼副总理级对话、高层经济对话和即将建立的副总理级人文交流机制打造成引领两国政治安全、经贸、人文领域合作的"三驾马车"，推动中印尼各领域务实合作不断取得新进展。

六、两国元首重申将全面对接中方建设"21世纪海上丝绸之路"战略构想和印尼方"全球海洋支点"发展规划，加强政策协调、务实合作和文明互鉴，打造共同发展、共享繁荣的"海洋发展伙伴"。

七、两国元首同意，双方应落实好中印尼高层经济对话第一次会议达成的共识。双方同意共同努力，争取实现双边贸易额到2020年突破1500亿美元。双方同意努力减少关税和非关税贸易壁垒，加强两国贸易部门交流，通过尽早商签《中印尼果蔬产品检验检疫互认合作协议》增进货物贸易领域的合作。双方同意将共同实施好中国商务部与印尼工业部签署的两

---

[1] 参见中国外交部官网，https://www.fmprc.gov.cn/ce/ceindo/chn/ztbd/ddtt2211/t1257842.htm。

国政府关于中国—印尼综合产业园区的协定。中方愿为印尼商品扩大进入中国市场准入，鼓励中国企业扩大对印尼投资。印尼方同意加紧制定有关配套政策，优化投资环境。中方愿在印尼出口商品设计研发、提供中国市场机遇和规则信息等方面给予技术支持。

八、中方重申将积极参与印尼铁路、公路、港口、码头、水坝、机场、桥梁等基础设施和互联互通建设，并愿意通过多种方式对相关项目提供融资支持。双方承诺积极落实《中印尼经贸合作五年发展规划》，尽快签署优先项目清单。两国元首欢迎中国国家发展和改革委员会和印尼国有企业部签署《关于开展雅加达—万隆高速铁路项目的框架安排》。

九、双方同意进一步发挥各自优势，在电力、高铁、有色金属、造船、建材等产能领域进行深度合作，实现互利共赢。两国元首欢迎中国国家发展和改革委员会同印尼经济统筹部就产能优先项目清单进行对接，争取尽快实现"早期收获"。

十、两国元首同意鼓励更加有效执行双方2009年3月签署并于2013年10月续签、有效期为三年的双边本币互换协议。两国元首同意加快使用本国货币以推进两国贸易和投资。两国元首肯定双边本币互换协议通过确保短期流动性保障金融市场稳定的重要意义。

十一、两国元首一致同意不断提升防务、安全、反恐、执法等领域合作水平，推动海上、航天、科技战略性务实领域合作取得更多实实在在成果，不断充实中印尼全面战略伙伴关系内涵。

十二、两国元首重申愿意尽早商签互设文化中心谅解备忘录和互认高等教育学位学历协议。

十三、两国元首同意鼓励两国更多公民赴对方国家旅游。印尼方提出希望两国游客往来数量到2020年达到1000万人次。双方同意在对方国家更多开展旅游推介活动。中方欢迎印尼方开发"重走郑和路"综合旅游项目。双方同意加强在向游客提供优质安全服务方面的合作，支持恢复对导游和翻译进行中文培训，鼓励两国旅游单位参加在对方国家举办的旅游展会，加强旅游领域统计数据和信息共享。

十四、两国元首重申将继续加强在地区和国际事务中的协调与配合，就地区热点和全球性议题保持密切沟通，促进亚洲及世界和平发展，建立互利共赢的新型国际关系，共同维护广大发展中国家利益。

十五、中方重申支持东盟共同体建设，支持东盟在地区事务中发挥主导作用，愿同包括印尼在内的东盟国家在中国—东盟、东盟—中日韩、东亚峰会等区域合作框架内加强对话沟通与务实合作，共同维护东亚和平、发展与繁荣。

十六、中方赞赏和支持印尼方主办亚非领导人会议和万隆会议60周年纪念活动，预祝相关活动取得圆满成功。两国元首一致认为，在新时期弘扬万隆精神、深化亚非合作和南南合作具有重要历史意义。中国和印尼愿与亚非各国一道，传承和弘扬万隆精神，共同开创亚非合作、南南合作及南北对话与合作新局面，更好造福亚非人民和世界人民。

附录23 2018年《中华人民共和国政府和印度尼西亚共和国政府联合声明》[1]

一、应印度尼西亚共和国总统佐科·维多多邀请，中华人民共和国国务院总理李克强于2018年5月6日至8日对印尼进行正式访问。

访问期间，李克强总理同佐科总统举行会谈，会见卡拉副总统。两国领导人就双边关系以及地区和国际问题深入交换意见，达成重要共识。

二、双方祝贺对方在本国领导人带领下，国家发展取得卓越成就，对两国实现更大发展以及两国关系更加美好的未来充满信心。

三、双方充分肯定两国建立全面战略伙伴关系5年来双边关系取得的重要进展，特别是积极对接"21世纪海上丝绸之路"倡议和"全球海洋支点"构想、深化务实合作取得的显著成效，同意在全面战略伙伴关系框架下加强双边、地区及国际层面三个支柱合作。

四、双方重申相互尊重对方国家的独立、主权和领土完整，在涉及彼此核心利益与重大关切问题上相互理解和支持。印尼方重申坚持一个中国政策。

五、双方同意保持高层交往势头，发挥好两国副总理级对话及双边合作联委会等机制的重要作用，更好地统筹推进各领域合作。

六、双方乐见两国不断加强在基础设施互联互通方面合作，特别是在"一带一路"倡议和"全球海洋支点"构想框架内继续推进雅加达—万隆高速铁路建设，并就"区域综合经济走廊"建设合作进行探讨。双方同意共同努力，加速推动有关项目取得成功。

七、双方将不断深化贸易、基础设施、产能、工业、投融资等经贸重点领域合作，支持电子商务和互联网经济等新兴领域合作。中方鼓励企业根据市场原则增加进口印尼棕榈油等产品，欢迎印尼方参加将于今年11月在上海举行的第一届中国国际进口博览会。双方将推动双边贸易和投资更多使用本币结算，促进经贸合作便利化。

八、双方同意提升防务、执法、禁毒、反恐、反腐、司法协助、引渡、网络安全等领域合作，维护两国及本地区共同安全，同意尽快签署预防和打击跨国犯罪及能力建设合作协议。

---

[1] 参见人民网，http://world.people.com.cn/n1/2018/0508/c1002-29970122.html。

九、双方将进一步发挥好海上、航天、科技等联委会作用，推动上述领域战略性合作取得更多成果。

十、双方同意年内举行第6届中印尼能源论坛，加强电力、油气、煤炭、新能源和可再生能源合作，愿共同推动尽早签署关于在和平利用核能研发领域开展合作的协定。

十一、双方同意续签农业合作谅解备忘录，早日召开农业合作联委会以加强农业互利合作。

十二、双方同意加强教育、文化、旅游、媒体、体育、宗教、青年、地方、文化遗产地等领域交流与合作，充分发挥各界、各地方积极性，打造人文合作新亮点。中方愿支持并派团参加2018年在印尼举行的第18届亚运会，加强办会经验交流。

十三、双方对今年共同庆祝中国—东盟建立战略伙伴关系15周年和举办中国—东盟创新年表示欢迎，回顾了中国和东盟有关承诺，欢迎并共同制定《中国—东盟战略伙伴关系2030年愿景》，提交今年第21次中国—东盟领导人会议期间通过。印尼方注意到中方宣布通过"3+X合作框架"推进中国—东盟合作。

十四、双方将努力推动早日达成《区域全面经济伙伴关系协定》。鼓励中国和东盟开展更多人文交流合作，共同打造更加美好的未来。印尼方欢迎中方提升与东盟东部增长区合作，为东盟共同体建设和中国—东盟合作注入新动力。

十五、双方强调在促进包括南海在内的本地区和平稳定方面拥有广泛共同利益，将致力于全面有效落实《南海各方行为宣言》，支持"南海行为准则"磋商工作进展，将同其他东盟国家共同努力，争取在协商一致基础上早日达成"准则"。

十六、双方重申就地区热点和全球性议题保持战略沟通与协作，共同应对区域性和全球性挑战。双方将共同促进贸易和投资自由化便利化，支持多边贸易体制，推动经济全球化朝着开放、包容、普惠、平衡、共赢方向发展。

十七、双方将切实维护广大发展中国家利益，携手应对全球性问题。根据包括《联合国宪章》宗旨和原则在内的国际法，不使用或威胁使用武力，通过友好协商处理分歧，维护并促进亚洲及世界和平发展。

十八、访问期间，双方签署了一系列协议和合作谅解备忘录。

十九、双方一致认为李克强总理此访对两国在新形势下深化全面战略伙伴关系具有重要意义。李克强总理对佐科总统以及印度尼西亚政府和人民的热情友好接待表示感谢。

签署合作文件清单

一、《中华人民共和国国家发展和改革委员会与印度尼西亚共和国海洋统筹部关于推进区域综合经济走廊建设合作的谅解备忘录》

二、《中华人民共和国国家发展和改革委员会与印度尼西亚共和国国有企业部关于对雅加达—万隆高速铁路项目持续顺利实施提供支持的谅解备忘录》

三、《中华人民共和国国家国际发展合作署与印度尼西亚共和国公共工程和住房部关于杰纳拉塔水坝工程可行性研究的立项换文》

四、《中华人民共和国国家国际发展合作署与印度尼西亚共和国公共工程和住房部关于里阿克瓦水坝工程可行性研究的立项换文》

五、《中国国家开发银行与印度尼西亚投资协调委员会投资促进合作谅解备忘录》

六、《中国进出口银行和印度尼西亚共和国财政部关于万隆高速公路三期项目优买贷款协议》

七、《中国进出口银行、印度尼西亚共和国财政部和印度尼西亚共和国国家发展计划部关于基础设施融资合作实施协议》

附录 24　印度尼西亚缔结和加入的国际海洋法条约

（一）联合国海洋法公约及其相关条约

序号	公约名称	签字日期（年/月/日）	批准日期（年/月/日）
1	1982 年《联合国海洋法公约》（United Nations Convention on the Law of the Sea, 1982）	1982/12/10	1986/2/3
2	《关于执行 1982 年 12 月 10 日〈联合国海洋法公约〉第十一部分的协定》（Agreement relating to the implementation of Part XI of the United Nations Convention on the Law of the Sea of 10 December 1982）	1994/7/29	2000/6/2
3	《执行 1982 年 12 月 10 日〈联合国海洋法公约〉有关养护和管理跨界鱼类种群和高度洄游鱼类种群的规定的协定》（Agreement for the Implementation of the Provisions of the United Nations Convention on the Law of the Sea of 10 December 1982 relating to the Conservation and Management of Straddling Fish Stocks and Highly Migratory Fish Stocks）	1995/12/4	2009/9/28
4	《公海公约》（Convention on the High Seas）	1958/5/8	1961/8/10
5	《公海捕鱼及养护生物资源公约》（Convention on Fishing and Conservation of the Living Resources of the High Seas）	1958/5/8	
6	《大陆架公约》（Convention on the Continental Shelf）	1958/5/8	
7	《关于强制争端解决的任择议定书》（Optional Protocol of Signature concerning the Compulsory Settlement of Disputes）	1958/5/8	
8	《国际海底管理局特权和豁免议定书》（Protocol on the Privileges and Immunities of the International Seabed Authority）	1998/8/26	

（二）缔结与加入的其他海洋海事条约

类别	名称	生效日期 （年/月/日）	签署日期 （年/月/日）	批准日期 （年/月/日）	对印尼 生效日期 （年/月/日）
海洋资源利用与开发相关条约	《建立亚太渔业理事会协定》（Agreement for the Establishment of the Asia-Pacific Fishery Commission）	1948/11/9		1950/3/23	
	《东盟自然及自然资源保护协定》（ASEAN Agreement on the Conservation of Nature and Natural Resources）	1997/8/2	1985/7/9	1986/7/10	
	《中西太平洋高度洄游鱼群养护与管理公约》（Convention on the Conservation and Management of Highly Migratory Fish Stocks in the Western and Central Pacific Ocean）	2001/8/31		2013/10/30	2013/11/29
	《养护南方金枪鱼公约》（Convention for the Conservation of Southern Bluefin Tuna）			2008/4/8	2008/4/8
	《预防、制止和消除非法、未报告和无管制捕捞的港口国措施协定》（Agreement on Port State Measures to Prevent, Deter and Eliminate Illegal, Unreported and Unregulated Fishing）	2009/11/22		2016/6/23	2016/7/23
航运及海上救助相关条约	《国际海上人命安全公约》（International Convention for the Safety of Life at Sea, 1960）Protocol of 1997 to amend the International Convention for the Prevention of Pollution from Ships, 1973, as modified by the Protocol of 1978 relating thereto, as amended （MARPOL PROT 1997）				1967/1/26
	1972年《国际海上避碰规则公约》（Convention on the International Regulations for Preventing Collisions at Sea）			1973/5/30	1977/7/15
	1974年《国际海上人命安全公约》（International Convention for the Safety of Life at Sea, 1974）	1980/5/25		1976/6/16	1980/5/25

续表

类别	名称	生效日期（年/月/日）	签署日期（年/月/日）	批准日期（年/月/日）	对印尼生效日期（年/月/日）
航运及海上救助相关条约	《关于1974年〈国际海上人命安全公约〉之1978年议定书》（Protocol of 1978 relating to the International Convention for the Safety of Life at Sea, 1974）			1988/8/23	1988/11/23
	《2004年国际船舶压载水及沉积物控制与管理公约》（International Convention for the Control and Management of Ships Ballast Water and Sediments, 2004）			2015/11/24	2017/9/8
海洋环境保护相关条约	《核动力船舶经营人责任公约》（Convention on the Liability of Operators of Nuclear Ships）		1962/5/25		
	《国际油污损害民事责任公约》（International Convention on Civil Liability for Oil Pollution Damage）		1969/11/29	1978/9/1	1978/11/30
	1973年《防止船舶污染国际公约（附件三：防止来自海上包装运输有害物质的污染）》（International Convention for the Prevention of Pollution from Ships, 1973 _ Annex III: Prevention of Pollution by Harmful Substances Carried by Sea in Packaged Form）			2012/6/27	2012/9/27
	1973年《防止船舶污染国际公约（附件四：污水）》（International Convention for the Prevention of Pollution from Ships_ Annex IV: Sewage）	2003/9/27		2012/6/27	2012/9/27
	1973年《防止船舶污染国际公约（附件五：生活垃圾）》［International Convention for the Prevention of Pollution from Ships（MARPOL）_ Annex V（Optional）: Garbage］	1988/12/31		2012/6/27	2012/9/27
	《关于1973年国际防止船舶造成污染公约的1978年议定书》［International Convention for the Prevention of Pollution from Ships（MARPOL）as modified by the Protocol of 1978］	1983/10/2		1986/10/24	1986/12/24

续表

类别	名称	生效日期（年/月/日）	签署日期（年/月/日）	批准日期（年/月/日）	对印尼生效日期（年/月/日）
海洋环境保护相关条约	《修正1969年〈国际油污损害民事责任公约〉的1992年议定书》（Protocol of 1992 to amend the International Convention on Civil Liability for Oil Pollution Damage, 1969）			1999/7/6	2000/7/6
	2001年《国际燃油污染损害民事责任公约》（International Convention on Civil Liability for Bunker Oil Pollution Damage, 2001）			2014/9/11	2014/12/11
	2001年《控制船舶有害防污底系统国际公约》（International Convention on the Control of Harmful Anti—Fouling Systems on Ships, 2001）			2014/9/11	2014/12/11

附录 25　1878 年《领水管辖法案》[1]

TERRITORIAL WATERS JURISDICTION ACT 1878
(Original Enactment: 41 &42 Vict. c. 73)
REVISED EDITION 1985
(30th March 1987)

An Act to regulate the Law relating to the Trial of Offences committed on the Sea within a certain distance of the Coasts of Her Majesty's Dominions.

Whereas the rightful jurisdiction of Her Majesty, her heirs and successors, extends and has always extended over the open seas adjacent to the coasts of the United Kingdom and of all other parts of Her Majesty's dominions to such a distance as is necessary for the defence and security of such dominions;

And whereas it is expedient that all offences committed on the open sea within a certain distance of the coasts of the United Kingdom and of all other parts of Her Majesty's dominions, by whomsoever committed, should be dealt with according to law:

Short title

1. This Act may be cited as the Territorial Waters Jurisdiction Act 1878.

Amendment of law as to jurisdiction of the Admiral

2. An offence committed by a person, whether he is or is not a subject of Her Majesty, on the open sea within the territorial waters of Her Majesty's dominions, is an offence within the jurisdiction of the Admiral, although it may have been committed on board or by means of a foreign ship, and the person who committed such offence may be arrested, tried, and punished accordingly.

Restriction on institution of proceedings for punishment of offence

3. Proceedings for the trial and punishment of a person who is not a subject of Her Majesty, and who is charged with any such offence as is declared by this Act to be within the jurisdiction of the Admiral, shall not be instituted in any court of the United Kingdom, except with the consent of one of Her Majesty's

---

[1] See Singapore Statutes Online, https://sso.agc.gov.sg/Act/TWJA1878.

Principal Secretaries of State, and on his certificate that the institution of such proceedings is in his opinion expedient, and shall not be instituted in any of the dominions of Her Majesty out of the United Kingdom, except with the leave of the Governor of the part of the dominions in which such proceedings are proposed to be instituted, and on his certificate that it is expedient that such proceedings should be instituted.

Provisions as to procedure

4. On the trial of any person who is not a subject of Her Majesty for an offence declared by this Act to be within the jurisdiction of the Admiral, it shall not be necessary to aver in any indictment or information on such trial that such consent or certificate of the Secretary of State or Governor as is required by this Act has been given, and the fact of the same having been given shall be presumed unless disputed by the defendant at the trial; and the production of a document purporting to be signed by one of Her Majesty's Principal Secretaries of State as respects the United Kingdom, and by the Governor as respects any other part of Her Majesty's dominions, and containing such consent and certificate, shall be sufficient evidence for all the purposes of this Act of the consent and certificate required by this Act.

Proceedings before a justice of the peace or other magistrate previous to the committal of an offender for trial or to the determination of the justice or magistrate that the offender is to be put upon his trial shall not be deemed proceedings for the trial of the offence committed by such offender for the purposes of the said consent and certificate under this Act.

Saving as to jurisdiction

5. Nothing in this Act contained shall be construed to be in derogation of any rightful jurisdiction of Her Majesty, her heirs or successors, under the law of nations, or to affect or prejudice any jurisdiction conferred by Act of Parliament or now by law existing in relation to foreign ships or in relation to persons on board such ships.

Saving as to piracy

6. This Act shall not prejudice or affect the trial in manner heretofore in use of any act of piracy as defined by the law of nations, or affect or prejudice any law relating thereto; and where any act of piracy as defined by the law of nations

is also any such offence as is declared by this Act to be within the jurisdiction of the Admiral, such offence may be tried in pursuance of this Act, or in pursuance of any other Act of Parliament, law, or custom relating thereto.

Definitions

7. In this Act, unless there is something inconsistent in the context, the following expressions shall respectively have the meanings hereinafter assigned to them; that is to say:

"The jurisdiction of the Admiral", as used in this Act, includes the jurisdiction of the Admiralty of England and Ireland, or either of such jurisdictions as used in any Act of Parliament; and for the purpose of arresting any person charged with an offence declared by this Act to be within the jurisdiction of the Admiral, the territorial waters adjacent to the United Kingdom, or any other part of Her Majesty's dominions, shall be deemed to be within the jurisdiction of any judge, magistrate, or officer having power within such United Kingdom, or other part of Her Majesty's dominions, to issue warrants for arresting or to arrest persons charged with offences committed within the jurisdiction of such judge, magistrate, or officer;

"United Kingdom" includes the Isle of Man, the Channel Islands, and other adjacent islands;

"The territorial waters of Her Majesty's dominions", in reference to the sea, means such part of the sea adjacent to the coast of the United Kingdom, or the coast of some other part of Her Majesty's dominions, as is deemed by international law to be within the territorial sovereignty of Her Majesty; and for the purpose of any offence declared by this Act to be within the jurisdiction of the Admiral, any part of the open sea within one marine league of the coast measured from low-water mark shall be deemed to be open sea within the territorial waters of Her Majesty's dominions;

"Governor", as respects India, means the Governor General...; [and as respects a British Possession which][1] consists of several constituent colonies,

---

[1] The words omitted were repealed and the words in square brackets were substituted by the Government of India (Adaptation of Acts of Parliament) Order, 1937, S. R. & O. 1937 No. 230, Schedule Pt. II.

means the Governor General of the whole possession or the Governor of any of the constituent colonies; and as respects any other British possession, means the officer for the time being administering the government of such possession; also any person acting for or in the capacity of Governor shall be included under the term "Governor";

"Offence" as used in this Act means an act, neglect, or default of such a description as would, if committed within the body of a country in England, be punishable on indictment according to the law of England for the time being in force;

"Ship" includes every description of ship, boat, or other floating craft;

"Foreign ship" means any ship which is not a British ship.

附录 26　新加坡 1928 年《海峡殖民地和柔佛州领水（协定）法案》[1]

STRAITS SETTLEMENTS AND JOHORE TERRITORIAL
WATERS（AGREEMENT）ACT 1928
（Original Enactment: 18 &19 Geo. 5 c. 23）
REVISED EDITION 1985
（30th March 1987）

An Act to approve an Agreement concluded between His Majesty and the Sultan of the State and Territory of Johore.

[3rd August 1928]

Whereas an Agreement, which is set out in the Schedule to this Act, has been concluded between His Majesty and the Sultan of the State and Territory of Johore with respect to the boundary between the territorial waters of the Settlement of Singapore and those of the said State and Territory;

And whereas it is provided by the said Agreement that it shall remain without force or effect until it has received the approval of Parliament;

And whereas it is expedient that the approval of Parliament should be given to the said Agreement;

Be it therefore enacted by the King's most Excellent Majesty, by and with the advice and consent of the Lords Spiritual and Temporal, and Commons, in this present Parliament assembled, and by the authority of the same, as follows:

Approval of Agreement

1. The approval of Parliament is hereby given to the said Agreement.

Short title

2. This Act may be cited as the Straits Settlements and Johore Territorial Waters（Agreement）Act 1928.

---

[1]　See Singapore Statutes Online, https://sso.agc.gov.sg/Act/SSJTWAA1928.

附 录

THE SCHEDULE

Agreement made between His Excellency Sir Hugh Charles Clifford, M. C. S., Knight Grand Cross of the Most Distinguished Order of Saint Michael and Saint George, Knight Grand Cross of the Most Excellent Order of the British Empire, Governor and Commander-in-Chief of the Colony of the Straits Settlements, on behalf of His Britannic Majesty and His HighnessIbrahim, Knight Grand Cross of the Most Distinguished Order of Saint Michael and Saint George, Knight Commander of the Most Excellent Order of the British Empire, bin Almarhom Sultan Abu Bakar, Sultan of the State and Territory of Johore:

Whereas by Article II of the Treaty of the 2nd day of August 1824 made between the Honourable the English East India Company on the one side and Their Highnesses the Sultan and Tumungong of Johore on the other. Their said Highnesses did cede in full sovereignty and property to the said Company, their heirs and successors for ever, the Island of Singapore together with certain adjacent seas, straits and islets;

And whereas His Britannic Majesty is the successor of the Honourable the English East India Company;

And whereas His Britannic Majesty in token of the friendship which he bears towards his HighnessIbrahim bin Almarhom Sultan Abu Bakar, Sultan of the State and Territory of Johore, is desirous that certain of the said seas, straits and islets shall be retroceded and shall again form part of the State and Territory of Johore;

Now, therefore, it is agreed and declared as follows:

ARTICLE I

The boundary between the territorial waters of the Settlement of Singapore and those of the State and Territory of Johore shall, except as hereafter specified in this Article, be an imaginary line following the centre of the deep-water channel in Johore Strait, between the mainland of the State and Territory of Johore on the one side and the Northern Shores of the Islands of Singapore, Pulau Ubin, Pulau Tekong Kechil, and Pulau Tekong Besar on the other side. Where, if at all, the channel divides into two portions of equal depth running side by side, the boundary shall run midway between these two portions. At the Western entrance of Johore Strait, the boundary, after passing through the centre of the deep-water channel Eastward of Pulau Merambong, shall proceed seaward, in the general direction of the axis of this channel produced, until it intersects the 3-mile limit drawn from the low water mark of the South Coast of Pulau Merambong. At the Eastern entrance of Johore Strait, the boundary shall be held to pass through the centre of the deep-water channel between the mainland of Johore, Westward of Johore Hill, and Pulau Tekong Besar, next through the centre of the deep-water channel between Johore Shoal and the mainland of Johore, Southward of Johore Hill, and finally turning Southward, to intersect the 3-mile limit drawn from the low water mark of the mainland of Johore in a position bearing 192 degrees from Tanjong Sitapa.

The boundary as so defined is approximately delineated in red on the map annexed hereunto and forming part of this Agreement. Should, however, the map, owing to alterations in the channels, etc., appear at any time to conflict with the text of this Agreement, the text shall in all cases prevail.

ARTICLE II

Subject to the provisions of Article I hereof, all those waters ceded by Their Highnesses the Sultan and Tumungong of Johore under Treaty of the 2nd of August 1824 which are within three nautical miles of the mainland of the State and Territory of Johore measured from low water mark shall be deemed to be within the Territorial waters of the State and Territory of Johore.

ARTICLE III

All islets lying within the Territorial waters of the State and Territory of Johore, as defined in Articles I and II hereof, which immediately prior to this Agreement formed part of His Britannic Majesty's dominions, are hereby ceded in full sovereignty and property to His Highness the Sultan of the State and Territory of Johore, his heirs and successors for ever.

ARTICLE IV

This Agreement shall remain without force or effect until it has received the approval of the British Parliament.

In Witness whereof His Excellency Sir Hugh Charles Clifford, M. C. S., Knight Grand Cross of the Most Distinguished Order of Saint Michael and Saint George, Knight Grand Cross of the Most Excellent Order of the British Empire, and His Highness Ibrahim, Knight Grand Cross of the Most Distinguished Order of Saint Michael and Saint George, Knight Commander of the Most Excellent Order of the British Empire, bin Almarhom Sultan Abu Bakar have set their respective seals and signatures.

Dated at Singapore, this 19th day of October 1927.

HUGH CLIFFORD, M. C. S.

Governor and Commander-in-Chief   IBRAHIM

Witnesses: Witnesses:

J. D. HALL

J. HUGGIN   (Signed)   ABDULLAH BIN JAAFAR,

Dato'Mentri Besar, Johore.

                          (Signed)   HAJI MOHAMED SAID BIN
                                          HAJI SULEIMAN,
                                          Captain, Private Secretary
                                          to H. H. the Sultan.

附录 27　新加坡《边界和调查地图法》[1]

BOUNDARIES AND SURVEY MAPS ACT
(CHAPTER 25)
(Original Enactment: Act 35 of 1998)
REVISED EDITION 2006
(1st April 2006)

An Act to provide for the demarcation of land, the establishment and maintenance of boundary marks and the publication of certain survey maps.

[16th October 1998]

PART I　PRELIMINARY

Short title

1. This Act may be cited as the Boundaries and Survey Maps Act.

Interpretation

2. (1) In this Act, unless the context otherwise requires—

"approved co-ordinates" means co-ordinates approved by the Chief Surveyor or approved under section 7 (c) which are capable of describing and ascertaining the boundaries of any land in relation to survey control marks;

"assurance plan" means any plan showing approximate boundaries or dimensions and areas for the purpose of identifying land which has not been surveyed to the satisfaction of the Chief Surveyor but is required to be surveyed under the provisions of any written law;

"authorised surveyor" means a surveyor who is employed by the Authority, whether or not registered under section 12 of the Land Surveyors Act (Cap. 156);

"Authority" means the Singapore Land Authority established under the Singapore Land Authority Act (Cap. 301);

"bench mark" means any survey control mark in Singapore that is used as vertical control to determine the vertical distance between the Singapore Height

---

[1] See Singapore Statutes Online, https://sso.agc.gov.sg/Act/BSMA1998.

Datum and a survey point above or below;

"boundary mark" includes any survey stone, iron pipe, spike, or other survey mark authorised by law for the purpose of marking boundaries;

"cadastral survey" means any survey relating to the recording of land boundaries, subdivision lines, buildings and related details;

"certified plan" means a survey plan which has been approved by, and filed in the office of, the Chief Surveyor under section 4 (1) (e);

"Chief Surveyor" means the Chief Surveyor appointed under section 3 (1) and includes an acting Chief Surveyor appointed under section 3 (2);

"land" includes—

(a) a parcel of land which is in the actual possession of the owner by himself or other person holding by, through or under him;

(b) land covered by water;

(c) a building or a structure erected on land;

(d) any parcel of airspace or any subterranean space whether or not held apart from the surface of the earth; and

(e) any estate or interest in land;

"licence" means a licence to supply survey services in Singapore granted under section 17 of the Land Surveyors Act;

"limited liability partnership" has the same meaning given to it by section 4 (1) of the Limited Liability Partnerships Act 2005 (Act 5 of 2005);

"manager" —

(a) in relation to a corporation or partnership, means the principal executive officer of the corporation or partnership for the time being by whatever name called and whether or not he is a director or partner thereof; and

(b) in relation to a limited liability partnership, has the same meaning as in section 2 (1) of the Limited Liability Partnerships Act 2005;

"owner", in relation to any parcel of land, means the person for the time being receiving the rent of the land, whether on his own account or as agent or trustee or who would receive the rent if the land were let to a tenant;

"practising certificate" means an annual practising certificate issued under section 15 of the Land Surveyors Act (Cap. 156) authorising the holder thereof to engage in survey work in Singapore;

"registered surveyor" means a surveyor registered under the Land Surveyors Act;

"repealed Act" means the Boundaries and Survey Maps Act (Cap. 25, 1985 Ed.) in force immediately before 16th October 1998;

"Singapore Height Datum" means the fixed datum surface set at 0.000 metres of Singapore's historical mean sea level;

"strata title plan" has the same meaning as in the Land Titles (Strata) Act (Cap. 158);

"survey control mark" means any survey mark placed under the supervision of the Chief Surveyor the horizontal position or vertical distance from the Singapore Height Datum which is determined, and includes a bench mark;

"survey officer" means any person authorised by the Chief Surveyor to carry out a cadastral survey for any parcel of land;

"survey plan" includes a strata title plan;

"survey work" has the same meaning as in the Land Surveyors Act.

(2) In this Act, any reference to a plan shall, unless the context otherwise requires, include a reference to a plan in electronic form.

Appointment of Chief Surveyor

3. (1) The Minister may appoint a Chief Surveyor who shall administer this Act and act in accordance with such directions as may be given by the Minister from time to time.

(2) If the Chief Surveyor is temporarily absent from Singapore or temporarily incapacitated by reason of illness or for any reason temporarily unable to perform his duties, the Minister may appoint a person to act in the place of the Chief Surveyor during any such period of absence from duty.

(3) The functions, duties and powers of the Chief Surveyor under this Act may be carried out, discharged, performed or exercised by any person who is duly authorised by the Chief Surveyor to act on his behalf.

PART II　SURVEY

Survey requirements for land

4. (1) A cadastral survey for any parcel of land shall not be taken to have been completed until—

(a) the boundaries of the land have been determined by straight lines;

(b) the physical boundaries of the land have been demarcated by boundary marks or defined by approved co-ordinates or, if it is impossible or impracticable to do so, by reference to floors and walls so as to enable the boundary lines of the land to be ascertained;

(c) the area of the land has been determined;

(d) a lot number has been assigned to the land by the Chief Surveyor; and

(e) a survey plan, showing the location of the land and its boundaries, area, lot number and the boundary marks placed on the land or the approved co-ordinates, has been approved by, and is filed in the office of, the Chief Surveyor.

(2) A certified plan shall be prima facie evidence of the boundaries and boundary marks of the parcel of land to which it refers, and of its area and lot number.

(3) Any plan for a cadastral survey of a parcel of land approved by, and filed in the office of, the Chief Surveyor under the repealed Act shall be deemed to have been approved by, and filed in the office of, the Chief Surveyor under subsection (1) (e).

Powers of Chief Surveyor

5. (1) The Chief Surveyor shall have and may exercise the following powers:

(a) to carry out a cadastral survey of any parcel of land for the purposes of this Act or any other written law and do anything reasonably necessary for the carrying out of the survey including all or any of the following:

(i) to carry out any preparatory work on the land and any adjacent land;

(ii) to mark out the boundaries of the land;

(iii) to place boundary marks on the land and any adjacent land;

(iv) to alter, repair or remove any boundary mark placed on the land;

(v) to remove or destroy trees, crops, fences and other property on the land and any adjacent land;

(b) to establish a survey control mark on any parcel of land and to enter on the land and any adjacent land to do all things reasonably necessary for the establishment, protection, maintenance, repair, alteration or removal of the mark; and

(c) in respect of a cadastral survey of any parcel of land carried out and submitted by a registered surveyor—

(i) to undertake field checks at any time;

(ii) to make such computations, from the field books, calculation sheets and survey data deposited, as are necessary to prove the accuracy of the survey, the dimensions, areas, geographical position and the emplacement of boundary marks on the parcel of land; and

(iii) to give any direction to the registered surveyor of the survey made by him.

(2) In the exercise of the powers conferred by subsection (1), the Chief Surveyor and survey officer shall have the right of access to and entry upon any land, foreshore or seabed.

(3) The powers conferred on the Chief Surveyor and survey officer by subsections (1) and (2) may be exercised at all reasonable times and with such number of assistants as the Chief Surveyor or survey officer, as the case may be, thinks appropriate.

Duties of Chief Surveyor

6. (1) It shall be the duty of the Chief Surveyor—

(a) to assign a lot number, strata lot number and accessory lot number which would enable a parcel of land to be identified for the purposes of any written law;

(b) to maintain all survey records;

(c) to make available copies of survey records and plans on payment of the prescribed fees; and

(d) to perform such other functions specified in this Act or any other written law.

(2) For the purposes of subsection (1), the Chief Surveyor may inspect all records submitted and deposited by any registered surveyor and request for such information from any registered surveyor as he requires.

(3) The survey records and plans for any land may be maintained by the Chief Surveyor in any electronic media or other means.

Co-ordinated cadastre

7. The Chief Surveyor shall be responsible for establishing a co-ordinated cadastre and may, for that purpose—

(a) establish and maintain a network of survey control marks with recorded co-ordinates for use in surveying, mapping and related practice;

(b) declare, by notice in the Gazette, specified areas to be designated survey areas, being areas of land in respect of which cadastral surveys must be carried out by reference to survey control marks in accordance with survey instructions under this Act, and for which co-ordinates must be determined in accordance with those instructions;

(c) approve and record the co-ordinates of the boundaries of land within each designated area as determined by surveys carried out in the area (whether before or after the declaration of the area as a designated survey area), convert the co-ordinates recorded in relation to those parcels of land within the area and make any necessary adjustments to the recorded co-ordinates;

(d) where the co-ordinates for all parcels of land within a designated survey area have been so approved, recorded, converted and adjusted, declare, by notice in the Gazette, that area to be within the co-ordinated cadastre;

(e) generate, from the co-ordinated cadastre, maps for any area of land within the co-ordinated cadastre; and

(f) where the co-ordinates for all parcels of land in Singapore have been declared to be within the co-ordinated cadastre under paragraph (d), declare, by notice in the Gazette, that the maps generated from the co-ordinated cadastre shall supersede all maps published under the repealed Act.

Bench marks deemed conclusive evidence of height, etc.

8. Every bench mark placed under the supervision of the Chief Surveyor in accordance with this Act is conclusive evidence for the purposes of determining the vertical distance between the Singapore Height Datum and any survey point above or below.

Notice to clear boundary line

9. (1) A survey officer may cause a notice to be served on any person who is the owner of or has an interest in any land which is the subject of a cadastral survey calling upon that person to clear any boundary line of the land.

(2) Where a person fails to carry out work which he is required to carry out by a notice served on him by a survey officer under subsection (1) —

(a) the survey officer may himself cause the work to be carried out; and

(b) the cost of carrying out the work shall be recoverable from that person as a debt due to the Authority.

Replacement or repair of boundary mark or survey control mark

10. (1) Every owner of any land shall preserve the boundary marks erected on the boundaries of the land.

(2) Where the Chief Surveyor becomes aware that any boundary mark or survey control mark erected on any land has been injured, destroyed or removed, or requires repairs, the Chief Surveyor may—

(a) cause the mark to be replaced or repaired; and

(b) recover the costs of the replacement or repair from the owners of the lands for which the boundary marks and survey control marks are to serve as boundaries as a debt due to the Authority in such proportion as appears to the Chief Surveyor to be proper.

(3) The costs of replacing or repairing boundary marks or survey control marks where the marks are to serve as boundaries of 2 or more parcels of land, including the costs of carrying out a cadastral survey if the survey has been made by the order of the Chief Surveyor, shall be borne by the owners of the lands for which the marks are to serve as boundaries in such proportion as appears to the Chief Surveyor to be proper.

Penalty for obliteration of boundary mark or survey control mark

11. (1) Any person who willfully obliterates, removes or injures, without reasonable excuse, any boundary mark or survey control mark which has been made or erected by or under the direction of the Chief Surveyor shall be guilty of an offence and shall be liable on conviction to a fine not exceeding $1000 and may further be required by a Magistrate's Court to pay 3 times the cost of replacing and repairing the boundary mark or survey control mark and of making any survey rendered necessary by the act for which the person was convicted.

(2) The amount mentioned in subsection (1) shall be levied in the manner provided by the Criminal Procedure Code (Cap. 68) for the collection of fines.

(3) If any person committing an offence under this section cannot be found, the Chief Surveyor may give directions for the replacement or repair of any boundary mark or survey control mark, and may order the cost thereof to be paid by the owners of the adjacent lands in such proportion as appears to the Chief

附 录

Surveyor to be proper.

PART IIA CONDUCT OF CADASTRAL SURVEYS

Powers of entry for survey purposes

11A. (1) For the purposes of conducting any cadastral survey or installing any boundary mark or survey control mark under this Act or any other written law, the Chief Surveyor may authorise, either generally or specially and subject to such conditions as the Chief Surveyor may impose, any registered surveyor who has in force a practising certificate or any assistant employed by the registered surveyor —

(a) to enter and re-enter any land, seabed, foreshore or building at any reasonable time during the hours of daylight, with such workmen, aircraft, boats, vehicles, appliances, machinery and equipment as may be reasonably necessary to conduct the survey or to install the boundary mark or survey control mark;

(b) to emplace any boundary mark or survey control mark in or upon such lands and premises and to dig up any ground for the purpose of emplacing the boundary mark or survey control mark; and

(c) to cut down and remove any tree or other growth which may obstruct any survey line or any boundary.

(2) Before exercising any of the powers conferred by subsection (1) in respect of any land that is not a road, the person doing so shall, where practicable, give reasonable notice to the occupier of the land of the intention to exercise those powers.

(3) Any person exercising any power under subsection (1) shall produce evidence of his identity and authority to exercise those powers—

(a) if practicable, on first entering the land or premises; and

(b) whenever subsequently reasonably requested to do so.

(4) Nothing in this section shall exempt any registered surveyor or his assistant or workman from liability for any damage caused in the exercise of the powers conferred by subsection (1).

Inspection of Authority's survey maps, plans or survey records

11B. (1) For the purpose of obtaining data for a cadastral survey, the survey plan of which is to be lodged with the Authority, a registered surveyor who has in force a practising certificate or an authorised employee or manager of a licensed corporation, partnership or limited liability partnership may, upon payment to the Authority of the prescribed fee, at all reasonable times be permitted—

(a) to inspect the relevant maps, plans or survey records lodged with the Authority; and

(b) to take copies of such information therefrom as he may require.

(2) Any person referred to in subsection (1) shall not remove any such maps, plans or survey records and shall be liable for any damage which he may cause to them while they are under his control.

Deposit of survey plans and survey documents

11C. (1) On completion of a cadastral survey, the registered surveyor who signs the survey plan thereof shall deposit that plan together with the relevant field books, calculation sheets and survey data (referred to in this Act as survey documents) with the Authority, in such electronic or other form as the Authority may approve.

(2) If the survey plan is approved by the Chief Surveyor, the survey plan and survey documents deposited with the Authority under subsection (1) (including any copyright subsisting therein) shall become the property of the Authority and shall be filed as permanent survey records.

(3) The Chief Surveyor, upon payment of the prescribed fee, shall furnish to any person applying for it a certified copy of any survey plan or survey document deposited with the Authority under subsection (1).

(4) Every such certified copy of a survey plan or survey document signed by the Chief Surveyor shall be received in evidence in any court, or before any person having authority by law or by consent of parties to receive evidence, without proof of signature, as prima facie proof of all the matters contained in or entered on the survey plan or survey document, as the case may be.

(5) A print-out of any information stored in a computer in the Authority issued and signed by the Chief Surveyor shall be received in evidence in any court, or before any person having authority by law or by consent of parties to receive evidence, without proof of signature, as prima facie proof of all the matters contained in or entered on that document.

Approval of cadastral surveys and assurance plans

11D. (1) No cadastral survey or survey plan thereof shall be accepted or adopted for the purpose of any written law unless it has been approved by the Chief Surveyor.

(2) No assurance plan shall be lodged in the Registry of Deeds or the Land Titles Registry of the Authority, as the case may be, unless the assurance plan—

(a) is signed by a registered surveyor and approved by the Chief Surveyor; and

(b) bears a caution to the effect that the boundaries or dimensions and areas are inconclusive.

(3) The Chief Surveyor may refuse to approve any survey plan or assurance plan under this section if—

(a) the subdivision permission as required by section 12 of the Planning Act (Cap. 232) has not been obtained;

(b) the prescribed survey fees have not been paid; or

(c) an encroachment has been created by the purchaser or owner of a parcel of land being surveyed for any relevant purpose, which affects any parcel of land adjoining that parcel of land, and the registered surveyor who signs the plan has not certified that the encroachment has been resolved.

(4) Where the subdivision of land has been authorised by a notification made by the Minister under section 21 (6) of the Planning Act, the Chief Surveyor shall not, when he approves any survey plan under this section, be obliged to enquire whether any condition set out in the notification or imposed by the competent authority under that Act has been satisfied or complied with.

(5) Notwithstanding that a survey plan has been approved by the Chief Surveyor, it shall be the duty of the registered surveyor who signed the survey plan to ensure that the survey plan and all information and matters set out in the survey plan are correct and accurate.

(6) In subsection (3) (c), "relevant purpose", in relation to any survey of a parcel of land, means a survey for the purpose of—

(a) obtaining a new State title for the parcel of land;

(b) amalgamating the parcel of land; or

(c) subdividing the parcel of land.

(7) Any cadastral survey, survey plan or assurance plan approved before 31st March 2005 by the Chief Surveyor or other officer appointed by him to approve plans on his behalf under section 39 of the Land Surveyors Act (Cap. 156) then in force, shall be deemed to have been approved under this section.

Correction of errors

11E. (1) The Chief Surveyor or any authorised surveyor designated by him may at any time undertake field and office checks on the cadastral survey work of a registered surveyor or a licensed corporation, partnership or limited liability partnership.

(2) The Chief Surveyor may, at any time after the survey plan has been deposited with the Authority, by notice in writing, direct any registered surveyor or any licensed corporation, partnership or limited liability partnership to correct at his or its expense within a period specified in the notice any error in the cadastral survey made by that registered surveyor or by a registered surveyor who is a director, a partner, a manager or an employee of that corporation, partnership or limited liability partnership, as the case may be.

(3) If any person fails to comply with the notice given under subsection (2), the Chief Surveyor may undertake the correction of the cadastral survey and recover the cost of the correction from the person.

(4) Where the Chief Surveyor is entitled to recover the cost of any correction of a cadastral survey under subsection (3), the Chief Surveyor shall serve on the registered surveyor, corporation, partnership or limited liability partnership, as the case may be, a statement of the cost of the correction by registered post addressed to the last known place of practice or residence of the registered surveyor, corporation, partnership or limited liability partnership.

(5) Subsections (2) and (3) shall not apply to an assurance plan.

PART III SURVEY MAP

Correction of map

12. (1) All maps published under the repealed Act shall continue to be valid until they have been declared to be superseded under section 7 (f).

(2) No map whether published under the repealed Act or generated from the co-ordinated cadastre shall be corrected, altered or added to in respect of any

boundary of any land therein laid down, except in the following cases:

(a) where it is found that a map does not correctly represent the boundaries of any land, the Chief Surveyor shall inquire into the reason for the difference and, if it is found to be due to inaccuracy in the survey caused by error in measuring the angles or the sides of the land or in plotting the survey or in the process of conversion and adjustment under section 7, he shall give notice to the owners of the land affected, or their agents if they are known and are in Singapore, of the error and require them to forward to the Chief Surveyor within one month their objections (if any) to its correction;

(b) where it appears that wrong boundary marks have been joined up in the survey and delineation of a boundary shown on a map, or where it appears that there has been a change in the position of a boundary from that which it held at the time of the survey or at the time when it was delineated on the map under paragraph (c), the Chief Surveyor shall, after one month's notice to the owners of the land affected, or their agents if they are known and are in Singapore, of his intention, proceed to hold an inquiry, which may be held in part upon the land;

(c) where in the case of the assignment or demise of any land comprised wholly or partly in any State title in parcels or otherwise than the entirety thereof, the parcels have been properly demarcated and surveyed to the satisfaction of the Chief Surveyor and the fees payable in respect of the demarcation and survey have been duly paid, the boundaries of the parcels or any subdivision thereof shall be delineated upon the representation of the land or parcel of the land on the map;

(d) where any owners whose boundaries are conterminous agree to an alteration in their boundaries, the map may be altered by the order of the Chief Surveyor upon a deed or instrument being presented at the Registry of Deeds or the Land Titles Registry, as the case may be, of the Authority effectuating the alteration agreed to;

(e) where in any suit an order of the High Court has been made which affects the position of the boundaries of any land, the map may be altered upon an office copy of the order being served on the Chief Surveyor; and

(f) where any land delineated on the map has been subdivided into parcels and the parcels have not been surveyed to the satisfaction of the Chief Surveyor, the Chief Surveyor may proceed to make a cadastral survey of them and shall proceed to fix and demarcate the boundary in the position which he considers to be the true position and shall make an order for the delineation upon the map of the boundary so fixed.

(3) If no objection is lodged with the Chief Surveyor under subsection (2) (a) within one month from the service of the notice, the Chief Surveyor shall make an order for the correction to be made.

(4) If any objection is lodged with the Chief Surveyor under subsection (2) (a), the Chief Surveyor shall hold an inquiry and make such order as he thinks fit.

(5) If, after taking into consideration the evidence of the owners or their agents appearing at the inquiry under subsection (2) (b) and of such other persons who have knowledge of the subject, the Chief Surveyor is satisfied that the boundary as it appears from the then existing occupation of the land is the true boundary, the Chief Surveyor shall make an order for the correction of the map.

(6) Where it is found that the boundaries of a Mukim or Town Sub-division shown on any map published under the repealed Act or generated from the co-ordinated cadastre should be altered by reason of—

(a) any correction, addition or alteration of the boundaries of any land made in accordance with this section;

(b) the change in, alteration or deviation of, any boundary mark of the Mukim or Town Sub-division boundaries; or

(c) any reclamation of the foreshore or seabed,

the Chief Surveyor may, after the publication of a notice in the Gazette describing the alteration of the boundaries of the Mukim or Town Sub-division, make an order for the delineation or alteration of the boundaries on the map.

Map to be conclusive evidence

13. (1) Every map published under the repealed Act shall, until it has been declared to be superseded under section 7 (f), be conclusive evidence in all courts of the boundaries of the land comprised in every land shown therein, subject only to any order made under section 12 for their modification, correction or alteration.

(2) Upon a declaration under section 7 (f), every map generated from the co-ordinated cadastre shall be conclusive evidence in all courts of the boundaries

of the land comprised in every land shown therein, subject only to any order made under section 12 for their modification, correction or alteration.

PART IV MISCELLANEOUS

Power to perform order at expense of person disobeying order

14. (1) If any person who is ordered under any provision of this Act to perform any act fails to perform the act within a reasonable time, the person who gave the order may, after giving notice to that person of his intention to do so, cause the act to be performed.

(2) The expenses incurred in such performance shall be payable by the person who was so ordered to perform the act.

Penalty for non-compliance

15. Any person who being legally bound to comply with any order under this Act, or with the requisition contained in any notice served upon him under this Act, wilfully refuses, or without reasonable excuse neglects, to comply therewith, shall be guilty of an offence and shall be liable on conviction to a fine not exceeding $100 for every day or part thereof during which the refusal or neglect continues after conviction.

Recovery of amounts due

16. [Repealed by Act 17 of 2001]

Rules

17. (1) The Authority, with the approval of the Minister, may make rules for carrying out the purposes of this Act and for any matter which is required under this Act to be prescribed.

(2) Without prejudice to the generality of subsection (1), the Authority, with the approval of the Minister, may make rules—

(a) prescribing the fees for the purposes of this Act and the time for payment of the fees;

(b) prescribing the manner and procedure for inquiries to be held under this Act;

(c) regulating the following:

(i) preparation of plans and documents for the purposes of this Act;

(ii) lodgment and registration of plans under this Act; and

(iii) preparation and making of cadastral surveys; and

(d) prescribing the manner (whether by electronic means or otherwise) in which—

(i) applications for or lodgments of lot numbers, survey records and plans, survey documents or other records and documents may be made;

(ii) permissions, approvals and decisions may be granted or made, and notified;

(iii) notices or other documents may be made or transmitted; and

(iv) documents may be authenticated or certified.

Fees to be paid to Authority

18. All prescribed fees collected for the purposes of this Act shall be paid into the funds of the Authority.

附录28 1995年《马来西亚与新加坡根据1927年〈海峡殖民地与柔佛领海协定〉划定领海界线的协定》[1]

Agreement between the Government of Malaysia and the Government of the Republic of Singapore to Delimit Precisely the Territorial Waters Boundary in Accordance with the Straits Settlement and Johore Territorial Waters Agreement 1927 (1955)

Whereas by the Straits Settlement and Johore Territorial Waters Agreement dated 19 October 1927, hereinafter referred to as "the 1927 Agreement", made between His Excellency Sir Hugh Charles Clifford, Governor and Commander-in-Chief of the Colony of the Straits Settlements, on behalf of His Britannic Majesty and His HighnessIbrahim bim Almarhum Sultan Abu Bakar, Sultan of the State and Territory of Johore, the boundary between the territorial waters of the Settlement of Singapore and the State and Territory of Johore was agreed upon;

And whereas the State and Territoryof Johore has been succeeded to by Malaysia and is a State within Malaysia and the Settlement of Singapore has been succeeded to by the Republic of Singapore;

And whereas the Government of Malaysia and the Government of the Republic of Singapore, hereinafter referred to as "the Contracting Parties", recognizing the need to delimit precisely the territorial waters boundary in accordance with the 1927 Agreement, agreed to conduct a joint hydrographic survey based on the Memoran dum of Procedure relating to the said survey as agreed upon on 29 January 1980;

And whereas upon the successful completion of the joint hydrographic survey on 12 May 1982 and the adoption of its report by the Contracting Parties on 16 April 1985, the Contracting Parties are desirous of entering into an agreement to delimit precisely the territorial waters boundary between Malaysia and the Repub-

---

[1] See Jonathan I. Charney and, Lewis M. Alexander, eds., International Maritime Boundaries: Volume III, Zuidpoolsingel, Kluwer Law International, Martinus Nijhoff Publishers, 1998, pp. 2334-2352.

lic of Singapore in the areas described in Article 1 of the 1927 Agreement;

Now, therefore it is agreed and declared as follows:

Article 1 The Boundary

1. The territorial waters boundary between Malaysia and the Republic of Singapore in the areas described in Article I of the 1927 Agreement is defined by straight lines joining the points, the geographical coordinates of which are specified in Annex I.

2. The latitude and longitude of the geographical coordinates specified in Annex I have been determined on the Revised Kertau Datum, Everest Spheroid (Malaya), Malaysian Rectified Skew Orthomorphic Projection (Projection Tables published by Directorate of Military Survey, Ministry of Defence, United Kingdom-March 1965). Chart Datums used are as described in the Joint Hydrographic Survey Fair Sheets 1980/1982 listed in Annex II.

3. As an illustration, the territorial waters boundary referred to in paragraph (1) is shown in red on the map attached hereto as Annex III.

4. Where the actual location of the points specified by the geographical coordinates in Annex I or any other points along the boundary is required to be determined, it shall be determined jointly by the competent authorities of the Contracting Parties.

5. For the purpose of paragraph 4 of this Article the term "competent authorities", in relation to Malaysia shall mean the Director General of Survey and Mapping, Malaysia and any person authorized by him, and in relation to the Republic of Singapore shall mean the Head of the Mapping Unit, Ministry of Defence, Singapore and any person authorized by him.

Article 2 Finality of Boundary

There shall be no alteration to the territorial waters boundary as defined in Article 1.

Article 3 Settlement of Disputes

Any dispute between the Contracting Parties arising out of the interpretation or implementation of this Agreement shall be settled by consultation or negotiation.

Article 4 Relationship with 1927 Agreement

In the event of any inconsistency between Article 1 of this Agreement and Article I of the 1927 Agreement, Article 1 of this Agreement shall prevail.

Article 5 Ratification

This Agreement shall be subject to ratification by the Contracting Parties.

Article 6 Entry into Force

This Agreement shall enter into force on the date of exchange of the instruments of ratification by the Contracting Parties.

In witness whereof the undersigned, being duly authorized by their respective Governments, have signed this Agreement.

Done at Singapore on this seventh day of August one thousand nine hundred and ninety-five in four original texts, two each in Malay and English languages, all texts being equally authentic. In case of any divergency, the English text shall prevail.

For the Government of Malaysia For the Government of the Republic of Singapore

Datuk Abdullah Ahmad Badawi Professor S. Jayakumar

Minister of Foreign Affairs Minister of Foreign Affairs

附录29 1995年《马来西亚与新加坡根据1927年〈海峡殖民地与柔佛领海协定〉划定领海界线的协定》中柔佛堤道东部和西部划界坐标点[1]

坐标点	北纬	东经
E1	01°27′10.0″	103°46′16.0″
E2	01°27′54.5″	103°47′25.7″
E3	01°28′35.4″	103°48′13.2″
E4	01°28′42.5″	103°48′45.6″
E5	01°28′36.1″	103°49′19.8″
E6	01°28′22.8″	103°50′03.0″
E7	01°27′58.2″	103°51′07.2″
E8	01°27′46.6″	103°51′31.2″
E9	01°27′31.9″	103°51′53.9″
E10	01°27′23.5″	103°52′05.4″
E11	01°26′56.3″	103°52′30.1″
E12	01°26′06.5″	103°53′10.1″
E13	01°25′40.6″	103°53′52.3″
E14	01°25′39.1″	103°54′45.9″
E15	01°25′36.0″	103°55′00.6″
E16	01°25′41.7″	103°55′24.0″
E17	01°25′49.5″	103°56′00.3″
E18	01°25′49.7″	103°56′15.7″
E19	01°25′40.2″	103°56′33.1″
E20	01°25′31.3″	103°57′09.1″
E21	01°25′27.9″	103°57′27.2″
E22	01°25′29.1″	103°57′38.4″
E23	01°25′19.8″	103°58′00.5″
E24	01°25′19.0″	103°58′20.7″

---

[1] See Jonathan I. Charney and, Lewis M. Alexander, eds., International Maritime Boundaries: Volume III, Zuidpoolsingel, Kluwer Law International, Martinus Nijhoff Publishers, 1998, pp. 2334-2352.

附 录

续表

坐标点	北纬	东经
E25	01°25′27.9″	103°58′47.7″
E26	01°25′27.4″	103°59′00.9″
E27	01°25′29.7″	103°59′10.2″
E28	01°25′29.2″	103°59′20.5″
E29	01°25′30.0″	103°59′34.5″
E30	01°25′25.3″	103°59′42.9″
E31	01°25′14.2″	104°00′10.3″
E32	01°26′20.9″	104°01′23.9″
E33	01°26′38.0″	104°02′27.0″
E34	01°26′23.5″	104°03′26.9″
E35	01°26′04.7″	104°04′16.3″
E36	01°25′51.3″	104°04′35.3″
E37	01°25′03.3″	104°05′18.5″
E38	01°24′55.8″	104°05′22.6″
E39	01°24′44.8″	104°05′26.7″
E40	01°24′21.4″	104°05′33.6″
E41	01°23′59.3″	104°05′34.9″
E42	01°23′39.3″	104°05′32.9″
E43	01°23′04.9″	104°05′22.4″
E44	01°22′07.5″	104°05′00.9″
E45	01°21′27.0″	104°04′47.0″
E46	01°20′48.0″	104°05′07.0″
E47	01°17′21.3″	104°07′34.0″

坐标点	北纬	东经
W1	01°27′09.8″	103°46′15.7″
W2	01°25′54.2″	103°45′38.5″
W3	01°27′01.4″	103°44′48.4″
W4	01°27′16.6″	103°44′23.3″
W5	01°27′36.5″	103°43′42.0″
W6	01°27′26.9″	103°42′50.8″
W7	01°27′02.8″	103°42′13.5″

续表

坐标点	北纬	东经
W8	01°26′″35.9	103°41′55.9″
W9	01°26′23.6″	103°41′38.6″
W10	01°26′14.1″	103°41′00.0″
W11	01°25′41.3″	103°40′26.0″
W12	01°24′56.7″	103°40′10.0″
W13	01°24′37.7″	103°39′50.1″
W14	01°24′01.5″	103°39′25.8″
W15	01°23′28.6″	103°39′12.6″
W16	01°23′13.5″	103°39′10.7″
W17	01°22′47.7″	103°38′57.1″
W18	01°21′46.7″	103°38′27.2″
W19	01°21′26.6″	103°38′15.5″
W20	01°21′07.3″	103°38′08.0″
W21	01°20′27.8″	103°37′48.2″
W22	01°19′17.8″	103°37′04.2″
W23	01°18′55.5″	103°37′01.5″
W24	01°18′51.5″	103°36′58.2″
W25	01°15′51.0″	103°36′10.3″

附录30 1973年《印度尼西亚和新加坡领海划界协定（新加坡海峡）》[1]

Treaty between Indonesia and Singapore relating to the Delimitation of the Territorial Sea, 1973

Noting that the coasts of the two countries are opposite to each other in the Strait of Singapore, Desiring to strengthen the bonds of friendship between the two countries,

And desiring to establish the boundaries of the territorial seas of the two countries in the Strait of Singapore,

Having agreed as follows:

Article 1

1. The boundary line of the territorial seas of the Republic of Indonesia and the Republic of Singapore in the Strait of Singapore shall be a line, consisting of straight lines drawn between points, the coordinates of which are as follows:

Points	Latitude North	Longitude East
1	1°10′46″.0	103°40′14″.6
2	1°07′49″.3	103°44′26″.5
3	1°10′17″.2	103°48′18″.0
4	1°11′45″.5	103°51′35″.4
5	1°12′26″.1	103°52′50″.7
6	1°16′10″.2	103°02′00″.0

2. The coordinates of the points specified in paragraph 1 are geographical coordinates and the boundary line connecting them is indicated on the chart attached as Annexure "A" to this Treaty.

3. The actual location of the above mentioned points at sea shall be determined by a method to be mutually agreed upon by the competent authorities of the two countries.

---

[1] See United Nations-Office of Legal Affairs, Law of the Sea Bulletin No. 68, New York, United Nations, 2008, pp. 17-19.

4. For the purpose of paragraph 3, "competent authorities" in relation to the Republic of Indonesia means the Ketua Badan Koordinasi Survey dan pemetaan Nasional (Chief of the Coordination Body for National Survey and Mapping) and in relation to the Republic of Singapore means any persons so authorized by the Government of the Republic of Singapore.

Article 2

Any disputes between the two countries arising out of the interpretation or implementation of this Treaty shall be settled peacefully by consultation or negotiation.

Article 3

This Treaty shall be ratified in accordance with the constitutional requirements of the two countries.

Article 4

This Treaty shall enter into force on the date of the exchange of the instruments of ratification.

Done in duplicate at Jakarta, the twenty-fifth day of May one thousand nine hundred and seventy three in the Indonesian and English languages. In the event of any conflict between the texts, the English text shall prevail.

附录 31 2009 年《新加坡与印度尼西亚有关划定新加坡海峡西段领海分界线的协定》[1]

Treaty between the Republic of Singapore and the Republic of Indonesia relating to the Delimitation of the Territorial Seas of the Two Countries in the Western Part of the Strait of Singapore, 2009

The Republic of Singapore and the Republic of Indonesia,

Noting that the coasts of the two countries are opposite to each other in the Strait of Singapore,

Having partially settled their territorial sea boundary in the Strait of Singapore in the Treaty between the Republic of Singapore and the Republic of Indonesia relating to the Delimitation of the Territorial Seas of the Two Countries in the Strait of Singapore signed on 25 May 1973 (hereinafter referred to as "1973 Treaty"),

Considering further that the territorial sea boundary in the western part of the Strait of Singapore shall continue the boundary line under the 1973 Treaty,

Desiring to further strengthen the bonds of friendship between the two countries,

Pursuant thereto, desiring to establish the boundaries of the territorial seas of the two countries in the western part of the Strait of Singapore,

Have agreed as follows:

Article 1

1. The boundary line of the territorial seas of the Republic of Singapore and the Republic of Indonesia in the Strait of Singapore in the area west of Point 1 of the boundary line agreed in the 1973 Treaty located at 1°10′46.0″ North and 103°40′14.6″ East shall be a line, consisting of straight lines drawn between points, the co-ordinates of which are as follows:

Points	North Latitude	East Longitude
1	1°10′ 46.0″	103°40′ 14.6″

---

[1] See United Nations-Office of Legal Affairs, *Law of the Sea Bulletin* No. 75, United Nations, New York, 2011, pp. 21-26.

1A	1°11′17.4″	103°39′38.5″
1B	1°11′55.5″	103°34′20.4″
1C	1°11′43.8″	103°34′00.0″

2. The co-ordinates of the points 1A, 1B and 1C specified in paragraph 1 are geographical co-ordinates based on the World Geodetic System 1984 and the boundary line connecting points 1 to 1C indicated in Annexure "A" to this Treaty.

3. The actual location of the above mentioned points at sea shall be determined by a method to be mutually agreed upon by the competent authorities of the two countries.

4. For the purpose of paragraph 3, "competent authorities" in relation to the Republic of Indonesia means the National Coordinating Agency for Survey and Mapping and the Indonesian Hydro-Oceanographic Office and in relation to the Republic of Singapore means any entity so designated by the Government of the Republic of Singapore.

Article 2

The boundary line of the 1973 Treaty as well as the boundary line depicted in Article 1 paragraph 1 are shown in Annexure "B" to this Treaty, purely for illustration purposes.

Article 3

Any disputes between the two countries arising in relation to the interpretation or implementation of this Treaty shall be settled peacefully by consultation or negotiation.

Article 4

This Treaty shall be ratified in accordance with the constitutional requirements of the two countries.

Article 5

This Treaty shall enter into force on the date of the exchange of the Instruments of Ratification.

Done in duplicate at Jakarta on 10 March 2009 in the English and Indonesian languages. In case of any conflict between the texts or any divergence in interpretation, the English text shall prevail.

For the Republic of Singapore	For the Republic of Indonesia
Mr. George Yong-Boon Yeo	Dr. N. HassanWirajuda
Minister for Foreign Affairs	Minister for Foreign Affairs

附录32 2014年《新加坡与印度尼西亚有关划定新加坡海峡东段领海划界的协定》[1]

Treaty between the Republic of Singapore and the Republic of Indonesia Relating to the Delimitation of the Territorial Seas of the two countries in the eastern part of the Strait of Singapore

The Republic of Singapore and the Republic of Indonesia

NOTING that the coasts of the two countries are opposite to each other in the Strait of Singapore,

HAVING partially settled theirtemtonat sea boundaries in the Strait at Singapore in the Treaty between the Republic of Singapore and the Republic of Indonesia relating to the Delimitation of the Temtonal Seas of the Two Countries in the Strait of Singapore signed on 25 May 1973 (hereinafter referred to as "1973 Treaty") and the Treaty between the Republic of Singapore and the Republic of Indonesia relating to the Delimitation of the Territorial Seas of the Two Countries in the Western Part of the Strait of Singapore signed on 10 March 2009 (hereinafter referred to as "2009 Treaty"),

CONSIDERING further that the territorial sea boundary in the eastern part of the Strait of Singapore shall continue the boundary line under the 1973 Treaty,

DESIRING to further strengthen the bonds of friendship between the two countries,

PURSUANT THERETO, desiring to establish the boundaries of the territorial seas of the two countries in the eastern part of the Strait of Singapore,

HAVE AGREED AS FOLLOWS:

ARTICLE 1

1. The boundary line of the territorial seas of the Republic of Singapore and the Republic of Indonesia in the Strait of Singapore in the area east of point 6 of

---

[1] See United Nations-Office of Legal Affairs, https://treaties.un.org/doc/Publication/UNTS/No%20Volume/54672/Part/I-54672-08000002804cce54.pdf.

the boundary line agreed in the 1973 Treaty located at 1°16′10.2″North and 104°02′00.0″East shall be a line, consisting of straight lines drawn between points, the co-ordinates of which are as follows:

Points	North Latitude	East Longtitude
6	1°16′10.2″	104°02′00.0″
7	1°16′22.8″	104°02′16.6″
8	1°16′34.1″	104°07′06.3″

2. The co-ordinates of the points 7 and 8 specified in paragraph I are geographical co-ordinates based on the World Geodetic System 1984 and the boundary line connecting points 6 to 8 is indicated in Annexure "A" to this Treaty.

3. The actual location of the above mentioned points at sea shall be determined by a method to be mutually agreed upon by the competent authorities of the two countries.

4. For the purpose of paragraph 3, "competent authorities" in relation to the Republic of Indonesia means the Geospatial Information Agency and the Indonesian Hydro-Oceanographic Office, and in relation to the Republic of Singapore means the Maritime and Port Authority of Singapore and the Singapore Land Authority.

ARTICLE 2

For the purpose of illustrating the maritime boundary lines as agreed under the 1973 Treaty and the 2009 Treaty with the boundary line depicted in Article 1 paragraph I, these lines are shown together in Annexure "B" to this Treaty.

ARTICLE 3

Any disputes between the two countries arising in relation to the interpretation or implementation of this Treaty shall be settled peacefully by consultation or negotiation.

ARTICLE 4

This Treaty shall be ratified in accordance with the constitutional requirements of the two countries.

ARTICLE 5

This Treaty shall enter into force on the date of the exchange of the Instruments of Ratification.

DONE IN DUPLICATE at Singapore on 3 September 2014 in the English and Indonesian languages, both texts being equally authentic. In case of any divergence in interpretation of the Treaty, the English text shall prevail.

For the Republic of Singapore
MR. K. SHANMUCAM
Minister for Foreign Affairs

For the Republic of Indonesia
DR. R. M. MARTY M. NATALEGAWA
Minister for Foreign Affairs

附录33 新加坡缔结和加入的国际条约

序号	公约名称	新加坡批准或加入公约的日期（年/月/日）	公约在新加坡生效的日期（年/月/日）
1	1966年《国际载重线公约》 International Convention on Load Lines, 1966	1971/9/21	1971/12/21
2	1969年《国际船舶吨位丈量公约》 International Convention on Tonnage Measurement of Ships, 1969	1985/6/6	1985/9/6
3	《国际海事卫星组织公约》以及《国际海事卫星组织业务协定》 Convention on the International Maritime Satellite Organization, 1976（INMARSAT C）	1979/6/29	1979/7/16
4	1972年《国际海上避碰规则公约》 Convention on the International Regulations for Preventing Collisions at Sea, 1972	1977/4/29	1977/7/15
5	1979年《国际海上搜寻救助公约》 International Convention on Maritime Search and Rescue, 1979	1997/1/20	1997/2/19
6	1974年《国际海上人命安全公约》 International Convention for the Safety of Life at Sea, 1974	1993/8/13	1993/11/13
7	1978年《海员培训、发证和值班标准国际公约》 International Convention on Standards of Training, Certification and Watchkeeping for Seafarers, 1978	1988/5/1	1988/8/1
8	1990年《国际油污防备、反应与合作公约》 International Convention on Oil Pollution Preparedness, Response and Co-operation, 1990	1999/3/10	1999/6/10
9	《1974年国际海上人命安全公约的1978年议定书》 Protocol of 1978 relating to the International Convention for the Safety of Life at Sea, 1974	1984/6/1	1984/9/1

续表

序号	公约名称		新加坡批准或加入公约的日期（年/月/日）	公约在新加坡生效的日期（年/月/日）
10	《关于1973年国际防止船舶造成污染公约的1978年议定书》International Convention for the Prevention of Pollution from Ships, 1973（17Feb）, as modified by the Protocol of 1978 relating thereto（MARPOL 73/78）	Annex I	1990/10/1	1991/2/1
		Annex II		
		Annex V		
11	《1974年国际海上人命安全公约的1988年议定书》Protocol of 1988（11Nov）relating to the International Convention for the Safety of Life at Sea, 1974		1993/8/13	1993/11/13
12	《1966年国际载重线公约的1988年议定书》Protocol of 1988 relating to the International Convention on Load Lines, 1966		1999/8/18	2000/2/3
13	《1969年国际油污损害民事责任公约的1992年议定书》Protocol of 1992 to amend the International Convention on Civil Liability for Oil Pollution Damage, 1969		1997/9/18	1998/9/18
14	《修正1971年设立国际油污损害赔偿基金公约的1992年议定书》Protocol of 1992 to amend the International Convention on the Establishment of an International Fund for Compensation for Oil Pollution Damage, 1971		2001/5/4	2002/5/4
15	《1978年关于1973年国际防止船舶造成污染公约的议定书的1997年议定书》Protocol of 1997 to amend the International Convention for the Prevention of Pollution from Ships, 1973, as modified by the Protocol of 1978 relating thereto	AnnexIII	1994/3/2	1994/5/2
		Annex IV	2005/5/1	2005/8/1
		Annex VI	1999/5/27	1999/8/27
16	1988年《制止危害海上航行安全的非法行为公约》Convention for the Suppression of Unlawful Acts against the Safety of Maritime Navigation, 1988, Rome		2004/2/3	2004/5/3
17	2000年《有毒有害物质污染事故防备、反应与合作议定书》2000 Protocol on Preparedness, Response and Cooperation to Pollution Incidents by Hazardous and Noxious Substances		2003/10/16	2007/6/14

序号	公约名称	新加坡批准或加入公约的日期（年/月/日）	公约在新加坡生效的日期（年/月/日）
18	2001年《控制船舶有害防污底系统国际公约》 International Convention on the Control of Harmful Anti-Fouling Systems on Ships, 2001	2009/12/31	2010/3/31
19	2001年《国际燃油污染损害民事责任公约》 International Convention on Civil Liability for Bunker Oil Pollution Damage, 2001	2006/3/31	2008/11/21
20	2004年《国际船舶压载水及沉积物控制与管理公约》 International Convention for the Control and Management of Ships´ Ballast Water and Sediments, 2004	2017/6/8	2017/9/8
21	1976年《海事索赔责任限制公约》 Convention on Limitation of Liability for Maritime Claims, 1976	2005/1/24	2005/5/1
22	1976年《国际移动卫星组织公约》 Convention on the International Mobile Satellite Organization, as amended, 1976	1979/6/29	1979/7/16
23	1948年《国际海事组织公约》 Convention on the International Maritime Organization, 1948	1960/11/7	1960/11/7

参考文献

一、中文文献

1. 申韬、缪慧星：《菲律宾经济社会地理》，世界图书出版广东有限公司2014年。

2. 梁英明：《东南亚史》，人民出版社2013年。

3. 张卫平：《菲律宾的法律制度》，载《东南亚研究》1985年第4期。

4. 傅莹、吴士存：《南海问题的前世今生——围绕南海局势和南沙群岛的争议》，载《晚晴》2016年第8期。

5. 铁平：《菲、马"沙巴领土"争端》，载《世界知识》1988年第1期。

6. 郭剑、喻常森：《菲律宾与马来西亚关于沙巴的主权纠纷》，载《南洋问题研究》2015年第2期。

7. 韦祎：《以马来西亚与菲律宾沙巴争端为视角透视"东盟方式"在解决领土争端中的作用》，载《东南亚纵横》2016年第5期。

8. 李忠林：《印尼和菲律宾专属经济区划界及对中菲南海争端的启示》，载《亚非纵横》2016年第5期。

9. 唐翀、李志斐：《马六甲海峡安全问题与中国的政策选择》，载《东南亚南亚研究》2012年第3期。

10. 郝亚琳、郭丽琨：《国务院新闻办发表〈中国坚持通过谈判解决中国与菲律宾在南海的有关争议〉白皮书》，载《共产党员（河北）》2016年第23期。

11. 林勇新：《菲律宾渔业发展态势研究》，载《南海学刊》2015年第1期。

12. 张祖兴：《菲律宾领土和海洋主张的演变》，载《东南亚研究》2017年第6期。

13. 李金明：《中菲礼乐滩油气资源"共同开发"的前景分析》，载《太平洋学报》2015年第23期。

14. 李金明：《中菲南海油气资源"共同开发"的可行性研究》，载《太平洋学报》2018年第26期。

15. 朱陆民：《菲律宾杜特尔特政府的外交调整、影响及中国的对策研究》，载《重庆社会主义学院学报》2017年第1期。

16. 《东盟国家对"一带一路"战略的认同问题考察》，载《海外华文教育动态》2017 年第 2 期。

17. 陆建人、蔡琦：《"一带一路"倡议下中国与菲律宾的经济合作》，载《国际经济合作》2017 年第 3 期。

18. 《东盟国家对"一带一路"战略的认同问题考察》，载《海外华文教育动态》2017 年第 52 期。

19. 《外媒热炒"中国版马歇尔计划"》，载《中国报道》2014 年第 12 期。

20. 梁艳霞、蔡琦：《"一带一路"背景下中菲印刷业合作分析》，载《印刷杂志》2015 年第 12 期。

21. 沈孟晋：《在菲律宾"油改电"的进程中，中菲产业合作的"恋爱季"已经到来》，载《中国自行车》2014 年第 8 期。

22. 李瑞蔚：《"我愿为提升菲中两国友谊与合作贡献力量"——专访菲律宾驻华大使何塞·圣地亚哥·罗马纳》，载《当代世界》2017 年第 6 期。

23. 张宇权、洪晓文：《杜特尔特政府对华政策调整及其影响》，载《现代国际关系》2016 年第 12 期。

24. 付志刚、菲律宾：《"一带一路"倡议重要的参与者、推动者和受益者》，载《光明日报》2018 年 5 月 20 日第 8 版。

25. 翟少辉、吴睿婕：《菲律宾官员：菲律宾基建迎来黄金时代"一带一路"正联结更多亚洲国家》，载《21 世纪经济报道》2017 年 10 月 19 日第 7 版。

26. 赵江林：《中菲投资合作前景可期》，载《中国投资》2016 年第 21 期。

27. 于洋、于国政：《空间格局视角下中国周边国家对"一带一路"发展态势的关注》，载《东北亚经济研究》2017 年第 4 期。

28. 骆永昆：《印度尼西亚的立法机构及其运作特点》，载《中国人大》2015 年。

29. 赵伟：《南（中国）海周边国家协议解决海域划界争端的实践及其对中国的启示》，载《中国海洋法学评论》2013 年第 1 期。

30. 刘畅：《印度尼西亚海洋划界问题：现状、特点与展望》，载《东南亚研究》2015 年第 5 期。

31. 孙悦琦：《中国与印尼渔业合作面临的新挑战及对策分析》，载《学术评论》2018 年第 3 期。

32. 陈思行：《印度尼西亚渔业管理与渔业合作》，载《海洋渔业》2003 年第 1 期。

33. 刘复国、吴士存：《2013 年度南海地区形势评估报告》，载《中国南海研究院》2015 年。

34. 余珍艳：《"21 世纪海上丝绸之路"战略推进下中国—印度尼西亚海洋经济合作：机遇与挑战》，载《战略决策研究》2017 年第 1 期。

35. 张舒：《新加坡海洋经济发展现状与展望》，载《中国产经》2018 年第 2 期。

36. 李忠林：《美国—新加坡海洋安全合作新态势》，载《国际论坛》2018 年第 20 期第 1 版。

37. 黄敏：《马六甲：新加坡海峡航行安全保障法律问题研究》，武汉大学 2017 年硕士学位论文。

38. 何田田：《论国际海洋法法庭的临时措施：以〈联合国海洋法公约〉第 290 条适用为中心》，载《武大国际法评论》2013 年第 16 期。

二、外文文献

1. Antonio T. Carpio, *The South China Sea Dispute: Philippine Sovereign Rights and Jurisdiction in the West Philippine Sea*, eBook version 1.0, 4 May 2017.

2. Rizal Sukma, Shafiah F. Muhibat, Lina A. Alexandra and Rocky Intan, "The Future of The Seas in East Asia: Toward a Comprehensive Maritime Cooperation," in Shafiah F. Muhibat and Audrey Stienon.

3. Centre for Strategic and International Studies, *The Future of the Seas in East Asia: Forging a Common Maritime Future for Asean and Japan*, Jakarta: 2015.

4. Michelle Flor Cruz, South China Sea Dispute: Philippines and Vietnam Allies in Position Papers against China.

5. Opinion of the International Court of Justice, *Case Concerning East Timor (Portugal v. Australia)*, General List No. 84, 30 June, 1995.

6. Department of Defence, *Defending the Country Entering the 21st Century*, Indonesig, March, 2003, https://www.xzbu.com/1/view-235253.htm.

7. Cáceres-Solari A H., *Indonesia, Malaysia and the Philippines Security Cooperation in the Celebes Sea*, NAVAL POSTGRADUATE SCHOOL MONTEREY CA, 2008.

8. N. Ganesan, Ramses Amer, *International Relations in Southeast Asia: between Bilateralism and Multilateralism.*

9. Robert Beckman, "Singapore Strives to Enhance Safety, Security, and Environmental Protection in Its Port and in the Straits of Malacca and Singapore", *Ocean and Coastal Law Journal*, 2008.

10. Jonathan I. Charney, Lewis M. Alexander, *International Maritime Boundaries*, Martinus Nijhoff Publishers, 1998.

11. Vivian Louis Forbes, "Territorial Sea Limits in the Singapore Strait", *Journal of Territorial and Maritime Studies*, 2017.

三、数据库和网站

（一）中文数据库和网站

1. 中国政府网，网址：http://www.gov.cn。

2. 中国外交部官网，网址：http://www.fmprc.gov.cn。

3. 中国驻菲律宾大使馆，网址：http://ph.chineseembassy.org/。

4. 中国农业部，网址：http://jiuban.moa.gov.cn/。

5. 中国驻菲律宾大使馆经济商务参赞处，网址：http://ph.mofcom.gov.cn/article/jmxw/201007/20100706999303.shtml。

6. 中国南海研究院，网址：http://www.nanhai.org.cn/。

7. 中国一带一路网，网址：https://www.yidaiyilu.gov.cn。

8. 中国渔业政务网，网址：http://jiuban.yyj.moa.gov.cn/。

9. 中国国际贸易促进委员会，网址：http://www.ccpit.org/。

10. 参考消息，网址：http://www.cankaoxiaoxi.com/。

11. 环球国际，网址：http://world.huanqiu.com/。

12. 中国海洋发展研究中心官网，网址：http://aoc.ouc.edu.cn/。

13. 中国国际问题研究院官网，网址：http://www.ciis.org.cn/。

14. 中华网，网址：https://military.china.com。

15. 东方头条，网址：http://mini.eastday.com/。

16. 百家号，网址：https://baijiahao.baidu.com。

17. 人民网，网址：http://military.people.com.cn/。

18. 华禹教育网，网址：http://www.huaue.com/。

19. 中国新闻网，网址：http://www.chinanews.com。

20. 新浪军事，网址：http://mil.news.sina.com.cn/。

21. 中国新闻网出版广电网，网址：https://new.chinaxwcb.com/。

22. 观察者，网址：https://www.guancha.cn/。

23. 凤凰网，网址：http：//news.ifeng.com/。

24. 中国人大网，网址：http：//www.npc.gov.cn。

25. 行政区划网，网址：http：//www.xzqh.org。

26. 中国商务部官网，网址：http：//www.mofcom.gov.cn。

27. 人民日报，网址：http：//politics.people.com.cn。

28. 中国国际贸易促进委员会官网，网址：http：//www.ccpit.org。

29. 搜狐—亚洲油气决策者俱乐部，网址：http：//www.sohu.com/a/258695979_805124。

30. 国际环保在线，网址：https：//www.huanbao-world.com。

31. 中国海洋在线，网址：http：//www.oceanol.com。

32. 中国驻印度尼西亚大使馆，网址：https：//www.fmprc.gov.cn。

33. 中国军网，网址：http：//www.81.cn。

34. 搜狐军事，网址：http：//www.sohu.com。

35. 新华网，网址：http：//www.xinhuanet.com。

36. 中国投资指南网，网址：http：//bfsu.fdi.gov.cn。

37. 中国石油新闻中心，网址：http：//news.cnpc.com.cn。

38. 东南亚研究所，网址：https：//dnyyj.jnu.edu.cn。

39. 维普网，网址：http：//www.cqvip.com。

40. 中越新闻网，网址：http：//www.zyzj.com.cn。

41. 中国国家海洋局，网址：http：//www.soa.gov.cn。

42. 中国海洋报，网址：http：//www.oceanol.com。

43. 人民网国际频道，网址：http：//world.people.com.cn。

44. 中国国家海洋局第一海洋研究所官网，网址：http：//www.fio.org.cn。

45. 香山论坛，网址：www.xiangshanforum.org.cn。

46. 中国网，网址：http：//www.china.com.cn。

47. 印中经济合作商会，网址：http：//www.icecgc.com。

48. 中国驻新加坡大使馆经济商务参赞处，网址：http：//sg.mofcom.gov.cn。

49. 中国石油，网址：http：//www.cnpc.com.cn。

50. 狮城新闻，网址：https：//www.shicheng.news。

（二）外文数据库和网站

51. 联合国官网，网址：http：//www.un.org/zh/。

52. 联合国秘书长官网，网址：https：//treaties. un. org。

53. 国际海底管理局官网，网址：https：//www. isa. org. jm/。

54. 联合国档案馆官网，网址：https：//search. archives. un. org/。

55. 国际海事组织官网，网址：http：//www. imo. org/。

56. 世界海洋保护组织官网，网址：https：//ph. oceana. org/expeditions/。

57. 联合国粮农组织官网，网址：http：//www. fao. org/。

58. 联合国条约库，网址：https：//treaties. un. org/。

59. 世界银行官网，网址：http：//databank. worldbank. org。

60. 亚太港口服务组织官网，网址：http：//www. apecpsn. org/。

61. 东南亚渔业发展中心官网，网址：http：//www. seafdec. org/。

62. 中西太平洋渔业委员会官网，网址：https：//www. wcpfc. int。

63. 美国国务院官网，网址：https：//www. state. gov/。

64. 菲律宾交通部官网，网址：http：//www. dotr. gov. ph。

65. 菲律宾外交部官网，网址：https：//www. dfa. gov. ph/。

66. 菲律宾科学和技术部官网，网址：http：//www. dost. gov. ph。

67. 菲律宾能源部官网，网址：https：//www. doe. gov. ph/。

68. 菲律宾环境和自然资源部官网，网址：http：//www. namria. gov. ph/。

69. 菲律宾政府官网，网址：http：//countrystudies. us/。

70. 美国国会图书馆，网址：http：//countrystudies. us/。

71. 澳大利亚驻菲律宾大使馆，网址：https：//philippines. embassy. gov. au。

72. 菲律宾统计局官网，网址：http：//psa. gov. ph。

73. 菲律宾旅游局官网，网址：http：//tourism. gov. ph。

74. 菲律宾港务局官网，网址：http：//www. ppa. com. ph/。

75. 渔业和水产资源局，网址：http：//www. bfar. da. gov. ph。

76. 国家水资源局，网址：http：//www. nwrb. gov. ph/。

77. 宿务港务局官网，网址：http：//www. cpa. gov. ph/。

78. 菲律宾海岸警卫队官网，网址：http：//www. coastguard. gov. ph。

79. 菲律宾商学院官网，网址：http：//www. pmma. edu. ph。

80. 菲律宾农业和渔业理事会，网址：http：//www. pcaf. da. gov. ph。

81. 菲律宾农业、水产和自然资源研究与发展委员会官网，网址：http：//www. nwrb. gov. ph/。

82. 防务研究，网址：http：//defense-studies. blogspot. com/。

83. 东盟法律协会，网址：http：//aseanlawassociation. org。

84. 东南亚渔业发展中心，网址：http：//www. seafdec. org/。

85. 全球安全，网址：https：//www. globalsecurity. org。

86. 环球网，网址：http：//world. huanqiu. com/。

87. 监察员，网址：http：//www. ombudsman. gov. ph。

88. 菲律宾条约在线，网址：http：//124. 106. 127. 217/treaty/index。

89. 维基文库，网址：https：//en. wikisource. org/wiki/Main_ Page。

90. 全球风险洞察，网址：https：//globalriskinsights. com。

91. 印尼之声，网址：http：//voinews. id。

92. 马尼拉时报，网址：https：//www. manilatimes. net。

93. 外交官，网址：https：//thediplomat. com。

94. 国际商业时报，网址：https：//www. ibtimes. com/。

95. 亚洲海运透明度倡议，网址：https：//amti. csis. org/。

96. 维基百科，网址：https：//en. wikipedia. org。

97. 东西方中心官网，网址：https：//www. eastwestcenter. org/。

98. 亚洲国防与安全，网址：https：//www. adas. ph/。

99. 东海（南海）研究计划，网址：http：//southchinaseastudies. org/。

100. 菲律宾大型脊椎动物研究所，网址：https：//www. lamave. org/。

101. 菲律宾 ABS-CBN 新闻网，网址 https：//news. abs-cbn. com。

102. 越南通讯社，网址：https：//zh. vietnamplus. vn/。

103. 越南科学技术研究院，网址：http：//www. vnio. org. vn/。

104. 海洋研究计划，网址：http：//southchinaseastudies. org/。

105. 印度尼西亚政府官网，网址：https：//indonesia. go. id。

106. 印度尼西亚海事统筹部官网，网址：https：//maritim. go. id。

107. 印度尼西亚共和国海洋渔业部官网，网址：https：//kkp. go. id。

108. 印尼交通部官网，网址：http：//ppid. dephub. go. id/。

109. 印尼政府官网—国家搜救局，网址：https：//indonesia. go. id。

110. 印度尼西亚国防部官网，网址：https：//www. kemhan. go. id。

111. 东盟环境合作官网，网址：https：//environment. asean. org。

112. Ecolex 数据库，网址：http：//www2. ecolex. org。

113. 世界气象组织官网，网址：https：//www. wmo. int。

114. 红十字会与红新月会国际联合会官网，网址：http：//www. ifrc. org。

115. 美国俄勒冈大学国际环境协定（IEA）数据库，网址：https：//iea. uoregon. edu。

116. 海事法和海事法指南，网址：http：//www. admiraltylawguide. com。

117. 自然意大利官网，网址：http：//www. naturaitalia. it。

118. 马来西亚海事学院官网，网址：http：//www. mima. gov. my。

119. 新加坡国立大学国际法中心数据库，网址：https：//cil. nus. edu. sg。

120. 东帝汶政府官网，网址：http：//timor-leste. gov. tl。

121. 雅加达环球报，网址：https：//jakartaglobe. id。

122. 雅加达邮报官网，网址：https：//www. thejakartapost. com。

123. 互联网档案官网，网址：https：//web. archive. org。

124. 印尼国际日报，网址：http：//eguojiribao. com。

125. 路透社新闻，网址：https：//www. reuters. com。

126. 美国《时代》周刊，网址：http：//time. com。

127. 联合国粮农组织数据库，网址：http：//extwprlegs1. fao. org。

128. 研究之门官网，网址：https：//www. researchgate. net。

129. 美国驻印度尼西亚大使馆和领事馆，网址：https：//www. csis. org。

130. 澳大利亚外交部网站，网址：https：//foreignminister. gov. au。

131. 埃克森美孚官网，网址：https：//www. exxonmobil. co. id。

132. 雪佛龙官网，网址：https：//indonesia. chevron. com。

133. 道达尔，网址：http：//www. total. id。

134. 美国白宫官网，网址：https：//obamawhitehouse. archives. gov。

135. 澳大利亚农业和水资源部官网，网址：http：//www. agricult ure. gov. au。

136. 澳大利亚渔业管理局官网，网址：https：//www. afma. gov. au。

137. 日经新闻官网，网址：https：//asia. nikkei. com。

138. 日本国际协力机构官网，网址：https：//www. jica. go. jp。

139. 泰国大使馆官网，网址：http：//www. thaiembassy. org。

140. 印尼投资者日报官网，网址：https：//id. beritasatu. com。

141. 泰国外交部官网，网址：http：//www. mfa. go. th。

142. 越南农业和乡村发展部官网，网址：https：//www. mard. gov. vn。

143. 越南人民报官网，网址：http：//cn. nhandan. com. vn。

144. 马来西亚外交部官网，网址：https：//www. kln. gov. my。

145. 科学与发展网络官网，网址：https：//www. scidev. net。

146. 英国环境渔业与水产养殖科学中心官网，网址：https：//www. cefas. co. uk。

147. 澳大利亚外事与贸易部官网，网址：https：//dfat. gov. au。

148. 印尼外交部法律事务与国际条约总司条约室官网，网址：http：//treaty. kemlu. go. id。

149. 印尼外交部官网，网址：https：//www. kemlu. go. id。

150. 韩国海洋和渔业部官网，网址：http：//www. mof. go. kr。

151. D-8 官网，网址：https：//developing8. org。

152. 联合国大学官网，网址：http：//archive. unu. edu。

153. 东京谅解备忘录官网，网址：http：//www. tokyo-mou. org。

154. 国际水文学组织官网，网址：https：//www. hydro-international. com。

155. 美国国家亚洲研究局，网址：https：//www. nbr. org。

156. 国际海洋法法庭，网址：https：//www. itlos. org。

157. 常设仲裁法院，网址：http：//www. pcacases. com。

158. 东南亚国家联盟官网，网址：https：//asean. org。

159. 英联邦，网址：https：//www. commonwealthofnations. org。

160. 马来西亚官网，网址：https：//kemahkotaan. johor. gov. my。

161. 新加坡议会官网，网址：https：//www. parliament. gov. sg。

162. 新加坡最高法院官网，网址：https：//www. supremecourt. gov. sg。

163. 新加坡外交部官网，网址：https：//www1. mfa. gov. sg。

164. 新加坡国家发展部官网，网址：https：//www. mnd. gov. sg。

165. 新加坡环境与水资源部官网，网址：https：//www. mewr. gov. sg。

166. 新加坡环境局官网，网址：http：//www. nea. gov. sg。

167. 新加坡海水淡化纪实，网址：https：//www. pub. gov. sg。

168. 新加坡交通部官网，网址：https：//www. mot. gov. sg。

169. 新加坡经济发展局，网址：https：//www. edb. gov. sg。

170. 新加坡海事及港务管理局官网，网址：https：//www. mpa. gov. sg。

171. 新加坡驻华大使馆官网，网址：https：//www. mfa. gov. sg。

172. 新加坡驻巴林大使馆，网址：https：//www. mfa. gov. sg。

173. 新加坡港官网，网址：https：//www. ufsoo. com。

174. 新加坡法令在线，网址：https：//sso. agc. gov. sg。

175. 新加坡指引，网址：https：//www. guidemesingapore. com。

176. 日本外务省，网址：https：//www. mofa. go. jp。

177. 埃及海上运输部，网址：http：//www. mts. gov. eg。

178. 海峡时报，网址：https：//www. straitstimes. com。

179. 格鲁吉亚商业媒体，网址：http：//www.bm.ge。
180. 今日在线，网址：https：//www.todayonline.com。
181. Asia one，http：//www.asiaone.com.
182. Ceicdata.com，https：//www.ceicdata.com.
183. Channel News，https：//www.channelnewsasia.com.
184. Connected to India，https：//www.connectedtoindia.com.
185. DefenceTalk.com，https：//www.defencetalk.com.
186. Defense News，https：//www.defensenews.
187. Ifeng.com，http：//wemedia.ifeng.com.
188. Istana，https：//www.istana.gov.sg.
189. Mcgill.ca，https：//www.cs.mcgill.ca.
190. Mother Ship，https：//mothership.sg.
191. Naval Today，https：//navaltoday.com.
192. NTI，http：//www.nti.org.
193. PressTv.com，https：//www.presstv.com.
194. Seafdec.org，https：//repository.seafdec.org.ph.
195. The Business Times，https：//www.businesstimes.com.sg.
196. The Diplomat，https：//thediplomat.com.
197. The Journal of Commerce Online，https：//www.joc.com.
198. The Maritime Executive，https：//www.maritime-executive.com.
199. SCRIBD，https：//zh.scribd.com/.
200. Internet Archive，https：//archive.org/.
201. The Lawphil Project，https：//lawphil.net.
202. Portcalls ASIA，https：//www.portcalls.com/.
203. ReCAAP，http：//www.recaap.org/.
204. RAPPLER，https：//www.rappler.com/.
205. The Straitstimes，https：//www.straitstimes.com.
206. VnexpRess，https：//e.vnexpress.net/error3.html.
207. Huffpost，https：//www.huffingtonpost.com/.
208. Likumi.lv，https：//m.likumi.lv.
209. Marineregions，http：//www.marineregions.org.
210. Viewfromll2，https：//viewfromll2.files.wordpress.com.
211. Tempo，https：//bisnis.tempo.co.

212. The Star Online, https://www.thestar.com.my.
213. Global Business Guide, http://www.gbgindonesia.com.
214. World Energy Council, https://www.worldenergy.org.
215. Business Council, http://bcri.ru.
216. Oil and Gas News, http://www.oilandgasnewsworldwide.com.
217. Nusantara Maritime News, https://maritimenews.id.
218. SDG, http://sdg.iisd.org.
219. Vietnam Economic News, http://ven.vn.
220. Netralnews, http://www.netralnews.com.
221. Medcom, https://www.medcom.id.
222. Stop Illegal Fishing, https://stopillegalfishing.com.
223. USINDO, https://www.usindo.org.
224. SEAFDEC, http://www.seafdec.org.
225. NACA, https://enaca.org.
226. Investopedia, https://www.investopedia.com.
227. UNSCEB, https://www.unsceb.org.
228. IHO, https://www.iho.int.
229. BBC, https://www.bbc.com.
230. Global Nation, https://globalnation.inquirer.net.